गली आगे मुड़ती है

गली आगे मुड़ती है

शिवप्रसाद सिंह

राधाकृष्ण प्रकाशन

ISBN : 978-81-7119-281-6

गली आगे मुड़ती है (उपन्यास)

पहला संस्करण : 1973
आठवाँ संस्करण : 2018

मूल्य : ₹ 750

प्रकाशक
राधाकृष्ण प्रकाशन प्राइवेट लिमिटेड
जी-17, जगतपुरी, दिल्ली-110 051

शाखाएँ : अशोक राजपथ, साइंस कॉलेज के सामने, पटना-800 006
पहली मंजिल, दरबारी बिल्डिंग, महात्मा गांधी मार्ग, इलाहाबाद-211 001
36 ए, शेक्सपियर सरणी, कोलकाता-700 017

वेबसाइट : www.radhakrishnaprakashan.com
ई-मेल : info@radhakrishnaprakashan.com

मुद्रक
बी.के. ऑफसेट
नवीन शाहदरा, दिल्ली-110 032

GALI AAGE MUDTI HAI
Novel *by* Shiv Prasad Singh

कौन-सी ज़िंदगी सार्थक है ? जिसे अंततः महान् देशनायक और संत कहा जाता है, वह भी जीते जी उन तमाम मसलों के भीतर से गुज़रने के लिए विवश हुआ था, जिसे बनारस ने हमेशा-हमेशा तक अपनी नागरिक ख़ूबी समझा है।

गली आगे मुड़ती है

प्रथम संस्करण का कथन

नुक्कड़ सभा

'गली आगे मुड़ती है' पढ़ने के पहले, यानी गली में चलने के पूर्व आप नुक्कड़ की यह वार्ता भी सुन ही लें। युवा-आक्रोश पर बहुत-कुछ कहा गया है, कहा जा रहा है और कहा जायेगा। युवा-आक्रोश पर देश के राजनेता, समाजशास्त्री और शिक्षाविद् सभी चिंतित हैं। इस युवा-आक्रोश को छात्र-असंतोष या छात्र-अशांति का ग़लत नाम दे दिया जाता है। वस्तुतः यह समस्या का संक्षेपीकरण है, सरलीकरण भी। युवा-आक्रोश पूरे युवा-समाज में फैली वस्तु है और उसे ठीक से समझने के अभाव में न तो उसका सही निदान हो रहा है और न ही उसे सही दिशा देने की कोई सार्थक कोशिश। युवा एक शक्ति है, नयी पीढ़ी के हाथ में ही भविष्य है। भले ही वे हाथ अभी कमजोर हों, भले ही कच्चे और बेडौल हों, पर इसमें संदेह नहीं कि भविष्य को मोड़ने का कार्य इन्हीं हाथों संपन्न होगा, तो क्या यह जरुरी नहीं है कि इनके असंतोष के मूल कारण को ठीक से समझकर इन्हें सही मोड़ देने की कोशिश हो ? आप पूछेंगे कि क्या इस उपन्यास में ऐसी कोई कोशिश है ? उत्तर है, जी नहीं। मुझे इस तरह का मुग़ालता नहीं है कि जिस

समस्या से पुरानी पीढ़ी के बौद्धिक बुरी तरह टकरा रहे हैं, उसके समाधान का मैंने कोई रास्ता पा लिया है।

काशी का नाम युवा-आक्रोश के साथ बदनामी की हद तक जुड़ गया है। मैंने काशी को ही इस उपन्यास का केंद्र बनाया है। 'अलग-अलग वैतरणी' में एक बार भी लेखक ने करैता नहीं छोड़ा, 'गली आगे मुड़ती है' में एक बार भी काशी नहीं छूटी है। काशी चिरादिम नगर है, नित नूतन भी। काशी के बारे में स्वर्गीय श्री प्रेमचन्द ने १६३३ ई0 में 'हंस' का अक्तूबर-नवंबर अंक 'काशी अंक' के नाम से प्रकाशित किया। वह अपने समय का अद्भुत प्रयत्न था। वह विशेषांक बहुत-सी सामग्रियों से भरा है। उसी में श्री सांवलजी नागर ने 'काशी की कुछ अद्भुत बातें' शीर्षक निबध में पीपा विस्फोट, आनन्द गुहा, श्मशान की खोज, पन्ने की फरशी, भंगड़ भिक्षुक, दाताराम नागर, गोरैया शाही की असली बात, चूना-गारा ढोनेवाला दीवान, पुश्ता, तैलंग स्वामी आदि का मनोरंजक वृत्तांत दिया। श्री कृष्णलाल मेहता ने 'काशी के निवासियों की विशेषताएँ' शीर्षक निबंध में काशीवालों की अजगरी वृत्ति पर खूब फबतियाँ कसी हैं। इसी विशेषांक में श्री जयशंकर 'प्रसाद' की मशहूर कहानी 'गुंडा' छपी थी, जिसमें नन्हकूसिंह नजीब के शौर्य का अप्रतिम चित्रण हुआ है। इसी अंक में स्वर्गीय बंधुवर रुद्र काशिकेय ने 'काशी से तीर्थाध्यक्ष' शीर्षक निबंध लिखा था। बाद में उन्होंने भंगड़ भिक्षुक, किनाराम, दाताराम नागर आदि बहुचर्चित कथाओं के आधार पर अपनी प्रसिद्ध रचना 'बहती गंगा' लिखी। इस तरह बनारस की निकटतम पूर्व की अच्छी छवि अंकित हो सकी, परंतु मेरा विश्वास है कि बनारस जैसे नगर की संस्कृति के प्रति पूरा न्याय करने के लिये उसके अतीत और वर्तमान के सही साक्षात्कार के लिये सैंकड़ों समाजशास्त्रीय शोध-प्रबंध और दर्जनों उपन्यासों की अब भी जरुरत है। तभी गंगा की कमर पर रखे संस्कृति के इस लबालब भरे क्लश को सही ढंग से जाना जा सकता है।

इस उपन्यास को लिखने में लेखकीय व्यक्ति-स्वातंत्र्य और सामाजिक दायित्व के जिस कशमकश से मैं गुज़रा, उसने मेरी

आत्मा पर पूरी छाप डाल दी है। काशी न केवल विभिन्न प्रांतीय लोगों का जीवित संगम है, बल्कि नाना प्रकार की वेश-भूषा और बोली-भाषा का भी विचित्र गुलदस्ता है। काशी में खुद स्थानीय बोली भोजपुरी के ही पूर्वी और पछांही रूप धड़ल्ले से चलते हैं। खांटी काशीवासी पछांही भोजपुरी का प्रयोग करते हैं, इसलिए बोली-बानी को ज्यादा बोझिलता से बचाने के लिए अवधी मिश्रित भोजपुरी यानी काशिका का ही प्रयोग हुआ है।

इस उपन्यास के एक वृहद् अंश को 'धर्मयुग' ने धारावाहिक रूप में प्रकाशित किया। चार-पांच क़िस्तें पढ़ने के बाद ही पाठकों के जो आत्मीयतापूर्ण पत्र मिलने लगे वे लेखक के लिए मूल्यवान् संबल हैं।

जैसा पहले ही निवेदन किया गया, इस उपन्यास में अनेक अंचलों की तथा विदेशी संस्कृति का समवेत चित्रण होने से कई अनजाने शब्दों का प्रयोग है। कदना, मंडा, जैसी बंगाली मिठाइयों के नाम हैं तो करोला, दियारिया जैसे गुजराती शब्द भी हैं।

गुजराती संस्कृति से निकट का परिचय प्राप्त कराने में मेरी सह-प्राध्यापिका डॉ. कमलिनी मेहता का जो स्नेह-सौजन्य मिला, उसके लिए कृतज्ञता व्यक्त करना औपचारिक होगा। पाठकों और आलोचकों से अनुरोध करता हूँ कि कृपया पूरा उपन्यास पढ़कर ही निर्णय लें, वही उचित और समीचीन होगा। इति विदा पुनर्मिलनाय--

सुधर्म **शिवप्रसाद सिंह**

१३, गुरुधाम, वाराणसी-२२१००५
श्रीकृष्ण जन्माष्टमी, २०३० संवत्
२१ अगस्त १९७३

गली आगे मुड़ती है

पुल पर दचके लगते ही हैं, असमंजस में किनारे पर रुक जाओ तो कोई परेशानी नहीं।

गाड़ी मालवीय पुल के पास पहुँच रही थी। मैं खड़र-खड़र की आवाज और जोड़ों पर उठती दचक से जाग गया। मैं सोया था, ऐसा तो नहीं कह सकता। हल्की झपकी जरूर आ गयी थी। रेलवे गाड़ी भी किसी झूले से कम नहीं। मैं अक्सर सोचता हूँ कि तेज रफ्तार से चलनेवाली चीजों पर बैठने से ऐसा क्यों होता है। मैं एक बार एक दोस्त के साथ मोटरबोट में घूम रहा था। यों ही। उसने पूछा--मोटरबोट पर चढ़े हो ? मैं चुप रह गया। दोस्त धनी है। मैं उसे दोस्त मानने से इनकार नहीं करता। पर मैं किसी के आगे, चाहे वह मेरा कोई भी हो, 'हें-हें' नहीं करना चाहता। वह कहता है कि तुम घोंघा हो। बुर्जुवा खयाल के आदमी। इसमें कौन-सी एहसान की बात है ! तुम एहसान मत मानना। आओ, चलें। मैं चला गया। रामनगर किले से वरुणा-संगम तक उसने फेरे पर फेरे लगाये।

मुझे नहीं मालूम, मोटरबोट के पीछे उभरते-धसकते गजीले पानी को देखकर या नदी की हवा के बार-बार चेहरे पर टकराते रहने से मुझे नींद आने लगी। मैं उस दिन अपने से ही नाराज हुआ था। मेरे दोस्त ने कुछ नहीं कहा। शायद वह मोटरबोट चलाने में इतना खोया था कि मेरा ऊँघना देख भी न पाया।

रेलवे गाड़ी में ऐसा अक्सर होता है। बदन क़ाम नहीं करता यह सही है; पर मन क्यों ऐसा थक जाता है ! मुझे लगता है कि हमें कोई ढोकर ले जाता है, इसलिए नींद आने लगती है। आप नहीं मानते। जाने दीजिए। पर मुझे लगता है कि किसी के ऊपर विश्वास करके निश्चिंत हो जाने से कुछ-न-कुछ नींद का संबंध जरूर होता है।

गाड़ी अब भी खड़खड़ा रही थी। तभी एक साथ डिब्बे में बैठे मुसाफिर चिल्लाए--"बोलो, बोलो गंगा मइया की जै, बाबा विश्वनाथ की जै ?" भेड़ कहीं के। आधे पुल तक चुप थे। एक बोला तो सब बोले।

पहले बोला एक साधु था। वह मेरे सामने की सीट पर बैठा था। तभी झन्न-झन्न करते कुछ पैसे पुल की मेहराबों से टकराकर गंगा में जाने से रह गये। कुछ के गये भी। पर खुश सब थे। पानी को पैसा चढ़ गया। गंगा को एक सिक्का भेंट कर दिया। वह काहे के लिए ? और इतनी खुशी क्यों ? गंगा शायद रिजर्व बैंक है, कभी लौटाती होगी अमानत !...

सच पूछिए तो मैं इस साधु से चौकन्ना था। कोई सामान लेकर किसी स्टेशन पर न उतर जाय। आप कहेंगे कि तुम्हें साधुओं से नफरत होगी, वरना तुम उसके बारे में ऐसा क्यों

सोच बैठे।

मुझे साधुओं से नफरत नहीं है। मैंने अस्सी घाट से राजघाट तक की गंगा के किनारे-किनारे अक्सर परिक्रमा की है। गर्मियों में आधा दर्जन परिक्रमाएँ तो निश्चित होती होंगी। सभी घंटा-भर रात ढले से नौ-दस बजे तक। घाटों की सीढ़ियों में, गुमटियों के भीतर, नंगी पथरीली सीढ़ी पर लेटे या टाँगें पसारे, अहरे पर बाटियाँ सेंकते या बरतन के नाम पर जिनके पास एक रमलोटवा ही है, खिचड़ी पकाते , गंदे बालों और दाढ़ियों से जूँ निकालते मैंने बहुत-बहुत ढेर सारे साधु देखे हैं।

मगर यह उन सबसे भिन्न था। एकदम काला। हमारे चाचा होते तो सिर्फ रंग के आधार पर कह देते--मुसहर है। बाद में वह ब्राह्मण भी निकल सकता है। निकले। चाचा अपने निष्कर्ष में बेदखली के नितांत दुराग्रही थे। "होगा बाभन !" वे चिल्लाएँगे--"मैं तो उसे मुसहर ही कहूँगा।"

क्यों कहेंगे साहब, हममें से कोई ऐसा पूछ नहीं सकता।

हम थोड़े साफ रंग के हैं। चाचा बहुत गोरे हैं। एक बार ऐसे ही उन्हें टोक दिया। बिफरकर बोले, "तेरी माँ मुसहर से लगी होगी। तू इसीलिए इस भुचेंगड़े [1] का पक्ष लेता है।"

मैं चुप हो गया। दो-तीन और थे चाचा के हमउम्री। वे दाँत निपोरकर बुत की तरह सुन्न हो गये थे। मुझे बड़ा अजीब लगा। हँस रहे हो, किसी को दुःखी करके भी, तो हँसो। खुलकर हँस लो। अपने मजे में मत चूको भाई। पर यह क्या ! दाँत निपोरा और सुन्न हो गये। जैसे खुशी की लिजलिजी गिलहरी को गूँगे साँप ने पकड़ लिया हो।

"अरे भाई, उसकी क्या बात !" एक बुत का मुँह खुला -- "शहर में रहती है अकेली औरत। है आसपास गाँव-गिराँव की किसी तिरिया में ऐसा ताव !"

दूसरे बुत में भी जैसे किसी ने चाबी भरी, "रहन-सहन सब शहरी हो गया। क्या उल्टे पल्लू की.... ।"

"चुप बे मुसहर की औलाद !" चाचा गुस्से में आ गये। क्योंकि नंबर दो का बुत गँवई रिश्ते में मेरी तरह उनका भतीजा नहीं, भाई होता था। उसे ऐसा नहीं कहना चाहिए था।

"देखो हरिचरन !" बुत चौचक खड़ा होकर बोला, "आगे कुछ कहा तो ठीक न होगा।"

"अबे जा-जा स्साले, चमार की तरह अपना रंग नहीं देखता। डींगें हाँकता है ठाकुर-बाभन की तरह। तेरी मजाल कि मेरे खानदान की ओर आँख उठाए, साले ढेंढर[2]

---

1. एक काले रंग का पंछी

2. आँख का डला

निकाल लेंगे, हाँ।" बुत नंबर दो चुप हो गया। जाने क्या सोचा उसने और अकेले चला गया।

"जाने दो यार हरिचरन भाई !" बुत नंबर एक चाचा के तमतमाए चेहरे पर भीगी रूमाल सहलाता--जैसे बोला, "मुँहफट है, जो आया बक दिया।"

"मुँहफट है तो अपने दरवज्जे बैठकर सगरे गाँव को गाली दे, मैं बोलने जाऊँ तब तो ? गाँजे की दम मारने के लिए दाँत निपोरे यहाँ आते हैं, और जिस पतरी में खाते हैं उसी में छेद करते हैं ससुर उपरफट्टू कहीं के !"

मैं चला गया। मैं उस शाम सारे सिवान में बिना-वजह घूमता रहा। मुझे उस दिन कुछ हो गया था। जानी-पहचानी मेंड़ों से पैर फिसल जाता। मैं, जो मीलों फैले गेहूँ के खेतों पर आँखों का चंदोवा ताने बिना एक पग आगे न बढ़ाता था, आज अंधाधुंध रपटनों से बेपरवाह चलता जा रहा था, चलता जा रहा था।

मन में जाने कब का सोया हुआ शुनःशेप आजीगर्ति चिल्लाने लगा। किसके पास जाऊँ, किससे कहूँ कि मेरे पिता को दिखा दो। बेचारा लड़का। शैतान था, माँ-बाप ने नाम रख दिया कुत्ते की दुम। उतने पर भी दिल की जलन न गयी। किसी के हाथ बेच दिया कि कबाहट दूर हो। मेरे मन का दुःख भी शुनःशेप के लिए सहानुभूति से भर उठा। राजा हरिशचंद्र के भागे हुए पुत्र की बलि के लिए उसे खरीद लिया गया था। बलिस्थान पर यूपदंड में बँधा हुआ वह बोला :

कस्य नूनं कतमस्यामृतानां मनामहे चारु देवस्य नाम।
को नो मह्या अदितये पुनर्दात्पितरं च दृशेयं मातरं च ।।

मेरे संस्कृत अध्यापक की आँखें इस ऋचा को पढ़ते वक्त गीली हो गयी थीं। गीली तो मेरी भी थीं। उन्हें बोलते-बोलते जाने कैसे यह प्रसंग याद आ गया। क्या उनके मन में भी यह श्लोक हूक बनकर सोया है ? मैंने उनके चेहरे से आँखें हटाकर किताब पर लगा लीं। उस दिन भी मेरे गले में बबूल के काँटे उग आये थे। लगता था कि थूक घोंटने में भी तकलीफ हो रही है। मेरे अध्यापक कह रहे थे, "किस सुंदर देवता का नाम पुकारूँ, किसे गुहारूँ ! कौन है ऐसा जो मुझे अदिति दे, बुद्धि दे, शक्ति दे कि मैं अपने पिता को देख सकूँ, अपनी माँ को देख सकूँ !"

मैं उस रोज अपने को रोक न पाया। कक्षा समाप्त होने पर मैं भट्टाचार्यजी के पीछे हो लिया। वे टेबल पर रजिस्टर रखकर बैठे ही थे कि मुझ पर नजर पड़ी। वे अभी भी स्वस्थ नहीं थे। आँखें चमकीली लग रही थीं। चेहरे पर एक मिटे हुए रंग के निशान बाकी थे। कभी-कभी दुःख का रंग भी चेहरे को चिकना कर देता है।

"क्या बात है तिवारी ?"

"जी, कुछ नहीं, एक जिज्ञासा है सर !"

"बोलो।"

"शुनःशेप की ऋचा में ही दर्द था कि आपके मन में भी ?" मैं उस दिन सभी विधि-निषेधों से जैसे परे हो गया होऊँ।

भट्टाचार्य महाशय एक क्षण मुझे देखते रह गये। उनके चेहरे पर एक नया रंग दौड़ा। मुझे संदेह की इस चिपचिपी वार्निश से सख्त नफरत है; तो भी मैं सह गया। वे एकटक मेरे चेहरे को देखते रहे। गनीमत थी कि उस वक्त कमरे में कोई और न था। मैं भी उन्हें वैसे ही देखता रहा। वार्निश उड़ने लगी थी। उन्होंने कुरते से रूमाल निकालकर मुँह पोंछा। फिर वही चिकनाई, रोहू मछली के गलफर की तरह। मुझे हमेशा इस मछली की याद से मिचली आने लगती है। इतने मासूम और नरम होंठ शायद ही किसी के हों ! पानी से निकाल दो, तो तड़पती है। कुछ देर के बाद बदन की तड़प तो रुक जाती है, पर मुँह के पास क्रीम पॉपी की तरह खिले ये होंठ काँपते रहते हैं, जैसे मरने के पहले कुछ बुदबुदा रही हो। भट्टाचार्य महाशय ने कहा, "क्यों तिवारी, क्या तुम्हारे भीतर भी शुनःशेप सोया है ?"

"नहीं सर, वह तो नहीं, उसका दर्द जरूर सोया है ?"

"क्या तुम्हारे भी पिता नहीं हैं, रामानंद ?"

"हैं, सर।"

"फिर....?"

पता नहीं उस वक्त क्या हुआ ! मैं ऐसा कमजोर कभी न था। मेरी आँखें, मेरा गला, मेरा हृदय सभी इस कदर हाथ से कैसे निकल गये ! मेरी आँखें डबडबायी ही नहीं, आँसुओं की धार बह चली।

"सॉरी सर," मैंने कहा और कमरे से बाहर निकलने के लिए झटके-से मुड़ा।

"तिवारी !" भट्टाचार्यजी ने पुकारा, "आँखें तो पोंछ लो।"

मैंने रूमाल निकालकर आँखें पोंछ लीं। मुझे चलते देख उन्होंने कहा, "मेरे माता-पिता पूर्वी पाकिस्तान में मारे गये तिवारी ! मैं उस वक्त कुल सात साल का था, सिर्फ सात साल का। मेरी परवरिश, पढ़ाई-लिखाई, सब कुछ मेरे मामा के यहाँ हुई। वे लोग यहाँ बनारस में रहते हैं।"

"जी।" मैं कमरे से बाहर चला आया।

आज एक मामूली-से देहाती ने इस तरह कह दिया। माना कि उसने मेरे पिता का नाम नहीं लिया, उन्हें कुछ नहीं कहा, पर क्या यदि वे हमारे साथ होते तो उस गँवार की हिम्मत होती कि वह मेरी माँ के बारे में कुछ कह सके ?

अम्मा कितना सहती हैं ! मेरी अम्मा धरती हैं, पैरों से कुचलते रहो; पर उन्हें कुछ

भी महसूस नहीं होगा। शायद मैं गलत कह रहा हूँ। महसूस क्यों नहीं होता, मसोसती हैं, पर उफ् नहीं करतीं। तो क्या धरती के समान क्षमाशील बनने के पोस्टर को चिपकाये रखने के लिए वे मौन धारण किये हैं ?

गाड़ी मालवीय पुल पर थी। मैंने इस पुल को नाना भंगियों से देखा है। गर्मी की धूप में खड़खड़िया के भीतर दो टुकड़ों में बँटते हुए। सच, खड़खड़िया भी कितना अजीब करिश्मा है !

गर्मी की दोपहरी गाँव में अजीब सन्नाटा लिये आती।

"रामू की अम्मा !" उन दिनों पिताजी छुट्टी पर घर आये होते। अम्मा तुरंत चारपाई से उठकर पल्लू को सिर पर रखे खड़ी हो जातीं।

"वह कुत्ते की दुम कहाँ गया ?"

अम्मा कुछ न कहतीं।

"मैंने कहा तुमसे, एक दिन वे पैर तोड़ताड़कर लौटेंगे। रोज दोपहरी में ठाकुर के बगीचे में पेड़ों पर चढ़-चढ़कर कोंपलें तोड़ते हैं। उनका रखवारा लाल-पीला हो रहा था। उसके डंडे से बच भी गये बच्चू, तो राम कसम, देख लेना, किसी पेड़ से गिरकर हाथ-पैर जरूर टूटेगा।"

मैं बाहरी निकसार में खड़ा उनकी बातें सुनता होता। उस वक्त मेरी कमीज की दोनों जेबें कोंपलों से भरी होतीं।

मैं उन दोनों को चुप देख धीरे से आँगन में हेल आता।

"लो आ गये सपूत, देख लो कमीज की जेबें, कच्चे आमों की चोप[1] से कैसी दागदार हो गयी हैं !"

मैं चुपचाप अम्मा के कमरे में घुस जाता।

मुझे देखते ही बिट्टी दौड़ी आती और मेरे कमीज के निचले पॉकेट से सारे टिकोरे निकाल डालती।

"तुमने ही उसका मन बहसाया है।" इस बार अम्मा की चुप्पी पिताजी को बहुत अखर जाती। "तुम एक बार भी डाँटती नहीं। तुम माँ-बेटे यही चाहते हो तो यही हो। कौन बेमतलब बोलकर मुँह थेथर करे।"

"यहाँ कौन किसकी सुनता है !" अम्मा धीरे से दरवाजे का पल्ला पकड़े हुए कहतीं, "आप क्या पूरी छुट्टी गाँव रहेंगे ? आप क्या उसे रोज घर-बाहर निकलते वक्त मना करेंगे ? आप क्या अपने लड़के को गलत काम करने से रोक सकते हैं ?"

मैंने पहली बार धरती को करवट लेते देखा था। अम्मा की आँखें डबडबा गयी थीं, पर चेहरा निरंतर लाल होता जा रहा था। उनकी आवाज इस कदर थरथरा रही थी कि

---

1. चिकना रस जो कच्चे आमों से निकलता है।

बिट्टी ने टिकोरे कुतरना बंद कर दिया। हम दोनों चारपाई के नीचे छिप गये।

"आप तो किसी और चस्के में पड़े हैं। आप घर सिर्फ खानापूरी करने आ जाते हैं। दो-एक दिन के बाद बहाना बनाकर कि हेडमास्टर ने मुझे कुछ जरूरी कामों से बुलाया है, घर से गायब हो जायेंगे। आपका हेडमास्टर और 'हेडक्वार्टर' मुझे मालूम है। ऐसी हालत में लड़के बिगड़ते हैं तो इसकी जिम्मेदारी किसकी है, मेरी या आपकी ?"

अम्मा का तेवर देखकर पिताजी सकपका गये।

"तुम माँ-बेटे सभी एक-जैसे हो। कुत्ते की दुम को हजार साल नलकी में रखो, वह टेढ़ी-की-टेढ़ी ही रहेगी। तुम लोगों के तो सीधे मुँह बात निकलती ही नहीं।"

वे चुपचाप आँगन से बाहर चले गये।

"नंदू," अम्मा पल्लू से आँसू पोंछते हुए बोलीं, "बेटा, ऐसी दोपहरी में घर से नहीं निकलते। देखो, खड़खडिया नाच रही है।" और वे अपने कमरे में चारपाई पर लेट जातीं।

मुझे मालवीय पुल जेठ की चनचनाती दोपहरी में स्वप्नलोक के खुलते-बंद होते पंक्तिबद्ध दरवाजों-जैसा लगता है।

खड़खड़िया यानी मृगतृष्णा का नाच आपने नहीं देखा है। अम्मा कहती थीं, यह नाचती है। आपने भी गर्मी के दिनों में यह दृश्य देखा होगा। सामने के सभी गाँव, बगीचे, इक्के-दुक्के पेड़, कंजड़ों की झोंपड़ियाँ--सभी इसमें छिप जाते थे। जो छिपने से इनकार करते हैं, उन्हें वह बीचोबीच चीरकर दो टुकड़ों में बाँट देती। आपने जड़ अलग, बीच में कुछ नहीं खाली सफेदी और ऊपर पत्तों का छतनार चंदोवा देखा है ? जरूर देखा होगा, खड़खड़िया सर्वत्र नाचती है। वह दुःसह गर्मी से मदहोश होकर अपना घाघरा उलट-पुलट डालती है। उसके सफेद घाघरे का घेर सबको अपने भीतर छिपा लेता है।

--तो खड़खड़िया मालवीय पुल को भी दो टुकड़ों में बाँट देती थी, अम्मा अलग, बाबूजी अलग। हम और बिट्टी अलग ।

मालवीय पुल को मैंने अस्सी के बलुए घाट पर खड़ा होकर बार-बार देखा है। धारासार बरसात में भी। सफेद फालसाई बादल झुक-झुककर इसे चूमते हैं तो मुझे जाने क्यों जेनिफर याद आने लगती है। आप कहेंगे, तुम मूर्ख हो। बनावटी पुल देखकर जेनिफर की याद रूमानियत है। जी, मैं ईमानदारी के नाम पर स्वीकार कर ले रहा हूँ कि यह रूमानी बात है। पर मैंने यह सोचा नहीं है। मैंने अपनी फैकल्टी के कॉमनरूम में किसी मैगजीन में एक तस्वीर देखी थी । लेटी हुई जेनिफर की। बिल्कुल सात मेहराबें थीं। इस तरह आसमान देखती लेटी औरत किसे अच्छी नहीं लगती !

मालवीय पुल पर मँडराते बादलों को देखकर यदि मुझे जेनिफर के शरीर पर झुका शशि कपूर याद आ गया, तो इसमें गुस्सा होने की क्या बात है ! मुझे अलबत्ता मालवीय पुल और बादलों के बीच ऐसा सहयोग नजर नहीं आता। बादल घुमड़ते हैं और सातों मेहराबों पर से फिसल जाते हैं। वे एक मिनट एकाकार होते हैं, समरस और दूसरे ही

क्षण एकदम से अलग।...

इस तरह खिंचने-जुड़ने की बात चली तो मुझे फिर पिताजी की याद आने लगी। पता नहीं क्या हुआ कि वे हमें छोड़कर चले जाते। रहते-रहते उदास हो जाते और एक दिन ऐसा आया कि वे हमें हमेशा के लिए छोड़कर चले गये। कोई ज्यादा दूर नहीं, सिर्फ पाँच कोस दूर कर्मनाशा स्टेशन के पास। सुना उन्होंने दूसरी शादी कर ली।

बनारस भी क्या अदा से बसा हुआ शहर है। गंगा को धनुषाकार होना था तो यहीं क्यों हुई; और यदि हुई ही तो उसने अपने सारे मरोड़ को एक शहर में क्यों बदल दिया ? इसे देखकर लगता है जैसे कोई तपस्वी कुमारी अपनी बलखाती कमर पर संस्कृति का कलश धरे चली जा रही है। हाय, यह छत्राकार ज्योति कितनी शाश्वत और अमर है !

ऋषि इसे देखकर पागल हो गया था। बुझव्वल बुझाने को लड़कपन भी कह सकते हैं। पर उसे कुछ भी कहे जाने की चिंता न थी, वह तपाक से बोला, "जल के ऊपर छत्राकार फैली वह कौन-सी ज्योति है जो प्रलय में सारी धरणी के निमग्न हो जाने पर भी ज्यों-की-त्यों बनी रहती है।" [1]

मेरी आँखों के सामने झुंड-के-झुंड संन्यासी-साधु खड़े हो जाते हैं। जो इस सवाल को सुनकर एक क्षण मौन रहते हैं, फिर समवेत स्वर में चिल्ला उठते हैं, बनारस ! बनारस !! बनारस !!!

--गुड मार्निंग डियर बनारस....!

मुझे बिट्टो का यह अंदाज बहुत बुरा लगा। इतने गहरे सौंदर्य को धेले के मोल बेच रही थी। वह टकटकी लगाये गंगा के किनारे फैले बनारस को पीये जा रही थी।

वह भुचेंगड़ा साधु उसकी ओर देखकर हँस रहा था। मैंने उसकी नजर बिचलाने की गरज से पूछा :

"कहिए महाराज, कहाँ तक जाना है आपको ?"

"कुछ हमसे कह रहे हो रामजी !" वह वैसे ही बिट्टी की तरफ देखते हुए बोला।

मुझे बेहद गुस्सा आ गया, "और नहीं तो क्या रामजी से पूछ रहा हूँ ?" इस बार उसने मेरी ओर देखा। वह काला था, सही है। पर उसके काले-सलोने मुँह में दो बड़ी-बड़ी काँचल आँखें खूब फबती थीं। उसके चेहरे पर काले बालों की लटें जरूर वाहियात थीं। छोटी-छोटी दाढ़ी-मूँछें भी कोई आकर्षक नहीं थीं। शायद इतने सारे अनाकर्षण के बीच ही आँखों को फबना था। जैसे किसी नटखट लड़के ने श्यामपट्ट पर

---

1. तुलनीय : छत्राकारं तु किं ज्योतिर्जलादूर्ध्वं प्रकाशते।
निमग्नायां धरण्यां तु न निमज्जति तत्कथम्।।
--ब्रह्मवैवर्त

खड़िया के दो गोल-मटोल ढोंगे रख दिए हों।

"रामजी, सब-कुछ जानते हैं भइया ! मैं क्या जानूँ कि कहाँ जाना है, कहाँ से आ रहा हूँ। कहाँ जा रहा हूँ।"

"बंद कीजिए अपनी फिलॉसफी," मैंने उधर से आँखें हटा लीं।

"नाराज हो गये रामजी।" वह धीरे-से मुस्कराया, "वंशीवाले की अदा ही ऐसी होती है रामजी कि गुस्सा होकर भी गुस्सा न आये। दुनिया में अच्छी चीज को सब देखना चाहते हैं रामजी, समझे न; पर देखना भी बिना बाधा के कैसे और कहाँ हो पाता है ! तुम समझते हो राम जी कि बनारस सुंदर है, मैं भी समझता हूँ रामजी कि वह सुंदर है। तुम भी उसे देखते हो, मैं भी समझता हूँ। मैंने तो तुमसे नहीं पूछा कि क्यों देखते हो, काहे देखते हो ?"

"मैंने कहा न कि आप फिलॉसफी बंद कीजिए"-- मैंने रुखाई से कहा।

बिट्टो अब साधु को ध्यान से देखने लगी थी। अभी तक उसे साधु देख रहा था, अब वह साधु को देख रही थी। मैंने बिट्टो को एक खुदक्का दिया, हालाँकि इतनी सावधानी से कि मेरी सावधानी को साधु लख न सके, पर वह बड़ा काइयाँ था।

"लड़की पर हाथ नहीं चलाते रामजी।" वह फिर बोला, "बड़े भाग्य और पुण्य से किसी घर में श्री जन्म लेती है रामजी, और वह जहाँ जाती है, सारे घर-परिवार को इन्सान बना देती है। है कि नहीं रामजी ?"

"क्या मतलब !"

"इसका मतलब तो रामजी उम्र बढ़ने के साथ समझोगे। पर समझोगे। अपनी बहन हो, बेटी हो, पतोहू हो तो इन्सान सोचता है रामजी कि दूसरे की बहन, बेटी और पुत्रवधू के साथ कैसा सलूक करना चाहिए। इसलिए रामजी, मैंने कहा न कि लड़की पर हाथ नहीं उठाते।" इस बार उसने आँखें फेर लीं। वह अब एकटक पंचगंगा घाट की ओर देख रहा था। उसने दोनों हाथ जोड़कर सिर से लगाया।

"जय गोविन्द, जय गोपाल, जय बिंदु माधव, छिमा करो नाथ।"

मैं उसकी तरल होती मुख-मुद्रा देखता रहा।

गाड़ी अब राजघाट स्टेशन पर रुकनेवाली थी।

"महाराज, आप कहाँ रहते हैं ?" मैंने उस साधु से पूछा। मैं भी अनजाने उसकी ओर आकृष्ट हो गया था।

उसने दोनों तरफ मुँहवाली अपनी झोली उठायी और कंधे पर लटका ली, "चलते राम की कोई जगह नहीं होती भइया !" वह दरवाजे की ओर बढ़ गया। मैंनें अनजाने भँवर-जाल में पड़ी अम्मा को जताया कि यहीं उतरना है। वे हड़बड़ाकर खड़ी हो गयीं। मैंने सामानों की गिनती की और फिर सीट पर बैठ गया। गाड़ी रुक गयी।

राजेश्वरी मठ बड़ा है। राजेश्वरी मठ पुराना है। राजेश्वरी मठ सच कहिए तो आज के जमाने की दृष्टि से भूतखाना है।

हमने उसी दिन सबेरे ही अपने कमरों की सफाई शुरू कर दी।

"कौन है हो रामानन्द !"

खड़ाऊँ की खटखट आवाज से ही हम समझ गये कि पुजारीजी आ रहे हैं। मैंने झाड़न एक तरफ रख दिया और दरवाजा खोल दिया।

राजेश्वरी मठ के पुजारी बाबा रामकीरत दास अपने किस्म के अलग इन्सान हैं। साठ के हुए, पर चेहरे पर कहीं एक झुर्री भी नहीं दिखती। गृहस्थ-जैसे रहते हैं। शरीर पर लुँगी के अलावा कोई वस्त्र नहीं। नंगे बदन ऐसे लगते कि साखू की सिल्ली हों। गरदन ऐसी मोटी कि खोपड़ी गोबर में धँसे नारियल की अधटूटी कड़ी खपड़ी-जैसी लगती।

"आइए महाराज, पा लागी।" मैंने हाथ की गर्द झाड़ते हुए कहा।

"चिरंजी, चिरंजी, कहो नंदू बेटा, हाल-चाल बढ़िया है न ; हें-हें... तुम्हारी अम्मा नहीं दिखतीं ?" पुजारी ने अगल-बगल झाँका, पर अम्मा नहीं दिखीं तो चेहरे का रंग बदला, "सुनो नंदू, मैंने सुबेरे खटपट सुनी तभी जान गया कि चरण पड़ गये संतन के। तो बबुआजी, कान खोलकर सुन लो। दो महीने का किराया दस बजे से पहले हमरे बइठका में पहुँच जाय। नहीं नीच-ऊँच जबान चल गयी तो पीठ-पीछे दोस मत लगाना,हें-हें-हें, मुझे देखकर तुम्हारी अम्मा छिप गयीं, जानती हैं कि मैं किस प्रयोजन से आ रहा हूँ... भइया, छिपने से जान नहीं बचती। ई सब भगवानजी की जायदाद है। मैं तो उनका सेवक-सिपाही हूँ। कारिंदा कह लो चाहे, जो जी में आये। मैं अमानत में खयानत नहीं कर सकता... ।"

"मेहरबानी करके अपना भाषण बंद कीजिए। आप कोई गोगो [1] नहीं हैं कि आपके डर से अम्मा छिप जायें। वो नहा रही हैं। आप अब पधारें, समय से आपका किराया पहुँच जायेगा--नमस्कार।" मैंने झाड़न उठा ली। पुजारीजी का चेहरा गुस्से से बैलून हो गया। फिर होंठ हिलते नजर आये, जैसे किसी शरारती लड़के की उंगलियाँ उसकी बैलूननुमा चेहरे की ठेंपी के पास हरकत कर रही हों। अभी पीं-से आवाज निकलेगी, मैंने सोचा और बरबस चेहरे पर हँसी आ गयी। पुजारी तिनक गया।

"अच्छा, अच्छा। मैं जा रहा हूँ बइठके, पर टेम का खियाल रखना, नहीं तो बक्स-बिस्तर सड़क पर होगा, हाँ..."

पुजारीजी सीढ़ियाँ दचकाते नीचे चले गये।

"क्यों चिढ़ा दिया बुड्ढे को ?" बिट्टो बोली।

---

1. बच्चों को डराने वाली चीज

"नंदू, तुम्हें बात करने का सलीका भी नहीं आता।" अम्मा पल्ले की आड से बाहर निकल आयी थीं।

"तुम जाकर नहाती क्यों नहीं।" मैंने खिड़की का पल्ला झाड़ते हुए कहा, "तुम सलीका दिखातीं और वह पिताजी की निर्दयता का बखान करके नकली सहानुभूति दिखाता और...?"

"और क्या ?"

अम्मा ने गुस्से से पूछा।

मैं चुप रह गया।

उन्होंने लंबी साँस ली और चेहरे पर एक अजीब किस्म की चिपचिपी शर्मिंदगी पोते कमरे में चली गयीं।

बिट्टो सिर झुकाये मेज पर बिना खोयी हुई कोई चीज खोज रही थी। अम्मा जब नहाने वाले कमरे में चली गयीं तो बिट्टो ने सिर उठाया। पास आकर खड़ी हो गयी।

"आठ बजकर चौंतीस मिनट।" उसने टेबल-घड़ी पर टकटकी बाँधकर कहा।

"एक घंटा छब्बीस मिनट शेष।" मैंने खिड़की का दूसरा पल्ला झाड़ते हुए कहा।

"आखिर तुम कौन-सा करिश्मा करने जा रहे हो, सुनूँ तो ! अभी चलते-चलते अम्मा हरी चाचा से चिरौरी कर रही थीं कि बटाईदारों से अगवढ़ लेकर जल्दी भेज दें। बहुत जल्दी भी की चाचा ने तो जुलाई-अंत के पहले मनीऑर्डर आ नहीं पायेगा ।"

"तू मेरी जान क्यों खा रही है, नहीं आयेगा मनीऑर्डर तो अच्छा ही होगा, कम-से-कम तू किसी सहेली से प्रॉस्पेक्टस देखने के बहाने बाहर तो नहीं जायेगी... ।"

"हूँ, तो मेरी शाहखर्ची से तिवारीजी दुबला रहे हैं, अरे वाह रे वाह, क्या कहने हैं मिट्टी के शेर, तू तो पैरों में चक्की बाँधे लंका और अस्सी की सड़कों पर कुदक्के लगायेगा और किसी चायघर या रेस्तराँ में बैठकर प्यालियाँ ठनकायेगा और फिजूलखर्ची की तोहमत मेरे सिर मढ़कर अम्मा को पट्टियाँ पढ़ायेगा--क्यों नहीं करेगा भला। यह तो तेरा जन्मसिद्ध अधिकार है। बड़ा होने का इतना भी फायदा न हो तो जन्म लेने का मजा क्या ? है न ?"

"जा-जा, घर धो डाल, यहाँ खड़ी-खड़ी सपड़-सपड़ करके मेरा सिर मत चाट।"

"आज तुझे हुआ क्या है ? अम्मा से सुबह लड़ पड़ा, अब मुझे उड़नझाइयाँ दे रहा है। आठ बजकर चालीस मिनट।"

"एक घंटा बीस मिनट शेष।"

बिट्टो ने पेपरवेट फेंका, पर वह बगल में गिरा। वह बाल्टी उठाये नल के पास चली गयी।

राजेश्वरी मठ भी क्या मकान है ! दो महीने में ही सारे कमरे जैसे चूहों के अखाड़े बन गये हैं। आखिर क्यों न हो। जैसी नीयत, वैसी बरक्कत ! राजेश्वरीप्रसाद जायसवाल राँची के वैश्य कुल के आभूषण थे। कहते हैं कि उनके दाहिने हाथ में लकवा मार गया। बड़ी दवा-दारू करायी, पर उँगलियाँ सीधी नहीं हो पायी। टेढ़ी उँगली से घी निकालकर उन्होंने काशी में दीपदान किया। अस्सी के बड़े गूदड़ अखाड़े के किसी बाबा ने उन पर दया कर दी। तुलसी-पत्र पर राम-नाम लिखकर आटे की गोलियाँ बनाकर मछलियों को खिलाइए--राम जी की कृपा होगी तो उँगलियाँ सीधी हो जायेंगी। अनार की कलम को गोपीचंदन के लेप में डुबाकर टेढ़ी उँगलियों से ही कोशिश कीजिए। जितने भी हों, उन्हें आटे की गोलियों में बंद करके मछलियों को खिलाते जाइए--संत का आदेश हुआ। राजेश्वरीप्रसादजी की गुरु में अमोघ आस्था थी। राम जाने आस्था के कारण, या तुलसी-पत्ते और अनार के डंठल के असर से या लिखने की कोशिश और कसरत से उँगलियाँ सीधी हो गयीं।

राजेश्वरीप्रसादजी ने अस्सी नाले के बायें तट पर ठीक संगम के पास यह कोठी बनवायी और काशी-वास करने लगे। गुरु की आज्ञा से कोठी में ही एक छोटा-सा मंदिर बना। राम आये, सीता आयीं। पूरी पंचायत आयी। पूजा-आरती के लिए पुजारी आये। उस वक्त पुजारी की उम्र बीस साल थी। वे संसार से विरक्त राम-नाम के पीछे मतवाले थे। राजेश्वरीप्रसादजी उनके बाल-वैराग्य को देखकर मुग्ध हो गये। राँची से एक बँधी रकम मंदिर की पूजा-आरती के लिए आती रही। राजेश्वरीप्रसाद ने जब गंगा-लाभ किया तो कोठी रामसीता के नाम लिख गये और पुजारीजी को सौंप गये। राजेश्वरी कोठी बाद में राजेश्वरी मठ कही जाने लगी। गुरु की उन्हें याद भी नहीं आयी और न तो उनके लिए कोई दक्षिणा ही छोड़ गये...अब अगर इसे चूहे कुतर जायें तो किसे दोषी माना जाये।

"क्यों बे नंदू ?...अरे नंदू है क्या ?"

"कौन है बे...देबू ?"

"हाँ, हाँ, मैं ही हूँ साले, कब आया और खबर तक नहीं की !"

"अम्मा आ रही हैं..." मैंने खिड़की से देबू को देखते हुए कहा, "धीरे बोल। ऊपर चला आ।"

सीढ़ी के सामने सायकिल टिकाते हुए देबू बोला, "अभी आया।"

देबू कमरे में हेल आया। पूरी फर्श पानी से भरी थी। ढेर सारा कूड़ाकचरा जगह-जगह तैर रहा था।

"हूँह्...क्या हाल बना रखा है कमरे का ?" देबू ने नाक सिकोड़ी।

"मैं क्या करूँ यार, इसे अब कौन-सा रोग़न पिलाऊँ। सारी फर्श उघड़ गयी है।

इस वाले की तो कुछ गनीमत भी है, आ, इधर देख इस कमरे में... वाह, अरे बैठकर देख भाई--देखा कैसी जाली कटी है ? कहीं इस कमरे में एक बाल्टी पानी डाल दूँ तो शाम तक मठ झुलनी बुढ़िया की गाली से गुँजा करेगा।"

"तो उस पुजारी के बच्चे से क्यों नहीं कहता ! क्या नाम है स्साले का, रमकिरता--वो क्या मुफ्त में किराया लेता है कि कुछ किरायेदारों का भी ख्याल है।"

देबू चूहे-कुतरे कमरे से भागकर मेरे कमरे में आ गया। उसने पानी-भरी फर्श पर टापक्टोप करते हुए पतलून उठाये बचा-बचाकर पैर धरते धीरे-से कुरसी पर आसन जमा लिया।

तभी अम्मा कमरे में घुसीं।

देबू हड़बड़ाकर उठा। उसने अम्मा के पैर छुए।

"जीते रहो बेटा ! और कहो देवनाथ, अच्छे भले तो रहे भइया ?"

देबू हाथ जोड़कर बोला, "ठीक ही रहा अम्मा। तुम्हारी याद बहुत आती रही। राम क्सम, किसी भी दिन खाने बैठने पर तुम्हारी छाया खड़ी हो जाती।"

"चुप बे !" मैंने झाड़ू से पानी बटोरते हुए कहा, "अम्मा की याद आती रही तुझे कि साँवें की खीर..."

"चुप बे हरामी !" देबू तिनका, "तू खीर और अम्मा की बराबरी करता है नालायक !" वह गाली देने जा रहा था, पर बीच में ही चुप हो गया।

"अच्छा-अच्छा, बहुत हुआ, अब तुम लोग अपना वेद-पाठ बंद करो। ब्राह्मण के लड़के हो, कुछ लाज-हया सीखो और चलकर चाय पी लो। क्यों रे देबू, छुट्टी में गाँव गया था कि यहीं चप्पलें तोड़ता रहा ?"

तभी बिट्टो आ गयी। वह नहाकर निकली थी। खुले बाल पीठ पर फैले थे। नहाने के बाद वह गिलहरी-सी लग रही थी। एकदम निचुड़ी गिलहरी।

"नमस्कार भाई साहब।"

"नमस्कार, नमस्कार। कहो आरती "कैसी रहीं तुम ?"

"अपनी बताइए। अम्मा ने पूछा था कुछ ?"

"यह बाथरूम से सारा रंगमंच और वार्तालाप देख-सुन रही थी, एक ही बंदरिया है यह लड़की भी।" मैंने गंदे पानी को चौकठ से हला दिया।

"मैं तो आरती बहन, बनारस ही रह गया। ऐसा कंडम प्रोग्रैम रख दिया सबों ने कि किसी तरह फुर्सत नहीं निकाल पाया। आठ जून से तेईस जून तक सारनाथ में युवजन सभा का शिविर था। इम्तहान से खाली हुआ, अभी हरारत भी नहीं मिटी कि शिविर में हाजिर। शिविर खतम हुआ और सोचा कि गाँव चलूँ तब तक जुलाई हाजिर... ।"

"हूँऽ, तो मिस जुलाई गाँव की अम्मा से ज्यादा महत्त्वपूर्ण है आपके लिए ! अरे साफ कहो देबू भइया कि तुम नेता लोगों को चायघर का चस्का है, वह कहीं जाने नहीं

देता और तुम्हारा यह मिट्टी का शेर नंदू फिजूलखर्ची की तोहमत मुझ पर मढ़ रहा था..." गिलहरी दुम झटकारती चूहे-कुतरे कमरे में चली गयी।

"बड़ी तेज है बंदरिया।" देबू बोला, "क्या प्रोग्रैम है शाम का ?"

"शाम को वहीं मिलेंगे।"

"वहीं कहाँ ?"

"वहीं यानी एम... ।"

"एम मानो मैड, मारविड, मद्रास कैफे..." मेरे कमरे में घुसते हुए बिट्टो बोली, "क्यों भाई साहब, शाम का शिविर तो बदस्तूर वैसे ही चलता रहता होगा ? मद्रास कैफे या एम्बेसी, कौन-सा गुलजार है आजकल ?"

एक क्षण के लिए देबू का चेहरा उतर-सा गया। मैं भी झेंपा, पर मैंने बहुत जल्दी अपनी झेंप को खिसियाहट में बदलते हुए कहा, "हाँ-हाँ, वैसे ही चलता है। तुझे खुफियागीरी करने को किसने कहा ?"

"तूने।" वह वैसे ही बोली, "तू फिजूलखर्ची वाला आरोप वापस नहीं लेता तो मैं तेरी नींद हराम कर दूँगी, काइयाँ कहीं का ! तेरी झाँसापट्टी अम्मा से ही चल सकती है। मेरे सामने रंग न बदला कर। मैं अच्छी तरह जानती हूँ कि कौन-कौन से कनकौवे उड़ाता फिरता है।"

"अच्छा बाबा, मैंने अपने शब्द वापस लिये। अब मेहरबानी करके अपने कमरे में जाओ और हम गरीबों को अपने हाल पर छोड़ दो।"

तभी उसने मेज-घड़ी पर फिर नजर डाली : "नौ बजकर पैंतालीस मिनट।" मेरे तो जैसे फाख्ते उड़ गये।

"अरे बाप रे !" मैं बोला, और कमीज उतारने लगा।

देबू घबराकर बोला, "क्या हुआ, क्या बात है ?"

"कुछ नहीं यार, मुझे नहाने की जल्दी है, नहीं तो पानी चला जायेगा। अच्छा डियर, तो फिर शाम तक के लिये गुडबाइ।"

देबू कुछ कहता कि मैं तौलिया लिये बाथरूम की ओर लपका।

मैंने नल खोल दिया था। देबू के सीढ़ियाँ उतरने की टप-टप आवाज, नल के पानी का कल-कल नाद और पुजारी की धमकियों की गुर्राहट मेरे कानों को सुन्न कर गयी। मैंने लोटा-भर पानी सिर पर डाल लिया और बिला मतलब 'हे कृष्ण माधव हरे मुरारी' का बेसुरा राग अलापने लगा।

ठीक दस बजे पाजामा-कुरता पहनकर मैं अपने कमरे से निकला। बिट्टो मुझे

ऊपर से नीचे तक यों देख रही थी गोया मैं किसी इंटरव्यू में जा रहा हूँ। उसके चेहरे पर हैरानी साफ थी। सह कुछ पूछने को अकुला रही थी, मगर मेरे चेहरे को देखकर उसकी जिज्ञासा मर गयी हो जैसे।

मैंने अपना ट्रंक खोला। एक पैकेटनुमा चीज को पॉकेट के हवाले किया और सीढ़ियाँ उतरता बाबा रामकीरत दास के बइठके में हेल गया। बाबाजी लेटे-लेटे जंभाइयाँ ले रहे थे।

"जै रामजी महाराज !"

बाबाजी यों उठे जैसे किसी ने उनके बदन में जलती सिगरेट छुला दी हो, "कौन है, अरे तुम हो नंदू !" वे आश्चर्य से आँखें फाड़कर मेरी ओर देखते रहे। उन्हें विश्वास ही नहीं हो रहा था कि मैं साढ़े पाँच फीट का पूरा इंसान उनके रू-ब-रू खड़ा हूँ।

"क्या मैं बैठ सकता हूँ महाराजजी ?"

"अरे वाह बबुआ, तुम तो मुझे शर्मिंदा कर रहे हो। नंदू बेटा आओ-आओ, इधर बैठ जाओ तखत पर।" मैं बाबाजी के पैताने तखत पर बैठ गया।

एक बार फिर बाबा रामकीरतदास ने मेरी पूरी शिनाख्त कर ली और आश्वस्त होकर गरदन हिलाते रहे। पता नहीं कौन-सी समस्या थी जो उनके कद्दूनुमा सिर में पूरी तरह जज्ब नहीं हो पा रही थी। मैंने पॉकेट से पैकेट निकाला और तखत पर रख दिया।

"यह क्या है ?"

"आप खोलकर देखिए।"

बाबा रामकीरत ने फिर मेरी ओर शंका की दृष्टि से देखा और पैकेट खोलने लगे।

कागज खुला तो वे चीख पड़े : "बाप रे, इतना गाँजा...!" उन्होंने दोनों हाथों में खुला पैकेट थामे पूछा, "कहो नंदू बेटा, इतना गाँजा कहाँ से ले आये !"

"सुनिए महाराज !" मैंने हाथ बढ़ाकर पैकेट छीन लिया, "इसका एक इतिहास है, उसको जाने बगैर आपको यह चीज नहीं मिलेगी, क्योंकि मैं आपको किसी खतरे में नहीं डालना चाहता।" रामकीरतदास का चेहरा एकदम सफेद हो गया, पता नहीं गाँजे की इस भारी और बेशकीमत राशि के ओझल होने के डर से या खतरे की आशंका से वे सुन्न-जैसे हो गये।

"कहो, क्या है इतिहास ?" बाबाजी का चेहरा अब खिंचने लगा था।

"आप हरी चाचा को जानते हैं ?" मैंने पूछा।

"अरे मुझे गधा समझते हो क्या बबुआजी, मैं हरीचरन को नहीं जानता। मरद है, मरद। मैंने वैसी दमकशी नहीं देखी है इधर कहीं।"

"बात है महाराजजी...!" मैंने शांत भाव से कहना शुरू किया, "मेरे खेत में, जो एक बटाईदार को दिया गया था, उसने गाँजे का एक पौधा लगा लिया। गन्ने के भीतर गाँजा, समझे। कोई उसे देख नहीं सकता था। पर ज्यों-ज्यों पौधा बड़ा होने लगा, उसकी

गंध से लोग-बाग वाकिफ हो गये, पर कोई यह नहीं जान सका कि आखिर पौधा लगा कहाँ है और उसे किसने लगाया है। एक दिन उस बटाईदार से एक आदमी ने पूछा भी कि इस रास्ते जाते गाँजे की गंध आती है, पर पता नहीं चलता कि पौधा किधर है। वह आदमी चला गया। बात खुल जाने के डर से बटाईदार चाचा के पास गया और सच्ची बात कह दी। चाचा ने उससे कुछ घुसर-फुसर बात की और दोनों ने आधी रात को उसे नाँद से ढंक दिया। नाँद जानते हैं न महाराज ?"

"अरे तुम मुझे घामड़ समझते हो क्या, वाह बबुआ, मैं क्या गाय के सानी खाने की नाँद को नहीं जानता ! बाकी यह कहूँगा कि हरीचरन ने खूब दूर की सोची, तब ?"

"तब क्या, ईख पेरी जाती रही। धीरे-धीरे ईख की कटाई का काम उस हिस्सें में पहुँचा तो फिर चाचा और बटाईदार ने मिलकर तय किया कि अब नाँद उठाकर गाँजा निकाल लिया जाये।" मैं इतना कहकर चुप हो गया।

"फिर ?"

"फिर क्या, दोनों ने मिलकर हजार जोर लगाया, पर नाँद टस-से-मस नहीं हुई। रम्मा लगाकर चाँड दिया, फिर भी नाँद नहीं खिसकी, तिल बराबर भी वह इधर-से-उधर नहीं हटती थी।"

"ऐं...!" महाराज की नसें तन गयीं, "दुहाई महावीर स्वामी की, अरे बच्चा नंदू, इस चीज के साथ ऐसा हो जाता है !" उन्होंने हाथ जोड़कर माथे से लगाया, कान पकड़े और लंबी जीभ निकालकर महावीर स्वामी से क्षमा-याचना की।

"आप गलत समझ रहे हैं, इसमें भूत-वूत का सवाल ही नहीं था।"

"तब क्या ?"

"महाराज, गाँजे का पौधा फूलकर उस नाँद में ठसमठस हो गया था। चाचा के कहने पर बटाईदार ने आरी से नाँद के मुँह के पास रेतना शुरू किया। आरी गाँजे की जड़ का झोल काटने लगी। जब आरी एकदम पार हो गयी तो दोनों आदमियों ने मिलकर नाँद उलट दी। वह एकदम गाँजे से भरी थी।"

"वाह रे हरीचरन, क्या अकल पायी है राम कसम ! फिर ?"

"फिर महाराज, चाचा ने कहा कि आओ, पहले इसका स्वाद चखा जाय, फिर यहाँ से ले चलने की जुगत बाँधेंगे। सो महाराज, चीलम चढ़ी। खूब बड़ा-सा चप्पड़ था। काफी बड़ी कली थी। चाचा ने साफी में बाँधकर जो कश मारी तो चीलम थमाते-थमाते चित।"

"ऐं !"

"हाँ, महाराज, उस बटाईदार ने चीलम वैसे ही फेंकी और दौड़कर एक कुएँ पर पहुँचा जहाँ पुरवट चल रही थी। एक बाल्टी पानी लाया। उसने चाचा के मुँह पर छींटे मारे। अँगोछे से हवा की, तब जाकर पूरे घंटे-भर बाद वे होश में आये। 'मारो गोली', चाचा ने बटाईदार से कहा, 'ई साला एकदम जहर हो गया है। फेंको गंगा में और पाप

काटो।' "

"मैं कहूँगा कि हरीचरन भी कच्चा है," महाराजजी बोले, "सारा सत्त उसमें रह गया है। यही तो असली माल है। इसके पीने का सलीका होता है।"

"हाँ, महाराज, यही बात उस बटाईदार ने भी कही। चाचा ने फिर फेंकने को नहीं कहा, पर सब उसी बटाईदार को दे दिया। मैंने जब यह इतिहास सुना महाराज, तब मुझे आपकी याद आयी। मैंने कहा कि तुम लोग कच्चे सुलफेदार हो। हमारे महाराज होते तो उन्हें कुछ भी नहीं होता। चाचा बिगड़े कि खबरदार बाबा कीरतदास को मत देना। कहीं कुछ हो-हवा गया तो नाहक चक्कर में फँसोगे।"

"हो-हो-हो-हो," महाराजजी हँस पड़े, "अरे वाह रे हरीचरन--हो-हो-हो-हो--क्या बात कही भाई वाह ! यहाँ अफीम फूँक्कर चढ़ा लें तो भी कुछ न हो, कहाँ की बात करते हो बबुआ ! तो तुम इतना-सा गाँजा मेरे लिए लेते आये नंदू बेटा ?"

"हाँ, महाराज !" मैंने उनको शाबाशी देते हुए कहा, "और इसे खतम कर लो महाराज तो दूसरा पैकेट ला दूँगा।"

"तो तुम मेरी परीच्छा लेते हो बबुआ," बाबा कीरतदास फिर हो-हो करके हँसे, "भगतिन, जरा बाधी दे जा और चीलम-साफी भी।"

"मुझे ई सब नहीं सुहाती तुम्हारी सोहदगी--ले जाओ अपनी चीलम-साफी" भगतिन टर्रायी।

"अब ई सुनो साली का मंत्रोच्चार...हे राम, क्या जमाना आ गया बेटा नंदू ! मैंने इस हरामजादी को सड़क से उठाकर मंदिर में पधरा दिया और ई मुझे सोहदा कहती है। अरे साली, जब घर-घर में जाकर चूल्हा फूँक्कर आँख फोड़ती थी, बरतन मल-मलकर घट्ठे डाल चुकी थी, तब इसी सोहदे ने दया करके तुझे ई जिंदगी का परसाद दिया। कुछ तो लाज-हया कर।" महाराज को इस प्रपंच को आगे खींचना ठीक नहीं लगा, सो वे खुद चीलम, साफी, बाँधी ले आये। गाँजे की एक बड़ी-सी कली उठाकर हथेली में गुलाबजल में डालकर मसलते हुए बोले, "इससे भी बड़ी कली रखी थी, हरीचरन ने ?"

"मैं वहाँ कहाँ था महाराजजी, पर इससे बड़ी कली कहाँ होगी।"

"हूँऽ !" महाराज ने मंदिर में जाकर एक पुड़िया उठायी और फिर बइठके में आ गये।

"ई क्या है महाराज ?"

"अरे ई सब अपना जायका है नंदू बेटा, ई गुलाब की सूखी पँखुरी है। इससे जरा महक बदल जाती है।"

महाराज ने चीलम चढ़ाकर जो दम मारी तो सारा बइठका धुएँ से भर गया। चीलम की लौ से उनका चेहरा, लाल बैलून की तरह चमक उठा। चीलम ठंडी पड़ गयी। महाराज पाँच मिनट चुप रहे।

"जै महावीरजी !" वे धीरे से बोले, "जोरदार चीज है बबुआ, इसमें शक नहीं। अच्छा नंदू बेटा, अब तुम भी जाओ, खाओ-पीयो। रुपया तो तुम लाये नहीं हो। तुम्हारे यहाँ भाड़ा हमेशा अगस्त में मिलता है तीन महीने का, मैं सब जानता था। मैं तो तुम्हारी अम्मा पर किरपा करके चला आया...!"

मेरा चेहरा गुस्से से लाल हो गया होगा। महाराज ने भाँप लिया और बोले, "गुस्सा न करो नंदू बेटा ! मैं भी ब्राह्मण की औलाद हूँ। वैसी सती नारी का दुःख देखा नहीं जाता, इसलिए कुसल-छेम पूछने चला जाता हूँ... ।"

"अच्छा, महाराज, मैं चला अब।" मैं उठ पड़ा।

"जाओ, जाओ, कोई दिक्कत हो तो कहना बेटा और याद रखना नंदू बबुआ, हमें दूसरा पैकेट जल्दी ही चाहिए। अगस्त में उसे भी मँगा देना, हाँ।"

मैं चुपचाप सीढ़ियाँ चढ़ता ऊपर आ गया।

"ग्यारह बजकर पाँच मिनट।" बिट्टो घड़ी देखकर बोली, "न गाली न गलौज, न झगड़ा न फसाद, न शोर न शरापा--तुम एक घंटे वहाँ करते क्या रहे ? कैसे माना बुड्ढा? क्या तुमने रुपये दिये ? क्या किया तुमने ?"

"कंवरु-कमच्छा का तंत्र। महाराजजी अब लेट गये हैं, अगस्त में मिलेंगे।"

आज सुबोध भट्टाचार्य का मन उदास है।

सोनारपुर की तिमुहानी से सड़क हरिश्चंद्र घाट को जाती है। हरिश्चंद्र घाट काशी का महाश्मशान है। इस आनंदवन में दो प्रमुख श्मशान हैं--मणिकर्णिका-जलसाईं घाट तथा हरिश्चंद्र घाट। चूँकि इस युग में असत्य पर शहीद होनेवालों की संख्या ही ज्यादा है, इसीलिए शायद हरिश्चंद्र घाट पर अपेक्षाकृत अधिक चिताएँ जलती नजर आती हैं। यह चिरप्रज्वलित श्मशान है, सदा जाग्रत् !...

घाट से थोड़ा हटकर दक्खिन तरफ मुड़नेवाली गली में एक सामान्य मकान है, लाल रंग की ईंटों से बना। लाल रंग से ही उसकी पुताई भी हुई है, इसीलिए वह हमेशा लाल ही रहता है। ठीक पूरब तरफ गली में दरवाजा खुलता है। गोल मेहराबदार दरवाजे पर वसंत-मालती जाने कब से खिलती चली आ रही है। लता काफी बूढ़ी लगती है। चहारदीवारी के भीतर एक कच्चा आँगन है जिसमें ईशान कोण पर बिल्व का वृक्ष है जिसे बूढ़े गृहस्वामी ताराचरण प्रत्येक सुबह उठते ही प्रणाम करते हैं। ताराचरण महाशय ऐंग्लो-बंगाली स्कूल में संस्कृत के अध्यापक हैं। पता नहीं, वे कितने दिनों से काशी में हैं, पर यह सत्य है कि गाँगुली-परिवार के पास यह मकान पिछले साठ वर्षों से चला आ रहा

है। मकान रंगपुर के किसी जमींदार ने काशीवास करने के लिए बनवाया था। उसने काशीलाभ किया। ताराचरण गाँगुली के पुरखों में से कोई उनका गुमाश्ता था,लिहाजा यह मकान बतौर इनाम उन्हें दे दिया गया क्योंकि उसकी मरम्मत करना भी तथाकथित जमींदार वंश के लोगों के लिए मुश्किल हो गया था।

यह सही है कि सुबोध भट्टाचार्य को गाँगुली महाशय ने पाला-पोसा, बड़ा किया, पढ़ाया-लिखाया और इस योग्य बना दिया कि वे यूनिवर्सिटी में नौकरी करके पैरों पर खड़ा हो सकें; पर क्या इतना कुछ करने के बदले सुबोध को अपनी जिंदगी के अहम् मसलों पर निर्णय का अधिकार भी छोड़ देना होगा ? गाँगुली महाशय कई बार कह चुके हैं कि अब उनकी पत्नी बूढ़ी हुई, लड़की जयंती को अपनी पढ़ाई-लिखाई देखनी है, लड़का यतीन छोटा है। छोटी लड़की सिर्फ पाँच साल की हुई। फिर घर-गृहस्थी कौन सँभाले ? ऐसी हालत में सुबोध का क्या यह कर्तव्य नहीं है कि वह अपनी जिद छोड़कर विवाह करे और बहू घर का काम सँभाले ?

अभी पढ़ाई शुरू नहीं हुई। अध्यापकों को सिर्फ हाजिरी देनी होती है। सुबोध अभी अपनी केबिन में बैठे ही थे कि तीन-चार लड़के वहाँ आये।

"क्या बात है शुक्ला ?" उन्होंने एक लड़के से पूछा।

"आपने गलत तरीके से अन्यायपूर्ण मार्किंग की है। आपने बिना पढ़े कापियों पर नंबर चढ़ा दिये हैं। कुछ लोगों को जिन्हें पद-पाठ करना भी नहीं आता, सत्तर-अस्सी अंक दिये गये हैं और जिन्होंने बिल्कुल ठीक लिखा है, उन्हें तीस-बत्तीस अंक देकर चालू कर दिया गया है।"

सुबोध भट्टाचार्य एक क्षण लड़कों के चेहरों की ओर देखते रहे। उनकी आँखों में एक ऐसी चमक थी कि शुक्ला को छोड़कर बाकी तीन लड़के पीछे हट गये।

"सुनो शुक्ला," सुबोध भट्टाचार्य के गले में कोई चीज अटकती-सी लगी, पर वे सँभल गये, "मैं पिछले पाँच वर्षों से यहाँ पढ़ा रहा हूँ। नया लेक्चरर हूँ। पर इन पाँच वर्षों में, जो सचमुच बहुत थोड़े वर्ष कहे जायेंगे, मैंने जो कुछ पढ़ाया है वह सब जानते हैं। लड़कों के साथ मेरा व्यवहार केबिन तक सीमित नहीं रहा है। मैं अध्यापन को राजनीति से नहीं जोड़ता, यही मेरी गलती है। मैं उन अध्यापकों में नहीं हूँ जो व्यक्तिगत स्वार्थवश ईर्ष्या-दग्ध होकर या अहं के कारण प्रमाद में लड़कों का अहित करते हैं। मैं जो कुछ हूँ, सबके सामने हूँ। तुम्हारे भी, इनके भी। तुमसे किसने कहा कि मैंने कापियाँ जाँची हैं ?"

"देखिए जनाब !" शुक्ला नेतागीरी अंदाज में उतर आया, "दर्शन मत पढ़ाइए। हमें तहखाने से सुराग लगा कि वैदिक स्टडीज की कापियाँ आपके पास थीं। कहिए, नहीं थीं ?"

सुबोध शुक्ला की आँखों में एकदम देखते हुए बोले, "जहाँ तक मैं जानता हूँ शुक्ला, तहखाने में कोई नहीं घुस पाता, तो क्या मानूँ कि यह सूचना तुम्हें तहखाने ने दी है ?"

"मैं कुछ नहीं जानता। मैं इतना जानता हूँ कि कापियाँ आपने देखी हैं और आपने अन्याय किया है, जिसका नतीजा बुरा होगा।"

"तुम नतीजे की धमकी की आड़ में सत्य बोलने से कतराते क्यों हो ? तुम्हारी आत्मा में यदि एक क्षण के लिए भी सत्य के प्रति निष्ठा हो तो पता चल जायेगा कि न्याय हुआ है या अन्याय। तुम बताओ न ? तुमसे किसने कहा कि कापियाँ मैंने देखी हैं ?"

"सुनिए जनाब, आप सत्यवादी हरिश्चंद्र हैं, यह मालूम है... ।"

"तैश में मत आओ, तुम भी जानते हो और मैं भी कि हरिश्चंद्र का रास्ता क्या होता है।"

"क्या होता है ?" शुक्ला ने मेज पर घूँसा मारते हुए पूछा।

सुबोध भट्टाचार्य वैसे ही खामोश रहे, "रास्ता होता है सपरिवार सड़क पर बिकना। दर-दर की ठोकर खाना और डोम के हाथ अपनी प्रतिष्ठा का सौदा करना। उसके लिए बहुत कम लोग तैयार होते हैं माइ बॉय !"

तीनों लड़के मुस्करा पड़े।

सुबोध बोलते रहे, "मैं अभी उस स्थिति को प्राप्त नहीं हुआ हूँ शुक्ला कि किसी के बहकावे में आकर या अपने भीतर के आवेश के कारण अपनी प्रतिष्ठा डोम के हाथों बेच दूँ।"

"आओ यार...क्या बेकार बकवास करते हो।" एक लड़का हटा और उसके साथ सभी चले गये। शुक्ला एक क्षण खड़ा रहा और अपने को अकेला समझकर वह भी चल पड़ा। उसके पैर में धमक थी, मुट्ठियाँ भिंची थीं, पर दिमाग में एक अजीब किस्म का अवसाद था।

"यह सब क्रिया-व्यापार बंद होना चाहिए।" एक सहयोगी ने जो केबिन में बैठे थे, भट्टाचार्य से कहा, "आज आपका मामला है, कल किसी और का होगा। सवाल है कि यह सब बताता कौन है !"

सुबोध चुप रहे।

"मैं देखता हूँ, पिछले साल से हर परीक्षा के बाद यही होता है और इसको रोकने का कोई उपाय नहीं मिलता। भाई, यह तो अद्‌भुत वातावरण है, इसमें किसी की प्रतिष्ठा सुरक्षित नहीं है...आप बोलते क्यों नहीं ?"

"मेरा बोलना बेकार है पांडेयजी, लड़कों का इसमें कोई कसूर नहीं है। हम अध्यापक ही एक-दूसरे से इस कदर डाह रखते हैं कि एक-दूसरे को नीचा दिखाने के लिए हर तरह की पेशकश कर सकते हैं।"

पांडेय जी उसकी ओर भेद-भरी दृष्टि से देखते रहे। वे शायद जानना चाहते थे कि

इस कथन में कहीं उनकी ओर तो संकेत नहीं है। उन्होंने जब सुबोध के चेहरे पर अपनी आशंकित रेखाओं को उभरते न देखा तो उदास होकर केबिन से बाहर चले गये। सुबोध जानता था कि थोड़ी ही देर में यह मामला एक सनसनीखेज रंग-रूप ग्रहण करके पूरे विश्वविद्यालय में फैल जायेगा।

उसने अपनी केबिन से हैंडबैग उठाया। साइकिल स्टैंड से साइकिल ली और घर चल पड़ा।

वह आज गली में न मुड़कर सीधे हरिश्चंद्र घाट पर पहुँचा। हरिश्चंद्र घाट पर नीचे चिताओं की राख है, धुआँ है, चिरायंध गुंध है और ऊपर गंगा से निकाली हुई बालू की राशि है जो शहर में नित्यप्रति बनते मकानों के निर्माण के लिए सप्लाई की जाती है। चिता की राख और धूम से पूत-सुवासित यह बालू हर काशी-वासी को श्मशान का गलत-सही पाठ पढ़ाती रहती है। सामने डोम की विशाल हवेली है जो अपने को हरिश्चंद्र के खरीदार प्रवीर के वंशज मानते हैं।

सुबोध बार-बार सोचता है कि इस दुर्गंधि से भरी जगह में इतना आकर्षण क्यों हैं ? क्या है ऐसा जो फेफड़े तक को अपनी कसैली गंध से खरोचनेवाले चिताधूम को, जिसमें तड़कती हुई हड्डी, पिघली हुई मज्जा और झुलसते हुए चमड़े के जलने से उठी बदबू भरी हुई है, इस कदर सहज और सहने योग्य बना देता है ! सिर्फ दो चीजें--एक सजीव सामने प्रकट है, एक अदृश्य है, मिथक है। एक है गंगा और दूसरी हरिश्चंद्र की पुराकथा। एक में सारी गंदगी को जज्ब करके सदा स्वच्छ और पवित्र बने रहने का करिश्मा है, दूसरी में एक ऐसा नशा है कि अनपढ़ से अनपढ़ व्यक्ति को भी सत्य की अद्‌भुत दृढ़ता के अमानवीय कार्यों के प्रति सहज श्रद्धा से भर देता है। आज हरिश्चंद्र घाट पहलेवाला महाश्मशान नहीं है, यहाँ लुढ़कती हुई खोपड़ियाँ, फेंकार करती शिवाएँ, लाल जीभ लपलपाते कुत्तों का झुंड नहीं दौड़ता, जल पर गिद्ध नहीं मँडराते; बल्कि किनारे पर बत्तखें क्रेंक्-क्रेंक् आवाज करती मंथर गति से विचर रही हैं; पर ऐसा कुछ है जरूर जो समूचे शरीर को इतिहास के आर-पार खींचता उस चिता से जोड़ देता है जिस पर मृत शिशु के साथ सोने के लिए राजा और रानी दोनों तैयार हो गये थे।

साइकिल को सीढ़ियों पर घसीटता वह उस मंदिर के पास पहुँचा जहाँ हरिश्चंद्र की प्रतिमा लगी है।

पानी अभी उतना नहीं बढ़ा था; पर काफी मटमैला हो गया था। बगल में एक चिता जल रही थी। वह देर तक उसी तरह खड़ा-खड़ा गंगा को देखता रहा।

आज हरिश्चंद्र की प्रतिमा पर उसे निहायत गुस्सा आ रहा था। "राजर्षे ! तूने यह क्या किया ! सत्य की ऐसी अद्‌भुत परीक्षा दी कि देवता, राक्षस, यक्ष, गंधर्व सभी आश्चर्यचकित रह गये। बार-बार अपने कड़वे और तीखे शब्दों से तुम्हारे कलेजे को लहूलुहान करने वाले विश्वामित्र भी प्रसन्न थे। जब इंद्र ने कहा कि राजन्, तुम अपनी पत्नी

और पुत्र के साथ सदेह स्वर्ग-यात्रा करो, उस स्वर्ग की जिसे तुमने अपनी अद्भुत कर्मनिष्ठा से प्राप्त किया है--उस समय तूने अपने प्रति श्रद्धा रखने वाले सभी लोगों के लिए स्वर्ग में जगह माँगी। इंद्र तो बार-बार असमर्थता जाहिर कर रहा था, पर तू अड़ा रहा कि नहीं, तुम्हारे सभी अनुयायी, परिजन, पुरजन, तुम्हारे साथ ही स्वर्ग जायेंगे। इंद्र तैयार नहीं हुआ तो तुमने यहाँ तक कह दिया कि यदि मेरे अनुयायी मेरे साथ स्वर्ग नहीं जा सकते तो हे इंद्र, आप लौट जायें, मैं उनके साथ नरक जाने को तैयार हूँ।[1]

"काश, राजन् ! तुम और तुम्हारे अनुयायी इस नरक में ही रह गये होते। काश तुम सबके साथ पृथ्वी छोड़कर स्वर्ग जाने की इच्छा से अपने को मुक्त कर लेते ! --तो शायद यह भूमि केवल एकमात्र झूठे और खुशामदियों का ही स्थान न रखती।"

सुबोध भट्टाचार्य आज बहुत विगलित थे। उन्होंने हरिश्चंद्र की प्रतिमा को पुनः उड़ती दृष्टि से देखा और घर की ओर लौट चले। घाट की सीढ़ियों पर साइकिल चढ़ाते शरीर गरम हो गया था। पसीने की बूँदें ललाट पर भर गयीं, पर सुबोध को यह सब कुछ अच्छा लग रहा था। वह आज एक ऐसी थकान की इच्छा से भरा था जो उसे घंटों बेहोश रखे ताकि वह उन बातों पर कतई सोचने के काबिल न रह जाय जो उसके कलेजे में बबूल के काँटों की तरह हर सांस के साथ भीतर-से-भीतर धँसती चली जा रही हैं।

उस वक्त मुश्किल से दो बज रहे होंगे। धूप तेज थी। सुबोध मातुलबाड़ी की ओर लौट पड़ा।

सुबोध ने कपड़े बदले। हाथ-पैर धोया और अपने पढ़नेवाले कमरे में चला गया। रंगपुर कुंज के ऊपरी तल्ले में कुल तीन कमरे थे। एक में सुबोध रहता है। बगल में जयंती और कोनेवाला कमरा ठाकुरबाड़ी है, जिसमें श्रीकृष्ण और राधा की दो छोटी-छोटी मूर्तियाँ हिंडोले में रखी हैं। सामने दीवार पर चैतन्य महाप्रभु का चित्र है। हिंडोले के नीचे छोटी-सी शीतलपाटी और एक ओर पीतल की आरती, ताँबे का छोटा पात्र और चंदन घिसने की लघु चौकी है। कमरे में अब भी तुलसी और चंदन की गंध भरी हुई है।

आज सुबोध सुबह से ही मामा से खिंचा-खिंचा रहा, इसलिए ठाकुर-गृह में भी नहीं गया। उसने कमरे में जाकर चरणोदक लिया, और माथा झुकाकर बैठ गया। मन में शांति नहीं थी; पर होंठों पर प्रार्थना के शब्द भी नहीं थे। वह धीरे-से उठा और अपने कमरे में आकर चारपाई पर लेट गया। उसे कुछ-कुछ सर्दी-जैसी महसूस हुई और उसने पैताने रखी चादर खींच ली। आँख मूँदकर शून्य में खोया रहना भी कितना सुखकर लगता है !

---

1. भजन्तं भक्तमत्याज्यमदुष्टं त्यजतः सुखम्
नेह नामुत्र पश्यामि तस्माच्छक्र दिवं व्रज
यदि ते सहिताः स्वर्गं मया यान्ति सुरेश्वर
ततोऽहमपि यास्यामि नरकं वापि तैःसह।। (मार्कंडेय पुराण)

सफेद-सफेद, चमकीले, जैसे हजारों छोटे-छोटे मंदिर हवा में उड़ रहे हों ! हर मंदिर पर सुनहला कलश है। श्वेत पताका है। हर मंदिर एक-दूसरे से बँधा है, यह सब एक अद्भुत सोपान-जैसा लगता है।

इंद्र ने कहा था, 'राजन्, आपके इच्छानुसार आपकी प्रजा के लिए स्वर्गिक विमानों का सोपान बन गया है, आयें सभी चलें।'

तभी वे उड़ते हुए सफेद विमान छोटे-छोटे पक्षियों में बदल गये थे। रंगपुर वशीरहाट के निकट सोनामाटी ग्राम के ऊपर मँडराती बलाका-पंक्ति को देखकर सुबोध का शिशु-मन आनंद में डूब जाता था। वह उँगली उठाये उड़ती बलाका-पंक्ति की ओर इशारा करता अपने बाबा से कुछ कहता और वे उसे गोद में और ऊपर खिसका लेते।

सोनामाटी का सीवान सुआपंखी धान के पौधों से भर जाता। चारों ओर हरियाली-ही-हरियाली नजर आती। घोषाल महाशय का आम्रकुंज, तलैया के पास के कटहल के पेड़ों का बगीचा, खेतों की मेंड़ पर एक कतार में उगे सुपारी के पेड़ सोनामाटी को तराशे हुए पन्ने की आब में डुबा देते और सुबोध सीवान की मेंड़ों पर दौड़ता-दौड़ता गाँव के बाहर जाने वाली कच्ची सड़क पर खड़ा हो जाता जो बैलगाड़ियों की रगड़ से घुटने भर गहरी धूल से भरी होती।

"खोखा, खोखा," उसके पिता चिल्लाते, "छेलेटि बड़ो पाजि।" सचमुच वह कितना पाजी लड़का था। पिता के बार-बार पूछने पर कहता, "बाबा, मैं केले की कुंजों में दौड़ूँगा।" और वे उसे कंधे पर चढ़ाये घर को लौट पड़ते। वह रास्ते-भर उन्हें परेशान करता। उसे मनाने के लिए बाबा रवि बाबू की कविता पढ़ते : 'कालिकात चलियाछे नड़िते-नड़िते।'

सुबोध कलकत्ता के 'ठुक-ठुक' करके हिलते हुए चलने की बात सुनकर हँसने लगता। उसे आश्चर्य होता कि कलकत्ता-जैसा शहर गुड़िया की तरह अपने सारे मकानों को लिए-दिए कैसे चल रहा होगा। वह ताली पीटकर पूछता, "फिर ?"

भट्टाचार्य महाशय कहते :

"दोकान बाजार सब नामे तार ऊठे
छादेर गायेते छाद मरे माथा कूटे
हाउड़ार ब्रिज चले मस्त से बिछे
हारसिन रोड चले तार पिछे-पिछे"

सुबोध खिलखिलाकर हँसता। उसकी आँखों के आगे अजगर की तरह चलता हुआ हरिसन रोड और हावड़ा ब्रिज का काल्पनिक चित्र खड़ा हो जाता । छत से छत माथा कूट रहा है--हो-हो-हो-हो, क्या बात है ? ...

तभी सचमुच ऐसा हुआ कि कलकत्ता चलायमान हो गया। 1947 में बंगाल के दो टुकड़े हो गये। शताब्दियों से मिल-जुलकर रहनेवाले मुसलमान-हिंदू एक-दूसरे के खून

के प्यासे बन गये। बाबा गये, माँ गयीं, दीदी गयीं। बच गया सिर्फ सुबोध, जिसे घोषाल महाशय के नौकर ने रंगपुर पहुँचा दिया। बड़ी मुश्किल से वह अपने मामा के पास काशी आ सका। सब कुछ चल रहा था। जिस लक्ष्मी को स्थिर रखने के लिए लक्खीपूजा के अवसर पर माँ मूठलक्ष्मी के धान की बिचाली की बँटी हुई रस्सी से 'आउरी-बाउरी' करतीं ताकि सब धन-भंडार, बक्से-बरतन स्थिर रहें, दूध-पूत की वृद्धि होती रहे, वह सब चले गये। लक्ष्मी को स्थिर करनेवाले मंगल-सूत्र से बँधा घर चला गया। गोठ चला गया। सीवान चला गया। सुगापंखी धान के खेत चले गये। आम, कटहल के बगान चले गये। केलों की गाछें गयीं। जात्रा पार्टियाँ गयीं। कीर्तन गये। पांचाली का माहौल गया...और सुबोध भी चला गया।

क्या सचमुच सुबोध चला गया ?

नहीं, सुबोध आ तो गया; पर उसको लगता है, वह अपनों से अलग एक अजीब क़िस्म का निर्वासन भोग रहा है। यहाँ सब-कुछ है। मामी हैं, मामा हैं, जयंती है, यतीन है, सब उसे मानते हैं; पर कुछ ऐसा भी है--एक अपाट अंतराल, एक अलगाव जो उसे गाँगुली परिवार से अलग रखता है। उसके कौन है ? सभी हैं, पर कोई नहीं। वह एक मशीन है, काम करना, पैसा लाना और अपने मासिक खर्च की रकम रखकर शेष मामी माँ के हाथों दे देना, यही उसका काम है। शेष सब कुछ मशीन का विधान है।

"दादा ! दादा !!" जयंती उसके पैर का अँगूठा पकड़कर हिला रही थी :
"उठिए ना। चाय पी लीजिए।"

सुबोध उठकर बैठ गया। जयंती खड़ी-खड़ी उसे देखकर मुस्करा रही थी।

"क्यों ?"

"आपका घिराव था आज।"

"तुझसे किसने कहा।"

"वातावरण ने।" वह खिलखिलाकर हँसी।

"मतलब ?"

"मतलब यह है कि आपके साथ जो कुछ हुआ, वह युनिवर्सिटियों के कैरिक्यूलम का एक अनिवार्य अंग हो गया है। सब जगह ऐसी घटनाएँ हो चुकी हैं। आप भाग्यशाली हैं सुबोध दा। आपके खिलाफ न नारे लगे न चिल्ल-पों मची। सिर्फ चार-पाँच लड़के गये। उसमें भी जीभदार केवल एक था, शेष मौनी बाबा, यानी कि सस्ते छूटे। चलिए, चाय पी लीजिए, इसी खुशी में।"

"खाली चा ?..."

"नहीं बाबा, खाली चाय क्यों ?"

"तब !"

"बैंगुनी पकुड़ी और सूजी का हलवा भी।"

"वाह रे जयंती, तेरा भी जवाब नहीं ! चल-चल, जल्दी कर। मुझे पदार्थों के नाम सुनकर ही तेज भूख लग आयी।"

सुबोध ने डटकर चाय पी, और सीढ़ियों पर पैर धमकाता जीवानानंद की यह कविता गाता हुआ ऊपरी तल्ले की ओर चल पड़ा :

आबार आशिबो फिरे धान सिडिटिर तीरे
एइ बांगलाय, हयतो मानुष नय हयतो शंखचिल
शालिखेर वेशे।
हय तो भोरेर काक हय एइ कार्तिकेर
नवान्नेर देशे।
आबार आशिबो फिरे...

जयंती मंत्रमुग्ध की तरह उसे देखती रही।

"अब भूल जाओ दादा ! धान के वे खेत नहीं लौटेंगे, न तुम चील बनकर वहाँ जाओगे, न सारिका बनकर। भोर का कागा बनकर भी नहीं। कार्तिक के नवान्न का वह देश अब कभी देखने को नहीं मिलेगा..."

"तू भूल करती है जयंती ! अरे मन की दौड़ अनंत है पगली ! मैं तो रोज जाने क्या-क्या बनकर एक बार उस धरती की यात्रा कर आता हूँ और सुन, मैं यात्रा न भी करूँ तो क्या बच जाऊँगा ! वह धरती सपने में खड़ी हो जायेगी। बचपन की स्मृतियाँ कभी धुँधली नहीं होतीं जयंती। अफसोस सिर्फ इतना है कि क्या हम चाहकर भी भोले बचपन की मासूमियत को बचा पाने में सफल हो सकते हैं ?"

"तिवारी बाबू," झूरी अपनी डोंगी खींचते हुए बोला : "अब दो महिन्ना बदै मैया से छुट्टी माँग लो। पानी गंदला गया। घरै नहाय लिया करौ।"

मैं कुछ न बोला। पानी बढ़ रहा था। कच्ची जमीन पर रखे तख्ते, छतरियाँ ऊपर खिसका ली गयी थीं। गंगा का पाट अब चौड़ा हो गया था। रामनगर की ओर क्षितिज पर किले के अलावा सिर्फ पेड़ों की धुँधली पंक्तियाँ ही दिखायी पड़ती थीं। लहरें पालतू हिरण की तरह पैरों में टुन्ना नहीं दे रही थीं, बल्कि रह-रहकर भेंड़े की तरह टक्कर मारने लगी थीं। वैसे तो पानी गंगा दशहरे से ही बढ़ने लगा था; पर पिछली पच्चीस जुलाई को जो करारी बारिश हुई, उसने गंगा को अपनपौ की हद से निकालकर ऊधमी प्रकृति का हिस्सा

बना दिया था। तोर मारते हुए पानी में हेलने में डर लगता।

भय और सौंदर्य में भी अजीब कशमकश चला करती है। इक्तीस जुलाई की वह भोर खूब ताज़ा और रंगीन थी। पूर्वी क्षितिज पर थोड़े सिलेटी बादल थे ; पर वे लाख कोशिश के बावजूद आसमान में उछलते लाल रंग के फव्वारे को रोकने में असमर्थ थे। अबीरी रंग का एक अतंतु जाल गंगा के वक्ष पर फैल गया और गंदले-मटमैले पानी की लहरें भी गुलाबी हो गयी थीं।

मैंने स्नान कर लिया। थोड़ी तैराकी भी। पानी में बदन को ढीला छोड़ देने में भी क्या सुख है !

"तिवारी बाबू !" झूरी अपनी डोंगी दूर किनारे पर पीपल के पेड़ के तने में बाँध आया था।

"क्या है झूरी...?"

"बड़ा हलकानी में जिअरा[1] पड़ गया है। भिमला को बुखार आय रहा है और कल वोका महतारी फिसलकर गिर गयी ससुरी।"

मैं पानी से बाहर निकल आया। "हड्डी-वड्डी तो नहीं टूटी ?" मैंने तौलिया रगड़ते हुए पूछा।

"हम का हड्डी के डागदर हैं ?"

"तुम क्या सिर्फ चमड़े के डॉक्टर हो ?" मैंने लुँगी पहन ली।

"तू तौ हर बखत मजाकै करत हौ तिवारी बाबू ! उहाँ ससुरी चल-फिर नहीं सकत। कल से रोटी मुहाल हुई गयी है और तोहैं मसखरी सूझत है।"

"अच्छा-अच्छा, गंभीरानंद, रिक्शे पर लाद-फाँदकर दस बजे हड्डी डॉक्टर वाले कमरे के पास आ जाना। मैं वही रहूँगा। दस बजे। ठीक दस, भूलना नहीं। आज साली अपनी भी जन्मपत्री मिलनेवाली है।"

"कैसी जन्म पतरी ?" झूरी अब निश्चिंत था। चेहरे पर मुस्कराहट थी।

"अरे आज नतीजा मालूम होगा न !"

मैं पूर्वाभिमुख खड़ा था। अचानक धुमैले क्षितिज पर सिलेटी बादलों के बीच से विशाल सिंदूरी गोला उछल पड़ा। शिवाला घाट की ओर से, राजा के महल के छतों से, मस्जिद के कंगूरों से सैकड़ों कबूतर फड़फड़ाकर उड़े।

"लो, चल पड़े चरावरी करने !" झूरी बोला।

सूर्य की ओर मुँह करके उड़ते इन सैकड़ों परदार आत्माओं को देखकर मेरा चित्त भाव-विभोर हो गया। कबूतर और सूर्य -- सूर्य और कबूतर। ये भी अद्‌भुत ऋषि हैं। ये 'पूषन्नेकर्षे व्यूहरश्मीन् समूह' की घोषणा नहीं करते। ये सूर्य रश्मियों से यह प्रार्थना नहीं

---

1. हृदय

करते कि अपने प्रकाश को बटोर लो ताकि लाल गोले में छिपे अदृश्य पुरुष को देखें, ये परदार आत्माएँ सिर्फ एक ही प्रार्थना करती हैं, उगो, उगो और तेज चमको, अपनी रश्मियों से आकाश को भर दो सूर्य देवता कि हमें अनंत में परवाज करने में सहूलियत हो। हम बिना भटके दिशाओं में तैर सकें--जाओ दोस्तो, तुम्हारी यात्रा मंगलमयी हो...

मैंने गीले कपड़े बटोरे। एक क्षण पूर्वी आकाश को देखता रहा जो अब गहरा स्वर्णिम हो रहा था। चंद्राकार फैली काशी के मकानों, शिवालों के कलशों, मस्जिदों के कंगूरों पर नया सोनिया पानी चढ़ रहा था, काशी जगमगा रही थी...

"अब चलें झूरी।"

"हम हुवैं रहबै तिवारी बाबू।"

"ठीक है..."

झूरी की पत्नी के घुटने के पास की एक हड्डी में चिहरन[1] हो गयी थी। प्लास्टर कराने में सवा घंटे लग गये। उसे घर जाने को कहकर मैं विभाग में पहुँचा। आप जानना चाहते हैं कि मैं कहाँ पढ़ता हूँ तो उसमें क्या धरा है ! काशी में तीन विश्वनाथ हैं। तीन विश्वविद्यालय हैं। मैं इनमें ही किसी एक का छात्र हूँ। पिछले महीने-भर से परीक्षा-फल जानने की उत्सुकता ने उत्साह को काफी संतुलित कर दिया था। पता नहीं क्या हो गया है, परीक्षा देर से हो तो भी, जल्दी हो तो भी, किसी-न-किसी कारण से परीक्षाफल रुका रह जाता है।

"क्यों तिवारी, कब आये ?" श्रीकांत था। सीधा-सादा गौ-ब्राह्मण है। सभी उसे चिढ़ाते है। पर वह किसी का बुरा नहीं मानता।

"कई रोज हो गये यार, और कहो।"

"क्या कहूँ भाई, तुम्हारे रिजल्ट से बड़ा अफसोस हुआ।"

मेरा कलेजा धक्क से हो गया; पर मैंने क्षण-भर में ही अपने को सँभाल लिया और कृत्रिम ढंग से हँसते हुए कहा, "ज्यादा खराब है ?"

"तीसरी पोजिशन को तुम्हारे लिए क्या कम खराब कहा जायेगा ?"

"तीसरी ?" मैं झटके से विभागीय कार्यालय की ओर चला।

"सुनो," श्रीकांत ने हाथ पकड़ लिया--"यहाँ से कुछ मालूम नहीं हो सकता । तुमने क्या पता दिया था ? घर का या डेरे का ?"

"डेरे का ही दिया है।"

"तो तुम्हारी मार्कशीट कल तक तुम्हारे घर पहुँच जायेगी।"

---

1. हल्की टूटन

"हलो तिवारी !" सुनयना अग्निहोत्री थी।

"साली, जले पर नमक छिड़कने आ रही है," श्रीकांत धीरे-धीरे बुदबुदाया।

"हलो, कहो सुनयना, कैसी रही ?"

"ओके, पर तिवारी, तुम्हें इस एक्जाम में क्या हो गया ?"

मैं चुप रहा।

"मैंने सुना था, तुम्हारे परचे अच्छे हुए हैं। फिर अचानक यह सब...?"

"होता रहता है।" मैंने फिर कृत्रिम रूप से चेहरे पर मोटी खाल चढ़ा ली।

"सुनयनाजी को प्रथम स्थान मिला है तिवारी।" श्रीकांत ने किंचिद् विद्रूपता से कहा; पर मुझे आश्चर्य नहीं हुआ। लड़की तेज है। मेहनती है।

"बधाई !"

"ओह, थैंक्स !" वह कूल्हे मटकाती अपनी सहेलियों में चली गयी।

मैं खंभे का सहारा लिये खड़ा था। खंभे की बगल में दूसरे खंभे की तरह निश्चेष्ट हतप्रभ ।

"पुअर तिवारी !" सुनयना अपनी सहेलियों में खड़ी कह रही थी। सचमुच मैं एक क्षण में कितना बेचारा हो गया था। प्रथम वर्ष की परीक्षा में मैं प्रथम था, सुनयना के अंक मुझसे कम थे। उसे द्वितीय स्थान मिला था, आज सुनयना को प्रथम स्थान मिला है, मुझे इसका दुःख नहीं, पर मैं द्वितीय स्थान से वंचित हो जाऊँगा, यह मैंने कभी नहीं सोचा था। सिर्फ प्रथम श्रेणी लेकर चाटूँगा ? छात्रवृत्ति मिलेगी नहीं। अब तक अम्मा को झूठे आश्वासन देकर ठगता रहा हूँ। चलो बेटा नंदू, घिसो सड़क पर चप्पलें !...

मुझे वहाँ रुकना बहुत खल रहा था। चिरपरिचित इमारत बहुत भारी थी, वह इतनी दमघोंट भी है, मैंने कभी अनुभव नहीं किया। चारों ओर चहचहाने की आवाजें थीं, बिछुड़े दोस्तों का मिलना-जुलना चल रहा था, मजाक और कहकहों से गैलरियाँ मनसायन हो रही थीं। नये-नये चेहरों के पीछे चलने वालों के पैरों की चिरपरिचित खट्-खट् बदस्तूर कायम थी, पर मैं आज अनुपस्थित था।

"अच्छा, श्रीकांत..." मैं बिना उत्तर की प्रतीक्षा के सीढ़ियाँ उतरता नीचे आ गया।

"मैंने तुझे दूध की जगह खून पिलाकर पाला है नंदू !" अम्मा उस दिन बहुत आवेश में थीं। हरी चाचा ने कह दिया था कि इतने रुपये किसी कदर इकट्ठा नहीं हो सकते। तुम नंदू को कहो कि अब नौकरी करे। दो-दो जनों की पढ़ाई-लिखाई में ही दस बीघे जमीन बिक जायेगी। सिर पर जवान लड़की सवार है। उसकी आर देखो।

मैंने उस साल बी.ए. की परीक्षा दी थी। प्रथम श्रेणी मिली। मेरा पाश्चात्य दर्शनवाला परचा बिगड़ गया था। नंबर कम मिले थे। पर मुझे चोट नहीं लगी थी। वह मेरा

पावना था, मेरे किये का फल, उसे स्वीकार करने में कहीं से चित्त में क्लौंछ नहीं उठी।

"अम्मा, सिर्फ दो साल और ?" मैंने धीरे से कहा, "तुमने जैसे इतना खून पिलाया, थोड़ा और--मुझे पूरा विश्वास है कि मैं एम.ए. की परीक्षा न सिर्फ प्रथम श्रेणी में पास करूँगा बल्कि प्रथम स्थान पाऊँगा। फिर न सही तीन सौ वाली यू.जी.सी. स्कालरशिप, ढाई सौ वाली तो मिल ही जायेगी। खाने-भर अन्न गाँव से मिल जायेगा, शेष काम वजीफे से चल जायेगा। मैं डॉक्टर बन जाऊँ अम्मा, बस तेरा सारा दुःख-दरिद्र दूर हो जायेगा। आरती की शादी करूँगा धूम-धाम से। तेरे दिन लौटेंगे अम्मा, मैं अपने बाप को दिखा देना चाहता हूँ कि कुत्ते की दुम में क्या शक्ति होती है। हम भूखों नहीं मरेंगे। उनके आसरे नहीं जीयेंगे । हम किसी की कृपा नहीं चाहते, बस अपने पैरों पर खड़ा होना चाहते हैं।"

अम्मा के धुँधलाये चेहरे पर हल्की हँसी आ गयी थी।

"नंदू !" उनकी आँखें भरभरा आयी थीं, "आज बेटे, मैं तुम्हें सब कुछ बता देना चाहती हूँ।"

मैं प्रतीक्षा करता रहा।

"आओ।" मैं उनके पीछे-पीछे चल पड़ा।

उन्होंने दक्खिन वाले घर की कोठरी खोली। यह कोठरी साल में कभी-कभार ही खुलती; जब खुलती, मैं और बिट्टो चौकठ से सटकर देखते रहते । पुरानी जीर्ण चीजों की भी एक गंध होती है, यह बेकार होती है, पर पता नहीं क्यों खींचती रहती है।

कोठरी छोटी थी। उसमें लकड़ी की खूँटियाँ गाड़कर काफी ऊँचाई पर तख्ते रखे थे, जिस पर लाल बेठनों में कई आकार की किताबें बँधी थीं। अम्मा पूछने पर कहतीं, 'ना, ना, उन्हें न छुओ। वे तुम्हारे परदादा की हैं। इस खानदान में दूसरा कोई पैदा नहीं हुआ, न अपने घर और न दायादी में ही कि उन पोथियों को छू सके। ये तिवारी वंश की धरोहर हैं।'

मैं अचानक पूछ बैठता : 'अम्मा, क्या दादाजी बहुत विद्वान् थे ?'

'विद्वान् नहीं बेटे, संत थे, उनके ऊपर विंध्यवासिनी की कृपा थी। वे साल के छह-सात महीनों तक सिर्फ विंध्याचल में ही रहते। गाँव तो वे कभी-कभार आते।'

'...पता नहीं कब की बात है, मुझे सन्-संवत् कुछ याद नहीं, एक बार हमारे गाँव के ऊपर बड़ी आफत आयी। चारों तरफ हल्ला मचा कि फिरंगी आ रहे हैं। उन्होंने जमानियाँ पार कर लिया था। पूरा कस्बा भाग गया था। उनका सरगना था कोई हेस्टिंग, वह बनारस के राजा को पकड़ने जा रहा था। चारों तरफ भगदड़ मच गयी। अपने गाँव में भी दहशत फैली और लोग घर-बार खाली करने की सोचने लगे। सबको मालूम था कि बक्सर पार किया है तो अब हमारी खैर नहीं। गाँव के जमींदार उदयी सिंह ने तुम्हारे परदादा की शरण ली।

'तुम्हारे परदादा ने कहा : "बाबू साहब, माई की कृपा से इतनी शक्ति है कि मैं गाँव के सीवान को बाँध सकता हूँ। फिरंगी फौज का एक सिपाही सीताचक गाँव में नहीं आ पायेगा ; इसके बदले में आपको एक सकंल्प लेना होगा।'

'बाबू उदयी सिंह बोले : 'गुरु महाराज, आपका हुक्म सिर-आँख पर, जो कहेंगे वही करूँगा। आप आज्ञा करें।'

"तुम्हारे परदादा ने कहा, 'सीमांत पर पोखरे के किनारे भगवती का मंदिर बनवाना होगा, वे हमेशा इस गाँव की रक्षा करेंगी।'

"बाबू उदयी सिंह तैयार हो गये। मेरी अजिया सास कहा करती थीं कि उस रात बारह बजे महानिशा में बुढ़ऊ तिवारी ने महाकाली का पूजन किया और बड़े पारात में बलि का सामान लेकर रात को ही पोखरे पर चले गये। वे तीन दिन, तीन रात वहाँ से नहीं हटे, बाद में गाँव वालों ने राहत की साँस ली क्योंकि हेस्टिंग अपनी फिरंगी सेना लेकर दर्रारा से होते हुए गंगा के उत्तर-उत्तर बनारस की ओर चला गया।'

माँ इस किस्से को सुनाने के बाद मेरी ओर यों देखती थीं जैसे पूछ रही हैं कि क्या गणेशी तिवारी के खून का कुछ भी असर बाकी है ? मैं मन-ही-मन कल्पना-लोक में अपने पूज्य परमपितामह की धुँधली आकृति गढ़ता और उनकी चमत्कारिक शक्ति के बारे में विस्मय-विमुग्ध हो जाता...

मैं लौट तो आया, पर घर न जाकर दुर्गामंदिर की ओर मुड़ गया।

सामने दुर्गामंदिर था। मैंने जूते निकाले और भीतर हेल गया। मंदिर को बंदर बुरी तरह गंदा कर देते हैं, परिक्रमा के पत्थर टूट-फूट गये हैं। मैं यहाँ अक्सर आया हूँ। शायद अम्मा ने बचपन में जो कहानी सुनायी थी, वह मेरे रक्त के कीटाणुओं में घुल-मिल गयी है, जब कभी कष्ट पड़ता है दुर्गा याद आती है। देबू कहता है कि तुम अंधविश्वासी हो। धातु-पत्थर की मूरतों के आगे माथा नवाने से कुछ नहीं मिलेगा। मैं देबू का प्रतिवाद नहीं करता। आप मुझे गलत न सोचें। मैं किसी की सलाह को माथा टेककर मान लूँ, ऐसा नहीं है; पर कुछ विषय ऐसे हैं जिनमें बहस अच्छी नहीं लगती। अब मैं कैसे बताऊँ कि पिछले दो वर्षों में अनेक बार जब भी मन को ठेस लगी, चित्त चंचल हुआ, बुद्धि विकल हुई, मैंने इस मंदिर में शांति पायी है। आशा पायी है। जीने की प्रेरणा पायी है।

मुझे चंड भैरव की छोटी-सी कोठरी से आसक्ति है। वह मंदिर के प्रांगण से हटकर दक्षिण तरफ बनी है। वहाँ भीड़ नहीं होती । पुजारी सिर्फ दीप जला जाते हैं और फिर लोहे के छड़ोंवाला फाटक बंद कर देते हैं। काली-काली मूर्ति, मटमैली फर्श, राम के अँधेरे में टिमटिमाता दीप... हिलती लौ में भैरव की काली मूर्ति मुस्कराती है।

"महाराज, आपका कुत्ता पागल हो गया है। दंड पुराना हो गया है, उसमें धुन लग

गये हैं, इसे फेंक दीजिए।" मैं आज दोपहर को मूर्ति के सामने खड़ा हूँ। भैरव की मूर्ति काले भद्दे पत्थर का एक टुकड़ा लगती है। मैं भुनभुनाता हूँ। "आप बनारस दक्षिणी के कोतवाल हैं या चोरों, अन्यायियों और अत्याचारियों के संरक्षक हैं ?"

मैं कोठरी से हटकर पुनः दुर्गामंदिर के भीतर आ जाता हूँ । इच्छा नहीं होती कि गर्भगृह में घुसकर माँ को प्रणाम करूँ।

तभी रामप्रसाद द्विवेदी बोलते हैं, "तिवारी बाबू, आज क्या बहरै से माई को सलामी दागिएगा।"

मैं भीतर चला जाता हूँ । पर आज मेरे मुख से वज्रपंजरस्तुति नहीं फूटती -- माँ, तूने महासुरेंद्र चंडमुंड का वध किया होगा। मैं जानता हूँ, जानता नहीं, सुनता रहा हूँ कि वज्रपंजरस्तुति करने वाले को कोई क्लेश नहीं होता, वह असफल नहीं होता। कोई मानसिक पीड़ा नहीं होती। इस कवच को धारण करनेवाला यम से भी नहीं डरता... । पर माँ, मैं आज अपनी छाया से ही डर रहा हूँ। अपने पीछे पड़ी अनामंत्रित कृत्या से तू भी मेरा उद्धार नहीं कर सकती ? क्या यह कृत्या मेरे कृत्यों का परिणाम है ? क्या मैंने जो कुछ किया था, उसी का वह ठीक-ठीक न्यायतः फल मिला है ? या मेरे दो वर्षों के खून-पसीने सने परिश्रम का यही नतीजा है...? तू मौनी है, मौनावलंबिनी है, ठीक भी है, उसी में तेरा माहात्म्य है। इसी से तेरी शक्ति का पर्दाफाश बंचा रहेगा ...बचा रहे..."

मैं दुर्गामंदिर से निकलकर तालाब की सीढ़ियों से होता हुआ आनंद बाग की आर चल देता हूँ। मैं आज भास्करानंद की समाधि पर नहीं जाऊँगा। संगमरमर की अठकोण चौकियों पर दोपहरी में बैठने की कतई इच्छा नहीं है।

फिर कहाँ जाऊँ ?

मैं बहुत थक गया हूँ । सोचा था-- परीक्षाफल का शुभ-संवाद लेकर घर लौटकर खाना खाऊँगा। पर इस वक्त घर जाने की कतई इच्छा नहीं है।

मुझे भूख नहीं लगी थी; पर कुछ ऐसा था जो फेफड़े तक को लपटों में झुलस रहा था। मैं दुर्गामंदिर के उत्तरपूर्व में स्थित दुर्ग विनायक वाली गली से भिनगाराज की कोठी की बगल से होता हुआ फिर चंड भैरव के सामने की चायवाली दुकान पर आ जाता हूँ।

यह काफी छोटी और गंदी दुकान है। अक्सर रिक्शेवाले यहाँ चाय पीते हैं। आज मुझे उनका सत्संग अच्छा लग रहा था। मैं उन्हीं के बीच बेंच पर खाली जगह देखकर बैठ जाता हूँ। मेरा साफ कपड़ा देखकर दूकानदार और बालक नौकर दोनों सम्भ्रम में पड़ जाते हैं।

"बाबूजी, ठीक से बैठ जाइए," एक रिक्शावाला खिसककर थोड़ी और जगह कर देता है।

"चाय और कोई बिस्कुट," मैंने लड़के से कहा। मैं जलते सिर को दोनों हाथों से पकड़े लंबी डेस्कनुमा मेज पर कुहनियाँ टिकाये खामोश बैठा हूँ। पीछे मानसमंदिर का

त्रिकोण बगीचा है, कृत्रिम काली सुरंग है। मैं सुरंग की ओर पीठ किये हूँ; अब तक इससे भागने की कोशिश करता रहा हूँ; पर कृत्रिम सुरंग धीरे-धीरे सरकती हुई मेरी ओर चली आ रही है।

"बाबूजी, चाय ठंडी हो रही है।"

मैं सामने मुस्कराते लड़के को देखता हूँ और फीकी हँसी से उसको जतलाता हूँ कि मैं सो नहीं रहा हूँ।

मेरे शरीर की ताकत लौट आयी है। श्रावणी बादलों-भरी दोपहर मुझे सुहानी लगी है। पंजरस्तुति से शरीर वज्र नहीं बनता, चाय से बनता है। मैं आनंद बाग में आकर उसके उत्तर-पश्चिम कोने में स्थित चबूतरे पर बैठ जाता हूँ। दूर कोने में बारादरी है। अमेठी के राजा ने बनवायी थी। अब टूटी-फूटी खंडहरनुमा लगती है। उसके नीचे की कोठरियाँ बिल्कुल ठीक-ठाक हालत में हैं....

"नंदू !" अम्मा बोली थीं, "तुम समझते हो बेटे कि इस कोठरी में बहुत-कुछ भरा है। इसीलिए इसे बंद रखा जाता है, है न ?"

मैं चुप रहा। अम्मा ने कोठरी में एक के ऊपर एक रखे बक्सों को बारी-बारी से खोलना शुरू किया।

पहले बक्स में कछ पुरानी साड़ियाँ थीं। एक गोटेवाली पुरानी चूनर थी। उसे उठाते उनकी आँखें छलछलायीं। उन्होंने पुराने कपड़ों को समेटकर बक्से की पेंदी ठोंकी--"इसमें कुछ पुराने कपड़े हैं, मेरे विवाह के साल के । इन्हें बेचो भी तो मुश्किल से अलमुनियम के दो-चार कटोरे मिलेंगे," वे हँसीं।

अब दूसरा बक्सा खोला गया। "यह तुम्हारे पिताज़ी की थाती है। बड़ी कमाई कर रहे थे। सारा गाँव सोचता था--तिवारीजी फटेहाल इसलिए रहते हैं कि रुपये जोड़-जोड़कर लखपति बन रहे हैं।"

उस बक्स में चीकट लगा ऊनी कोट था, जिसे झींगुरों ने कई जगह चाट डाला था। कुछ फटी हुई धोतियाँ थीं। एकाध सस्ते किस्म के पुराने मफलर थे। शेष भरी थी रिक्तता, पुराने उबासों में डूबा खालीपन।

तीसरे बक्से को खोलते अम्मा का हाथ काँप गया था। शायद दो बक्सों को उतारने-खोलने में ही वे थक गयी थीं।

"रहने दो अम्मा ! मैंने सब देख लिया।"

"नहीं, अभी तूने असली बक्सा तो देखा ही नहीं।" उन्होंने तीसरे बक्से को उठाया और दोनों के ऊपर रख दिया।

इस बक्से में लोहे का एक छोटा बक्सा था। मैंने समझा कि वह अम्मा के गहनों का

बक्सा है। वे उसे खोलकर एक क्षण डबडबायी आँखों से उसे देखती रहीं। "ये गहने तेरे दादा ने बनवाये थे। उन्होंने अपनी बहू के सुहाग को अखंड बनाने के लिए यह टीका अपनी ओर से बनवाया था। बाकी सब डब्बे खाली हैं। सब गहने बिक चुके हैं, सिर्फ यह टीका बचा है।"

"जाने दो अम्मा...!" मैं बिल्कुल रुआँसा हो गया था, "मैं कहीं नौकरी के लिये दौड़-धूप करूँगा। मैंने अनजान की तरह जिद करके तुझे हलकान किया..." मैं चौकठ पर बैठ गया था। मैंने अपना सिर घुटनों पर रख लिया था। अम्मा धीरे-धीरे बक्सों को बंद करके यथास्थान रख रही थीं।

"लो यह डब्बा।" उन्होंने कोठरी का दरवाजा बंद करते हुए कहा, "मैं नहीं जानती कि इसका क्या मिलेगा। सोने का यह टीका तुम दोनों का नाम लिखाने और फीस के रुपये भरने को भी हो जाय तो बहुत है... ।"

"मैं इस टीके को बेच नहीं सकता ।" मैंने रुखाई से कहा।

"क्यों ?"

"क्यों क्या, दादा ने इसे बेचने के लिए नहीं दिया था।"

"क्यों दिया था भला !"

मैं कुछ कहता; पर शब्द खो गये।

"मेरे सुहाग की चिंहारी दे गये थे, है न ? पर वह सुहाग कहीं बंधक हो गया बेटे, यह टीका उनकी हयादारी की याद दिलाता रहे, इससे अच्छा है कि तू बेच दे।"

"नहीं... ।" मैं अचानक फूट-फूटकर रोने लगा। अम्मा मुँह से आँचल लगाकर फफक रही थीं।

कुछ ही देर बाद उन्होंने अपने को सँभाल लिया, "सुहाग की निशानी तुम हो नंदू ! तुम फूलो-फलो, इसके लिए मैं कुछ भी उठा नहीं रखूँगी। तुम इसे बेचने में हिचकिचाओगे, लाओ--मैं बेचूँगी इसे। तुम एम.ए. कर लो, शायद इस दुखियारी माँ पर विंध्यवासिनी की अब कृपा के दिन आ रहे हैं... ।"

और मैं एम.ए. का छात्र बना। मैंने जानकर संस्कृत ली। हिंदी और दर्शन में भी मैं जा सकता था; पर मुझे संस्कृत खींच रही थी। एक तो शायद गणेशी तिवारी के खून का असर था, दूसरा यह कि अच्छे अंक लाने और अपने को स्कालरशिप के योग्य बनाने में मुझे हिंदी और दर्शन की अपेक्षा संस्कृत ज्यादा सटीक लग रही थी।

सूर्यास्त का समय हो चला था। आनंद बाग में दरवाजे के पास खड़े कदंब के पेड़ पर गौरे शोर कर रहे थे। कई जोड़े बाग के भीतर चहलकदमी करने के लिए आ गये थे।

'अब उठो नंदू और अपनी माँ के सुहाग के बदले प्राप्त परीक्षाफल को गुलदस्ते की

तरह उनके पैरों पर रख दो।' मेरे मन में छिपे उन्मत्त भैरव ने कहा : 'जानते हो तुम, जिस चबूतरे पर बैठे हो, वह क्या है ? नहीं जानते न ? यह दयानंद की पराजय की निशानी है। इसी स्थान पर दयानंद का काशी के ब्राह्मणों से शास्त्रार्थ हुआ था। एक ब्राह्मण ने बिल्कुल नकली आर्ष वाक्य बोलकर पूछा--'महाराज] उपनिषद् के इस वाक्य में तो साफ-साफ मूर्तिपूजा का समर्थन किया गया है ?"

'नकली को असली बनाने की कला में यह नगर विख्यात है। नंदू तिवारी, स्वामी दयानंद एक क्षण के लिए मौन हो गये। उनका मन कह रहा था कि यह वाक्य उपनिषद् का नहीं है, पर झूठ भी जब हृदय की निर्भीक आंतरिकता में डुबाकर कहा जाता है, ऋषि के लिए भी उसे इनकार कर पाना कठिन हो जाता है। जब तक दयानंद निर्मम होकर कहते हैं कि यह उपनिषद् का वाक्य नहीं है तब तक समवेत कंठ से 'हर-हर महादेव' की आवाज उठी और काशिराज ने दयानंद की पराजय की घोषणा कर दी।'

पिरामिड की तरह अडिग शरीर इसी स्थान पर शिथिल होकर धसक गया था। सारे हिंदुस्तान को मकड़जाल की जकड़बंदी से छुड़ाने का विश्वास यहीं पर कच्चे शीशे की तरह टूटकर बिखर गया था ! दयानंद और शीशे के बारीक टुकड़े...हा, हा-हा-- उन्मत्त भैरव का ठहाका गूँज उठता है।

उस रात मुझे नींद नहीं आयी। मैं अपने मन को जितनी बार थपकियाँ देकर सुलाता, वह उतनी ही बार ऊधमी लड़के-सा रह-रहकर तन जाता। मुझे मध्यमा उँगली हिला-हिलाकर बिराते हुए पूछता--कहो नंदू पंडित, तुम तो आचार्य-प्राचार्य और अद्वितीयाचार्य बनने वाले थे न ? अब ? तुम सड़क पर धूल फाँकोगे। अपनी सिधाई और सज्जनता के लिए दुत्कारे जाओगे । तुम्हारे सपने क्या हुए पंडित ? तुम लोगों से बातें करते अघाते न थे। जो भी नौजवान जरा तेज-तर्रार दिखा, तुम भोलेपन से पूछते थे : अच्छा, बोलो यार, तुम्हें दिन में सपने आते हैं ? वह जब आश्चर्य से तुम्हारी उल्टी-सुल्टी बात पर तिनकता था कि दिन में सपने काहिलों को आते हैं या उन्हें जिनके दिमाग का स्क्रू ढीला हो तो तुम पोस्टाचार्य की तरह समझाते हुए कहते थे, सपनों से दुनिया बड़ी होती है। सपनों से देश बनता है।...

अपने को काफी तेज और चालाक लगाने वाला लड़का जब तुम्हारी ओर प्रशंसा-भरी दृष्टि से देखता था तब नंदू पंडित, तुम फूलकर कुप्पा हो जाते थे और उसकी पीठ थपथपाने की धृष्टता करते हुए कहते थे--दोस्त, सपने देखना सीखो, बड़े-बड़े सपने देखो, ताकि तुम बड़ा बन सको, तुम्हारा देश बड़ा बन सके !

और तुम्हारे सपने ?

...हा-हा-हा-हा, शीशे के टुकड़े में अपनी हजारों-हजार हारी हुई आकृतियाँ

देखकर इतना परेशान क्यों हो आचार्यजी, अपने भविष्य को नंगा और अनावृत देख लेने में परेशानी क्यों ?

अब क्या तुम सद्-विद्यार्थी नहीं बनोगे ?

'मारो गोली, बाज आया ऐसे सद् विद्यार्थी की उपाधि से ! मुझे क्षमा करो और दुखती रगों को ठंडी हो जाने दो।' मैंने मुनमुनाकर मन-ही-मन कहा और करवट बदल ली।

सच ही आज तक की ज़िंदगी में मैंने किसी का भी नुकसान नहीं किया। किसी के पेट पर लात नहीं मारी। मैंने किसी का अनभल नहीं ताका। जहाँ तक हो सका, लोगों की मदद की। कितने सहपाठियों को मुफ्त पढ़ाता रहा। हर अध्यापक को मैंने पितातुल्य सम्मान दिया। लड़कों के उकसाने पर भी खुद कभी कोई हरकत नहीं की और न कभी भरसक किसी को करने की राय दी।

फिर यह सब काहे का परिणाम है ? यह किस अपराध का दंड मिला है ?

'सिर्फ एक अपराध का,' मेरा जिद्दी मन फिर टिहुक उठता है-- 'तुमने अपने व्यवहार से सब पर प्रकट कर दिया है कि तुम बहुत मुलायम चारा हो। इतने सीधे हो कि तुम अन्याय तक का विरोध नहीं कर सकते। इसलिए तुम्हें काट खाने या निगल जाने में किसी को संकोच नहीं होता।'

"ठीक है, ठीक है !" मैं जोर से बड़बड़ाया और बनियान के नीचे टटोलने लगा। जनेऊ के तागे मेरे हाथ में आ गये। मैंने उन्हें खींचकर दोनों हाथों से पकड़ा और एक झटके से तोड़कर फेंक दिया।

"यह रहा सदाचार का प्रतीक।" मैं फिर बड़बड़ाया, "आज से मैं व्रात्य हूँ। यानी व्रात्याधर्मपतितपाखंड परिणाम श्री रामानंद तिवारी। बस। आज से। मेरा सिर्फ एक व्रत है--वह है सदाचारहीनता और सहनशीलता की बर्खास्तगी।..."

"क्या है नंदू ?" अम्मा चारपाई के पास आ गयीं। "सपना देख रहा था बेटा ?"

"नहीं अम्मा, सपना तोड़कर जग गया हूँ। मैं बिल्कुल ठीक हूँ। तुम जाकर सो जाओ।"

अम्मा एक क्षण ठिठकी खड़ी रहीं, फिर अपनी चारपाई पर चली गयीं। मैं उनका चेहरा अँधेरे में नहीं देख सका; पर खूब जानता हूँ, उस पर कितनी लंबी चित्रावली अंकित होगी।

मैं सुबह देर से उठा। गंगा नहाने नहीं गया। आज मैंने ज़िंदगी में पहली बार शायद सूरज को उगते नहीं देखा। परवाज करनेवाले कबूतरों को मैंने विदाई नहीं दी। मुझे न आज 'ज्योतिर्गमय' का पाठ पढ़ना था, न शांति-कपोतों से दोस्ती दिखानी थी, जिनकी संख्या

निरंतर घट रही है, और ये लगातार डायना गन के शिकार हो रहे हैं। पक्षी मारने की बंदूक यानी छोटी-सी डायना गन ! काश, एक मेरे पास भी होता !

नौ बजे के करीब नहा-धोकर मैंने एक प्याली चाय पी, तभी सीढ़ियों से खड़ाऊँ की खट-खट आवाज उभरी।

"आ गया बुड्ढा।" बिट्टो बोली। अम्मा धीरे से उस चूहे कुतरे घर में चली गयीं।

रामकीरतदास हमारे कमरे में हेल आये। मैंने उन्हें नमस्कार भी नहीं कहा। वे एक क्षण भौंचक इधर-उधर ताकते रहे।

"कहो नंदू बबुआ, याद नहीं रहा शाइत कि आज पहली अगस्त है।" पुजारीजी के गंदे दाँतों की ओर मैंने देखा भी नहीं।

"खूब याद है।" मैंने कहा।

"याद है तो किराया दे दो बबुआजी और हमारा पैकेट भी।" पुजारी ने सारे कमरे की छानबीन की, "रंग अच्छा नजर नहीं आता बबुआजी, आज तुम्हारी अम्मा फिर छिप गयी हैं।"

"सुन बे पुजारी के बच्चे !" मैं रामकीरतदास के पास जाकर खड़ा हो गया, "मैंने तुझसे हजार बार कहा कि इस बीच में अम्मा का नाम मत लिया कर। वह तेरे जैसे गंदे और लुच्चे आदमी की जीभ पर आने की चीज नहीं हैं पर तू सुनता नहीं। लगता है, तू बात से नहीं मानेगा।"

रामकीरतदास एकदम पानी का धक्का लगे जैसा चेहरा बनाये मेरी ओर गुस्से से देखता रहा। उसकी मांस में धँसी आँखें कटहे बंदर की तरह मुलमुलाने लगीं।

"मैं गंदा और लुच्चा हूँ बबुआजी, और तुम लोग बड़े शरीफ हो ! ऐसी हयादार हैं तुम्हारी अम्मा तो बाजार करने अस्सी और शहर जाने में काहे शरम नहीं आती ?"

"किसी भले घर की औरत को बाजार जाने में शरम क्यों आये रामकीरत ?" मैंने उस बुड्ढे की ओर दाँत कटकटाते हुए कहा, "तेरी तरह किसी ने अपनी गरदन में फूटी हँड़िया तो लटका नहीं रखी है कि शरम करे।"

"ऐ, कैसी हँड़िया !"

"अबे, कहवाना क्यों चाहता है ! तू जानता है कि तेरी भगती का गुणानुवाद करूंगा मैं। मैंने अपनी आंखों से तेरे सब करतब देखे हैं। साखू की सिल्ली की तरह चारपाई पर पसरा रहता है और वो है महाराजन की बच्ची जिसे तू ब्राह्मणी बनाए है, तेरे पांवों में मालिश करती है।"

"कोई मेरी सेवा-टहल कर दे बबुआ तो इसमें तुम्हारा क्या लगता है ?"

"मेरा कुछ नहीं लगता। तू जैसी-जैसी सेवा लेता है, लिया कर और अपनी गंदी पतित काया को हम लोगों से दूर रख। मैंने सब देखा है पिछवाड़े की खिड़की से कि तू कैसी सेवा लेता है। तू धर्म बेचकर उल्लू सीधा कर, मुझसे कुछ मतलब नहीं; पर अपने

घर बाल-ब्रह्मचारी और पवनपुत्र हनुमान् का सेवक बनने वाला भँड़ैती कम-से-कम मेरे सामने न किया कर... ।"

"कौन साला कहता है कि वह ब्राह्मणी नहीं है।"

मैंने उसकी तोंद में उँगली से कोंचते हुए कहा : "गाली मत बक। बसनीपुर से आई कहारन को सारा मोहल्ला जानता है। जब वह आई थी, अपने सौहर के साथ आई थी। जब ऊ टूटकर दाने-दाने को मुहताज होकर, रिक्शा खींचता खून फेंककर टी.बी. से मरा तब तूने दया क्यों नहीं दिखाई ? तभी तू उसे गली से उठाकर मंदिर में पधारता तो एक गरीब इंसान मौत के मुँह में जाने से बच जाता। जब ऊ मर गया तब तेरी दया का समुद्र उमड़ा। उसको उठाकर अपने मंदिर में झाड़ू-बुहारू के लिए ले आया और धीरे-धीरे वह आज यहाँ कि पुजारिन बन गई है। हे धर्मराज, मैं तेरे सब करतब जानता हूँ। समझा... ।"

"ई मोहल्ला ही ससुरा भँडुओं की जमींदारी है। सारा झूठ-फरेब रामकीरत के नाम पर जोड़ने के लिए सब तैयार रहते हैं। तुमसे झूरी माझी ने कहा होगा, हो सकता है कि शिचन्ना नाई ने कहा हो..."

"अब गाज-फेन काहे उगल रहा है बे !" गुस्से से मेरा शरीर गरमा गया था, "तूने दो नाम लिये। तू याद करेगा तो तेरा चरित्तर बतानेवाले एक दरजन आदमी मिल जायेंगे।"

रामकीरत एकदम चुप हो गया।

"चलो बबुआजी, मैं महापतित और लुच्चा ही हूँ। हमारा किराया दो और हमारा घर खाली करो तुम लोग। ऐसे किरायेदारों से बाज आये।"

"हूँह्, घर खाली करो कहता है ! जैसे कोठी तेरे बाप की हो ! मरते वक्त राजेश्वरी प्रसाद तुझे पुजारी बना गये थे, कोठी का कारिंदा नहीं। कोठी के कमरे धर्मशाला बना दिये जायें, यह वे अपनी 'विल' में लिखकर मरे थे और तू ससुरा मक्खीचूस किराया बटोर-बटोरकर धन्नासेठ बना ऐंठ रहा है !"

"देखो बबुआजी, मुझे लुच्चा कह लो, पतित कह लो, जो जी में आवै है बको, मगर कोठी पर बुरी नजर लगायी तो मैं उँगली पेसकर आँख निकाल दूँगा, हाँ ! मैं गुंडों के लिए गुंडा हूँ, बहुत जुल्मी गुंडा बबुआजी, बनारस में रहते तीस-बत्तीस साल हो रहे हैं, हमने यहाँ खाली मंदिर की सफाई और ठाकुरजी की आरती ही नहीं की है। कुछ और भी किया है नंदू पंडित... !"

"चुप काहे हो गया, बोलता चल, बोलता चल। अब तो तू अपनी कारगुजारी अपने मुँह से सुना रहा है। मंदिर की पूजा तो तेरे लिए बहाना थी। करता तो तू कुछ और ही रहा है, सुना दे भाई हम लोगों को भी।" मैं ठहाका लगाकर हँसा।

बाबा रामकीरतदास एक बार सकते में आ गया, पर वह पूरा घाघ था। बोला,

"आज दस बजे तक किराया मिल जाय बबुआजी और कल्ल से अपना ब्रंदोबस्त कर लो कहीं और। नहीं, अब किसी का हाथ-पैर टूटने ही वाला है।"

"तू साला हमें धमकाता है ?" मैं जोर से चिल्लाया, "निकल्ल जा इहाँ से। किराया सीढ़ी पर खड़ा होकर माँगा कर, नहीं जबरदस्ती किसी के घर में घुसने के इल्जाम में बड़े घर की हवा खायेगा। तूने हमें क्या नाई-कहार समझ लिया है कि तेरी बंदर-भभकी से घर खाली कर देंगे। नहीं देते किराया, नहीं करते घर खाली, तेरे मन में जो आये वो करना। बाकी इहाँ से तुरंत अपनी मलेच्छ काया हटा और खबरदार जो कभी ऊपर आने की कोशिश की। चल, हट निकल्ल यहाँ से।"

रामकीरत ने कुछ रुककर सोचा। उसे लगा होगा कि यहाँ झगड़ा-फसाद करना सचमुच उसके लिए नुकसानदेह होगा, वह चुपचाप सीढ़ियों पर आ गया और चिल्लाया, "सुन लो नंदू की माँ, हमारी तुमने जो पगड़ी उछलवायी है, वह रंग लाकर रहेगी। उतरैं ई नीचे तो देखूँ कि कौन मरद है। मैंने एक-एक की धज्जी न उड़ा दी तो मेरे मुँह पर थूक देना।"

"अबे जा कुत्ते की औलाद, सड़क की पतरी चाट और पुजारी का चोला पहनकर दुनिया को ठगता फिर, अभी आता हूँ नीचे और देखता हूँ तेरी मरदुम्मी।"

मैंने दौड़कर अपना बक्सा खोला। मेरे झपटने में ऐसी हरकत रही होगी कि बिट्टो चीखी, "भइया, क्या निकाल रहे हो बक्से से ?"

रामकीरत ने यह आवाज सुन ली और दोनों खड़ाऊँ उतारकर धड़धड़ाता नीचे भागा।

मैंने बक्सा सिर्फ यह देखने के लिए खोला था कि उसमें एक-दो रुपया भी है कि नहीं। कुल छह रुपये देखकर तबीयत को ठंडक मिली। पैसे जेब के हवाले किये और कमरे में खड़ा एक क्षण सोचता रहा।

"अम्मा !" मैं बाहर जाते-जाते बोला, "बाहर का दरवाजा बंद कर लो और जब तक मैं न आऊँ, इसे मत खोलना। ई साला मेहतर की औलाद गणेशी तिवारी के खून को ललकार रहा है, तो मैं इसे आज दिखा ही दूँ कि खून क्या होता है।"

"नंदू बेटा !" अम्मा सुबकती हुई चिल्लायीं।

"भइया !" बिट्टो दौड़ी।

मैं सीढ़ियाँ उतरकर नीचे आँगन में आ गया। माँ-बेटी की चिल्लाहट का जाने क्या असर हुआ पुजारी पर कि उसने मुझे सीढ़ियाँ उतरते देख अपने कमरे का दरवाजा बंद कर लिया।

"स्साला डरपोक कहीं का !" मैं जोर-जोर से बोला और मठ से बाहर हो गया।

"हूँऽ, तो उस कमीने ने अम्मा को ऐसा कहा और तुम साले वहाँ क्या करते थे ?" देबू मुझ पर ही बिगड़ पड़ा।

"मैंने उसे वो डोज दिया कि कमरा बंद करक बैठा है; पर शाम तक कुछ करेगा जरूर।"

"तू गाउदी धोतीचंद ! तूझे ई सब पहले ही बताना था।" देबू उठा, "तू यहीं बैठ, मैं अभी आया।"

मैं मद्रास कैफे में बैठा एस्प्रेसो पी रहा था। तभी तीन-चार लड़कों के साथ देबू आया। उनमें से दो लड़के मेरे परिचित थे। रमेंद्र और नंदकिशोर को मैंने देबू के साथ कई बार देखा था।

"इनसे मिलो नंदू, ये हैं हमारे साथी देवेंद्र और ये हैं शालिगराम माथुर।"

मैंने दोनों नवागंतुकों को देखा। वे दोनों कसरती जवान थे। देवेंद्र ने साइकिल ठरकाई, "चलो देबू, अब आकर ही कॉफी पियेंगे।"

तीनों एक साथ बोले, "ठीक, बस चल दो।"

"सुनो नंदू, तुम यहीं बैठो; तुम्हें वहाँ जाने की जरूरत नहीं है। हम अभी पंद्रह-बीस मिनट में लौटते हैं।"

ठीक आधे घंटे बाद वे लोग लौट आये। मैंने सब के लिए कॉफी का ऑर्डर दिया।

"गजब हो जाता यार, मुझे जो डर था वही हुआ। साले का चीखना-चिल्लाना सुनकर अम्मा ऊपर से आ गयीं। यह तो कहो कि इसी अंदेशे से मैंने पहले ही देवेन से गमछा माँगकर सारा चेहरा मठ में घुसते ही इस कदर बाँध लिया कि कोई मुझे पहचान न सके। रामकीरता साला अपनी कोठरी में बैठा गालियाँ बक रहा था। देवेन, रमेंद्र और नंदकिशोर सीधे मंदिर के पास पहुँचे।

'अरे यार, ई मंदिर तो दस बजे से ही बंद है।' नंदकिशोर बोला।

'मैंने तुमसे कहा न कि बड़ी सुमंगली मूर्ति है। पुजारीजी यहीं कहीं रहते हैं। अभी फाटक खुलेगा। घबराओ मत।' रमेंद्र ने कहा--'पुजारीजी ! पुजारी ! !'

'कौन है ?'

'अरे महाराज, हम लोग इहाँ ठाकुरजी का दरशन करने आये और आप फाटक बंद करके बैठ गये। आज टेम्पो हाई है महाराज, हमारे बबुआ रमेंद्र तिवारी फर्स्ट क्लास पास हुए हैं, ई आज आपके मंदिर पर दक्षिणा चढ़ाएंगे।'

'अभी आया भइया।' पुजारी बड़ा-सा तालियों का गुच्छा लिये आया और उसने मंदिर का फाटक खोल दिया। तीनों शेरों ने बड़ी निष्ठा से मूर्ति को प्रणाम किया और पुजारी का दिया चरणामृत सिर से लगाया।

बिना कुछ दिये जब ये चलने को हुए तो पुजारी बोला--'यही दक्षिणा देने आये थे बबुआजी आप लोग, फस्ट किलास की दक्षिणा में रुपया तो दूर, दस पैसहवा भी एक नहीं. हुँह् !'

'अबे बाहर तो आ।' देवेंद्र बोला,--'दक्षिणा तुझे देंगे कि ठाकुरजी को।'

रामकीरत दुलककर देवेंद्र के पास आया तभी उसने खींचकर ऐसा घूँसा मारा उसके जबड़े पर कि लड़खड़ाकर रह गया।

'ई क्या करते हैं आप लोग ! दक्षिणा देने को तो खुद कहा था आप सभों ने ?'

'वही तो दे रहे हैं स्साले !' रमेंद्र ने पीछे से उसकी गरदन पर एक हाथ मारा और वह झलमलाकर गिर पड़ा।

देवेंद्र ठोकर पर ठोकर लगाता बक रहा था--'उठ बे मादर...! पुजारी बनता है अरधेल । कहता था कि गुंडों की सरदारी की है। अब कहाँ गयी गुंडई ?'

पुजारी को होश आ गया था। वह साला झटके से उठा और देवेंद्र की ओर भेड़े की तरह उछलकर गरदन मारी।

"यार, बड़ा खतरनाक हमला था उसका वह।" देवेंद्र ने कॉफी सुड़कते हुए कहा, "देबू, यदि तुम पीछे से चिल्लाते नहीं तो मैं शायद ही अपनी जगह से हटता। और उसका ठोस तितलौकी-जैसी निर्लोम मुंड मेरे पेट पर लगा होता।"

"तब तक तो पीछे से रमेंद्र ने जो लात मारी कि स्साला मुँह के बल आँगन में गिर पड़ा।" देबू ने तफसील जारी रखी। बिट्टो ऊपर खड़ी सब देख रही थी। वह शायद देखने आयी थी कि इनमें कहीं तुम तो नहीं हो।

इतने में रसोई में से दौड़ी वह कमकरिन आयी और जार-बेजार चिल्ल-पों मचाकर दो-चार मुहल्लेवालों को बटोर लिया।

'का भया ? का भया भगतिन ?'

'पता नहीं कौन लोग हैं, बुढऊ पुजारीजी के मारत हैं।'

'हम क्यों मारें इस साले को। ई मंदिर है कि गुंडों का अड्डा है ? साले को हमने दक्षिणा नहीं दी तो क्या हमें यह गाली देगा ?' देवेंद्र बोला।

पुजारी आदमियों को देखकर किसी-न-किसी तरह उठा। उसके होंठ सूज गये थे। दो दाँत टूट गये और मुँह लहूलुहान था। बड़ी मुश्किल से बोला--'आप ही पंचों तो दक्षिणा देने को कहकर मंदिर खुलवाये।'

'हमने कहा कि तू मंदिर खोल लुच्चा कहीं का ?' रमेंद्र ने फिर एक हाथ जोर से दिया तो पुजारी पुक्का फाड़कर रो पड़ा। तभी सीढ़ी से उतरती अम्मा आकर खड़ी हो गयीं--'जाने दो भइया, जिसकी भी गलती रही हो, बूढ़े आदमी पर ऐसे हाथ नहीं उठाते।' वे रह-रहकर मेरी और देखतीं पर गमछे के भीतर छिपे चेहरे को पहचान नहीं पायीं।

'हम तो माताजी, खुद इस स्साले को छूना पाप मानते हैं। पर ई गुंडई पर उतारू हो

गया। जबरदस्ती पैसा छीनने लगा। साला अपने को सुल्ताना डाकू समझता है शायद !' देवेंद्र ने तुम्हारी अम्मा को पहली बार देखा था। रास्ते-भर कहता रहा कि कैसी देवी लगती हैं अम्माजी।

'स्कूली लड़के लगते हैं भइया।' मुहल्ले के पंच लोग पुजारीजी को ही भला-बुरा कहते चले गये। हमने साइकिल उठाई और चले आये। बस।

कॉफी खत्म होते ही सिगरेट दग गयी थीं। देबू बोला, "सुन नंदू, वह पुजारी रिपोर्ट करेगा। शायद अब तक वह भेलूपुर थाने में होगा। कोई साला आये, दबना मत। एक बार भी दबा कि पुलिस गरदन पर हावी हुई। तू साफ कह देना, मैं नहीं जानता। एक भी आदमी शिनाख्त को मिलेगा नहीं। रमकीरता को ही दस-बीस गलाना पड़ेगा। मामला रफा-दफा हो जायेगा।"

"तुम निसाखातिर रहो, मैं अब वह नंदू नहीं हूँ।"

"वाह रे मिट्टी के शेर !" देबू ने मेरे साढ़े पाँच फीट के जिस्म की पैमाइस शुरू कर दी, "अभी थोड़ी कसर है दोस्त ! अब पूरी हो जायेगी। लगता है, तुम अब सही रास्ते पर आ रहे हो।"

"अच्छा, तो चलूँ देबू !" मेरे पास ही रमेंद्र तिवारी बैठा था। मैंने उसकी पीठ थपथपायी। "अच्छा ! बाइ !" मैं सड़क पर आ गया।

घर जाने पर वहाँ की अजीब स्थिति देखी। ऐसा दमघोंट सन्नाटा इस मठ में कभी भी छाया न होगा।

मैं आँगन में आहिस्ते-आहिस्ते पैर रखता चल रहा था। पुजारी शायद थाने से लौट आया था।

"आते हैं अभी थानेदार, घबड़ाव मत।" वह कराहते हुए कह रहा था, "तू ससुरी बीच में क्या टाँग अड़ाती है ! मैं क्या कोई जोर-जबरदस्ती कर रहा हूँ उन लोगों के साथ। किराया माँगा था खाली। ऊ छोकरा नीच-ऊँच कहने लगा। पता नहीं सरवा कहाँ छिपा सब देख रहा था। लगा कहने। हमारी तो गरदन शर्म से झुक गयी।"

"क्या कह रहा था ?"

"पता नहीं, इधर पूरबवाली खिड़की से क्या झांक गया है स्साला।"

"हे राम, तब त तजब होइ जाई...। तू तो कहते रहौ कि एहर कौनो खतरा नाही है..." भगतिन एकदम से सिटक गयी।

मैं ऊपर छत पर आया। अम्मा चुपचाप ओसारे में खंभे से पीठ टिकाये बैठी थी।

"नंदू !" वे खुशी के मारे चौचक खड़ी हो गयीं। "कहाँ गये थे बेटा ?"

"गणेशी तिवारी के खून का इम्तहान देने ?" मैंने अम्मा से बातचीत करना बेकार

समझा। व्यर्थ क्यों उनको चिंता में डालूँ, "चलो, खाना दो, भूख लगी है।"

वे मुझे अचंभे से देखती रहीं, "नंदू !" उन्होंने मेरा हाथ पकड़ लिया, "मुझे छूकर सौगंध खा बेटे कि पुजारी को पिटवाने में तेरा हाथ नहीं था।"

मैंने कहा, "सौगंध खाता हूँ कि उसको पीटने में मेरा हाथ नहीं था। चलो, खाना दो।" अम्मा रसोई में चली गयीं। खाना खा चुका तो बिट्टो ने रजिस्ट्री चिट्ठी दी। यह मेरा अंक-पत्र था। मुझे साहित्य के एक परचे में सौ में कुल तीस अंक दिये गये थे। भाषाविज्ञान में भी अंक कम थे; पर इसमें अपनी कमजोरी मान सकता हूँ, लेकिन साहित्य के दूसरे परचों में जहाँ मैंने पैंसठ या सत्तर अंक पाये, इस परचे में तीस पाना स्पष्ट ही किसी की कारगुजारी का सबूत था। पर मैं इसका कर क्या सकता हूँ ! मैं चारपाई पर लेटा अपनी किस्मत पर सोचता रहा।

करीब तीन चार बजे शाम को जब मैं अभी लेटा ही था, किसी ने आँगन से पुकारा, "अरे रामानंद तिवारी है ?"

"सिपाही हैं और थानेदार।" बिट्टो आकर बोली। उसके चेहरे पर भय का चिह्न साफ झलक रहा था । अम्मा चाय बनाने जा रही थीं, वे भी मेरे साथ चली आयीं।

मैं वैसे ही चारपाई से उठा और गरदन में तौलिया लटकाये छत से झाँककर बोला, "कौन है ?"

"हम हैं थाने के सिपाही, साथ में दरोगाजी हैं। आप जरा नीचे आइए।"

"आ रहा हूँ।" मैं पाजामा-कुरता पहनकर नीचे चल पड़ा।

"बाल तो ठीक कर लो।" अम्मा बोलीं।

"रहने दो, बाल कौन गड़बड़ी कर रहे हैं।"

थानेदार एक कुरसी पर बैठे थे। सिपाही खड़े थे।

"कहिये, आप ही रामानंद तिवारी हैं ?"

"जी हाँ।"

"आपसे बातें करनी हैं।"

"बड़ी खुशी से, मगर या तो एक कुरसी और मँगवाइए यहाँ मेरे बैठने के लिए या चलिए ऊपर।"

थानेदार ने मुझे ऊपर से नीचे तक देखा।

"कुरसी लाओ। हे क्या नाम है तेरा कीरत, एक कुरसी और लाओ।" पुजारी ने लाकर कुरसी रखी और मुझे यों घूर रहा था जैसे कच्चा चबा जायेगा।

"आपके खिलाफ रामकीरत ने रिपोर्ट की है कि आपने उसे बुरी तरह पीटा और उसका तीन महीने का किराया नहीं देते।"

"आप थानेदार हैं ? आइ मीन इंस्पेक्टर ?"

"मैं डिप्टी हूँ, नायब थानेदार।"

"धन्यवाद, मैंने रामकीरत को छुआ तक नहीं। कब उनको पीटा गया ?"

थानेदार साहब बोले, "नौ-दस के बीच का वाकया है।"

मैं जोर से हँसा, "श्रीमान्, उस वक्त तो मैं घर पर भी नहीं था, इस मठ की तो बात ही दीगर है। आप किसी से भी पूछ लीजिए, यदि मारने वालों में कोई मेरा नाम ले दे तो मैं आपसे आगे बातचीत करूँ।"

"क्यों जी कीरतदास, कोई है तुम्हारा गवाह तो बुलाओ । ई तो कह रहे हैं कि ये थे ही नहीं।"

कीरतदास अपनी जगह से टसके नहीं तो थानेदार को शक हुआ। उसने सिपाही से कहा कि आसपास के रहनेवालों को देखो, कोई हो तो बुलाओ। दो-तीन आदमी आये और थानेदार के बार-बार पूछने पर बोले, "हम कुछ नहीं जानते साहब, दो-तीन स्कूली लड़के थे। पुजारीजी दक्षिणा बदे लड़ रहे थे शायद और उन सब ने मार-पीट कर दी।"

"हूँऽ ।" थानेदार बोला, "मैं यह पूछता हूँ आप लोगों से कि इनको पहचानते हैं?"

"वाह साहब, तिवारीजी को नहीं पहचानते ! पाँच-छह साल हो गया इन्हें रहते।"

"अच्छा, अब ये बताइए--मारपीट में ये शरीक थे ?"

"ई बिचारे तो नहीं रहे दरोगाजी, पुजारी इन्हें लिखाइन हैं का ?"

"का हो बाबाजी, तिवारीजी कहाँ रहे, ऊ मरवैया लरिकन में ?" एक बोला। कीरतदास चुप रहे। दरोगा बोला, "अब आप लोग तशरीफ ले जाइए।"

"क्यों बे पुजारी का बच्चा, तू झूठी रपट दर्ज कराता है हरामी ?"

"झूठ नाहीं माई-बाप, आप नंदू बबुआ से पूछ लीजिए। ई हमारा तीन महीने का किराया नहीं दे रहे हैं और सुबेरे हमें धमका रहे थे और गाली बक रहे थे।..."

"कहिए साहब ?"

"हमें दो बातें कहनी हैं दरोगाजी ! पहली यह कि इनका कहना ठीक है कि तीन महीने का किराया नहीं दिया और नहीं देंगे। मैंने एलाटमेंट ऑफिस में दरखास्त दे दी है। मैं इस मकान में पाँच-छह साल से रह रहा हूँ। हम शरीफ आदमी हैं। मेरी माँ हैं, बहन है। पूछिए इस आदमी से कि बिना पूछे हमारे कमरे में यह क्यों घुसा और इसने मकान खाली करने की धमकी दी और कहाँ कि नहीं खाली करते तो सामान सड़क पर फेंक देंगे--पूछिए इससे कि यह झूठ है कि सही है ?"

"क्यों जी ?"

"ई सही है सरकार, हमने कहा कि किराया नहीं मिलेगा तो सामान सड़क पर फिंकवाऊँगा।"

"सुन बे पुजारी के बच्चे, तू किसी के घर में घुस के सामान फिंकवाएगा, तो फिर

लात खायेगा और पुलिस भी पीटेगी। तू क्या समझता है कि कानून उठ गया राज से ? तू जो चाहेगा करेगा ?"

"ई क्या हमारा किराया नहीं देंगे ?" कीरतदास रोने-रोने को हो आये।

"कहिए साहब, किराया क्यों नहीं देते आप ?"

"साहब, मैंने अभी-अभी एलाटमेंट ऑफिस को लिखा है कि वह यह भी सूचित करे कि मैं तीन महीने का किराया किसको दूँ, क्योंकि मुझे शक है कि रामकीरत पुजारी कोठी के मालिक या मैनेजर हैं ?"

"हूँऽ, मामला फँसाव्ट का है, क्यों जी पुजारीजी, तुम्हें किराया वसूलने का हक है, इसका कोई प्रमाण-पत्र है तुम्हारे पास...?"

"वाह सरकार, हम तीसों साल से इहाँ के पुजारी हैं, हमारा कोई हक ही नहीं है क्या ?"

"कोठी तुम्हारी बनवायी है ?"

"नाहीं।"

"किसने बनवायी ?"

"राजेश्वरी बाबू ने।"

"ऊ कोई वारिसनामा छोड़ गये हैं या कोई कागजात दे गये हैं, जिसके आधार पर तुम किराया वसूलते हो ?"

"हमारे पास कोई कागज नहीं। बाकी कोठी हमार है ई। इस पर हम किसी की नजर लगने नहीं देंगे। खून हो जायेगा सरकार, हाँ।"

"लालचंद !"

"जी हुजूर !"

"बाँधो साले पुजारी के बच्चे को । खून की धमकी देता है और इसके पास इस बात का सबूत भी नहीं कि जायदाद इसकी है।"

"अरे दुहाई माई-बाप, ऐसा अन्याय मत करो राजा दैव ! हम मार भी खायें, हाजत भी जायें।"

"तू चुप रह और जो पूछें, उतना ही बोल। जाइए तिवारीजी।"

"भइया !" बिट्टो छत से बोली।

"क्या है ?"

"अम्मा कह रही हैं कि चाय तैयार है। यदि थोनदार साहब आना चाहें तो इहाँ बुला लो, वरना नीचे ले जाओ।"

"कहिए साहब ? क्या मंशा है आपकी ? मेरी अम्मा की चाय पीना पंसद करेंगे या नहीं ?"

"अरे वाह साहब, कैसी बात करते हैं !" दरोगाजी उठे। हमारे साथ ऊपर पहुँचे।

चाय-नमकीन लाकर रख दी गयी। जब मैं सिपाहियों की चाय लेकर चला तो थानेदार बोले, "लालचंद, अरे ई अपनी चाय ले जाओ।"

"आइए जी, तिवारी बाबू, बैठिए। ई पुजारी हमें खतरनाक लगता है। लगता है, कोठी जबरदस्ती कब्जे में कर रखी है इसने ?" दरोगा चाय पीते बोला।

मैं कुछ न बोला। सिर्फ हँसता चाय पीता रहा।

"मेरे बेटे की रक्षा करिएगा थानेदार साहब !" अम्मा अचानक थानेदार के सामने खड़ी हो गयीं। उनकी आँखें भरभराई हुई थीं, "यह उन मारपीट करनेवालों में नहीं था। इसने मेरी सौगंध खायी है; पर इसे मैं चुप रखूँ और मेरा लड़का ही चोट खा जाये, ई इस दुखिया से बर्दाश्त नहीं होगा दरोगाजी ! मैं तो आपकी ही शरण हूँ।"

"आप कैसी बात कर रही हैं माताजी !" थानेदार माँ को देखकर घबरा गया।

"हम लोग शरीफ और बदमाश चेहरा देखकर जान लेते हैं माताजी ! आप लोग शरीफ आदमी हैं। मैं भी ब्राह्मण हूँ। जैसे आप तिवारीजी की माँ हैं, वैसे मेरी माँ हैं। आप चिंता मत कीजिए। बिलकुल बेफिक्र रहिए। इस रामकीरतदास को तो मैं ठिकाने लगा दूँगा।"

माँ शायद रामकीरतदास की ओर से भी कुछ कहने जा रही थीं; पर अचानक मेरा चेहरा देखकर वे अपने चेहरे पर वही पुरानी चिपचिपी शर्मिंदगी पोते वहाँ से चली गयीं।

"अच्छा, तिवारीजी !" थानेदार ने हाथ मिलाया, "माताजी, नमस्कार !"

"जीते रहो बेटा !" माँ दरवाजे पर खड़ी-खड़ी बोलीं।

उसने अपनी बेंत उठायी और नीचे चला गया।

"जिंदगी एक आकस्मिक दुघर्टना है।" मेरे मुँह से अचानक निकला और मैं चाय पीने के बाद पुनः घर से बाहर चल पड़ा। नायब थानेदार अब भी कीरतदास की कोठरी में बैठा था। सिपाहियों ने मुझे देखा और मुस्कराये।

मैं सीधे अस्सी घाट पर आ गया। नौ बजे मेरे पास पाँच-छह रुपये थे, इस समय मुश्किल से कुछ पैसे होंगे।

घाट पर झूरी की डोंगी कहीं जाने को तैयार थी। कई मर्द और औरतें बैठी थीं।

"झूरी !" मैंने पुकारा।

उसने हाथ की लग्गी पकड़े-पकड़े मुझे देखा, "का है तिवारी बाबू ?"

"कहाँ जा रहे हो ?"

"प्रह्लाद घाट, उधर कुंडा सुल्तानीपुर की सवारी है ई, सब ई पंचन के हुवै उतरबै, चले के हौ ओहर ?"

"हाँ यार, मुझे हरिश्चंद्र घाट उतार देना।"

"आय जाव तब।"

मैं झूरी की नाव पर बैठ गया। नाव अस्सी के कच्चे घाट से होती, तुलसीघाट के पास पहुँची। मैं एकटक उस छोटी-सी कोठरी को देखता रहा, जिसमें गोसाईंजी की चरण-पादुका रखी है। पत्थर की एक प्रतिमा भी है। मैं इस स्थान पर एकाध बार ही आया हूँ। मुझे पता नहीं क्यों तुलसी और अस्सी के बीच हमेशा छत्तीस का संबंध लगता है। इस कोठरी में बैठे उस बूढ़े ने मानस का बहुत बड़ा हिस्सा लिखा था। काशी के बारे में उनके मन में अद्भुत श्रद्धा का भाव था; पर कुछ ऐसे उपरफट्टू फटीचरों से पाला भी पड़ता रहता था जो उन्हें धूर्त और बदमाश कहने में भी नहीं हिचकते थे।

"इहाँ से निरंजनी अखाड़ा अउर आगे तक बड़ा तोर है पानी का तिवारी बाबू, घबड़इहा मत, अबहीं सब ठीक हुई जाई।" झूरी की नाव डगमगायी थी। मैं उसकी डगमगी डोंगी पर नहीं सोच रहा था। मैं तो सोच रहा था उस व्यक्ति की ज़िंदगी पर जो आज जाने कितने-कितने अर्थों को उजागर करने वाली बनी है, पर अचानक एक दिन उस व्यक्ति के लिए कितनी बेमानी और निरर्थक हो गयी थी :

धूत कहौ, अवधूत कहौ, रजपूत कहौ, जुलहा कहौ कोऊ।
माँगि के खाइ मसीति में सोउब लैबो को एक न दैबो को दोऊ।।

यह ऊपर-ऊपर से देखने पर रंगीन लगने वाली बातें कितनी अंतर्व्यथा से भरी हैं ! कौन-सी जिंदगी सार्थक है ? जिसे अंततः महान् देशनायक और संत कहा जाता है, वह भी जीते-जी उन तमाम मसलों के भीतर से गुजरने के लिए विवश हुआ था जिसे बनारस ने हमेशा-हमेशा तक अपनी नागरिक खूबी समझा है। दूसरे का घर फूँककर तमाशा देखना यहाँ के लोगों का मनचीता मनोरंजन है।

"बस झूरी, यहीं उतार दो मुझे।"

मैं डोंगी में बैठा देख रहा था : गंगा का अपरंपार पाट। दायें तट पर फैली वृक्ष-पंक्ति की श्यामलता और वहाँ तक फैली हलके सिंदूरी रंग का अबाध विस्तार। जैसे किसी हल्के-फुल्के मन के चित्रकार ने अपने ब्रश से हाथ की थकान मिटाने के लिए रंग इधर-उधर फैला दिया है। बायें तट पर काशी के घाट और शिवाले और महल कितने जड़ लगते हैं ! आनंदमयी माँ के गोपाल मंदिर के सुडौल लंबे वर्तुल कलश पर कबूतर मँडरा रहे हैं। फ्रांसीसी कलाकार की कल्पना में काशी और कबूतर हैं, हिंदुस्तानी कलाकार की कल्पना में भीख माँगकर खाना और सीढ़ियों पर सो जाना बदा है।...

"उतरो तिवारी बाबू, साला पूरा घाट मुरदानी बास से भरा है। ई भभका मँगासे में घुसा जाय रहा है, हे भगवान् !" झूरी लग्गी से नाव को घाट पर लगाता है, "इतना पानी, इतना पानी... पर ई लपलप लपट अउर चिराइंध महक कबौ शांत ना भई... ।"

मैं चुपचाप किनारे पर उतर जाता हूँ। बहुतेरी सीढ़ियाँ बढ़ते पानी में डूब गयी हैं। बगल का बूँदी परकोटा जैसे पानी की चौहद्दी में आ गया है । सामने दुनिया-भर के ईंट

और पत्थर रखे हैं, मैसूर के किसी धनपति ने मंदिर बनवाना शुरू किया है। श्मशान–बिहारी के निर्माण की इच्छा को रोमैंटिक कहें कि यथार्थ!

पिछले दुर्गापूजा पर एक सहपाठी ने भट्टाचार्य महाशय का घर दिखाया था। मैं जानकर कभी उनके यहाँ नहीं गया। इसी नगर की यह खूबी है या राम जाने और जगहों में भी ऐसा ही चलता है। जिससे जितना मन का तार मिला हो, अनुराग हो, श्रद्धा हो, उनके पास उतना ही कम जाओ। तुम्हारा वहाँ जाना तुम्हारे लिए जो कुछ फल देगा, वह तो देगा ही, उस बेचारे को लोगों की आँख में चढ़ने क्यों देते हो। दुनिया किसी की बढ़ँती नहीं देखना चाहती। किसी के पास लोग बैठें–उठें तो बहुतों को पेचिश हो जाती है। मैं कभी भट्टाचार्यजी के यहाँ जा न सका।

मैंने जिस वक्त लाल कोठी के दरवाजे पर खड़ा होकर धीरे से साँकल खड़खड़ायी, उस वक्त वसंत मालती का एक गुच्छा सीधे मेरे हाथों से छू गया था।

"कौन है ?"

फाटक एक बीस–इक्कीस वर्ष की तरुणी ने खोला था। वह मुझे प्रश्नाकुल दृष्टि से देख रही थी। वह गोल मुँह की गौरांगी थी जिसने ताँत की उजली साड़ी पहन रखी थी। उसके चेहरे पर वैष्णवी जिज्ञासा थी, जिसमें विरक्ति भी पढ़ी जा सकती थी, सदिच्छा भी।

"भट्टाचार्यजी हैं ?"

"आपका नाम ?"

"रामानंद तिवारी ।"

वह युवती बिना कुछ कहे आँगन में चली गयी। काफी देर बाद लौटी। शायद भट्टाचार्यजी ऊपर के हिस्से में रहते हैं।

"आइए।"

मैं उसके पीछे–पीछे चला। आँगन में आकर मैं ठिठक गया।

"चले आइए, ऊपर हैं।...आ जाइए सीढ़ी से... ।" वह मुझे जैसे बच्चा समझ रही थी। बंगाली लड़कियाँ पैदा होते ही गृहिणी बन जाती हैं। मैंने भट्टाचार्य को नमस्कार किया।

"आओ तिवारी ! अरे खड़े क्यों हो ? सोफे पर बैठ जाओ ... ।"

"जयंती ! ये हैं श्री रामानंद तिवारी, मेरे सर्वोत्तम विद्यार्थी और मेरी कल्पना के सही छात्र... । और तिवारी, यह है मेरी ममेरी बहन जयंती, हिंदी से एम.ए. कर रही है। जयंती, क्या तुम इन्हें चाय पिला सकती हो ?"

इस बार जयंती मुस्करायी, "सुबोध दा, सर्वोत्तम छात्र को सर्वोत्तम ढंग से तो चाय पिलाने में देर लगेगी, खाली चाय ले आ रही हूँ। इस वक्त ये हमारी इसी गरम चाय को सुदामा का तंदुल मानकर क्षमा करेंगे।" मैंने उस वाचाल चेहरे को फिर देखा। इस बार

जरा काफी ध्यान से। वह निर्द्वंद्व भाव से मेरी ओर देख रही थी, मानो अपने कथन पर तुरंत प्रतिक्रिया सुन लेने को आतुर हो।

"मुझे सिर्फ पानी दे दीजिए। गरम चाय में तंदुल पकाकर किसी और दिन हिलसा या भाकुर की कढ़ी के साथ परस दीजिएगा !"

"उई माँ !" जयंती खिलखिलायी, "सुबोध दा, तुम्हारा छात्र तो बंगाली खाने का चटोर लगता है।"

"बंगाली तहजीब का भी... ।" मैंने धीरे से कहा और जयंती हँसती हुई चली गयी। सुबोध भट्टाचार्य अचानक गंभीर हो गये।

"क्यों तिवारी !" उन्होंने सन्नाटा तोड़ा, "किस परचे में नंबर कम थे तुम्हारे ?"

मैंने पॉकिट से अंकपत्रों को निकालकर उन्हें थमा दिया। मैंने प्रीवियस का अंकपत्र भी ले लिया था।

"बाप रे ! तुम्हें साहित्य में छकाया गया है। यानी प्रोज और पोइट्री में श्रीहर्ष और मेघदूत में 50 में 17 अंक और थर्ड सेमेस्टर में इसी परचे में कादंबरी और मेघदूत में 50 में 13 अंक। यानी तुम्हें शुद्ध साहित्य में कुल 100 में तीस अंक दिया गया। माइ गॉड ! अंधहु बधिर न करहिं अस... ।"

तब तक जयंती चाय लेकर आ गयी।

उसके हाथ में दो प्याले थे, एक उसने भट्टाचार्यजी की ओर बढ़ाया। उन्होंने नहीं कर दिया, "तुम लोग पीयो।"

"लो न दादा, एक प्याली और ला रही हूँ अभी... ।"

"तो ले आओ, साथ ही पीयेंगे।"

उसने पास की तिपाई पर भट्टाचार्यजी के लिए चाय रख दी। एक प्याला मुझे थमाते हुए मुस्करायी और तीसरा प्याला लाने के लिए नीचे भागी। आधी प्याली चाय लिये ऊपर आयी और दरवाजे के पास खड़ी होकर बोली :

"चाय पीजिए भट्टाचार्य महाशय, किस कागज में आँख गड़ाये हैं ?"

"ले देख।" उन्होंने गहरी साँस ली और अंकपत्रों को जयंती के हाथ में दे दिया। हम दोनों चाय पीने लगे।

जयंती बड़े गौर से नंबरों का परीक्षण कर रही थी।

"वाह, पचास में 36, 37 अंक से कहीं कम हैं ही नहीं। चारों सेमेस्टरों में इतने बढ़िया अंक और फर्स्ट क्लास, वेरी गुड !"

"मूर्खे !" सुबोध भट्टाचार्य कटकटाये, "थर्ड सेमेस्टर साहित्य में 13 और फोर्थ सेमेस्टर में 17 अंक नहीं दिख रहे हैं आँख से क्या ?"

जयंती ने इस बार ख्याल से देखा और उदास हो गयी, "सुबोध दा, मेरी समझ में यह बात नहीं आयी। दुनिया-भर के विषयों में यानी वैदिक स्टडीज, फिलॉसफी,

फिलालॉजी ऐण्ड ग्रैमर, पालि, प्राकृत, वेद, निरुक्त, काव्यशास्त्र सब में या तो प्रथम श्रेणी या सत्तर प्रतिशत से ऊपर अंक और साहित्य में तीस प्रतिशत कैसे हो गया ?"

"यह वह तिलस्मी खोह है जयंती, जहाँ काला सफेद और सफेद काला बनकर निकलता है। जानती हो, यह सामने बैठा लड़का पिछले वर्ष सर्वोच्च स्थान पाये था, इसे निश्चित यू.जी.सी. की स्कॉलरशिप मिलती, पर इस वर्ष यह तीसरी पोजिशन पर है। दो लड़के इसके सिर पर बिठा दिये गये हैं जो इससे साहित्य पढ़ते रहे हैं।"

"ऐसा क्यों है ?"

"ऐसा इसलिए है कि न चाहते हुए भी यह मान लिया गया है कि यह लड़का सुबोध की पार्टी में है। यानी सुबोध की कोई अस्तित्वहीन पार्टी है जिसका यह नेता है। और सुबोध भट्टाचार्य को सबक सिखाने के लिए इसकी हत्या कर दी गयी है।"

"क्षमा कीजिए सर," मैंने चाय की प्याली रख दी, "आप गलत सोच रहे हैं ! आपके कारण यह सब नहीं हुआ है। मुझसे ही कोई ग़लती हुई होगी। मुझे शुक्ला वगैरह के कांड का भी पता चला था सर, पर तब तक देर हो गयी। वे लड़के मुझसे मिल नहीं पाये, मैं अपनी ही परेशानियों में घिरा रहा। शुक्ला इस साल बिल्कुल ठीक रहेगा सर, आप विश्वास रखिए।"

"मुझे सिखाने की कोशिश मत करो रामानंद ! मैं जानता हूँ कि ये परचे किसके पास थे और उन्होंने यह सब किसलिए किया है। मैं किसी का नाम लेना नहीं चाहता। न तो यह मेरी आदत है, न तो संस्कार ही ; पर एक निर्दोष प्रतिभा को इस तरह कुचल देना बिल्कुल जाहिली और विद्याविरोधी कुकृत्य है, इतना कहे बिना मैं नहीं रह सकता।"

"खैर सर, किस्मत को कोई क्या कर सकता है !"

एक क्षण सन्नाटा छाया रहा।

"अब क्या करोगे तुम ?" छलछलायी आँखों से मुझे देखते हुए भट्टाचार्य महाशय बोले, "तिवारी, रिसर्च जरूर करो।"

"कैसे कर सकता हूँ सर," मैंने गरदन झुका ली, "अभी किराये के लिए कल मकान मालिक से झगड़ा हो गया। आरती का बी.ए. फाइनल में नाम लिखाना है। मैंने बहुत गलती की सर, जो स्कॉलरशिप की ओर से निश्चिंत हो गया। मेरा रिसर्च कतई संभव नहीं।"

"मैं तुमसे एक बात पूछता हूँ, सोचकर उत्तर दो--क्या तुम ट्यूशन करोगे ? अभी कल वल्लभचंद्र नागर कह रहे थे। वे मेरे मामा यानी जयंती के पिता के सहपाठी थे। काशी के सबसे बड़े रेशमी साड़ियों के व्यापारियों में एक। यानी धनाढ्य ब्राह्मण। कुछ अटपटा तो नहीं लग रहा है ? मुझे पुत्रवत् मानते हैं। वे चाहते हैं कि उनकी लड़की की ट्यूशन मैं करूँ ; पर मैं ट्यूशन नहीं कर सकता। किसी और को भेजना होगा... ।"

"किरण के लिए ?" जयंती ने कहा।

"हाँ।"

"तो तिवारीजी को ही क्यों नहीं भेजते आप ? इनसे अच्छा स्कॉलर कहाँ मिलेगा आपको !"

"तुम तिवारी को नहीं जानतीं जयंती ! वह कब क्या करेगा कहना मुश्किल है। मैं तो आज भेज दूँ वहाँ पर, जब यह तैयार हो तब न ?"

"बड़ी अच्छी है किरण तिवारीजी, थोड़ी तेवरवाली लड़की है, पर घर-परिवार बहुत शरीफ और वैष्णव है, आप स्वीकार कर लीजिए। रिसर्च आप जरूर कीजिए। दुनिया आपको मिटाना चाहती है तो क्या आप खुद मिट जाने को तैयार हो जायेंगे !" जयंती ने मेरी ओर ऐसी स्निग्ध आँखों से देखा जिन्हें कतिपय अभिजात बंगाली महिलाओं में ही मैंने देखा है। एक सांस्कृतिक सहानुभूति का रसमादन !...

"मैं एक शर्त पर तैयार हो सकता हूँ सर !" मैंने भट्टाचार्यजी से कहा, "मुझे वेदों पर ही काम करना है और मेरे निर्देशक आप ही रहेंगे। चाहे मुझे पी-एच.डी. मिले या न मिले।"

"नुकसान की जगह पर जानकर गरदन डालना कोई बुद्धिमानी तो नहीं है। तुम्हारा रजिस्ट्रेशन किसी अच्छे आदमी के निर्देशन में करा दूँगा। अपना नफा-नुकसान सोचो ?"

"अच्छा सर !" मैं उठ पड़ा।

"कब चल रहे हो नागरजी के यहाँ ?"

"मुझे न ट्यूशन करनी है न रिसर्च, मैं अब सद्-विद्यार्थी नहीं रहना चाहता।"

"बैठो, बैठो।" भट्टाचार्य घबरा उठे, "देखा जयंती तूने, कहा न कि यह एक अजीब बौड़म जंतु है। अच्छा बाबा, मैं ही रहूँगा निर्देशक। चलो कल नागर के यहाँ। ठीक चार बजे आ जाओ यहाँ शाम को।"

मैंने भट्टाचार्य को नमस्कार किया और नीचे उतर पड़ा।

"तो फिश कढ़ी और पुलाव की बात तै रही तिवारीजी ?" जयंती मुस्करायी।

"मैं मछली नहीं खाता जयंती दी, आप शायद मुझसे छोटी होंगी एक-दो साल। इसलिये हे सोन दी, मुझे खिलाना हो तो बैगुनी पकौड़ी खिला दीजिएगा। कल।"

"उहुँक्," वह मुस्कराते हुए बोली, "आपको माछ खानी होगी। आप वैष्णवी मुद्रा में आ गये ? मेरे यहाँ भी माछ नहीं चलती ; पर आपके लिए बनाऊँगी।"

"माछ से बहुत डर लगता है सोन दी। जब छोटा था न, तो गले में एक बार काँटा अटक गया। पता नहीं कौन मछली थी। पर बड़ी चिकनी और चमकदार थी। माँ ने गुड़ खिलाया, लड्डू खिलाया, पुआ खिलाया, तब जाकर काँटा निकला; पर सच कहता हूँ आपसे, वह जगह वैसी ही सालती रहती है। इसलिए चमकदार मछली की बात सुनकर डर लगने लगता है। मैं तो पकुड़ी ही खाऊँगा।"

"अच्छा, तिवारीजी, मैं चार साल की बच्ची नहीं हूँ कि आप मुझे सोन दी कहें। आप जयंती ही कहने का वादा करें तो पकुड़ी ही सही... असल में आप जिस महाशय के

शिष्य हैं, वे भी पकुड़ीवादी आचार्य ही हैं... पर उस मछली का नाम भी बताना होगा ?"

"अच्छा देवि जयंती मंगला काली भद्रकाली... नमस्कार... !"

"सुनो तिवारी, मैं तुमसे कुछ ज्यादा ही गोरी हूँ, इसलिए आगे से कोई गौरी-स्तुति याद करके आना--समझे !" वह फिर खिलखिलायी।

"याद तो है... ।"

"मछली का नाम या गौरी-स्तुति ?"

"गौरी-स्तुति, पर सुनाऊँगा नहीं।" उसने फाटक के पास रास्ता रोक लिया। बिना सुनाये जाना कठिन है, तुम जयंती शब्द का अर्थ भी भूल गये छोटे आचार्य !" मैंने हाथ जोड़कर कहा, "सुधाहते सुधामय, दुग्धतार, देखे तारे पापक्षय हय।"

"हाय तिवारी !" जयंती भावुक होकर बोली, "मैं देवयानी नहीं हूँ !"

"देवयानी काली नहीं थी, सुधामय थी। उसे देखकर मन के पाप का क्षय हो जाता था। वह भी दुग्ध-धवल थी, ठीक तुम्हारी-जैसी इसलिए यह स्तुति चलेगी। फिर कल दूसरी सुना दूँगा। नमस्कार !"

मैं दरवाजे से बाहर निकल आया। जयंती मुझे सड़क पर जाते देखती रही। जब मैं गली से मुड़कर सड़क पर आया तब मुझे फाटक बंद करने की आवाज सुनायी पड़ी।

"काका !" भट्टाचार्य महाशय ने वल्लभचंद्र के ड्राइंग रूम में बैठते हुए कहा, "आपका मकान ऐसी गली में है जिसकी रौनक दम घोंट देती है, इनसे मिलिए श्री रामानंद तिवारी।"

मैंने नागरजी को नमस्कार किया और बगल की कुर्सी पर बैठ गया। वे बड़ी देर तक मेरे चेहरे पर देखते रहे। शायद सोच रहे हों कि कारीगर ने रेशम भी कुछ मिलाया है कि सारे ताने-बाने कपासीसूत के ही हैं !

"आप इन्हें मेरे स्थान पर ही समझिए। सच तो यह है काका कि मैं आपको अपनी सर्वोत्तम उपलब्धि ही सौंप रहा हूँ। यह आदमी चलता-फिरता इनसाइक्लोपीडिया है, हाँ !" भट्टाचार्य की बातें सुनकर मेरी गरदन झुकी जा रही थी; पर वे बोलते गये : "मुझे यदि अपनी बहन या बेटी की ट्यूशन करानी होती तो मैं इन्हें ही चुनता, इसी से आप इनमें मेरे विश्वास की थाह लगा सकते हैं।"

नागरजी के चेहरे पर उभरी मुस्कान में विश्वास का रंग भी घुला था। यह देखकर प्रसन्नता हुई।

"वेल यंग मैन," उन्होंने जेब से सौ-सौ रुपये के दो नोट निकालकर मेरी ओर बढ़ा दिये, "सुबोध ने तुम्हारे बारे में सब बता दिया है। यह बड़े दुःख की बात है कि ऐसे प्रतिभावान ब्राह्मण विद्यार्थी के साथ ऐसा अन्याय हुआ। तुम अपनी रिसर्च ज्वाइन करो। मैं

ट्यूशन के बदले डेढ़-सौ रुपये महावारी तुम्हें देता रहूँगा।"

"जी, इन्हें अभी रहने दीजिए। काम करने के बाद ही पारिश्रमिक लेना ठीक रहेगा।"

"ये रुपये एडवांस में देने के लिये मैंने कहे हैं।" भट्टाचार्यजी बोले, "इन्हें रखो। काका, किरण को बुलाइये।"

"किरण !" नागरजी जोर से बोले, "दीकरी अहीं आवो... ।"

"आ रही हूँ पापा !" एक झनझनाती आवाज ऊपर की मंजिल से उभरी।

मुझे जयंती के शब्द याद आये--लड़की तेवरवाली है। मैं चुपचाप बैठा रहा। किरण आयी और उसने भट्टाचार्य महाशय को नमस्कार किया, "जयंती को नहीं लाये सुबोध दा ?"

"फिर आ जायेंगी कभी किरण, अभी तो इनसे मिलो। ये हैं तुम्हारे मास्टरजी यानी श्री रामानंद तिवारी। ये क्या और कैसे हैं, तुम बाद में बताना। मुझ रंचक की झोली में इससे बड़ा कोई रत्न नहीं है। वह मैंने आज दूसरी अगस्त को तुम्हारे पास पहुँचा दिया, बस, अब चलूँगा। जाओ रामानंद, किरण को पढ़ाओ। उसनें वे ही वैकल्पिक विषय लिए हैं जिन्हें लेकर तुमने बी.ए. में फर्स्ट क्लास पाया था। लड़की को संस्कृत से एलर्जी है, इसलिए संस्कृत पर ज्यादा ध्यान दो। क्यों किरण ?"

"आप बता ही रहे हैं सुबोध दा, तो मैं भी कह दूँ : मुझे संस्कृत से एलर्जी नहीं, भय है।"

"तेरे भय के भूत को भगानेवाला ओझा आ गया है। और क्या-क्या पढ़ाओगे ?" भट्टाचार्यजी उठ गये थे और चलने को तैयार थे।

"व्याकरण और वैदिक ऋचाएँ तथा हिंदी और फिलॉसफी भी।" मैंने पहली बार किरण को देखा। आप निश्चय ही इसे आकस्मिक संयोग या रोमैंटिक बहेतू वृत्ति कहेंगे ; पर किरण खुद में एक बहुत बड़ा प्रश्नचिन्ह थी। इतनी आकर्षक लड़की मैंने कम ही देखी है। वह पतली छरहरी, भरे मुख की युवती थी बड़ी-बड़ी आँखें, सुती हुई नासिका। चेहरे पर एक अजीब किस्म की गंभीरता थी जो कहीं से भी अस्वाभाविक नहीं लगती थी। वह एक क्षण अपनी आम की फाँकों की तरह बड़ी-बड़ी अमोली आँखों से मुझे देखती रही, तभी वल्लभचंद्रजी बोले :

"आज ऊपर के कमरे में पढ़ लो। कल बगलवाले कमरे को ठीक करा लेना।" मैं किरण के साथ-साथ उसके कमरे में चला गया। भट्टाचार्यजी ने चलते वक्त मेरी पीठ थपथपायी। दीवाल के पास की टेबल को बीच में किया। एक तरफ की कुरसी पर मुझे बैठने का संकेत करके किरण परले तरफ की कुरसी पर बैठ गयी।

"तो... ?" उसने अजीब विरक्ति से मेरी ओर देखा।

"तो क्या, शुरू हो जाओ। देर कैसी...!"

गली आगे मुड़ती है/63

"क्या ?" वह अजब ढंग से चौंकी, "यह कौन-सी हिंदी है। काफी नीचे कनपटी तक खत कटवाने वालों की भाषा में आप मुझे संस्कृत पढ़ायेंगे ?" वह तिनकी।

"अव्वल तो मैं कनपटी ताले (साइड लॉक्स) खुद पसंद नहीं करता किरण देवी, फिर उनकी हिंदी भाषा पर कोई मनॉपली कायम है, मैं नहीं मानता। हाँ, यह जरूर है कि अगर तुमने यह सोचा हो कि घुटनों तक ही धोती पहने, मिरजई कसे, कानों में लंबे-लंबे बाल समेटे, सिर पर पगड़ बाँधे, नाकों से नस खींचते किसी पंडित से मुलाकात होगी और वे दाँत निपोरते हुए कहेंगे--हे देवी, आइए, अब भ्वादिगण धातुओं पर विचार करें तो तुम्हें जरूर झल्लाहट होगी। मैं उस तरह नहीं पढ़ा पाऊँगा। तुम अभी अपने पिताश्री से अपनी पसंद जाहिर करो और हमें छुट्टी दो।"

वह काल्पनिक पंडित का हुलिया सुनकर मुस्करा रही थी, पर सहसा धमकी के वाक्य सुनकर पीली पड़ गयी, "मेरा मतलब यह नहीं था। मुझे वह लहजा पसंद नहीं। मैंने सिर्फ इतना ही कहा था...।"

"मुझे चिंता नहीं कि तुम्हें क्या पसंद है, क्या पसंद नहीं, शुरू हो जाओ। बिल्कुल मासूम हिंदी है, इसमें कहीं से तुम्हारे स्वाभिमान को ठेस नहीं लगती। लगती हो तो मैं वाक्य बदलकर कहूँगा। शुरू करो।"

"हाँ, अब ठीक है, क्या पढ़ायेंगे आज ?"

"जो तुम्हें पूछना हो !"

"तो मुझे आप यह बताइए श्रीमान् कि 'आ कृष्णेन रजसा वर्तमानो निवेश यन्नमृतं मर्त्यं च' का अर्थ क्या है ?"

"यह किरण, सवितृ सूक्त के दूसरी ऋक् की पहली पंक्ति है।" मैंने बिना पुस्तक देखे हुए कहा, "कल्पना करो कि चतुर्दिक् अंध तमस् व्याप्त है। ऐसा घोर तमस् जो थक्के का थक्का जमा संपूर्ण विश्व को अपने में लपेट लिये है। उस घोर अंधकाराच्छन्न दृश्य को देखकर ऋग्वैदिक कवि कहता है कि आह, कैसा है वह चारों तरफ को कालेपन से घेरनेवाला अंधकार और इसमें वर्तमान रहनेवाला, खोया रहनेवाला सवितृ सूर्य कैसा मोहक पदार्थ है, जो सहसा इस तमस् को चीरकर एक साथ ही अमरों यानी देवताओं को तथा मर्त्यों यानी आदमियों को अंधकार की चिंता छोड़कर, इनशिया यानी अकर्मण्यता से अलग होकर, क्रियाशील करता है !"

"और कृष्ण का अर्थ क्या है ?"

"यास्क से पूछो तो कहेंगे 'कृष्यते निकृष्टो वर्णः,' किंतु मुझे यह परिभाषा बहुत पसंद नहीं है। कृष्ण का अर्थ कालावर्ण जरूर है किंतु काला हमेशा निकृष्ट ही नहीं होता। यदि वह रजोगुण से जुड़ जाय तो बुरा होता है यानी भयावना रौद्र का रूप लेता है। यदि वह सत् से जुड़ जाय यानी उसमें झलमलाती शुभेच्छापूर्ण सहानुभूतिमयी प्रकृति का संयोग भी हो जाय तो वह कृष्ण या नील वर्ण धारण करता है, जिसे मयूरपुच्छ में देखा जा सकता

है। वह हमारे हृदय को भय से धक्का नहीं मारता बल्कि अपनी चुंबकीय शक्ति से अपनी ओर खींचने लगता है।

"तब वह कृष्यते के निकृष्ट अर्थ में नहीं, कर्षति के खींचनेवाले अर्थ में प्रयुक्त होता है। रज तमस् के ऊपर अंतरिक्ष का धर्म है, उसके ऊपर सत् लोक दिव या प्रकाश है। इसलिए 'कृष्णेन रजसा वर्तमानः' का अर्थ हुआ काले अंतरिक्ष के भीतर रहनेवाला यानी अग्नि-गोलक प्रभामंडित सूर्य। यह सूर्यमंडल के नीचे की कल्पना है।"

किरण को पता नहीं इन शब्दों में क्या लग रहा था कि वह चुपचाप मेरी ओर छिपी हुई दृष्टि से लगातार देख रही थी। वह पूर्णतः सावधान थी। जो कुछ पढ़ाया जा रहा था, वह उससे जरा भी असावधान नहीं थी ; पर मैं देख रहा था कि उसके मन में एक अजीब तरह की रंगीन चित्रपटी खड़ी हो रही है जिसमें वह अब तक किसी अन्य द्वारा पढ़ाने की स्मृति का भीतर-ही-भीतर तुलनात्मक अध्ययन कर रही थी। साथ ही शब्दों के चुंबकीय आकर्षण से बुरी तरह से खिंचती हुई, किसी अन्य लोक में जहाँ सिर्फ आयासहीन सौंदर्य का प्रकाश होता है तिरती चली जा रही है। वह अभी तक शब्दों को वर्णों का समूह समझ रही थी। उसे आज पहली बार लगा था शायद कि शब्द की भी एक शक्ति होती है जो बिजली की तरह नसों में दौड़ती चली जाती है।

एक दिन शाम के समय चौखंभा जाते हुए मेरी नजर अचानक एक साधु पर पड़ गयी। उस दिन बादल घने हो रहे थे। दिन में भी हल्का-हल्का अँधेरा हो गया था। अँधेरे में भी कृष्ण-काय साधु था, साँझ के धुँधलके में भी उसका व्यक्तित्व सबसे अलग था।

"रामजो... ।" वह दूध की एक दुकान पर खड़ा हो गया। दुकानदार ने अपनी कलछी से थोड़ा-सा दूध निकालकर उसके ताँबे के लोटे में डाल दिया।

मैंने साधु को पहचान लिया। वह जुलाई के आरंभ में गाँव से लौटते वक्त हमारे साथ डिब्बे में बैठा था।

"कहिए महाराज ! नमस्कार !"

वह चौंककर मुझे देखने लगा, "जै रामजी, अरे वाह ! क्या अदा है मुरली वाले की रामजी ! जब वह चाहता है, दो एकदम अलग रहने वाली, सर्वथा अपरिचित आत्माएँ अचानक एक-दूसरे से यों मिल जाती हैं जैसे युग-युगांतर से परिचित हों। कहिए रामजी, किधर चल रहे हैं ?"

"मैं तो महाराज चौखंभा जाऊँगा।"

"वाह मुरलीवाले ! धन्न हो महाप्रभु ! मैं भी तो चौखंभा ही चल रहा हूँ। रामजी, आप कैसे जायेंगे ?" उसने पूछा।

"बस से जाऊँगा गोदौलिया। वहाँ से चौखंभा पैदल।"

"तो अभी तो बस आने में देर है। और रामजी, माताजी कैसी हैं ? श्री जी कैसी हैं ?"

मेरा पारा चढ़ने-चढ़ने को हुआ, "सभी ठीक हैं। अपनी कहिए।"

"मैं भी दो-चार रोज हुए वृंदावन से आया रामजी। संकठाघाट के पास गोमठ गली में मर्णिकेश्वर के पास ही रहता हूँ । चौखंभा तो बाल गोपाल का धाम ही है रामजी। अक्सर जाना होता है।"

तभी बस आती हुई दिखायी पड़ी, "तो आइए, आप भी बस से चलिए।"

"बस से ? नहीं रामजी। अपनी बस, साइकिल, कार, टैक्सी जो कहो, ये दो पैर हैं। अच्छा रामजी, फिर मुलाकात होगी। मैं तो अस्सी से चौक तक की दूध की दुकानों पर अलख जगाता जाऊँगा। भक्तों को चेता देना अपनी ड्यूटी है, वे दें तो भी जै, न दें तो भी जै, यही अपनी परिक्रमा है रामजी।"

बस आ गयी और मैं चढ़ गया।

मैं रास्ते भर इस अद्‌भुत साधु के बारे में सोचता आया। कैसा अद्‌भुत लगता है यह व्यक्ति ! ठग होगा ? मन कहता है, जो प्रायः साधु मात्र के बारे में इस प्रकार की धारणा बनाने का अभ्यस्त हो चुका है ; परंतु मन के भी भीतर, परत-दर-परत नीचे कोई और भाग है मन का ही जो इसकी ओर, आकृष्ट होता है और जैसे कहता है, कि इसकी आँखों में देखो। कितनी व्यथा है : कितनी अद्‌भुत निर्मम सदिच्छा है जो विष पीने के बाद जीनेवाले की आँखों में ही उभरती है।

किरण के पास जाना मेरे लिए एक ड्यूटी का हिस्सा नहीं था। तो क्या अज्ञात वैष्णव साधु की तरह मैं भी वहाँ चेताने जाता हूँ ? --मन ने पूछा। नहीं, उत्तर स्पष्ट था। किरण पिछले दो-ढाई महीनों के भीतर ही मेरे जीवन का अविभक्त हिस्सा हो गयी थी। मै उसे आवश्यकता से अधिक मन लगाकर पढ़ाता था, और वह अब नये विश्वास से इस तरह भरी थी कि मुझे पूरा इत्मीनान था कि यदि फर्स्ट क्लास न भी ला सकी तो बहुत अच्छा तो करेगी ही। किरण सरस्वती महिला विद्यालय में थी। वहाँ शायद किसी के साथ उस तरह अन्याय भी न किया जाता हो, जिसका जीता-जागता उदाहरण मैं स्वयं हूँ। मेरे लिए उसका वहाँ होना एक और दृष्टि से भी अच्छा था। वह यदि युनिवर्सिटी में आती-जाती रहती तो शायद मैं उससे मिले बिना अपने को रोक न पाता और तब आरती के चेहरे पर शरारत के जो रंग उभरते, मैं सिर्फ उसकी कल्पना से ही चौंक उठता हूँ।

मन में बार-बार प्रश्न उठ रहे थे कि क्या मेरा किरण के इतना करीब जाना ठीक है ? क्या वल्लभचंद्र और सुबोध भट्टाचार्य ने मेरे भीतर जो विश्वास संजो रखे हैं, उनका गला घोंट देना अपनी ही आत्मग्लानि के दलदल में नहीं डुबो देगा।

मैं कर क्या रहा हूँ। मैं ऐसा कुछ नहीं करूँगा जो मेरे और किरण के लिए किसी भी प्रकार से लज्जा का विषय बने।

"किरण !" मैंने पूछा। खड़ी पुस्तक की आड़ में उसने मेरी हथेली पर अपना हाथ रख दिया था।

"हूँऽ।"

"तुम क्या नहीं सोचतीं कि यह एक विचित्र रक्त की पुराकथा है जो अपनी विकास गति को कभी रोक नहीं पाती ? इसका चक्र अपनी परिक्रमा पूरी करके ही रहता है !"

"जानती हूँ कि यह अटूट रक्त की भाषा कोई रुकावट बर्दाश्त नहीं करती, तो भी मैं हजार बार कोशिश करके भी उसे इनकार कर सकने की स्थिति में नहीं हूँ। तुमने एक दिन 'निशीथ' कविता की एक पंक्ति कही थी, याद है ? उसी कविता के आरंभ में ही मेरा पूरा इतिहास लिखा है। आनंद, मैं चाहती हूँ कि वह तुम्हें सुना दूँ। ...रात-दिन तुम्हें रटती रहती हूँ पर तुम्हारा नाम नहीं जानती। स्वप्न में तुम्हें अपने आलिंगन में भर लेती हूँ; पर पहचानती नहीं। सचमुच मैं कैसी पागल हूँ जो तुमसे लगातार बात करती रहती हूँ, पर आज तक मन में यही लालसा बनी है कि किसी तरह तुम्हारे अंतरतम की आवाज पहचान लेती। पता नहीं आनंद, इस जिंदगी का आदि-अंत भी कुछ है या नहीं ; पर तुमसे जुड़कर अचानक वर्तमान सार्थक हो गया है। मैं सिर्फ उसी को देख पाती हूँ।"

"किरण !" दरवाजे से माताजी की आवाज सुनायी पड़ी।

"आयी अम्मी," किरण उठकर बाहर चली गयी।

दोनों माता-बेटी आपस में बातें करती रहीं। मुझे कुछ सुनायी नहीं पड़ा। चित्त में चंचलता जरूर थी, तभी किरण कमरे में आयी।

"क्या था ?" मैंने घबराकर पूछा।

"कुछ नहीं।" किरण बोली, "कल से नवरात्र शुरू हो रहा है। इस वर्ष रवि का यज्ञोपवीत हुआ था, इसलिए माँ कहने आयी थीं कि अपने यहाँ इस वर्ष गरबा का विशेष आयोजन करो।"

"तो करो न, इसमें इस तरह मुरझाने की क्या बात है !"

"तुम नहीं जानते आनंद, मैं गरबा से बहुत प्रेम करती हूँ। शायद ही कोई गुजराती लड़की हो जो गरबा के नाम पर थिरक न उठती हो ; पर दुनिया-भर के तमाम लोगों के सामने मैं यह सब दिखाने की स्थिति में अब नहीं रही... मैं नाचना चाहती हूँ, रिझाना चाहती हूँ, किंतु सिर्फ उसको जिसमें अपने होने का प्रमाण मानती हूँ।"

"कौन है वह ?"

"जो भी हो।"

"तो वह भी तो वहाँ हो सकता है।"

"हो सकता है।"

"तब ?"

"मैं सिर्फ उसके ही सामने नाचना चाहती हूँ, और किसी के भी नहीं।"

मैं बहुत देर तक सोचता रहा कि आखिर ऐसा सौभाग्यशाली वह कौन है सिर्फ जिसके सामने ही किरण-नृत्य हो सकता है !

"तिवरानीजी, ओये माताजी !"

रात दो-तीन बजे होंगे। हम सोये थे। कोई नीचे से पुकार रहा था। मैं उसकी आवाज से जग तो गया था, पर कुछ न समझ पाते-जैसा लेटा था।

"नंदू ! नंदू !!"

"क्या है अम्मा ?"

"सिचन्ना चिल्ला रहा है नीचे। जरा ऊपर से ही पूछो तो क्या बात है।"

सिचन्ना से मेरी कभी बातचीत नहीं हुई। वह मुझे देखकर हमेशा कन्नी काट जाता। वह मुझसे पता नहीं क्यों बे-वजह डरता था। वह मठ की बाहर को खुलनेवाली एक-छोटी-सी कोठरी में रहता था। उसे कोठरी कहना भी गलत होगा। वह शायद मिट्टी या गोयंठे रखने के लिए बनी एक कुठरिया थी। लंबाई तो ज्यादा थी, पर उसमें कोई आदमी मुश्किल से खड़ा हो सकता था। सिचन्ना का बाप भी उसी में रहता था। औरत गाँव रहती थी। बाप-माँ दोनों मर गये। जीते-जी बुढ़वा अपने लड़के को भी उसी कुठरिया में रखता था, सो एकदम अनाथ होने पर सिचन्ना के लिए इस कुठरिया के अलावा कहीं शरण नहीं थी। अपनी किस्मत उठाये इस घाट-उस घाट घूमता रहता था। दिन में शायद ही खाता-पीता हो। सूर्यास्त के समय मठ में आता और कुठरिया के सामने गली में अपनी अंगीठी लगाकर कुछ पका लेता। उसे कोठी से कोई सरोकार नहीं था। शायद ही वह कभी कोठी में आता हो। वह रामकीरतदास से बहुत जलता था, क्योंकि वे उसे उस गंदे कोटर से भी निकालने पर तुले थे। "न निकले तो कम-से-कम पाँच रुपया भाड़ा तो दे ही"--यह उनका दैनंदिन रामधुन था।

मैं आँखें मलता छत पर पहुँचा, "कौन है ?"

"हम हईं तिवारी भइया सीचन्न।"

"क्या हो सीचन्न, क्या बात है ?"

"आप सभे जगा रहें, बड़ा तेज पानी बढ़ा आय रहा है भइया जी, कोठी चारों ओर से जलमग्न हुई गयी है। दरवज्जे से भीतर भी पानी घुसि रहा है।"

मैं देख रहा था--सिचन्ना जिस गली में खड़ा है, उसके घुटने तक पानी है। वह अपनी लुँगी समेटकर मद्रासी ढंग से बाँधे है।

"अरे तो दरवाजा खुलाकर पुजारीजी से नहीं कह दिया ?" मैंने कहा।

"ओह, ससुरा से हमार का वास्ता। आप लोग न होते तो हम तो मनौती करते गंगा मैया से कि उमड़-घुमड़ के पलट दो महारानी ई अधरम के किला, हाँ..."

"अरे भाई, तो यहाँ हमी लोग तो नहीं हैं, नीचे बिचारी झुलनी बुढ़िया भी है।"

सिचन्ना की बुढ़िया से बहुत पटती थी। वह बुढ़िया कोई अपंग-अपाहिज नहीं। सब लोग 'झुलनी बुढ़िया' कहते हैं, इसलिए यही नाम सही। वह पचास के नीचे ही होगी। राजेश्वरी बाबू की महराजिन रही कभी। विधवा ब्राह्मणी थी सो काशी-वास कर रही है।

"आपै कह दिये भइया जी, पहिल धक्का तो नीचे वालन के कमरे पर पड़ी।"

"अच्छा-अच्छा, हम कह देते हैं उससे अभी, मगर तुम्हारी कुठरिया का क्या हाल है ?"

"सिरफ एक सीढ़ी अउर, फिर कुठरिया और अस्सी घाट एकमएक।" वह हँसा और अपनी कुठरिया में घुस गया।

मैंने आकर अम्मा को सारी बात बता दी।

"हे भगवान् !" अम्मा बोलीं, "ऐसी अजहदी पुरानी कोठी है, कहीं कुछ हो न गोसैयाँ।"

तभी बिट्टो अपने कमरे में से निकली, "क्या हुआ ?"

"बाढ़ से कोठी घिर गयी है।"

"ऐं !"

"ऐं क्या, तेरी छत बहुत सड़ी है, पहले वही कमरा बैठेगा।"

"क्या बकता है नंदू ! तुझे बेटा, अच्छे-बुरे समय का भी फरक नहीं दिखता। बस हर बात को मसखरी में कहता जायेगा।"

"चल, तू मेरा सारा सामान ढुलवाकर ले आ इस कमरे में।" बिट्टो बोली, "तू ठहरा भविष्य-द्रष्टा। तेरी बात को गलत कौन काटे। अब उठ जल्दी और मेरी चारपाई और बक्से उठवा मेरे साथ।" बिट्टो ने मेरा हाथ पकड़ लिया।

"अभी जा रहा हूँ नीचे। झुलनी बुढ़िया को बता दूँ कि जल-समाधि कैसे ली जाती है। वह सोये-सोये उसी कमरें में मर गयी तो छत बैठे या न बैठे, तू अपने कमरे में नहीं बैठेगी।"

"हाय राम, क्या नीचे आँगन में पानी आ गया है ?"

"दरवज्जे से आ रहा है पानी, सिचन्ना कह रहा था, तो वह ऊपर मंदिर की तरफ भले न चढ़े, कोने वाले कमरे में तो जा ही सकता है।"

"तो चलो, मैं भी देखूँगी।"

"तू क्या देखेगी, वहाँ क्या जलपरी नाच रही है ?"

"अम्मा !" बिट्टो तिनकी, "इसे समझा दो कि आदमी की तरह बोला करे नहीं... ।"

"इत्ती रात को तुम भाई-बहन लड़ो मत। जाओ नंदू तुम महराजिन को होशियार

कर दो, इसे भी जाने दो, पर जल्दी लौट आओ तुम दोनों।"

बिट्टो गिलहरी की तरह दौड़ती हुई नीचे चली गयी।

"अरे भैया रे !" वह चीखी, "आधा आँगन पानी में डुबा है। भैया, तुम महराजिन को जल्दी जगाओ, नहीं तो सच्ची वह सोय-सोये रामनाम सत्य हो जायेगी।"

"बिट्टो, जरा दौड़ के टॉर्च ले आ। पता नहीं इस पानी में कितने साँप-बिच्छू बह रहे होंगे।"

"ओए !" बिट्टो डरकर पीछे लौटी। वह जल्दी ही आ गयी। टॉर्च मेरे हाथों में दे दिया। मैंने पाजामा ऊपर खींचा और झुलनी के दरवाजे की ओर बढ़ा।

मैंने जोर से कुंडी खटखटायी। कोई हलचल नहीं मालूम हुई। इस बार मैंने कुंडी को ऐसा नचाया कि मुहल्ले के लोग भी खड़बड़ा सकते थे।

"को आय रे ?"

"मैं हूँ तिवारी।"

"तूँ तिवारी आय कि पांडे आय, मौकों का ?"

"अरे तू अपनी जान बचा, तिवारी-पांडे के चक्कर में मत पड़, समझी। तेरे कमरे में पानी भर रहा है बाढ़ का।"

"आयँ, जरी रुकिहौ भइयाजी।"

"अब साली भइयाजी कहने चली है।" मैं भुनभुनाया।

झुलनी बुढ़िया शायद अपनी चौकी से उतरी थी कि वह छपाक् से पानी में गिरी। "अरे तिवारी बेटा, हियाँ तो तलैया उमड़ी हैगी रे बप्पा !"

"चिल्ला मत। दरवाजा खोल !"

गिरती-पड़ती, रोती-चिल्लाती बुढ़िया ने ज्यों ही दरवाजा खोला, पानी का रेला उसकी कोठरी में टूट पड़ा।

"हाय मोरी मैया, ई का होवै है !"

"प्रलय, प्रलय है। चुप रह। लालटेन-वालटेन रखे है तो जला और अपना बोरिया-बिस्तर समेट, नहीं मरना हो तो मर इसी में। हम चले।"

"अरे मोर बचवा, ई न करो बाबू, हम का करबे एहि परलय माँ ऽ ? हाय दैया, मोर बरतन-भाँड़ा सब भरिगे पानी से।"

झुलनी बुढ़िया बड़बड़ाती जा रही थी। लालटेन सलाई मिली। उसने किसी कदर कमरे में रोशनी की तो लगा कि नुकसान बहुत कम हुआ है। उसका राशन बिना पल्ले की अलमारी में ऊपर रखा था सो बच गया था। बिस्तर चौकी पर था। नुकसान सिर्फ इतना हुआ कि कोयले गीले हो गये थे। कमरे में पानी भरा था।

"अब का करौं रे दैया ! ई ससुरा दैब मो दुखियारी पे टूट पड़ा नासपीटा...!"

"अब फॉर्म में आयी है।" बिट्टो बोली, "नुकसान से बच गयी है न ? अब देखो

कैसी धरती-धकेल गालियाँ बकती है !"

"तू भी आयी है री लल्ली ! देख ले पुजारी सुसरे का ई करतब। सौ बार मना कीन्ह रहा कि मोरी कुठरिया की ओर आँगने के पानी का निकास मत बनाओ, बाकी ऊ ससुरा काहे को सुने। ऊ तो अपनी मैतारी के सगे मौज उड़ावे है और हियाँ अपन जान पे आन बनी है। मुसटंडे को गंगा मैया अपने दहाने ले जायें तो करेजा सांत हो।"

"तुम चाची, कानपुर चली जाओ। क्या पता और पानी बढ़े !" बिट्टो बोली।

"तूं एकदम से बुद्धू है री लल्ली। तूं तो अइसी सिखावन दइ रही है कि अपन कोठरिया से तो हाथ धोऊँ ही, ऊ पुजारी का पिल्ला मोर बरतन-भाँड़ा भी विरलाय देय दारीजार।"

"अच्छा-अच्छा, अब अपना सँभालो, हम चलें ऊपर।" मैंने कहा और चलने को हुआ कि झुलनी बुढ़िया बिफरकर बोली।

"हम का एमाँ मरे खातिर रहबे ? इत्ती बखत हमहूँ चलेंगे तुम्हरे छत्ते पै ।"

बुढ़िया ने अपनी कथरी समेटी और दरवाजे को खींचकर ताला बंद किया। फिर हम लोगों के साथ चल पड़ी।

"पुजारीजी को शायद पता नहीं है अभी।" चलते-चलते मैंने कहा।

"तुम सगरो जमाने का बचावे को ठीका लीन्हे हौ का ? मरै दो ससुरे हरामिन के। दुहाई हो रामजी, अइसा करो कि अरराय के बैठि जाय उहिका छत, अउर ससुरे दबि मरै उही माँ।"

"अरी चाची, जाने दो, काहे ऐसा मनाती हो, बिचारों के लिए !" बिट्टो बोली।

"तुम चुप रह लल्ली ! तुम और तुम्हरी अम्मा दूनो जने बड़ी उपकारी बनी हौ। अइसे भोले-भाले छोरे का नाम लिखाय दीन्ह ससुरे ने पुलिस माँ अउर तुम सब उहि का पच्छ धरती हौ। अरे देख लेना, कीरा पड़ेगे। अइसी गत होवैगी अधरमी साले की कि कोऊ पानी देनहार नाहीं मिलेंगे, हाँ ! कही देत हूँ, सुन लेव सभै लोग।"

बुढ़िया ने बाहर छत पर अपनी कथरी बिछा ली।

"और कुछ तो नहीं चाहिए चाची ?" बिट्टो मुस्कराती हुई बोली।

"एहि बिरिया[1] का चाची कलेवा[2] करेंगी लल्ली ! अरे जाव-जाव, तुम लोग सोओ।"

सबेरे उठने पर छत से अजीब दृश्य दिखायी दे रहा था। बाढ़ का पानी अपनी मर्यादा छोड़कर गंगा की बल खाती कमर पर स्थित धनुषाकार शहर को ठेलने की कोशिश में असफल होकर जहाँ भी रास्ता पा रहा था, उमड़ा चला जा रहा था। अस्सी का पुल नाले के पेट में चला गया। दुर्गाकुंड से युनिवर्सिटी जानेवाली सड़क के नाले वाले पुल पर

1. समय 2. जलपान

कमर बराबर पानी हिलकोरे ले रहा था। गंगा नदी की ओर आँख उठाने पर एक अजीब करिश्मा दिखायी पड़ता । रामनगर का किले का पुश्ता और उसके दाहिने-बायें के कगार पर स्थित पेड़ों के तने पानी में डूब गये थे। लगता था। जल से भरे अपरंपार समुद्र में नौसेना का बेड़ा पंक्तिबद्ध खड़ा है !... सूरज निकल रहा था। बाढ़ का गरगरात हुआ पानी अजीब आवाज में बहता जा रहा था। सितंबर के बदरफट्ट सूरज की चमकीली किरणों में मटमैला पानी चमकते हुए सफेद धारीदार गेरू के घोल की तरह लग रहा था। नदी पर विभिन्न प्रकार के मांसाहारी पक्षी मँडरा रहे थे।

"बाप रे," बिट्टो जाने कब मेरी बगल में आकर खड़ी हो गयी, "चारों तरफ समुद्र ही समुद्र !"

मैं कुछ नहीं बोला। नीचे आँगन में अचाक पटाखा-जैसा छूटा और झुलनी बुढ़िया और भगतिन एक-दूसरे से लड़ गयीं। दोनों में पहले वाग्युद्ध चला, फिर हाथों से हवा में दोनों चरखा कातती रहीं, आखिरकार एक-दूसरे से गुँथ गयीं। सिर्फ दो कंठों से पैदा होने-वाली इतनी ढेर सारी आवाज मैंने कभी नहीं सुनी थी। दोनों एक-दूसरे के 'चरित्तर' का बेलौस बखान कर रही थीं और नारी-शरीर के विभिन्न अंगों की ऐसी अद्‌भुत प्रशंसा कर रही थीं कि मन तिलमिलाने लगा।

मैंने सकपकाकर देखा। पता नहीं बिट्टो को यह सब सुनकर कैसा लग रहा होगा। मैंने देखा, वह वहाँ से चली गयी है। मैंने राहत की साँस ली।

"नंदू !" अम्मा छत पर आ गयीं, "बड़ी मुश्किल है बेटा ! घर में न किरासन का तेल है, न नमक।"

"मैं ले आता हूँ।"

"तू कैसे जायेगा ? तमाम सड़क पानी से भरी है।" अम्मा निराश होकर बोलीं।

"चौमुहानी की दुकानें तो पानी से नहीं भरी हैं। मैं सामान लेकर अभी आया। हाँ, तुम सोच लो--कुछ और भी चाहिए तो बोल दो, इकट्ठा लेता आऊँगा।"

"सब्जी चाहिए, इस वक्त के लिए तो है, बाकी... ।"

"लाओ झोला, सब्जी जो मिल जाये वह ले ही लेनी है। कई रोज तक बाजार में सब्जी नहीं आयेगी।"

मैंने लुँगी पहन ली। नीचे अंडरवियर था। एक कमीज डाली और झोला लेकर चौमुहानी के लिए चला।

"सुनो तिवारी बेटा," झुलनी बुढ़िया बेहद हाँफ रही थी, "तू रहे हमरे गवाह। तैंने ई ससुरी को हमार झोंटा धइ-धइ के खींचत देखा हैगा कि नहीं ?"

"मैंने नहीं देखा, मैं तो कमरे में था।"

"तुम्हारे कमरे माँ का खिड़की ना है ? तूँ वोमाँ से ताकत ना रह्यो का ? हम जानि के सारा झगड़ा खिड़की की औँरियाँ टसकाय लाये कि तूँ देखें रहौ औ बखत आन पड़ै तो

गवाही दो।"

"अरे भाई, मुझे इस सब झगड़ों में मत खींचो। ये लोग कहेंगे कि तुम हम लोगों की शह पाकर यह झगड़ा कर रही हो।" मैंने झुलनी बुढ़िया से कहा और ज्योंही आगे बढ़ने को हुआ, रामकीरतदास कमरे से निकला।

"बिना शह पाये बबुआजी कहीं चिउंटी के पाँखें निकलती हैं क्या ?" वह बोला।

"हमारी शह का मजा चख चुके हो कीरतदास। अगर कुछ भी बाकी हो तो कहना। ऐसा तमाशा करा देंगे कि मुहल्ले में नुमायश लग जायेगी।" मैं जोर से ठठाकर हँस पड़ा। कीरतदास अपनी कोठरी में चला गया।

"शह नहीं देते हैं। राम को उस बुढ़िया को निकालकर अपने छत पर ले गये, जैसे मैं जानता ही नहीं।" वह जाते-जाते बोला।

"सुन रे दारीजार चोट्टा, तूँ मेरे लड़के के उमिर के मनई के एहि नजर से देखैगा तो ससुरा तेरी दूनौं आँखें फटि जायेंगी। तोरे बदन में कोढ़ होएगा। गल-गल के पीव गिरेगी। ससुरे तू अपनी मैतारी को क्यों नहीं समझावै है ? मैं कहूँगी, लाख बार कहूँगी, कि तैंने जदि पानी का निकास मेरी कुठरिया की ओरी न करा होता तो आज हमरा इत्ता नुकसान न होता।"

"सुन रे महराजिन, जाकर अपनी कुठरिया में बैठ।" रामकीरत गुस्से में बोला, "तेरा तिरिया चरित्तर साहजी भी जानते थे, मैं भी जानता हूँ। भगतिन से तू काहे बदे लड़ती रहती है, मैं वह भी जानता हूँ।" वह भीतर से ही बोला।

"काहे लड़ती हूँ रे दारीजार ? बोल-बोल ?"

"भगतिन आयी तो तुम्हारी बेदखली हो गयी और काहे !"

अचानक झुलनी बुढ़िया का चेहरा लटक गया, "तूँ ये कहारिन के सिर पे उठा के तीरथ करा, मोकों का ? तूँ ओका देवता कै मंदिल माँ पधराय के पैर पूज, बलैया लै, आरती कर। एही से तेरा परलोक बनैगा। साहूजी बेचारे का नाम काहै घसीटता है अपने साथ-ऊ न होते तो तूँ आज बिसनाथ गली माँ गीलट का कटोरा लैकै भीख माँगता।"

"ज्यादा चीं-चपड़ मत लगा।" रामकीरत गरजा।

मुझे यह सब किचकिच बुरी लग रही थी। मैंने बाहर का फाटक खोला और सड़क पर आ गया।

सड़क से मैंने देखा कि पिछवाड़ेवाली गली में सिचन्ना फरसे से माटी काट-काटकर झौवे में रख रहा है।

"यह क्या कर रहे हो सिचन्न ?"

"माटी लै जात हैं भइयाजी, जरा झुलनी बुढ़िया के कुठरिया के सामने एक पुस्ती बाँधि दैं। बाहर से पानी कै आउब भी रुकी अउर अंदरवा कै पनिया उलीच दिहा जाई।"

"हाँ, यह तो बड़ी अच्छी बात है। बिचारी कितने दिन इधर-उधर मारी-मारी

फिरेगी !"

"मगर पुजारी छेड़छाड़ करत हैं। कहत हैं कि पुस्ती बाँधे से पानी उनके और जाय लगी।"

"पागल हैं, उनकी ओर की फर्श एक फीट ऊँची है। मंदिर का अपना चबूतरा है। वहाँ तक कैसे पानी जायेगा ?"

"अब उन्हें कौन सुझावै भइया, बिपत पड़े पर भी रचिक दया-मया नाहीं उपजत उनके।"

मैं आगे बढ़ा तो सिचन्ना बोला, "सौदा-सुलुफ लावै जात हौ का भइयाजी ? हमसे कहे होते। छाती भर पानी हौ आगे।"

"होने दो । लुँगी-कमीज उतारकर सिर पर बाँध लेंगे।" सिच्चना हँसा।

अस्सी चौमुहानी बाढ़ की चर्चाओं से भरी थी। आस-पास के गाँवों के घिर जाने की कहानियाँ बड़े निरासक्त ढंग से सुनायी जा रही थीं। अखबारों पर भीड़ टूटी थी। युनिवर्सिटी दस दिनों के लिए बंद। राहत कार्य शुरू । अधिकारियों का बाढ़ग्रस्त क्षेत्रों में राशन, सलाई, किरासन तेल आदि पहुँचाने का प्रयत्न जारी !...

मैंने पानी पार करके लुँगी और कमीज पहन ली थी। गीली अंडरवियर कंधे पर थी। सामान खरीद रहा था तो नंदकिशोर मिल गया, "तू कैसे आ गया इधर।"

"उधर अब कहाँ है। नाव आये तो लंका जायें।"

"क्यों, कोई जरूरी काम है ?"

"बाढ़ में क्या जरूरी काम होगा तिवारीजी ! यहाँ तो आंदोलन की बात है, न चुनाव पसीना आने लगा। मैं जानता हूँ कि बुखार कम हो जायेगा, पर माकूल दवा तो लानी ही होगी ।

"भिमला !"

"हाँ।"

"बुखार कैसे आया बे ?"

"सच्ची बतायीं।"

"और क्या, मैं झूठ बोलने को कह रहा हूँ ?"

"घाटवाला पीपर हौ न । वही की फुनगी में नाव बाँधा है कल। बरम बाबा कहिन कि हियाँ हमरे चुंडी में नाव मत बाँधो, हम बोला कि अउर कौन चीज हौ पानी के उप्पर जहाँ हम एके बंधबै। हम का अपन डोंगी गंवउबै ? बस, हम नाव बाँधा अउर ऊ हमसे लड़ गये। हम उनसे निबुक के ऐसा गोता मारे कि एकदम सड़क पर आ गये। अब ऊ खिसियाय के चढ़ बइठे बुखार बन के।"

"वाह रे बजरंग बली, तो तुम बरम बाबा की सुरसा को लांघ आये, शाबाश ! इतने बहादुर लड़के को बुखार नहीं आ सकता। एक गोता लगाओ ऐसा कि ससुरे बुखार को

दरिया में छोड़ के बाहर आ जाओ। अभी जो गोली दिया है न, बस रामबाण है। बुखार क्या ठहरेगा उसके आगे ! एक ठोई और है, रख लो। संझा को खा लेना। हम कल सुबह आयेंगे, तब तक एकदम चंगा हो जाओ।"

"गंगाजी कहाँ तक आय गयीं तिवारी बाबू ?"

"तुम्हारे दरवज्जे तक।"

"सच्ची ?"

"हाँ भाई"

हम जाके देखें।"

"नहीं, तुम्हें अभी बुखार है, कल देखना सब।"

झूरी की औरत ने लड़के का माथा छुआ, वह पहले की अपेक्षा कम गर्म था--"हम किहत रहीं न संवरू कि तिवारीजी के बुलाय दा, बुखार उतर जाई। तूँ तो भइया एतनो कर दियो कि इन्हें खबर मिल गयी। नाहीं त एतने भाई-बिरादर हैं, केहू एक-दूसरे के आफत-बिपत में अब साथ वाथ नहीं देतें, हाँ। अइसा जमानै है ई।"

"अरे आपन अपनै है भौजी, पराया पराये है ! जमाना जरूर से बदल रहा है, ई हम मानित हैं।"

"अरे जा।" झूरी की औरत ने हाथ नचाकर कहा, "हमारा गोड़ टूटि गवा रहा, कोई चिरई के पूत झाकैं भी नाहीं आवा। इहै तिवारी बाबू बड़का अस्पताल में ले गयेन और दवा करायेन।"

"अब हम चलें भौजी, तुम भिमला को सँभालो। ऊ गंभीरानंद कहाँ गये हैं ?"

"ऊ जायँ चूल्हे-भाड़ में ! जिनगी-भर उनके चेहरा पे मातमै छावा रहता है। अरे भइया, अब कउन माझी है जेकरे घर में दुइ-चार नौकरीवाला न होए तो खाली उतराई से गुजर-बसर होय जाई ? गये हैं काम खोजे बदे। तिवारी बाबू काल्हि आयो जरूर। हम तोहरे बदे तोहार मन-पंसद तरकारी बनउबै।"

"लालच दे रही हो !" मैंने उठते हुए कहा।

"चटोर तो तूँ जिनगी के हौ, तिवरानी अइया कहत रहीं।"

"हूँ, तो तुम सब बातें अम्मा को बता देती हो ! चलो फिर। अब हमारा इधर आना बंद।"

"अरे सुनो बाबू !" झूरी बो आगे बढ़ी, "भौजाई सब बात साँचै कहन लगें तब तो दुनिये ठप्प हुई जाई।"

"अच्छा-अच्छा, लड़के को देखो।"

मैं पुनः दुर्गंध के अपरंपार समुद्र को लाँघता घर पहुँचा। नल के नीचे बैठा अपने को संतोष देता रहा कि जो कुछ मगज में भरा है वह धीरे-धीरे निकल रहा है। बाढ़ की सारी गंदी करतूत को नल के पानी से पखारकर मैं चारपाई पर लेट रहा।

खाना खाने के बाद बिट्टो बोली कि वह उस घर में नहीं सोयेगी। मुझे दोपहरी में एकांत बिताना अच्छा लगता है। मैं उसके कमरे में चला गया। फर्श में चूहों ने छेद कर रखी थी। एक भारी छेद बीचोबीच थी, जिसे हम लोगों ने लत्ते ठूँसकर बंद कर दिया था। मैंने धीरे-धीरे लत्ते खींच दिये। झुलनी बुढ़िया खाना बना चुकी थी। मोटी-मोटी रोटियाँ और सब्जी। एक कोने में सिचन्ना बैठा था। बुढ़िया ने उससे थाली आगे करने को कहा। उसने दूर से रोटियाँ फेंकी । सब्जी करछुल से डाली।

"कैसी ऊसठ लगति है रोटी हो महराजिन !" वह एक कौर मुँह में डालकर बोला।

"साऊकार उधारी देत नायँ। मोरे तो समाई है नायँ भइया। भीख माँ का कोऊ चालि के आँटा देगा। जो मिल गयो, उहै बहुत है।"

"अरे तो हमसे काहे नाहीं कह दियो, हम ले आइत आँटा !"

"अब जियादा टर्र-टर्र न करो, खाओ धीरे-से, अउर उधरे कोने माँ ही रहो। हमारे चौका माँ छुआछूत न करौ।" सिचन्ना कुछ न बोला। मन मारे खाता रहा।

दोनों खा चुके तो बुढ़िया बोली, "कहांरिन हरामजादी को तूं माड्डाल !"

"अरे राम-राम करो महराजिन ! ओहि गरीब बिचारी के का दोस है ! जहाँ दुइ रोटी मिलत है, हुआँ ई सब करनै पड़त है। असल मलेच्छ तो ऊ साला पुजारी है।"

"मारि नाहीं सकत तो उड़ाय लै जाव तुम। हम जानत हैं कि वो ससुरी के पीछे तूँ भी दीवाना रहत हौ।"

"ओका भागे से तोहार का फैदा होई।"

"ऊ चिलबिल्ली हियाँ से जाये तो देख्यो कि पुजारी हमरे पैर पै गिरत हैं कि नाहीं।"

मैंने धीरे-धीरे लत्तों की परत जमा दी। सुराख बंद हो गया।

यह है बाढ़। कोई कहीं घिरा है तो कोई कहीं घिर गया है। सिचन्ना चाहता नाहीं पर झुलनी बुढ़िया के साथ घिर गया है। भगतिन चाहती नहीं पर पुजारी के साथ घिर गयी है। इनके बीच बाढ़-कालीन रिश्ते बन गये हैं, पर नये खून की बाढ़ इन बेहूदे रिश्तों को कब तक सहेगी.... !

मैं बाढ़ से बचकर अस्सी से चल रहा था कि झूरी मिल गया। बोला :

"कहो भइया तिवारी जी," झूरी मल्लाह ने पूछ दिया। मुझे गुस्सा नहीं होना चाहिए लेकिन हुआ। वह बोला, "तोहरे बड़का कबी के कुठरिया तो पानी में दब गयी। कहीं खड़ाऊँ और नैया का टुकड़ा न सड़ जाय ? ओ कबी जी के नाम बेच के रेवड़ी-दूध तो भइया बहुत मिलता होगा, पर बाबा तुलसी के अइसन जगे काहे रख दिये आप लोग कि उनकर दो-एक जवन चीन्हारी बचल हौ, उहौ सड़ जाय ?" झूरी साला बहुत हँस रहा था।

"का बे मलाह-सलाह, तू तुलसी बाबा का अशरण-शरण राम बन गया है ! अपनी हैसियत देखकर बात किया कर। तेरे जैसे शूद्रों को बचाने की कोशिश की थी न तुलसी ने, इसी से साले तुम लोग व्यंग्य करते हो। तू नीच, क्या जानेगा बाबा को ! तू हरामी समझता है कि रबड़ी-पूड़ी उड़ाने वाले चापलूसों के हाथ हमारा सबसे बड़ा जनकवि बिक गया है ? साले फिलसफी बघारते हो ! जानते हो उस सख्स को जिसने जिंदगी भर जहर पिया, खालिस जहर और सबको अमृत बाँटता रहा । साले जानता है कि बनारस में जब प्लेग फैला था तो बाबा ने क्या किया ?"

"अरे छिमा करो नंदू गुरु," झूरी घबराकर बोला, "इन साले पंडा-पुरोहितों पर तुम ठठाकर हँसते थे सो मान लिया कि तुम गरीब मलाह, धुनियाँ, चमार, मजूरों के ओर से बोलते हो। भइया, माफ कर दो।" उसकी बात सुनकर मेरी आँखें छलछला आयीं।

"सुनो झूरी, गलती तो मेरी थी। मैं गुस्से में जाने क्या अंट-शंट बोल गया। भइया, इस दादा गुरु को जब भी पढ़ता हूँ न, बस मन में बरछी मार देने जैसी सूल उठती है। हमारी जाति के कुत्तों ने उस बुढ़वे को इतना दौड़ाया, इतना कटवाया और इतना बेइज्जत किया कि वह कटकटाकर इन कुत्तों से बोल पड़े--'धूत कहौ अवधूत कहौ, रजपूत कहौ, जोलहा कहौ कोऊ," जो कहना होय कह जाओ सालो। तुम को अपनी रबड़ी की पड़ी है और तुम्हारे सामने पड़ी है बनारस की जनता किसवी, किसान, वनिक, भिखारी, भाट, चाकर, नट, चोर, जासूस साले इन्हें देखो तो ? आज किसी के पास रोटी नहीं है। दरिद्रता के रावण ने सारे दाने छीनकर हमें कंगाल बना दिया है। सुनो झूरी, क्या कहा था बुढ़्ढे ने--दारिद दसानन दवाई दुनी दीनबंधु। ई रावण साला लंका का ही थोड़े था। ई रावण साला तो आज भी तुम्हारी रोटी छीन रहा है। जिधर देखो, महामारी और अकाल से लोग बिलबिला रहे हैं। बाबा ने भोलेनाथ से कहा--'संकर सरोष महामारिहिं ते जानियत, साहिब सरोस दुनी दिन दिन दारिदी।' भोले बाबा चिढ़ गये थे अपने ही नगर वालों पर। 'बाबा, अपना रोष रोक दो, काशीवासियों पर कृपा करो। महामारी से बचा लो इन्हें।' देखो झूरी, जिस साल मीन की शनीचरी लगी यानी विक्रम् सवत् 1677 में तो बाबा ने प्लेग से लड़ाई शुरू कर दी। ई साले पंडा-पुरोहित भाग गये नगर छोड़ के। बाबा बीमारों की मरहम-पट्टी करता रहा। खुद प्लेग झेला और उसी में मर गये। 1680 में। बाबा, संकट-मोचन को पुकारते रहे। कहते रहे कि 'मेरे रोम-रोम से राजा राम का नमक बह रहा है।' "समझे कुछ ?"

"नाहीं गुरु, बता दो, ई सब तो किसी ने कहा नहीं ।"

यही तो बात है, हमारे यहाँ लोग मर जाने पर स्मारक बनवाते हैं, दिखाते हैं कि बाबा हमारे थे। पर भइया, इस बुड्ढे को लोगों ने समझा नहीं । 1677 में इस शहर की हालत क्या थी--तुम्हीं लोगों से सुना होगा। कहते हैं, जब गरमी के बाद पहली बरसात होती है तब भाझा उठता है..."

"अरे वाह, भइया, इसे खाकर तो बड़ी-बड़ी मछलियाँ मर कर उतराने लगती हैं।"

"हाँ, झूरी, उसी से छुटकारा मिले इन काशीवासियों को, जो प्लेग में मरकर गंगा में उतरा रहे थे। बाबा ने भोले नाथ की बंदना की थी। भइया, क्या तुम जानते हो कि आजकल भी मीन की शनीचरी ही है ?"

हाँ हो, आजो शनिच्चर चल रहल हौ मीन में।"

"सुनो, झूरी बाबा कहता है कि--"कलि में न विरागु न ज्ञान कहूँ सब लागत फोकट झूठ जटों।' जब बाबा ने इन पोंगा लोगों को पहले ही लुच्चा और झुट्ठा कह दिया, तो झूरी, वे क्या बड़े-बड़े महलों में रहेंगें ? उन्हें तो भइया, अपनी आतमा में बसाओ--तभी रामराज आयेगा।"

झूरी मेरे पैर पकड़कर गिर पड़ा था, "नंदू गुरु, आज तुमने हिया के नैना खोल दिये। जीवो गुरु ! अब जाइ रहे हैं।"

10 सितंबर 1967। गंगा का पानी अपने चरम बढ़ाव पर था। पानी में स्थिरता बनी थी, इसलिए आशंका थी कि शायद वह और बढ़े। मैं सुबह उसी ढंग से अंडरवियर पहनकर इस पार आया। कुरता-पाजामा पहनकर मैं चौमुहानी पर आ रहा। रिक्शा लिया और सोनारपुरा जा पहुँचा।

सोनारपुरा का चौराहा भी बाढ़ की चर्चाओं से गुंजायमान था। मैं सीधे रंगपुर कुंज पहुँचा। गली में बाढ़ का पानी रेंग रहा था। हो सकता है, किसी मेनहोल से निकल रहा हो। कुंडी खटखटायी।

"कौन है ?"

"मैं हूँ तिवारी।"

"अक्खा..." जयंती जोर से हँसी, "अंडरवियर पहनकर आप बाढ़ का मुआयना कर रहे हैं ! दादा ऊपर हैं।"

"सो तो मैं जानता हूँ । मैं तो यह देखने आया था कि यदि बाढ़ से तुम्हारा मकान भी घिरा हो तो नाव ले आयें।"

"धन्यवाद ।" जयंती हँसते हुए भट्टाचार्यजी के पास पहुँची, "दादा, तिवारीजी नाव लेकर आये हैं हमें बाढ़ से बचाने।"

"आओ तिवारी, सचमुच तुम बाढ़-क्षेत्र से आ रहे हो क्या ?"

"बात ऐसी है सर कि मुझे अपने घर से निकलने के लिए हर बार वैतरणी पार करनी ही पड़ती है । यह अंडरवियर ही हमारी डोंगी है।"

"बाढ़ का पानी ही है या..."

"क्या मतलब ?"

"आँख बंद करके मुआयना कर रहे हो क्या ? अरे भाई, कुछ जगह तो गंगा का

पानी चढ़ आया है और कुछ जगहों पर शहर के गंदे पानी के निकास के बंद हो जाने से वही फट पड़ा है। हुआ न दो तरह का पानी ?"

"जी हाँ।"

"यही हमारा देश है, समझे ! बाढ़ से घिरा महान् भारत ! नये पानी की ऐसी आमद हो रही है कि सब कूल-किनारे टूट गये हैं। कोई मर्यादा नहीं। दूसरी ओर इस नये जल की अधिकता ने वे प्रणालियाँ भी बंद कर दीं जिनसे सदियों का गलीज धीरे-ही-धीरे सही बहा करता था। धारा में मतलब से अधिक फालतू नया जल है, रास्तों पर गटर का सड़ा हुआ पानी। पता नहीं यह दौर कब तक चलेगा ?"

मुझे भट्टाचार्यजी से अपनी थीसिस के कुछ खास मुद्दों पर बात करनी थी। सो अवसर पाकर चर्चा उधर मुड़ पड़ी। काफी देर तक बातें होती रहीं।

"जाओ, तुम्हें भोजन करना है, उसके पहले वैतरणी भी लाँघनी है।" भट्टाचार्यजी बोले।

मैं नीचे आ गया।

"बाढ़ में ज्यादा मत घूमना, पैर खुजलाते हैं।" जयंती बोली।

"वे तो ऐसे भी खुजलाते हैं ! फिलहाल तो हाथ खुजला रहा है।" मैंने आसमान में हाथ हिलाया कि जयंती सिमटकर बैठ गयी।

"जाओ, फाटक खोलो और चलता बनो।"

"जयंती !"

"एक गिलास पानी।"

"सारी सड़क तो भरी है।"

"वह मंगला काली के लिए है, मनुष्यों के लिए नहीं।"

"इसीलिए तो कहा था कि जो मनुष्यों के लिए नहीं है, वह तुम्हारे काम आयेगा।"

"जाओ, रहने दो।" मैं फाटक की ओर बढ़ा, "आज तुम्हारे दरवाजे से ब्राह्मण प्यासा लौट रहा है !"

"हाँ-हाँ-हाँ, ऐसा मत कीजिए ऋषि दुर्वासा, मैं अभी पानी ले आयी।"

"दुर्वासा मछली खाता था देवि, वह माछ-भात का प्रेमी था, मैं रोटी-दालवाला ब्राह्मण भला उस गौरव को कैसे प्राप्त कर सकता हूँ ?"

"अच्छा-अच्छा, बड़े आये महान् ब्राह्मण के दादा, हुँह... !"

जयंती पानी ले आयी। मैंने पानी पी लिया।

गिलास लौटते हुए बोला, "तुम्हारी मनोकामना पूर्ण हो देवि, ब्राह्मण का आशीर्वाद लो !"

"मनोकामना..." जयंती खिलखिलाकर हँसी और हँसती रही। वह हँसते-हँसते दुहरी हो गयी। मैंने उसे इस तरह हँसते कभी नहीं देखा था। मैं उसके पागलपन को

देखता रहा।

"क्या है जयंती ?"

"कुछ नहीं दादा, तिवारीजी फिसल गये गली में...!"

"अयँ !" भट्टाचार्यजी बोले।

मुझे लगा कि वे बरामदे में आने ही वाले हैं; तब तक मैं फाटक खोलकर गली में हेल गया।

"चोट तो नहीं लगी ?" मैं पक्खे से सटा सुन रहा था।

"भगे बिचारे, हा-हा-हा-हा... !"

"क्या पागलों-जैसी हँसे जा रही है ?"

भट्टाचार्यजी अपने कमरे में चले गये।

जयंती फाटक बंद करने आयी।

"चोट तो नहीं लगी ?" उसने धीरे से कहा।

"फिसला ही कब ?"

उसने गुस्से में धड़ाम् से फाटक बंद कर लिया।

शारदीय नवरात्र के लिए अक्सर बंगाल का और वहाँ भी खास तौर से कलकत्ते का नाम लिया जाता है। पर जिसने बनारस की दुर्गापूजा देखी है वह साक्षी देगा कि भाव, ज्योति और नृत्य की जो त्रिवेणी यहाँ बहती है; वह अन्यत्र कहीं शायद ही दिखे ! बंगालियों का दुर्गा-उत्सव, हिंदी-भाषियों की रामलीला और गुजरातियों के गरबा का ऐसा सम्मोहक संगम कहीं नहीं मिलेगा।

उस दिन सप्तमी थी। दुर्गा की प्रतिमाएँ खड़ी हो गयी थीं और भेलूपुरा से लेकर रामकृष्ण मिशन तक तथा सोनारपुर चौमुहानी से पीली कोठी तक और हरिश्चंद्रघाट की चौमुहानी से लेकर श्मशानघाट तक रंग-बिरंगे बिजली के लट्टुओं का जाल सड़कों पर सलमे-सितारों जड़े नील चंदोवा की तरह छा गया था। हरिश्चंद्रघाट के सामने की मेन सड़क पर की चौमुहानी अद्भुत सौंदर्य के साथ समूची ज्योति-स्पर्धा को पछाड़ रही थी।

टिंबर वर्क्स शॉप के आगे से लेकर चौमुहानी तक और चौमुहानी से लेकर घाट तक ज्योति का एक कोण था जो गंगा के समानांतर आसमान में टँगा हुआ दुर्गा के आने के मार्ग-सूचक संकेत-जैसा लग रहा था।

मंडपों में लगे लाउडस्पीकरों से निरंतर बांग्ला फिल्मी गीत उभर रहे थे :

शुनो बंधु शुनो प्राणहीन एइ शहरेर इतिकथा।

इंटेर पंजरे लेखा दुःखेर अतिव्यथा।

मैं ठिठकर खड़ा हो गया था। सचमुच इस उल्लास में डूबे शहर की ईंट-ईंट पर दुःख की

कितनी विराट् कथा लिखी है ! इसे कौन सुनता है ! कितना प्राणहीन हो गया है यह शहर...!

"क्यों रुक गये ।" रमेंद्र पूछता है।

"सुनो, कितना अच्छा बांग्ला गीत है !"

"तुम्हीं सुनो, ये रोते हैं या गाते हैं, इसमें मुझे कोई अंतर ही नहीं मालूम होता। आओ, चलो घाट की तरफ, एक और जगह भी सजावट है। वहाँ अच्छा माल दिखायी पड़ सकता है ।" मैं रमेंद्र के चेहरे की ओर ताकता रह जाता हूँ । तो वह अब तक घूम-घूमकर इन सजे हुए मंडपों में दुर्गा प्रतिमाएँ नहीं, 'माल' देख रहा है !

देवनाथ के ये तीनों दोस्त मुझे खालिस गुंडा प्रतीत होते हैं। इनकी सारी चेष्टाएँ, उठना-बैठना, ताक-झाँक, बोलियाँ कसना, सीटियाँ बजाना सब कुछ ऐसे अंदाज में होता है कि मन वितृष्णा से भर जाता है। क्या ये ही छात्रनेता हैं ? क्या ये ही देश में नयी जीवनी ले आयेंगे ? इन्हीं पर राष्ट्र का भविष्य निर्भर करता है ? मैं मन मारे उसके साथ चल देता हूँ । मैं ऐसे लोगों के साथ भट्टाचार्य महाशय के घर नहीं जाना चाहता। क्या कहेगी जयंती ?

कलकत्ते के कारीगरों से बनवायी हुई दशभुजा-दुर्गा-प्रतिमाएँ नाना प्रकार से सजे सिहासनों पर पधराई गयी थीं। सब जगह महिषासुर-मर्दिनी की नाना-भंगियाँ चित्त को आकृष्ट कर रही थीं। सभी प्रतिमा-दृश्यावलियों में महिष के शरीर पर लगा देवी का विराट् त्रिशूल और महिष के घायल अंग से गिरते रक्त का दृश्य था, किंतु एक प्रतिमा सचमुच ही आकर्षक थी, जिसमें युद्ध चल रहा था और महिष को मारने के लिए दुर्गा ने अपना त्रिशूल खींच लिया था और उनके अधरों पर अद्‌भुत कनकोत्तम कांति मुस्कान छायी हुई थी। डे डेंग् डेडेंग् डमक् डभ् डें...

विषम ढाकी, ढाक, ढोल, घंट और शंख की समवेत आवाजों में आरती शुरू हो गयी। ढाकियों के विराट् ढाकों में मयूरपुच्छ खुँसे थे और उन्होंने एक-एक लंबा पुच्छ अपने फेंटे में पीछे खोंस रखा था। वे अजब ढंग से घूम-घूमकर मयूरों की तरह ही सिर मटकाते ढोल बजाने में मगन थे। स्टेज पर देवी-प्रतिमा के सामने दो बंगाली तरुण धोती और बनियान पहने दो हाथों में बड़ी-बड़ी धूना लिये नाच रहे थे। वे पसीने से लथपथ थे। नाचते हुए वे दो कबूतरों की तरह एक-दूसरे को घेर-घेरकर परिक्रमा कर रहे थे। सूखे नारियल के ऊपर के रेशों की आग अगरु और गुग्गुल के चूर्ण को फेंकते ही ढेर-सा धुआँ उगलने लगती, चारों ओर अजीब प्रकार का उल्लास और शक्ति की आराधना का वातावरण था... ।

सप्तमी के प्रातःकाल से बंगाली युवकों और युवतियों के झुंड-के-झुंड दुर्गामंदिर की ओर जाने वाली सड़कों पर दिखायी पड़ते ।

दुर्गा बाड़ी । दुर्गा बाड़ी !!

उत्सव एक है। स्तर भिन्न हैं। एकाध बंगालिनें जार्जेट और बनारसी सिल्क की साड़ियों में भी नजर आ सकती है; पर अधिकांश के शरीर पर ताँत की चौड़े बार्डरवाली साड़ियाँ हैं, आँचल के खूँट में तालियों के गुच्छे बंगाली संस्कृति की रूढ़ि पर मोहर लगा रही हैं। वैसे ही कुछ घरों में संदेश है, गरी की बरफी है, रसमलाई है, रशोगुल्ला है, पर कहीं सिर्फ बताशा, कदमा या मंडी ही बहुत कुछ है।

रामलीला रात गये तक चलती रहती है। नकक्टैया हो गयी, लक्ष्मण को शक्ति लग चुकी। अब शक्ति-आराधना के बाद राम-रावण युद्ध होगा। कागज और बाँस की खपाचियों से बने रावण, कुंभकर्ण और मेघनाद के भीषण विराट् पुतले रंगीन आतिशबाजियों की झालरों में जलकर राख हो जायेंगे।

आजकल काशी की सड़कों पर गुलाब खेड़ी, गुड़ की पट्टी, रामदाने के लड्डू और मूँगफली बेचनेवालों के ठेले सुनसान सड़क पर अपनी डिबरियों की नयी दीप पंक्ति बनाते नजर आयेंगे। नवरात्र में काशी सचमुच देवनगरी बन जाती है। कई हजार बंगालियों के बाहर से आ जाने के कारण भीड़ भी बढ़ जाती है। कंधों से कंधे छिलने लगते हैं। सौंदर्य का प्रकाशन है, विक्रय है, विनिमय है और जाने क्या-क्या है जिसके कीचड़ को अपने गर्भ में छिपाये गंगा वैसे ही बहती चली जा रही है।...

उस दिन किरण की अम्मा ने कहा था : "मास्टरजी, जरा आप पहले ही आ जाइएगा। आँगन को सजाना है। मेरे घर में और कौन है ? अब वह जमाना नहीं रहा कि किसी के घर गरबा की बात सुनकर लोग बिन बुलाये चले आते थे। आयेंगे लोग; पर बखत पर। यह सब काम तो घरवालों को ही करना होगा।"

"जी, मैं सुबह ही आ जाऊँगा, आप चिंता न करें।"

किरण आज बहुत व्यस्त है। आँगन का मंडप करीब-करीब सज चुका था। "यह तुम्हारी कल्पना का मँडवा है।" मेरे हाथ में हरे कागज की तिकोनी झंडी, जिसके सिरे पर लेई लगी थी, थमाती हुई किरण बोली, "मुझे हमेशा उस गीत को सुनकर डर लगता है : दो बदन प्यार की आग में जल गये इक चमेली के मँडवे तले !..."

"तुम्हें यह जलने-मरने की बात कहाँ से याद आ गयी ?" मैं सुतली में झंडी साट रहा हूँ और मुड़कर देखता हूँ, गरबा के परिक्रमा नृत्य के लिए बने केले के खंभों से बनी माँडली के चारों तरफ झंडियों का यह लहरिया वितान आँगन को सुधर्मा में बदल रहा है। देवताओं की सभा क्या इससे अधिक सुसज्जित होगी ! गोल माँडली में जाने के लिए चार फाटक थे बांस के, जो बनारसी रेशमी साड़ियों में लिपटकर अजीब चकाचौंध पैदा कर रहे थे।

"तुमने फाटक के खंभों को क्या जानकर नीली साड़ियों से लपेटा है ?"

"तुम तो कह रही थीं न कि गरबा नृत्य करनेवाली बारहों लड़कियाँ केसरिया साड़ी पहनेंगी। मुझे जाफरानी के साथ नीले का संयोग जाने क्यों अच्छा लगता है, इसीलिए सभी खंभों को मैंने नीले रंग की साड़ियों से ही रचा है, और यदि ध्यान से देखो किरण तो लगेगा कि बीच की वर्तुल माँडली के ऊपर की सारी झंडियाँ भी बैंगनी रंग की हैं।"

"नील और सुनहला या सिंदूरी--इनमें पता नहीं तुम्हारे मन का कौन-सा रहस्य छिपा है आनंद ; पर मुझे भी रंगों का यह संयोजन बहुत पसंद है। हमारी गुजराती में इसे 'सोना माँ मरकत' कहते हैं, यही तो शायद राधाकृष्ण का भाव रंग भी है।"

"उस ऊँचाई में जाने की क्या जरूरत है किरण, सिर्फ इतना ही सोचो कि खुशियों का रंग पानी-सा नीला है और मन उसमें एक सोने की होडली है।"

"देखती हूँ तुम्हारा गुजराती-ज्ञान एक दिन मेरे लिए भी भारी होने लगेगा। तुमने नाव के लिए होडली यों कहा जैसे कृष्ण के लिए राधा लाडली थीं !"

हम दोनों खिलखिला पड़े।

"किरण ! अब मास्टरजी को बुलाकर खाना खिला दो।"

"चलिए, मास्टरजी।" किरण नीचे गरदन करके मुस्करायी।

"चलिए !"

"धत् ! तुम क्यों चलिए कहते हो !"

"माताजी, बस दो झंडियाँ और साटनी हैं, आये अभी।"

"वाह मास्टरजी, आप तो मँडवा सजाने में भी अद्‌भुत कारीगरी दिखाते हैं। किरण के विवाह का मँडवा भी आपको ही सजाना होगा।"

किरण के हाथ से लेई का कटोरा झन्न से गिरा।

"शुँ छे दीकरी।"

"कईं ज नथी। जल रहा था, हाथ से छूट गया।"

माताजी चली गयीं। वे दो झंडियाँ किरण ने अपने हाथ में लेकर मसल दीं।

"दो झंडियों की जगह इस देवलोक में खाली ही रहेगी।" वह गुस्से से लाल थी।

"चलो, हाथ धो लो, खाने चलना है।" किरण कटोरा लिए ऊपर चली गयी। मैंने आँगन में लगे नल के पास जाकर हाथ धोया और पॉकेट से रूमाल निकालकर हाथ पोंछकर सद्य : बने मंडप को देखने लगा।

"मैं तौलिया ले आ रही थी।" किरण उदास थी।

"चलो, मैंने रूमाल से हाथ पोंछ लिया है।"

रसोईघर बहुत बड़ा था; पर उसमें चौके को घेरे हुए दो मेढ़ियाँ थीं। एक रसोई के लिए किलेबंदी थी, जिसमें कोई नहीं घुस सकता था। दूसरी परसने वाले के लिए थी शायद और तीसरी...

'मेरे जैसे अनागरिक धम्मपालों के लिए...' मैंने मन-ही-मन कहा। खाने में नाना चीजें थीं। मूँग के इतने अधिक व्यंजनों को देखकर मेरे फाख्ते उड़ गये।

"इत्ता...?" मैंने किरण से कहा।

"ना-ना, ऐसे मत निकालो, मैं थाली लाती हूँ। उसमें अलग कर देंगे।" किरण ने दूसरी मेंड़ के पास से अपनी अम्मा से एक थाली माँगी। थाली किरण को न देकर मेंड़ से ही इस पार खिसका दी गयी।

'नागर हैं यानी नगर के रहनेवाले। पुराने भारत के सबसे सुसंस्कृत ब्राह्मण वंश में आखिर यह गरिमा क्यों न हो !' यह मेरा नैवेद्य मंत्र था जिसे मैंने मन-ही-मन दुहराया और खाना खाने लगा।

शाम तीन बजे से किरण का आँगन अतिथियों से भरने लगा। मैं खाना खाकर उस कमरे में आ गया था जिसमें मैं किरण को पढ़ाया करता था। कुछ देर तक बैठा रहा।

"सोफे पर लेट जाओ, कमरा बंद कर लो भीतर से, काफी थक गये हो।" किरण ने कहा और चली गयी। मैंने सोफे पर थोड़ा विश्राम जरूर किया, पर सोना तो मुश्किल था। रह-रहकर कुछ ऐसा था जो हृदय में खुदक्के-जैसा उठता, जो बार-बार मुझे कह जाता : तू अपरिचित है, बाहरी है, अपनों के भीतर का ही एक हिस्सा बनने की कोशिश मत कर। पर किरण, वह जैसे अपने दो-चार वाक्यों से ही मेरे अजनबीपन और बाहरी होने की स्वीकृति को ढहाकर चली जाती थी।

"वाह, क्या मंडप है !" आवाज भट्टाचार्य महाशय की थी।

"नमस्कार सर !"

"नमस्कार तिवारी ! कहो, कैसे हो ?"

"आप यहाँ बैठिए सर !" मैंने भट्टाचार्य और जयंती को बीच की दो कुरसियों पर बिठा दिया।

"तुम भी बैठो भई कहीं, आतिथेय तो नहीं हो।"

"नहीं, मैं भी बैठ रहा हूँ सर, मैं सिर्फ मांडपिक हूँ यानी मंडप-निर्माता।"

"वाह ! मैं भी कहूँ कि यह नील श्याम प्रभामंडल किसके मन में उतर आया ?"

"अच्छा लगा सर !"

"तुम जानते हो कि मैं आस्तिक हूँ। कृष्णभक्त हूँ। मेरे लिए तो नील रंग उन्माद की अंतिम अवस्था भी है और अपराम की गहराई भी। बस, खटक रहा है गौर, पीताभ?"

"वह अभी पूरा होगा सर, गरबा नृत्य की सभी लड़कियाँ पीताभ सिंदूरी में ही नृत्य करेंगी।"

"सुना जयंती ! रामानंद, लगता है विद्रोही बनकर भी, हाँ हमारे पूजागृह में ही

पराजित करेगा !"

"तो आपके हिसाब से नील झंडियाँ श्याम तेज और गरबा नाचनेवाली लड़कियाँ गौर तेज का सम्मिलन करेंगी ? क्यों सुबोध दा ?" जयंती बोली।

"जयंती, अभी तुम पूजागृह से बाहर नहीं देख पा रही हो दीदी माँ, उससे बाहर सर्वत्र अणु-अणु में तुम्हें जब तक श्याम-गौर की झाँकी न दिखे तो 'कृष्णंशरणं' कहने का कोई अर्थ नहीं।"

तभी मंडप में बारह गुजराती लड़कियाँ करीब-करीब एक ही ऊँचाई की, सभी सिंदूरी साड़ी और उसी की मेल की गहरे बादामी रंग का ब्लाउज पहने सिर पर गेंडुर में गरबी धरे मंडप में प्रविष्ट हुईं। उनके आगे-आगे किरण थी। वह सचमुच केसरिया पहनकर मीरा-जैसी लग रही थी। उसका भी वही ड्रेस था, सिर्फ अंतर यह था कि उसने गरबी की जगह अपने शीश पर सहस्त्र छिद्रोंवाला कोरेला गरबा उठा रखा था।

"मिस्टर इन्साइक्लोपीडिया !" भट्टाचार्यजी ने मुझे धीरे से कोंच दिया, "गरबा का अर्थ और इतिहास ?"

"सर, मातृपूजा के दो ही सर्वथा जाग्रत केंद्र हैं अभी तक--बंगाल और गुजरात। कलश है ऊपर दीप। यह बंगाल है। कलश के भीतर दीप सुरक्षित है। मातृ ज्योति घट-गर्भ में है। यह गुजरात है। अगियारी लेकर नाचना बंगाल है, घट के भीतर दीप लेकर माँ की वंदना में नाचना, यह गुजरात है। संपूर्ण ब्रह्मांड ही घट है, आदित्य का दीप है जिसे लेकर महामाया हमेशा नाचती रहती है। इति रामानंदीय :।"

"गरबा माने ?"

"गर्भदीप घट। फिर गर्भदीप, पुनः गरभा और अंत में गरबा।" भट्टाचार्य महाशय ने मेरी पीठ पर एक धौल दिया, "शाबाश !"

लड़कियों ने अपने-अपने हाथों में फूलों के गजरे बाँध रखे थे। वेणियों में भी श्वेत कुंद के गजरे सुशोभित थे। और यह लो, कालिकाजी का गरबा शुरू हो गया : माँ, तू पावा की पटरानी है, तू काली है, तू काकिला है। माँ तेरा पर्वत पर निवास है। माँ, मेरी प्रेम-भावनाएँ समर्पित हैं।...

गरबा की बढ़ती हुई गति, एकतान तालियों की तरंग, चुटकियों की यति, और झुकती हुई मयूर-कन्याओं का कोकिल गान पूरे वातावरण को शक्ति-पूजा की मधुर भावना से भरने लगा...

तभी गरबा की गति बदलती है, मानो इस बार लड़कियों ने उपस्थित जन-समुदाय को गरबा का अर्थ समझाने का ही निश्चय कर लिया था, तालियों की गति बदल गयी। अब गति नहीं, दो-तरफा तालियों का निनाद था :

रंग ताली रंग ताली रे, रंग माँ रंग ताली।
थेई कार थेई कार था...थेई कार थेई कार था...

जनता मंत्रमुग्ध की तरह लड़कियों की ताली की तरंग को टूटते ही अपनी तालियों से जैसे जीवन दान दे रही हो ; सभी आनंद-विभोर थे।

गरबा गानेवाली लड़कियाँ एक क्षण के लिए रुक गयीं। उन्होंने कतार बाँधकर बगलवाले कमरे में गमन किया। जैसे वह कमरा नेपथ्य के रूप में चुना गया हो।

पाँच मिनट का अंतराल।

अब की कतार में नया परिवर्तन था। साड़ियाँ बदल गयी थीं। अब वे सिंदूरी नहीं, बिल्कुल फूले हुए सरसों की तरह कर्णिकार के रंग की थीं। हाथों के हार कुंद फूल की जगह अचानक लाल गेंदे के फूलों के थे।

किरण ने कोरेला गरबा उतार दिया था। उसके भी सिर पर अब गरबी थी, पर वह काफी छोटी और मूँगों और गुरियों से ढँकी हुई थी। इस वेश में सचमुच वह कोई गुजरिया लग रही थी ! उसने मुड़कर भीड़ में एक बार नजर दौड़ायी। मेरे चेहरे पर उसकी दृष्टि टिक गयी।

"मैं सिर्फ एक के सामने नाचना चाहती हूँ।" मेरे कानों में शब्द मँडराये। उसने मुझे भट्टाचार्य और जयंती के बीच बैठा हुआ देख लिया था। उसने आँखें फेर लीं और गरबा का वर्तुल गतिचक्र पुनः चालू हो गया :

मेंहदी रंग लाग्यो रे
मेंहदी ते बाबी माणवे एनो रंग गयो गुजरात रे
नान्हों दियरिया लाड़को, काई लाव्यों मेंहदी ना छोबरे
बाकी घूँटी ने भरया बाड़का भाभी रंगों तुम्हारा हाथ रे
हाथ रंगीने बीरा शुँ रे करूँ एनो जौनारो तो परदेश रे

"मेहँदी रंग लग रहा है।" मैंने भट्टाचार्य से कहा, "मेहँदी मालवे में पैदा हुई और उसका रंग गुजरात में छा गया। नन्हे देवर ने जाने कहाँ से एक छोटी मेहँदी की गाछ ला दी। कहने लगा, भाभी, इसे पीसकर मैंने कटोरा भरा है, तू अपना हाथ रंग ले। भाभी बोली, मेरे देवर ! हाथ रंगकर क्या करूँगी, इसे देखनेवाला तो परदेश गया है।"

फिर दर्शकों की ओर से वही तालियों की गड़गड़ाहट। गरबा-समाप्ति पर लड़कियों ने कतारबद्ध होकर दर्शकों को नमस्कार किया।

सारे परिचित वल्लभचंद्रजी को धन्यवाद देकर धीरे-धीरे विदा होने लगे। कुछ लोग जलपान के लिए रोक लिये गये। उन्हें विशेष निमंत्रण था। जब मात्र निमंत्रित लोग रह गये तो वल्लभचंद्रजी बोले, "आइए-आइए, मेहताजी, भट्टाचार्यजी, सेलटजी ! आप लोग ड्राइंगरूम में आ जाइए। चाय पीकर जायें आप लोग।"

मैं सीधे लड़कियोंवाले नेपथ्य के पास पहुँचा, "किरण !" अभी दो-एक लड़कियाँ वहाँ थीं। वे सब चिहुँककर खड़ी हो गयीं।

"कौन ?" किरण गजरे खोल रही थी।

"मैं जा रहा हूँ।"

"चाय पी लीजिए।"

"नहीं, अब देर होगी। मंडप बनाने का पुरस्कार चाहिए।"

किरण हँसती रही, बेसाख्ता हँसती रही ताकि लड़कियाँ हमें पागल मानकर हमारी बात को गंभीर न समझ लें।

वह उठी और उसने कोरेले दीपगर्भी गरबे के ऊपर रखी अति कलात्मक छोटी-सी कलसी उठायी और उसे अपने जूड़े के गजरे के साथ, जो वह वहीं खोलकर रख चुकी थी, मेरी ओर बढ़ाते हुए बोली, "छोटा उपहार है।"

"अमूल्य है !" मैंने कहा और मुड़कर मैं आँगन से बाहर चला गया।

दशमी के दिन मैं झूरी की नाव से हरिश्चंद्रघाट पर पहुँच गया। दुर्गापूजा में चाहकर भी मैं भट्टाचार्यजी के यहाँ नहीं जा सका। मुझे रह-रहकर अपनी यह कृतघ्नता खटक रही थी। उस दिन सुबह ही दुर्गापूजा का समापन हुआ था और कलश हटा दिया गया था।

"भट्टाचार्यजी हैं ?" मैंने जयंती से कहा।

"आओ आनंद ! दादा, बाबा, माँ और यतीन सभी दुर्गामंदिर गये हैं। मैं यहाँ उद्यापन पूरा कराके विसर्जन की तैयारी में लगी हूँ। उस दिन तुम किरण के यहाँ से गायब हो गये ?"

"तो मैं चलूँ जयंती !"

"अच्छा, बाबा, मैं तुम्हारे गायब होने के बारे में फिर नहीं कुछ पूछूँगी।" वह हाथ धोकर आयी। मुझे कुरसी पर बैठने का संकेत करके मेरी ओर देखती रही।

"तुम इतने उदास क्यों हो आनंद, क्या तुम्हारे जीवन में किरणज्योति तो नहीं जलने लगी है ?" जयंती मुस्कराकर पूछती है। वह एक लंबा उसाँस लेती है, "किरण बहुत अच्छी है आनंद ?"

"मैं कुछ नहीं जानता जयंती ! मैं एक भ्रांत मृग की तरह दौड़ रहा हूँ। कंधे पर परिवार को बिठाये मैं हनुमान ही तरह यह जंगल पार करना चाहता हूँ। पर मेरे भीतर इस पारिवारिक उत्तरदायित्व से भी परे कुछ है जो किसी को खोज रहा है। किसे, कहाँ, किधर--मैं कुछ नहीं जानता। मुझे बस रवि बाबू की वह कविता याद आती है :

दूरे बहुदूरे, स्वप्नलोक उज्जयिनीपुरे
खुंजिते गेछिनु कबै शिप्रानिदी तीरे
मारे पूर्वजन्मे प्रथमा प्रिया रे।..."

"पा गये ?" वह जाकर नारियल की बरफी ले आकर मेरे सामने रखकर बोली, "पाओ।"

मैंने हँसते हुए कहा, "इतनी आसानी से काठ का खिलौना भी नहीं मिलता जयंती, तुम तो बहुत बड़ी चीज को पाने की बात कह रही हो। कैसे पाऊँ ? मैं टूटा हुआ तारा हूँ निरवलंब, हताश, बुझा हुआ ?"

जयंती मेरे पास खिसक आयी, "आनंद, तुम एक पुरुष हो। तुम कुछ भी कर सकते हो। पुरानी भाषा में कहूँ तो जमीन-आसमान के कुलाबे एक कर सकते हो, फिर यह अवसाद क्यों ?"

"हाँ, यह अवसाद क्यों ! मैं कुछ इस तरह की मिट्टी का बना हूँ जयंती, जो शायद अवसाद में ही मन की तृप्ति पाता है। देखो न, पिछले तीन-चार दिनों से दुर्गापूजा का रससिक्त आनंद था। ज्योति की वल्लरियाँ हवा में लहरा रही थीं। अगियारी से उठा गुगुल का धूम सब कुछ के ऊपर मदहोशी का परदा डाले था। अब गरबा नृत्य की थिरकन और थेईकार-थेईकार की तालियों और चटकाली[1] ध्वनियों के गुलदस्ते सूख गये हैं। तुम्हारे सामने यह खाली कलश क्या उसका प्रमाण नहीं देता ?"

जयंती मुस्करायी, "मैंने कहा कि तुम पुरुष हो। अवसाद व्यक्त करने के लिये स्वतंत्र हो। एकरस चलती जिंदगी को झटक नहीं सकते तो कम-से-कम कहकर ही उसके प्रति अपनी गहरी खीझ तो व्यक्त कर ही सकते हो। पर कभी तुमने अपने को किसी नारी की अवस्था में रखकर सोचा है ? कितनी असहाय, मूक और करुणा की पात्र होती है वह !"

"तो यह सब तुम्हारी अपनी साहसहीनता का परिणाम नहीं है क्या जयंती ?"

"इसे साहसहीनता कह लो, कायरता कह लो, पर एक सत्य है जिसे विद्रोही से विद्रोही नारी भी कभी झुठला नहीं सकती कि वह प्रकृति की ओर से कमजोर बनायी गयी है। वह सहने के लिए बाध्य है !"

"यह सब मूर्खता है। अपने को बचाने का बहाना भी हो सकता है।" मैंने पूरी विद्रोही मुद्रा में कहा।

"मैं नहीं जानती आनंद कि यह नंगा सवाल करके मैं तुम्हारी नजर में गिरूँगी या चढ़ूँगी; पर तुम्हें भ्रम से ही सही, अंतरंग मानने की गलती की है, इसलिए पूछती हूँ कि तुम्हारे समाज में कभी पुरुष के साथ भी बलात्कार या 'रेप' होता है ?" वह मेरी ओर अजीब बेबाक मुद्रा में देख रही थी।

मैं यह प्रश्न सुनकर वाकई धक्क से रह गया। यह अफाट बॉयलॉजिकल सत्य है।

सचमुच जयंती ने एक उदाहरण देकर मेरे सामने नारी और पुरुष के बीच वर्तमान बहुत बड़े स्वाभाविक अंतर को स्पष्ट कर दिया था। भेड़ियों से भरे समाज में मैं किरण को, जयंती को और आरती को भी सिर्फ बराबरी का दर्जा दिये जाने पर भाषण दे सकता

---

1. हाथ की तालियाँ

हूँ, इनमें से किसी की भी रक्षा नहीं कर सकता। कितना तुच्छ और विगर्हणीय है मेरा अस्तित्व ! मैं सामने रखे कलश को देख रहा हूँ। सिर पर रखा आम्रपल्लवों का आच्छादन नहीं है, नारियल हटा लिया गया है, पट्टवास भी नहीं है। रोरी से अंकित स्वस्तिक कुम्हला गया है। माँ इस कलश को खाली, असहाय छोड़कर चली गयी है।

"यह असहाय, निरर्थक और खाली नहीं है, जैसा तुम सोच रहे हो।"

"सुनो, मैं तुम्हें एक गीत सुनाती हूँ।" जयंती गा रही थी। गीत में पुजारी से देवी कहती है कि मंत्रपूत जल को अपने ऊपर छिड़क लो। इतना निराश होने की बात क्या ! माँ अगले नवरात्र में फिर आयेंगी।

--माँ फिर आयेंगी, माँ फिर आयेंगी--कितनी आश्वस्ति है ! मैं बड़ी तन्मयता से उसके गान को सुनता रहा। जयंती जब गाती है तो उसके गोरे गालों पर पता नहीं क्यों कंपन होने लगती है। एक अजीब किस्म की थरथराहट, जैसे उसके व्यक्तित्व को पूरी तरह प्रकट करने के लिए प्रकृति ने कपोलों को बहुत अधिक संवेद्य बना दिया है।

"तो माँ फिर आयेंगी जयंती ?"

"हाँ आनंद, माँ फिर आयेंगी। इसीलिए इस अवसाद बेला में उनके प्रसाद का यह वरुणपूत जल अपने सिर पर डालकर सोचो कि अगली दुर्गापूजा इससे भी अधिक आश्वस्तकारी और मंगलमयी होगी।"

उसने आम्रपल्लवों को जल में डुबोकर मेरे ऊपर छिड़कते हुए कहा, "इसके साथ मंत्र कौन-सा पढ़ा जाता है, तुम स्वयं पढ़ लो ! संस्कृत के महापंडित हो। मैं तो इतना ही जानती हूँ कि माँ की अकृपा में भी कोई-न-कोई विकास का रहस्य छिपा होता है। माता कभी कुमाता नहीं होती, इसलिए उसके सामने मन की परत-दर-परत में छिपी सारी वेदना और अवसाद और असफलताएँ खोलकर रखी जा सकती हैं...!"

जल छिड़कने के बाद उसने मेरे माथे पर रोरी का तिलक लगाते हुए कहा था, "तुम्हें आगे बहुत-कुछ बनना है आनंद ! तुम्हारे साथ अन्याय हुआ है, इसके कारण तुम अपने को बदलना चाहते हो तो बदल लो, कोई आमूल परिवर्तन का निर्णय लेना हो तो ले लो, पर एक वचन दो कि तुम कभी अपनी प्रतिभा को नष्ट नहीं होने दोगे ?"

वह अद्भुत ढंग से मेरी ओर देखती रही। मैं उसका अभिप्राय समझ नहीं सका। क्या जयंती ने ऐसा कुछ देखा है जिससे उसे लगा है कि मैं अपने निर्माण के बीच ही किसी बाधा या लोभ के कारण मार्गच्युत हो जाऊँगा। मैं भीतर-ही-भीतर उन्मथित हो गया। क्या भट्टाचार्य महाशय ने मेरे बारे में कुछ कहा है ? मेरा चेहरा अवसन्न और क्लांत हो गया होगा। जयंती घबराकर बोली, "नहीं दे सकते वचन तो जाने दो। इतने दुःखी क्यों हो रहे हो ?"

"जयंती !" मैंने अपनी दोनों हथेलियों में अपने मुँह को एक बार दबाया, "क्या तुमने मेरे बारे में ऐसा कुछ सुना है ? क्या भट्टाचार्य महाशय ने कहा है कि मैं पथभ्रष्ट हो

रहा हूँ और एक दिन अपनी प्रतिभा को नष्ट कर लूँगा ?"

"पगले !" उसने मेरे दोनों हाथ पकड़ लिये, "मैं तुम्हारे सुंदर भविष्य की वरद कामना करती हूँ। तुम क्या मुझे और भट्टाचार्य महाशय को एक समझते हो ? वे तुम्हारे गाइड हैं, गुरु हो सकते हैं, मैं सिर्फ तुम्हारी बंधु हूँ ! इसलिए मुझे तुम्हारी प्रतिभा से मोह है। मैं चाहती हूँ कि तुम नयी-नयी निकलती अमोली आम्रगाछ की तरह बढ़ते रहो, और वह एक दिन मोजरों से लद जाये और तुम्हारी मादक सुगंध से दुनिया भाव-विभोर हो उठे... !"

मैंने जयंती की दोनों हथेलियाँ अपने हाथों में दबा लीं, "तुम अपनी ऊँची आशाएँ मुझमें सँजो दोगी जयंती तो मैं शायद ही उठ पाऊँ। मैं जानना चाहता हूँ कि मैं क्या और कहाँ तक जा सकता हूँ। मैं बंधु, तुम्हें इतना ही वचन दे सकता हूँ कि कभी भी आत्महत्या नहीं करूँगा... ।"

जयंती ने अपनी हथेली मेरे मुँह पर रख दी।

"बस-बस, पंडितजी महाराज," हरिमंगल हँसते हुए बोला, "सारी प्रशंसा मुझ पर लुटा दीजिएगा तो जिंदगी में बड़ा आदमी बनने के लिए क्या बचेगा ! प्रशंसा ऐसी बढ़िया चीज है मेरे दोस्त कि इसका सही इस्तेमाल करके तुम जो चाहो वो पा सकते हो।"

हरिमंगल रामानंद की ओर यों देख रहा था जैसे वह नादान बच्चा हो। उसकी आँखों में उसके प्रति कोई हिकारत नहीं थी, पर बहुत सहानुभूति और स्नेह भी नहीं था... ।

पिछली बार वह गाँव गया था तो स्टेशन प्लेटफॉर्म पर हरिमंगल के पिताजी से मुलाकात हो गयी। शाम का वक्त था। प्लेटफॉर्म जाड़े की साँझ की आतुर प्रतीक्षा कर रहा था। सूरज की किरणें सामने खड़े एकाकी युकलिप्टस की फुनगियों पर थिरक रही थीं। थर्टीन अप आधा घंटा लेट थी। वह काफी देर तक अपने को उन तमाम चीजों में व्यस्त रखने की कोशिश करता रहा जिसे प्रकृति कहा जाता है। प्रकृति सुंदर थी, उसे यह सब मानने में कोई एतराज नहीं है, तभी सामने कंबल पर बैठे एक बूढ़े सज्जन ने जोर-जोर से गाना शुरू कर दिया। उनका बदन अब भी तंदुरुस्त था :

"हा रघुनंदन प्रान पिरीते । तुम बिना जिअत बहुत दिन बीते ।।"

रामानंद को रेलवे प्लेटफॉर्म या रेलगाड़ी के भीतर चलने वाले ऐसे सांस्कृतिक कार्यक्रमों से बड़ी कोफ्त होती है। वह उस बूढ़े की ओर किंचित् रुखाई से घूर रहा था। पर बूढ़ा ऐसा तन्मय था कि उसे देखते-देखते रामानंद को लगा कि वह हल्का-हल्का-सा अनुभव कर रहा है।

"कहाँ जाना है आपको ?" वह बूढ़े के पास पहुँचा और बोला, "आप बहुत अच्छा

गाते हैं।"

"ई गाना है ? रंडी का नाच देखने के शौकीन लगते हो भइया तूँ।"

रामानंद गुस्से से तड़पकर रह गया। तुलसी की चौपाई की मधुरता खींच लायी थी, पर बूढ़े के चेहरे पर चिड़चिड़ाहट की ऐसी परत थी कि उसका मन भारी हो गया।

"बताया नहीं आपने ?" उसे इस कदर अनेक आँखों के सामने जलील बनकर लौटना पसंद नहीं आया।

"काशी जी।"

"यहाँ कोई रहता है आपका ?"

"तूँ खुफिया हौ का ? ऐं, हम हुआँ कहाँ जायेंगे, का करेंगे, इसमें तुम्हारा निहोरा का हौ भाई ?"

"आपको बुरा लग गया !" रामानंद ने अपने को सँभालकर कहा, "मैं तो कहने आया था कि आपको परेशानी न हो तो मेरे यहाँ रुकिएगा।"

बूढ़े ने उसके चेहरे पर एक क्षण देखा । काफी गहरी तलाशी ली जा रही थी।

"हूँ, चेहरा देखने से तो लगता है कि शरीफ हो, कहाँ घर है भइया ?"

"सीताचक।"

"याने ?"

"मैं गणेशी तिवारी का पोता हूँ, रामानंद।"

"धत्तेरे के !" बूढ़ा कंबल से खड़ा हो गया, "पाय लागी महाराज ! छिमा करिहो। हम तोहें पहचाने नाहीं। गणेशी तिवारी हमरे पुरोहित रहे, हम सोनाचक के हैं। हमारा नाम है भइया शिवमंगल राय।"

"अरे वाह चाचाजी !" रामानंद चिलककर बोला, "आपका नाम कौन नहीं जानता ! हम भी कहें कि बुढ़ापे में ऐसी काठीवाला इस इलाके में कौन आ गया।"

"बनारस में भइया हमरे लरिका रहते हैं हरिमंगल । वहीं जाय रहा हूँ । तू उन्हें जानते हो।" दोनों कंबल पर बैठ गये। बूढ़े ने हरिमंगल की जो कहानी सुनायी, वह अजीब तरह की थी। अंग्रेजी से एम.ए. पास करके हरिमंगल ने ए.जी. ऑफिस में नौकरी कर ली। तनखा तो अच्छी नहीं थी, पर गुजर-बसर के लिए कम भी नहीं थी। पाँच साल नौकरी करने के बाद अचानक वह वहाँ से निकाल दिया गया। या यों कहिए कि खुद नौकरी छोड़ आया। एक शाम वह अपनी बीवी और दो बच्चों को लिए-दिए इसी प्लेटफॉर्म पर आया और रात ढले गाँव पहुँचा। पता चला, उसने नौकरी छोड़ दी है। बाप ने बहुत खोद-विनोद किया तो वह डाँटकर बोला, "अब तोहें का बतावैं कि काहे नौकरी छोड़ा। हमरे भीतर नुक्स हौ--गड़बड़ी, एही से नौकरी छोड़ देवै के पड़ा, बस ।"

"का नुक्स हौ भाई, तनिक हमें भी बता दो," मैंने पूछा।

"सबसे बड़ा नुक्स ई है कि हम ईमानदारी से काम करते है।" हरिमंगल बोले और

करवट बदल के सो रहे।

"फिर आपने कुछ नहीं पूछा ?"

"तूँ हरिमंगल को नहीं जानते हो भइया ! अब तौ तूँ उनका पता-ठिकाना जान गये हौ। खुद पूछ देखो। तोहरे मार्फत हमरे पतोह और बच्चन कै किस्मत बन जाये तो का कहना।"

"अब वे करते क्या हैं ?"

"वकालत पढ़ रहे हैं। दूसरा साल है।"

बनारस आने के हफ्ते-भर बाद रामानन्द हरिमंगल से मिला। हरिमंगल एक छोटा-सा मकान लेकर रहता था। साँकल खटखटाने पर एक लड़का निकला, "कौन है बे?"

"ओह !" उसने रामानंद को देखकर कहा, "मैंने समझा, दाई का लड़का है। कई बार समझाया कि कुंडी धीरे-धीरे खटखटाया कर, पर साला मानता नहीं। कहिए किसे ढूँढ़ रहे हैं ?"

"हरिमंगल हैं ?"

"राय साहब, ई सज्जन आपको खोज रहे हैं।" लड़के ने भीतर कमरे की ओर देखते हुए कहा।

"कौन है ?" हरिमंगल खुद आये। हरिमंगल बाबू देखने में तीस-पैंतीस के ऊपर ही लगे। वे नीले रंग की एक लुँगी लपेटे थे। बदन पर एक कमीज थी, काफी मुड़ी-तुड़ी, गंदी।

"आप शायद रामानंद हैं ?" हरिमंगल प्रश्नसूचक ढंग से देख रहे थे।

रामानंद मुस्कराया, "आप खुफिया हैं का ?"

हरिमंगल तड़तड़ाकर हँसा, "तो दद्दू की पूरी बात याद है तुम्हें ? आ जाओ यार, इधर से।"

रामानंद ने देखा, कमरा काफी गंदा है। भीतरवाला कमरा कुछ साफ था। एक तरफ एक चौकी बिछी थी जिस पर गद्दा और रजाई थी। कमरे में सिर्फ एक कुरसी थी जिसका हत्था गायब था। चौकी से सटी दीवार में बड़ी-सी आलमारी थी, जो किताबों से भरी थी। किताबें सिर्फ कानून की ही नहीं थीं। लगता है, हरी बाबू को कई चीजों का शौक है।

"कहो भाई, पानी पीयोगे !"

"पी लूँगा।"

"हूँ, जैसे बहुत एहसान करेंगे। प्यास लगी हो तो पी लीजिए।" हरिमंगल बोले।

रामानंद इनका मुँह ताकता रह गया। अभी यह आदमी हँसमुख चिकनिया लगता था, सहसा इतना रूखा क्यों हो गया, उसकी समझ में नहीं आया।

"अरे हौसलाप्रसाद जी !"

"आया हरी बाबू !"

"अरे भाई, जरा तिवारी बाबू को पानी पिला दीजिए।"

हौसलाप्रसाद पानी लेकर आये।

"लीजिए तिवारीजी, बिल्कुल शुद्ध जल है, शुद्ध आदमी का लाया हुआ है।" हरिमंगल ने कहा।

"आप मुझे लज्जित कर रहे हैं हरि बाबू !" रामानंद बोला।

"यह कोई नये किस्म की चंपी निकली है क्या हरी बाबू, जो हम इन्हें करने जा रहे हैं ?" हौसलाप्रसाद बोले, "आपको हम लोग कुछ नहीं करेंगे श्रीमान्... ।"

"रामानंद तिवारी !" हरी बाबू ने वाक्य पूरा किया और जरा हँसते हुए बोले, "अरे यार, गुड़-वुड़ भी नहीं है क्या ? खैर, ऐसा कीजिए कि दो चम्मच सब्जी ला दीजिए। रुकिए तिवारीजी ! खाली-खाली पानी ठीक नहीं है।"

"तकल्लुफ क्यों कर रहे हैं हरि बाबू ! मैं कोई मेहमान तो हूँ नहीं।"

"यहाँ सभी मेहमान ही हैं, कोई कुछ रोज के, कोई ज्यादा, पर हैं सभी मेहमान। इसलिए किसी की मेहमानदारी का सवाल कहाँ उठता है।"

"लीजिए।" हौसलाप्रसाद ने आलू की भुजिया का प्लेट थमाते हुए कहा, "जरा गरम है !"

रामानंद इस पूरे माहौल में अपने को अनफिट पा रहा था। उसने जैसे-तैसे करके सब्जी निगली और पानी पी गया।

"आप अब क्या कर रहे हैं तिवारीजी ?"

"इसी साल पी-एच.डी. के लिए रजिस्ट्रेशन कराया है।"

"निर्देशक कौन है आपका ?"

"सुबोध भट्टाचार्य ?" रामानंद बोला, "शायद आप न जानते हों उन्हें।"

"क्या सुबोध भट्टाचार्य संस्कृत के प्राध्यापक नहीं हैं ? क्या अभी महीने-दो महीने पहले कुछ लोगों ने विभाग में ही उनका घेराव नहीं किया था ?"

"जी हाँ, वही..."

"हूँS, तो आपके निर्देशक सुबोध भट्टाचार्य हैं। तब तो कोई स्कॉलरशिप वगैरह नहीं मिलती होगी आपको ?"

रामानंद अचंभे से ताकता रहा, "स्कॉलरशिप न पाने और सुबोधजी के निर्देशक होने में क्या तालमेल है हरी बाबू ?"

"सुबोध भट्टाचार्य, सुनता हूँ, अच्छे प्राध्यापक हैं ?" हरी बाबू बोले।

"जी हाँ, निःसंदेह हैं।" रामानंद थोड़ा तन रहा था।

"जी हाँ, इसलिए कहा कि आप स्कॉलरशिप नहीं पा सकते। हो सकता है, कहीं

आपने सुबोध भट्टाचार्य के अंदर काम करने की अपनी इच्छा परीक्षा के पहले जाहिर कर दी हो तो आपको अच्छी श्रेणी भी न मिली हो। किस श्रेणी में पास किया एम.ए. आपने?"

"प्रथम श्रेणी में।"

हरी बाबू एक क्षण चुप रहे, "ओह ! भाग्य के दुलारे हैं आप तब तो । चलिए, एक चीज मेरे अनुमान के खिलाफ साबित हुई। आपके साथ परीक्षा में अन्याय नहीं हुआ, यह मेरे लिए ऐतिहासिक महत्त्व की बात है।"

रामानंद मुस्कराया, "पर गत वर्ष की परीक्षा में मेरा प्रथम स्थान था। मैं सोचता था,वह सुरक्षित रहेगा और मुझे यू.जी.सी. की स्कॉलरशिप मिल जायेगी...."

"और वह स्थान छिन गया।" हरी बाबू तड़तड़ाकर हँसे, "भई वाह ! मैं भी कहूँ कि आज यह बिना बादलों की फुहार कहाँ से आ गयी भटककर इधर ! तो आपका प्रथम स्थान छिन गया ! यह सुसमाचार है। बहुत सुंदर... !"

"इसे आप सुंदर कहते हैं !" रामानंद ने हरी की ओर हिकारत से देखा। हरी ने ध्यान नहीं दिया और पूछा, "तो श्रीमान्, जहाँ तक मुझे मालूम है, आपकी आर्थिक स्थिति ऐसी नहीं है कि आप रिसर्च कर सकें। अकेले हैं, षट्पद हैं ?" क्या हैं ?"

"द्विपद हूँ।"

"दो पाई, वाह भाई ! तब शायद खिंच जाये किसी तरह सगड़ी आपके जीवन की। कहाँ रहते हैं ?"

"राजेश्वरी मठ में, अस्सी पर ।"

"और कौन हैं आपके साथ ?"

"मेरी बहन और मेरी माँ।"

"क्या ? आप होश-हवास में तो हैं ? सारा परिवार शहर में लाकर हैंगर पर डाल लिया है और कहते हैं स्कॉलरशिप भी नहीं मिलती ? क्या सचमुच अस्सी नाले की आबोहवा में 'मल्टीविटाप्लेक्स' घुला-मिला है ?"

"जी नहीं, खालिस काई और सेवार की गंध भरी है !"

"तभी आप गर्मी से तपे मेंढक की तरह पीले हो गये हैं, हा-हा-हा-हा !" हरिमंगल ठठाकर हँसता रहा, "वाह प्यारे, सैलानी हो तो ऐसा ! सारा कुनबा भैंस की पीठ पर लादकर चल दे यायावरी करने !"

"आप निहायत नामाकूल आदमी लगते हैं। आपको शर्म आनी चाहिए कि आपने पुरोहित खानदान को कंजड़ों की तरह खानाबदोश बनाया।" रामानंद गुस्से में तिनककर खड़ा हो गया। "मैं तो यह जानकर कि आप अपने देहात-ज्वार के आदमी हैं, मिलने आ गया और आप मेरी बेइज्जती कर रहे हैं ! यह किसी भले आदमी का काम नहीं है हरिमंगल बाबू !"

हरिमंगल चुपचाप तिवारी की ओर देखता रहा, "सुनो प्यारे, तुम निहायत भावुक,

लिजलिजे और सिर्फ अपनी तरफ देखनेवाले यानी आत्मकेंद्रित इन्सान हो। मुझे तुमसे कतई सहानुभूति नहीं है। तुम होगे एम.ए. प्रथम श्रेणी उत्तीर्ण, पर मेरे लिए तुम दुनिया के मामले में निहायत फिसड्डी और जनता क्लास से भी नीचे वाले डब्बे के आदमी लगते हो।"

"हरी बाबू !" हौसलाप्रसादजी आये, "खाना लग गया है। चलिए तिवारीजी, हाथ धोइएगा न ?"

"नहीं, मैं खाना खाकर आया हूँ।" तिवारी खड़ा-खड़ा बोला।

"बात क्या है हरी बाबू ! दद्दू कह रहे थे कि तिवारीजी आपके गाँव के पास के हैं। इनके दादा आपके वंश के पुरोहित भी थे।..."

"इनके दादा हमारे दादा के पुरोहित थे। ये हमारे पुरोहित हैं, इसलिए हमारे साथ ये खाना नहीं खायेंगे। और है भी क्या तुम्हारे पास जो पुरोहित परिवार को खिलाने लायक हो ! ये महाराज देवता हैं। सिर्फ गंध से परितृप्त होते हैं। इन्हें जमीन पर उतारने की कोशिश क्यों कर रहे हो हौसला !"

"आप हर बात को मजाक में उड़ा देते हैं। लगता है, आपने तिवारीजी को चिढ़ा दिया है।"

"मैं क्यों चिढ़ाऊँ किसी को यार, सही बात कहने पर अक्सर लोगों को तिलमिलाहट होने लगती है।" हरिमंगल बोले और नल के पास जाकर हाथ धोने लगे।

"चलिए तिवारीजी, हाथ धो लीजिए... ।" हौसलाप्रसाद ने कहा।

रामानंद कुछ न बोला। यह सही है कि वह घर से अच्छी तरह नाश्ता-पानी करके चला था, और वह आसानी से दोपहर के खाने को तर्क कर सकता था ; पर पता नहीं हरिमंगल क्या सोचें, इस डर से वह चुपचाप नल के पास पहुँचा और हाथ धोकर चौके में आ गया ।

खाना बुरा नहीं था। वातावरण भी घरेलू-जैसा ही था । पर वह खोया-खोया था। उसने रोटी का टुकड़ा तोड़कर दाल में डुबोया और मुँह में रख लिया।

"क्यों तिवारीजी," हरिमंगल मुस्कराते हुए बोले, "लगता है, किसी सेठ साले के यहाँ आपने दो-चार बार खाना खाया है।"

"क्यों ?" वह अचंभे से बोला।

"उन्हीं सालों के यहाँ ऐसी नफासत दिखायी जाती है धीरे-धीरे करीने से खाने की, ताकि कहीं वे मरभुखा न समझ लें। कमाल है साला ! खाने का तरीका भी सेठिया तहजीब से प्रभावित होने लगा...!"

रामानंद को अचानक किरण की याद आ गयी। बात तो ठीक ही है। सब कुछ निकटता होने पर भी वह किरण या उसकी अम्मा या पापा के सामने चाय पीते वक्त भी ख्याल रखता है कि कहीं सुड़क की आवाज न निकल जाये। वह कुछ न बोला। रोटी

तोड़ने की गति और धीमी हो गयी।

"अब आप रहने दीजिए हरी बाबू !" हौसलाप्रसाद बोले, "आप हर चीज की ऐसी चीर-फाड़ करते हैं कि आदमी बेवजह अपने को गुनहगार समझने लगता है। खाइए-खाइए तिवारीजी, इनके कहने से आप पूरी रोटी क्यों एक बार मुँह में डाल लेंगे !"

हरिमंगल मुस्कराये, "अच्छा भाई, वे ठहरे तिवारी, तुम ठहरे पांडे; मैं दाल-भात में मूसरचंद क्यों बनूँ !"

खाना खाकर फिर हरिमंगल तिवारी को लेकर अपने कमरे में बैठ गये।

"पान-वान की आदत तो नहीं है तिवारीजी आपको ?" हरिमंगल ने सिरहाने से एक पुड़िया निकाली और लौंग का एक फूल मुँह में डालते हुए कहा, "लौंग लीजिएगा ?"

तिवारी ने इच्छा न रहते हुए भी एक लौंग ले ली।

"अब बताइए हरी बाबू !" तिवारी शायद बहुत झेल चुका था, इसलिए इस बार की बातचीत को वह हरिमंगल के हाथ में छोड़ने को तैयार न था, "आपने ए.जी. ऑफिस वाली नौकरी क्यों छोड़ दी ?"

"छोड़ी कहाँ यार, निकाल दिया गया।"

"क्यों ?"

"ऐसा क्यों भड़कते हैं लड़कियों-जैसे, गोया मैंने आपके बेलबाटम पर कोई कमेंट कर दिया हो !"

"तो लड़कियों के बारे में भी आपकी काफी रुचि है !" तिवारी हँसा।

"रुचि नहीं दोस्त, नफरत है, नफरत ! मुझे वैसी हर चीज से नफरत है जो चिपिचपी भावुकता से लसर-लसर करती है। ये लड़कियाँ निहायत बोर, गावदी और सामान्य बुद्धि से भी वंचित होती हैं। देखते नहीं, युनिवर्सिटी में । मुझे तो एक भी ऐसी लड़की नजर नहीं आयी जो अपने में, जो उसे ईश्वर ने दिया है, विश्वास करे और ऐसा सहज डैश रखती हो कि उसे लगे कि मादा भी कोई चीज होती है, जिसे गुड़िया समझना न सिर्फ बेवकूफी है बल्कि काफी खतरनाक भी।"

"हूँऽ, तो आपको एक भी ऐसी लड़की नजर नहीं आयी !" रामानंद की इच्छा हुई कि वह हरिमंगल को जयंती से मिला दे, पर वह कुछ न बोला।

"तुम मेरी बात से सहमत नहीं हो शायद। भई, मुझे क्षमा करना। मैं जब नौकरी से निकाल दिया गया तो बहुत दुःखी हुआ। चारों तरँफ अँधेरा दिख रहा था। सोचा, इस कुनबे को अपनी पीठ पर लादे-लादे कहाँ जाऊँ ! नौकरी कोई लौंग की पुड़िया तो है नहीं कि सिरहाने से निकालकर दूसरी खा लूँ। फिर सोचा : अब नौकरी नहीं करनी है, क्योंकि मैं लाख चाहूँ काम करने का अपना तरीका बदल नहीं सकता और चूँकि मैं अपनी योग्यता और शक्ति-भर सही तरह से काम करूँगा ही, इसलिए जो कुछ ए.जी. ऑफिस

में हुआ, वही अन्यत्र भी होगा... ।"

"क्या हुआ ए जी. ऑफिस में ?"

"लगता है, दद्दू ने तुम्हें ऐसा भड़का दिया है कि बिना सब पूछे मानोगे नहीं। संक्षेप में किस्सा यह है कि मैं एक सरकारी ऑफिस में काम करता था, सरकारी ऑफिस का मतलब जानते हो ?"

तिवारी चुप रहा।

हरिमंगल मुस्कराये, "सरकारी ऑफिस का मतलब होता है बूढ़ियों का अनाथालय। परिवार से बहिष्कृत ये बूढ़ियाँ काशी आती हैं। सुबह होते ही वे अपने दाना-पानी के इंतजाम में लग जाती हैं। एक-दूसरे से लड़ती हैं। तरह-तरह से गाली-गलौज करती हैं। और आप विश्वास कीजिए तिवारी बाबू, ऐसी बूढ़ियों से ज्यादा चीं-चपड़ करनेवाली कोई चिड़िया मैंने अपनी ज़िंदगी में नहीं देखी। फिर ज्योंही हवा थमती है, ये एक-दूसरे के पास बैठकर सत्संग करती हैं। यानी बूढ़ियों के प्रेम और आशनाई के किस्से छोटे-छोटे दायरे में सुनाये जाते हैं और इससे मन को एक विचित्र किस्म की खुशी मिलती है। जहाँ इन्होंने सुना कि अनाथालय का मैनेजर या कोई ट्रस्टी आ रहा है। ये सब झगड़ा-फसाद भूलकर एक जुट होकर पंक्तिबद्ध खड़ी हो जाती हैं। अपने अभाव की गाथा सुनाती हैं। एकाध मैनेजर की चापलूसी करती हैं कि ताकि कुछ विशेष सुविधा हासिल हो जाये। मैनेजर साला, जो खुद पचास के ऊपर होता है, किसी ऐसी अनाथा की खोज में होता है जो एकदम ढली हुई न हो और देखने में कुछ कामचलाऊ हो ताकि वह उसे कृतार्थ करके अपने सदय होने का सबूत दे सके।"

"वाह, आपने हमारे पड़ोस के महिला अनाथालय को अच्छी तरह देखा है शायद !" तिवारी ने टोका।

"जरा दिमाग को भी थोड़ी कसरत करने का मौका दिया करो रामानंद !" हरिमंगल ने कहा, "मैं सरकारी दफ्तरों की बात कर रहा हूँ । आपने ऐसे दफ्तर देखे हैं? नहीं देखे हैं शायद। कभी जाइए और देखिए । आपको अक्सर लोग टाँग पसारकर एक-दूसरे की शिकायत में मशगूल नजर आयेंगे। ऐसे अनाथालयों में रहने की एक शर्त सब को माननी पड़ती है। यानी आप जो कुछ देख रहे हैं, उसे चुप देखते रहिए। मैं भी चुप ही रहा करता था; पर मुस्करा देता था। वे लोग गंभीर थे, मैं मुस्करानेवाला खतरनाक आदमी, बस खलास। तो भाई जान, मैं भी ऐसे अनाथालय में जगह पा गया। सोचा, खाने-पीने का रास्ता मिल गया, बहुत है। मैंने आपको बताया कि देहाती आदमी हूँ इसलिए आठ घंटा खट सकता हूँ, चाहे काम कागज भरने का हो या भूसा। सो मैं अपने काम से काम रखता था। मेरी वफादारी पर काफी व्यंग्य-भरी तारीफें मिलीं। मेरे एकाउंट ऑफिसर ने शाबाशी दी। यानी मुख्तसर में यह कि मैं बतौर नमूने के अपने सहकर्मियों के बीच उछाला जाने लगा।

मैं अक्सर इंजीनियरिंग विभाग के कार्यों को ऑडिट करने के लिए भेजा जाता था। हिंदुस्तान में, जहाँ पंचवर्षीय योजनाएँ चलती हैं, सबसे ज्यादा रकम इसी विभाग पर खर्च होती है। ये लोग खूब सधे अफसर हैं। इनसे अमुक फाइल माँगिए तो कहेंगे, क्लर्क बाबू बंद करके कहीं गये हैं। अब आ ही रहे होंगे। ऐसा टरकायेंगे कि आप दिन-भर झख मारा कीजिए।

मैंने वहाँ एक साहब से कहा--'सर, हमें आये दस रोज हो रहे हैं और एक-चौथाई फाइलें भी देखी नहीं जा सकीं। इस तरह से तो शायद इसी जगह दो महीने रहना होगा।'

साहब मुस्कराये और बोले--'हरिमंगल बाबू, हमारे यहाँ एक-से-एक ऑडिट-पार्टियाँ आयीं, पर आप जैसा अजीब व्यक्ति मैंने पहली बार देखा...'

"मुझमें कौन-सा अजूबापन देखा आपने श्रीमान् ?"

बोले--'आपने अपने सहकर्मियों को नाश्ता-पानी करने से भी मना कर दिया। हम लोग भी सरकारी कर्मचारी हैं। सरकारी कर्मचारियों के बीच भाईचारा होना चाहिए। न सही भाईचारा, कम-से-कम मामूली हेलमेल तो चाहिए ही। आपको जरा भी ख्याल नहीं कि आपकी सनक से हमारी मेहमान-नवाजी को कैसे ठेस लगी है।'

'माफ कीजिएगा', मैंने टोककर कहा--'हमें साढ़े सात रुपया भत्ता इसी नाश्ते-पानी के लिए सरकार देती है । हम जनता की मेहनत का रुपया बरबाद होते नहीं देख सकते। हमारा धर्म है कि हम चीजों की सही जाँच करें और उसकी रपट सरकार को दें। क्या हमारा यह फर्ज नहीं है साहब कि हम सिर्फ काम से मतलब रखें क्योंकि हम ड्यूटी बाउंड हैं, मेहमान नहीं हैं।'

साहब बोले--'वेल, वेल, आज आपको सब फाइलें मिल जायेंगी... ।' वे चिढ़े हुए थे और मुझे घूरते हुए जाने लगे।

'मुझे मास्टर रोल की फाइल भी चाहिए सर।' मैंने कहा।

साहब की एड़ी में जैसे चकरघिन्नी लग गयी हो--'अब आप मस्टर रोल भी देखेंगे ?' उनका चेहरा फक्क था।

'आपको इसमें कोई आपत्ति है सर ?' मैंने उनकी आँखों में देखते हुए कहा।

'आपत्ति ? आपत्ति क्यों होगी भला ! यदि आपको अँगूठे देखने का ही शौक है तो मुझे क्यों आपत्ति होने लगी !'

मैं उसके व्यंग्य पर तिलमिलाया, पर जब्त करके बोला, 'तो वह कब तक मिल जायेगी ?'

'देखता हूँ। शायद ओवरसियर उसे लेकर स्पॉट पर गये हों।'

'मैं चपरासी भेज रहा हूँ स्पॉट पर साहब।'

'जो मन में आये कीजिए।' साहब बोले और चले गये।

"यह मस्टर रोल क्या होता है हरी बाबू !" रामानंद ने पूछा।

"अरे यार, मिट्‌टी फेंकने वाले मजूरों की हाजिरी को मस्टर रोल कहते हैं। मुझे मालूम था कि यह मस्टर रोल कैसे बनता है। आधे दर्जन से भी कम आदमी हाथ-पैर की तमाम अँगुलियों के निशान बनाकर फर्जी नाम भर देते हैं। हिंदुस्तान और कुछ नहीं है प्यारे, हजारों पैरों की अँगुलियों से बने निशान का बेहूदा मस्टर रोल है। अपने सीताचक और सोनाचक के बीच की धूल-भरी कच्ची सड़क पर हजारों छोटे-बड़े पैरों के निशान देखे हैं न ? तुम इन निशानों को देखकर यह कभी नहीं जान पाओगे कि कौन आदमी किस मूड में किधर से किधर हो गया है। वह भूखा था, बीमार था, लाठी लिये था, खून करने जा रहा था, सौदा खरीदने गया, पाखाना करने गया, छुरा मारने गया, क्यों गया, कहाँ गया, कैसे गया--यानी गया, गया, गया, गया सिर्फ गया... बाकी कुछ नहीं । वैसे ही यह देश। महान् हाथी की तरह सिर्फ जा रहा है और मस्टर रोल की फाइलों की लीद का पहाड़ पीछे बनता चला जा रहा है... ।"

"हूँऽ, तो क्या हुआ मस्टर रोल का ?" रामानंद ने पूछा।

"हुआ क्या, तीन-चार दिन लगातार टोकने पर मस्टर रोल की फाइल आयी और यह देखकर मैं हैरत में पड़ गया कि पिछले बीस वर्षों में दस्तखत करने वालों की संख्या में बेहद गिरावट आयी है। यानी मुश्किल से तीन प्रतिशत मजूर दस्तखत करते हैं, बाकी सब अँगूठा छाप हैं। मैंने ऑडिट खत्म किया और दो आपत्तियाँ उठायीं। पहली यह कि मस्टर रोल के बारे में मुझे पूरा शक है कि यह असली है। दूसरी यह कि अफसरों की लापरवाही से बीस हजार रुपये की मिट्‌टी जो बाँध पर डाली गयी थी, वह बह गयी। मेरी आपत्तियाँ देखकर एकाउंट अफसर ने पूछा--'क्यों हरिमंगल बाबू, आपको मस्टर रोल पर शक क्यों है ?'

मैंने कहा--'उसकी सूरत से ही शक होता है। मैं कोई फिंगर प्रिंट का विशेषज्ञ तो नहीं हूँ पर मुझे शक है। आप उसकी जाँच कराएँ, अगर तो मेरी शंका शायद प्रमाणित हो जाये। इसमें कई पैर की अँगुलियों के निशान मिलेंगे।'

मेरे एकाउंट अफसर व्यंग्य से हँसे--'मतलब कि अब मस्टर रोल भी सी.बी.आई. को भेजने पड़ेंगे ?'

'यदि सत्य जानना है तो भेजने पड़ेंगें।' मैंने बेहिचक कहा।

'अच्छा-अच्छा, देखा जायेगा। नंबर दो पर आइए। बरसाती पानी से मिट्‌टी बह गयी हो तो इससे अफसरों को लापरवाही कैसे सिद्ध होती है ?'

'वे इंजीनियर लोग हैं साहब, हैं न ?'

'बेशक।'

'आपने वह नाला देखा नहीं है जिस पर 'डैम' बन रहा है। वह बरसात में पहाड़ी पानी से नदी का रूप ले लेता है। जब तक यह विश्वास न हो जाये कि पानी को पूरी तरह

रोकने लायक बाँध बन गया है, नाले का पैसेज खुला रखना चाहिए था--चाहिए था न ?'

'हाँ भई, यह तो मामूली अक्ल की बात है।'

'जी हाँ, मगर हुआ उल्टा। मिट्टी पूरे नाले को बाँधती हुई फिंकवा दी गयी और बारिश के पहले काम खत्म कराने की कोशिश नहीं की गयी, इसलिए मिट्टी बह गयी। इसे लापरवाही नहीं तो और क्या कहेंगे ?'

'आपको कैसे मालूम होगा कि कोशिश नहीं की गयी ?'

'मस्टर रोल से। फर्जी मस्टर रोल को देखने से भी यही लगता है कि जून में मजूरों की तादाद घटी ही है, बढ़ी नहीं। जुलाई के शुरू के हफ्तों में जब हल्की बारिश हुई थी, अतिरिक्त मजूरें लगाकर काम पूरा कराने की कोशिश नहीं हुई, लिहाजा 25 जुलाई की घनघोर बारिश में बीस हजार रुपये बह गये।'

एकाउंट अफसर कुछ नहीं बोले।

तीन दिन बाद उन्होंने मुझे बुलाया--'मिस्टर राय, प्लीज वह रपट ड्रॉप कीजिए।'

'मैं तो हाथ कटा चुका हूँ साहब, मैं कैसे ड्रॉप करूँ ? आप बड़े अफसर हैं, आप उस पर लिख दीजिए 'ड्रॉप्ड'। काम खतम।'

'आप वह आपत्तियाँ लौटा लीजिए।' उन्होंने इसरार के स्वर में कहा--'आप नहीं जानते, इस केस में कितना दबाव पड़ रहा है।'

'मैं आपका अदना सहायक हूँ साहब, उसे ड्रॉप करने का अख्तियार आपको है।' मैंने रुखाई से कहा।

'मिस्टर राय,' एकाउंट अफसर बोले--'यह तो ड्राप होगा ही, पर आप भी अपनी जिद्द के लिए पछताइएगा।'

'अब जो हो।' मैंने कहा और अपनी कुरसी पर लौट आया।

हफ्ते भर बाद मेरे एकाउंट अफसर का प्रोमोशन हुआ और उनकी जगह मुझसे भी जूनियर एक आदमी की नियुक्ति कर दी गयी। वह आदमी गोया मुझे ठीक करने के लिए ही प्रोमोटेड हुआ था। आते ही वह मुझसे उलझ गया।

मेरे एक नोट को हाथ में हिलाते हुए बोला--'यह ऑडिट का काम है ? आपको परिवार नियोजन पर साहित्यिक लेख लिखने को नहीं कहा गया है !'

'एक सफे का लेख नहीं होता श्रीमान् ! वह उस विभाग पर मेरी आपत्तियाँ हैं जिनका सबूत मेरे पास है।'

'लाइए सबूत।'

'आप नोट आगे बढ़ाइए, मुझसे सबूत माँगा जायेगा तो मैं मौखिक और लिखित दोनों तरह के सबूत पेश करूँगा।'

'देखिए मिस्टर राय, मैं पांडेय नहीं हूँ कि आपकी हरकतों को तरजीह दूँगा। आइंदा से बिना सबूत के कोई नोट न दिया करें। आप लोगों को बेमतलब 'हैरस' करते हैं।'

'बेईमान हमेशा यही कहते हैं कि उन्हें नाहक 'हैरस' किया जाता है। पर यह आप कहेंगे, मुझे ऐसी उम्मीद नहीं थी। खैर, जैसी आपकी आज्ञा। आप जो न करा लें। आइंदा से शायद कुछ जगहों पर ऑडिट पार्टियों का जाना भी रोक दिया जायेगा।'

'मुझे इस तरह की बदतमीजी पसंद नहीं है मिस्टर राय।' वह गुर्राया।

मुझे बहुत गुस्सा आ गया। मैंने कहा--'जबान सँभालकर बोलो मिस्टर वर्मा, वरना...'

'वरना क्या ?' वह अपनी कुरसी से उछलकर खड़ा हो गया।

'वरना वह हाथ दूँगा कि आसमान नजर आने लगेगा। तुमने मुझे बदतमीज कहने की जुर्रत कैसे की ?'

सारे कार्यालय में शोर मच गया। "अनुशासन भंग करने के अपराध में मैं नौकरी से बर्खास्त कर दिया गया।"

हरी बाबू यह सब सुनाकर इस तरह खिलखिलाकर हँसे जैसे आँखमिचौली के खेल में छुपा संगी पकड़ में आ गया हो। उनका चेहरा मासूम बच्चे की तरह प्यारा-प्यारा लगने लगा।

"हरी बाबू !" हौसलाप्रसाद घबराये हुए कमरे में आये। उनके चेहरे को देखने से लगता था जैसे वे कटी पतंगें लूट रहे हों अब तक, "आज फिर छिड़ गया है महाभारत । अगरवाल साहब अपने लड़के को पीट रहे हैं बुरी तरह।"

"पिटने दो।" हरिमंगल ने उदासीनता से कहा, "ससुरे क्रांति करने चले हैं। अपने अदने बाप को तो ठीक नहीं कर सकते, दुनिया को ठीक करेंगे।"

"अरे आइए-आइए !" हौसलाप्रसाद ने मिनती के स्वर में कहा, "अक्षय मेरा क्लासफैलो है। इस मकान को ठीक कराने में बिचारे ने कितनी मेहनत की थी !"

"तो मेहनत के लिए हम उसकी ओर से मुहल्लेवालों से लड़ाई किया करें ?"

"लड़ाई की क्या जरूरत है ! आपका छत पर खड़ा हो जाना ही काफी होगा।"

लाचार हरिमंगल छत पर जाने के लिए सीढ़ियाँ चढ़ने लगे। साथ में हौसलाप्रसाद थे और मैं था।

अक्षयकुमार अपने बाप के सामने तना खड़ा था, "अब तुम हमें मार लिहो, हो गवा, जाकर कमरे में बैठो।"

उसी वक्त अगरवाल साहब ने सामने की छत पर हम लोगों को खड़ा देखा और गुस्से से गरजे, "जब से ई सब गँवार आये हैं बगल के मकान में, तब से तुम्हरी ऐंठ बढ़ गयी है। तू समझ रहे हो कि मैं इन्हें देखकर डर जाऊँगा ? मैं ऐसा गीदड़ नहीं हूँ । पुलिस में रपट करके एक-एक को बड़े घर भिजवाकर रहूँगा। शरीफों के मुहल्ले में स्साले आकर चकला चलावेंगे और बड़े घर के लड़के-लड़कियों को बुरी लतें सिखाएंगे।"

"कौन चकला चलाता है बे, सेठ !" हरिमंगल दहाड़कर बोले, "अबे हम लोगों को

नाहक मत घसीट दोजख में, नहीं तेरे सात पुश्त को ले डूबेंगे ।"

"तुम्हीं सारे मामले की जड़ हो।" अगरवाल लाल-लाल आँखें करता हुआ हरिमंगल से बोला, "तुम्हें तो इस लौंडे के रूप में दुधारू गाय हाथ लग गयी है। तुम इसे आसानी से काहे छोड़ोगे भला !"

"तू साला जनम का ब्लैक मार्केटियर, तू हम लोगों को क्या समझता है। हम तुम्हारी तरह 'अंटी उलट' का पेशा नहीं करते तो ब्लैकमेलर हो गये। अबे अपने-जैसा ही सारी दुनिया को न समझा कर । तेरी एक भी करतूत मुझसे नहीं छिपी है। मैं चेहरा देखकर आदमी का पेशा भाँप लेता हूँ। 'मिटैलिक यार्न' की तस्करी से धन्ना सेठ बनना हमें नहीं आता तो क्या हम तेरे आसामी हो गये ?"

अगरवाल का चेहरा फक्क पड़ गया। 'अंटी उलट' से वह सचमुच उलट गया। वह सामने खड़े अक्षयकुमार को एक नजर देखता अपने कमरे में चला गया।

हरिमंगल ठठाकर हँसे।

"भाग गया न ! मैं जानता था कि ई ब्रह्मबाण है, निशाना भेदे बिना लौटेगा नहीं। साले, मारा तुम लोगों ने कि पूरे देश को गारत कर दिया ?"

"ज़ाने दीजिए राय साहब !" हौसलाप्रसाद बोले, "अगरवाल साहब जब हट गये तो नाहक उलझने से क्या फायदा !"

"तुम हौसला, काठ के उल्लू हो।" हरिमंगल गुस्से में लहरते हुए बोले, "वह पीछे हट गया तो तुमने समझ लिया कि वह तुम्हारा दोस्त बन गया ? ई साला खाली सेठ नहीं है। ई रणनीति भी जानता है। यह इसकी अवसरी रिट्रीट है, वह कमरे में बैठा लड़ाई का दूसरा फ्रंट खोलने की तरकीब सोच रहा होगा।"

हम लोग छत से नीचे उतर आये। नीचे वाले कमरे में सभी लोग गुमसुम बैठे थे। एक हरिमंगल थे जो किसी अदृश्य स्थान की अपनी बर्मेनुमा आँखों से ड्रिलिंग कर रहे थे। दस मिनट मुश्किल से बीता होगा कि अक्षय कमरे में आया।

वह आकर बगल की कुरसी पर बैठ गया। वह सबको गुमसुम देखकर सकपका लग रहा था। उसने हरिमंगल की ओर एक नजर देखा और आँखें नीची कर लीं।

"तो तू आया है अपने बाप की ओर से यह पूछने कि मैं 'अंटी उलट' वाली बात कैसे और कितना जानता हूँ, क्यों रे अक्षय, यही बात है न ?"

अक्षय लजीली हँसी हँसकर बोला, "पापा ने कहा कि जाकर पता लगा कि उसे ई सब कैसे मालूम हुआ ?"

"हूँऽ और तू साले चले आये पता लगाने जैसे मैं दुधमुँहा बच्चा हूँ कि मुझे फुसलाकर सब जान जाओगे। क्यों बे, आज क्या किया था तूने ?"

"कुछ तो नहीं।"

"फिर काहे को तेरा बाप पीट रहा था आज फिर ?"

"क्योंकि मैं..."

"बोलता क्यों नहीं ?"

"लाजो के वास्ते।" उसने गरदन नीची कर ली।

"मैं पहले ही समझ गया।" हरी बाबू मुस्कराये, "चाहे कुरसी हो, चाहे धन-दौलत हो, चाहे सुख-सुविधा हो, चाहे औरत हो, आज हर चीज पर कब्जा करने के लिए पुरानी और नयी पीढ़ी में कशमकश है।"

"लाजो तो वही है न रायसाहब जिसे उस दिन हमने छुड़ाया था भीड़ में से ?" हौसलाप्रसाद बोले।

"जी हाँ जनाब, काठ के उल्लू, लाजो वही है, जिसे आपने महा-अनाथ समझकर डॉन क्विकजोट की तरह गुंडों से मोरचा लिया था।"

"पर वह..."

"वह अग्रवालजी के यहाँ मजूरी करती है। क्यों जी अक्षय ?"

"वह जात की सोनार है, संस्कारवाली औरत है हरी बाबू !" अक्षय बोला, "आप नौकरानी कहकर उसकी तौहीन कर रहे हैं।"

"तो बे, उसे अपनी बीवी बना ले न। हरी बाबू समर्थन ही करेंगे, समझे। अब यहाँ से फूटो। 'अंटी उलट' का कोई भेद नहीं मिलेगा मुझसे। अपने बाप से कह देना कि मुझसे ज्यादा टर्राया न करे, वरना मैं साड़ी की पेटियों से लेकर पेट फूली औरत तक की सारी कहानी सरेआम खोल दूँगा ।"

"पेट फूली औरत ?" अक्षय चिहुँका।

"हाँ बे, हाँ, पेट फूली औरत ! जा के कह देना उससे । न माने तो बोल देना तत्ता, नैजना, लगवाड़ा, टाट--समझा !" हरी बाबू जोर से ठहाका मारकर हँसे।

हम लोगों के पल्ले कुछ न पड़ा। हरी बाबू जाने कौन-सी भाषा बोल रहे थे। अक्षय अजीब मुद्रा में बैठा था। उसके चेहरे पर दहशत थी, चिंता थी, जिज्ञासा थी, कुछ भी कह सकना मुश्किल है। एक वीरानी जरूर पकड़ में आती थी जो किसी मरी हुई छिपकली की तरह उसके होंठों पर चित्त पड़ी थी।

"चलो रामानंद, यार, बतरस में मुझे याद ही नहीं रहा। चार बजने जा रहे हैं। मुझे चलना है नौकरी बजाने।"

"नौकरी ?" मैंने आहिस्ते से पूछा।

"तब क्या समझते हैं कि बाबू शिवमंगल राय की कमाई से मैं पढ़ रहा हूँ ! अबे इस तरह क्या देखता है पैजामे के नेवले की तरह। ट्यूशन करता हूँ, ट्यूशन।"

"कहाँ ?"

"जहाँ मिल जाये, बहरहाल, एक बनिये के यहाँ जाना है।"

"लड़की है या लड़का ?"

"ई क्या बहुत जरूरी सवाल है ?"

"क्यों नहीं।" रामानंद हँसा, "मुझे भाभीजी को कैफियत देनी पड़ सकती है।"

"हूँऽ, तो सुन लो महाराज, वह लड़की है निहायत घोंचू, स्वार्थी, शोषक और जाहिल। उसके बाप ने शर्तनामा लिखाया है कि वह बी.ए. फाइनल में अंग्रेजी में जरूर पास हो जाये। नाक पर नासूर यह कि उसका छोटा भाई, जो पी.यू.सी. में पढ़ता है, वह घलुवे में भवसागर पार करने पर उतारू है।"

"उसे रफा कीजिए।" रामानंद हँसा, "वह दालभात में मूसरचंद क्यों बनता है ?"

हरी बाबू ने रामानंद की ओर तीखी आँखों से देखा, "क्यों पंडित, तुम भी किसी लड़की को पढ़ाते हो क्या ?"

"मान लीजिए पढ़ाता हूँ, तो...?"

"तो भाई, मेरी राय है कि सिर्फ रूपचंद्र पर दृष्टि रहे, चंद्र-रूप पर नहीं वरना ऐसा मलाल होगा कि ज़िंदगी भार बन जायेगी।"

रामानंद के हृदय के भीतर जैसे किसी ने अनीदार बरछी हूल दी हो। वह बनावटी ढंग से हँसता रहा।

हरी बाबू ने अपनी साइकिल निकाली और ट्यूशन पर चल पड़े।

"तुम किधर जाओगे तिवारी ?" उन्होंने चलते वक्त पूछा।

"चौक।"

"तो आ जाओ, मैं भी उधर ही चल रहा हूँ।"

रामानंद आगे बैठ गया। साइकिल दोनों सवारों को लेकर चलती रही।

"पेटफूली औरत का रहस्य क्या है हरी बाबू ?" उसने पूछा।

भीड़ में साइकिल लड़खड़ायी, "अबे पहली बार मिला और सारी जिंदगी के तजुरबे पर इकट्ठा हाथ साफ कर देना चाहता है।"

"तत्ता, नैजना, लगवाडा, टाट..." वह फिर बोला, "ई सब किस भाषा के शब्द हैं ? ये सब 'कोड' हैं क्या ?"

हरी ने फिर साइकिल सँभाली, "देख भाई, कबीरचौरा अस्पताल काफी दूर है यहाँ से। फिर कभी बातें करेंगे, बशर्ते मुझे लगा कि तुम कड़ेर माटी के इन्सान हो और तुम्हारे पाँव हमेशा धरती पर रहते हैं।"

"मुझे क्या आपने देवदूत समझा है ! मैं फरिश्ता नहीं हूँ जो उड़ता हूँ।"

"मैंने एक-से-एक लार्वा देखे हैं रामानंद ! शुरू-शुरू में वे भी अचेत काहिल, अडोल, स्थिर और मासूम लगते रहे, पर अचानक देखा कि कुछ भृंगियों का क्षणिक साथ हुआ नहीं कि उनके पर निकले और वे इस कदर परवाज करने लगे कि नीला आसमान डरावना बन गया। सो भैया, मैं इस मामले में बहुत सोच-विचारकर किसी का विश्वास करता हूँ, समझे !" हरी बाबू ने साइकिल रोक दी "लो, यह रहा चौक, अपने तो घुसेंगे

इस सामने की गली में जिधर कचौरियों की गंध से नाक में नजला होने लगता है। तुम किधर जाओगे ?"

"मैं भी पास ही जाऊँगा, उधर नजला नहीं होता, कपार में गुमटा[1] उभर आता है।"

"यानी ठठेरी बाजार ?"

"आप सचमुच खुफिया हो !" रामानंद हँसा।

हरी बाबू बड़े आत्मीय ढंग से हँसे और रानीकुआँ की ओर चले गये।

आपको धरे जाते, दिखाये जाते या हाथ से छूटकर गिरते काँसे और पीतल के बरतनों की क्रेंकार ध्वनि, धक्कमधुक्की और अजीबोगरीब शोर-शराबा दूर से ही बता देगा कि यह ठठेरी गली है। मैं चुपचाप गरदन झुकाये चल रहा था कि अचानक मेरे सिर में ठक् से चोट लगी। मैंने पीछे मुड़कर देखा, एक कारीगर था। टिन की पेटी में रेशमी साड़ियाँ भरे । वह छरहरे बदन का युवक था। सटे सुथने-जैसे पाजामे के ढंग और कुरते के बाजुओं पर लखनवी कलाबत्तू का काम ही देखकर मैं समझ गया कि वह मुसलमान है। सिर पर तिकोनी टोपी थी भूरे रंग की। वह एक मटमैली काली जाकेट पहने था। दाढ़ी बहुत विरल थी। ठुड्डी के पास अलबत्ता कुछ बड़ी-बड़ी और खसखसी हो रही थी।

"माफ कीजिएगा हुजूर !" उसने बड़ी मिन्नत से कहा।

"सिर तोड़कर रख दिया, अब कहते हो माफ कीजिए !"

"क्या करें मालिक ! आप तो देखते ही हैं कि ठठेरी बाजार में आना-जाना मुहाल है इस बखत । हम रेशमी कपड़े के कारीगर हैं गरीब परवर; मगर इन दलालों और सेठियों के मारे दाने-दाने के मुहताज हो रहे हैं। हर शख्स चौकस है कि कैसे दूसरे को ठग लें। अरे भाई, मजदूरी तो दे दो। एक पूरा कुनबा है, वह खाने के लिए किसी यतीमखाने में तो जायेगा नहीं।"

"कब से घूम रहे हो ?" मैंने उससे पूछा। उसकी बातें सुनकर सिर की चोट भूल गयी थी।

"जब से दुकानें खुली हैं सरकार ! एक बजे से थोक कपड़े के व्यापारियों की दुकानें खुलती हैं। तभी से घूम ही रहा हूँ । सारी परेशानी इन दलालों ने पैदा कर रखी है गरीब परवर। !कई बार कोशिश की कि सीधे दुकानवाले सेठ को ही माल बेच दूँ ; पर हर बार यही लगा कि दाम इस कदर उलझा कर दिया गया है कि न चाहते हुए भी जैसे दलाली का कमीशन मेरी मजदूरी से काट लिया गया हो।"

"अच्छा भई, खुदा हाफिज !" मैंने मुस्कराते हुए कहा, क्योंकि एक-दो मिनट के वार्तालाप ने ही गली को इस कदर रुँध दिया था कि आगे-पीछे टिन और दफ्ती की

---

1. चक्कर

सैकड़ों पेटियाँ हुजूम बाँधे आमने-सामने खड़ी हो गयी थीं। मैं इस सिलापट्ट युद्ध में नहीं फँसना चाहता था। ये किंग ऑफ बनारसी सारीज़ और प्रिंस ऑफ बनारसी सारीज़ ही पेटियों का गार्ड ऑफ ऑनर बर्दाश्त कर सकते हैं। अपने को तो रास्ता मिले और हिंदू-मुसलमान कारीगरों, दलालों और माल ढोनेवाले श्रमिकों के इस जंगल से पार निकलें ! ठठेरी बाजार हिंदुस्तान की सबसे बड़ी सांप्रदायिकताविहीन जगह है जहाँ हिंदू और मुसलमान कारीगर एक तरह से समान भाव से लूटे जाते हैं, पर दोनों के लिए यह जरूरी है कि गली में हमेशा शांति रहे ताकि लूट चलती रहे और ये जीते भी रहें।...

मैं इधर-उधर बरकता[1] हुआ भारतेंदु भवन के पास तक पहुँचा हूँगा कि चौगिर्द खड़ी भीड़ को देखकर ठिठक गया।

यह भी एक अजूबा शहर है। चलने का रास्ता नहीं; इधर-उधर से निकलने की भी जगह नहीं, मगर इसी में कोई तमाशावाला आ जाये तो सारी परेशानी भूलकर लोग उसके करतब देखने में मशगूल हो जायेंगे।

मैंने धक्काधुक्की करके तमाशबीनों की परिधि में छेद बनाया और आदमियों की ठसाठस भरी गोल दीवार में घुस गया।

दो महुअरवाले एक-दूसरे के आमने-सामने घूम-घूमकर, एक-दूसरे को चैलेंज करते हुए गालों को कुप्पी की तरह फुलाये पैंतरा ले रहे थे। दोनों राजस्थानी लगते थे। दोनों गंदा चूड़ीदार पैजामा, और बंडी पहने थे। दोनों के सिर पर छींट के मुरेठे थे। उसमें एक प्रौढ़ था, एक नौजवान। प्रौढ़ महुअरवाले के कानों को जकड़े चाँदी की पतली चेनें थीं जो उसके मुरेठे में घुसी लगती थीं। दोनों एक ही गत बजा रहे थे। चिरपरिचित सिनेमाई महुअर बाजे की नकल में--'मेरा तन डोले, मेरा मन डोले, मेरे दिल का गया करार रे, कौन बजाये बाँसुरिया...'

तभी बड़ेवाले महुअर खिलाड़ी ने तेजी से पैंतरा बदलते हुए आसमान की ओर देखा और सन्न की आवाज के साथ महुअर को मुँह से हटाकर हाथ का झपट्टा मारा--जैसे नौजवान पर उसने मंत्री की मार की हो। नौजवान के गले में महुअर की टोंटी धँसने लगी। महुअर का सिरा करीब आठ अंगुल उसके मुँह में धँस गया और वह तड़पकर जमीन पर गिर पड़ा। उसकी महुअर चुप थी, चेहरे और आँख में पीड़ा की अजीब छाया नाचने लगी। दूसरा महुअरवाला अब बादशाह की तरह ऐंठकर चल रहा था। उसने अब द्रुत में तन डोले, मन डोले वाली गत बजाना शुरू कर दी।

"गोसेयाँ की कसम, गुरु की कसम, क्षमा करो औघड़ गुरु !" चिल्लाता नौजवान उठ बैठा। उसने अपने गले से बड़ी मुश्किल से महुअर का मोटा सिरा निकाल लिया था और फिर लड़ाई के लिए खड़ा हो गया था। उसने बादशाह की तरह चलते हुए प्रौढ़

---

1. बचता

महुअर खिलाड़ी पर मानो लँगड़ी मारी हो। वह चलते-चलते एक पैर पकड़कर धम्म से गिर पड़ा। उसने महुअर एक ओर रख दी और 'आह-आह' चीखता सिर धुनने लगा। अब नवयुवक महुअर खिलाड़ी को गर्व हुआ। उसने अपनी महुअर उठायी और नयी लुभावनी गत छोड़ दी--'दिल-लूटनेवाले जादूगर अब मैंने तुझे पहचाना है।' लोग तालियाँ पीटकर उसकी पहचान का स्वागत करने लगे। बेचारा जादूगर अभी भी उसी कदर अंटा-चित्त गिरा था मानो सचमुच बायें पैर को लकवा मार गया हो और वह लुंडे कबूतर की तरह ढिमला[1] रहा हो।

मेरी भी इच्छा हो रही थी कि मैं थोड़ी देर और रुक जाऊँ और इन पुरानी धुनों की नयी ताजगी का मजा ले लूँ, मगर एक सिलापट्ट मेरी खोपड़ी को बुरी तरह दबोच रहा था। ये कारीगर भी अजीब हैं, अभी एक रोना रो रहा था कि चलते-चलते पैर दुःख गये, यहाँ सभी ठगने को चौकस हैं और अब यह नयी संगीतात्मक ठग-विद्या चल रही है, तो उसका सभी मजा ले रहे हैं। हो सकता है, एक-दूसरे के दिल को लूटनेवाले ये जादूगर बाप-बेटे हों या एक-दूसरे के भाई हों ; पर वे इस समय लोगों को महुअर के नशे में डालकर अपनी प्रतिद्वंद्विता दिखाकर सबकी आँखों में धूल झोंक रहे थे। हाँ, महुअर बजाने में साँसें जरूर इतनी तेज चलती हैं और हवा को पूरी वजन में इस तरह साधकर फेंकना होता है कि बाजे की लय तेज से तेज उठती जाय।

मैंने उस मनुजाद दीवार की छेद से अपनी गरदन निकाली और छोटी गली में दायें-बायें ताकने लगा कि कहीं से भी रास्ता दिखे और मैं आगे निकल जाऊँ।

मैंने हारकर कारीगरों के हाथों और कंधों पर अड़ी सिलापट्टनुमा पेटियों को ठेलते-ठेलते किसी तरह रास्ता बनाया।

आगे दूसरा ही माहौल था। सराफे में अजब शोर था--'लिया दिया मारा, बेचा...' आदि क्रियाओं को वे इस कदर चीखकर बोलते हैं कि लगता है, झगड़ा हो रहा है। यह रोज चलता रहता है। यह है चाँदी का सट्टाबाजार !

गोल-गोल पीतल की फुलियों से जटित यह बड़ा फाटक मेरी जिंदगी का एक ऐसा हिस्सा हो गया है जिसके अंदर से गुजरते अजीब धड़कन होने लगती है। मन ज्यों-ज्यों किरण के नजदीक आता जा रहा है, उसकी स्थिति भी अबूझ होती जा रही है। पैर फाटक के भीतर पड़ा नहीं कि कान आँगन की आवाजों की ओर खिंच जाते हैं। जाने कौन-कौन हों ?

---

1. लुढ़क

दरवाजे पर बूढ़ा मँगरू वैसे ही बैठा था। इसकी खाकी कमीज देखकर मुझे हमेशा लगता है, कि यह बारहमासी सैनिक अदा में ही जी रहा है। शरीर झूल गया है, पर कमर वैसी ही सीधी है। मंगरू स्टूल पर बैठा ऊँघ रहा था। यह नयी चीज थी।

"कहो मंगरू चौधरी, अच्छे हो ?"

"आवा तिवारी बाबू, ठीके-ठाक है कुल।"

मैं फाटक से सटी दालान को पार करके आँगन में आ जाता हूँ। मंगरू के हाथ में पता नहीं कौन-सा प्लैटोल[1] उर्वरक भरा है कि सत्त साईं के हाथ की विभूति बिखरती है। गुलाब ऐसे डालतोर के ढंग से खिले हैं, कि बरबस आँखें उनसे चिपक जाती हैं। हल्के-गहरे सिंदूरी और नारंगी रंगों की बहार है। मुझे फ्लेमिंग सनसेट बहुत खींचता है। किसी बगीचे में यह जलता सूर्यास्त देख लूँ, तो मन ललक उठता है।

"म्होती बेन !" कौमुदी आवाज को यों लचकाकर बोलती है कि पूरे आँगन में रेशमी सूत की तोरण झूल जाती है : "मास्टरजी आ गये ?" किरण कुछ नहीं बोलती। माताजी शायद ऊपर किसी काम में लगी हों। मैं आँगन में पश्चिम तरफवाले ड्राइंग रूम में बैठ जाता हूँ। ड्राइंग रूम अब बहुत बदल गया है। सिर्फ दो कुरसियाँ आमने-सामने और बीच में मेज है। इस कमरे का सोफा खिसकाकर दीवार से चिपका दिया गया है। दक्खिनी दीवार पर खजुराहो की नर्तकी का कैलेंडर चित्र शायद किरण ने लटकाया है। पहले यह यहाँ नहीं था।

किरण धीरे-धीरे सीढ़ियाँ उतरती आती है। कमरे का परदा एक ओर खिंचा है, बीच की छल्ली भी नहीं दिखती। शायद परदे को इस तरह रिंग में बाँधकर खुला रखना उसे पसंद नहीं।

किरण ने आज जार्जेट की वही सिंदूरी रंगवाली साड़ी पहन रखी है। सच, इसे पहनने पर वह जाने क्यों इतनी आत्मीय लगने लगती है ! मैं 'फ्लेमिंग सनसेट' का एक अधखिला फूल मेज पर रख देता हूँ।

मेरे बैठने-उठने के तरीके में वही झिझक थी। पता नहीं कब मँगरू इधर आ जाये कुछ पूछने, पता नहीं कब माताजी मंगरू को हिदायत देने चली जायें, जाने कब कौमुदी अपनी गुड़ियों या किसी खिलौने की बाबत अपनी दीदी को कोई नयी सूचना देने डुगरती हुई कमरे में घुस आये, कौन जाने मास्टर छोटे लाल अपनी कोई किताब लिए पहुँचें-- 'मास्टरजी, जरा डेंजर की स्पेलिंग तो बोलिए !' मैं इस माहौल में यदि थोड़ा झिझकता-सकुचाता बेचैनी का अनुभव करूँ तो इसे आप मेरा गावदीपन कह कर चाहे तो हँस लें ; पर मैं हमेशा कोशिश करता हूँ कि मेरे बारे में लोग अच्छा सोचें, अच्छा कहें।

"ठीक से बैठिए न ?"

---

1. एक रासायनिक खाद

"क्यों, ठीक तो हूँ !" मैं किरण को नये सिरे से देखता हूँ। उसकी चोटी बहुत ढीले से बँधी है। कोई बनाव-सिंगार नहीं, फिर भी वह कितनी स्वस्थ और प्रफुल्लित लगती है ! वह मुस्करा रही है। मैं उसे इस तरह मुस्कराते देखना चाहता हूँ ; पर डर लगा रहता है कि कोई यार्ड में आ न जाये। वह अपनी कुरसी के हत्थे पर बाँहों को टिकाये मुझे इधर-उधर ताकते-झाँकते देखती है और हँसती है--उसका दाहिना पैर कुछ मुड़ा है, शायद कुरसी के पाये पर टिका है..

"क्या बात है ?"

"कोई बात नहीं, तुम ठीक से बैठो न। मम्मी नहीं हैं, रवि के साथ गोपाल मंदिर गयी हैं। आज वहाँ भागवत की कथा है।"

"हूँऽ," मैं संतोष की गहरी साँस लेता हूँ ।

"क्यों, बड़ी लंबी साँस खींच रहे हो ? मेरी मम्मी से बहुत घबराहट होती है तुम्हें ?"

"तुम बैठो न। खड़ी-खड़ी सपड़-सपड़ लगाये हो।" मैं फिर उसके खिले हुए चेहरे पर अबूझ मुस्कराहट को देखने लगता हूँ।

"क्या देख रहे हो इस तरह ?"

"देख रहा हूँ कि तस्वीर अच्छी है। शरीर की बनावट एक्जैक्ट है, यानी कलाकार ने बहुत सूझ-बूझ के साथ रचा है। ऐसा लगता है कि दीवार फोड़कर अप्सरा निकल आयी है ! आकार काफी विकसित और बाढ़ पर लगता है; पर कुल मिलाकर एक हल्केपन का आभास भी देता है। मध्य शरीर की रचना बरबस आँखों को केंद्रित करती है, जिसमें एक निर्मोही रचाव है--जिसे उकेरते हुए कलाकार कहीं से भावुक नहीं हुआ है, कितना संतुलन है। इसमें शक नहीं कि अद्भुत भौतिक सौंदर्य है किंतु इसमें एक गहरा और भीतरी संकेत भी छिपा है। उठा हुआ दाहिना पैर तो कलाकारिता की सीमा है। साड़ी का बॉर्डर पैर के रचाव को खूब बढ़िया भराव देता है। वह हाथ में खुली हुई घुँघरूओं की पैजनी लिये इस कदर सोच रही है मानो सारा ध्यान किसी भविष्य में उभरने वाली रससृष्टि पर लगा हो। किरण लजाती हुई एक विचित्र परेशानी की मुद्रा में जरा तेज बोली : "किसके बारे में बक रहे हो ?"

"क्यों, सामने खड़ी नर्तकी...?"

"क्या ?" उसकी भौहें तनीं।

"तुमने ख्याल से नहीं देखा कभी क्या ?" मैं मुस्कराया, "यह खजुराहो की नर्तकी का मूर्ति-चित्र है किरण !"

"ओह...!" वह फिर शरारत से मुस्कराने लगी थी, "मैं तो तुम्हारे कलाशास्त्र के भाषण से परेशान थी कि इसका अंत भी होगा या यह धाराप्रवाह ब्रह्मपुत्र नद ऐसे ही

खलबलाता चलता रहेगा।"

"तो तुम इस चित्र को यों ही, मामूली कैलेंडर समझती हो ?"

"नहीं बाबा ! मैं इसे मामूली समझती तो आपकी आँखों के सामने लटकाने की गलती क्यों करती ? लेकिन मैं तो प्रशंसा करने वाले की बलिहारी जाती हूँ। एक मूर्तिचित्र का इतना बारीक विश्लेषण--बाप रे, कहाँ से सीखा इतना सब इसी उम्र में ?"

"हूँS।" मैं सहसा गंभीर हो गया, "तो तुम मेरे कला-प्रेम को चीप समझती हो !"

"मैंने चीप कब कहा, मैं तो चकित हूँ तुम्हारी दृष्टि पर कि वह कहाँ-कहाँ केंद्रित होती है।" वह कुछ इस कदर मुस्करायी कि मैं अपने को रोक नहीं पाया। मैं अपनी कुरसी से यों उठा जैसे दीवार पर लगे चित्र को और नजदीक से देखने जा रहा हूँ। तभी मैं कुरसी के पास रुका और मैंने किरण को अपनी दोनों बाँहें में भर लिया।

वह लजाई-सी वैसे ही खड़ी रही। मैंने उसकी ठुड्डी पकड़कर मुख को थोड़ा तिरछा किया और कुछ उसके उजले कपोल को हल्के-से चूम लिया।

"हटो भी...?" उसने बहुत आहिस्ते से मेरी बाँहे अलग कीं और कुरसी पर सामने बैठ गयी।

मैं देख रहा था कि उसके उजले स्वच्छ कपोल दुपहरिया के फूल हो रहे थे। उसने एकदम गरदन झुका ली थी और इस कदर का चेहरा हो गया था कि मुझे स्वयं पर गहरी ग्लानि होने लगी।

यह क्या किया मैंने ! मैं अपनी कमजोरियों के दलदल में गिर गया था। मन उससे बाहर निकलने के लिए जितना हाथ-पैर पटक रहा था, उतना ही जैसे असीम अमापनीय पंक में धँसा जा रहा था।

कई मिनट बाद किरण ने गरदन ऊपर की।

"बहार बटिया !" वह बड़बड़ायी और हल्के हँसी।

मैं उसके वाक्यांश का अर्थ नहीं समझ सका, पर उस मुस्कराहट में थोड़ी आश्वस्ति घुली-मिली दिखी। मन अचानक थका होने पर भी जैसे किसी अज्ञात डोरी में फँसा दलदल से ऊपर आ गया हो।

"चलो, किताब निकालो।" मैंने उसके क्रोध की सीमा का अनुमान लगाने के लिए कहा, "क्या पढ़ोगी आज ?"

"पहले चाय पी लो, फिर किताब...।" वह अपनी कुरसी से उठी और ऊपर चली गयी।

मैंने देखा, उसने मेज पर रखा गुलाब का फूल उठा लिया है और लेती गयी है। मैंने मुड़े परदे से खाली बचे दरवाजे से बाहर कोर्ट यार्ड की ओर देखा। धूप पूर्वी छत की मुँडेरों पर आलोक की हल्की दुनिया बसाए थी ; पर कोर्ट यार्ड संझा की गहराती छाया में खोता जा रहा था। गुलाब की क्यारियों में अब भी रंग झिलमिला रहे थे।

किरण ट्रे लेकर कमरे में आयी। उसके बालों में फ्लेमिंग सनसेट लहरा रहा था। उसने मेरे सामने नमकीन और बनारसी मिठाइयों की प्लेट रख दी।

"यह सब क्यों ले आयी ?"

वह हँसी, "तुम्हारे लिए नहीं आयी थी। मैं लेती आयी कि अभी शायद लाइब्रेरी से आ रहे हो, भूखे होगे।"

चाय देने के बाद वह अपनी कुरसी पर बैठ गयी।

"पीते क्यों नहीं ?" वह मुझे वैसे ही बैठे देख बोली, "शुरू हो जाओ ।"

"लोफरों की भाषा सीख ही ली आखिर ! चलो, तुम भी लो ।"

"मैं नहीं लूँगी। मम्मी के लिए चाय बनायी थी, तभी पी ली।"

"मैं भी नहीं लेता।"

"क्यों ?"

"इच्छा नहीं है।"

"खतम करो, अम्मा आ रही होंगी, थोड़ी सलीका सीखो !"

"एक शर्त पर... ।"

"क्या ?"

"एक तो यह कि कुछ तुम भी लो। दूसरी यह कि़ तुमने कौन-सा गुजराती शब्द कहा था ? उसका मतलब बता दो ?"

उसने बर्फी का एक टुकड़ा तोड़ा और मुँह में से कुतरकर हँसी। पुनः एक बार दुपहरिया का फूल खिलने-खिलने को हुआ कि बोली, "पुराने जमाने में सौराष्ट्र में बड़े महान् डाकू हुआ करते थे। वे बिना किसी चिंता के, बिना किसी भय के, जिसे बड़ा और अच्छा काम समझते थे, करने को चल देते थे। ऐसे डाकुओं को 'बहार बटिया' कहा जाता है।" वह गर्दन झुकाकर वैसे ही बर्फी कुतरती रही। वह गंभीर हो गयी थी।

उसे इस बेमौसम गंभीरता से अलग करना जरूरी था।

"तो ऐसे डाकुओं को 'बहार बटिया' कहते हैं !" मैंने कहा, "और वैसी डकैती को क्या कहते हैं ?" मैंने शरारत-भरे लहजे में पूछा।

"बहार बटूँ।"

"वाह, क्या बहार है, इस भाषा में ! डकैती में भी बहार ! डाकू में भी बहार और चोरी गयी चीज भी बहारवाली !"

"तुम्हारी हिंदी की अकड़बाजी से तो अच्छी है ही।"

"मेरी हिंदी-तेरी हिंदी क्या लगा रखी है ? यह हिंदी किसी की नहीं है, इसलिए सबकी है। मेरी अपनी भाषा तो भोजपुरी है, काशिका कह लो। कभी कजली, लावनी, सोहर, झूमर वगैरह सुना है ? भोजपुरी आती है तुम्हें ?"

"कहल जाय अउर कुछ, हम सुनत हईं।" किरण ने शरीफाना भोजपुरी का ऐसा

उदाहरण दिया कि मैं उसे भौंचक देखता रहा। अब तक उसे देखकर अपने अंचल से अलग की एक ममतालु किशासेरी ही समझता रहा हूँ। आज वह अचानक आंचलिक सीमा तोड़कर असीम हो गयी थी।

मैं कुछ न बोला, सिर्फ एक नयी भाव भीनी चाहत के साथ उसके चेहरे की लुनाई को देखता रहा।

"पढ़ाओ ना ?"

"चलो निकालो--उषस् सूक्त पढ़ लो आज।"

"किन्नी बेन !" कौमुदी कमरे में घुस आती है।

"क्या है कम्मू ?" किरण उसे पास खड़ी देख गोद में ले लेती है। जापानी गुड़िया को किरण के हाथ में रखकर वह कहती है, "गिर जाने से इसका मुखड़ा छिल गया है।"

"कहाँ ?" किरण आश्चर्य से पूछती है।

"गाल पर चोट लग गयी," वह तिनकती हुई बोली, "पावडर लगा दो।"

"लगा लो भाई !" मैं विचित्र रस में डूब जाता हूँ, "कपोल में घाव हो गया है !"

"लगा लेना नहीं, लगा देना है--समझे, अभी ला रही हूँ।" वह आँखें तरेरती है और कम्मू को लिये बाहर चली जाती है। उसने खाली प्लेटें और प्यालियाँ ट्रे में रख ली हैं। किरण कुछ देर बाद लौटती है। मैं उषस् सूक्त उलट रहा हूँ।

तभी एक ठंडी उँगली मेरे गाल पर रेंगती है, "हाय-हाय, काफी गहरा है।" वह झटके से आकर अपनी कुरसी पर बैठ जाती है। दरवाजे से मंगरु की आवाज उभरती है। शायद माताजी और रवि आ रहे हैं। मैं लंबी साँस लेता हूँ।

"क्या है ?" किरण मुस्कराती है।

"तारी मृदुश्वसन नी धड़के जीवे आ हैंयुं।" दुपहरिया फिर खिलने को होती है--"मेरी साँसें इतनी मीठी कहाँ हैं, जो तुम्हारे हृदय को जिला सकें। चलो, अब बाँचो जोर-जोर से।

विश्वस्य हि प्राणनं जीवनं त्वे वि यदुच्छसि सूनरि।
सा नो रथेन वृहता विभावरि श्रुधि चित्रामधे हवम्।।

कवि उषा की अभिनंदना करते हुए कहता है कि तुम विश्व की, इस संपूर्ण जड़ जंगम जगत् की, प्राण हो, तुम्हीं जीवन हो। हे सुंदरि, तुम किस अद्भुत ढंग से प्रकाशित हो रही हो!"

"यदुच्छसि सूरनरि--माने ?" किरण बोली।

"सूनरि ऋग्वैदिक शब्द है सुंदरि के लिए। संबोधन है। समझी ?"

"हाँ-हाँ, समझी ; पर सुदंरि का सूनरि कैसे होगा ?"

"सुंदरी से सूनरि नहीं बना। सुनरी प्राचीन शब्द है। सायण कहते है--'सुष्ठुं नयति इति सूनरी'--यानी जो सुंदर ढंग से चलती है, जो बढ़िया नेतृत्व करती है यानी.... ।"

"यानी ?"

"यानी जो पावडर कहाँ लगना चाहिए, इसका निर्णय लेने में देर नहीं करती और अपनी ज्योति-किरण रूपी धवल उँगली किसी धूमिल गाल पर रख देती है।"

"दुष्ट !"

"दुष्ट नहीं यदुच्छसि--यत् उच्छसि, जब उच्छ्वसित होती है, तभी ऐसा करती है। प्रकाशित होना इसे ही कहते हैं। अंतःकरण में छिपी वस्तु का बाहर निकलना अर्थात् प्रकाशित होना, बिना हृदय के उल्लास के संभव नहीं।"

"यह भी सायण कहते हैं ?"

"ना इति आनंदीयः ! हाँ, तो क्या कल्पना है किरण ! आकाश में छाये स्वर्णिम उजास को देखकर कवि भाव-विभोर होकर कहता है कि हे किरणों वाली, अद्भुत समृद्धिशाली हे चित्रमघे, विचित्र समृद्धिवाली, भौतिक भी और आकाश में नाना प्रकार के रंगीन चित्रों की दृश्यावली का अलबम सजाए हुए हमारी ओर बृहद् रथ पर आरूढ़ चली आ रही हो ?"

"वाकई सुंदर कल्पना है।" किरण मेरी ओर मंत्रमुग्ध देखती हुई बोली।

"कल्पना से ज्यादा सुंदर किरण, कवि के मन का वह रसिसक्त भाव है जो 'सुंदरम्' को ही सबसे बड़ी निधि मानता है। क्या सुंदर पदावली है--विश्वस्य हि प्राणनं जीवनं त्वे। तुम्हीं विश्व का प्राण हो, जीवन हो। प्रकाश की यह अद्भुत वंदना है।"

"यानी किरण ही जीवन है, किरण ही प्राण है ?"

"जी हाँ, वही आनंद जो सबमें रमण करता है। रम् घञ् रामः।"

हम दोनों एक-दूसरे को देखकर खिलखिलाकर हँसे। यह एक नया उषस् सूक्त था किरण रामानंदीय भाष्य के साथ।

मैं किरण के यहाँ से चला तो मन प्रसन्न था। आज इच्छा हुई कि पंचगंगा घाट से होते हुए चलूँ। शायद कोई नाव अस्सी जाती हुई मिल जाय। मैं चौखंभा से निकलकर फाटक रंगीलदास से होता हुआ पंचगंगा घाट पहुँच गया। सामने गंगा की धार थी। गंगा पंचगंगा घाट पर आकर अपने कर्वेचर की इंतहा पर पहुँच जाती है। इसीलिए कभी कहा गया कि पंचगंगा के मध्यमेश्वर से खड़े होकर देहली विनायक जो सुदूर पश्चिम में पंचकोशी रास्ते के मध्य पड़ता है, यदि एक रेखा खींच दी जाये तो यह लंब होगा और आदिकेशव से कर्दमेश्वर शिव तक की दूसरी आड़ी रेखा को काटती हुई जिस क्रॉस का निर्माण करती है उसकी परिधि ही वह अविमुक्त क्षेत्र है जिसे वाराणसी कहा जाता है और जिसे शिव प्रलयकाल में भी नहीं छोड़ते।...

मैं अभी घाट पर नहीं पहुँचा था। माधवराव की मस्जिद के अहाते से होता हुआ मैं

खड़ी सीढ़ियाँ उतरकर घाट पर पहुँचना चाहता था। घाट पर अब भी सैकड़ों लग्गियाँ खड़ी थीं जिन पर महीने-भर पहले आकाशदीप लटकाये गये थे। अब वे सिर्फ उस वरुण महोत्सव के उजड़े प्रतीक के रूप में किनारे खड़े थे, जिनके बीच-बीच में से नावें घाट पर आकर लगती थीं।

सीढ़ियाँ पार करते हुए वह सहस्र रत्नदीप मंदिर भी पड़ा जो दीवाली के दिन इस कदर सजा हुआ था जैसे शून्य आकाश में स्थित अनंत भगवान् के लिए विराट् आरती की तरह रखा हुआ था। मैंने वल्लभाचार्य की बैठक को पार करते हुए एक क्षण उस गूलर के पेड़ के नीचे खड़ा होकर सुस्ता लेना चाहा। पंचगंगा की सीढ़ियाँ पार करना मुझे बड़ा कठिन व्यायाम प्रतीत होता है।

तभी मैं पीछे आते किसी आदमी के पैरों की आवाज से चौंक गया। वह एक मध्यम कद का मजबूत आदमी था। पैंट और बुशर्ट पहने था। उसके पैरों में चमड़े का कीलदार भारी-भारी बूट था। वह अपने मुँह को लाल गावटी से पूरी तरह कसे था। उस आदमी को देखकर मेरा चित्त धक्क से रह गया। पता नहीं किस तरह की अनजानी आशंका ने मेरे सारे बदन को कँटीले रोयें से भर दिया।

मैं धड़धड़ाता सीढ़ियाँ उतर गया। वह भी तेजी के साथ मेरी ओर लपका। मैं बहुत तेज कदम बढ़ाता घाट के पास पहुँच गया।

"कहो नंदू महाराज !" मैंने देखा, सामने वही कृष्णकाय साधू खड़ा है।

"कहिए महाराज, क्या हाल है ?"

"ठीक है रामजी, अपनी कहिए। नटवर की अदा से सब कुशल मंगल तो होगा ही।"

"आपने मेरा नाम कैसे जाना ?" मैंने पूछा।

"अस्सी की दूध की दुकानों की परिक्रमा तो करता ही हूँ न रामजी, फिर अस्सी चौराहे पर चलनेवाली बातें भी सुनता हूँ और वहाँ आपको और आपके दोस्तों को बातें करते भी सुनता हूँ रामजी !"

मैं उस साधु की सहजता पर मुग्ध हो गया। हमें बात करते देखकर वह आदमी कब दूरी पर रुक गया था, मुझे पता नहीं लगा। मैंने घाट की ओर कान लगा रखा था। शायद कोई मल्लाह अस्सी जाने को पुकारे। तभी मेरी नजर एक डोंगी पर पड़ी। उस पर एक लड़का किकुरी[1] मारे बैठा था। मैंने साधु को वहाँ छोड़ा और किनारे बढ़ आया। हाँ, वह भिमला ही था।

"क्यों रे, तू कैसे ?"

"बाब बेजार हउएँ तिवारी बाबू, हमहीं आवा आज डोंगी लेकर। कुछ सवारी रहीं

---

1. ठंडक से शरीर सिकोड़ना

धरहरा दिखावे बदे। अब ससुर धरहरा कहाँ है इहाँ।"

"तो क्या वे सवारियाँ लौटेंगी ?" मैंने पूछा।

"नाहीं, एक्के तरफ बदे कहे रहे लोग। हम जोहत रहीं कि शाइद लौटानी केहू मिल जाय।"

"चल-चल, हम देंगे लौटानी का पैसा... !"

"अच्छा महाराज, फिर मुलाकात होगी।" मैंने उस साधु से कहा।

"अच्छा रामजी, सबसे प्रणाम कह देना, अम्मा से, श्रीजी से। और रामजी, जब इधर आते ही हो तो मेरी कुटिया को भी कभी पवित्र करो।"

"आयेंगे महाराज !" मैंने उस बेशिनाख्त आदमी को वैसे ही अंतिम सीढ़ियों पर हाथ धरे खड़ा देखा। उसकी आँखें अँधेरे में जीरो पावर के बल्ब की तरह गुस्से में सुलग रही थीं।

भीम ने नाव की रस्सी खोल दी थी। आकाशदीप का बाँस हमारी नाव को मुक्त कर चुका था। नाव अब गंगा के भीतर थी। मैं अपने को सुरक्षित महसूस कर रहा था।

"क्या हो गया बे झूरी को ?"

"भया का ? कल खूब मछरीभात खाये अउर दारु पीके कै करत रहे। लोग कहत रहें सीत हुई गयी है। आदमी के तिवारी भैया, आदमी लेखा खाए के चाहीं। दानव-दूत की तरे खाई त जाई कहाँ ?"

"अबे भिमला, तू तो ससुरे लेक्चर देने लगा !" मैं बहुत देर बाद धीरे-से मुस्कराया।

"तोहन लोगन के भाषन सुनीला न तिवारी बाबू !" वह हँसा।

नाव अस्सी घाट पर लगी तो मैंने एक रुपये का नोट भीमल की ओर बढ़ाया, "ले अपनी मजूरी।"

"ई का करत हौ ! तिवारी बाबू, ई लोट रखा तू अपने ही पास, नाहीं बाबू सुनिहैं त हमें कच्चे चबाय जइहैं।"

"अब ले, झूरी सुनेगा कैसे।"

"नाहीं, हम ना लेबै।"

मैंने बहुत कहा तब उसने नोट लिया और मैं घर की ओर चल पड़ा।

नवंबर के दूसरे पखवारे में ही यूनिवर्सिटी का वातावरण गरम होने लगा। अभी-अभी दुर्गापूजा की छुट्टियाँ खत्म हुई थीं। लंबे अवकाश के बाद लोग घरों से लौटे थे। लंका के दुकानदारों के चेहरों पर फिर से मुस्कराहट उभरी थी। सड़कें एक बार फिर गुंजान हुई थीं, चारों तरफ बातचीत और कहकहों का वातावरण गरमाया था कि एक दिन आरती

बोली :

"नंदू, आज हमारे विद्यालय के सामनेवाली चौमुहानी पर इतना हल्ला-गुल्ला क्यों था ? देबू भाई साहब बड़े फॉर्म में थे। कुछ लड़कियां कह रही थीं कि बोलने वाला हो तो ऐसा। देवनाथ के शब्दों में शोले उछलते हैं। मेरे सामने तो उनकी आवाज से कभी फुलझड़ी भी नहीं फूटी। तू भी वहाँ था क्या ?"

"तू जाकर उस चूहे-कुतरे घर में बैठ और अपनी किताबें चाट डाल। तुझे आग और शोले से कुछ मतलब नहीं होना चाहिए। तुझे इम्तहान देना है और प्रथम श्रेणी लानी है, वरना मैं इस बार यह गिलहरीनुमा चोटी काटकर फाटक पर लटका दूँगा... ?"

"आखिर मामला क्या है ?" बिट्टो आम ढंग से सब जगह पूछे जानेवाले सवाल को ही दोहरा रही थी।

"आज छात्र-दमन-विरोधी दिवस था, उसी में बोल रहा होगा।" मैंने अन्यमनस्क भाव से कहा।

"और परसों क्या था, वे तो परसों भी चिल्ला रहे थे ?"

"परसों शहीद दिवस का आयोजन हुआ था ?"

"यह सब क्यों हो रहा है"

"मुझे इस वक्त यह सब समझाने की फुरसत नहीं है और न तो तुम्हारे भेजे में यह सब उतरेगा ही। तुम चलकर अपना काम करो, मुझे पढ़ने दो।"

बिट्टो मुँह बनाती अपने कमरे में चली गयी। यह भी अजीब लड़की है ! लड़कियों के फैशन और मजाकों पर सब कुछ जानती है, मगर इतने बड़े हिंदी आंदोलन के बारे में यों पूछती है जैसे किसी जंगल से बझा कर लायी गयी है। मैंने पुनः किताब उठा ली।

मैं उस वक्त लोहिया की पुस्तक पढ़ रहा था : 'भाषा'। हिंदी भाषा के बारे में मैंने कम नहीं पढ़ा है। हिंदी के लिए आंदोलन भी कोई नयी चीज नहीं है। पर रह-रहकर मेरे मन में प्रश्न उठता था कि जो चीज मालवीय जी, महात्मा गांधी और टंडनजी नहीं कर सके, उसके लिए अब चिल्ल-पों मचाने से क्या फायदा ! अब अपनी सरकार है, वह अपनी सुविधा के अनुसार धीरे-धीरे हिंदी को उसका हक दे देगी। सवाल हिंदी का नहीं है। आज के युवा के सामने, स्वच्छ और ईमानदार शासन का है। अचानक पुस्तक पढ़ते-पढ़ते मैंने देखा कि "जो हम चाहते हैं कि उसके बीच में सबसे बड़ी रुकावट अंग्रेजी है।" लोहिया लिखते हैं, "अंग्रेजी जबान अब हिंदुस्तान के सार्वजनिक मामलों से खतम हो जानी चाहिए। इसमें देर करना न केवल भाषा के मामले को उलझा देना होगा बल्कि देश के दूसरे मसलों को भी बिगाड़ देना होगा। भाषा से देश के सभी मामलों का संबंध है। किस जबान में सरकार का काम चलता है, इससे समाजवाद तो छोड़ ही दो, प्रजातंत्र भी छोडो, ईमानदारी और बेईमानी का सवाल तक जुड़ा है। यदि सरकारी और सार्वजनिक काम ऐसी भाषा में चलाये जायें जिसे देश के करोड़ों आदमी न समझ सकें तो होगा केवल

एक प्रकार का जादू-टोना। जिस किसी देश में जादू और टोना-टटका चलता है, वहाँ क्या होता है ? जिन लोगों के बारे में मशहूर हो जाता है कि ये जादू वगैरह से बीमारियाँ आदि अच्छी कर देते हैं, उनकी बन आती है । लाखों-करोड़ों उनके फंदे में फँसे रहेंगे। ठीक ऐसा ही जबान का मामला है। जिस जबान को करोड़ों लोग समझ नहीं सकते, उसके बारे में यही समझते हैं कि कोई गुप्त विद्या है; जिसे थोड़े लोग ही जान सकते हैं, ऐसी भाषा में जितना चाहे झूठ बोलिए, धोखा कीजिए, सब चलता रहेगा, क्योंकि लोग समझेंगे ही नहीं।"

मैं लोहिया की इस बेलाग, बेलौस बात से प्रभावित होता हूँ। मैंने खुद देखा है कि अंग्रेजी के नकली कागजात दिखाकर मामूली-मामूली सरकारी नौकर बेचारे भोले-भाले किसानों को लूटते हैं।

मुझे अचानक जगरूप की याद आती है। मुझसे बहुत छोटा है। माँ-बाप से किसी बात से चिढ़कर मुगलसराय भाग गया। मैं अभी-अभी गाँव से बनारस आ रहा था। मुगलसराय में बक्सर शटल के एक डिब्बे में वह आ घुसा। डिब्बा बहुत बड़ा और ठसाठस भरा था। वह मुझे देख नहीं रहा था, बस पत्थर के दो टुकड़ों की टिप्पड़े बजा-बजाकर गा रहा था :

मेरा नाम है चमेला, मैं हूँ बिना गुरु का चेला,
आया गंगा पार से।
सीताचक का रहनेवाला, मैं हूँ बोला अनबोला,
निकला गंगाधार से।

जब गाड़ी में भीख माँगता वह मेरे पास पहुँचा तो उसकी सिट्टी-पिट्टी गुम हो गयी।

"क्यों रे, तू गंगाधार से निकला है हरामी ?" मैंने डपटकर पूछा, "तेरे माँ-बाप रो-रोकर आँखें फोड़ रहे हैं और तू साले यहाँ 'बिना गुरु का चेला' बना संकीर्तन कर रहा है। शिबू भगत बहुत बीमार है। अभी शाम को भोजपुर शटल से लौट जा गाँव, नहीं तो अगले शनिवार को लौटनेवाला हूँ, खबर लगी कि नहीं लौटा है तो मैं मारते-मारते तेरा भुरता बना दूँगा !..."

वह एकदम सकते में पड़ गया। माँ-बाप काम कराते हैं। दिन-भर मिट्टी फेंकवाते है। वह यही सब सोचता खड़ा रहा होगा।

"जायेगा कि नहीं ?"

"जइबै नंदू भैया, बाकी... ।"

"बाकी क्या रे ?"

"हवलदार बाबू जाये ना दैहैं।"

"हवलदार बाबू ! ई कौन चिड़िया है बे ?"

"इहाँ रेल्वई के अफसर हैं। हम एक बार बिना टिक्कस पकड़ी गये। ऊ हमें

छुड़ाये। उनके पास सरकारी कागज है। हमें उनके इहाँ काम करना लिखा है।" मुझे मामला बेढ़ब लगा।

"तू ले चलेगा हवलदारजी के पास ?"

"आप चलिहैं ?"

"अबे चलिहैं नहीं, चल रहे हैं। आ तो जरा, मैं भी सरकारी काग़ज देखूँ।" मैं डिब्बे से उतर गया। जगरूप के साथ मैं हवलदार साहब के क्वार्टर पर पहुँचा। उसने परिचय कराया :

"आइए," हवलदार साहब नीली लुँगी नंगे बदन चारपाई पर लेटे थे, "क्या काम है?"

"मैं जरा वह सरकारी कागज देखना चाहता हूँ जिसमें लिखा है कि जगरूप अपने बीमार बाप को छोड़कर आपकी नौकरी बजायेगा।"

जगरूप ने अच्छा किया कि उसने विस्तार से मेरा परिचय नहीं दिया। उन्होंने मुझे नीचे से ऊपर तक देखा और धोती-कुरता देखकर परम प्रसन्न हुए। वे धीरे से उठे और बक्स से निकालकर एक बादामी कागज ले आये जिस पर मुहर लगी थी। वह वारंट गिरफ्तारी का था। पूरा फार्म हिंदी में था, पर भरा गया अंग्रेजी में था :

'आदेश बनाम...चूँकि श्री/श्रीमती...निवासी...पर धारा.......अभियोग लगाया गया है, आपको एतद्द्वारा...आदेश दिया जाता है कि उपरोक्त श्री/श्रीमती......को गिरफ्तार करके न्यायालय में उपस्थित करें। इस आदेश के पालन में त्रुटि न हो। हस्ताक्षर मजिस्ट्रेट।'

"श्रीमान्, इसमें जगरूप वल्द शीबू नहीं, रामसिंह वल्द मिट्ठू लिखा है। और यह 1965 का बेतामील वारंट है जिसे दिखाकर आपने इस लड़के को नाजायज तरीके से पिछले छह महीनों से बंद कर रखा है। दिन-भर आप इससे भीख मँगवाते हैं और सुबह-शाम चौका-बरतन कराते हैं। आप सरकारी कर्मचारी हैं या भ्रष्टाचारी ?"

हवलदार साहब तमतमाये, "अच्छा-अच्छा, मालूम हो गया कि तुम अंग्रेजी जानते हो, निकल जाओ यहाँ से जल्दी। यह मुगलसराय है--मुगलसराय। यहाँ यार्ड में रोज चोरी होती है और अपना काम ही है गिरफ्तारी।"

"मैं इस लड़के को लिये बगैर हर्गिज नहीं जाऊँगा, समझे ! यार्ड की चोरियों के बारे में मैं रोज अखबारों में पढ़ता हूँ और ताज्जुब करता था कि नंदा साहब की संत-सेना भी यहाँ सफल क्यों नहीं होती, आप-जैसे मगरमच्छ के रहते यार्ड कभी सुरक्षित नहीं है, आप लोगों ने भारत के सबसे मशहूर तीर्थ के पास के सबसे बड़े जंक्शन को चोरों और उठाईगिरों का अड्डा बना दिया है।"

हवलदार ने मेरे खद्दर के धोती-कुरते को दोबारा देखा। उसने गले के पास उठी कुरते की कॉलर भी देखी, और जाने क्या सोचकर बोला, "आप ले जाइए इसे, मगर याद

रखिएगा जनाब नेताजी, मुगलसराय स्टेशन पर यह दुबारा दिखा तो अबकी बार आपकी बंदर-भभकी भी काम नहीं आयेगी।"

"चल बे जगरूप," मैंने कहा, "खड़ा क्या है ?"

"हमार चदरवा..."

"अबे तो ले आ जहाँ रखे हैं, ताकता क्या है !"

"क्यों रे जगरूप ! तू छह महीने से यह साँसत सह रहा है, तूने घर पर खबर क्यों नहीं की ?" मैंने उससे रास्ते में पूछा।

"हवलदार जी कहत रहें कि खबर करिहौ तो तोहार माई-बाबू दूनो जने गिरफ्तार हुइहैं अउर तोहार त हाल हुइबे करी।"

मैं चुप रहा। आप कहेंगे कि ऐसे लड़के को हिंदी-अंग्रेजी से क्या वास्ता। सब काम हिंदी में होता रहता तब भी वह उस चक्कर में फँस सकता था; पर क्या अंग्रेजी में लिखे सम्मन ने हवलदार को धोखा देने की प्रेरणा नहीं दी ? क्या वह नहीं जानता कि यदि इसने खबर भी की तो गाँव से आने वाले किसी आदमी को यह अनबूझ कागज दिखाकर झाँसा पढ़ा सकता है ?

"बात क्या है ?" देबू ने मेरी ओर देखकर जिज्ञासा की।

"चिंतित तो उसी दिन से हैं जब मेरा नतीजा मन-माफिक नहीं हुआ। अम्मा को मैंने पूरा आश्वासन दिया था कि वजीफे के ढाई सौ रुपये तो निश्चित ही मिल जायेंगे, वह कुछ नहीं, कुल डेढ़ सौ रुपये की ट्यूशन करता हूँ। उससे क्या खर्च चलेगा !"

"अरे तो भकचोनरदास[1] तुमने इस बाबत तो मुझसे कुछ कभी कहा नहीं ।"

"कोई चिंता नहीं, दोनों को देखेंगे ?"

"दोनों क्या ?"

"अरे जिस श्रीमान् की कृपा से तेरी पोजीशन गयी, उन्हें भी और जो घर की जरूरत है उसे भी।" देबू बड़े विश्वस्त भाव से बोल रहा था। मैं उसके ढपोरशंखी ऐलान पर मुस्करा रहा था। "अबे मुस्करा क्या रहा है। तू कुछ नहीं जानता। बड़ा आंदोलन शुरू होने ही वाला है। पानी खूब गरमा गया है। उफनेगा, उफनेगा, देख लेना। फिर जरा-सा 'पइन' दे दूँगा, बस बच्चू को पता चल जायेगा कि किसी की जिंदगी बिगाड़ने का नतीजा क्या होता है...?"

"पइन ?"

"अबे घोंचू, किस जंगल से फँसाकर आया है। नहर देखी है ?"

1. मूर्ख ।

मैंने कहा, "देखी है।"

"पानी छूटता है तो भरती है ?"

मैंने कहा, "भरती है।"

"बस, गुप्ती से जरा-सा छेद कर दो तो उबलता-उफनता हुआ पानी छेद से होकर दूसरी ओर भी बहने लगेगा; लगेगा कि नहीं ?"

"लगेगा।"

"उतने में तो श्रीमानजी तीन महीने के लिए अस्पताल में होंगे ?"

"ना-ना देबू भइया, ऐसा करना मत, मैं बाज आया तुम्हारी पइन-पॉलिसी से, मेरा रिसर्च करना भी मुश्किल हो जायेगा, भट्टाचार्य महाशय को पता लग गया तो मुझसे बातचीत करना भी बंद कर देंगे।"

"चूल्हे-भाड़ में जायें तुम्हारे भट्टाचार्य और तुम ! ससुरे कोई भी दुरुस्त काम करने चलो, तुम्हारी हिम्मत रफूचक्कर होने लगती है। मरो, मरो इसी कबूतरखाने में, मरते जाओ, जिसे जगद्गुरु हिंदुस्तान कहा जाता है..."

"हिंदुस्तान को गाली मत दो देबू ! भ्रष्ट लोगों के कारण कोई महान् देश गाली का पात्र नहीं बनता।" मैंने कहा।

"अरे जाहिल, तू यदि इन सफेदपोश बेईमानों, टुच्चे राजनीतिज्ञों और झूठे मक्कार लोगों से बदला नहीं लेगा तो जीने पायेगा ! जीयेगा, मगर वह हजार मौत से भी ज्यादा बुरी जिंदगी होगी।"

"मुझे सोचने दो भाई, बहरहाल अपना यह कार्यक्रम मुल्तवी रखना।"

"खैर, परसों तुम मुझसे दो सौ रुपये ले लेना, इधर काम चलेगा; फिर देखेंगे ।"

"तेरे पास कहाँ से आयेंगे रुपये ?"

"अबे स्साले तू उस मुर्गीचोर सी.आई.डी. का भाई कब से बन गया ! तुझे रुपये से मतलब है कि उसकी आमद की तफसील जानने से !"

"लो, चाय पीयो," अम्मा ने मेज पर चाय और घुघुनी रखते हुए कहा, "देबू असली वेदपाठी ब्राह्मण बालक है। क्यों रे, किसका शाखोच्चार कर रहा है ?"

"अम्मा, अपन तो हरिजन हैं सिर्फ नाम-माहात्म्य जानते हैं।" देबू बोला, "अपने से बड़े-बड़े लोगों का नाम लो और मैं तुम्हें उनका यशं वर्णन सुना दूँ।" उसने घुघुनी मुँह में डाली और रस लेकर खाते हुए बोला, "अम्मा, सच कहूँ तुमसे, मैं एक-एक देवता के सहस्रनाम जानता हूँ और हर नाम का भीतरी अर्थ भी। अपने को मंत्र-वंत्र कुछ नहीं आता।"

अब की बार आश्चर्य से देखने की बारी अम्मा की थी। वे देबू के चेहरे पर एकटक ताकती रहीं। कुछ देर मौन रहीं; फिर बोलीं, "सहस्र नाम बड़ा फल देने वाला होता है बेटे; बाकी एक बात है। मेरी अजिया सास कहा करती थीं कि पाठ करनेवाला यदि खुद

शुद्ध न रहे तो फल उलट जाता है।"

"बस-बस, बिल्कुल ठीक कहा अम्मा ! तुम्हारी अजिया सास देवी थीं। साक्षात् सरस्वती ! देवता से भक्त को हमेशा ज्यादा शुद्ध होना चाहिए और विश्वास करो अम्मा, तुम्हारा देबू जिन देवताओं के सहस्रनाम का पाठ करता है, उनसे अशुद्धता में एक हज़ार गुना छोटा है।"

"तुम लोगों की भाषा मेरी समझ में नहीं आती भइया ! और घुघुनी लोगे ?"

"अरे नहीं अम्मा, मटर की सलोनी का आज पहली बार नेवान[1] किया है। अभी शुरुआत है, इसलिए धीरे-धीरे बढ़ना चाहिए।" वह जोर से हँसा।

मैंने चाय की प्याली रख दी और उसके चेहरे की ओर ताकता रहा।

"मैंने कोई नशा नहीं किया है बे ! इस तरह क्या ताक रहा है मेरे चेहरे पर!"

अम्मा को हम लोगों के वार्त्तालाप के ढर्रे से सख्त नफरत थी, पर अपने बेटों से क्या कहा जाये, इसलिए वे हमेशा भुनभुनाती हुई ऐसे मौकों पर उठ जातीं। वे चली गयीं तो देबू बोला, "आज रात दस बजे छात्रसंघ भवन में सभा है, जिसमें कल के कार्यक्रम तय करने हैं। कल नहीं, परसों निश्चित बिगुल बज जायेगा। देखना मीटिंग में शामिल होना न भूलना। पता नहीं तुम्हारा जनेऊ किस साल हुआ। हुआ ही होगा, गणेशी तिवारी के वंशज हो। पर अगले सात-आठ दिनों के भीतर तुम्हारा मुंडन भी हो सकता है। लट्ठोपवीत भी। डर हो तो मत आना, नहीं तो रात दस बजे छात्रसंघ भवन में प्रतीक्षा रहेगी। जय हिंदी !"

वह बिना कुछ कहे चल पड़ा।

"दक्षिण भारतीय संसद-सदस्यों के दबाव में आकर राजभाषा विधेयक पेश किया जाने को था। श्री नेहरू के दिये गये वचनों की याद दिलाकर कुछ दक्षिण भारतीय संसद-सदस्यों ने माँग की कि हिंदी के साथ तब तक अंग्रेजी चलती रहे जब तक अहिंदी-भाषी राज्य उसे बंद करने को न कहें। हिंदी का मसला पिछले बीस वर्षों से हमेशा खटाई में डाला जाता रहा है। बहुत दिक्कत के बाद हिंदी को रोमन अंकों के सहित राज्यभाषा बनाया गया; पर यह सब कागज तक ही सीमित रहा। अहिंदी-भाषियों को पंद्रह वर्ष का समय दिया गया ताकि वे काम-चलाऊ हिंदी सीख लें। इस समय के बीत जाने पर लोगों की इच्छा को देखते हुए नेहरूजी ने वचन दे दिया कि यह समय पाँच वर्ष और बढ़ा दिया जायेगा । जब श्री नेहरू के वचनों का ऐसा भाष्य किया जाने लगा कि हिंदी के साथ अंग्रेजी अंनत काल तक बनी रहेगी। जाहिर है कि अंग्रेजी और हिंदी को यदि एक जुए में जोत दिया जाये तो

---

1. प्राशन

इस देश में जिसका शासन-तंत्र अब तक अंग्रेजीदां लोग ही चला रहे हैं, हिंदी हमेशा दबेर दी जायेगी और अंग्रेजी का विलायती बुलडोजर हिंदी को दबोच लेगा या हमेशा के लिए बैठा देगा।" देबू कह रहा था :

"राजभाषा विधेयक को पेश करने के लिए 27 नवंबर को संसद में अनुमति प्राप्त करने के लिए मतदान हुआ जिसमें 25 के विरुद्ध 181 मतों से विधेयक उपस्थित करने की संसद ने अनुमति दे दी ।

मतदान के समय एक बड़ी दिलचस्प घटना घटी । प्रधानमंत्री श्रीमती इंदिरा गांधी ने विरोध में मत डाल दिया, परंतु बाद में उन्होंने अपनी भूल सुधार ली और विधेयक प्रस्तुत करने के पक्ष में मत डाला । विपक्ष के सदस्यों ने हँसते हुए कहा--'प्रधानमंत्री स्वयं विधेयक के पक्ष में नहीं हैं।'

विधेयक ऊपर से निश्चित ही बड़ा मासूम लगता था। क्योंकि उसमें कहा गया था कि अंग्रेजी केंद्र तथा अहिंदी-भाषी राज्यों के बीच पत्र-व्यवहार की भाषा बनी रहेगी। फिर भी यदि दो राज्य तय कर लें तो हिंदी में पत्र-व्यवहार कर सकते हैं।

हिंदी प्रदेशों की जनता को लगा कि पुनः एक बार हिंदी के साथ सौतेला व्यवहार किया जा रहा है और उसे हमेशा-हमेशा के लिए सरकारी कामकाज की भाषा के दरजे से बरखास्त किया जा रहा है।"

सोमवार की शाम विश्वविद्यालय के फाटक पर चलनेवाली सभा से मैं काफी देर से लौटा। आज दिन-भर इधर-उधर घूमते-घामते तबीयत बिल्कुल पश्त हो गयी थी। मैं घर न जाकर सीधे गुप्ताघाट की ओर निकल गया। सेवा-उपवन को पार करता हुआ नदी के तट पर पहुँचा। पूरा कछार गेहूँ और जौ के खेतों से भरा हुआ था। सरसों फूलने लगी थी और गंगा के तट पर दूर तक पानी की नीलिमा से होड़ करती पीले रंग की गोटेदार क्यारियाँ बड़ी सुहानी लग रही थीं।

मैं कच्चे घाट पर बैठ गया। पीछे की प्रकृति शांत थी, खेत शांत थे। हल्का-हल्का कुहरा नदी के वक्ष पर तैर रहा था। मैंने आज थोड़ी दूर से काशी को देखा। कुहरे की कल्की जालीदार चादर में लिपटी काशी किसी राजवधू की तरह अधलेटी थी। घाटों पर जलती कंदीलें-कुमकुमें आभूषण की तरह जगमगा रहे थे। धारा में उड़ता चक्रवाक पक्षियों का दल क्रेंकक्रेंक की आवाज करता सन्नाटे को तोड़ रहा था। नदी से उठती हुई हवा ठंडी थी, पर पता नहीं क्यों मछरीली गंध से भरी थी। गुप्ताघाट पर नहाने-धोने वालों की संख्या बहुत कम रहती है, शायद शैवाल और काई के सड़ने से यह गंध भर गयी है। मैं बड़ी देर तक घाट पर बैठा रहा। रह-रहकर मेरे भीतर एक ही शंका उठती, कहीं यह आंदोलन हिंसात्मक रूप न धारण कर ले। आप इसे मेरे मन का भय भी कह सकते हैं,

एक विचित्र प्रकार के रक्ताभ उत्साह के बीच भय का अँखुवा[1] भी सिर उठाता नजर आता है, गुठली के भीतर सोये अमोले की तरह, इससे शायद आप भी इनकार नहीं कर सकते।

28 नवंबर,' 67 को मंगलवार के दिन वाराणसी नगर में पूरी हड़ताल रही। राजभाषा विधेयक के विरोध का रूप उग्र हो गया। सभी बाजार और शिक्षाएँ बंद कर दी गयीं। छात्रों ने वाराणसी कैंट स्टेशन पर लगभग छः घंटों तक कब्जा किये रखा, परिणामतः ट्रेनों का आना-जाना रुक गया। लगभग एक दर्जन मेल, पैसेंजर तथा एक्सप्रेस गाड़ियाँ काशी के स्टेशनों पर रोक दी गयीं।

आज छात्र सुबह से ही अंग्रेजी नामपटों को तोड़ने अथवा मिटाने के काम में जुट गये। मोटरों पर लगे अंग्रेजी के संकेत-सूचक अक्षर और अंक क्षरित होने लगे। नगर के अधिकांश दुकानदारों ने सोमवार को ही अपनी-अपनी दुकानों के साइनबोर्डों पर कागज चिपका दिया था। सारा शहर एक विचित्र प्रकार की हौलदिली में फूल रहा था। जो साइनबोर्ड ज्यों-के-त्यों थे, वे सभी हिंदी या अन्य भारतीय भाषाओं के थे। अंग्रेजी साइनबोर्डों को जहाँ बदलने से इनकार किया गया, उनका मुँह अलकतरे से काला कर दिया या वे तोड़-फोड़कर कबाड़ी की दुकान में भेजने लायक बना दिये गये। पुलिस और पी.ए.सी. की गाड़ियों पर भी अलकतरे का शासन स्थापित हो गया था। मुगल जमाने के सरकारी घोड़ों की तरह ये गाड़ियाँ दाग दी गयीं।

नगर को पूर्णतः अंग्रेजीविहीन करने के बाद छात्रों के दल कैंट-स्टेशन पर जमा होने लगे। ढाई बजे के आसपास पूरे स्टेशन पर कई हजार छात्रों ने कब्जा कर लिया। कुछ बंदरी-वृत्ति के छात्रों ने पार्सल कार्यालय के सामानों को तितर-बितर कर दिया। फलों की टोकरियों पर हाथ साफ किये गये। सिगरेट के बंडलों की लूट ने तनी हुई नसोंवाले छात्रों को काफी राहत पहुँचायी। छात्रनेता अपने इन अनुयायियों को समझा-बुझाकर पार्सल ऑफिस से अलग कर पाये।

छात्रगण जब इन मनबहलाव-भरे कामों में तल्लीन थे, तभी 14 डाउन अपर इंडिया एक्सप्रेस आकर प्लेटफॉर्म पर रुकी। इसके करीब आधा घंटे बाद शाहगंज से स्पेशल मालगाड़ी भी आ गयी। छात्रों ने इस गाड़ी को प्लेटफॉर्म से लगभग 100 गज पहले ही रोक लिया। छात्रों के दो समूहों ने दोनों गाड़ियों के इंजनों पर कब्जा कर लिया। दोनों इंजनों पर लाउडस्पीकर फिट कर दिये गये और भाप की शक्ति के इस नये रंगमंच से छात्रनेताओं के भाषण शुरू हो गये। तोड़े गये विशाल नामपटों को तख्तों की तरह बिछाकर

---

1. अंकुर

आंदोलनकारी बैठकर सुस्ताने लगे।

वाराणसी कैंट-स्टेशन पर बैठा मैं सुबह से जारी इस आंदोलन का मन-ही-मन जायजा ले रहा था। क्या पूरा बनारस अंग्रेजी-प्रेमी है ? हो सकता है कि इस शहर में भी अनेक लोग अंग्रेजी बोलने को अपने अभिजात की निशानी समझते हों, जैसा और जगहों में लोग करते हैं। पर व्यवसायी के लिए भाषा का कोई महत्त्व नहीं। वह अपना नफा देखता है, भाषा के चोंचले नहीं। सभी व्यवसायी अकड़ू खां नहीं थे। कितने तो गरीब बिचारे गिड़गिड़ा रहे थे कि अभी दीवाली पर पाँच सौ रुपया लगाकर यह साइनबोर्ड बनवाया है, इसे तोड़िए मत, हम इसे हिंदी में करा लेंगे। कितने खुद-ब-खुद उतारकर रख देना चाहते थे; पर छात्रों का जुलूस भीड़ का रुख अख्तियार कर चुका था, जो गुड्डलिकाप्रवाह में बह रहा था। भेड़िया-धसान इसी को कहते हैं।

नाना रंगों में रंगे, कहीं, पीतल या काँसे के चमकदार अक्षरों में उभरे, नियोन लाइट से सजे-सजाये साइनबोर्ड टूटते चले गये। एक ऐसी आँधी थी यह जिसने सारे शहर को झिंझोड़कर रख दिया और अंग्रेजी में लिखे एक-से-एक सजे-सजाये, नयी दुलहिन की तरह मुस्कराते साइनबोर्ड सूखे पत्तों की तरह तड़-तड़ करके टूट पड़े--बिखर गये। यह हानि किसकी है। क्या इससे देश का हित होगा ? मैं काफी थक गया था। इसलिए चितरंजन पार्क में होनवाली सभा में नहीं जा सका। मैंने देबू को फुटा दिया और सीधे अस्सी की ओर चल पड़ा।

गोदौलिया आकर गिरजाघर की पश्चिम पटरीवाले सिंधी की चाय की दुकान में घुस पड़ा। पैर बुरी तरह पिरा रहे थे। मैंने चाय माँगी। भूख भी लगी हुई थी, पर पैसे कतई नहीं थे। यदि एक लंबा कुरकुरा बिस्किट मिल जाता तो मजा आ जाता। पर केवल चाय में भी कौन कम जायका था ! वह गर्म तीखी और फीकी चाय अमृत की तरह लग रही थी।

मैं गोदौलिया से पैदल भेलूपुरा होते हुए अस्सी की ओर बढ़ता गया। घर लौटते-लौटते शाम हो गयी। अस्सी चौमुहानी छात्र-आंदोलन के कारनामों की चर्चा से गुंजायमान थी। अक्सर लोग वे थे, जो तमाशबीन थे। मैं जानता हूँ, इनके लिए छात्र मोरचे का मतलब क्या होता है। मैं चुपचाप राजेश्वरी मठ की ओर चल पड़ा था।

"तो आ गये नेताजी !" बिट्टो ने मुझे देखते ही कहा, "अम्मा, अब कोप भवन से निकलो और चाय बना दो। श्रीमान् तिवारीजी का चेहरा बहुत सूखा-सूखा लग रहा है।"

लाउडस्पीकर पर कोई जोर-जोर से चिल्ला रहा है : सारे शहर में दफा 144 कायम कर दी गयी है। कृपया आम रास्तों पर भीड़-भाड़ न करें।

पी.ए.सी. की ट्रकें दौड़ रही हैं ... ।

बुधवार, 29 नवंबर 1967।

पिछले दिन की गहरी थकान ज्यों-की-त्यों बरकरार थी। मैं रोज की तरह पाँच बजे ही उठ गया। अस्सी नाले के दाहिने तट पर घूमता रहा। शौचादि से निवृत्त होकर जब मैं अस्सी के कच्चे घाट पर पहुँचा तो अभी मजे का अँधेरा था। सुबह के अँधेरे में गंगा कितनी खूबसूरत लगती है ! कुछ हल्की लहरें उठने लगी थीं। पानी में हरकत हो रही थी। बड़ी प्यारी-प्यारी प्रभाती की आवाज-जैसी थिरकन किनारों पर झनझना रही थी। रामनगर की तरफ का पूर्वी आकाश हल्का ललछौंहा होने लगा था; पर यह लाली काफी स्याह थी। इसकी छाया से गंगा का रंग कोई खास नहीं बदला। इसे सिर्फ गोरे-उजले गालों पर भद्र मजाक से उठनेवाली हल्की छुवनभरी लाली कह सकते हैं। सिंदूरी रंग में ढेर-सा सफेदी मिला देने पर जैसा रंग होता है, कहना चाहो तो इसे 'लाल ऐश कलर' कह लो; पर इस हल्के सिंदूरी रंग में बीच का पानी अपनी एक अलग लीक बनाने लगा था। गंगा अब एक सजीव मंजर थी, मल्लाह ठीक ही कहते हैं कि गंगा मैया बारह बजे सो जाती हैं, तब पानी थिर हो जाता है, चार बजे उनके जगने के बाद ही धोने-नहाने का काम करना चाहिए।

"कहो तिवारी बाबू ?" एक छोटी डोंगी से आवाज उभरी थी। मैंने गौर से देखा। कंबल में बुरी तरह सिकुड़ा झूरी बैठा है। उसने गंदे लाल गावटी गमछे से पूरा मुखड़ा कसकर बाँध रखा है। केवल दो भूरी-भूरी आँखें बुझे अलाव की चिनगारी की तरह लग रही थीं।

"क्या है हो झूरी, आज बड़े अलसाये हो ! सर्दी से पस्त हो क्या ?"

"तबीयत ठीक नाँहीं है तिवारी बाबू ! कल संझा को नहाय लीन्ह, फिर दही-चिवड़ा खाकर यह बुखार बुला लिया।"

"तो संझा को दही-चिवड़ा काहे खाने लगे ?"

"चिवड़ा सरवा कहाँ मिलत है ऐसी गिरानी में ! देहात के तीन-चार औरतें रहीं आर-पार की माला चढ़ावे बदे आयी रहीं, सो तीन-चार सेर चिवड़ा मिल गवा परसाद में। अपन जबान तो चट्टन[1] है भैया ! हम भीमल की महतारी से कहेन कि चौमुहानी से सरदार की दुकान से एक पुरवा दही ले आ दे, हम नहा के आइत हैं। ताजा-ताजा नया गुड़, नये धान का चिवड़ा और दही--दुनिया में एकर कौनो जवाब नाहीं है तिवारीजी, भैया राम-लछिमन के खाने के वास्ते जनक महाराज चिवड़ा-दही भेजे रहेन, राजसी पदारथ है, हाँ....।"

"ई तुमसे किसने बताया कि उन्होंने दही-चिवड़ा खिलाया था ?"

"वाह तिवारी बाबू, तू हमें एकदम से उपरफट्टू मलाहै मानत हौ का ? अरे हम भी

1. चटोर या लालची

सतसंगति में बइठत हैं हो। लिखा है न --

दधि चिउरा उपहार अपारा। भरि भरि काँवरि चले कहाँरा।।"

"हूँS, तो तू अपने बुखार को परितोष देने के लिए जनकजी का नाम ले रहे हो। जाड़े का बुखार बड़ा मनहूस होता है। कुछ दवा-दारू की जुगुत करो--समझे ! तुमको, लगता है, भूख से ज्यादा खाने की आदत है।"

"ई किस सरवा ने कहा आपसे ? भिमला कहे रहा का ?"

"भिमला कुछ नहीं कहे रहा, अपनी देखो और दवा-दारू का इंतजाम करो।"

"वाह तिवारी बाबू, तुमसे तो कौनो तरफ निकल सकब मुश्किल है। अफर[1] कर खाने का इलजाम लगाय के बार-बार ऐसा नाम ले रहे हो कि चित्त फरियाने लगा। ई हम नाहीं जानत हैं का कि बिला दारू के इस ससुर उप्परफट्टू बुखार हमें ना छोड़ी, बाकी दारू मिलिहै कहाँ ?"

"अच्छा भई, हम कर देंगे इंतजाम, भिमला को भेज देना।"

"कब ?"

"अरे दस-ग्यारह बजे के आसपास। तब अम्मा रसोई में रहती हैं। बाकी होशियार। कहना कि बाबू बेजार है--सिर्फ इतना ही कहे।"

"तब का ऊ ससुर हुवाँ जायके त्रियंबक सास्तरी का निदान पढ़िहैं !"

मैं पानी में हेलने लगा तो झूरी बोला, "आ जाव डोंगी पर। चलके धारा में नहाय लो। ई साल भी सरवा खूब ही है। बालू की जगह गंगा मैया यहाँ कीचड़ फेंक गयीं। वाह रे देवी, खूब मेल मिलाती हो। साला अस्सी मुहल्ला कीचड़ तो घाट पर भी कीचड़।"

"रहने दो यार, तुम तो ऐसे ही बुखार में हो, यहीं नहा लेते हैं। कीचड़ है तो उससे भागने से काम तो चलेगा नहीं। और यह तो पानी के अंदर का कीचड़ है--ढँका-तोपा, पता नहीं कहाँ तक पाल मारे होगा।......"

झूरी हँसा, "तिवारी बाबू, तुम उलटबाँसी समझने के माहिर हो। आओ-आओ, चढ़ो डोंगी पर, दो हाथ चलाने पर ही सफा पानी पाय जाओगे।"

मैं कुछ न बोला। चुपचाप लुँगी-तौलिया लिये डोंगी पर बैठ गया। वह भी अजीब दृश्य था। झूरी की डोंगी पर चढ़कर बीच धारा में नहाने का यह पहला अवसर नहीं था; पर आज गंगा में अद्भुत निखार था। डोंगी पलाश फूलों की तरह उगी गुलाबी लहरों को चूम रही थी और मैं देख रहा था--एक बलखाती ललछौंही नागिन पूरे बनारस शहर को गुंजलक में लपेटने की कोशिश कर रही है।

मैं उस दिन जल्दी लौट आया। तार पर धोती और नेकर लटका रहा था कि बिट्टो आ गयी।

---

1. आकंठ भोजन

"सुना आज बहुत बड़ा जुलूस आनेवाला है। देबू नेता है, तो तिवारीजी उसमें शामिल न हों, यह तो नामुमकिन है। पर भैया, जान लो कि आज तुमने लौटने में देरी की तो अम्मा कोप-भवन में नहीं, मठिया के कुएँ में गिरेगी।"

"हिस्स !" मैंने बिट्टो को घूरते हुए कहा, "क्या लीचड़ किस्म के बोल बोलती हो! अम्मा को समझाना तुम्हारा काम है। मैं कोई गुंडों-शोहदों के जुलूस में नहीं जाता और न तो यह राजनीतिक जुलूस है। यह तो अभिव्यक्ति का संकट है, अभिव्यक्ति का।"

"क्या ?" बिट्टो तिनकी, "यह इम्तहानी परचे की भाषा में क्या बक रहे हो ? मेरे पल्ले कुछ नहीं पड़ा।"

"अंग्रेजी में काम न होगा, फिर से देश गुलाम न होगा--आया समझ में ?"

"यह सब नारेबाजी है, लाख जुलूस निकालो, लाख गला फाड़-फाड़कर चिल्लाओ, अंग्रेजी हट नहीं सकती... ।"

"अंग्रेजी में थोड़ा नंबर पा जाती हो न, इसीलिए वकालत करती हो। पूछो--देश के सोलह करोड़ छोकरों से पूछो कि वे अंग्रेजी में पढ़ना चाहते हैं कि अपनी-अपनी मातृभाषा में। खैर, मुझे बहरहाल बहस करने की फुरसत नहीं है। मैं जानता हूँ कि मैं एक जरूरी, बहुत जरूरी काम को अंजाम देने के लिए जुलूस में शरीक हो रहा हूँ, यह मेरी अंतरात्मा का सवाल है, बहुत अहम् सवाल।" मैं नाश्ता करके थोड़ा लेट रहा। रात में ठीक नींद नहीं आयी थी। उस वक्त करीब बारह बजने को होंगे।

"बाबू !"

"कौन है ?"

"हम हईं सरकार--भीमल।"

"का है रे।"

"बाबू, बेजार हउन, दवाइया दे दिहल जाय।"

मैंने शीशी हिव्स्की के अद्धे के पास मुँह लगाकर भर दी। बिट्टो अपने कमरे में थी। अम्मा शायद रसोई में। मैंने शीशी का ढक्कन बंद कर दिया और अद्धे को अपने ट्रंक में वैसे ही रख दिया। तभी बिट्टो आयी।

"तिवारीजी, अब क्या डॉक्टरी भी करने लगे हैं ?" वह शंकालु चित्त से मेरी ओर देख रही थी, "जाने कैसी गंध आ रही है।"

"अरे वह झूरी माझी बीमार है। कल अस्पताल से मिक्सचर लाया था, देना भूल गया।" मैंने कहा और सीढ़ियाँ उतरता नीचे आ गया। नीचे भिमला खड़ा था।

जल्दी करें सरकार !" वह काँपता हुआ बोला। उसके होंठ थरथरा रहे थे।

क्या है रे ?"

"बाबू, जुलूस--" वह शीशी लेकर बगटुट भागा।

तो चल पड़ी शहीदों की टोली ! मैं भागा-भागा अपने कमरे में आया।

पाजामा-कुर्ता डालकर बिट्टो से बोला, "बिट्टो, कुछ खिला दे, कुछ न हो तो एक रोटी और गुड़ ही दे दे। जल्दी कर..."

"--तो जुलूस आ रहा है।" वह गगनभेदी नारों के चुंबकीय आकर्षण से स्वयं स्थिर नहीं थी। उसने परांठे और तरकारी लाकर मेरी मेज पर रख दिया। "आटा नहीं है तिवारी !" और वह तिमंजिले की सीढ़ियाँ चढ़ती छत पर जा पहुँची।

मैंने खाना खत्म किया।

"बाबा रे !" बिट्टो कह रही थी, "इतना बड़ा जुलूस ! मैं तो सिर्फ एक हिस्सा ही देख सकी। अस्सीवाली सड़क बिल्कुल जाम है। आगे-पीछे केवल नर-मुंड दिखायी पड़ता है। बीच-बीच में बैनर और नारों-लिखी दफ्तियाँ ऐसी लग रही हैं मानो हुजूम के बीच उड़न-घोड़े ठुमुक-ठुमक्कर चल रहे हैं।"

मैं बिना कुछ कहे सड़क पर भागा।

अस्सी चौमुहानी पर जुलूस रुका था।

"का हो भग्गू साह।" मैंने दुकान में हेलकर कहा, "अभी कल का गेहूँ रखा है, पिसवाया नहीं ? रात में अम्मा बिगड़ रही थीं।"

"अरे तिवारी बाबू, का बतायें सरकार !" भग्गू साह ने आधा दरवाजा चिपकाकर बंद कर रखा था और डर के मारे उनकी कँपकँपी छूट रही थी, "काल्हि के हड़कंप में कौनो काम नाहीं भया। दुकान-दौरी बिक जायेगी ससुरी, अगर तोहन लोगन के ई जलूसबाजी खतम ना भइल त अपन त लुटिया बइठ के रही। एको गहंकी ना अइलें काल्हि।"

"ठीक हुआ। खूब ठगते हो भोले-भाले ग्राहकों को। मसाले में लकड़ी का बुरादा, घी में चर्बी, तेल में भंड़भाड़[1] का तेल...अब निकलेगा सब।"

"अरे तिवारी बाबू, आगी मत लगाव सरकार, नाही ई बानरी सेना हमें नोच-नाच के मारि डारी।"

"हम जो पूछ रहे हैं उसका जवाब काहे नाहीं देते ?"

"पीस के रक्खल हौ तोहार आटा, बाकी लै के जाई ?"

मैंने अपने से कुछ दूर खड़े भिमला को देखा।

"भिमला, ई ले चवन्नी। एक बोरिया आटा पीस के रखा है भग्गू की दुकान में । घर पहुँचा के दौड़ आ। अभी जुलूस यहीं रहेगा ।" उसका मन नहीं मान रहा था; पर वह मेरी बात टाल भी नहीं सकता था।

"आगे मत बढ़िहा तू लोग, हम अब्बै आवत हईं।" भिमला मेरी ओर देखकर उत्साह से हँसा।

---

1. एक काँटेदार पौध, जिसमें पीले फूल लगते हैं तथा बीज सरसों की तरह होते हैं।

"जज जो जल्दी, अबहीं इहां आधा घंटा लगी।"

"कहो नंदू ?" रमेंद्र मेरे पास आ गया।

"ठीक है यार !"

"खाक ठीक है। तुम्हें कुछ पता चला ?"

"क्या हुआ ?"

"परसों सुबह जुलूस निकलने के पहले वाले दिन गेट पर बहुत से लड़के खड़े थे। इतने में तुम्हारे भट्टाचार्यजी आ गये।"

"कौन भट्टाचार्य ?"

"सुबोध भट्टाचार्य भई, संस्कृतवाले । फिर क्या शुक्ला ने पइन दे दी, कुछ लड़कों ने उन्हें घेर लिया।"

"किसलिए ?"

"उनकी साइकिल में नंबर अंग्रेजी में लिखा था।"

"फिर ?"

"फिर क्या, लगता था--यह गिरोह काफी उत्तेजित था और भट्टाचार्य को पीट देना चाहता था। तभी देवनाथ ने देख लिया और मुझे और माथुर को भेजा। हम लोगों ने पूरी नाकेबंदी तोड़ दी और लड़कों को छितर-बितर कर दिया । शुक्ला खीझा मेरे पास आया। कहने लगा की तुम क्यों घुस गये उसमें। आज बंगाली मोशाय को मालूम हो जाता कि कितने योग्यतम अध्यापक हैं वे।"

मैं यह सुनकर काफी उदास हो गया। रमेंद्र ने मेरा चेहरा पहचान लिया।

"अबे उदास क्यों हो रहा है ? शुक्ला और उसके दो-चार मित्रों की हम लोगों ने दैहिक समीक्षा भी कर दी है !"

"यह क्या कह रहे हो !"

"सच कह रहा हूँ भई ! शुक्ला इस पूरे आंदोलन में घुसकर उसे अपना उल्लू सीधा करे का टूल बनाना चाहता है। स्साले ने कल देबू से कहा कि आंदोलन गलत रास्ते पर जा रहा है। देबू ने पूछा, 'सही रास्ता क्या है।' शुक्ला बोला, 'यह सब तो अब आंदोलन के बाद हिसाब-किताब का ऑडिट करने पर मालूम होगा।'

" 'तो क्या तुम हम लोगों पर चोरी का अभियोग लगा रहे हो ?' देबू गरम हुआ।

" 'जो स्वतः सिद्ध है, उसे आरोप या अभियोग क्यों कहा जाये। तुम इतना पैसा पाते कहाँ से हो जो अपने गुट के असामाजिक तत्त्वों तक को एम्बेसी में ही नहीं, शहर में किसी खास जगह खिलाते-पिलाते हो।' "

"तब ?"

"तब क्या, हमने उठकर उसकी समीक्षा शुरू की। स्साले हम गैर-सामाजिक तत्त्व हैं तो ले। समीक्षा करते वक्त उसके दो-एक चमचे बचाने को बढ़े तो उनकी भी मुख्तसर

चिकित्सा कर दी गयी। अब ठीक है। उसी वक्त छात्रनेता सुब्बा आ गया और उसने आंदोलन की सब गंभीरता पर भाषण दिया। और फिर परस्पर फूट से जिलाधिकारी कैसे अपना उल्लू सीधा करेंगे--वह सब समझाया और संधि हो गयी।"

"हूँ... ।"

'अंग्रेजी में काम न होगा !

फिर से देश गुलाम न होगा !!'

लाउडस्पीकर चीखने लगा। जुलूस अब तक स्थिर था, मानो वह अपनी बिखरी हुई ताकत को बटोर रहा था। लंका, दुर्गाकुंड, अस्सी घाट की ओर जाने वाली सड़कों और उससे निकलनेवाली गलियाँ बरसाती नालों की तरह उमड़ रही थीं और अस्सी सड़क पर खड़े इस विशाल नद को वे भरती चली जा रही थीं। जुलूस में सात हजार से भी ऊपर लड़के थे। कतिपय अध्यापकों, नागरिकों और मनचले युवकों की संख्या जोड़ दी जाये तो यह दस हजार से भी कम न होगी।

"कहो नंदू ?" किसी ने पुकारा।

"अरे रमेंद्र, तुम हो !" किसी ने कहा।

मैं अपने कक्षामित्र रणधीर की ओर बढ़ आया। रमेंद्र को उसके किसी मित्र ने पुकारा था। रणधीर सच्चा युवजन है। शुरू से ही इस काम में लगा रहा है।

"मुझे खुशी है कि युवजन सभा के न होते हुए भी तुम इतनी मुस्तैदी से जुलूस में सम्मिलित हो।" रणधीर बोला।

"इसमें युवजन सभा के होने की क्या बात है ! हो सकता है कि इस आंदोलन की पहल युवजन सभा के हाथ में हो, पर सम्मिलित तो सभी वर्ग के या वर्गहीन छात्र हैं जिन्हें हिंदी से लगाव है। यह अपनी अभिव्यक्ति के माध्यम का मसला है जो सीधे हमारे जीवन-मरण से जुड़ा है। इसे एक दल से जोड़ने की गलती क्यों कर रहे हो तुम ?"

"धन्यवाद दोस्त, मैं तुम्हारा उत्तर सुनकर खुश हुआ।"

"दोस्तो !" एक छात्रनेता ने भोंपू से चिल्लाते हुए कहा, "अब जुलूस गोदौलिया की ओर जायेगा। आप कृपया अनुशासन-बद्ध होकर चलें और इन अधिकारियों को दिखा दें कि छात्र-एकता की मजबूत दीवार से टकराना कितना खतरनाक है।"

"छात्र-एकता--जिंदाबाद !"

"छात्र-एकता--जिंदाबाद !"

"छात्र-एकता--जिंदाबाद, ...छात्र-एकता-- जिंदाबाद, ...छात्र-एकता-- जिंदाबाद... !"

गाड़ी खुलते आपने देखी है। इंजन दो-चार बार धीरे-धीरे सों-सों-सिप करता है, फिर सों-सों-सिप की आवाज जल्दी-जल्दी शुरू होती है और तब आवाजों की रफ्तार एक नयी शक्ति का रूप ले लेती है, छात्र-एकता का पिस्टन इतनी जल्दी-जल्दी लोगों के

पैरों को भापशक्ति से धकेल रहा था कि पूरा जुलूस जैसे थरथराती हुई तूफानमेल की तरह विचित्र किस्म की गड़गड़ाहट और कंपन में डूब रहा था।

सहसा जोर से धक्का लगा और जुलूस उमड़ती हुई नदी के मार्ग में आये अवरोध से उत्पन्न पछाड खाती लहरों से टकराने-जैसी स्थिति में झूलने लगा।

"दोस्तो !" भोंपू से पुनः चुंबकीय झनझनाती आवाज उभरी :"आज सशस्त्र पी.ए.सी. हमारा रास्ता रोके खड़ी है। इनके पास सैकड़ों जवान हैं, आगे से पीछे तक ट्रकों की कतार लगी है। हम इनसे लड़ने नहीं आये हैं। हमारा प्रदर्शन बिल्कुल अहिंसक है। हम जनतंत्र का गला घोंटने वाली सरकार को सावधान करना चाहते हैं कि वह हमसे टकराने की कोशिश न करे।"

"जो हमसे टकराएगा। चूर-चूर हो जायेगा।"

पी.ए.सी. के नाम का भी अजब जादू होता है जो एक साथ दहशत, हाथ आजमाइश की प्रेरणा और इनके आतंककारी प्रभाव को तोड़ने की आतंरिक स्वाभिमानी प्रवृत्ति को जगानेवाला होता है।

रमेंद्र के साथ मैं भी आगे बढ़ा चला जा रहा था। हम रत्नाकर पार्क के पास पहुँच गये थे। सहसा मैंने रमेंद्र से कहा, "पीछे देखो उछलता, खलबलाता महासिंधु--जानते हो, हम कहाँ खड़े हैं ? रत्नाकर पार्क के सामने गंगा के समानांतर यह एक नयी जनगंगा है रमेंद्र, जिसके अवतरण पर रत्नाकर की पंक्तियाँ ठीक ही लगती हैं :

इमि हिम खंड बिहाइ आइ पाहन पथ मंडति
ढरकि द्वार इक डार चली गिरि खंडनि खंडति
फाँदति फलति फटति सटति सिमटति सुढंग सौ
सृंगनि बिच बिच बढ़ी गंग सरि भरि उमंग सौ"

"वाह, क्या बात है ! साला गंगावतरण पढ़ता हूँ बी.ए. में मैं और याद है तुम्हें। वाकई यह जनगंगा भी उसी ढब से सिमटति-सटति फटति सुढंग से बढ़ी आ रही थी कि रास्ते में पी.ए.सी. मिल गयी। अब ?"

"मित्रो !" लाउडस्पीकर फिर चिल्लाया, "हमें आगे नहीं बढ़ने दिया जा रहा है, परंतु हम पीछे भी हटने वाले नहीं हैं। हम यहीं सड़क पर धरना देंगे। आप लोग बैठ जाइए।"

आगे के कुछ लड़के बैठ गये।

"सालों ने अजब स्थान पर रोका है", रमेंद्र बोला, "एक तरफ मकान ही मकान हैं, दूसरी तरफ पार्क के कटीले तारों की कतार। एक ईंट का टुकड़ा भी नहीं मिलेगा। आज बड़ी घनघोर स्थिति में फँसे।"

एक बजने को था, तभी एक मोटी आवाज दूसरे लाउडस्पीकर से उभरी, "आप लोग लौट जायें । जिन्हें सरकारी भाषानीति के विरोध में गिरफ्तारी करानी है, वे आगे

बढ़ें।"

"कौन बोल रहा है रमेंद्र ?"

रमेंद्र पार्क के खंभे पर मुश्किल से चढ़ पाया। "अतिरिक्त जिलाधीश बोल रहे हैं। नंदू, अबे, पी.ए.सी. का तो आर-पार नहीं है।"

"हम गिरफ्तारी कराने नहीं, जनता तक अपनी आवाज पहुँचाने चले हैं। इस शांत जुलूस से छेड़-छाड़ करना अधिकारियों के हक में अच्छा न होगा।" पहले छात्र-भोंपू बोला।

"आप लोगों को मालूम है कि दफा 144 लगी है, आप जुलूस बना कर नहीं चल सकते, कृपया लौट जायें।" अधिकारी-भोंपू बोला।

एक घंटे इसी प्रकार वाक्युद्ध जारी रहा। बहुत-से लड़के सड़क पर बैठे थे। कुछ पी.ए.सी. की गाड़ियों के आगे कतार बाँधकर लेट गये।

"अब सब्र की इंतहा हो गयी है।" सरकारी-भोंपू जैसे आखिरी चेतावनी दे रहा हो, "आप मीटिंग डिस्पर्स करें, नहीं तो हमें कार्यवाही करनी ही होगी।"

"छात्र एकता--जिंदाबाद !" छात्र-भोंपू चीखने लगा। तभी आवाज सुनायी पड़ी, "फायर-फायर-फायर..."

अश्रु-गैस के गोले गिरने लगे। छात्रों में भगदड़ मच गयी। वहाँ न तो बाल्टी भरा पानी था, न तो लोग भिगोई हुई तौलिया लिये ही पहुँचे थे। जो कुछ भी ईंट-पत्थर हाथ लगे, उन्हें लेकर कुछ लड़कों ने पथराव शुरू किया। बाकी लोग जिधर जगह मिली, भागे। आँखों में बुरी तरह कड़वाहट भर गयी। झर-झर पानी गिरने लगा। अश्रु-गैस के गोलों के धुएँ से चंदोवा-जैसा तन गया।

भीड़ इस तरह सड़क जाम किये थी कि भागने का भी रास्ता नहीं था। पथराव ही एकमात्र रास्ता सूझ रहा था। पर ईंटों की कमी थी। मैंने पॉकिट से रुमाल निकालकर आँखें पोंछीं ।

"अब पथराव बंद करें, नहीं तो कुछ और करना होगा।" पुलिस-भोंपू फिर गरजा, "फायर ! फायर ! फायर !!!" तभी तड़तड़ाकर गोलियाँ चलने लगीं। मकानों की छतों से औरतों और बच्चों के रोने की आवाज कान फाड़ रही थी। घरों की खिड़कियाँ धड़ाधड़ बंद होने लगीं। सूरज पूर्वी क्षितिज पर झुका जा रहा था और उमड़ती हुई जनगंगा अपने-आप ही फटकर छितरा रही थी। भय ! भय !! भय !!! मृत्यु का अदृश्य काल-देवता जाने कहाँ से मँडराता हुआ सबके हृदय में प्रवेश कर गया।

पार्क के पेड़ों से डरकर उड़े हुए पक्षी आकाश में चीख रहे थे। कबूतर और रायफल! बच्चे और गोलियाँ !! लेमनजूस-लेमनजूस !!! गला प्यास के मारे सूख रहा था।

विचित्र दृश्य था। मैं भागते-भागते देख रहा था कि अगणित साइकिलें एक के ऊपर

एक टूटी, मुड़ी, मरोड़ी-जैसी गिर रही हैं। पूरा मैदान जूतों, चप्पलों से भरा है, कई आदमी बगीचे की ओर भागने की कोशिश में तार के कँटीले बाड़े में फँसकर तड़फड़ा रहे हैं। किसी का पैर नीचे की कंटीली तार-पंक्ति में फँसा है तो भागने की कोशिश में निकली हुई गरदन ऊपर के तार में फँस गयी है।

तभी जोर से शोर मचा। भागते हुए लोग पीछे लौट रहे थे।

"क्या हुआ--क्या हुआ ?" एक साथ कई बोले, "पीछे से भी पी.ए.सी. ने रास्ता बंद कर लिया है। कई ट्रकों भरी पुलिस दोनों तरफ से घेरे है।"

"हे भगवान् !" मेरे मुँह से अचानक निकला। मैं एक क्षण सोचने के लिए रुका, तभी भागते हुए लोगों का एक भारी रेला मेरी पीठ से टकराया और उसी के साथ बायीं बाजू की एक ठसाठस भरी गली में मैं भी ठेल दिया गया। मैं अब चल नहीं रहा था। लोगों के ठसमठस भीड़ के द्वारा ठेला जा रहा था। पता नहीं भागते हुए लोगों की यह अनजानी रफ्तार हमें कहाँ लिये जा रही है।

मैंने गली से दायीं तरफ जाती एक गली की ओर सरकने के लिए बहुत हाथ-पैर पटका और किसी कदर उसमें आ पाया। सरपट दौड़ने की जगह न थी, पर जितना तेज चलते रहना संभव था, मैं अस्सी की ओर भागा चला जा रहा था।

मैंने कब शिवाला घाट पार किया, पता नहीं; कब आनंदमयी के गोपाल मंदिर के पास पहुँचा, याद नहीं। मैंने वहीं से रास्ता बदल दिया और भदैनी की ओर मुड़ पड़ा। मुझे पूरा इत्मीनान था कि मैं अब सकुशल हूँ। पुलिस भदैनी क्यों आयेगी भला ! मैं सड़क पर आने ही वाला था कि सामने का दृश्य देखकर दिल धक्क से रह गया। पुलिस घरों में घुस घुसकर भागते लड़कों को पकड़ रही थी। एक लड़का, जो निश्चय ही उसी घर का था, पुलिस के चंगुल में आ गया। उसकी बूढ़ी माँ और बहन सिपाही का हाथ पकड़कर झूल गयी थीं।

"हमरे बचवा को छोड़ दो !" बूढ़ी माँ कलप रही थी।

"हमरे भइया को छोड़ दो सिपाही जी, ई नहीं गया था, जुलूस में।" जवान बहन गिड़गिड़ा रही थी।

"हट जाओ एक तरफ, हटती हो कि नहीं तुम लोग !" पी.ए.सी. का लट्ठधारी सैनिक चिघाड़ा, "मैं इसका सोनारपुर से पीछा कर रहा हूँ, कैसे नहीं था जुलूस में यह?"

वह लड़के को पकड़कर ट्रक की ओर चला। लड़के का एक पैर शायद तार में बँधकर छिल गया था। उसका पायजामा खून से सना था। ट्रक में अनेक लड़के सैनिकों द्वारा घिरे खड़े थे। चोट खाये, माथा झुकाये।

"हमहन के भी पकड़ ले चलो सिपाही जी !" माँ-बेटी अपने बेटे और भाई को छुड़ाने के लिए लपकीं तब तक लाठियों की पंक्ति उनके सामने खड़ी हो गयी। लड़का बेरहमी के साथ उठाकर ट्रक में लोका दिया गया। ट्रक में आदमी नहीं यानी बोरे हों। एक

बोरा और सही... ।

'मैं कायर हूँ।' मेरी अंतरात्मा ने भीतर-ही-भीतर झिंझोड़ा, पर इसमें मैं कौन-सी वीरता दिखा पाऊँगा। मैं पुलिसवालों की आँख बचाकर पुनः आनंदमयी आश्रम की ओर भागा।

शाम उतर आयी थी। गोपालजी के मंदिर पर सूर्यास्त की ललछौंही किरणें पड़ रही थीं। आज बाल-गोपाल ने रक्त का चंदोवा धारण कर लिया है शायद। डरे-डरे सहमे कबूतर घाटों की बुर्जियों पर मँडराने लगे थे। मैं तुलसी घाट के नीचे सीढ़ी पर बनी एक गुफानुमा मढ़िया में छिपकर गंगा की ओर देख रहा था। लहरें उतनी ही स्वच्छ, साफ और शीतल थीं। पर वहाँ एकदम सन्नाटा था। मेरी हिम्मत नहीं पड़ रही थी कि मैं उतर जाऊँ और अपनी कड़ुवाती आँखों, जलती नासिका और नमकीन लगते होंठों को धोकर थोड़ी शांति पा सकूँ।

रात साढ़े छह बजे बड़ी मुश्किल से छिपता-छिपता मैं राजेश्वरी मठ पहुँचा।

"भइया !" मुझे बिट्टो ने देखा और लिपट गयी। वह सुबुक-सुबुककर रो रही थी।

"क्या हुआ रे !" मैंने उसकी पीठ थपथपाते हुए कहा।

"गोली चली थी..." बिट्टो बाहर का दरवाजा बंद करते हुए बोली।

"हाँ-हाँ, चली थी।"

तभी मैंने देखा--आँखों से झर-झर आँसू बरसातीं अम्मा किवाड़ के पास खड़ी हैं। वे मन-ही-मन प्रसन्न हैं कि मैं सकुशल लौट आया, पर मुझसे खिंची-खिंची भी हैं कि मैं उनकी बातों की परवाह नहीं करता।

तभी किसी ने बाहर से कुंडी खड़खड़ायी। मैं आगे बढ़ा तो अम्मा ने रोक दिया। वे मुझे छिपने का इशारा करके दरवाजे के पास गयी, "कौन है ?"

"नंदू है अम्माजी !"

अम्मा ने दरवाजा खोल दिया। सामने रमेंद्र, माथुर और देवेंद्र खड़े थे। अम्मा उनको कुछ पहचान रही थीं। झटके से मुड़ीं, "लगता है कि वे ही लड़के हैं जिन्होंने पुजारी को मारा था।"

मैं फाटक पर पहुँचा।

"नंदू, देबू ने कहलाया है कि तुम रात में घर पर मत रहना। गिरफ्तारियाँ शुरू हो गयी हैं......"

"भीतर आ जाओ।" वे आकर कुरसी और चारपाई पर बैठ गये।

"आज की रात बहुत संकट की है। बाप रे, अजब हाल था, तुम कैसे भागे ?"

"अबे चलो कि यहाँ गप्प करोगे," रमेंद्र बोला, "तुमने इसे सावधान कर दिया, अब चलो।"

तीनों उठ पड़े ।

"वह शीशी दे दो जो देबू ने दी थी रखने को तुम्हें।" वे तीनों दरवाजे पर खड़े हो गये। मैंने अपनी ट्रंक खोली और हिव्स्की का अद्धा उन्हें थमा आया।

"बंद कर लो।" वे तीनों चले गये।

"तुम इतनी रात को कहाँ जाओगे ?" अम्मा मेरे चेहरे पर कातर भाव से देखती हुई बोलीं।

"मेरी चिंता मत करो, कुछ हो तो खाने को दे दो। मैं तुम्हें विश्वास दिलाता हूँ कि मुझे कुछ भी नहीं होगा। सिर्फ आज रात की बात है। मैं कल सुबह आ जाऊँगा।"

खाना तो क्या खाया जाता; कुछ कौर निगलकर मैं धीरे-से छिपता हुआ घाट पर पहुँचा । झूरी अपनी डोंगी पर मन मारे बैठा था। वह शायद अभी तक हिव्स्की के नशे की खुमारी में डूबा था।

"झूरी !"

"ऐं कौन है, कौन है तू ?"

"अब चुप भी रहो। मुझे हरिश्चंद्र घाट के पास--नहीं-नहीं, धोबी घाट उतार देना। अभी चलो तुरंत। मेरी जान पर आ पड़ी है।"

झूरी ने डोंगी खोल दी। "क्या भवा तिवारी बाबू ?"

"पीछे पुलिस पड़ी है।"

"हैं !" झूरी घबरा गया : "केंहू देखलस त नाहीं तोहें आवत के ?"

"अबे घबरा मत। पुलिस जायेगी तो मेरे घर आयेगी। बाकी झूरी, अगर मेरी जान बचाना है तो तुम्हें एक काम करना होगा।"

"ऊ का ?"

"तोहैं तड़के पाँच बजे डोंगी ले के यहाँ आवै के होई।"

"तोहरे बदे जान हाजिर हौ तिवारी बाबू, बाकी तनिक बचाय के चलिहा, बस इतने मिनती हौ।"

"घबराओ मत, सब दुरुस्त हो जायेगा।"

मैं धोबी घाट पर उतर गया। झूरी डोंगी लेकर लौट आया। मैंने घड़ी में देखा--ठीक साढ़े सात बज रहा है।

मैंने भट्टाचार्य महाशय की कुंडी खटखटायी।

"कौन है ?" आवाज जयंती की थी।

"मैं हूँ, रामानंद।" उसने दरवाजा खोला। मैं वसंत मालती की आड़ में आ गया।

"जयंती, तुम यदि खतरा ले सको तो एक बात कहूँ !"

वह मेरे चेहरे पर एकटक देखती रही, "बोलो ।"

"आज बहुत तेजी से छात्रों की गिरफ्तारी हो रही है, क्या मैं आज की रात यहाँ

शरण पा सकता हूँ ?"

"सुनो तिवारी, जयंती है तो घर तुम्हारा है, मगर..."

"रहने दो, मैं और कहीं चला जाऊँगा, तुम्हें नाहक परेशान नहीं करना चाहता।"

"आनंद, मैं कह रही थी कि तुम नौ बजे आ जाना। घंटा-डेढ़ घंटा घाट पर बिता लो। बाबा और माँ तैयार नहीं होंगे। सुबोध दा पता नहीं क्या सोचें। पर मैं प्रार्थना करती हूँ कि तुम कहीं और जाकर अपने को पुलिस के चंगुल में मत डालो। घाट पर सीढ़ियों के नीचे या बूँदी परकोटे के बगल में रुके रहो। नौ बजे सभी सो जाते हैं। तुम ठीक नौ बजे आना, फाटक खुला मिलेगा।"

मैं सीधे हरिश्चंद्र घाट की ओर चला।

पता नहीं शाम की भयानकता का असर था जो अपने ऊपर घट चुकी थी या जाड़े की रात की ठिठुरन का कि हरिश्चंद्र घाट एकदम सन्नाटे में डूबा बेजान-जैसा लगता था। एक ऐसा सन्नाटा कि धीरे-धीरे परकोटों से टकराने वाली लहरों की कल-कल ध्वनि साफ सुनायी पड़ती थी। इसे कल-कल ध्वनि कहें या अपने ही हृदय की भयातुर धड़कन। दूर बायीं तरफ एक चिता जल रही थी। आज मुझे चिता के प्रकाश में भी चीन्हे जाने का भय लग रहा था। मैं देख रहा था, गंगा के कुहरे में डूबे जल में एक डोंगी अस्सी की ओर जा रही है। झूरी भी चतुर आदमी है। लगता है डोंगी को पहले उस पार ले गया तब उसे अस्सी की ओर मोड़ा...

ऊपर बूँदी-परकोटे के दूसरे तल्ले पर रेडियो बज रहा था। मन्ना डे की आवाज में सुगम संगीत चल रहा था :

चंद्रमा की चाँदनी से भी नरम
और रवि के भाल से ज्यादा गरम
वह नहीं कुछ और केवल प्यार है।
प्यार, प्यार, प्यार...

मैं चिता की ओर देख रहा हूँ। पता नहीं किसका प्यार चिता की गरमी में पिघल रहा है !

गंगा अभी सोयी नहीं है। इसलिए रह-रहकर लंबी साँस मेरे बदन को छू जाती है।

सों सों सुं--हवा में ठिठुरन है। संझा बेला ही यह हाल है, बाद की तो ईश्वर ही जाने। मेरी आँखों के आगे चलचित्र की तरह छायाएँ लोटती हैं, करवट बदलती हैं...

"बहार बटिया !"

मैं बहार बटिया कहाँ हूँ। मेरे शरीर में न नन्हकू सिंह का साहस है, न संयम, न दाताराम नागर की मस्ती है, न भंगड़ भिच्छुक-जैसा फक्कड़पन। मैं सिर्फ एक कापुरुष हूँ, भीतर-ही-भीतर संशय और भय से विदीर्ण, टूटा हुआ।... तभी नौ का घंटा बजता है।

रंगपुर कुंज का फाटक खुला है । मैं उसे धीरे से धकेलकर भीतर आ जाता हूँ। जयंती उसे बंद करती है और मुझे संकेत से बिल्ववृक्ष के साथ लगे कमरे की ओर ले जाती है।

कमरे में घुप् अँधेरा है।

"धीरे से, सामने चौकी है।"

मैं चौकी पा जाता हूँ। उस पर एक बद्दा बिछा है। मैं बैठ जाता हूँ। जयंती कुछ देर खड़ी रहती है, फिर आकर मेरी चौकी पर बैठ जाती है। "दो कंबल ही हैं यहाँ।" वह संकोच में है--"मेरी रजाई ऊपर थी; पर उसे ले आने में भय लग रहा था। कहीं दादा कुछ पूछ न बैठें।"

"काफी है जयंती, मैं तुम्हारा यह उपकार जन्म-भर नहीं भूलूँगा। मैं अपना लंबा कोट उतार देता हूँ। पाजामे और कुरते में भी इस कमरे में जाड़ा नहीं है।"

"तुमने परसों की घटना तो सुनी होगी। शुक्ला वगैरह ने दादा को घेर लिया था। तुम्हारा कोई दोस्त है देवनाथ, उसी ने कुछ लड़के भेजकर उन लोगों के मनसूबों पर पानी फेर दिया। मेरी धारणा अब बदल गयी है आनंद। मैं तमाम हिंदी भाषियों को लोफर और बोका ही समझती थी; पर आदमी सब जगह एक-से हैं। दादा ठीक कहते हैं कि हमें प्रादेशिकता की आँख से देखने पर सब जगह कल्मष ही कल्मष नजर आयेगा।"

"मैं बहुत लज्जित हूँ जयंती ! मैं उस वक्त वहाँ न हुआ, नहीं तो शुक्ला को सीख मिल जाती। वैसे शुक्ला की काफी पिटाई हो गयी है।"

"क्यों, कैसे ?"

"वह देवनाथ पर बेदयानतदारी का इल्जाम लगा रहा था। कुछ लड़कों पर उसने सीधे आरोप किये, और उन लोगों ने पीट दिया।"

"दादा से कोई संबंध नहीं है न उस घटना का ?"

"नहीं, नहीं, तुम बिल्कुल निश्चिंत रहो।"

"मैं भी कितनी बुद्धू थी आनंद कि तमाम लोगों को एक विशेषण देकर उनसे घृणा करती थी। इसी हिंदी क्षेत्र में तुम हो, देबू है और जाने कितने लड़के होंगे।"

"यह दृष्टिकोण हमारी सहायता कब तक करेगा जयंती ? आँसू-गैस से कड़ुवाती आँखों से जब दिखायी नहीं पड़ रहा था, मैं एक भीड़ के रेले के साथ जिस गली में झोंक दिया गया, उसमें एक मद्रासी परिवार था। हनुमान घाट की बात है। वहाँ मैंने देखा, वह महिला जाने कितने लड़कों को पानी पिला रही थी और माँ की तरह उनकी आँखें धो रही थी। 'तुम पुलिस से क्यों लड़ता है ? हिंदी हम नहीं चाहता।' वह बोली। ...'पर माँ हम तमिल का विरोध नहीं करते। हम अंग्रेजी का विरोध करते हैं। हम तो चाहते हैं कि तमिलनाडु में तमिल चले, अंग्रेजी नहीं।' ...'तब हमारा लड़का लोग गलत कहता। तुम अंग्रेजी... का खिलाफ है, मद्रासी का नहीं।' ...'मद्रासी तो हमारे भाई हैं अम्मा।'

...तभी उसकी लड़की भी बिना किसी लाज और संकोच के घायलों को पानी पिलाने लगी।--तो जयंती, असल में हम अपने कुछ बने, बनाये पूर्वग्रहों में ऐसे उलझे हैं कि किसी की बात सुनने की फुरसत नहीं।"

"तुम लेट जाओ," जयंती बोली। मैं लेट तो गया ही था।

जयंती मेरे मुँह को सहला रही थी, "बड़ा कड़वा होता है आँसू-गैस का धूम आनंद!"

"कुछ मत पूछो, मिरचे की बुकनी की तरह लगता है।"

जयंती अपनी ठंडी उँगलियों से मेरी दोनों आँखें सहलाती हुई बोली, "कुछ खाया है?"

"घर से खाकर चला था।"

"मेरी शपथ खाकर कहो !"

"पेट भरा है, फिर भी शपथ खा रहा हूँ !"

वह खिलखिलाने को हुई; पर उसने अपने को रोक लिया।

"आनंद तुम कितने हँसमुख हो !" वह एकदम मेरे चेहरे पर झुक गयी और वहीं उसने अपने कपोल रख दिये। मुझे लग रहा था कि नारियल की गरी का एक चिकना टुकड़ा मेरे जलते गाल को छू रहा है। एक अजीब किस्म की सुवास से मेरा फेफड़ा बिल्कुल भर गया। एक ऐसी सुवास जो नारियल, सुपारी और केले की पत्तियों से खिलवाड़ करने वाली जंगली हवा में ही होती है। जयंती मेरी चौकी पर लेटी थी।...

"तुम्हें कंबल ओढ़ना भी नहीं आता ?"

उसने दोनों कंबलों को एक में सटाकर झटका दिया और फिर एक सिरे को पैर से दबाकर ऊपर खींचती हुई बोली, "लो, ऐसे ओढ़ो।" मुझे उसका इस कदर उठकर कंबल उढ़ाना अच्छा नहीं लगा। पर कंबल खींचकर वह उठी नहीं; बल्कि अब वह मेरे आलिंगन में थी।

"आनंद !"

"हूँ ?"

"क्या सोच रहे हो ?"

"इस समय तो कुछ भी नहीं।"

"पर सोचो, हो सकता है कि यह बवेला कल भी चले। जो हो, जब भी अपने को संकट में समझो, मेरे पास आ जाना।"

मैं कुछ न बोला। रह-रहकर मेरी आँखों के सामने किरण नाच रही थी।

"मैं सुख और खुशी में तुम्हें यहाँ आने का आग्रह नहीं कर रही, मैं जानती हूँ कि मैं तुम्हें दो टुकड़ों में बाँटना भी नहीं चाहती। पर कष्ट में जयंती को अपने साथ पाओगे... ।" वह मेरे आलिंगन से निकलकर खड़ी हो गयी।

"तुम सुबह कब जाओगे ?"

"पाँच बजे।"

"ठीक है, आराम से सो जाओ, मैं पाँच बजे आ जाऊँगी ।" जयंती ने कमरे का दरवाजा बंद किया।

"बॉइ !" और वह ऊपर छत पर जाने लगी।

मैंने कुछ न कहा! मैं जयंती को जाने देना नहीं चाहता था। मेरे भीतर का उन्मत्त भैरव मुझे दबोच रहा था। वह फुसाफुसा रहा था कि उठकर हाथ पकड़ लो, जयंती लौट आयेगी।...

पर मैंने जितना जाना है, उसके हिसाब से मन बराबर मुझे रोक रहा था। जयंती वह गाथिक माया-गाछ है जो बिना माँगे सब कुछ दे सकती है। माँगने पर कुछ भी नहीं।

पता नहीं मैं कब सो गया। सारा शरीर थककर चूर था। इसलिए गहरी नींद ने मुझे अपने आगोश में ले लिया।

"आनंद !" जयंती धीरे-धीरे जगा रही थी।

"हाँऽ ।" मैंने लेटे लेटे ही कहा।

"पाँच बज गये।" मैं एक झटके से उठा और अपना कोट पहनने लगा। कहीं झूरी आकर लौट न जाये।

मैं चलने को हुआ तो मैंने स्वयं जयंती के दोनों हाथ पकड़ लिये। वह शायद नमस्कार की मुद्रा में उन्हें जोड़ने जा रही थी। मैंने दोनों जुड़े हाथों को सिर पर लगा लिया।

"विदा बंधु !" वह धीरे से बोली।

मैंने उसे पुनः आलिंगन में बाँधकर उसके होंठों को चूम लिया। फाटक खोलकर मैं सड़क पर आ गया।

रात अभी भी काली थी। सूर्योदय होने में करीब डेढ़-पौने दो घंटों का विलंब होगा।

धोबी घाट पर झूरी जाड़े से काँपता-ठिठुरता अपनी डोंगी में बैठा था।

नाव चली और मैं चुपचाप घर आ गया।

दरवाजा बिट्टो ने खोला था।

"रात में कोई आया था सिपाही वगैरह ?"

"नहीं तो।"

मैंने संतोष की साँस ली, यानी गिरफ्तार होनेवालों की लिस्ट में मेरा नाम नहीं है।

मैं बहुत देर तक सोचता रहा आज की स्थिति पर। अस्पताल के स्टूडेंट वार्ड के बेड नंबर 82 पर हरिमंगल पड़ा था। अस्पताल की ही शय्या, धोयी हुई मारकीन की चादर और लाल कंबल। तकिया उसका अपना है। उसने सिर को आहिस्ते हटाकर पूरा शिनाख्त कर लिया है : उसी का तकिया है। वह उस गमगीन स्थिति में भी, धीरे से मुस्कराता है। यदि वह होश में अस्पताल आया होता तो अपनी मैली चादर और रजाई को लेकर आता। वह कई बार इस वार्ड में आ चुका है। मरीज बनकर नहीं, अपने मरीज साथियों को देखने। उसे हमेशा यह वार्ड अजीब-सा लगता है। कुछ विद्यार्थी सचमुच के बीमार होते हैं और कुछ इसलिए कि यहाँ आराम करने और सेहत बनाने का मौका मिलता है। हर जगह नेता होते हैं। जैसे जेल में चारों ओर बदमाशों के नेता होते हैं, वैसे ही मरीजों के भी नेता होते हैं। वार्ड में एक नेतानुमा विद्यार्थी चहल-पहल मचाये था। वह कभी इस बेड पर बैठता, कभी उस बेड पर। जिस किसी स्टैंड पर संतरे दिख गये, उठा लेता। छीलता, खाता और मरीज को खुश करने के लिए तरह-तरह के लतीफे सुनाता। हरिमंगल के सिर में दर्द था। वह करवट लेता था। कई बार इच्छा हुई कि एक क्षण चित लेटकर वह कुछ देर के लिए ऊपर की सफेद सीलिंग को देख पाता । वहाँ बिरानी है, इसलिए उसे यकीन है कि उसमें एकटक देखते रहने से थोड़ा सुकून मिलेगा। पर वह चित नहीं लेट पाता। सिर झनझनाने लगता है।

"कहो पार्टनर !" नेतानुमा विद्यार्थी उसके बेड के पास रखे बेंच पर बैठ गया, "क्या हाल हैं आपके ?"

"ठीक हूँ।"

नेतानुमा विद्यार्थी कुछ और पूछे, उसके पहले ही हरिमंगल ने बगल में स्टैंड पर रखी सुराही के पास से खींचकर एक संतरा उसकी ओर बढ़ा दिया।

नेतानुमा विद्यार्थी बड़े भोंडे ढंग से हँसा, पर लगता था कि उसने हाल-हाल में ही नेतागीरी शुरू की है, क्योंकि हरिमंगल ने गौर से देखा कि उसका चेहरा किंचित् उदास हुआ। झेंप की हल्की सुरसुरी दौड़ी, पर उसने दूसरे ही मिनट अपने को सँभाल लिया, "आपकी किसी से दुश्मनी है ?" उसने संतरा छीलते हुए पूछा।

"नहीं तो।" हरिमंगल ने कहा।

"माफ कीजिएगा।" नेतानुमा लड़के ने बेंच को बेड से सटा लिया। वह आहिस्ते-आहिस्ते बोलने लगा, "आपके पार्टनर ने तो कहा कि कल के छात्र-पुलिस भिड़ंत में चोट आ गयी। पर बात ऐसी है नहीं। आपकी असली चोट, क्या कहते हैं, इसे, अजी, 'नेक' यानी गरदन के ऊपर है। आप उसी से बेहोश हो गये थे। 'नेक' के ऊपर का हिस्सा पार्टनर बहुत 'डेंजरस' होता है। हाँ, यदि चोट जरा और होती तो आप... ।" उसने आँख नचाकर मरने का अभिनय करते हुए कहा, "रफ्फू हो जाते--क्या समझे ?"

"यही कि रफ्फू-चक्कर हो जाता ?"

"हुँऽ, यू आर सिली ! अच्छा पार्टनर, इसे छिपा ही रहने दीजिए। वो तो मैंने मैट्रन से पूछा। आपके डॉक्टर ने बताया होगा कि सिर के पीछे चार गहरे घाव हैं। लगता है, किसी बदमाश ने लोहे का बघनखा लगाकर मारा है। यह बड़ी खतरनाक चोट होती है। बड़ी खतरनाक ! डेथ गिविंग ब्लो... जी..." वह उठा और मुस्कराते हुए बोला, "विश यू गुड लक !"

"शुक्रिया !" हरिमंगल ने लाल कंबल के हिस्से को गरदन से नीचे कर लिया।

वह गुमसुम लेटा रहा। कोई कँटीली चीज थी, चिचोड़ी हुई मछली के कंघीनुमा काँटे की तरह, जो उसके गले में फँस गयी थी। उसने अपने दिमाग पर जोर डाला--जैसे वह स्पंज हो कि भीतर का द्रव उगल देगा। एक बिना राह का जंगल उसके माथे के भीतर हरहराने लगा। उसमें केवल अंधड़ था, गर्द थी, आँखों को धूल से भर देनेवाली बेहया हवा थी। अचानक उसकी पलकें झपकीं और उसे लगा कि बहुत चाहकर भी वह कलेजे से उठती हुई हूक को रोक नहीं पाया है। कुछ ऐसा गरम-गरम गजीला भीतर से उमड़ा है कि आँखें डबडबा गयी हैं। उसने कंबल का टोका खींचकर अपनी आँखें पोंछ लीं। एक खुरदरी हथेली जैसे उसकी आँखों पर घूम गयी हो। शिवमंगल राय का वह पुत्र है। कहते हैं कि जवानी में एक बार उन्हें मुखिया के इशारे से बीसों लठैतों ने घेर लिया था।

'आवो लोग, तनिक सँभाल के चलिह। ई शिवमंगल राय हैं भइया, जेकरे लाठी में तेल नाहीं रकत पियावा जात है !'

बीसों लाठियाँ एक साथ दद्दू पर गिरीं और दद्दू ने उन्हें ऐसे ठरकाया जैसे लाठियाँ किसी के बदन पर नहीं, चट्टान पर गिरी हों।

तभी दद्दू ने पैंतरा बदलकर रामसुखा अहीर की पीठ पर लाठी मारी थी। बंदूक छूटने जैसी आवाज हुई और वह धान के खेत में उतरा गया था। दो दिन तक कंहरता रहा। डॉक्टर ने देखा तो कहा कि गिरने से ऐसी चोट नहीं लग सकती। रीढ़ की हड्डी की कोई गाँठ साबूत नहीं है। रामसुखा जब मरा था तो गाँव में कुहराम मच गया था। चढ़ती बान का वह ऐसा पट्ठा था कि दद्दू खुद कहते थे कि यह मेरा नाम रोशन करेगा। वही रामसुखा दद्दू का सबसे बड़ा दुश्मन बन बैठा। जवानी के जोम में अपने उस्ताद की इज्जत को ही तिड़ी करने की ठान ली।

'मैं उन्हीं का पुत्र हूँ।' हरिमंगल ने छटपटाते हुए करवट बदली, 'यह विद्यार्थी नेता कह गया है कि किसी ने उँगलियों में बघनखा पहनकर उस पर पीछे से वार किया।' उसने मन-ही-मन दुहराया, "होगा कोई जो मेरी ज़िंदगी को तिड़ी करना चाहता है। मैंने क्या बिगाड़ा है किसी का !' उसके भीतर एक अलहदा-जैसी लगनेवाली चीज भुनभुना रही थी। 'सही है कि मैं इज्जत को प्यार करता हूँ । कौन नहीं करता, पर मैंने किसी की इज्जत पर हमला तो नहीं किया...'

तभी उसके दिमाग में दीये की टेम पर रखी फुलझड़ी जैसे भस्म से जल उठी।

अपनी छत पर अगरवाल खड़ा था। सामने दीन मुद्रा में अक्षय था। उसी पूरी बातचीत याद है।

'अगरवाल ऐसी हिम्मत नहीं कर सकता।' वह अलहदा चीज फिर सुगबुगाई, "वह डरपोक है। अपने भेद की बातें सुनकर वह कछुए की तरह गरदन की खोल सिकोड़कर कमरे में चला गया था। उसने अक्षय को सिर्फ जानकारी के लिए नहीं भेजा था, बल्कि वह एक तरह की प्रार्थना भी थी कि वह आगे ऐसा नहीं करेगा।'

"तब !" वह बेसाख्ता छटपटा उठा।

"सिस्टर !" बगल के विद्यार्थी ने आवाज दी, "देखो, इन्हें शायद परेशानी है।"

नर्स पास आ गयी थी। "हल्लो मिस्टर राय !" वह सामने की बेंच पर बैठ गयी। उसने हरिमंगल के सिर को सहलाते हुए पूछा, "दरद बड्ड गया है ?"

केरली नर्स के इस व्यवहार से हरिमंगल कुछ शांत हो गया, "नहीं सिस्टर, पता नहीं क्यों मेरा सिर चक्कर खा रहा है, जैसे सब-कुछ गोलाई में घूम रहा हो।"

"ओह, आई सी," नर्स ने वैसे ही सहलाते हुए कहा, "आप एक गिलास ग्लूकोज का शरबत लो।" वह सुराही से गिलास उतारती हैं। सामने के पैकेट से दो चम्मच ग्लूकोज निकालकर गिलास के पानी में घोलती है। चम्मच गिलास में अजीब हरकत करता है। खड़र-खड़र-खड़र्...

हरिमंगल चौंककर बैठने की कोशिश करता है। उसे लगता है कि कोई कीलोंवाले तल्ले का भारी जूता पहने उसके पीछे आ रहा है। वह बेड पर झटके से बैठ जाता है।

"नो, नो, ह्वाट आर यू डूइंग...!" नर्स गिलास स्टैंड पर रखकर उसे फिर लिटा देती है। वह तकिए के सहारे लेटा था। नर्स सिरहाने की स्प्रिंग कसकर ऊपर करती है।

"लो, पीयो।" वह पैकेट बंद कर रही है, "आपको माथे पर जोर देना नहीं, हाँ, इसी माफिक पड्डा रहना ।"

"लेकिन सिस्टर, मैं ऐसे नहीं लेट पाता। सिर में पीछे की तरफ बहुत दर्द है।"

"हाँ, ठहरो।" नर्स उसके माथे के नीचे अपना हाथ लगाकर सहारा देती है। वह शर्बत पीकर फिर करवट लेट जाता है।

"ठीक है ?" कुछ देर रुककर नर्स मुस्कराती है।

हरिमंगल फीकी हँसी से उसे विदा करता है। उसने सोच लिया है कि अब वह बीती बातों को अपने दिमाग की राख में से कुरेदकर निकालने की कोशिश नहीं करेगा। पर तभी उसका सारा शरीर पसीने से भीग जाता है। क्या मेरा दिमाग फट गया है, वह घबराता है और पसीने की बूँदें सिर पर भी छलछला आती हैं।

"हे भगवान्, मुझे क्या हो गया !" वह बड़बड़ाता है।

उसी समय सामने हौसलाप्रसाद आकर बेंच पर बैठ जाता है। वह पीछे मुड़कर देख रहा है। कभी सामने के दरवाजे की ओर देखता है, कभी हरिमंगल की ओर।

"अरे, आपका सारा बदन तो पसीने-पसीने हो रहा है।" उसने तौलिया से हरिमंगल का मुख और बाँहें पोंछ दीं।

रामानंद ने दरवाजे पर खड़े होकर एक नजर इधर-उधर देखा और हौसला के बुलाने पर सीधे हरिमंगल के बेड के पास पहुँच गया।

हरिमंगल आँखें बंद किये हुए लेटा हुआ था। रामानंद एक क्षण उसके चेहरे पर देखता रहा।

"यह पत्थर या लाठी का घाव नहीं लगता हौसला।" रामानंद धीरे से बोला।

"मुझे मालूम है।" हौसला ने कहा, "पर हरी बाबू को यह न मालूम हो तो अच्छा है, क्योंकि डॉक्टर साहब कह रहे थे कि दिमाग पर 'शाक' गहरा है।"

फिर कोई कुछ न बोला। दोनों खामोश कुछ देर तक बैठे रहे।

रामानंद के भीतर कुछ भँवर-जैसा घुमड़ा। लहरें तेज होती गयीं। जल भौंरी को चीरकर एक आदमी बाहर आया। वह पानी पर अपने मोटे बूट को मजबूती से रखता हुआ किनारे की ओर बढ़ता गया। उसका समूचा सिर लाल गावटी से बँधा था। कर्र की आवाज हुई और रामपुरी चाकू रोशनी में कौंध उठा।

"ये ऐसे गुमसुम क्यों हैं ?" रामानंद को लगा कि वह अपने भीतर के आदमी से इतना डरा है कि वह एक क्षण रुक नहीं सकता है। वह घबराकर बोलने लगा, "रात में नींद नहीं आयी थी क्या ? डॉक्टर ने कुछ और तो नहीं कहा है ?"

हौसला बड़ी परेशानी से रामानन्द की ओर देखने लगा, "हरी बाबू सोये नहीं हैं तिवारीजी ! वे सिर्फ थके-से लगे हैं।"

"कौन है हौसला ?" आँखें बंद किये हरिमंगल बोला।

"तिवारीजी आये हैं हरी बाबू !"

तिवारी का नाम सुनकर हरिमंगल ने आँखें नहीं खोलीं। तिवारी युनिवर्सिटी के परिचितों से दूर रहते हुए भी सबसे नजदीक था। पता नहीं, वह क्या सोच रहा होगा। जिसे जो सोचना है सोचे...। हरिमंगल के भीतर की अलहदा चीज फिर सचेत हुई--'मैंने कोई पाप नहीं किया है, मैंने कोई गलती नहीं की, गुंडई नहीं की, पर इस पर एतबार कौन करेगा ?'" उसकी आँखें छलछलायीं। उसने हथेली से आँखें मलीं और सामने बैठे हौसला और तिवारी को देखने लगा।

"तुम तो बगल में ही थे।" हरिमंगल हौसला से कह रहा था, "तुमने किसी को देखा ?"

हौसला सन्न रह गया, तो हरी बाबू को सब मालूम हो गया है ! उसने एक क्षण मन को कड़ा किया, "आपसे किसी ने कुछ कहा है ?"

"तुम मुझसे जो छिपाते रहे, वह मैं जान गया हूँ। तुम चिंता मत करो । मेरे दिमाग को शॉक लग रहा होगा, अब भी वह चकरा रहा है, पर घूमती हुई दुनिया का भी हुलिया

ज्यों-का-त्यों रहता है। सिर्फ चक्कर के समय अपने चकराते सिर के साथ चिपके रहने की जरूरत होती है। मुझसे कोनेवाले 'बेड' का नेतानुमा छात्र बता गया है कि पुलिस की लाठी की चोट नहीं है। न तो लड़कों द्वारा फेंके ईंट-पत्थर की। वह यह भी कह गया है कि कोई उँगलियों में बघनखा डालकर 'डेथ गिविंग ब्लो' दे गया है।" हरिमंगल ने कृत्रिम ढंग से मुस्कराते हुए हौसला और तिवारी को देखा ।

"असल में मैं चूक गया हरि बाबू !" हौसलाप्रसाद बोले, "भीड़ ठसाठस थी। पुलिस और लड़कों में जमकर ढेलेबाजी हो रही थी। आपके साथ मैं ज्यों ही सामने घाटवाली सड़क पर मुड़ा, उस आदमी ने आप पर पीछे से वार किया। आप झलमलाये, मैं ज़ब तक चिल्लाऊँ तब तक तो आप बेहोश होकर गिर पड़े थे। मैंने सिर्फ इतना देखा कि वह नाटे कद का गठीला आदमी था। काली पैंट और सफेद बुशर्ट पहने। वह बड़े इत्मीनान से मुड़ा और पॉकिट में हाथ डाले तेज-तेज कदमों से पीछे लौट गया। मैं सोचता था कि उसका पीछा करूँ पर आपको छोड़कर जाना ठीक नहीं लगा। फिर वहीं आपकी साइकिल भी गिरी पड़ी थी।"

"तुमने अच्छा किया माइ बॉय !" हरी बाबू ने प्यार में कहा, "तुम उसका पीछा करके ही क्या पाते ? क्या तुम छात्रों की भीड़ में वैसी ही पोशाक पहने किसी बाहरी आदमी को पहचान सकते हो ? नहीं पहचान सकते। सारी गड़बड़ी की जड़ यह पोशाक है। नयी पोशाक। विदेशी संस्कृति की देन, जिसे पहनकर हर आदमी, चाहे वह किसी भी पेशे का हो, छात्र बन जाता है। छात्र माने एक खास पोशाक...हा-हा-हा...क्यों रामानंद, है कि नहीं ?"

"पोशाक और छोटी-मोटी कुछ और चीजें--कनपटी तक का खत, बोलने में गालियों का पुट और अंग्रेजी के टुकड़े, बस--आप एक दम सौ में सवा सौ फीसदी छात्र हैं, इसमें कोई शक नहीं !"

"तो वह छात्र नहीं तो और कौन था ?" हौसलाप्रसाद धीरे से बोले।

"यह कौन जानता है ? लेकिन ज्यादा देर नहीं लगेगी। मैं यदि बच गया तो मैं दिखा दूँगा तुम्हें कि पोशाक की खोल के भीतर से असली चेहरा कैसे निकाला जाता है। मैं दद्दू की शपथ लेकर कहता हूँ कि मैं इस मुकम्मल गैंग को ध्वस्त करके ही दम लूँगा चाहे स्वयं भी ध्वस्त क्यों न हो जाऊँ।"

हरी की शपथ पर रामानंद सिहर उठा। हरिमंगल के चेहरे पर तमतमाहट थी, एक नयी रंगत, जिसके कारण उसका फीका मुँह कुछ अजब लग रहा था।

"आप ज्यादा न बोलें हरी बाबू," रामानंद ने आहिस्ते से कहा, "आपको आराम की जरूरत है। ज्यादा हिलने-डुलने से टाँके टूट सकते हैं। पहले आप ठीक हो जाइए। इसके बाद देखा जायेगा।"

हरी बाबू कुछ नहीं बोले।

"संतरा दूँ ?" हौसलाप्रसाद ने पूछा। वह स्टैंड से संतरा उठाकर छीलने लगा।

हरी बाबू संतरे की फाँक मुँह में डाले चुभल रहे थे, पर दिमाग बदस्तूर अपनी उड़ानों में मशगूल था।

"संतरा खाइए, सोचिए मत।" रामानंद मुस्कराया।

"हौसला, तिवारी को भी संतरा दो।"

"मैं बिना संतरे के सोच लेता हूँ हरी बाबू !" रामानंद बोला।

"तो इन्हें चाय मँगवा दो कैंटीन से, ताकि कुछ देर सोचने से फुरसत पा सकें।"

"हम जा रहे हैं कैंटीन," हौसला ने कहा, "आपके लिए भी चाय लेते आयेंगे।"

"ठीक है।"

दोनों स्टूडेंट वार्ड से निकलकर अस्पताल की कैंटीन की ओर चलते गये।

हरिमंगल के घावों के टाँके काट दिये गये। हौसलाप्रसाद उसे डेरे पर ले आये। उस दिन तिवारी भी साथ था। अपनी पुरानी चौकी पर रजाई के अंदर पाँव डालते हरिमंगल मुस्कराया, "जगह भी एक जिंदा चीज है तिवारी ! अपनी जगह अपनी बीवी की तरह इतनी परिचित होती है कि आप बेफिक्र वहाँ जैसा चाहें व्यवहार करें।"

रामानंद हँसा, "भाभीजी की याद आ रही है ?"

"चुप बे घोंचू, इतना बड़ा इंटलैक्चुअल बना फिरता है, एक साहित्यिक आइडिया का लुत्फ़ भी नहीं उठा सकता ?" हरिमंगल चुप हो गया। उसे आशंका हुई कि कहीं तिवारी ने मेरे ऊपर घटी विपदाओं का समाचार सोनाचक न पहुँचा दिया हो।

"तुमने गांव-जबार के किसी से मेरे बाबत कुछ बताया तो नहीं ?" हरिमंगल के सवालिया चेहरे को देखकर रामानंद हँसने लगा।

"आपने मना तो किया नहीं था।"

"अब मुझे क्या मालूम कि आप ऐसे गावदी हैं कि हर चीज आपको बतानी पड़ेगी।"

"बहरहाल आपकी मालूमात में मैं कोई 'अमेंडमेंट' नहीं करना चाहता। इच्छा हुई थी कि दद्दू को खबर कर दूँ, परंतु यह सोचकर कि बेमतलब देश-दिहात में काँव-काँव मेचेगी, चुप मार गया।"

"चलिए, कुछ तो अक्ल नाम की चीज आपके पल्ले भी डाली गयी है...!"

तभी हौसलाप्रसाद तीन कप चाय लेकर आये। एक कप हरी बाबू को दिया, एक तिवारी को और तीसरा खुद लेकर बैठ गये।

"हरी बाबू !" हौसला ने कहा।

"हाँ, पांडेजी !"

हौसला मुस्कराये नहीं, गंभीर हो गये, "तीन-चार रोज पहले घर से चिट्ठी आयी है। मुझे दो-तीन रोज के लिए गाँव जाना होगा। आपको इस हालत में छोड़ना ठीक भी नहीं लगता... ।"

"अरे यार हौसला," हरी ने रजाई में से पैर खींचा और चौचक बैठते हुए कहा, "जो होना था वो हो गया प्यारे ! तुम ठाठ से घर जाओ और आराम से वहाँ की जरूरत सलटाकर लौटना। जल्दीबाजी मत करना मेरे वास्ते।"

"सो तो ठीक है, पर मैं सोच रहा था कि आप तीन-चार रोज तिवारीजी के यहाँ रह जायें तो...?"

"बिल्कुल ठीक कहा हौसला ने। हरी बाबू, आप मेरे साथ ही चले चलें। जब हौसला आ जायेंगे, आप यहाँ आ जाइएगा।" रामानंद ने गंभीरता से कहा।

"मैंने आप दोनों महानुभावों का वार्तालाप रोग-शय्या पर आँखें मूँदे-मूँदे सुना था। आप सज्जनों की चिंता उचित है; पर भगवान् के नाम पर मुझे अपंग और निहायत अपाहिज मत बनाइए। मैं यहीं रहूँगा और अकेले रहूँगा। तिवारीजी, एक बात और सुन लीजिए, आप अब यहाँ पाँच-सात दिन के बाद ही आयेंगे। अपने काम पर जाइए और घर सँभालिए।"

हरिमंगल की इन बातों पर दोनों में से कोई कुछ न बोला। उसी दिन दो बजे दोपहर की गाड़ी से हौसला गाँव चले गये। रामानंद कुछ देर बैठा रहा, फिर वह भी अपनी ट्यूशन पर चला गया।

हरिमंगल ने दरवाजा भेड़ दिया था। उसने बड़े इत्मीनान से सिरहाने रखी पुड़िया में से लौंग निकाली और मुँह में डाल ली। जीभ पर पड़ी हल्की छौंक ने दिमाग की हर शिरा को जगा दिया। वह खिड़की के पार बिछी पतली सड़क को देखता रहा। शुरू जाड़े की धूप में सड़क गुलजार लग रही थी। साइकिलों और रिक्शों की टुनटुनाती आवाजें, मोटर साइकिल की घर्राहट कभी-कभार सन्नाटे को बिखरा देतीं, फिर वही सन्नाटा। सन्नाटा भी कैसी आबदार चीज है ! उसे छेड़ो मत तो वह अजब आत्मविश्वास के साथ चमकती रहेगी, जरा-सी हरकत हुई कि वह रंग बदलकर इस तरह गेंडर मार लेगी जैसे नागिन फुफकार रही हो।.......

हरिमंगल सोच रहा था कि आज शाम सिर्फ खिचड़ी बनेगी। जुल्मी खिचड़ी। यानी चावल-दाल-हल्दी-आलू-परवल सब एक में गडड्मडड् । पाँच बज रहे होंगे। शाम धुँधला गयी थी। उसने रजाई एक तरफ की और अँगीठी में कोयले भरकर हाथ धोने लगा।

तभी साँकल जोर से खड़खड़ाई ।

हरिमंगल एक क्षण चुप खड़ा रहा।

"कौन है ?"

"खोलिए ।" आवाज किसी औरत की थी। हरिमंगल ने साँकल खोली तो सामने लाजवंती को खड़ी देखा।

"तुम ? तुम यहाँ क्या करने आयीं ?"

"तोहे देखे बदे चली आयी !" उसने आहिस्ते से कहा। उसकी आँखे हरिमंगल के सिर पर सटी पट्टी में लगी हुई थीं।

"तुमसे किसने कहा कि मैं आ गया हूँ ?"

"हौसला बाबू गाँव जाय रहे थे। वो ही बताये..."

"हूँऽ तो यह हौसला भी साला एक ही काठ का उल्लू है। यहाँ कौन नुमाइश लगी है जो देखने आयी हो ?"

"तोहार चोट देखे बदे आयी हैं, नुमाइश नाहीं। तू इतना कुरोख[1] काहे बोलत हौ बाबू !"

"सुनो लाजवंती," हरिमंगल ने पास में रखी सलाई उठायी और अँगीठी के पास बैठ गया, "तुमने बड़ी दया की कि देखने आ गयीं। अब मेहरबानी करो और इहाँ से चलती बनो।"

हरिमंगल ने तीली जलाकर चूल्हे में लगायी। पर तीली जलकर चुटकी में समा गयी और अंगीठी ज्यों-की-त्यों निर्विकार पड़ी रही।

"ही-ही-ही-ही..." लाजवंती पल्लू मुँह में लगाये हँस रही थी, "अंगीठी जलाने का भी तो सहूर नाहीं तोहरे, पर बात मुआ वकीलन की नाईं करत हौ कि सगरी दुनिया हिल जाये।"

"मुझे अँगीठी नहीं जलाने आती तो तेरे बाप का क्या ? जाके उस अगरवाल साले की अँगीठी जला और अपनी 'ही-ही-ही-ही' उन्हीं बाप-बेटों को सुना, समझीं ?"

"अगरवाल और ओकरे बेटवा के नाँवें हमार बाप पट्टा नाहीं लिखाय गवा है जोन तू हमें हुआँ निलामी चढ़ाय के भेज दिहौ।"

"तो तू क्या वहाँ काम नहीं करतीं अब ?"

"हम काम करै बदै हुआँ गये रहे कि बाप-बेटा में किचकिच करावै ? ऊ दूनों बेमतलब हमार नाँव ले-ले के रोज लड़त रहैं और गारी बकत रहैं। बहूजी बोलीं कि लाजो तू इहाँ से काम छोड़ के कहीं अनतै चली जा, नाहीं. हमार तो प्राण दूनो ओर से अधजल में पड़ा है। ठीकै कहत रहीं बिचारी। एक ओर अपने मनई तो दूसरे ओर अपने बेटवा। हम भी सोचा कि आधा पेट खाय के कहीं सांति से मरब बढ़िया हौ, बाकी ई कबाड़िन के बीच लाज नोचाउब ठीक नाहीं, बस छोड़ के चले आये।"

"बहुत अच्छा किया, अब आप घर जाइए, हमें अपने हाल पर छोड़ दीजिए--

---

1. रुक्ष

चलिए।"

"एतना दुरदुरावत काहे हो बाबू, हमरे खड़ा होवे से तोहार कमरा छुतहा न हुई जाई, लाओ हम अँगीठी धराय दैं, फिर तोहार जइसा मन होय, कच्चा-पक्का बनाय के खइहौ और हमरे नाँव पर सौ-दुई सौ गालिन कै गीता पाठ कइ लिहो।"

लाजो ने हरिमंगल के हाथ से सलाई ले ली। उसने इधर-उधर देखा। गोइंठे का टूटा हुआ टुकड़ा बगल में ही था। पास ही बिना पल्ले की अलमारी में किरासन के तेल की बोतल भी थी। उसने गोइंठे के टुकड़े पर तेल गिराया और अँगीठी में रखकर जलती सलाई छुला दी। कोठरी धुएँ से भर गयी।

"अब इसे बाहर रखो कि कमरे में मच्छर भगाने चली हो।" हरिमंगल चौकी पर बैठा भुनभुनाया।

लाजो हँसी, "अँगीठी छुवै बदे हुकुम देबौ तबै न हम उठाउब।"

"ले जा जल्दी बाहर।" हरिमंगल की आँखें कड़ुवा रही थीं, फेफड़े तक तीखा धुआँ सरसरा रहा था।

लाजो ने अँगीठी बाहर सड़क पर रख दी। थोड़ीं देंर बाद कमरा धुएँ से खाली हुआ। वह दरवाजे के पल्ले को पकड़े हरिमंगल को देख रही थी।

"तू हुआँ पढ़ै बदे जात हौ कि लड़कन और पुलिसन के मारपीट के मुऐना करै बदे... ।"

"तुमसे क्या वास्ता है ? हम मरने के लिए जाते हैं, तेरा कुछ लेकर।" हरिमंगल गुस्से में बोला।

"मरैं तोहार दुस्मन," लाजो हिचककर बोली, "तोहसे हमार का वास्ता। कहाँ तूँ बड़मनई, कहाँ हम छुटभइया लोग, जिनके दूनो जून खाना भी नसीब नाहीं होत। दिल नाहीं माना, चले आये। सुना, तोहार तबीयत ठीक ना हौ। एक बार तूँ सभै हमें गुंडन से बचाए रहौ, सोचा कौनो सेवा बन जइहै तो मन के संतोष हो जाई। तोहें हमार आउब एतना अखरी, ई न सोचा हम, अच्छा बाबू, नमस्ते... !" लाजो पल्लू से आँखें पोंछती जाने लगी।

"अरे जाती कहाँ है ? भई, मेरी तबीयत ठीक नहीं है। जाने क्या-क्या बक जाता हूँ, बुरा मत मानना। जमाना बड़ा खराब है। किसका विश्वास करें, किसका न करें, कुछ समझ में नहीं आता।"

"हम तोहरे संगे कौन बिसवासघात किया जौन तू हमरे पर ई तोहमत थोपत हौ ?"

"अरे भाई, तू अगरवाल की आदमी है। वे हम लोगों से चिढ़ते हैं, इसलिए कह दिया।"

"तूँ बार-बार अगरवाल के नाम लेके हमका जलील काहे करत हौ ? हम कह दिया कि अगरवाल से हमार कौनो वास्ता नहिंनीं।"

"अच्छा-अच्छा, बैठो ।' हरिमंगल ने सोचा कि शायद इससे अगरवाल के बारे में कुछ जानकारी मिलेगी।

लाजो बगल में जमीन पर बैठ गयी। हरिमंगल ने उसे नये सिरे से देखा । अक्षय ने ठीक कहा था, वह सोचने लगा। लाजो संस्कारी औरत है। संस्कारी एक गोल शब्द है। लाजो खुली है, साफ है। लाजो देखने में जितना मासूम लगती है, शायद उतनी न हो। पर क्या पता--मुसीबतों में मासूमियत मर ही जाती है, यह भी तो एक चालू बयान ही है। वह यहाँ अपनी बुढ़िया मौसी के साथ क्यों रहती है, जो इसकी बदमाशों से रक्षा भी नहीं कर सकती।

"तू अपनी ससुराल में क्यों नहीं रहती ?"

"आपसे वास्ता ?" वह चिलककर बोली।

"अरे ऐसे ही पूछ लिया। इस तरह रहने से बदनामी होती है।" हरिमंगल तटस्थ होकर बोला।

"हम आपकी नाईं पढ़ी-लिखी नहिंनीं, हम तो बस इत्ता जानित हैं कि मानुस के गंध से जेके घिरना होय, हुआँ न रहे के चाहीं। सरकार सोना के काम ठप्प कर देलेस, बप्पा गिरानी में पड़ गये, जवान बेटी कपार के भार होत है। तवन ऊ हमके एक ठे मलेच्छ के खूँटा पे बान्हि आये। चार-चार बेटवा के रंडुवा बाप से हमार सादी भई। हम सोचा कि चलो इहै सही। करम गति के केहू टारि नाहीं सकत है । बाकी जब नियरे से देखा त माथा ठनक गवा। ऊ जुआड़ी आ सराबी दूनौ रहा। सराब पी के अइसा भंइसा नियर लाल ढेंढर निकारि के हमसे बोलत रहा कि हमार तन-मन जरि के राख होय जात रहा। हम बहुत सहा बाबू। जब ऊ हमरे पर पहली दफा हाथ उठायेस तो हम गम खा गये। अपने बाप की उमरि के आदमी से देह नोचाउब और रोजीना मार खाब, हमसे सहा न गवा, हम हुआँ से भागि आये। अब तू ही बताओ बाबू कि सती सावित्री होखे बदे केतना मार खाये आ जलील होखे के विधान हौ तोहरे सास्तर में ?"

लाजो की बात सुनकर हरिमंगल चौंक गया। कितने गहरे अंतर्मन की पीड़ा और आक्रोश से वह यह सब कहे जा रही थी।

"शास्त्र तो कहता है लाजो, कि लड़की जब ससुरे की देहली पार करके भीतर जाती है तब बाहर उसकी लाश ही निकलनी चाहिए, जिंदा कभी नहीं।" हरिमंगल उसके चेहरे पर एकटक ताकता रहा।

"अइसे सास्तर पर थू-थू !" उसने मुँह बिदकाकर कहा, "सगरा सास्तर तिरिया के सताव बदे बना है। मरद के हजार खून माफ। ओके छुट्टी कि ऊ चाहे त अपने मेहरारू के कुत्ता की नाईं झकझोरत रहे, आ औरत बदे सास्तर बोल देलेस कि ड्योढ़ी लाँघब पाप है। बाह रे दुनिया--बाह रे सास्तर !" उसने आँचल के खूँट से मुँह पोंछा, "तोहार अँगीठी आय गयी है।"

"आय गयी है तो बुला लाओ !" हरिमंगल हँसा।

लाजो ने बाहरी दालान में चौके के पास अँगीठी रख दी।

"का बनी ?"

"हम तो खिचड़ी की सोच रहे थे, अब तुम जब बना रही हो तो जो खिला दो।"

"सोच लो बाबू, जिंदा ड्योढ़ी डाँकिवाली तिरिया के हाथ के खाना खाये के बारे में तोहार सास्तर कहीं रोक-टोक न करत होय !"

"हम तो लाजो, जनम के शास्त्र-विरोधी हैं, इसी से न तो घर के हुए, न घाट के।" हरिमंगल ने लंबी साँस ली और पास रखी चट्टी पहनकर वह चौके में हेल आया, "इधर देखो--इस अलमारी में राशन है।" उसने ताला खोलकर पल्ले खींच दिये।

"बड़ा सजाय के रक्खत हौ तू ई सब। ई सब गृहस्थी मरद होके कैसे सीख लियौ बाबू ?"

"अरे ई सब माया हमारे हौसलाप्रसाद की है। हमें करना हो गृहस्थी तो अलमारी में एक हँड़िया और कनस्तर साबूत न बचे।"

"हौसला बाबू दिल के बड़े मयगर[1] मनई हैं।"

"हाँ, जैसी तुम हो !"

वह हल्के मुस्करायी और अपने काम में लग गयी। हरिमंगल निश्चिंत भाव से रजाई खींचकर चौकी पर लेट रहा। उसके मन में रह-रहकर शंका का धुंध छा जाता। क्या पता यह भी मेरे दुश्मनों से मिली हो ! लाजो की बातचीत में एक ऐसी निःछद्‌म आत्मीयता थी कि मन को विश्वास भी नहीं होता था कि वह कोई खोटा विचार लेकर उसे फँसाने की गरज से यहाँ आयी है।

'किसी के मन के भीतर की कौन जानता है !' वह बुदबुदाया। उसने अपने को आश्वस्त करने के लिए पैरों को तनेन किया। बाँहें चटकायीं और फिर निढाल होकर पड़ा रहा। वह जितना ही ऊपर घटी घटना से अपने को अलग करना चाहता, उतना ही अपने दिमागी पंक में धँसता चला जाता। आज से एक पखवारे पहले तक वह एक निर्द्वंद्व, आत्मविश्वास से भरा किसी की परवाह न करनेवाला व्यक्ति था। आज उसे सब कुछ अपने से अलग कटा हुआ लगता है। बगल के चौराहे पर खड़ा बूढ़ा पीपल अजीब ढंग से सनसनाता है। वह यूनिवर्सिटी से लौटकर सामने की खिड़की खोलकर कुरसी पर बैठा इस पीपल को घंटों देखा करता था। उसे अपने दरवाजे के सामने तालाब के भीटे पर खड़ा पीपल याद आता। साल के नौ महीने वह एक-जैसा रहता, पर फगुनहट चलते ही उसके पुराने पत्तें झड़ने लगते और तालाब की छोटी-छोटी लहरों पर हजारों पीली-पीली नावें तैरने लगतीं। फिर पूरा पेड़ नंगा हो जाता। एकदम नंगा--जैसे कोई उसकी

---

1. प्रेमी

खानातलाशी कर रहा है और वह मुजरिम की तरह तपती धूप में खड़ा कर दिया गया है।

फिर एक दिन वह देखता कि पूरा पेड़ लाल-लाल ताँबिये कल्लों से लद गया है। उसे लगता, जैसे किसी ने माता-पूजा के बाद पीपल की हर डाल पर ओड़हुल की मालाएँ लटका दी हैं। लाल रक्षा की डोरियों से पीपल की कलाइयाँ बँधी हुई हैं। पत्ते हरियाते, गझिन होते, और फिर हरे-हरे गोदों से टहनियाँ भर जातीं।

जेठ-असाढ़ी में गोदे पककर मीठे फलों में बदल जाते। एक झुंड हरे सुए, हरे-हरे हारिल, लंबी कलंगी हिलाते छोटे-छोटे कठफुड़वे, और सारी फिजाँ को अपने 'कैंक्-कैंक्' की आवाज से गुंजान करने वाले सतभैये पीपल पर डेरा डाल देते।

फिर बारिश--खूब झकझोरने वाली झड़ी। सारा पेड़ नहा-धोकर ताजा लगता। सारा पेड़ मछलियों की टोह में पीपल की डालों पर बैठे बगुलों से भर जाता। लगता कि सामने कोई बहुत बड़े आकार का फूलों से लदा गंधराज का वृक्ष हो ! वह धीरे से एक कंक्ड़ उठाता और पेड़ की ओर फेंक देता। सारे बगुले हवा में बिखर जाते। सामने फिर वही पीपल का पेड़ होता। नीले-नीले गोदों से भीटे की जमीन पटी होती।

ऐसे ही दिनों किसी भिनुसारे उठकर वह देखता कि पीपल में मृत्युघंट टँगे हुए हैं। गाँव में चेचक, हैजा और मौसमी बीमारियों का प्रकोप छाया है। आदमी के हाथ की जद में आने वाली हर डाल मूँज की रस्सियों में लटकाई हुई घरियों से भरी है।

'हे भगवान्,' वह चौंककर करवट बदलता है। चौराहे पर खड़ा पीपल का पेड़ बदहवास आदमी की तरह चीखने लगा है। अचानक हवा तेज हो गयी है। खिड़की का पल्ला खड़कता है, चौके में रखी लालटेन झलमलाती है। लाजो के मुँह पर धूमिल रोशनी काँपती है। रोशनी की लुकाछिपी में रोटी बेलती लाजो कैसी आकर्षक लगती !

हरिमंगल उठकर बैठ जाता है। उसे लगता है कि सारा कमरा चमगादड़ों की चीं-चीं आवाज से भर गया है।

रात के आठ बज रहे होंगे, हरिमंगल खाना खा रहा था।

"तुम बहुत अच्छा खाना बनाती हो लाजो !" उसने कहा।

"सच्ची ?"

"पहली बार लगा कि घर खाना खा रहा हूँ।" वह बोला।

"चलो बाबू, तुमने जनम सुफल कर दिया। आज तक केहू अइसा न मिला कि हमरे कौनो काम से खुश भया हो। तारीफ कै तो बातें अलग।" वह एक क्षण वैसे ही खामोश रही।

हरिमंगल के चेहरे पर ही कोई बात होगी, वरना लाजो क्यों पूछती, "तोहें कौनो तकलीफ हौ का ?"

"क्यों ?" हरिमंगल ने हाथ रोक दिया। जैसे उसकी चोरी पकड़ ली गयी हो।

"तोहार चेहरा बड़ा उतरा है ?"

"ऐसे ही। कुछ बात नहीं है।"

हरिमंगल खाना खाकर पुनः रजाई में घुस गया।

"बाकी सब तुम ले जाओ," हरिमंगल बोला, "मैं अब सोऊँगा।"

"अबहीं आके ले जइबै।" वह बोली, "तबीयत तो ठीक हौ न बाबू ?"

"अरी हाँ भई, बिल्कुल ठीक है।"

"तब तूँ दरवाजा बंद कर लो। हम अबहीं आवति हैं।"

हरिमंगल कुछ कहता कि लाजो कमरे से बाहर चली गयी।

'कहाँ गयी है यह ?' हरिमंगल ने मन-ही-मन सोचा और अचानक आशंका से हिल उठा। उसने दरवाजा बंद करके साँकल चढ़ा ली। रजाई खींचकर वह फिर चौकी पर लेट रहा। खिड़की का पल्ला फिर उढ़का।

'हुँह, साला एक क्षण के लिए भी चैन नहीं है।' उसने करवट बदली। तभी हवा का झोंका आया और लालटेन भभक उठी।

सहसा कमरा एक जिंदा जानवर की तरह हिलता-सा नजर आया। हरिमंगल उठकर चौकी पर बैठ गया। गली से कोई ट्रक गुजरी। उसकी हेड लाइट खिड़की पर उछली। हरिमंगल को लगा कि खिड़की के पास कोई आदमी खड़ा है। उसका सिर गमछे से ढँका है और उसका मुँह बिल्कुल पीपल के पेड़ में लटकनेवाले मृत्युघंट की तरह लग रहा है।...

गाड़ी दूर चली गयी। खिड़की फिर अँधेरे में डूब गयी। हरिमंगल का पूरा बदन पसीने से सन उठा। वह धीरे से उठा। उसने अपनी चौकी के नीचे रखी लोहे की मोटी छड़ उठायी। वह बड़े आहिस्ते से खिड़की के पास पहुँचा और अधखुले पल्ले को छड़ से धकेला : "कौन है ?" वह चीखा, पर उसकी आवाज उसे बेगानी-जैसी लगी। खिड़की के दोनों पल्ले खुल गये। वहाँ कोई नहीं था। हरिमंगल उस सन्नाटे में अपने ही कलेजे की धड़कनें सुन रहा था। वह रह-रहकर काँप उठता। हो सकता है, खाली भ्रम हो ! वह सोचता, पर पता नहीं मन की किस परत में मृत्युघंट से मिलता-जुलता एक चेहरा चिपका था। वह वैसे ही खड़ा रहा। जाने कब तक।

तभी साँकल खड़की ।

उसने हाथ से 'रॉड' भी नहीं फेंकी और वैसे ही आगे बढ़कर पूछा, "कौन है ?"

"हम हैं बाबू, लाजो !"

उसने साँकल खोल दी। दरवाजे के खुलते ही तेज हवा का झोंका कमरे में घुसा और लालटेन की लौ काँपी । लाजो ने दरवाजा बंद करके साँकल चढ़ा दी। तभी उसकी नजर हरी के हाथ में कसी लोहे की छड़ पर पड़ी।

"खाली कमरा में ई कौन-सी कसरत करत हौ तूँ ?" तभी उसने हरी के चेहरे को गौर से देखा और सहम गयी, "का बात है ? केहू आवा रहा का ?"

"तुम ही बताओ, कौन आया था ?" उसने गुस्से से लाजो की ओर देखते हुए पूछा।

लाजो जरा भी नहीं सहमी, उसने अपनी बड़ी-बड़ी आँखें हरी के चेहरे पर गड़ा दीं, "तू जाने कब से उखड़े-उखड़े लगत रहे बाबू, पर हम ई सोच नहीं पाये कि तोहरे मन में कौनों संका है। तू लोग हमार जान बचाये रहे, ओकरे बदले में हम तोहार नुक्सान करा दें, अइसी ओछी कमीनी लाजो नहीं है बाबू ! तू हमसे साफ बात भी नाहीं किया चाहत हौ, संका के मारे हमरे पर तोहार बिसवास भी नाहीं होत है, एही से तू खुद अपने से डेराय उठत हौ। तूँ बताओ हमें कि का भवा औ के आवा रहा त हम तोहें जवन पूछो बतायें।"

लाजो ने सब कुछ ऐसे बेलाग ढंग से कहा कि हरी ने छड़ चौकी के पास फेंक दी, "जाओ, पहले तुम खाना खाओ।"

"नाहीं हम न खइबे, हमसे तू पूरी बात बताओ पहले। हमका त लगत है कि तोहकें चोट लड़िकन और पुलिसन के मारपीट में नाहीं लगी है। केहू से तोहार दुस्मनाही चल रही है। तू निधरक बोलो, एतना विस्वास करो कि तोहार बाल-बाँका भी नाहीं हो सकत। जवन कुछ होई पहले लाजो के होई, तब तोहार कुछ होय सकत है।"

वह आकर हरी की चौकी के पास सटकर बैठ गयी ।

"बात यह है लाजो..." हरिमंगल झिझका, "बात यह है कि तुमने ठीक सोचा है। यह चोट छात्र-पुलिस भिड़ंत से नहीं लगी। किसी ने अपने हाथ में बघनखा डालकर मुझ पर पीछे से वार किया।"

"हाय दैया !" लाजो चीख-सी उठी।

"यह तो कहो कि चोट थोड़ी नीचे लगी, नहीं तो बच पाना मुश्किल था।"

"ई काम, ऊ सब छिछोरा नाहीं कइ सकतें बाबू ! ना-ना ! ओनहन के हम खूब जानित हैं। ऊ सब जेबकतरा हैं ससुरे। हमरे जइसी बेमवार तिरिया से छेड़छाड़ करि सकत हैं। एकसरुआ मनई, चाहे दुकानदारन के धमकाय के सिगरेट-पान चाय-साय वसूल लेत हैं, बाकी ई सब काम करै के हिम्मत ओनहन के पास्स नहिंनी। ई त क्वनो भारु गिरोह के कारस्तानी मालूम होत है।"

"तुम ठीक कहती हो।" हरिमंगल मन-ही-मन लाजो की तर्कशक्ति को सराह रहा था।

"के आवा रहा अबहीं ?"

"कोई आया नहीं था। खिड़की के पास कोई गावटी में मुँह लपेटे खड़ा था।"

"एही खिड़किया के पास न ?" लाजो ने लालटेन उठायी। वह दरवाजा खोलकर बाहर चली गयी। उसने खिड़की के पास जमीन का पूरा मुआयना किया। फिर वह दरवाजा खोलकर भीतर गयी।

लालटेन रखते हुए उसने कहा, "तू ठीक कहत हौ। हुआँ पंजा के निसान पड़ा है चबूतरे पर। कोई जरूर रहा।"

"निशान पड़ा है ?"

"हाँ हो, ऊ मनई रबड़ के तल्लावाला जवने में चिंहारी खिंची रहत है, वइसे जूता पहिरे रहा। तोहरे खिड़की के नीचे जौन जमीन है तवन काफी नरम है, एकदम धूरियाह, ओमाँ ओकरे जूता के निसान उभरा है।"

हरिमंगल अपनी उत्सुकता नहीं रोक सका। उसने भी लालटेन उठायी और खिड़की के नीचे की जमीन को ध्यान से देखने लगा। उसे निशान तो दिखा, पर जूते का नहीं मालूम हुआ; तभी उसने अपनी छत की ओर ऊपर देखा। लालटेन की रोशनी पड़ते ही छत से कोई कूदा। हरिमंगल चिहुँककर पीछे हटा।

"हे राम !" लाजो खिलखिलाकर हँसी : "अरे बाबू, ई त पुँछकटवा बनरा हौ।"

"यही ताक रहा था खिड़की से साला !" हरिमंगल हँसा। उसके चेहरे पर अचानक स्वाभाविक रंगत दौड़ गयी। "ओफ़ ! साले ने घंटे-भर तक मुझे परेशानी में डाले रखा।"

"आवा चला। तू भी हमरे जान खाली सरीर फुलाय के अकड़बाजी ही देखावत हौ!"

उसने हरिमंगल की पीठ पर एक धौल दिया और हाथ से लालटेन ले ली।

हरिमंगल ने खुशी में उसकी कलाई पकड़ ली, "तुमसे कौन-सी अकड़बाजी दिखायी हमने ?"

लाजो कुछ नहीं बोली। दोनों भीतर आ गये। दरवाजा बंद हो गया।

लाजो खाना खाकर बरतनों को ठीक-ठाक करने लगी । सब जूठे बरतनों को एक ओर रखकर उसने पानी छोड़ा और मुस्कराते हुए हरिमंगल के पास आयी ।

"बानर से जब तू एतना डरत हौ तो ओन्ह बनमानुसन से कइसे लड़िहौ, जौन तोहरे पीछे पड़े हैं ? एक बात हमरे समझ में ना आयी बाबू कि कौनो बड़ी गिरोह तोहरे पीछे काहे पड़ी है ?" वह चौकी के पास बैठ गयी।

"तुम बताओ, क्यों पीछे पड़ सकती है ? तुम तो मुझे खुफिया पुलिस से भी ज्यादा बुद्धिमान लगती हो।"

"देखा ज्यादा बनावा मत। हमरे नियर जिंदगानी बितावे के पड़ी त तूँ खुफिया पुलिस के कान कटिहौ।"

"तेरे पीछे कौन यहाँ है ?"

"हमरे पीछे कौन मुआ पड़ी। उहै भँडुआ पड़ा है कि हम ओकर नाक कटाय के चली आये। मुहल्ले के तीन-चार छिछोरन के पाँच रुपिया थमा गवा कि लाजो के हियाँ रहब मुस्किल कर देव तूँ लोग। ऊ ससुरे दुकड़हा समझेन कि लाजो के तिड़ी बुलावत

केतना देर लगी। हम आनहन के ऊ पाठ पढ़ाय दिया कि ससुरे अपने में लड़िके मर जैहैं।"

"अच्छा, छोड़ो। अगरवाल के यहाँ शायद पता चले उस गिरोह का ?" हरी ने धीरे से कहा।

"हमहूँ इहै सोचत रहीं, बाकी एकरे बदे हमैं फिर ओही नरक में जाये के पड़ी। ऊ कबाड़िन के छाया से भी हमका घिरना हुइ गयी है। बाकी तोहरे बदे हम कोशिश करबै जरूर। तूँ जवन न कराय ला हमसे !"

"मैंने क्या किया-कराया रे तुझसे ?"

"कुछ नाहीं। तोहें त हमरे छाया से दुस्मनी रही। तूँ हमरी तरफ भर आँख देखब भी पाप मानत रहयो, है कि नाहीं बाबू ?"

हरी को यह सब सुनना बहुत अच्छा लगा। तो क्या लाजो सोचती थी कि वह उसकी ओर आकृष्ट होगा। यह सोचना चाहे गलत हो या सही, हरी आज लाजो के आत्मीय व्यवहार से बहुत आसूदगी अनुभव कर रहा था। अचानक उसके माथे से भनभनाहट गायब हो गयी। एक नये भाव की तरंगों में बहता खून उसके सारे बदन को हलराने लगा।

"अच्छा बाबू, अब चलैं।"

लाजो उठी और चौकी के पास पहुँचकर उसने हरी के हाथ को सहलाते हुए कहा, "अब मत डरिहौ रात में... । तू बेकारै सोच-सोच के आपन जी हलकान कर लेत हौ।"

"मुझे डर लग रहा है... ।" हरी ने कहा और उसने लाजो को चौकी की ओर खींचा।

"उहुक्...." लाजो बोली, "छोड़ो भी।"

"तुम मुझे अकेला छोड़कर चली जाओगी ?..."

लाजो एक क्षण हरी के चेहरे की ओर देखती रही। उसकी कलाई अब भी हरी के हाथ में थी।

"रुको, लालटेन बुझा लें।"

हरी ने हाथ छोड़ दिया। लाजो लालटेन के पास गयी। एक क्षण बैठकर लालटेन की लौ को देखती रही। उसका चेहरा घुटने पर झुका था। उसने जैसे जी को कड़ा किया और बत्ती नीचे ऐंठ दी। सारा कमरा अँधेरे में डूब गया। सिर्फ बरामदे की खिड़की से, जो अभी भी वैसी ही अधखुली थी, सड़क की हल्की रोशनी एक ओटे पर पड़ रही थी।

हरी की चौकी के पास जाने से पहले जैसे लाजो कमरे का चक्कर लगा रही हो। उसकी छाया रोशनी में चमकते ओटे पर गिरी। हरी ने गौर से देखा, वह एक अजीब सिलहुट था। उसने जूड़े को खोल दिया था। खुली चोटी सारे बदन से अलग हवा में ऐसे उड़ रही थी जैसे जामुन की गाछ पर मकोय की लता हो !

लाजो कब हरी की चौकी पर बैठी और कब रजाई के भीतर आयी, इसका पता हरी की साँसों की गिनती ही बता सकती है। बाहर हवा की सरसराहट वैसे ही कायम थी। पल्ले धड़ाम से खुल गये। हरी को यह आवाज दीवाली पर छूटते पटाखे-जैसी लगी। उसके महीनों से उपेक्षित शरीर के भीतर एक नन्हा दिल धड़क रहा था जो उसके खुद के दिल की धड़कनों की भाषा समझता था। हफ्तों से बिना नहाये हुए शरीर को पराये शरीर की चिकनाहट ठंडी बरफ की तरह लगी, जैसे वह सिर्फ चिकनी बर्फ नहीं, एक ऐसा मुलायम स्पंज है--जो उसके शरीर की जलन, छटपटाहट, तनाव सब-कुछ को धीरे-धीरे सोख रहा है। पल्ले फिर झुके, हवा के धक्के ने हरकत पैदा की। सड़क की बिजली की रोशनी ओटे पर काँपी। एक निहंग हवा कमरे में घुसी। उसने सभी आवरण उलट-पुलट दिये। मकोय की लता गले में उलझ गयी थी। जामुन की गदराई गाछ अपनी शाखाओं की एक अनजानी हरकत के साथ काँपी, थरथरायी और जंगली घास के फूल-जैसी सोंधी महक से साँसे उत्तप्त हो उठीं। प्रत्येक बंधन और जकड़ में भय से मुक्ति का संदेश देती हवा ने दीवार कैलेंडर को डाँवाडोल कर दिया। सारा कमरा थिरककर केंद्र पर खड़ा हो गया। बाहर सड़क पर घरघराती हुई ट्रक अनजान दिशा को चीरती चली गयी। उसके भार से कमरा दलका हिला और पुनः शांति के अबूझ राज्य में डूब गया।

नींद की मदहोश चादर में सब-कुछ डूबा था। पीपल की डाल से भुर्चे-गड़ा ठाकुरजी की रट लगाये था। गंगा-स्नान के लिए निकली बूढ़ियों के भजन की पंक्तियाँ सड़क के सन्नाटे को तोड़ रही थीं।

लाजो उठी। उसने साड़ी ठीक की।

"बाबू !" उसने हरी के बालों को सहलाते हुए कहा, "जाइत हैं। नौ बजे तक आउब।"

"नौ बजे ?" उसने उसके हाथ पकड़कर पूछा।

"हाँ, तनिक अगरवाल के हियाँ जाये के देख आवैं एक दफा।"

"मारो गोली अगरवाल को, तुम मेरे साथ हो तो फिर किसी का डर नहीं। मैं फिर लौट आया हूँ लाजो, लौट आया हूँ।"

"चाय बदै बटुली रातै में धो दिया है। अँगीठी जलावे आय गयी है न ?"

"हाँ री, सब हो जायेगा, जल्दी आना !"

"बड़ी तलबेली[1] लगी है मेरे वास्ते ?"

"किसको संजीवनी नहीं चाहिए लाजो ? किसे अपने भीतर के सारे दुःख, संताप को, हार और थकान को बँटानेवाला पात्र नहीं चाहिए। पर सबकी किस्मत मेरी-जैसी तो है नहीं कि चोट भी मिले और दवा भी।"

---

1. व्यग्रता

लाजो की आँखें चमकीं। उसने झुककर हरी के मुख को चूम लिया और धीरे से दरवाजा खोलकर धुँधलके में गुम हो गयी।

आंदोलन की सक्रियता खत्म हो गयी थी। शहर के सभी विश्वविद्यालय बंद थे। ऐसे में एक दिन मैं रंगपुर कुंज जा पहुँचा। चाय आयी। हम लोग भट्टाचार्यजी के कमरे में बैठे थे।

"तिवारी !" सुबोध भट्टाचार्य ने चाय का प्याला रखते हुए कहा, "सुना--तुम इस आंदोलन में बहुत सक्रिय थे। यह तुम्हारी अंतरात्मा की आवाज से जुड़ी हुई चीज थी शायद। तुम जानते हो, यह अब मुहावरा बन गया है। मेरा मतलब है कि तुमने इस आंदोलन में भी सच्ची साझेदारी से काम किया।" भट्टाचार्य महाशय एक क्षण चुप रहे।

मैं और जयंती बगल में रखी सटी-सटी कुरसियों पर बैठे थे और चाय पी रहे थे। भट्टाचार्य के कथन पर मैं कुछ न बोला; क्योंकि मुझे लग रहा था--अभी उन्हें कुछ और कहना है।

"एक बात बताओ तिवारी, इस आंदोलन से तुम लोगों को क्या मिला ? भाषण मत देना और न दर्शन की शब्दावली में अनबूझ पहेलियाँ सुनाना। सीधे बताओ, क्या पाया ?"

मैं एक क्षण चाय के प्याले पर आँखें गड़ाये सोचता रहा "तो क्या यह आंदोलन गलत था सर ?"

"तुमने सवाल बदल दिया। कोई बात नहीं। शुरू से ही बात हो। अगर मैं पूछूँ कि इस आंदोलन की क्या जरूरत थी तो तुम अचकचाना मत। तुम जानते हो, मैं हिंदी में पढ़ाता हूँ, हिंदी बोलता हूँ। यही नहीं, भोजपुरी में सड़क पर जीता हूँ।"

"जरूरत यह है कि हम अपने देश में अंग्रेजी का आधिपत्य हटाना चाहते हैं। अंग्रेजी मुट्ठी-भर जादूगरों की भाषा है, जिसका झुनझुना बजाकर सारे देश को अबोध शिशु की तरह भुलवाया जा रहा है। अंग्रेजी के रहते हमारी संस्कृति और सभ्यता ही नहीं, रोजी-रोटी सब-कुछ बंधक हो गयी है।"

सुबोध भट्टाचार्य मुस्कराये, "बहुत ठीक। अब जरा खुलेपन से बात हो।"

मैंने अपना प्याला रख दिया था। जयंती ने भी अपना प्याला रख दिया और बड़े दत्तचित्त भाव से इस नोक-झोंक का आनंद ले रही थी।

"तुम क्या समझते हो तिवारी कि यदि अंग्रेजी हटा दी जाये तो देश से बेकारी की समस्या समाप्त हो जायेगी या कि जनता अबोध शिशु की तरह भुलावे में नहीं आयेगी ?"

"मैं तो ऐसा ही समझता हूँ सर ! मैं आपको एक सच्ची घटना बता रहा हूँ।" मैंने अपने गाँव के रूपचंद की कहानी कह सुनायी।

"तिवारी, वह सम्मन यदि हिंदी में होता तो क्या रूपचंद की हिम्मत थी कि वह हवलदार से कहता कि जरा मुझे देखने दीजिए ?"

"शायद नहीं।"

"क्यों ?"

"उसमें वह समझ नहीं।"

"अब तुम ठीक रास्ते पर आ रहे हो, सवाल देश की जनता में समझ के अभाव का है, भाषा का नहीं। भाषा तो एक प्रतीक है, एक शीर्षक है, जिसे जड़कर तुम एक अदृश्य वस्तु पर हमला करना चाहते हो। सवाल है कि इस देश की जनता में अपने हक, अधिकार और कर्तव्य के लिए समझ कैसे पैदा हो। तुम पूरा संविधान किसी गाँव में बैठकर हिंदी में बाँच दो, या भारतीय दंड संहिता की एक-एक हिंदी प्रति सारे देश में बाँट दो, फिर क्या लोगों में वह समझ आ जायेगी कि वे अन्याय और शोषण से अपने को बचा लें ?"

"शायद नहीं।"

"तो फिर वैसी लड़ाई से क्या फायदा जो सही माँग के लिए उठने पर भी बेकार और निष्फल हो जाती है ?"

"निष्फल...?"

"बिल्कुल निष्फल। बात 'अंग्रेजी हटाओ' से शुरू हुई और 'पी.ए.सी. हटाओ' पर आकर समाप्त हो गयी। पी.ए.सी. कोई समस्या नहीं है। वह तुम्हारे कहते ही हटा दी जायेगी। तुम अपनी इस विजय पर फूलकर कुप्पा हो जाओगे और तुम्हें शायद खयाल भी न रहे कि माँग कुछ और हटाने की थी, बात कुछ और हटाने पर तै हुई।"

मैं चुप रह गया, क्योंकि भट्टाचार्य महाशय ठीक कह रहे थे। छात्र नेताओं की अब सिर्फ एक ही माँग रह गयी थी कि पी.ए.सी. हटायी जाये और उनके द्वारा किये गये अत्याचारों की जाँच की जाये।

पर मैं तो इतनी आसानी से इस समस्या को बेबाक होते सह नहीं सकता था। मैंने कहा, "हो सकता है कि आंदोलन गलत ढंग से चलाया गया और निष्फल हुआ; पर अपनी जुबान का मसला कोई छोटी समस्या तो नहीं है सर !"

"अपनी जुबान का मसला अपना मसला है। यह गैर की लड़ाई नहीं है, अपनी लड़ाई है। मैं जानता हूँ कि इस देश में अंग्रेजी बोलने वालों का एक अभिजात वर्ग बन गया है, जो पूरे देश को अपने चंगुल में फँसाए है, पर क्या तुम उस वर्ग से लड़ना भी चाहते हो?"

"कहाँ है वह वर्ग ?"

"वर्ग हमेशा अदृश्य रहता है माई बॉय, उसके कारनामे सामने रहते हैं, उसकी चालें सामने रहती हैं, उसके ढंग और ढर्रे सामने रहते हैं, हमारे युवा आक्रोश की सबसे बड़ी

कमजोरी यह है कि वह उस अदृश्य से टकराने का रास्ता नहीं जानता और उसकी जगह किसी और को पकड़ लेता है, जो अदृश्य का स्थानापन्न बन जाता है। मसलन तुम पी.ए.सी. पकड़ लोगे, सरकारी इमारतें पकड़ लोगे, डाकखाने या रेलवे-स्टेशन पकड़ लोगे और उसे तोड़-फोड़कर मान लोगे कि तुम अपने विरोधी से टकरा रहे हो, उसे उखाड़ रहे हो, धक्के दे रहे हो, मगर जब धक्का मारते-मारते तुम थक जाते हो तो होश आता है कि लड़ाई बेकार गयी। तब तुम्हारी माँग होती है कि पी.ए.सी. हटाओ, जाँच-कमीशन बैठाओ, हेडमास्टर हटाओ, या वाइसचांसलर हटाओ पर तुम जानते हो कि ये सब हट जायेंगे या हटा दिये जाते हैं, तो भी तुम वहीं-के-वहीं रहते हो, जहाँ से शुरुआत हुई थी।"

"ऐसा क्यों होता है ?"

"तुम आंदोलन के जमाने में स्टेशन कई बार गये होगे या इधर कभी गये होगे ?"

"जी हाँ।"

"क्या तुम्हें सैकड़ों डब्बे, मालगाड़ियों के खास तौर से 'डाउन विद हिंदी' से रंगे हुए नहीं दिखायी पड़े ?"

"पड़े हैं।"

"तुम जब 'डाउन विद इंगलिश' चलाते हो, अचानक चारों तरफ 'डाउन विद हिंदी शुरू हो जाता है, क्योंकि होता है ऐसा ? तुम तो 'हिंदी लाओ' नहीं कह रहे हो, 'भारतीय भाषाएँ लाओ' कह रहे हो; पर तुम्हारे नारे पर किसी को विश्वास नहीं होता, लोग समझते हैं कि तुम 'अंग्रेजी हटाओ' की आड़ में 'हिंदी लाओ' का अभियान चला रहे हो।"

"हो सकता है।" मैंने दयनीय भाव से कहा।

"हो सकता है नहीं, बताया जाता है। तुम्हारे नारे के भीतर एक अर्थ डाल दिया जाता है। वही अदृश्य वर्ग इस अर्थ को नाना रंग-रूप देकर फैलाता है और उत्तेजना के सहारे तुम्हारे आंदोलन के जवाब में एक विरोधी आंदोलन खड़ा कर देता है।"

"फिर इस वर्ग से निबटने का तरीका ?"

"तरीका है वर्ग-संघर्ष, उस वर्ग का पूर्ण विनाश जो भाषा, क्षमता या संपत्ति के जोर से पूरे भारत को समझहीन बनाये रखने के लिए तत्पर है।"

"पर अदृश्य का विनाश कैसे होगा ?"

"समाज को बदलकर।"

"मैं कॅम्युनिस्ट नहीं हूँ। उसमें मेरी आस्था नहीं है सर !" मैंने हाथ जोड़कर कहा।

"आस्था उस चीज में हो ही नहीं सकती तिवारी, जो तुम्हारी जिंदगी में हाथ की तरह तुम्हारी अपनी न लगे। मैं इतना मूर्ख नहीं हूँ कि तुमसे साम्यवाद में आस्था करने की अपील करूँ। तुम इन चीजों पर गहराई से सोचो, मेरी यह सलाह है। तुम्हारे पास किताबी ज्ञान बहुत है, समझदारी भी है, सिर्फ दुनिया के यथार्थ की उलझनों से टकराने और उन्हें बिलगाने की जरूरत है। वैसे तुम हिंदी का नाम जपते हुए टिकट खिड़की पर

जल्दी टिकट पाने की लिए अंग्रेजी बोलने के लिए स्वतंत्र हो, स्लीपर रिजर्व कराने के लिए कंडक्टर से अंग्रेजी में बात करोगे तो सुभीते में रहोगे। यहाँ तक कि युनिवर्सिटी में भी बहुत-से काम केवल अंग्रेजी बोलने-मात्र से आसानी से हो जायेंगे...।"

"आप व्यंग्य कर रहे हैं सर !"

"किस पर ?"

"मुझ पर।"

"नहीं, नहीं, तिवारी, मैं अपनी पीढ़ी की और तुम्हारी पीढ़ी की भी खासियत बता रहा हूँ जो आंदोलन में समूह का नाम लेती है, पर जिंदगी में व्यक्तिगत लाभ को हमेशा तरजीह देती है।"

भट्टाचार्य चुप हो गये।

"दादा !" जयंती बोली, "बाबा और माँ हैं नहीं। मैं क्या तिवारी के साथ घाट तक घूम आऊँ ?"

भट्टाचार्य एक क्षण मौन रहे, "इससे अच्छा है कि नाव पर घूम लो। हरिश्चंद्र घाट की भभक बहुत बुरी होती है, पर जयंती, तुम घंटे-भर में यदि लौटीं नहीं तो मामा मुझे चैन से बैठने नहीं देंगे।"

हम हरिश्चंद्र घाट की बगल में वहाँ पहुँचे, जहाँ बहुत-सी डोंगियाँ खड़ी थीं।

हम एक क्षण घाट पर ठिठककर सामने फैली गंगा को देखते रहे। लहरों में निमंत्रण था, पर डोंगियों के माझी अडिग बैठे थे।

तभी एक साँवला-सा अधेड़ उम्र का माझी पास आया। वह एक मैली धोती और कुरती पहने था। कानों में सोने के छल्ले थे। वह अजब ढंग से मुस्कराया।

"बाबू नाव चाही ?"

"चाही तो यार...बाकी...।" मैंने कहा।

"बाकी का सरकार, दस रुपिया लगी।"

वह जयंती को एकटक देखे जा रहा था।

"दस रुपिया..., नाव हौ तोहार के कौने मोटरबोट हौ...?"

"अरे ई सब खतरा के काम हौ बाबू, हुकुम हो तो चलैं, नहीं आपन काम देखें।"

"तोहें केहू रोकत हौ का ? हमें दसास्वमेध घाट तक घुमाई दो। अठन्नी पैसा मिलिहै। हम कौनो राते के मुसाफिर नाहीं हैं।"

"अरे सरकार !" वह ठठाकर हँसा, "हम सोचित रहे बाबू कि ऊ सब सवारी एतना दिन-अछतै नाहीं चलतीं, बाकी जमाना अइसा है सरवा कि जो न कराय दे।"

जयंती का चेहरा एकदम लाल हो गया। इस बात को शायद माझी ने भी गौर किया।

"रे फिरंगी, ले जा बाबू लोगन के आधा घंटा घुमाय दे, हियैं उतारि दीहे। अठन्नी

पैसा देइहैं।"

फिरंगी बिल्कुल गोरा था। सारा बदन मानो ल्यूकोडर्मा से सफेद हो गया था। मैं उसे देखकर सोचने लगा कि क्या सचमुच गंगा का पानी अपनी उपयोगिता और करामतें खो रहा है ?

डोंगी किनारे से चल पड़ी। जयंती बिल्कुल मन मारे मेरी बगल में बैठी थी। नाव बीच धार में आ गयी थी। किनारा छूट गया था। पानी अब ज्यादा नीला और साफ था। मैं चलती नाव में बैठा हथेली को नदी में अड़ाए पानी का टकराना देख रहा था। जयंती का मौन अखरा, मैंने हथेली में पानी लिया और उसके ऊपर फेंक दिया ।

"भट्टाचार्य महाशय की खीज मेरे ऊपर क्यों उतार रहे हो !" वह हँसते हुए बोली, "गंगा भी अब धीरे-धीरे बेगानी हो जायेगी।"

"भट्टाचार्य महाशय ने मुझे दुनियादारी सीखने के लिए कहा है जयंती, इसमें खीज का सवाल कहाँ उठता है ! तुमने अपनी खीज अलबत्ता व्यक्त कर दी।"

"हाँ, मुझे उस माझी की बात बहुत बुरी लगी। वह अच्छा आदमी नहीं था। मेरी चलती तो या दूसरी नाव लेते या घर लौट जाते।"

"उससे फरक क्या पड़ता है ! तुम घाट पर खड़े माझियों में अच्छे-बुरे का अंतर करना चाहो तो हमारे-तुम्हारे ईश्वर मिलकर भी इसकी थाह नहीं पा सकते।"

"सच ? क्या सचमुच रात के मुसाफिरों की तादाद में ऐसी वृद्धि हुई है ?"

"अब कितनी वृद्धि हुई है इसका प्रतिशत तो मालूम नहीं; पर हर माझी इस बात को जानता है और उसे यदि आर-पार करा के घंटे-दो घंटे नाव रोके रखने और थोड़ी निगरानी करने के दस रुपये मिलें तो वह ऐसा मौका क्यों छोड़ने लगा भला ? क्योंकि वह अठन्नी पैसे में यहाँ से दशाश्वमेध की बीस परिक्रमा करेगा।"

"यह भी युवा क्रांति ही है शायद ?" जयंती बोली, पर उसके स्वर में थरथराहट थी।

"इसे तुम मामूली साहस की बात समझती हो जयंती ?"

"मुझे मालूम नहीं।"

"पर जो कुछ करना चाहते हैं, और करने में असमर्थ हैं--सिर्फ अभिभावकों के डर से मन मसोसकर मुरदे की तरह जीते रहते हैं, वह क्या क्रांति कर रहे हैं ?"

"मुझे मालूम नहीं।"

"तुम्हें खूब मालूम है ! तुम खुद घर में अकेली पड़ी-पड़ी बिसूरती रहती हो।"

मैंने छेड़ने की गरज से कहा था, पर जयंती ने मुँह नहीं फुलाया बल्कि खिलखिलाकर बोली, "जिंदा आदमी बनने के लिए लगता है आनंद, तुमने काफी घाट देखे हैं।"

"मैंने देखे नहीं जयंती, और न शायद देख पाऊँगा, क्योंकि मैं ऐसे अभिशप्त परिवार

का लड़का हूँ जिसके वंश को माँ विंध्यवासिनी ने कीलित कर दिया है। हमारा परिवार बलि चढ़ता है, क्रांति नहीं करता।..."

"क्या बेमतलब की बात बीच गंगा में बोल रहे हो !" जयंती ने मेरी हथेली पर अपनी हथेली रख दी--"मैंने सिर्फ मजाक में कहा था। बुरा मान गये ?"

"बुरा काहे का ! मैं चाहूँ भी तो घाट-घाट का पानी नहीं पी सकता ! मैं क्रांति करना चाहूँ तो क्रांति ही मेरे पैर को रस्सी की तरह जकड़ लेगी।"

"कभी करके देखा है ?"

"ईमान से कहता हूँ तुमसे। लोगों की चटपटी बातें सुनकर लगता है कि ऐसा करके देखना चाहिए, तभी जानती हो, क्या होता है ?"

"क्या होता है ?" जयंती उत्सुकता के साथ मेरी ओर देखने लगी।

"क्या मेरे भीतर कोई चिल्लाता है : 'सावधान, सावधान !'--और मुझे लगता है--एकसाथ किसी अंधगुफा में हजारों-हजार छोटे-बड़े घंटे द्रुत गति से बजते चले जा रहे हैं। मैं पसीने-पसीने हो जाता हूँ।"

"आनंद, तुम्हारे परिवार में कोई काली-भक्त हुआ था ?"

"मेरे परम पितामह गणेशी तिवारी, मेरे जवार[1] में उनके चमत्कार की कहानियाँ प्रचलित हैं।"

जयंती चुप हो गयी। उसका चेहरा गहन विषाद में डूब गया।

"क्यों, इसमें इतना विषाद क्यों ?" मैंने उसकी हथेली सहलाते हुए पूछा।

"जाने क्यों मुझे मालूम नहीं, पर मैं बचपन में सुनती रही हूँ कि परिवार में जब एक बार सिंहवाहिनी आती हैं तो वे कभी-न-कभी अपनी सवारी लेकर ही रहती हैं।"

"पर वैसा मेरा भाग्य कहाँ ?"

"क्यों ?"

"क्योंकि मैं जानता हूँ कि मैं निहायत कायर और बड़बोला हूँ। सिंह बनने की मेरे में क्षमता नहीं है। मैं न्याय का पक्ष लेकर अन्यायी का विरोध नहीं कर पाता। मासूम पर हुए अत्याचार को देखकर अपनी प्रतिष्ठा बचाने के लिए बगल से निकल जाता हूँ। मेरी आँख के सामने निहायत भद्दे और बीभत्स कुकृत्य होते रहते हैं, पर मैं गर्जना करना तो दूर, दुम दबाकर खिसक जाता हूँ ।"

"जब इतना सोचते हो तो शायद इसी के भीतर से कुछ करने की शक्ति भी जग जाये।" जयंती ने सामने दशाश्वमेध घाट के तद्वर्ती मंदिर को देखते हुए कहा, "वैसे अपने को बचाकर अन्याय होते देख निकल जाना ही आज का फैशन है। तुम्हारे अंदर इससे लड़ने की शक्ति आ सकती है।"

---

1. जनपद

"असंभव है।"

"यह तो आज का सामाजिक ढाँचा है। उसमें सिंह है कौन ? सभी समय पर भेड़िये हैं, समय पर गीदड़ हैं। सिंह तो अब गिरनार के जंगलों में ही एकाध रह गये हैं ! सभी को अपनी-अपनी पड़ी है। अकेला चना क्या भाड़ फोड़ेगा !"

"पर यह तो उत्तर नहीं हुआ।"

"तुम्हारे संबंध में नहीं, पर सामान्यतः हुआ।"

मैं कुछ न बोला।

"घुमा लेई न बाबू ?" फिरंगी बोला।

"घुमा ले," मैंने कहा।

नाव धारा के प्रतिकूल चल पड़ी।

जयंती बहुत खामोश थी। मैं भी एक क्षण संध्या के झटपुटे में ऊँघते हुए शहर को देखता रहा।

"बड़ी चुप हो ?"

जयंती वैसे ही सुदूर कगार को देखते हुए बोली, "सारा युवा-आक्रोश सेक्स में ही क्यों सिमटकर रह गया है ? हमारे बंगाली समाज में भी आक्रोश के नाम पर शराब और सेक्स--बस, ये ही दो लक्ष्य रह गये हैं। लड़के माता-पिता से चिढ़ते है, क्योंकि उन्होंने अपने व्यक्तिगत सुख के लिए लड़कों की कभी परवाह नहीं की। परिवार के नाम पर एक पिंजड़ा बना है सर्वत्र । उसमें कुछ लोग किरायेदार की तरह अलग-अलग रहते हैं। सब अपने हिसाब में अपनी जिंदगी जीने के लिए ललक रहे हैं, बड़ा विश्वास लेकर आगे बढ़ते हैं; पर देखने में यही आता है कि कोई कवि बनने चला तो बुभुक्षित पीढ़ी के नाम पर सेक्स का शिकार हुआ, चित्रकार बनने चला तो अश्लील, नंगे और भद्दे चित्र बनाने लगा। सर्वत्र एक ही मुद्रा है, जिसके बीच में अंकित है एक लड़की, जो खुद अपने पारिवारिक दबाव के नीचे पिस रही है। उठना चाहती है, उसमें भी आक्रोश है; पर बाहर आने पर पाती है कि उसके हमउम्र क्रुद्ध लोग उसे ही नोचने के लिए मोरचा बाँधे खड़े हैं। उसे नौकरी तब तक नहीं मिल सकती जब तक वह अपना सौदा न कर ले।"

जयंती आज बहुत उत्तेजित थी। लगता है, माझी की बातों ने उसके मन में सोये हुए विचारों के छत्ते को खोद दिया था और बर्रे की तरह डंकमार शब्द चारों तरफ मँडरा रहे थे।

"तुम्हारे भीतर तो कोई आक्रोश है नहीं।" मैंने धीरे से कहा, "सीधी-सादी ज़िंदगी है। खाने-पीने की कमी नहीं है। एक ढर्रे पर ज़िंदगी चल रही है।"

वह एक क्षण मौन रही, "तुम्हें ऐसा ही लगता है न ?"

"तो क्या भीतर इससे कुछ भिन्न चल रहा है ?"

"तुम्हें भीतर देखने की चिंता क्यों सताने लगी आज ? तुम समझते हो कि बहुत

आसानी के साथ मैंने दादा से घूमने का प्रस्ताव रखा होगा।"

"आश्चर्य तो मुझे भी हुआ था, पर बंगाली उतने कठमुल्ला नहीं हैं--यह सोचकर आश्वस्त हो रहा।"

"हूँS", जयंती हथेली से पानी उछालती बोली, "आक्रोश या ऊब सब जगह है। ढंग-ढर्रा भिन्न है। तुम सोचते हो, भट्टाचार्य महाशय बड़े प्रसन्न रहते हैं ?"

"उनकी बात छोड़ो, वे सात-आठ सौ रुपये पाते हैं। उनके असंतोष के पीछे सिद्धांत का भार है। मनचाही ज़िंदगी वे किन्हीं और कारणों से चुनना नहीं चाहते।"

"क्या कारण हो सकते हैं ?" जयंती गूढ़ ढंग से मुस्करायी।

"शायद योग्य जीवन-साथी अभी मिला नहीं, शायद यह भी कि यदि वह घर में आ जाए तो गांगुली परिवार की शांति बनी रहेगी या नहीं..."

"तुम बहुत अच्छे साइकलॉजिस्ट हो, इसी से तुम्हें देखकर मन जाने कैसा-कैसा होने लगता है।" जयंती के चेहरे पर अजीब किस्म की ममतालु चिकनाहट खेलने लगी, "पर तुम तो विंध्यवासिनी के सिंह हो, पता नहीं कौन बाँधवी है जो इस दुर्दांत सिंह पर सवारी करेगी...?"

"मैं बताऊँ ?"

"बोलो।"

"शायद वह--जो नवनीत की तरह दिल और पत्थर की तरह सख्त जाँघें रखती हो।"

"हुश् !"

"क्या हुआ ?"

"तुम जाने कैसे इतने बेलौस ढंग से बोल जाते हो ! औरत की जाँघों के बारे में बात करते शर्म नहीं आती ?"

"सिंह की सवारी क्या हाथों से होगी ?"

"अच्छा बाबा ! मान गयी, तुम इन मामलों में बीहड़ जंतु हो !"

"क्यों आनंद, दादा ने जो आंदोलन के बारे में अपनी बातें कहीं, उसे देखते क्या यह सवाल नहीं उठता कि चीजों को जानते हुए भी बौद्धिक लोग उससे पलायन कर रहे हैं ?"

"यह सवाल तुम्हें दादा से ही करना था।"

"मैं तुमसे जानना चाहती हूँ। क्या यह सही नहीं है कि आज का साहित्यकार या अध्यापक इतना सुविधाजीवी और कायर हो गया है कि वह युवा की समस्याओं से अपने को जोड़ने में भय का अनुभव करता है ?"

"तुम ठीक कह रही हो।"

"पर यह तो बौद्धिक वंचना है।"

"बौद्धिक हैं कहाँ, सभी नौकर हैं ।"

"यह तुम अपने विभाग की बात कर रहे हो । सभी युनिवर्सिटियाँ ऐसी नहीं हैं।"

"तुम क्या सोचती हो कि तुम्हारे विभाग में बौद्धिक हैं ?"

"निश्चय । सब न सही, दो-चार तो हैं ही हिंदी बौद्धिक।"

"रहने दो। उनके बारे में सब कुछ मालूम है।"

"क्या मालूम है ?" जयंती उत्सुकता से मेरी ओर देखने लगी।

"तुम्हारे विभाग के बौद्धिक सब मुड़कट्टा वीर हैं।"

"मुड़कट्टा वीर ?"

"तुम शायद दुर्गाकुंडवाले रास्ते से कम ही जाती हो। खयाल करो--रेणुका-मंदिर के आगे एक पत्थर की मूर्ति है छिन्नमस्तक मूर्ति !"

"लाल सिंदूर में रंगी ?"

"ठीक, अक्सर वहाँ रिक्शेवाले, ग्वाले तथा दूसरे लोग गाँजा पीते हैं। वे मुड़कट्टा वीर को चीलम चढ़ाकर कश मारते हैं और उनके कबंध पर कनेर की मालाएँ लटकाते हैं।"

"उस मूर्ति से मेरे विभाग के बौद्धिकों का क्या संबंध भला ?"

"है, तुम्हारे विभाग में जितने भी बौद्धिक हैं, वे एक-दूसरे पर तलवारें मारते रहते हैं। पैंतरेबाजी तो चलती ही थी। अब सीधा खड्ग-प्रहार होने लगा है। नतीजा यह हुआ कि सभी की गरदनें कट गयी हैं। अब सब मुड़कट्टा वीर हैं। कोई अपने को छिपाए कमरे में पड़ा रहता है, कोई पुनः गरदन जोड़ने के लिए इधर-उधर संजीवनी की खोज कर रहा है और कोई मुड़कट्टा चेहरे पर मुखौटा लगाए अपने को सब से नया और ताजा बौद्धिक घोषित करने के लिए छात्रों के साथ चाय-पानी, नाश्ता-खाना करके अपने को 'अल्ट्रामॉडर्न' दिखाने का रियाज कर रहा है। यह है तुम्हारा विभाग के तथाकथित बौद्धिकों का हुलिया।"

"चुप रहो... तुम किसी को कुछ समझते ही नहीं।"

"मेरे समझने-न-समझने से क्या होता जाता है जयंती ! वे खुद एक-दूसरे को कुछ नहीं समझते, इसलिए उन्हें कोई भी कुछ नहीं समझता।"

"रुक जा बाबू," फिरंगी बोला, "अबहीं पटरी के पास लगउबै, कूदा मत।"

"अबे मैं कूद कहाँ रहा हूँ !" मुझे उसकी भाषा दोतरफी मार करती हुई लगी।

नाव किनारे लगी।

मैंने फिरंगी को अठन्नी थमा दी। जयंती अपना पर्स खोलकर पैसे गिन रही थी।

"दे दिया, आओ चलें।"

"तुमने क्यों दिया ?" जयंती बोली, "घूमने का प्रस्ताव मेरा था।"

"उसे व्यावहारिक समर्थन देने का काम मेरा।" मैं बालू में धँसते चप्पल को खींच-खींचकर चलते हुए बोला, "और यदि बाबा और माँजी आ गये होंगे, तो ?"

"तो क्या ?" जयंती खिलखिलायी। पिंक स्वेटर के ऊपर घने बालों से ढँका गौर मुख साँझ के फोकस में जवाकुसुम की तरह चमका, "कह दूँगी कि आनंद ले गया था।"

"है हिम्मत ?"

"तुम मेरी हिम्मत देखोगे ?"

मेरी इच्छा हुई कि कह दूँ, हाँ, पर जयंती से मैं डरता हूँ । इसलिए चुप रहा।

हरिश्चंद्र घाट बदस्तूर अपनी गंध में डूबा था। यह कहकहे, यह जवाकुसुम, यह हथेलियों की चिरादिम गंधभाषा--सब कुछ को हरिश्चंद्र घाट अपनी विराट् काली छाया में समेट लेना चाहता है। हम चुपचाप सीढ़ियाँ चढ़ते ऊपर आ गये। बूँदी परकोटे को मैंने गौर से देखा। एक रात जो शायद मेरे जीवन की यंत्रणा-रात थी, मैं इसी परकोटे के नीचे घंटों बैठा रहा था। सड़क पूर्ववत् आबाद थी। जयंती आगे-आगे चल रही थी, मैं पीछे।

"आगे चलना भी सीखो।" वह हँसी।

"इस मौके पर पीछे रहने में ही कुशल है।"

"क्यों ?"

"भगवान् जाने कब तुम्हारे भीतर छिन्नमस्ता[1] जगती है, मुझे अब तक समझ में नहीं आया; पर उसके जगने का कुछ-कुछ आभास जरूर समझ में आने लगा है।"

"तुम बहुत बुद्धू हो।" वह खामोश चलती रही, "छिन्नमस्ता बनना कोई खेल नहीं है। अपने से ही अपनी गरदन काटकर अपने हाथ पर रख लेना और दूसरों को रक्त सौंप देना इतना आसान तो नहीं।"

"तुम आसान लड़की हो भी तो नहीं।"

रंगपुर कुंज फाटक जयंती ने ही खोला। मैं एक क्षण ठिठका, पर वहाँ अद्भुत शांति थी। जयंती के माता-पिता अभी लौटे नहीं थे। भट्टाचार्यजी के कमरे में भी नीरवता ही थी।

"सुनो !" जयंती ने कहा और मुझे पकड़कर बिल्व-वृक्ष के पास वाले कमरे में ले गयी।

सहसा उसने मुझे दोनों बाहुओं में लपेटकर जोर से दबाया और अपने होंठ मेरे होंठों पर रख दिये।

"उँह !" मैं हल्के से चीखा।

"क्या हुआ ?"

"पता नहीं क्या हुआ ? कुछ गड़ गया-जैसा लगा है।" मैंने कहा।

"नाटकीय !" वह हँसी "पत्थर का जिस्म तो मेरे पास भी है आनंद, पर

---

1. दश महाविद्याओं में से एक।

नवनीत-सा दिल कहाँ से लाऊँगी। बाहर से देखनेवाले को विश्वास तो हो ना !"

"जयंती," मैंने धीरे से कहा, "बुरा मत मानना, पर अभी तुम सेक्स-विद्रोह के खिलाफ बोल रही थीं।"

"यह तुम्हारे अहं का जवाब है। तुम्हें बुरा लगा हो तो भूल जाना। मैं किसी के अहं को सह नहीं सकती।"

"यह आक्रोश है या विक्षिप्तता ?"

"जो समझो !" वह बोली और कमरे से निकली, "मैं ऊपर दादा के कमरे में जा रही हूँ। कह दूँगी, तिवारी जी उधर से ही चले गये।"

जयंती सीढ़ियाँ चढ़ती चली गयी। उसने मुड़कर देखा भी नहीं । बसंती मालती से लदे फाटक को मैंने धीरे से बंद किया और चल पड़ा।

हौसलाप्रसाद घर से लौटे तो बहुत खुश हुए। उन्हें यह देखकर बड़ी प्रसन्नता हुई कि पाँच-छह दिनों के अंदर न केवल हरी बाबू के सिर की पट्टी हट गयी है, बल्कि उनका चेहरा काफी ताजा और खिलाखिला लगता है। करीने से धोकर रखे हुए बरतनों को देखकर उन्हें बड़ी हैरत हुई कि हरी बाबू यह सब काम भी कितनी कुशलता से कर लेते है। वह आश्चर्य से चकित अपने मन की खुशी को व्यक्त करने के लिए हरिमंगल की ओर मुड़े।

"अबे इस तरह मटर-मटर ताकता क्या है ? तू समझता है कि हरी बाबू ने इतना चौचक चौका-बरतन करके कैसे रख दिया है, है न ?"

हौसला मुस्कराये, "नहीं, मैं तो सोच रहा था कि और जाने कितने-कितने गुन भरे है आप में।"

उसकी बात सुनकर सहसा हरिमंगल का चेहरा उतर आया। हौसला को वह अपने छोटे भाई की तरह मानता था। हौसला ने भी सदा उसको वैसी ही श्रद्धा और आदर दिया है। कहीं हौसला को मालूम हो जाये कि यह सब तब्दीली लाजो के कारण पैदा हुई है, तो जाने क्या सोचेगा वह।

"यह सब मेरी करामात नहीं है पांडेयजी महाराज !" हरिमंगल ने अपनी निहंगता का विज्ञापन करते हुए कहा, "अपने से तो एक बटुली की कलौंस भी नहीं छूटेगी। यह सब आपकी मेहरबानी का असर है। आपने गुंडों से लाजो की रक्षा की थी, और बदले में उसने खाना बनाने के टंटों से मेरी रक्षा की । जाते वक्त आप उसे सरेख जो गये थे।"

हौसला सहज खुशी से चहक उठा, "सच ? जाते वक्त वह मिल गयी थी मोड़ पर,

मैंने कहा कि छात्र-पुलिस भिड़ंत में हरि बाबू को काफी चोट आ गयी है। इधर दूसरी मुश्किल यह आ गयी कि मुझे गाँव जाना जरूरी हो गया है।"

"बस, इतना ही कहा था तूने ?"

"बस, इतना ही ।"

"लाजो क्या बोली ?"

"उसने कहा कि कब तक लौटिहौ तूँ। मैंने कहा, चार-पाँच दिन तो लग ही जायेगा।"

"यानी आप मेरे अकेले और कमजोर होने की सारी सूचना उसे थमाकर चले गये।"

"क्यों ? लाजो ने कुछ ऐसा किया कि आपका नुकसान हुआ हो ।" हौसलाप्रसाद उत्तेजित होकर बोले।

"नहीं भाई, ऐसा कुछ नहीं किया, पर वक्त ऐसा है कि सावधान रहना चाहिए।"

हौसला ने समझदारी से गरदन हिलायी और चाय बनाने के इंतजाम में मशगूल हो गये।

हरिमंगल उस वक्त कुरसी पर बैठा पीपल के पेड़ को देख रहा था। जाड़े की धूप उसके ऊपरी भाग पर पीला चँदोवा ताने हुई थी। हरिमंगल लाजो के नाम से सिहर उठता है। पहले इस नाम को सुनकर उसे नफरत होती थी। हौसला जब लाजो की ओर से हरिमंगल को कुछ कहते, वह भड़क जाता। नाहक अपनी गरदन फँसाने से क्या फायदा। हमने क्या सारे शहर के 'ऐंटी सोशल ऐलीमेंट' से लड़ने का बीड़ा उठाया है। करते होंगे लोग उसे परेशान। वह जाने और उस साली के चहेते जानें। अपने से क्या मतलब ?

आज हरिमंगल के दिल में जो कुछ है, वह बिल्कुल मासूम फूल की तरह अपनी जामुनी खुशबू बिखेर रहा है। वह चाहे जो हो, नीच नहीं है। वह अनैतिक हो सकती है, पर अमानवीय नहीं है।

पिछले चार-पाँच रोज से लाजो उसके व्यक्तित्व का अविभाज्य हिस्सा बन गयी है। वह इस तरह अपने को पूरी तरह समर्पित करके इतना खुश क्यों लगती थी।

"लाजो," हरिमंगल ने पूछा था, "तुझे यह सब मेरे साथ करते बुरा नहीं लगा ?

वह चौके में बैठी तरकारी चीर रही थी। उसने सहसा गरदन झुका ली। कुछ देर सोच में डूबी रही।

"किया तो औरन के साथ भी, बाकी..."

"बाकी क्या लाजो ?"

"ऊ सब लेन-देन का सौदा लगत रहा। तोहरे पास पता नाहीं काहे लगत है कि हम केहू बेगाना के साथ कुछ नाहीं कर रहे हैं। तोहसे दोस्ती का नाता हो गया है।"

हरिमंगल को बुरा लगा "कैसी दोस्ती ?"

"जब दो सताए मनई मिलत हैं न बाबू, तो उनके बीच एक अनजाना रिस्ता रहत है। अगाड़ी में हम तोहें सौदाबाजी करनेवाला बड़ मनई मानत रहे, बाकी जब तोहरे ऊपर आफत आयी औ हम सोचे, तो लगा कि तूँ भी हमरे लेखा ई ससुरी बेपेंदी की दुनिया से लड़ रहे हो। हमार-तोहार लड़ाई की किसिम अलग हौ, मोरचा एकै हौ।"

हरिमंगल को एक मामूली गटर की औरत से ऐसे जवाब की आशा नहीं थी। वह सचमुच बहुत खुश हो गया। वह कुरसी से उठा था। दोपहरी में बरामदे के दरवाजे को उसने बंद किया था।

"सुन लाजो, जरा उठ तो।" वह भावावेश में बोला।

"का हो, ई दरवज्जा काहे भेड़ दिये तुम ?" वह बोली और उठकर खड़ी हो गयी।

हरिमंगल ने उसे अपने दोनों हाथों में जकड़ लिया। वह उसके पीछे झुके मुँह को एकटक देखता रहा, "तूने आज ऐसी बात कह दी कि मेरी अंतरात्मा खिल गयी। तू सचमुच महान् है, लाजो द ग्रेट !"

"का बकत हौ ?" लाजो कसमसाती रही।

हरिमंगल ने उसके अधरों को अपने मुँह में ले लिया।

"हुँहू," लाजो ने धक्का देकर अपने को छुड़ाया।

"लाजो, तू सचमुच दोस्त है, मैं तुझे दिल से प्यार करता हूँ !"

"हूँ," लाजो पुनः हँसुवे के पास बैठ गयी। उसने लंबी साँस ली, "बाप रे, एही के शायद प्यार कहत हैं लोग। साँस लेना मुश्किल हो गया।" वह हँसी।

हरिमंगल उसके इस जवाब पर पागल की तरह ठहाका लगाकर हँसता रहा। उसने दरवाजा खोल दिया और फिर खिड़की के पास बैठ गया।

लाजो का चेहरा अचानक तपे हुए ताँबे की तरह लगने लगा था। एक अजब तरह की चमक से वह बहुत आश्वस्त-जैसी लगने लगी थी।

मन को कोई अदेखा घुन कुतर रहा हो, रह-रहकर शरीर किसी अदृश्य लिजलिजी चीज के छूने से सिहर उठता हो । पूरी जिंदगी पतले सूत से लटकी हो जब, कब टूट पड़ेगा पता नहीं। ऐसी मनःस्थिति में इस कमरे में आने पर साफ लगता था कि मैं अलग हूँ, दुनिया अलग है। सड़क--जो खिड़की से देखने से अपनी जिंदगी का एक हिस्सा लगती थी, अचानक लंबी लेटी हुई तारकोल का जमाव लगने लगी। खिड़की मेरे लिए दिल के कोने में बने सुराख के मानिंद हो गयी, जिसमें से रेंगते हुए मौत के तिलचट्टे कब कलेजे को जकड़ लेंगे, कहना मुश्किल था। मुझे लगता ही नहीं था कि मैं दहशत के इस उफनते समुद्र को कभी पार कर सकूँगा। तभी लाजो आ गयी। लाजो के बारे में मैं सोचता हूँ तो

अक्सर पत्नी याद आती है। ऐसे वक्त मन अजीब पशोपेश में पड़ जाता है। पाँच साल साथ रहते-रहते एकरसता का ही सूता हमें चारों तरफ से ऐसा बाँध गया कि बच्चों को घर छोड़ते मन चिलक उठता था। पत्नी में लाजो-जैसी कोई चीज नहीं है। वह यह भी नहीं जानती कि चुंबन का मतलब और उपयोग क्या है। आते वक्त अलबत्ता वह रात को दोनों पैर पकड़कर सिसकती रही।

"तीन बरस के बनवास दिये जात हैं ?"

"सब ठीक हुई जाई, तू बच्चन का ख्याल रखना।" मैं इतना ही कह सका।

मैं मानता हूँ कि लाजो पत्नी नहीं हो सकती, न वह चाहती ही है। वह जानती है कि मैं विवाहित हूँ। कसक सिर्फ अपने भीतर होती है, पाप-पुण्य की बात सोचकर।

"क्या पाप कभी आदमी की भीतरी सतह को छूकर उसे जीवनी-शक्ति दे सकता है?" मेरे भीतर की अलहदा चीज पूछती है।

"शायद नहीं।" मैं अपने को संतोष देने के लिए कहता हूँ। मेरा तर्क मुझे भँवर-जाल में धकेल रहा है।

लाजो के साथ बीते यह पाँच रोज, न पाप हैं, न पुण्य हैं। ये सिर्फ जलती अंतरात्मा के लिए कार्तिक के पंचगंगा स्नान हैं। मैं अचानक बहुत संतुष्ट और प्रसन्न अनुभव करता हूँ।

"हरी बाबू !"

"अयं ?"

"क्या सोच रहे हैं, लीजिए, चाय पीजिए।" हरी बाबू हौसला के हाथ से गिलास थाम लेते हैं और उसकी पेंदी को रूमाल में लपेटकर चाय पीने लगते हैं।

तभी दरवाजे की कुंडी खटकी। हौसलाप्रसाद ने दरवाजा खोला। सामने लाजो खड़ी थी।

"आ गये हौसला बाबू !" वह धीरे से बोली। उसने खिड़की के पास बैठे हरिमंगल को देखा। दोनों की आँखें मिलीं। दोनों ने गरदन झुका ली। लाजो चौके की ओर चली गयी।

"हम तो आवत रहीं, तनिक देर होय गयी। थके-थकाए आए अउर आते ही चाय बनावै के पड़ गयी ?"

"क्या हुआ लाजो," हौसला बोले, "गिलास में चाय ले लो तुम। अभी बहुत बची है।" हौसलाप्रसाद ने कहा।

तभी फिर कुंडी खड़खड़ायी ।

हौसलाप्रसाद चाय का गिलास पकड़े हुए दरवाजे के पास गये, "कौन है ?"

"आ गये पांडेयजी, मैं हूँ रामानंद।"

हरी बाबू ने सुना तो कुरसी से उठ गये। वे दरवाजे की ओर देखते, कभी लाजो

की ओर। लाजो भी उनको बेचैन देखकर भाँप गयी कि कोई बहुत परिचित आदमी है।

दरवाजा खुला और रामानंद कमरे में दाखिल हुआ। "वाह-वाह, कितने सही वक्त पर पहुँचा। क्यों हौसला, चाय-वाय बची है ? कहिए हरी बाबू। भई वाह, आपका चेहरा तो सूरजमुखी की तरह खिल रहा है !"

"तुम निहायत बेवक्त आये।" हरी बाबू बोले, "तुमसे कहा था न कि हफ्ते-भर बाद आना।"

"सुनो हौसला," रामानंद ने कुरसी खींच ली और बैठते हुए बोला, "इन हजरत को कैलेंडर का भी ज्ञान नहीं। आज सातवाँ रोज है श्रीमान् ! कैलेंडर देखते भी हैं ?"

"चाय लीजिए तिवारीजी !"

"लाओ यार, इस आदमी के बारे में सोचते-सोचते साली तबीयत पिद्दी हो गयी और ये हजरत हैं कि बेवक्त का मलार गाये जा रहे हैं। यह कौन हैं हौसला ?" रामानंद ने लाजो की ओर देखते हुए पूछा, "घर से आयी हैं क्या ?"

हौसला लजाकर रह गया, "आप भी तिवारीजी ऐसे बौड़म हैं कि जो मन में आये, बक देते हैं। अरे भई, यह लाजवंती है, इसी मुहल्ले की..."

"ओह, आइ सी !" रामानंद ने चाय की चुस्की ली, "आपकी 'हिरोइन', जिसके लिए गुंडों से आपने मोरचा लिया था।"

लाजो ने गुस्से से रामानंद की ओर देखा, "ई के हैं हो हौसला बाबू ?" पर हौसला तब तक भागकर भीतर वाले कमरे में जा चुके थे।

"ई हमारे पुरोहित हैं लाजो !" हरी बाबू ने लाजो का तमतमाना देख लिया था और उसे निश्चिंत करने की गरज से बोले, "हमारे देहात के हैं। खास पुरोहित हैं।" लाजो चुपचाप उठी। उसने एक बार हरी बाबू के चेहरे पर देखा । वहाँ मजाक का भाव नहीं, गंभीरता थी। वह सीधे रामानंद के पास पहुँची और आँचल के खूँट को हाथ से पकड़कर उसने तिवारी का पैर छूकर प्रणाम किया।

तिवारी ने कनखी से हरी बाबू को देखा और गिलास नीचे रखकर हाथ उठाकर बोला :

"स्वस्ति न इन्द्रो वृद्धश्रवाः स्वास्ति नः पूषा विश्ववेदा..."

हौसला हँसते हुए कमरे से बाहर आकर तिवारी को देखने लगा, पर वह आँख मूँदे बोल रहा था।

"स्वस्ति नस्ताक्ष्यों अरिष्टनेमिः स्वस्ति नो बृहस्पतिर्दधातु ।
कल्याण हो, सौभाग्यवती हो, दूधों नहाओ पूतो फलो..."

अचानक लाजो हिचक-हिचककर रो पड़ी। सारा वातावरण एक अजीब प्रकार के तनाव से भर गया।

"तुम रोयी क्यों लाजवंती ?" रामानंद ने वातावरण को भाँप लिया और हँसते हुए

बोला, "शुद्ध वैदिक मंत्र से आशीर्वाद दिया है, बिल्कुल शुद्ध मंत्र से। हाँ ! अजब हो तुम भी। मैं तो अपने भीतर के ब्राह्मण को जगाकर तुम्हारे कल्याण के लिए मंत्र पढ़ रहा हूँ और तुम रो रही हो !"

"तोहार आसीर्वाद कबौं सुफल न होई महाराज ! तोहन सभे के मंतर मुरदा हुइगे। आंजन बदे त दूध मिलत नहिंनी, तू नहाए के बरदान थोप दिहो। अपने के जब घर-दुआर नहिंनी तो पूतों फलब का ? हमार बिना जाये पूत एहि दुनिया के बलि हुइगे । समझो ?"

"वाह री लाजो," रामानंद गद्गद होकर बोला, "यह है नारी तेज !"

"तेज-वेज नहिंनी महाराज," लाजो वैसे ही बोली, "दुनिया हमका पीट-पीट के बदला लेलेस, हम कमजोर रहीं, खाली अँगूठै दिखाय के बदला ले लिहा, बाकी लिहा जरूर।"

"तुम महान् हो लाजो, यू आर लाजो द ग्रेट !" रामानंद गंभीर होकर बोला।

"अच्छा, महाराज, अपना गिलास उठाइए नीचे से।" हरिमंगल ने कहा, "और चाय खतम कीजिए। लाजो, तू भी चाय पी ले। बची है न हौसला ?" हरिमंगल की आवाज में अजीब कंपन था। उसके मन के भीतर कोई पूछ रहा था, मेरा दिया हुआ विशेषण रामानंद को कहाँ से मालूम हो गया ? शायद उत्तेजना में बोल गया है।

"हाँ, हाँ, लाजो, रहो, हम गिलास लाते हैं।" हौसलाप्रसाद मगन थे।

लाजो ने चाय छान ली और गिलास लेकर भीतर के कमरे में चली गयी।

"अच्छा हरी बाबू," रामानंद खड़ा हो गया, "चार बज रहे हैं, चलूँ अपनी ड्यूटी पर। पुरोहित को दक्षिणा देने से तो आपको 'एलर्जी' है ही।"

"काहे की दक्षिणा ?"

"सुनो यार हौसला, अब साली पुरोहिती भी जवाल हो गयी। अग्रहार तो बंद ही था, खास मौके पर दक्षिणा मिलती थी, उससे भी गये--अच्छा भई !"

"चलिए तिवारीजी, आपको मोड़ तक छोड़ आऊँ।"

"अरे यार हौसला, काहे के लिए तकल्लुफ करते हो। चला जाऊँगा मैं। मुझे खुशी हुई कि हरी बाबू भले-चंगे हैं बस।"

"सुनो रामानंद, कल फुरसत हो तो खाना खाकर आ जाना। तुम्हें एक आदमी से मिलवाऊँगा।" हरिमंगल बोला।

"जो आज्ञा यजमान की। तुम बैठो हौसला।" रामानंद ने कहा।

"चलिए भी।" हौसला बोले और दोनों सड़क पर आ गये।

तभी पिछले कमरे से लाजो आयी, "सब जानि गे ऊ तिवारी।"

"क्या जान गये ?" हरिमंगल ने कहा, "तुम बेकार शक में पड़ी हो। मैं उसे खूब जानता हूँ। बहुत भला और ईमानदार लड़का है।"

"तो हम कवन बुरा कहि रहे हैं उनके। बाकी उनकी आँख में अजब ताकत है। उनके सामने भेद छुपा सकब मुश्किल है। ऊ तोहरे तरफ भी देखे रहे दुई बार।"

"हाँ, मुझे मालूम है। वह जान भी गया होगा तो कोई नुकसान नहीं। वह एकदम हीरा है। जरा जिद्दी है और भावुक, नहीं तो बड़ी उन्नति किये होता। उसकी ओर से निश्चिंत रहो। उससे कोई नुकसान नहीं होगा।"

"ऊ सच्चों तोहार पुरोहित हैं ?"

"बिना पुरोहित के वह स्वस्ति-वाचन करता ?"

"ऊ विआह के बखत का मंतर काहे पढ़ि गये ?" लाजो लज्जा से मुस्करायी, पर हरी बाबू ने आँख नहीं मिलायी और वे पीपल के पेड़ की ओर देखते चुपचाप बैठे रहे।

रामानंद दूसरे दिन बारह बजे के करीब हरिमंगल के आवास पर पहुँचा। उसने कुंडी खटखटायी।

"आइए तिवारीजी !" दरवाजा खुला और हौसला ने तिवारी को अंदर करके दरवाजा बंद करते हुए कहा, "हरी बाबू तो जाने कब से आपके इंतजार में बैठे हैं।"

"बैठे हैं कि रजाई में पैर तोप कर ऊँघ रहे हैं, सो बताओ ?" तिवारी हँसा, "नवंबर में ही साली इस कदर की सर्दी पड़ने लगी ।"

"जी नहीं, मैं ऊँघ नहीं रहा हूँ। यह सही है कि पैर रजाई में हैं।" हरी बाबू ने रजाई झटकते हुए कहा।

"आपके पैर रजाई में ही रहेंगे जिजमान," तिवारी बोला, "या अभी चलना है ?"

"चलो, हो ही आवें।"

"तब चलिए, देर काहे की !"

साइकिल के अगले हिस्से में रामानंद को बैठाते हुए हरी बाबू बोले, "अच्छा चले हो तुम भी मुफ्त की सवारी करने।"

"मुफ्त की बातें जो जाननी हैं मुझे।"

"कैसी बातें ?"

"आप बड़े भुलक्कड़ हैं। आपने कहा था न कि अंटी पलट और पेटफूली औरत का रहस्य बतायेंगे।"

"हूँऽ !" हरी बाबू अचानक गंभीर हो गये।

साइकिल गिरजाघरवाली सड़क से निकली और बेनियापार्कवाले रास्ते से मुड़ गयी। रामानंद काफी देर चुप रहा।

"नहीं बतायेंगे ?"

"बता दूँगा लौटती वक्त।"

"हम जा कहाँ रहे हैं ?"

"जहन्नुम में।"

"सो तो है, पर किस फाटक से ?"

"मुझे नहीं मालूम कि वहाँ कितने फाटक हैं।"

"चार हैं कुल। दक्षिणवाला ज्यादा खतरनाक है। और हम दक्षिण से ही चले हैं तो जाहिर है उसी से घुसेंगे।"

"तुझे डर लग रहा है ?"

"मुझे वैतरणी से उतना डर नहीं लगता हरी बाबू जितना उसे पार कराने का ठीका लेनेवालों से। मुझे तो ऐसा लगता है कि ठीकेदारी पार कराने की नहीं होती, निश्चित डुबाने की गारंटी की होती है।"

"समझदार होते जा रहे हो।" हरी बाबू बोले, "हमेशा आँख-कान खोलकर चलना चाहिए; पर मैं तुमको क्या उपदेश दूँ, जब मैं स्वयं ऐन मौके पर अंधा बन गया और साला मेरी आँख में धूल झोंककर रफूचक्कर हो गया। खैर, अब उतरो, हम आ गये अपने मंजिले-मकसूद पर !"

सामने पुलिस थाना था।

हरी बाबू ने फाटक में साइकिल रखी। ताला लगाया।

"शर्माजी हैं बड़े बाबू ?" उन्होंने एक वर्दीधारी सज्जन से पूछा।

"जी हाँ, ऑफिस में बैठे हैं।"

"आओ रामानंद," हरी बाबू ने मेरा हाथ पकड़ा और शर्माजी की ऑफिस की ओर बढ़े।

"ई कौन शर्मा हैं ?"

"डी.एल.शर्मा।"

"अर्थात् ?"

"दादूलाल शर्मा।"

"हूँ, तो इनका जन्म जयपुर में हुआ है !" रामानंद ने ज्योतिषी की मुद्रा में कहा।

"हल्लो हरी बाबू, आइए-आइए ! बहुत दिन के बाद--अरे, यह क्या हुआ है ? आपके सिर पर चोट कब लगी ? हाल का वाकया है शायद ?"

हरी बाबू कुछ नहीं बोले। सामने की कुरसी पर बैठ गये।

"ये हैं मेरे दोस्त रामानंद तिवारी। यों कहिए मेरे पुरोहित।"

शर्मा ने तपाक् से हाथ मिलाया, "कहिए तिवारीजी, क्या करते हैं आप ?"

"पढ़ता हूँ ।"

शर्मा जोर से हँसे, "वाह भई, क्या पढ़ते हैं ?"

"संस्कृत।"

"कहाँ पढ़ते हैं ?"

"विद्यालय में।"

"क्यों हरी बाबू, आपके दोस्त सी.आई.डी. में तो नहीं हैं न ?"

"अब यह तो आपको निर्णय करना है शर्माजी। वैसे ऑफिस की ओर चले तो इसने एक बेढब बात कही।"

"कौन-सी बात ?"

"कि आपका जन्म जयपुर में हुआ है।"

"सच ? माइ गॉड !" शर्मा तिवारी की ओर आदर से देखते हुए बोले, "पुलिस फोर्स में मेरे दोस्त तक को यह नहीं मालूम, फिर तिवारीजी, आपको कैसे मालूम हुआ ?"

"ज्योतिष से।"

"अच्छा, आप की उधर भी पैठ है !"

"इनके परपितामह पं. गणेशी तिवारी विख्यात ज्योतिषी थे। शर्माजी, बड़ी कीर्ति थी। सारा मिर्जापुर का इलाका उनको श्रद्धा से देखता था। मेरे इलाके के तो खैर पुरोहित थे ही।"

"चुप रहिए हरी बाबू !" रामानंद बोला, "थोड़ी देर में शर्माजी मेरे आगे हाथ फैलाकर भविष्य जानना चाहेंगे तो सारी कलई खुल जायेगी। बात यह है शर्माजी कि दादूलाल नाम इधर कम होते हैं। दादू की एक जीवनी मैंने पढ़ी थी। दादू पंथ का सबसे बड़ा मठ जयपुर में है। मैंने सोचा कि कोई ब्राह्मण अपने लड़के का नाम दादूलाल रखता है तो जरूर किसी दादू पंथी महात्मा के संगत में आया होगा और मैंने तीर छोड़ दिया कि आपका जन्म जयपुर में हुआ।"

"और वह तीर तुक्का नहीं बना !" शर्मा हँसे ।

"जी हाँ, खुशकिस्मती से।" रामानंद ने चेहरा गंभीर बना लिया।

"हरी बाबू," शर्मा बोले, "आप जरा भी नहीं बदले। मुझे लगता है, लगता क्या है, सौ फीसदी ठीक ही है कि आप जमाने के मुताबिक ढलना नहीं चाहते।"

"ढल तो रहा हूँ शर्माजी।"

"उसी में कल्याण है, उसी में लाभ है हरी बाबू।"

"आप ऐसा कहते हैं ? मैंने तो आपको एक ऐसे युवा इंस्पेक्टर के रूप में देखा शर्माजी कि मुझे आपके व्यक्तित्व से प्रेरणा मिली।" हरी बाबू बोले।

"वे बातें भूल जाइए। तब से लेकर अब तक जाने कितना पानी गुजर गया। सी.आई.डी. इंस्पेक्टर शर्मा मर गया हरी बाबू। उसकी जगह जो शर्मा आप देख रहे हैं, वह एक बेजान मशीन का पुर्जा है, एक स्क्रू। मशीन को वह बदल नहीं सकता। मशीन को

रोकने की कोशिश में वह खुद टूट-टूटकर बिखर गया, यही समझ लीजिए।"

"हूँऽ !" हरी बाबू चुप हो गये।

"खैर छोड़िए।" शर्मा मुस्कराये, "दौलत सिंह !"

"आया साब !"

"तीन ठो चाय।"

"अच्छा साब !"

"यह बताइए हरी बाबू कि आपको यह चोट कैसे लगी ?"

"यही बताने आया था शर्माजी, मगर जब आप वह हैं ही नहीं तो बताना बेकार है। यों मान लीजिए कि युनिवर्सिटी में जो छात्र-पुलिस भिड़ंत हुई, यह उसी का नतीजा है।"

"और यदि यह न मानूँ तो ?"

"तो कहना बेकार है, क्योंकि मैं इलाहाबाद के अपने परिचित शर्मा के पास आया था, जिससे यहाँ भी दो-एक बार मिल चुका हूँ, पर यह कभी नहीं लगा कि वे बदल चुके हैं।"

"खैर, आपके लिए नहीं बदला हूँ। बस, अब तो बताइए।"

हरी बाबू ने सारी कहानी बता दी। शर्मा बड़े गौर से सुनते रहे।

"अंटीपलट सिर्फ सुना है आपने या उसकी बाबत कुछ और जानते हैं ?" शर्मा ने पूछा।

"इतना सुना है कि नेपाल के रास्ते जो रेशमी साड़ियाँ आती हैं, उनकी जापानी जरी देशी बाबीन पर पलटकर पॉलिश करा के अहमदाबाद भेज दी जाती हैं।"

"आप ठीक कह रहे हैं हरी बाबू, इसलिए मेटेलिक यार्न पर बहुत हैवी ड्यूटी लगी है, ताकि लोग उसका इस तरह के गलत कार्यों में इस्तेमाल न करें।"

"मेटेलिक यार्न ?" रामानंद ने पूछा।

"मेटेलिक यार्न बहुत उपयोगी चीज होती है भई, उस पर कुछ रासायनिक चीजों का मिश्रण करके, सुनता हूँ--राडार, टेलीविजन, वायरलेस, कंडेंसरों आदि में उपयोग होता है। इतनी उपयोगी चीज यदि साड़ियों के भीतर खपने लगे तब तो बधिया बैठ जायेगी सरकार की। इसलिए खूब टैक्स लगाया है उस पर। पर यार, यह नेपाल से स्मगल होती है, यह तुम्हें कैसे मालूम हुआ ?" शर्मा ने हरी बाबू से पूछा।

"मेरे एक दोस्त ने बताया था।" हरी बाबू ने गंभीरता से कहा। दोनों चुप हो गये।

"पेट फूली औरत क्या बला है शर्माजी ?" रामानंद फिर बोला। उसे शायद लग रहा था कि हरी बाबू लौटती वक्त भी इस मामले को रफादफा कर दें तो वह चंद्रकांता संतति के तिलिस्म से ही अपरिचित रह जायेगा ?

"मैं बताता हूँ तिवारी," शर्मा बोले, "सोने के बिस्कुट की तस्करी सुनी है ? बहुत चलता है। उसका मेन सेंटर दुबाई है। अरब खाड़ी का एक बंदरगाह । फ्री पोर्ट। वहीं से

यह बिस्कुट नाना तरीकों से भेजे जाते हैं। ट्रांजिस्टरों में, रेडियो फ्रेम में, अलार्म घड़ियों में, सामानों के भीतर छिपाकर और औरतों के जरिये, जो गर्भवती होने का नाटक करती हैं, पर पेट पर रबड़ के ढक्कन में सोने के बिस्कुट छिपाये रहती हैं। समझ गये !"

"ओह, कमाल है ! हमारे देश की सरकार भी एक गावदी है। ऐसे बुद्धिमान लोग हैं यहाँ और सारी बुद्धि बेकार जा रही है। सरकार को अक्ल उपभोग की भी पंचवर्षीय योजनाएँ चलानी चाहिए इन लोगों के सहारे, है कि नहीं शर्माजी ?"

"अब तुम्हें शर्माजी ही मिले हैं चूतिया बनाने के लिए ?"

"मैं इतना अहमक नहीं हूँ साहब ! मैं बनी-बनायी चीजों को दुबारा बनाने के अहंकार से बचना चाहता हूँ।"

"लड़का बड़ा स्मार्ट है हरी बाबू !" शर्मा हँसे, "पर डर वही है।"

"कौन-सा ?"

"किसी भावुकता में पड़कर न्याय-न्याय चिल्लाते हुए अंधी मशीन से टकरा जाने का।"

"खैर, आप निसाखातिर रहें शर्माजी, अपने राम तो गाय से भी नहीं टकरायेंगे... ।"

"यही तो गलतफहमी है दोस्त, जिसमें आज का हर युवा मुब्तिला है। तुम समझते हो कि तुम किसी से नहीं टकराओगे, इसलिए तुम बच जाओगे।"

"साब, चाय।"

"लाओ, रख दो यहाँ।" शर्माजी ने चाय की प्लेटें दो तरफ खिसकायीं और एक अपने सामने रखकर बैठ गये, "अब हरी बाबू को बता ही दूँ आज। जब आप इलाहाबाद में थे, तब आपने कभी यह न्यूज पढ़ी थी कि पुलिस ने जुए के एक बहुत बड़े अड्डे पर छापा मारा था ?"

"हाँ, हाँ, कुछ-कुछ याद पड़ रहा है।"

"मैं उस वक्त एरिया के थाने पर सब-इंस्पेक्टर था। मेरे सीनियर थे सिंह साहब। अधेड़ उम्र के आदमी थे। बेटे-जैसा मानते थे। उस वक्त शहर कोतवाल थे रजा साहब। वे लोकल-पेपर्स में इस अड्डे के बारे में खबरें पढ़-पढ़कर बहुत चिढ़े थे। वे हमारे यहाँ आये और सिंह साहब से बोले, आप लोग कान में तेल डालकर सोते हैं। आपकी नाक के नीचे यह सब बवेला चल रहा है और आप हाथ पर हाथ धरे बैठे हैं।

" 'ऐसा तो नहीं है सर, हम इसकी तहकीकात कर रहे हैं।' सिंह साहब ने कहा।

" 'इंस्पेक्टर शर्मा', रजा साहब बोले--'हफ्ते भर के भीतर मैं चाहता हूँ कि यह गलीज साफ हो जाये।'

" 'यस सर।' मैंने कहा।

"सिंह साहब कुछ नहीं बोले। उन्होंने अपने को यों अलग कर लिया, जैसे उनसे

कोई वास्ता ही नहीं। मैंने अपने एक सिपाही को, जो अभी नया-नया आया, और थोड़ा जुआरी भी था, खूब समझा-बुझाकर तीन-चार रोज अड्डे पर भेजा। वह उन्हीं के बीच का आदमी माना जाने लगा। सातवें दिन उसी से खबर पाकर मैंने एक ट्रक पी. ए. सी. मँगाई और सारे मकान को घेर लिया। सब पकड़े गये। कुहराम मच गया । कई साले ऊँचे बक्सों में छिपे थे। उन्हें निकाला गया। इसी में एक बक्स टूट-पिचक भी गया। बड़ी चर्चा हुई। अखबारों के पन्ने रंगे। मेरे फोटो निकले। मैं 'हीरो' बन गया। बधाइयों का ताँता लग गया।

"एक हफ्ते बाद मेरे खिलाफ कई संभ्रांत लोगों ने रपट की कि मैंने अमुक घर में जुआड़ियों को पकड़ने के बहाने डाका डाला। सामान लूट लिये, बक्से तोड़ डाले।

" 'अब कहो बरखुरदार !' सिंह साहब बोले--'आज खबर आयी है कि इंस्पेक्टर पांडेय जाँच में आ रहे हैं और मैं पांडेय को जानता हूँ। वह तुम्हारी तरह आदर्शवादी नहीं हैं और नौजवान भी नहीं हैं।' सारांश यह हरी बाबू कि मेरे खिलाफ पूरी जाँच-पड़ताल के बाद डकैती का आरोप लगा दिया गया।

"सिंह साहब ने बताया तो मेरे पैरों के नीचे से धरती खिसक गयी। कहाँ पिछले हफ्ते मेरा बैलून हवा से बातें कर रहा था, कहाँ आज वह लहज-पिचककर बूटों से रगड़ खा रहा है। मैंने उसी रात रजा साहब के क्वार्टर पर जाकर सारी बातें बतायीं। आदमी बड़े सच्चे और नेक दिल थे। बोले--'इंस्पेक्टर शर्मा, घबडाओ नहीं। मैं सुबह पांडेय को बुलाऊँगा। तुम बेफिक्र घर जाओ।'

"उन्होंने पांडेय को बुलाकर बहुत डाँटा। बोले--'तुम लोग किसी आदमी को सही काम करने का मौका ही नहीं देना चाहते। कोई करे तो उसका पैर खींचोगे। उसे जलील करोगे। जाओ, और ठीक से जाँच करके रिपोर्ट करो; वरना तुम जानो और तुम्हारा काम जाने... ।'

"खैर साहब, इस तरह मेरी जान छूटी और मेरा प्रोमोशन हुआ। जाने के पहले एक केस में, जो मेरे मातहत नहीं था, कुछ बातचीत थी। सिंह साहब ने अपने घर बुलाया। चाय पिलायी और चलते वक्त पाँच सौ रुपये मेरे हवाले किये।

"मैंने कहा--'ई क्या कर रहे हैं सर ?'

"बोले--'शर्मा, तुम अभी बच्चे हो। ऐसी ही तबीयत लेकर कई लोग आये कि इस मशीनरी में जान डाल देंगे, पर मैं देखता आ रहा हूँ कि यह मशीनरी जान लेती है, किसी को डालने का मौका नहीं देती। ले जाओ, जाड़े आ रहे हैं। बीवी-बच्चों को कपड़े चाहिए कि नहीं ?' "

"आपने वे रुपये ले लिये ?" तिवारी बोला।

"बिल्कुल।" शर्मा ने तपाक् से कहा।

"मुझे आपकी क्या सलाह है शर्माजी ?" हरी बाबू ने पूछा।

"देखो दोस्त, मैंने तुम्हें अपनी बात बता दी। तुमने अफ्रीकी जंगलों में जानवरों के शिकार की फिल्में तो देखी ही होंगी। एक शिकारी जीप पर खड़ा गोफन हिलाया है और जेबरा के पीछे-पीछे जीप दौड़ती है। जेबरा सारी ताकत लगाकर भागता है, जीप सारी ताकत लगाकर उसका पीछा करती है। सहसा शिकारी के हाथ से फंदा उछलता है और जेबरे की गरदन पर गिरता है। जेबरा थोड़ा और भागता है, जीप रुकने लगती है। जेबरा भागने के लिए उछलता है, फंदा गरदन दबोच लेता है । जीप स्टैंड स्टिल हो जाती है।"

"आपके कहने का मतलब यह हुआ शर्माजी " रामानंद बोला, "कि इस समाज में कुछ जीपें हैं। कुछ जेबरे हैं। जेबरे भागेंगें, जीपें पीछा करेंगी, फंदे उछलेंगे, गरदनें कसेंगी, जानवर फड़फड़ाएँगे, तब जीपें रुक जायेंगी ?"

"जी नहीं हजरत, जीपें सिर्फ रुक नहीं जायेंगी, शिकार को उस पर लादकर ठिकाने पर ले जायेंगी।" शर्मा ठठाकर हँसे।

"तो ?"

"तो ?"

रामानंद और हरी बाबू ने एक साथ पूछा।

"तो यह कि आदमी को हमेशा एक कदम पीछे हटना सीखना होगा। आदमी जेबरा नहीं है। उसके पास अकल है। इसलिए उसे खयाल रखना होगा कि उसकी गरदन फंदे में न पड़े।"

"ख्याल रखने से ही वह बच जायेगा शर्माजी ?"

"दुरुस्त सवाल है तिवारी !" शर्मा बोले, "बचने की उम्मीद रहेगी।"

"तब तो यह एक तयशुदा नियत ढर्रे की बात हो गयी।" रामानंद कह रहा था, "यहाँ जेबरे की गलती है या जीप की, उसके निर्णय का प्रश्न ही नहीं उठता।"

"वाकई, तुम यदि इस पर गहराई से सोचो दोस्त, तो तुम्हें लगेगा कि इस प्रश्न की कोई जगह है ही नहीं वहाँ। क्या कर सकते हो तुम ? मैं सरकारी आदमी हूँ। मेरे ऊपर लोगों की जानमाल की रक्षा का दायित्व है। पर मैं क्या रक्षा कर सकता हूँ ?"

"क्यों नहीं कर सकते ?"

"सुनो तिवारी, तुम स्मार्ट तो हो, अनुभवी बिलकुल नहीं हो।" शर्मा सहानुभूति दिखाते हुए बोले, "मैंने तुम्हें अपनी कहानी क्या किस्सागोई का नमूना दिखाने के लिए सुनायी थी ?"

"मतलब यह कि कोई चाहे भी कि सही काम हो, तो होने नहीं पायेगा।" रामानंद तैश में था, "अजीब गंडगोल है यह सब भी।"

"अब है; जो है, सो है।" शर्मा उठ पड़े, "अच्छा, हरी बाबू !"

"मैं खुद उठ रहा था शर्माजी, बहुत-बहुत धन्यवाद ! आपका कितना वक्त जाया किया हमने।" हरी बाबू बोले । वे निहायत सुस्त लगते थे।

"जाते-जाते एक बात और हरी बाबू," शर्मा हँसे, "आप जिनके पीछे पड़े हैं या जो आपके पीछे पड़े हैं, वे मामूली लोग नहीं हैं।"

"इसे याद रखूँगा शर्माजी !" हरी बाबू ने कहा और शर्मा को नमस्कार करके वहाँ से चल पड़े।

रास्ते में कोई कुछ न बोला।

"क्या टाइम है रामानंद ?"

"साढ़े तीन हो रहा है। सामने दुकान की घड़ी यही कह रही है।"

"अरे हम क्या शर्मा के पास दो-ढाई घंटे बैठ गये ?"

"और क्या !"

"तो ?"

"तो, मैं जाता हूँ सिलापट्ट्ट युद्ध में ! आप कचौरी खायेंगे या घर जायेंगे ?"

"आज घर ही जाऊँगा।"

हरी बाबू ने साइकिल घुमायी और चल पड़े।

प्रातःकाल मुझे बाहर जाना अच्छा नहीं लगता, किंतु उस दिन जाना पड़ा। असल में किरण को ई.ए. बर्ट की पुस्तक 'टाइप्स ऑफ रेलिजस फिलॉसफी' चाहिए थी। यह किताब बाजार में उपलब्ध नहीं थी। किसी जमाने में यह किताब मेरे पास थी। मैंने यह किताब अपने एक मित्र को दे दी थी। मैंने कुछ रोजों के लिए उससे पुस्तक माँग लेने का निश्चय किया। और नयी कॉलोनी की ओर चल पड़ा।

रास्ते में मुझे नंदकिशोर मिल गया ।

"तिवारीजी ! मैं आपके यहाँ ही जा रहा था," वह बोला। उसका चेहरा एकदम उतरा हुआ था। आँखें कड़वी और जलती लग रही थीं। शायद वह रात को सो न पाया हो।

"क्या बात है ?" मैंने उसके कंधे पर हाथ रखकर पूछा, "बहुत सुस्त लगते हो !"

वह अचानक भरभरा आया और रोने-रोने को हुआ कि मैंने उसे बाँहों में भर लिया, "अरे मर्द का बच्चा होकर रोते हो ! ऐसा नहीं करते यार ! मामला क्या है ? चलो, बगल में बैठकर चाय पीयें।"

"तिवारीजी !" नंदकिशोर ने कहा, "मैं न तो गुस्सा कर सकता हूँ, न बदला ले सकता हूँ और न साली आत्महत्या ही कर सकता हूँ। मैं रात-भर पागल की तरह सिर के बाल नोचता रहा, पर कुछ भी तो नहीं कर सका।"

"बताओ न--बात क्या है ?"

"चलिए मेरे घर, चलेंगे ?" वह हिचका। मैं उसके संकोच को समझ गया।

"तुम मेरे बारे में जानते हो, फिर ऐसी हिचक क्यों ? मेरी अम्मा ने मेरा नाम ही औघड़ रख दिया है, क्योंकि मैं किसी का भी छुआ खाता हूँ। खास तौर से भंगियों और हरिजनों का। तुम भी अच्छी तरह जानते हो कि मैं इस मामले से असली ब्राह्मण हूँ यानी अग्निभुक--सब कुछ खाकर स्वाहा करना अपने को वंश-परंपरा से प्राप्त है। आओ, चलो । मैं तुम्हारे घर ही चलूँगा।"

नंदकिशोर हल्के मुस्कराया, "मैं जानता था कि सिर्फ आप ही मेरा साथ दे सकते हैं। ये छात्रनेता मद्रास कैफे और एम्बेसी के बाहर नहीं निकलेंगे। उन्हें इस बात की चिंता ही नहीं कि चारों ओर से आने वाले छात्रों की समस्या क्या है। हरिजनों पर भाषण सब देंगे। नकली सहानुभूति की कमी नहीं है, पर मौके पर कोई खड़ा नहीं होता।"

हम दोनों नवाबगंज के उत्तर छोर पर स्थित हरिजन बस्ती की ओर चल पड़े। एकांत सड़क मिलते ही नंदकिशोर का चेहरा फिर भरभराया और वह हिचक पड़ा, "तिवारीजी, मैं बड़ा नीच और कायर हूँ। मैं आपके साथ घर में कैसे घुसूँगा, मैं रज्जो से क्या कहूँगा ? वह पागल हो गयी है।"

मैंने फिर सांत्वना के शब्द कहे और पूछा, "यह रज्जो कौन है, वह पागल क्यों हुई है ?"

"रज्जो मेरी बहन है। नाम राजमती है। इधर जब से युनिवर्सिटी बंद हुई है, वह भी छुट्टी मना रही है। वह अपने यहाँ महिला विद्यालय में पी.यू.सी. में पढ़ती है। हरिजन छात्रवृत्तियाँ ही हमारे लिए सहारा हैं। बब्बा अब बूढ़े हुए तो भी लंका में छोटी-सी दुकान खोले हैं, उसी पर कुछ घटिया किस्म के जूते-चप्पल वगैरह बेचते हैं। असली काम जूता-मरम्मत और पालिश-वालिस का ही है। मेरे बाबू भी उनका साथ देते हैं । साथ देना ही कहेंगे न। बाबू को दारू पीने की लत है। कुछ दिन रिक्शा खींचते रहे। हमेशा चेहरा लटकाये रहते कि इस कमाई में जांगरतोड़ मेहनत है, बरकत कुछ नहीं । खाने भर को भी नहीं मिलता। असल में वे दारू पी जाते थे और धुत्त होकर कहीं रिक्शा टिकाकर पड़े रहते। आमदनी क्या होगी ? माँ झींकती, हम लोग मार-मार करते। बहुत समझाने-बुझाने पर उन्होंने रिक्शा छोड़ दिया और बब्बा के साथ बैठने लगे। हम लोगों का कहा तो मान गये; पर खूब चिढ़े भी। वे रात को भी लंका की उसी टुटही दुकान में रहने लगे। माँ हमारी ईंट-गारा ढोती है। बगल में गुरुधाम कॉलोनी बन रही है न, उसी में काम करती है। बाबू की रोटी अक्सर मैं ही पहुँचा आया करता था। इधर कुछ दिन से मैं नहीं जा सका। रज्जो ले जाती थी।" वह इतना कहकर चुप हो गया।

"फिर ?"

"फिर क्या कहूँ," वह सामने तिमुहाली पर खड़ा शिवाले के चबूतरे पर बैठ गया,

"कल कुछ लोगों ने रज्जो को पकड़ लिया..." वह फिर हिचककर फूट पड़ा : "संकट-मोचन के पहले जो अस्सी नाले का पुल है, वहीं।"

वह जगह इस कदर की है जो अपराधियों को कुछ कर डालने के लिए जैसे प्रेरणा देती है। पुल के नीचे नाला है जो जाड़ों में सूखकर नाली-जैसा हो जाता है। एक तरफ अमरूद की बगीची है, दूसरे तरफ चैती फसल के खेत। नाले के उत्तर तरफ बड़ी घनी बंसवारी है। बंसवारी के बाद भी कोई बस्ती नहीं है, पटरी है जिस पर खेत ही खेत हैं।

"हूँऽ," मैंने कहा, "तो रज्जो इसी से पागल हो गयी है ?"

"इसी से माने क्या ? पकड़ने से पागल नहीं हुई है। वे सब तीन आदमी थे। रज्जो कहती है कि पिछले तीन दिन से वे पीछा करते और बोलियाँ बोलते थे। वे तीनों सूटेड-बूटेड लोग थे। वह लड़की सीधी है। कुछ जवाब नहीं देती थी। चुप चली आती थी। कल शाम को थोड़ी हवा तेज थी, हल्की बूँदा-बाँदी हो रही थी। रज्जो टीन की थाली और कटोरा लिये लंका से आ रही थी कि एक आदमी बंसवारी से निकला और पीछे से आकर उसका मुँह दबाकर उसे कंधे पर लादकर बंसवारी में चला गया। वह न चीख सकती थी, न पुकार सकती थी। तीन-तीन लोगों ने उसके साथ बलात्कार किया। मैं करीब नौ बजे घर पहुँचा हूँगा। अम्मा ने कहा कि 'जाने आज कहाँ बैठ गयी, रज्जो नहीं आयी !' मैंने साढ़े नौ तक उसकी बाट देखी। साइकिल उठायी और सीधे लंका गया। दुकान का दरवाजा खटखटाया तो बाबू आये। वे शराब में धुत्त थे। उनसे कुछ पूछना बेकार था। मैं वहाँ से लौटा। मैं लंका से नबावगंज तक तीन-तीन फेरा लगाया, पर रज्जो का कहीं पता नहीं चला।

"ग्यारह के आसपास मैं जब चौथी बार लंका से लौट रहा था, मैंने पुल के पास एक लड़की खड़ी देखी। वह पुल के पुश्ते पर गुड़ी-मुड़ी बैठी थी। मैंने सोचा, कोई होगा। रज्जो भला यहाँ क्यों बैठने लगी ! ग्यारह बज रहा था। मैं साइकिल भगाता शायद फिर नबावगंज आ जाता कि मैंने सुना : 'हे भगवान, मुझे ले ले तू। यहाँ डूबने-भर को भी पानी नहीं है।' वह लड़की अजब किस्म की आवाज में बोली थी। ऐसी आवाज जिसमें लोहा गलाने वाली मशीन की बेतुकी खरखराहट और हदस भरी थी। मैंने तुरंत सइयकिल रोक दी।

" 'कौन है रज्जो ?' "

"मैं उसके पास पहुँचा।

" 'मेरा मुँह मत देखो।' उसने दोनों हाथों से अपना मुँह ढँक लिया और हिचक-हिचककर रो पड़ी--'मैं लुट गयी। मैं मर भी नहीं गयी। हे भगवान्...!' मैंने उसकी हथेलियों को पकड़ा और मुँह से नीचे कर दिया--'क्या हुआ तुझे ? रज्जो, रज्जो...'

"वह कुछ नहीं बोली।

" 'बोलती क्यों नहीं ?' मैंने गुस्से से कहा--'रात ग्यारह बजे यहाँ क्या कर रही थी ?'

"उसे लगा होगा कि मैं उसके ऊपर शक कर रहा हूँ या आरोप कर रहा हूँ, राम जाने क्या लगा उसे। वह तिनककर उठी--'ले, देख क्या हुआ !' उसका ब्लाउज फट गया था। उसकी डोरियाँ टूट गयी थीं। वह एक मुरदा खाल की तरह उसके बदन से झूल रही थी। उसकी साड़ी फटी नहीं लगती थी; पर वह खून से रंगी हुई थी, उसकी कमर में वह साड़ी बकरकसाई की दुकान पर लटके परदे की तरह लग रही थी। उसके बाल नुचे थे। यह काम शायद उसने खुद किया था। गुस्से में, लज्जा में, बेचारगी में वह और कर भी क्या सकती थी !"

'यह सब किसने किया ?'

'तुम्हारे पढ़े-लिखे दोस्त...'

'मेरे दोस्त ?' मैंने आश्चर्य से उसकी ओर देखा, "कौन साला था ? बोल उसका नाम ! आज मैं कत्तल करूँगा या कत्तल किया जाऊँगा।'

" 'मैं क्या नाम जानूँ ! सभी छात्रों-जैसे थे बस, यही है तुम लोगों की छात्र-एकता। साली बेहया तू क्या जाने, कमीनी...वह मुट्ठी भींचकर अपनी ही छाती पर पीटने लगी। वह पागल हो गयी, मैं उसे किसी तरह लाद-फाँदकर घर ले आया। वह सुबह से बुखार में पड़ी है। मुझे कुछ नहीं सूझता कि क्या करूँ ! मैंने देबू वगैरह से इसे बताना ठीक नहीं समझा। अब आप बताओ, कहाँ जाऊँ ? मैं जानकर आपके पास आया हूँ। आप झूठी सहानुभूति वाले दोगले किस्म के आदमी नहीं हैं। इसलिए कोई रास्ता निकालिए।"

"तुम मुझमें इतना विश्वास रखते हो नंदकिशोर, मैं यार, इसी से पानी-पानी हो रहा हूँ, पर मेरी बिसात तुम जानते हो। खैर पहला काम रज्जो बहन को ठीकठाक करना है, इसके बाद भेड़ियों से निपटने का उपाय सोचेंगे।"

"नहीं, आप मुझे छूकर कसम खाइए कि आप मेरा साथ देंगे, वरना मैं घर नहीं चलूँगा !"

मैंने नंदकिशोर को छूकर कसम खायी और उसके घर की ओर चल पड़ा।

नंदकिशोर के साथ मैं हरिजन बस्ती में घुसा तो इच्छा हुई कि रूमाल निकालकर नाक से लगा लूँ। हर दरवाजे पर नाबदान, हर फाटक के पास कूड़े का ढेर। दोनों तरफ की सड़कें मलमूत्र से भरीं। मवेशियों के नाम पर अधिकांश के पास देशी बकरियाँ हैं जो फाटक से लगे चबूतरों पर बाँध दी गयी थीं। उन जगहों पर थोड़ी-थोड़ी धूप आ गयी थी। पर बकरियों को देखकर लगता था कि अधिकांश रात-भर वहीं बँधी रही हैं। शायद ही

कोई बकरा या बकरी हलुवानी हो। सबकी कोख धँसी थी। वे पूँछें हिलाती बेचारगी के साथ पागुर[1] कर रही थीं। मेमनें जरूर नटखट थे। वे अपनी-अपनी माँओं के दूध पीकर फुदक रहे थे। आपस में टक्कर दे रहे थे।

"आ जाइए तिवारीजी !" नंदकिशोर बोला।

उसका घर लाखौरी ईंटों से बना था, पर दीवारों में जगह-जगह बरसात के खदोरे हुए ऐसे गड्ढे थे जैसे नदी के किनारे के अरारों में पड़ जाते हैं। उसके आँगन में बड़ी भीड़ थी।

नंदकिशोर यह सब देखकर खुद सकते में था, पर 'आ जाइए तिवारीजी' की रट लगाये जा रहा था।

रज्जो जिस कमरे में थी, वह कुछ कुशादा था। उसमें दो चारपाइयाँ थीं। कमरे में कुछ पुराने कैलेंडर और हनुमान की एक तस्वीर थी।

कमरे में कई आदमी थे। रज्जो के बब्बा और दो आदमी और थे। पूरा कमरा लोहवान के धुएँ से भरा था।

कमरे में एक अजब किस्म की गंध थी, जैसे अभी-अभी किसी ने गाँजे की दम मारी है।

"ई सब का होत है ?" नंदकिशोर गुस्से में बोला, "वोका का भूत लगा है जो तुम सब गाँजा, दारू अउर मुरगा चढ़ाय रहे हौ ?"

"तूँ दुइ अच्छर पढ़िके भइया बड़हर विदवान होय गये।" एक आदमी बोला। वह शायद ओझा था, "साफै फेरवट का मामला है। तोहरे खानदान से केहू कि दुश्मनाहीं चल रही है। ई भूत हुवैं से कराया भया है।"

"हुँह, भूत हुवैं से कराया भया है !" नंदकिशोर अपने बब्बा को देखकर चिल्लाया, "तूँ ये लोगन के ले के कमरे में से निकसत हो कि हम घर छोड़ि के चल जायें, तवन बोलो?"

"तूँ एतना गुसियान काहे हौ ? ए पंचन कै तो काम हो गवा। संझा बेला तक बिटिया एकदम चंगा हो जाई देख लिहौ।"

"तब ई पंच काहे बैठा हैं इहाँ ?" नंदकिशोर ने खीजकर पूछा।

"अबहीं जात हैं ई लोग। तनिक बलि हो जाये दो।"

"कहो भगत, सब मुरगवा लालै रंग के हैं न ?" ओझा ने पूछा।

"हाँ हौ, मुरगा चूजा मिलाइ के सब पाँच हैं," आ पाँचो लालै रंग के हैं।"

"हम मुरगा के खून नहीं पिउबै, हम मनई के खून पिउबै..." रज्जो जोर से बोली और हाथ-पैर पटककर हँसती रही, फिर जाने किसी ने कोई सूत खींच दिया हो, वह

---

1. जुगाली

गुड़िया की तरह हाथ में सिर छुपाकर फफक-फफककर रोने लगी।

"आओ हो रामरूप भगत, इहाँ कै काम खतम है। मुरगा त फाटक बहरै भी चढ़ाय जैहें।"

वे लोग अपना ताम-झाम उठाकर बाहर हुए। ओझा दारू की बोतल को इस क़दर पकड़े था जैसे डर रहा हो कि रज्जो का भूत उठेगा और उसके हाथ से झटका मारकर बोतल छीन लेगा।

कमरा अब कुछ-कुछ स्वाभाविक होता जा रहा था। नंदकिशोर ने बगल में खड़ी चारपाई रज्जो की चारपाई के पास बिछा दी और उस पर एक दरी फैला दी।

"बैठिए तिवारीजी !" वह बोला। वह रज्जो की ओर देखने में काँप-काँप उठता था।

"तुम भी बैठो।" मैंने कहा और उसका हाथ पकड़कर चारपाई पर बिठा लिया।

"रज्जो !" मैंने धीरे से कहा। रज्जो एक बिना रंगीन पल्ले की सादी रजाई ओढ़े पड़ी थी। वह मध्यम कद की स्वस्थ लड़की थी। साँवला रंग मानसिक आघात से अथवा बुखार के कारण कुछ-कुछ ललछौंहा हो रहा था। उसके बाल खुले थे। वह वैसे ही आँखें मूँदे लेटी रही।

"रज्जो, ई तिवारीजी हैं। तुम्हें देखने आये हैं। इन्होंने बचन दिया है कि यह सब जिन लोगों ने किया है, उनसे बदला ले के रहेंगे।"

"हाँ रज्जो, इसका बदला लिया जायेगा और उन लोगों को ऐसा सबक सिखाया जायेगा कि जिंदगी-भर याद रखें।"

रज्जो ने आँखें खोल दीं और एकटक वह मेरे चेहरे की ओर देखती रही। उसकी बड़ी-बड़ी आँखों में नीली झील पर मँडराते कुहरे की छाया थी। वह कहीं और थी; पर वह कोशिश करके मेरे चेहरे को पढ़ने का जैसे उपक्रम कर रही हो।

"तुझे मुझ पर विश्वास नहीं होता ?" मैंने इस भाषा में और इस ढंग से कहा जैसे चारपाई पर रज्जो नहीं, आरती सोयी हो।

"होता है," वह बोली, "आप अच्छे और साफ दिल के लगते हैं। पर आप इतने बड़े राक्षसों से क्या बदला ले पायेंगे। वे सब हैवान हैं, दरिंदे हैं, उनके भीतर रंच-भर मोह-माया नहीं।" वह फिर रोने को हुई।

"दुनिया में मरना-जीना लगा ही रहता है रज्जो। सवाल मेरे कमजोर और उनके सबल होने का नहीं, सवाल अत्याचार से लड़ने के संकल्प का है। हैवान और राक्षस हमारे भय पर जीते हैं रज्जो। हम जितना ही डरते हैं वे उतना ही मोटे होते जाते हैं। अपनी अमानवीय हरकतों से वे खुद अधमरे-से रहते हैं, मुँह छिपाते फिरते हैं, निशिचर होते हैं साले, पर हमारा समाज उनसे डरकर इस कदर घोंघे की खोल में समा जाता है कि वे अपनी पुरानी हरकतें दोहराते रहने की शह पा जाते हैं।"

"तिवारीजी !" रज्जो सुबक-सुबककर बोली, "हम लोग गरीब हैं। हरिजन हैं। इसी से क्या हमारी इज्जत का कोई मोल नहीं है। दुनिया शील को भी जाति के तराजू पर तौलती है। हरिजन लड़की के शील से ब्राह्मण लड़की के शील का ज्यादा मोल आँका जाता है आँको ! मुझे मलाल नहीं। पर हमारे शरीर के टूटने-फूटने की भी वैसी ही पीड़ा होती है, वैसी ही हूक उठती है, वैसी ही आत्मघात की इच्छा होती है, इस पर कोई कुछ नहीं सोचता। कितनी बेगैरत की जिंदगानी है अपनी।"

अस्तित्व को जड़मूल से हिला देने वाली घटनाएँ मनुष्य की शक्तियों की सीमाएँ भी तोड़ देती हैं शायद। एक अशिक्षित परिवार की हरिजन बालिका इस तरह अपने दर्द का इजहार करेगी, यह मैंने कभी सोचा तक न था। मेरी आँखें अचानक छलछला आयीं।

"रज्जो बहन मैं तुम्हारी पीड़ा समझ रहा हूँ। मैं इस मामले में बड़ा कमजोर हूँ। किसी लड़की की आँख के आँसू मुझे हिला देते हैं। मेरी बहन है आरती। वह भी वहीं पढ़ती है, जहाँ तू पढ़ रही है। मैं सिर्फ इतना ही सोच रहा हूँ कि आरती रज्जो है, रज्जो आरती है--और मैं क्या कहूँ तुझसे.....!"

"तिवारी भैया !" वह हरिजन लड़की रजाई फेंककर बैठ गयी। "तुम्हारी आँखों के आँसू मेरे लिये नियामत हैं। एक ऐसी कमीनी लड़की के लिये एक ब्राह्मण की आँखों में आँसू आ सकता है, मैंने कभी देखा नहीं। मैं तुम लोगों को कमजोर बनाने के लिए अब कुछ नहीं करूँगी। पर तुमने वचन दिया है, याद रखना मुझे खून का बदला खून चाहिए।"

मैंने उसके सिर पर हाथ रख दिया, "तुम ठीक हो जाओ रज्जो। मैं अपनी ताकत-भर कुछ उठा नहीं रखूँगा।" मैंने कहा, पर मेरा दिल मेरे इस वाक्य पर भीतर-ही-भीतर मुस्करा रहा था। मेरी आत्मा के भीतर सोया उन्मत्त भैरव मुझे सावधान कर रहा था, अपनी हैसियत सोच ले !

पर जो होना था, हो चुका था। रज्जो अब स्वस्थ लग रही थी। "तुझे बुखार है, तू लेट जा।" मैंने कहा। वह लेट गयी। मैंने वह रजाई खींचकर उसके बदन पर फैला दी। मैंने एक क्षण रजाई उढ़ाते वक्त उसके शरीर को देखा जो मांसखोर गिद्धों के द्वारा बुरी तरह नोचा जा चुका था; पर अब भी वह एक बहती नदी की तरह भरी-भरी थी। मैंने घबराकर रजाई उढ़ा दी। मैं शायद ब्लाउज के नीचे, पेटीकोट के भीतर झाँकने की हवस छिपाये था कि कहाँ क्या और कैसे घटित हुआ है कि फिर मेरे भीतर फुफकारने की आवाज उभरी, "गणेशी तिवारी का खून क्या इतना हल्का होता जा रहा है ?" मैं हारे हुए जुआड़ी की तरह दरी पर बैठ गया।

"नंदू !" रज्जो बोली।

मैं चौंक उठा। तभी देखा--नंदकिशोर उसकी चारपाई की ओर झुका, "तिवारीजी को तूने चाय भी नहीं पिलायी ? शायद यह नहीं पीयेंगे, है न ?"

"नहीं, यह औघड़ हैं। इनकी माताजी इन्हें औघड़ अवधूत कहती हैं। रज्जो, अस्सी

के कुछ ब्राह्मण लोग भुनभुनाते हैं कि ये अक्सर झूरी माझी के घर खाना खा लेते हैं।"

"तुझसे किसने कहा झूरी के घर खाने की बात ?" मैंने नंदकिशोर से पूछा।

"मैं सब कुछ पता लगाकर ही आपके पास गया था।" वह हँसा और आँगन में चला गया।

"आरती बहन किस क्लास में हैं तिवारी भैया ?"

"इस साल वह बी.ए. फाइनल करेगी रज्जो !"

"आप क्या करते हैं ?"

"मैं संस्कृत में रिसर्च कर रहा हूँ।"

कुछ देर बाद नंदकिशोर की अम्मा एक प्याले में चाय लेकर आयीं।

"छिमा करिहो भइया, गरीब-गुरबा के घर में तोहरे सुआगत लायक कुछ हौ नाहीं। हमका पहले से नंदू बताये रहतैं तो समोसा-वमोसा मँगाई लेइत।"

"कैसी बात कर रही हौ माताजी ! हमको भी लोग नंदू ही कहते हैं। अब दो नंदू हैं आपके सामने, फिर आप नंदू को नंदू से विलगा क्यों रही हैं !"

बुढ़िया हँसी, "तुम भइया बाभन हो, आज बड़े भाग से हमरे अँगना में तोहरा चरण पड़ गया। होई तोहरे नाँव नंदू। बाकी नाँव से का होत है ? तोहार दरशन हमरे बदे भगवान् के दरशन हौ। छिमा करिहौ।"

वे प्याला थमाकर चली गयीं। नंदकिशोर दो गिलासों में चाय लेकर आया। एक गिलास रज्जो की ओर बढ़ाते हुए बोला, "ले, चाय पी ले।"

रज्जो झेंप गयी, "तिवारीजी के सामने !"

"तिवारीजी का गैर हैं, तूने जब इन्हें भैया कह दिया तो चाय पीने में का लाज भला ?"

"हाँ, रज्जो, चाय पी लो।"

वह चाय लेकर बैठ गयी; पर अब उसकी पीठ हमारी तरफ थी। वह सामने की मनहूस गड्ढे-भरी दीवारों को देखती चाय पीती रही।

मैंने चाय पीते-पीते सोचा, सब कुछ मिलाकर अंतर क्या है ? सिर्फ गरीबी की मात्रा के अलावा, जो शायद हमसे अधिक है, इसलिए उसके निशान घर-आँगन, बासन-बरतन, चारपाई-बिस्तर पर साफ उभरे हैं, वरना चमार और ब्राह्मण की दिनचर्या और समस्याओं में कहीं कुछ अंतर नहीं है, ये मजूर हैं, इसलिए सीधे हैं, आचरण में वह संस्कार नहीं है, बाकी तो सब एक-जैसा ही है। संस्कार क्या पैसे की देन नहीं होते ?

"क्या सोच रहे हैं तिवारीजी ?"

"कुछ नहीं यार, असल में मुझे रज्जो से एक बात पूछनी है। मगर इसने तो लाज के मारे इधर पीठ कर ली है।"

रज्जो खिलखिलायी। चाय सरक गयी और वह खाँसने लगी।

"क्या पूछना है ?" नंदकिशोर बोला।

"तुम यह प्याला और गिलास लेकर बाहर चलो, मैं इससे अकेले में पूछूँगा।"

"अच्छा बाबा !" नंदकिशोर हँसा, "मैं खुद 'बोल्ड आउट' हो रहा हूँ।"

नंदकिशोर के चले जाने पर भी रज्जो वैसे ही पीठ किये बैठी रही।

"रज्जो, बुरा मत मानना। मैंने एक काम लिया है। इसलिए कुछ जानकारी चाहिए। तुम्हारी मरजी हो तो पूछूँ ?"

"पूछिए।" उसने वैसे ही बैठे-बैठे कहा।

"क्या किसी ऐसे आदमी को तुम जानती हो, जिसने पिछले पाँच-छह महीनों के भीतर तुमसे खुलेआम छेड़खानी की हो, या विवाह का प्रस्ताव किया हो, या प्रेम का इजहार किया हो ?"

रज्जो चुप रही।

"जाने दो, यदि इसका उत्तर देना तुम्हें मंजूर नहीं तो कोई बात नहीं।"

"हाँ, एक आदमी है।" उसने बहुत धीरे से कहा।

"वह कौन है ?"

"वह एक कुनबी का लड़का है, मैं नाम नहीं जानती, पर दुर्गाकुंड पर उसने सिलायीं की दुकान खोल रखी है।" रज्जो रुक-रुककर कहती गयी, "उसने चिट्ठियाँ भी दीं। मेरे ब्लाउज भी सीता था। मैंने उसे साफ-साफ झाड़ दिया था।"

"बस, रज्जो, बस, इतना काफी है। अब मैं शायद खून का बदला चुका दूँ। मुझे अब छुट्टी दो।"

इस बार वह मेरी ओर मुड़ी, "नंदू भैया, आप संस्कृत में रिसर्च करते हैं, आपको तो पुलिस में होना चाहिए था !" वह धीरे-धीरे हँसी। "मुझे भी शक है कि उन तीन आदमियों में एक वह 'टेलर' भी था क्योंकि आवाजें सिर्फ दो व्यक्तियों की सुनायी पड़ रही थीं। तीसरा आदमी बिल्कुल चुप था। उसका कद भी उस टेलर से मिलता-जुलता है। पर कौन जाने शायद वह बिचारा न रहा हो !"

"निसाखातिर रहो, जल्दी में कोई गलत काम नहीं किया जायेगा।"

"अरे नंदकिशोर !"

"आया तिवारीजी !"

"चलो यार, अब चलें।"

नंदकिशोर मेरे साथ चल पड़ा। सूरज और ऊपर चढ़ आया था। हरिजन बस्ती की गलियाँ धूप की छेड़छाड़ के कारण और भी बदबूदार हो गयीं। नुक्कड़ पर एक औरत खड़ी थी। वह हमें देखकर दुबक गयी। वह शायद उसी जगह पाखाना करने के लिए बैठने जा रही थी।

"क्यों, तुम्हारी हरिजन बस्ती में कोई पाखाना नहीं है ? " मैंने नंदकिशोर से पूछा।

"आप भी जाने किस दुनिया में रहते हैं ! युनिवर्सिटी से लेकर कैंट स्टेशन तक इस मेन रोड पर जितनी भी हरिजन बस्तियाँ या मजदूरों के टोले हैं, आपको शायद ही कहीं कोई पाखाना दिखे । तिवारीजी, यह भी क्या नरक है ! औरतें सुबह चार बजे या रात के नौ बजे के बाद ही शौच के लिए जा पाती हैं। मरदों का भी यही हाल है। लड़के बस्ती में ही घूरों पर बैठ जाते हैं। कितनी औरतें तो भरपेट खाना इस डर से नहीं खातीं कि असमय यदि हाजत मालूम हुई तो जायेंगी कहाँ। कभी आप सुबह निकलिए। शौच के लिए बैठे हरिजनों के ऊपर कॉलोनी की छतों से ढेलों की बौछार देखेंगे। कॉलोनीवालों की भी क्या गलती है ! कौन चाहेगा कि उसके मकान के आसपास गंदगी हो। मगर इस नगरपालिका को क्या कहें, जो कॉलोनी बनाने के लिए तो जमीनें पा जाती है, पर मज़ूरों और हरिजनों के लिए पाखाना बनवाने के लिए उसके पास न जमीन है और न तो फंड।"

हम लोग मेन रोड पर आ गये थे।

"अच्छा, तिवारीजी," नंदकिशोर ने हाथ जोड़ लिये, "आपका उपकार कभी नहीं भूलूँगा। रज्जो को आपने बचा लिया।"

"सो तो ठीक है नंदकिशोर; पर अभी बहुत काम बाकी है। हालाँकि मैं अपनी कमजोरी से खूब परिचित हूँ; पर रज्जो ने एक सूत्र पकड़ाया है, शायद उससे कुछ पता लग जाये।"

"कैसा सूत्र ?"

"भाई, अभी उसके बारे में तुमसे कुछ नहीं कहूँगा। तैश में तुम कुछ कर बैठे तो सारा गुड़ गोबर हो जायेगा। अच्छा, फिर मिलेंगे... ।"

मैं इधर कई रोज से किरण के यहाँ ट्यूशन करने नहीं जा सका था। आंदोलन के दौरान भी सावधान रहता था कि कहीं वह अज्ञातनाम व्यक्ति इस भीड़ का ही फायदा उठाकर मेरे ऊपर हमला न कर सके। मैं जब किरण के घर पहुँचा तो माताजी से मुलाकात हो गयी।

"कहिए मास्टरजी, इसी तरह पढ़ायेंगे ? दीकरी कह रही थी--आप कई दिन से नहीं आये !"

"कुछ तबीयत गड़बड़ा गयी थी माताजी, क्षमा करेंगी ।"

मैं जब पूर्व निश्चित कमरे में पहुँचा तो किरण बहुत गाल फुलाए हुए आयी। मैंने समझा कि अब माँ के बाद बेटी के तैश में आने की बारी है। मैं चुपचाप बैठ गया।

"कौन-सा ऐसा काम आ गया था !" किरण ने कहा।

"जितने दिन नहीं आया, उसके पैसे काट लेना या असंतोष यदि इस सीमा पर हो कि ट्यूशन की योग्यता और उसकी नियमितता पर ही संदेह हो तो जवाब दे दो, मुझे कतई दुःख न होगा। एक हफ्ते नहीं आया तो कौन-सा पहाड़ टूट गया ?"

मैं बके जा रहा था, मैंने खयाल भी नहीं किया कि किरण क्या कर रही है या सोच रही है। मैं गुलाबों की क्यारियों की ओर देखता बोल रहा था। अपनी बात खत्म करके जब मैंने किरण की ओर देखा तो वह रो रही थी। वह बिना मुँह नीचा किये पत्थर की मूर्ति की तरह बैठी थी और उसकी आँखों से झर-झर आँसू गिर रहे थे।

"क्या हुआ ?" मैंने मेज पर रखी उसकी हथेली को छूकर पूछा।

उसने झटके से हाथ खींच लिया जैसे करेंट छू गया हो, "मैंने क्या पैसे के लिए या अनियमित होने का आरोप करते हुए पूछा था ?" वह वैसे ही सिसकती हुई बोली।

"नीचे तुम्हारी अम्मा ने पूछा, कमरे में तुम पूछ रही हो । मैं इसे क्या समझूँ ?"

"मैंने अम्मा की बात सुनी है। अम्मा और पापा तथा किरण में आज तक तुम्हें कोई फरक नहीं सूझा ?"

"क्षमा करना किरण, असल में मैं कई कारणों से बहुत परेशान हूँ। पिछले हफ्ते-भर तक सोना और खाना मुश्किल रहा। दर-दर भटकता रहा हूँ।"

मैं इतना कहकर चुप हो गया। किरण ने ब्लाउज में रखी अपनी रूमाल निकाली और आँखें पोंछ लीं। मैं कनखी से उसके थरथराते चेहरे को देख रहा था।

"क्या बात है ?"

मैं कुछ न बोला।

"बोलते क्यों नहीं ?"

"तुम गुस्से में हो। हो सकता है कि मेरी दिक्कतों से तुम्हारी परेशानी बढ़े और तुम फिर नाराज हो जाओ।"

"नहीं, मैं नाराज नहीं हूँ।" उसने छलछलायी आँखों को हाथ से रगड़ा और हँसने का बहाना-सा करते हुए बोली, "तुम बताओ, मुझे कोई परेशानी नहीं होगी।" उसने अपनी हथेली मेरे हाथ पर रख दी, "मेरी कसम, बता दो।"

"पता नहीं कौन आदमी है, जो यहाँ से निकलते ही मेरा पीछा करता है। उसका चेहरा गावटी से ढँका होता है। मध्यम कद का खूब ठोस आदमी है वह। उसकी मंशा मेरे प्रति अच्छी नहीं मालूम होती।"

"वह क्या गली में खड़ा रहता है ?"

"नहीं, वह तुम्हारे मकान की ओर नहीं रहता । मैं जानकर कभी ठठेरी बाजार से निकलता हूँ, कभी पंचगंगा से तो कभी ब्रह्मनाल से होता हुआ चला जाता हूँ। पर पिछली बार उसने विश्वनाथ मंदिर तक पीछा किया।"

"तुम्हें पूरा विश्वास है कि वह पीछा करता है ?"

"हाँ।" किरण एक क्षण के लिए मौन हो गयी। ..."मैं पापा से कहूँगी, जो भी होगा दो दिन के भीतर पता लग जायेगा। वे रजुल्ली से कहेंगे, मँगरू के भतीजे से और वह उस व्यक्ति को पकड़वा देगा।"

"तुम अभी जल्दी मत करो। मैं नहीं चाहता कि मेरे कारण कोई तुम्हारे बारे में गलत सोचने लगे ।"

"पर यह खतरे की बात है ?"

"ज्यादा खतरा तो रत्नाकर पार्क की फायरिंग के दिन था।"

किरण कुरसी से उठकर खड़ी हो गयी, "तुम रत्नाकर पार्कवाले जुलूस में थे ?"

"तुम इतनी उत्तेजित क्यों हो गयीं, मैं था। और मैं तमाशा देखने नहीं गया था। मैं जुलूस के नेतृत्व करनेवालों में था। आँसू-गैस का एक गोला ठीक मेरी बगल में फूटा था।"

"आनंद !" किरण ने मेरी बाँह पकड़ ली, "पता नहीं मैं तुम्हारी कुछ होती हूँ या नहीं, पर मुझे एक वचन देना होगा।"

"बोलो।"

"दोगे वचन ?"

"हिंदी आंदोलन को छोड़ने के अलावा कोई भी वचन दे सकता हूँ।"

वह चुप हो गयी। उसने लंबी साँस ली, "मैं हाटकेश्वर की मनौती मनाती हूँ, तुम्हारा कुछ नहीं होगा। मेरा मन कहता है आनंद कि मेरी आत्मा तुम्हारे साथ कवच की तरह लिपटी रहेगी; पर इतना ही वचन दे दो कि तुम उतावली में अपने को शहीद बनाने के मिथ्या गौरव को नहीं चाहोगे।"

"पगली !" मैंने उसकी हथेली को थपथपाते हुए कहा, "मैंने सद् विद्यार्थी की मिथ्या और गलत पोशाक इसलिए उतारी है कि अब राजनीति मेरा जीवन है। मैं शहीदाना राजनीति का विरोधी हूँ। तुम विश्वास रखो कि दिखावटी राजनीति से मुझे नफरत है, पर जिस चीज को मैं सही मानता हूँ उससे पीछे नहीं हट सकता। किरण, क्या तू चाहेगी कि मैं कायर की तरह मोरचे से भाग जाऊँ ?"

किरण एक क्षण मौन रही, फिर बोली, "मेरी तो स्थिति 'प्रणयनी रटना' की नायिका-जैसी हो गयी है आनंद ! यदि कहूँ कि लौट जाओ तो कायर सहयोगिनी बनकर तुम्हारी ही दृष्टि से गिरूँगी और कहूँ कि नहीं, आगे बढ़ो तो मन को लगता है कि मैं जानकर अपनी अमूल्य थाती गौरवान्वित होने के लिए खो रही हूँ। इसलिए सचमुच मेरे हृदय की स्थिति क्या है, वह तो मैं ही जानती हूँ। तुम पूछोगे तो कहूँगी कि बंधु सब कुछ जानती हूँ, किंतु आज इस हृदय में क्या हो रहा है, वह तो मैं नहीं जानती :

जाणुं तुं तो कही हसीश बंधुय जाणुं।।
आजे शुं किंतु थतुं ते अहीं हूँ ज जाणुं।।"

मैंने किरण को इतना भावुक होते नहीं देखा था। शाम घिर रही थी : कहीं कोई पगध्वनि सुनाई नहीं पड़ती थी--उसी वक्त मैंने किरण को अपनी भुजाओं में बाँध लिया था। वह सहमी गौरैया की तरह मेरे वक्ष में सिमट गयी थी। वह मेरे मुँह पर अपनी अँगुली इस तरह फिरा रही थी जैसे किसी रक्षा-कवच का पाठ कर रही हो। मैंने किरण को आँखों में भर लिया था। किरण मेरे होंठों पर उतर आयी थी।

आज किरण के यहाँ से लौटा तो चित्त उद्विग्न था। मैं जैसे सपने में चलता रहा होऊँ। मैंने ठठेरी बाजार से लौटने की इच्छा तर्क कर दी। मैं रंगीलदास के फाटक के सामने से संकटा मंदिर की ओर चल पड़ा।

तभी देखा--मेरे पीछे-पीछे वही गावटी लपेटे आदमी चला आ रहा है। मैं वहाँ से तुरंत मुड़ा। ब्रह्मनाल की तिमुहानी पार करता हुआ मैं विश्वनाथ मंदिर की ओर भागता चला गया।

मैं जब मंदिर में पहुँचा, उस वक्त शाम के पौने सात बजे रहे होंगे।

मंदिर में आरती होने जा रही थी। पंडे अपने सामने मँजे हुए साफ-साफ पीतल के आरतीदान में सप्तवर्तिकाएँ सजा चुके थे। एक पाव से अधिक चंदन, कस्तूरी और केसर का पीसा हुआ अंगराज शिवलिंग पर मला जा रहा था।

ऊपर सर्पफणी झारी में गेंदे की मालाएँ लटक रही थीं। जाड़े के दिन में भी पंडे नीचे तक की धोती और ऊपर मात्र एक-एक रेशमी उत्तरीय डाले थे। उनके गले में बड़े-बड़े रुद्राक्ष की मालाएँ थीं। सिर पर त्रिपुंड था, भुजबंध के पास भी भस्म की तिहरी लकीरें साफ उभरी हुई थीं।

तभी एक लड़का बड़ा-सा डमरू लिये खड़ा हुआ। लंबे-चौड़े तगड़े बड़े पुजारी ने स्तोत्र शुरू किया :

जटाकटाह संभ्रमं भ्रमन्निलिम्प निर्झरी
विलोलवीचिवल्लरीविराजमानमूर्धनि
धगद्धगद्धगज्ज्वल्ललाटपट्टपावके
किशोरचन्द्रशेखरे रतिः प्रतिक्षणं मम

आप अद्भुत हैं विश्वेश्वर ! आपकी कूटनीति हम भला क्या समझ पायेंगे ! सारे संसार को अकालग्रस्त और दुःखी देखकर ब्रह्मा ने मनु-वंशीय राजा रिपुंजय से कहा था : "पुत्र, तुम पृथ्वी का शासन सँभालो । तुम्हारे बिना यह संसार चलने का नहीं। आज से तुम्हारा नाम दिवोदास होगा। वासुकी-पुत्री नागकन्या अनंगमोहिनी तुम्हारी पत्नी होगी।"

दिवोदास युवा पीढ़ी का क्रुद्ध नौजवान था। बोला, "दादाजी, मैं आपकी आज्ञा तो मान लूँगा, पर एक शर्त पर।"

"कौन शर्त है ?"

"मेरे राज्य में ऊर्ध्व और निम्न लोकों का कोई भी प्राणी नहीं रहेगा ।"

ब्रह्मा घबराएँ--हाय, क्या माँगा इसने, ऊर्ध्व लोक के बड़े लोगों यानी देवताओं को भी निकालना चाहता है, अधोलोक के भूत, पिशाच, यक्ष आदि को भी। फिर भी वे लाचार थे। बोले : "एवमस्तु।"

सभी देवताओं के साथ शिव को भी वाराणसी छोड़ देनी पड़ी। दिवोदास काशी का पहला राजा था। देवता चले गये। मंदिरों में पूजा बंद हो गयी। निम्नलोक के भूत-पिशाच-यक्ष चले गये, इसलिए अंधविश्वास और अपभय भी न रहा। न स्तुति, न निंदा; न बड़प्पन, न लघुता। सब बराबर । उसने आठ हजार वर्षों तक ऐसा अदभुत शासन किया कि काशी विश्व की सर्वाधिक आकर्षक नगरी हो गयी।

पर काशी को छोड़ने से विश्वेश्वर को चैन न मिला। उन्होंने सूर्य से कहा, "जरा वाराणसी जाकर देखो तो कि वह राजा देवताओं को हटाकर भी इतना सुव्यवस्थित कैसे चल रहा है ?"

सूर्य आये थे राजधानी में गड़बड़ी पैदा करने, पर नगर की अनुपम शोभा, शांति और व्यवस्था देखकर ऐसा लुब्ध हुए कि रोज नगर देखने और घूमने में लगे रहे। लौटने की चिंता भी नहीं। सुबह उठते ही नगर-प्रदक्षिणा शुरू कर देते। रात को नगर देखकर लौटते। गहरेबाजी में ऐसी दिलचस्पी जगी कि कहीं स्थिर नहीं हो सके। काशीवालों ने ऐसा चंचल नगर-देखनहरू अब तक नहीं देखा। कभी इस मुहल्ले, कभी उस मुहल्ले घूमनेवाले सूर्य का नाम रख दिया 'लोलार्क' और एक कुंड में बाँधकर छोड़ दिया। जरूर यह कोई जासूस है। उन्होंने सोचा।

फिर आयीं चौसठ योगिनियाँ। शिव ने कहा, "योंगिनियो, तुम लोग जाओ और वाराणसी की महिलाओं का पातिव्रत्य और पुरुषों की धर्मबुद्धि भ्रष्ट करो।" चौसठ योगनियाँ मगही पान पर ऐसी फिदा हुईं कि फिर यहाँ से लौटी ही नहीं। वे नागरिकों पर मुग्ध हो गयीं। इसलिए नागरिक भी धुरहडी के दिन होली मनाने सबसे पहले चौंसठी घाट ही पहुँचते हैं।

अंत में भेजे गये विनायक। ढुंढिभट्टारक नामक ब्राह्मण के वेश में उन्होंने राजा और प्रजा को ऐसा ज्योतिष पढ़ाया कि काशी में हौल-दिली फैल गयी। अफवाह फैली कि शीघ्र ही नगर का विनाश होनेवाला है। राजा ने उन्हें अपना सभापंडित बना लिया था। नगर में चुफियों के उत्पात फैलाना ही विनायक का काम हो गया। राजा ने तंग आकर उनसे पूछा, "ब्राह्मण देव, इससे छुटकारा कैसे मिले ?"

भट्टारक बोले, "तुम अठारह दिन तक नगर छोड़ दो।"

राजा ने नगर छोड़ा और अठारह दिन के अंदर व्यवस्था ऐसी छिन्न-भिन्न हो गयी कि बिचारे को तपस्या करने कैलास भागना पड़ा।

तो हे भट्टारक ! व्यवस्थित को अव्यवस्थित करने की यह कैसी लीला चल रही है? आपके जासूसों से किसी का बच पाना बहुत कठिन है महाप्रभो !

कब आप तेजस्वी सूर्य भेजेंगे, कब मायाविनी योगिनियाँ और कब चमत्कारी चर्चा वाले ढुंढिभट्टारक, कौन कहे ! हे विश्वनाथ, मेरी रक्षा करो ! कहाँ जाएँ, कैलास भी हम मर्त्यों के रहने लायक नहीं रहा।

मैं मन-ही-मन सोच रहा था कि शायद इस भीड़ में वह नहीं घुसेगा। मैं रात्रि-आरती की प्रतीक्षा कर रहा हूँ। यह सोचकर वह चला जायेगा। वह सचमुच वहाँ कहीं नहीं दिखा। मैं विश्राम-शिला पर बैठ गया, पर आँखें बंद नहीं कीं मैंने ।

विश्राम-शिला पर विश्राम कहाँ ? काफी देर बैठने के बाद मैंने निकलकर देखा। गली निरापद लगी और मैं अन्नपूर्णा मंदिर के पास भिखारियों की दोनों पंक्तियों की गुहार को नकारता तेजी से विनायक मूर्ति के पास आ गया। तभी देखा, वह मिठाई और लाचीदाने बेचने वाले की दुकान पर खड़ा है। ठीक, नुक्कड़ पर जहाँ से गली डेढ़सी के पुल की ओर और उसकी एक शाखा नीची ब्रह्मपुरी की सड़क से बाँस-फाटक चली जाती है।

उसने दोनों रास्ते अपने रामपुरी चाकू से बंद कर दिये थे, हालाँकि वह अपने पैंट के दोनों पॉकिटों में हाथ डाले एक मूँगा, गुरिया, माला, चंदन और छोटी-छोटी शीशे-मढ़ी तस्वीरें बेचनेवाले मामूली दुकानदार से बतिया रहा था, पर कनखी से उस रास्ते पर भी देखता जा रहा था, जिधर से मुझे आना था।

मैं वहीं से सीधे मुड़ा और ज्ञानवापी मस्जिद के पीछेवाले रास्ते से चौक की तरफ चलता बना।

"ए रिक्शा, दुर्गाकुंड चलेगा ?"

"खाली नाहीं है बाबू !"

"चलता क्यों नहीं, एक रुपया दूँगा।"

"बइठा सरकार !"

मैंने रिक्शा पर बैठकर राहत की साँस ली।

दूसरे दिन मैं बहुत साहस बटोरकर किरण के यहाँ जा रहा था। पंचगंगा घाट पर नाव से उतरा तो वही साधु मिल गया।

"रामजी, आपसे एक बात करनी है।"

"कहिए महाराज ?"

"रुकिए एक मिनट।"

"रजुल्ली..." उसने जोर से किसी को पुकारा।

मैंने देखा--वही गावटीवाला आदमी आ रहा है, "रजुल्ली, ये हैं रामानंद तिवारी। लोग इन्हें नंदू भी कहते हैं। रामजी, तुम धोके में हो। तुम जिस आदमी को खोज रहे हो, ये नहीं हैं। कहो नंदू भैया !"

मैं एक क्षण चुप रहा। "मामला क्या है ? आप किसे खोज रहे हैं ? मैंने आपका क्या बिगाड़ा है ?"

"हाँ, यही बात रामजी मैंने रजुल्ली से कही--नंदू भैया वैसे आदमी नहीं हैं, मैं लोगों की आँख में झाँककर बता सकता हूँ कि कौन कैसा है। नंदू कृष्णभक्त हैं, वे लीलारस में डूब सकते हैं, शायद डूब भी रहे हैं, पर रामजी, ये वासना देवी के भक्त नहीं हैं।"

"हम कहत हैं जमना कि तू बकवास बंद करौ।" रजुल्ली गुस्से में बोला।

"कहो, तोहार नाम रमेंद्र नाहीं हौ ?"

"नहीं भाई, रमेंद्र नहीं हूँ मैं।"

"आप पहली अगस्त के दिन मद्रास कैफे में रह्‌यो कि नाहीं--साफ बोलो ?"

"पहली अगस्त को मैं था वहाँ, रमेंद्र भी था।"

"ओह् त हमैं पहचाने में गलती हो गयी। आपको बहुत तकलीफ भई गुरु, छिमा करौ।"

"मामला क्या है ?"

"मामला-वामला छोड़ो, हम आज से तोहार दोस्त भये। कहो कि तुमको छिमा किया, तब हम बतउबै।"

"अच्छा भाई, क्षमा किया।"

"ई मामला लौंडियाबाजी का है। हम अब सब कुछ नाहीं बताउब। इतने जान लो कि हमरे एक दोस्त की दोस्त पर तोहरे रमेंद्र नजर गड़ाये हैं। ऊ गुंडा भी बनत हैं। पर अबही रजुल्ली से उनकर पाला पड़ा नहीं। बाकी आप रमेंद्र से ये बाबत कुछ कहें नहीं, नाहीं हमारी-आपकी दोस्ती खतम । कुट्टी हो जायेगी। वादा करौ हमार बदन छू के ?"

हमने वादा किया। जमनादास हँस रहा था।

"कबे रजुल्ली के बच्चे," वह कड़ककर बोला, "बचाया रामजी ने न तुझे गलत काम से। तू अपनी आँख पर पट्टी बाँधकर नटवर की अदा को दुतकारता चलता है।"

"आप एहर काहे आवत हैं रोज ?" रजुल्ली ने पूछा।

"बल्लभचंद्र के यहाँ ट्यूशन करता हूँ।"

रजुल्ली ने दोनों कान पकड़ लिये, "हे बाबा विश्वनाथ, कइसा अनरथ होने जाय रहा था। मँगरू चाचा उनहीं के हियाँ दरबानी करत हैं। अपन को भी साल में सौ-दो सौ की आमदनी है हुआँ से। सच्चो जमना, तुम्हारा उपकार नाहीं भूलन कभी।"

"अरे रामजी, उपकार काहे का ! तुम्हारा क्या मेरे ऊपर कम उपकार है ? अच्छा,

रामजी, अब चलें।"

मैं सीढ़ियाँ चढ़ता चौखंभा के लिए चल पड़ा।

सिद्धेश्वरी मंदिर में बैठे एक भिखारी ने मुझे बुरी तरह आकृष्ट किया। मेरे बहुत आग्रह और मिन्नत करने पर वे बोले, "तू रहस्य जानना चाहता है तो बेटे सुन--कहते हैं कि सृष्टि के आदि में शिव ने सभी जीवात्माओं को अपने त्रिशूल से द्विधा विभक्त कर दिया और हर टुकड़े को जीव के पूरे गुणधर्म प्रदान कर दिये। ये सभी अर्धांश इस तरह गड्डमगड्ड कर दिये गये कि यह पहचानना भी मुश्किल हो गया कि कौन टुकड़ा किस टुकड़े का आधा हिस्सा है। फिर यह विराट् सृष्टि हुई। अखिल ब्रह्मांड निर्मित हुआ। नाना लोक-लोकांतर बने।

एक विशाल जीवार्णव है यह संसार। कितना अद्भुत समुद्र है। नाना प्रकार के घट इसमें बहते चले जा रहे हैं। सरोवर में महाजाल गिरता है। सूखे गोल-गोल कद्दू पानी पर तैरते जाल के सिरे को सतह पर थामे रहते हैं। वैसे ही हजारों जीव इस संसार में बह रहे हैं। इनका निरंतर बहना ही अनादि वासना के कारण होता है। असलियत यह है कि हर जीव के भीतर मौजूद अधीन आत्मा अपने बिछुड़े हुए अर्धांश की खोज में लगी है। किसी का अर्धांश पृथ्वी पर है तो किसी का अनंत नीहारिका मंडल के बीच बसे किसी तारे में स्थित संसार में तड़प रहा है।

लहरें उठती हैं। घट एक-दूसरे से टकराते हैं, सटकर पास से निकल जाते हैं, हो सकता है कि उस धक्कमधुक्की में एक जीव का अर्धांश जीव पास आ गया हो, किंतु जन्म-जन्मांतर के आणव मल के कारण चेतना पर ऐसा परदा पड़ा है कि हम उसे देखकर भी पहचान नहीं पाते। इस अनचिन्हे चिन्हार का यही दारुण क्रम चलता रहता है। हर व्यक्ति असंतुष्ट है, दुःखी है, परेशान है। वह कभी समझता है कि गरीबी के कारण टूट रहा है। कभी समझता है कि बीमारी तोड़ रही है। कभी समझता है कि जीवन में असफलता ही असफलता है... पर सच पूछो तो हर व्यक्ति अपने बिछुड़े अर्धांश को पाने के लिए तड़प रहा है।

कहाँ है हमारा अर्धांश, यहाँ, वहाँ, नजदीक, दूर, एशिया में, यूरोप में, अमेरिका में अथवा अफ्रीका के हब्शियों के बीच...कौन बताये, इसे कौन जानता है ?

क्या पता वह इस पृथ्वी पर है भी या नहीं !"

"तो इसे कोई कभी जान भी पायेगा महाराज ?" मैंने उस अघोर मूर्ति से पूछा।

"क्यों नहीं रे--क्यों नहीं, भला उसे जाने बिना कहीं शांति मिल सकती है ?"

"कैसे ?" मैंने उस जटाजूट से ढँके, दाढ़ियों में खोये मुखड़े के बीच चमकती आँखों में देखते हुए पूछा।

"जब यह मायाविनी कृपा कर दे।" वह हँसे, "जब तुझे किसी नारी दजे देखकर लगे कि इसके बिना जीवन अधूरा है। मैं कुछ नहीं शून्य हूँ। एक अजीब अनिर्वचनीय चुम्बकीय शिक्त दोनो को जोड़ देने के लिए कौंधे की तरह लपकने लगे तो तुम्हें सोचना होगा कि शायद यह मेरा अर्धांश है।"

"इस तरह को बड़ा अंधेर होगा महाराज।" मैंने हाथ जोड़ लिये, "हर सुन्दर नारी को देखकर पुरुष या पुरुष का देखकर नारी सोचने लगेगी कि यही मेरा अर्धांश है।"

"तू सही कह रहा है बालक, तेरी आत्मा जाग्रत है बच्चे ! सिर्फ यही नहीं कि किसी भी सुन्दर को अपना अर्धांश समझकर स्त्री-पुरुष उसे ही पाने की चेष्टा करेंगे बल्कि कुछ दिनों बाद यदि उससे भी आकर्षक और मन का प्रसन्न करनेवाली वस्तु दिखी तो मनमाना तर्क देकर कि पहलेवाले अर्धांश को चुनने में गलती हुई, वे नये को अपनाने की कोशिश करेंगे, बल्कि नीच और पतित आचरण करेंगे, और प्रेम और सुन्दरता के राज्य को तहस-नहस कर डालेंगे।"

"तब ?"

"तू सोचता है कि हमारे ऋषि और तान्त्रिक अंधे थे ? उनके सामने यह पहेली नहीं उठी ? उठी थी। उन्होंने कहा, तेरा अर्धांश वह है जिसे तेरी आत्मा चाहती है और जिसे आत्मा चाहती है, उसमें शरीर के भोग की लिप्सा नहीं होती। निचले किस्म की वासना नहीं होती, एक अद्भुत सदिच्छा और भावना होती है कि यह फले-फूले और विकसित हो। यह मेरी शारीरिक वासना के नीचे मुरझाये नहीं, कुचले नहीं... ऐसी आत्मिक प्यास ही इसका निर्णय करेगी कि तू जिसे प्रेम कहता है वह तेरा अर्धांश है या नहीं ?"

"पर दुनिया में ऐसा कहाँ होता है महाराज ?"

"नहीं होता है, इसीलिए तो यह दुनिया है। हर कोई पराये अर्धांश के साथ मोहविद्ध होकर अपना नीड़ बनाये है। लाख कोशिश पर भी सन्तुष्ट नहीं है।"

"पर जो बहुत से सन्तुष्ट हैं, वे क्या अर्धांश पा गये हैं ?"

"तू ने फिर दर्शन की पहेली को तोड़ने वाला सवाल किया है बच्चे-माँ तुझे और ज्ञान दे ! नहीं रे, सन्तुष्टि और सद्व्यवहार से वे इस जन्म में अपनी चेतना को इतना स्वच्छ बना सकते हैं कि बाद में, अगले जन्म में अर्धांश को पा सकें। तू समझता है बेटे कि अर्धांश को पाना खेल है, या संयोग है। ऐसा नहीं है भैया। यह साधना है, यह वृगलात्मा तन्त्र है, यह अर्धनारीश्वर साधना है। इसे बहुत कम जानते हैं। तन्त्र को लोगों ने जादू-टोना की चीज समझ रखा है। जो अपने अर्धांश में अपने अहं को छोड़कर विसर्जित होना नहीं जानेगा, वह भला परमात्मा में विसर्जित कैसे हो पोगा... ओउम् श्री कामेश्वर... कामेश्वर... उन्होंने चुटकी बजाते हुए जँभाई ली।

"महाराज !"

"क्या है ?"

"किरण क्या मेरी..."

"हा, हा, हा, हा... तू आ गया न व्यक्तिगत स्वार्थ पर। भाग, भाग, यहाँ से। जाता है कि निकालूँ सँड़सा...।

"अब महाराज जो करना हो करो, मेरा चित विक्षिप्त है। मैं तो ऐसे ही अधमरा हो रहा हूँ। तुम्हारा सँड़सा ही इस कष्ट से उबार दे तो क्या बुरा!"

"अच्छा ले खा... भूखा है।" उन्होंने अपने निहायत गन्दे कम्बल से निकालकर एक सेब मेरे हाथ पर रख दिया।

"खाता क्यों नहीं..."

"आपके सामने? मंदिर में? क्या यह उपयुक्त होगा?"

"उपयुक्त के बच्चे! तू अपनी ईमानदारी का दंड पायेगा। अपने शील और सदाचार के लिए सताया जायेगा। तू बहुत कच्चा है। तूने संकठा मंदिर में प्रेमियों को गले लगते देखा है? तूने इन देवमंदिरों को क्या समझ रखा है। इन सब के नीचे भुइंधरे हैं--भुइंधरे! काले-काले भुइंधरे--जिनमें अजगर रेंगते हैं। चूहे उछलते और काल के जबड़े में समाते हैं। जिनमें एक से एक जघन्य क़त्य होते हैं। यह ब उपयुक्त है? तू तो युनिवर्सिटी में रहता है न? तेरे विश्वनाथ मंदिर में क्या सब उपयुक्त होता है? बोल, बोल?"

"पर महाराज, कोई अज्ञता में गलती करे तो उसे क्या देवमंदिर का दोष कहा जायेगो?"

"अबे हरामी, मैं देवमंदिर को कब दोषी कह रहा हूँ। देवमंदिर लोगों के कल्मष से छूतहे होते तो मैं सिद्धेश्वरी में धूनी क्यों रमाता?"

"अच्छा महाराज क्षमा करो, मेरे सवाल का उत्तर दे दो और मैं भागूँ।"

"किरणवाले सवाल का?" वे फिर ठठाकर हँसे, "तू अपनी आत्मा से क्यों नहीं पूछता?"

"वह तो हमेशा उसी का पक्ष लेती है?"

"पक्ष लेनेवाली आत्मा है कि तेरा मधुकरी वृत्तिवाला मन?"

"मन कमजोर है, पर आत्मा की बहुत गहराई में भी कुद ऐसी ध्वनि उठती है कि किरण मेरी...। मैं उसके बिना एक पल नहीं रह सकता महाराज।"

सहसा महाराज की आँखें छलछला आयीं, जैसे उन्हें किसी पुरानी स्मृति ने अपने फंदे में जकड़ लिया हो, "अपनी ही आत्मा का जब अर्धांश सामने आता है बेटे, तो इसे जनम-जन्मान्तर के पुण्यों के उदय का परिणाम कहा जाता है। मैं इतना कह सकता हूँ कि तेरे पुण्यों ने तुझे सत्य को पहचाने की शक्ति दी है, पर साधना के बारे में मैं क्या कहूँ। काम-विजेता कामेश्वर सदाशिव से प्रार्थन कर, शायद तेरी आवाज सुन ली जाये--जितना किठन अर्धांश को देखना है उससे हजार गुना किठन उसे पाना और उसकी छाया में अपने

को रूपान्तिरत करना तो बहुत ही कठिन है।"

मैंने उस विकट जटालूटधारी गंदे तान्त्रिक के पैरों को पकड़ लिया, "महाराज जी, अब आज्ञा दीजिए। क्या फिर दर्शन कर सकता हूँ ?"

"दर्शन ! दर्शन !! दर्शन !!! सिद्धेश्वरी मंदिर में सैकड़ों आते हैं। पर इस गन्दे भिखारी की ओर कोई देखता तक नहीं। साले पैसा फेंकते हैं। मैं चुप बैठा रहूँ तो भी ये हरामी खलल डाले बिना नहीं मानेंगे। तू भी दो नये पैसे का सिक्का लेकर आना चाहे तो आ जाना। तुझे मैं क्यों मना करूँ। अब सचमुच भाग जा।" वे उठ पड़े। उनके छह फीट लम्बे शरीर को देखकर मैं आश्चर्यचकित रह गया। कितनी चुस्त काया थी, कम्बलों के भीतर जैसे खूब-खूब भरी-पूरी नये पीपल की गाछ छिपी हो। उन्होंने कोठरी के दरवाजे के दोनों पल्ले पकड़े। मैं यदि झटके से बाहर न निकला होता तो शायद चोट लग जाती।

मैं पुनः दीपाधार के सामने झिलमिलाती सिद्धेश्वरी की मूर्ति के सामने खड़ा हो गया। मैंने आजानु झुककर पुनः प्रणाम किया। सामने के चन्द्रकूप में ताकता रहा कि छाया दिख जाये पर वहाँ घुप अँधेरा था। मैं मंदिर से निकलकर गली में मुड़ गया।

दूसरे दिन जमनादास मिल गया।

"आज चेहरा बड़ा खिला है रामजी !"

"हाँ जमनादासजी, कल एक ऐसे महात्मा से मुलाकात हो गयी कि जीवन का रहस्य खुल गया।"

"कहाँ मिले रहे।"

"सिद्धेश्वरी में।"

"भिखारी की तरह थे ?" जमना आँखों में रोशनी कौंधी, "हे भगवानद्य कल चैत्र की अष्टमी थी न ? हाय रामजी, मैं कितना अधम हूँ। बाबा कामेश्वरनाथ से मिले आप। सिर्फ चैत्र में आते हैं रामजी वे। खाली आठ रोज के लिए। कल ही रात बारह बजे वह विन्ध्याचल चले गये होंगे। वहाँ भी वे किसी अनजान गुफा में रहते हैं। बहुत कम लोगों ने देखा है उन्हें।"

"कौन हैं वे ?"

"वे महापुरुष हैं, खूब पढ़े-लिखे हैं। रामजी यह तो कुछ नहीं हुआ। वे जीवन्त जोगी हैं।" जमना की आँखें बरसने लगीं और वह मन-मारे बिना कुछ कहे चला गया। मुझे खुशी हुई कि गणेशी तिवारी के पुण्य प्रताप से यह दर्शन सम्भव हुआ।

"का गुरु, का बात है ?" मैं उस रोज सिंधिया घाट की स्वच्छ सीढ़ियों पर बैठा था कि एक आदमी बे-वजह लड़ पड़ा। कहने लगा कि आप चोर हैं। मैं उससे कुछ कहूँ कि वह मुझसे लड़ पड़ा। मैं भी साले से चिपट गया। वह कोई जोरदार नहीं लगता था।

"आह, बड़ी गलती हुई !" वह बोला, "मैंने समझा कि आप शिवनाथ हैं, पर आप तो कोई और हैं।"

"खैर, गलती हुई तो चलो।" मैं चुपचाप बैठ गया। अजब शहर है साला ई भी। सामने एक खोमचावाला निकला। सोचा, मूँगफली खायें, पॉकेट में हाथ डाला तो बैग ही गायब। तो बैग क्या उस नकली पहलवान ने मार दिया ? मैं धसककर बैठ गया।

अब रजुल्ली पूछ रहा है तो मैंने सब उसे बता दिया।

"हूँऽ, तो तोहरे संगे ई सब बदमाशी ! चलो हमरे साथ।"

वह सीधे पंचगंगा घाट पहुँचा।

"संतू !" एक घाटिया उठकर रजुल्ली के पास आया।

रजुल्ली ने उसके जबड़े पर जोर से एक घूँसा मारा। उनका मुँह खून से भर गया। "का बे, हमरे दोस्त के साथ दगाबाजी, निकाल मनीबैग सारे, नहीं तोहें हम सिखाइत हैं अबहीं..."

"देखो रजुल्ली !" वह तिनका। रजुल्ली ने फिर घूँसा ताना तो उसने घाट पर जाकर दरी के नीचे से लाकर मनीबैग मुझे दे दिया।

"आओ नंदू गुरू, चाय पी जाये।" रजुल्ली चल पड़ा।

मैं यह सब तमाशा देखकर हैरान था। यह सब क्या हो रहा है, मिनट-मिनट भर के अंदर नयी दृश्यावली। बनारस के घाट क्या इसीलिए जगत्-विख्यात हैं ? संकठा घाट से ऊपर एक गली में ले जाकर उसने चाय पिलायी।

"ई सामने मणिकेश्वर का मंदिर है। छोटा-सा। नीचे शिवलिंग हौ आ ऊपर जँगला में कन्हैयाजी उकेरे भये हैं। यहीं रहता है जमना। बगल की मढ़िया में उसी शिवलिंग पर वह रोज दूध चढ़ाता है।"

"अकेले ?"

"अरे नाहीं गुरू, भौजी थी। ऐसी औरत हमने तो अपनी जिंदगानी में नाहीं देखा। ऊ देवी थी भइया। हम आदमी खराब हैं। वैसी सुंदर तिरिया देखा तो राक्षस जगा। मैंने एक दिन जब जमना नाहीं था, मढ़िया में जाकर उसका गट्टा पकड़ लिया।

'राजू देवर !' वह हँस रही थी, 'तुमको कोई चीज मानो जान से अच्छी लगती है, तो तुम उसको बचाकर रखोगे कि तोड़-फोड़कर फेंकोगे ?'

" 'का मतलब ?'

" 'तुम मुझसे हँस-बोल सकते हो, राधा रानी का गीत भी--जो तुम्हारे भाई के अलावा कोई नहीं सुन सकता, सुन सकते हो, पर यदि तुमने मेरे साथ कोई गलत काम किया तो मैं खुले-आम सारी बात मुहल्ले में कहकर फँसरी लगाकर जान दे दूँगी। बोलो, क्या पसंद करोगे ? मुझे जिंदगानी का मोह नहीं। मैं मरना जानती हूँ देवरजी !" ऐसी हँसकर बोललस ऊ नार कि मैं गट्टा छोड़कर अलग हो गया। तब से ऊ हमार सब कुछ

रही नंदू भैया ! गुरू कहौ, दोस्त कहौ, बहिन कहौ--जवन मन आवै तवन कहौ...."

"फिर--अब कहाँ है वह ?"

"वह तो मर गयी।" रजुल्ली की आँखें भरभरा गयीं।

"कैसे ? क्या हुआ ?"

"नंदू भैया," रजुल्ली बोला, "ऐसा भयानक तमासा हम नहीं देखा।"

"क्या हुआ ?"

"एक दिना की बात है। ई जमनादास कहीं गवा रहा चेताने। समझे न ? ई भीख माँगने को चेताना कहता है। मुश्किल से चार बजा होई। एकरे कोठरी से चीख की आवाज आयी। हम छतै पर खड़ा रहे। दौड़े नीचे । दरवाजा उठँगा रहा।

" 'का भया भौजी ?' हमने पूछा।

" 'हाय देवरजी, मरी..., इतनै कह पायी बेचारी कि बेहोस हो गयी ।

हम नजदीक गये तो धक्क से रह गये। चेहरा एकदम कागज की नाईं सफेद हो गवा रहा। लाँबी-लाँबी केस खुलकै ओकरे चेहरा के अउर डरावना बनावत रहीं। हम गाय-भैंस को बच्चा जनत तो बहुत बार देखा है बाकी औरत को वैसी हाल में कबौं देखा नहीं। दोनों टाँगें ऐंसा-तानी होके एकदम उघड़ी रहीं। ऐसी कि जानो केहू सगरो खून चूस लिहे हो। मोट-मोट यों-यों फूली-फूली हरियर नसें उघर आयी रहीं। टाँगें रह-रहकर काँपतीं। तुमने भइया, कटे हुए खस्सी की टाँगों को तड़फड़ाते देखा है ? बस, वैसे ही रह-रहकर हरकत होत रही। जाँघों के बीच दुनिया-भर का फेचकुर-जैसा लचीला खून अउर ढोका-ढोका जमा लोथड़ा सगरां भुइयाँ में पसरा रहा। उसी के बीच लड़के का मूँड़ निकला हुआ था जानो कि गेरू से लिपी काली मटकी हो। हमारे तो भइया, गस आय गवा। हम उहाँ से घरै भागे और बड़की भउजी का गट्टा पकड़कर खींच लाये।

" 'का करत हौ तुम, तोहरे रचिको सरम नाहीं ?' भौजी कटकटायीं।

" 'सरम-हया के फरियाद बाद में करिह, चल के त ओके देख। मरत तिरिया के जान बचाव--।' हम कोठरी में झोंक के बहरै खड़ा रहे।

" 'रज्जू !... रज्जू !' भौजी चिल्लायी-'अरे कौनौ डागदरनी बुलाव भइया। ई हमरे मान का मामिला नाहीं है। बेचारी बेहोश होय गयी है, आ लरिका हिलत-डुलत भी नाहीं। राम, राम ! जमुना कहाँ गवा अइसने हालत में। अरे दौड़ बचवा, केहू के खोज जल्दी--हे गोसैयाँ, रहम करो सामी.....!'

"हम भगे भइया, राम घाट अस्पताल की तरफ। बड़ी चिरौरी-मिनती करने पर एक ठो डागदरनी आयी। सोलह रुपया फीस भरा तो चलने वास्ते राजी भई। आइके देखी आ बोली कि उठाओ और जैसे भी लाद-फाँदकर हो सके, अस्पताल पहुँचाओ। लड़का टेढ़ा हो गया है। ऑपरेशन होगा।'

"गोमठ गल्ली में कौन सवारी मिलै वो बखत ! भइया से कहा। हम दूनों भाई

वोका खटोला पर लादि-फाँदि के अस्पताल पहुँचाये। संझा बेला ई जमनादास पहुँचा गाय की नाईं डकरता-कलपता। हम बड़ा डाँटि एका उहाँ अस्पतालै में कि ससुर औरत के अइसी हालत में छोड़ि के तू चेताय रहे हौ दुनिया को, अपनै चेतौ पहिले।

"रात आठ बजे डागदरनी निकसी तो बोली-'अफसोस ! जच्चा-बच्चा कोई नहीं बच सका।'

"जब ऊ जीयत रही भइया नंदू, तो ई जमना डकरत-कलपत रहा, जब मुवैं के खबर मिली त ई एक दम चुप्पा हो गया मौनी बाबा की तरह। हम कहा--'अब ताकत का हौ, कफ्फन का बंदोबस्त करो। अबहीं आठ बजा है, रात बारह तक काम खतम करौ।'

"ई हमरे संगे ठठेरी बाजार पहुँचा। पता नहीं कोठरी में जाइके कितना रुपया ले आया। बाकी हम कहेंगे के ऐसा पीतांबर तो बड़े-बड़े सेठ-साहूकारै खरीदत होइहैं। कफ्फन आ पीतांबर लैके आया तो बोला कि लाश कोठरियै से उठेगी। फिर हम दूनों भाई हुवाँ से खटोला पर उठाइ लाये। 'रज्जू भाई,' जमुना बोला--'तुम आधा घंटा रुक जाओ। रामजी, कुछ देर नहीं लगेगी। सब तैयार हो जाता है।'

"जानते हो नंदू भइया, उसने क्या किया ?"

"क्या किया ?"

"मरी तिरिया की चोटी की। ठाकुरजी पर जो माला चढ़ाये रहा, उहै चोटी में गूँथा। माथे पर चंदन का टीका लगाया। बीचो-बीच कौनो काली चीज रही तिल बराबर। हम बाद में ऐसे पूछा कि ऊ का काजर था तो हँसके बोला--'नहीं रामजी, इसे सिरी कहते हैं, कस्तूरी की बनती है।' गले में नवा तुलसी की माला पहनाया और सब खून-रकत अपने कुरते से पोंछ-पाँछकर तैयार किया लाश। कफ्फन में बाँधकर लाश रखी रही, हम उठाने लगे तो बोला--'हम रख देते हैं।' ऐसा झुककर गले में एक और ठेहुने के पास दूसरा हाथ रखकर आहिस्ते उठाय रहा था जानो भौजी जिंदा हों ! बाहर हम सब टिकठी बनाय के रखे रहे। लाश धरि के अउर पीतांबर उढ़ाकर जब हम लोग उठाये तो ई जमना बोला--'एक छिन रुक जाओ भइया !' ऊ फिर घुसा कोठरी में। अब की राधाकृष्ण की दोनों मूरतें उठा लाया और भौजी के सिर से छुवायकर बोला--'अब चलो।'

"जलसाईं घाट पर चिता बनी। हम बाबू साहेब से कहके मुफुत में लकड़ी का जोगाड़ किया तो ई ससुरा तिनक के बोला--'दान की लकड़ी पर रामकली नहीं बैठेगी ?'

" 'तो दो पैंतीस रुपये...

"उसने अपनी टेंट में से पैंतीस रुपया निकाला अउर बोला--'दो-चार टुकड़ा चंदन भी मँगा लो रामजी, दस रुपया और ले लो।'

"लाश जलती रही और हम लोग ऊपर सीढ़ी पर बइठे गप्प करते रहे। बाकी ई जमना ता चिता के पास बैठा गाय रहा था।"

"गाय रहा था ?"

"हाँ नंदू भइया, गाता था अउर बीच-बीच में रोता था।"

"तुम्हें कुछ याद है, क्या गा रहा था ?"

"रुलाई में सब सफा-सफा तो सुन नहीं पाया, पर दू कड़ी तो यादै रह गयी :

राम कली बोलन बन लागी
जीवन प्राण प्रिया नहीं जागी....."

"अच्छा रज्जू, देर हो रही है। अब जा रहा हूँ।"

"अबहीं त आठै बजा है ?"

"हाँ, मगर अम्मा जोह रही होंगी, देर होने पर बहुत चिंता में पड़ती हैं।"

"अच्छा..."

मैं रास्ते-भर जमुनादास के बारे में सोचता रहा। तो यह है वह दर्द जो जमुना को कुछ-का-कुछ बना गया। रज्जू ने रामकली की अपनी भाषा में जो तस्वीर खींची, वह वृंदावन की किसी गुजरिया से कम आकर्षक नहीं थी। रज्जू जैसे जानवर के भीतर इन्सान बो देना खेल नहीं ! कैसा हिया रहा होगा उस औरत का जो बिना झिझके बिना डरे रज्जू से इस तरह पेश आयी। एक मैं हूँ जिसे जान इतनी प्यारी लगती थी कि रज्जू के पैरों की धमक सुनकर पसीना होने लगता था। रह-रहकर मेरी आँखों के आगे रामकली का भोला-भाला, चाँद की तरह गोल चेहरा नाच उठता।

सचमुच जमुना लुट गया। रामकली रात के पिछले पहर बोलती है, जब पूरी रात कुहरे की चूनर समेटे गवन की तैयारी करती है। उसी वक्त अपनी सुरीली आवाज में रामकली टिहुकती है--राधा की प्रतीक्षा करते हुए कृष्ण ने सारी रात बिता दी होगी। बाँसुरी रामकली की रागिनी बजा रही होगी, पर पता नहीं क्या हो गया था उस रात कि राधा नहीं आयी। हाय, रात बीत गयी, पर जीवन प्राणप्रिया जगी नहीं...

जमुनादास की प्राणप्रिया हमेशा-हमेशा के लिए सो गयी। वह युगल साधना में लीन एक दिन ऐसे स्थान पर पहुँचा जहाँ रास्ता इतना संकरा था कि उसे अब अकेले--एकाकी ही जाना था।

बसंत पंचमी के दो रोज पहले की बात है।

"भइया !" आरती बहुत इसरार करती हुई बोली, "मुझे बीस रुपये दोगे ?"

"क्या करोगी ?"

"मुझे बर्थ-डे पार्टी देनी है। मैं सब के बर्थ-डे की पार्टी में जाती रही हूँ, खाती रही हूँ। मेरी सहेलियाँ चिढ़ाती हैं कि कैसी गँवारन है जो बर्थ-डे भी नहीं मनाती।"

मैंने मनीबैग से निकालकर बीस रुपये दे दिये, "अब तू गुस्से में तिवारीजी न कहकर भइया कहने लगी है, इसलिए पिछले दो रक्षाबंधन के बकाया रुपये तुझे दे रहा हूँ, पर याद रख बिट्टो, हम गँवार भले न हों, गाँव के हैं। इसलिए उतना ही पैर फैलाना चाहिए जितनी चादर हो। मैं तुझ पर फिजूलखर्ची का आरोप नहीं कर रहा।"

उस दिन बिट्टो मेरे चेहरे पर बड़ी देर तक देखती रही थी। मुझे उसका देखना बड़ा शीतल लगा। संसार में भाई-बहन के रिश्ते से बड़ा और शायद कुछ नहीं होता।

अम्मा दरवाजे के पल्ले की आड़ से भाई-बहन का यह वार्तालाप और स्नेह-सौजन्य देख रही थीं, वे तुरंत बाहर आयीं और बोलीं, "लड़की सयानी हुई नंदू ! हमारे यहाँ अब इसे कितने जन्म-दिन मनाने हैं बेटे ! तूने इसे रुपये दे दिये। मेरी आत्मा जुड़ा गयी। लड़की है। अमीर लड़कियों से थोड़ी हेल-मेल है, तो ऐसा हो ही जाता है।"

मैं प्रसन्न ही हुआ कि अम्मा धीरे-धीरे अपनी अफाट निराशा और चिंता की पिछौरी फेंककर थोड़ी खुली हवा में आ गयी हैं। मैं उसी वक्त किरण के यहाँ चला गया। तीन जनवरी को छोड़कर बाकी कभी नागा नहीं हुआ था। किरण के यहाँ जाने का अर्थ खानापूरी नहीं था। मेरे जाने से न सिर्फ किरण को बल्कि स्वयं मुझको लगता था कि मेरे अस्तित्व को एक-दूसरे अस्तित्व की स्वतंत्रता ने इस कदर बाँध लिया है कि मैं बँधा होकर भी खुला हूँ। नौकर होकर भी नौकर नहीं हूँ। पैसा लेते हुए भी पैसा नहीं लेता हूँ। किरण और मेरे बीच एक ऐसा रिश्ता था जो बैलून की डोरी में लिपटा-लिपटा आसमान की ओर उठता था और एक खास ऊँचाई पर जाकर अपने आप खुल जाता था, जिसमें से ढेर सारी गुलाब की पंखुरियाँ बिखरती थीं--फ्लेमिंग सनसेट, उस 'यमलपत्र' पर सिर्फ एक शब्द सुनहले अक्षरों में लिखा होता 'प्यार'। यमलपत्र शब्द किरण की ही कल्पना था। गुजरात के राजा प्राचीन काल में जो संधिपत्र लिखते थे, या प्रतिज्ञाबद्ध होते थे, उसे यमललेख या यमलपत्र कहते थे।

"कौन-सा लेख लिखा जायेगा इस पर... ।"

"इबारत तुम बनाओ।"

"हिंदी में बताओ तो पहले।"

"यही कि हम एक-दूसरे की आज्ञा के विरुद्ध कुछ नहीं करेंगे।"

"संवत् 2025 वर्ष मकरसंक्रांति दिवसे श्रीमत् पंडित रामानंद त्रिपाठिनः च नागरकिरणस्य च मध्ये लिखितमिदं यमलपत्रम्। न किंचित् कर्तव्यम् परस्पराज्ञया बिना।"

"ठीक है।" किरण खिलखिलाकर हँसती।

सो वह यमलपत्र बैलून के साथ उड़ता हमारे हृदय के असीम आकाश में छा गया था।

बसंत पंचमी आरती का जन्मदिन है। हमारे घर में बसंत पंचमी नहीं मनायी जाती। देहात में होली ही बहुत है, बसंत पंचमी की टीमटाम कौन करे अतिरिक्त। बसंत पंचमी काशी हिंदू विश्वविद्यालय का संस्थापना दिवस है। इस दिन महिला छात्रालय की लड़कियाँ पीली साड़ी, पीला ब्लाउज पहले कलाई में पीले गेंदे की माला बाँधे कतार में चलती हैं। लड़कों की आधी भीड़ उन्हें देखने आती है। मैं भी सुबह न्यास-स्थल की परिक्रमा कर आया था और चंपा और नारंगी के रंगों के विभेद पर बहुत देर तक सोचता रहा था।

खाना खाने के बाद बिट्टो और अम्मा मेहमानों के लिए तैयारी करने में लग गयीं। मैंने बिट्टो से कहा कि "चूहे-कुतरे घर का दरवाजा बंद कर लेना वरना कोई अमीरजादी तुम्हारे कमरे में चली गयी तो बड़ी हँसाई होगी। मैं आज बाहर रहूँगा।"

"मैंने अपना बक्सा बाहर कर लिया है। उसे अभी लॉक्ड कर दूँगी।" बिट्टो बोली।

शाम तीन बजे मेरा कमरा अच्छी तरह सजा दिया गया। मेरी और अम्मा की चारपाइयों पर चादर बदल दी गयी। मेरी मेज पर नया मेजपोश लगा दिया गया। मैंने देखा कि बिट्टो ने चुनार की मिट्टी का बना एक सोफियाने रंग का गुलदस्ता भी सजा दिया है।

असल में मैं बाहर नहीं गया, बल्कि चूहेवाले घर में ही बिट्टो की चारपाई पर सो गया था। मैं अपने मन का पाप छिपाना नहीं चाहता। मैं बिट्टो की अमीरजादी सहेलियों को देखना चाहता था, उनकी बातें सुनना चाहता था। मैं जानता था कि वे तीन बजे के पहले नहीं आयेंगी, इसीलिए मैंने दो घंटों की नींद भी ले ली।

चूहे-कुतरे घर का दरवाजा भी कमरे के अनुरूप ही था। पल्लों में कई छेद थे। कुछ छोटे, कुछ बड़े। पर एक छेद वाकई बहुत ही महत्वपूर्ण था क्योंकि वहाँ आँख लगाने पर मेरे कमरे में सेज के पास घटने वाली हर घटना फोकस के भीतर आ जाती थी।

पहले जो तीन लड़कियाँ कमरे में आयीं, वे आरती से बहुत हिली-मिली मालूम होती थीं।

"हल्लो आरती डियर !" यह तीसरी लड़की मुझे औपचारिक लगी। वह आरती का हाथ इस कदर हिला रही थी गोया उसने अपनी उपस्थिति से उसे उपकृत किया है। हो सकता है, वह उसके बहुत ज्यादा खुलेपन का प्रमाण हो !

"हल्लो सुप्रिया, कैसी हो ?" आरती पूछ रही थी।

"अपन हमेशा चंगा रहते हैं। तुम बताओ, कट रही है न ?"

"अरे हमारी क्या कटेगी सुप्रिया डियर !" पहली लड़की जो बिल्कुल आरती की तरह गाँव से आयी लगती थी, बोली, "कट तो तुम्हारी रही है। यदि लोग सावधान न रहें तो तुम्हारे पीछे-पीछे एम्बुलेंस भेजनी पड़ जाये।"

"हाय राम !" सुप्रिया ठहाका लगाकर हँसी, "आज शैल के भी पर उग आये हैं

आरती ! क्यों री, लतीफशाह की पिकनिक मैं मनाती हूँ कि तुम सब मनाती हो ?"

उस लड़की के इस रिमार्क से आरती और शैल दोनों का चेहरा सफेद-जैसा हो गया, "मुझसे मत उड़ा करो बच्चियो, मैंने बहुत दुनिया देखी है। चौबीस की हूँ चौबीस की! पहली केस ठीक बारह साल की उमर में हुई थी।"

"क्या हुआ था सुप्रिया डियर ?"

"अरी गधी, एम्बुलेंस आयी और छोकरे को लादकर ले गयी और क्या होता !"

"यह घटना घटी कहाँ ?"

"खाँटी चौरंगी में। मेरे पापा उस वक्त पंजाब नेशनल बैंक में काम करते थे। वह छोकरा मेरे पीछे पड़ गया। मैंने उसे पास बुलाया। कहा--'क्यों, मुहब्बत करते हो'?'

उसने बम्बइया अंदाज में कहा--'हम तुम पर मरते हैं, मुहब्बत करते हैं !'

"फिर ?"

"फिर मैंने सैंडल उतारकर उसे एक हाथ दिया और वह सड़क पर चित्त..."

"झूठी !" शैल बोली।

सुप्रिया ने कहा, "लतीफशाह सच्चा बाकी सब-कुछ झूठा, क्यों ?"

"यह क्या लतीफशाह लगाये है तू !" आरती ने जोश से कहा, "तेरी तरह जिसको अपनी वार्डेन के घर पर ही पिकनिक मनानी नहीं आती हो, वह क्या बाहर भी न जाये ?"

इस बार सुप्रिया एक क्षण के लिए हिचकी, "सुन तितली, अपन सीधे डंके की चोट पर कहीं भी पिकनिक मना सकते हैं। लेकिन वार्डेन नाम फिर मत लेना। अच्छा, और कौन-कौन आ रहे हैं यहाँ ?"

"बस, दो की प्रतीक्षा है। शैल, लल्ली, सुप्रिया, तीन तुम, और मनचंदा और उसकी सहेली लीला खन्ना।"

"हे भगवान् !" सुप्रिया सिर पर हाथ रखकर कुछ इस कदर धसकने लगी, जैसे सिर पर हाथ नहीं, कोई भारी-सा पत्थर गिर पड़ा हो।

इन तमाम लड़कियों में मुझे लल्ली ही सबसे अधिक गंभीर लग रही थी। वह सामान्य-सी सफेद साड़ी पहने थी। सफेद ही ब्लाउज था। उसके बदन पर सिंदूरी रंग का स्वेटर झूल रहा था। वह गोल मुँह की छोटे कद की लड़की थी, जो प्रायः अपने अस्तित्व के बारे में सावधान थी।

"क्यों, तेरा इन खिलंदड़ियों से क्या वास्ता आरती ?" सुप्रिया बोली।

"लीला और मनचंदा दोनों अपने बर्थ-डे पर बुला चुकी हैं।" आरती बोली।

"तेरी बड़ी पूछ होने लगी है इधर ?"

आरती कुछ न बोली, केवल मुस्कराकर रह गयी।

"हाय आरती, लीला तो हिप्पी लौंडे को मात कर रही है। गहरी नीली जींस उसकी सुघड़ जाँघों और पिंडलियों को कैसी कसे है और उसके ऊपर की टर्टलनेक जर्सी

तो जानो जान ही मार रही है।" सुप्रिया खिड़की से झुककर देख रही थी।

"सुनो सुप्रिया, तुम लीला से कुछ मजाक मत कर देना। वह बहुत जल्दी चिढ़ती है।" आरती ने इसरार करते हुए कहा।

"लाख चिढ़ती हो, मैं तो भई उसके बाल पर कुछ बोलने से बाज नहीं आऊँगी। माना कि उसके बाल बंगालिनों की तरह हैं, पर मैं जानती हूँ कितने झड़ चुके हैं। इस ड्रेस में तो उसे बालों को भी कटा-छँटा देना चाहिए।"

"तुम्हारा ख्याल है, वह अपने बालों को काट-छाँटकर टीज करा ले।"

"और नहीं तो ! अरे-अरे, जरा मनचंदा को देख आरती ! हाय-हाय, क्या अदा है !" सुप्रिया हंसकर बोली, "ऊँची एड़ी की सैंडल पर ऐसी चलती है जैसे कम्बख्त ने डबल पैड की अंडरवियर पहन रखी है !"

"बड़ी फूहड़ हो तुम !" शैल बोली।

"सुन री मैना, चुपचाप पिंजड़े में बैठी राम-राम बोला कर। जैसा सिखाया करती हूँ तुझे । यदि बीच में टाँग अड़ाने की कोशिश की तो ऐसी कैंची लगाऊँगी कि चीखते-चीखते हॉस्टल बुला लेगा, समझी ?"

"आओ लीली डियर !" सीढ़ियों के सामने आने पर आरती ने दोनों का स्वागत किया, "हैलो चंदा !"

"कहो आरती," लीला बोली, "देर तो नहीं हुई ? सच, तेरे सिवा मैं शायद ही किसी के यहाँ जाती । आप पिक्चर जानी थी।"

"अकेले ?"

"अकेले क्यों जाती ? क्या मुझे कुत्ते ने काट रखा है !"

"हाय, तब तो बॉक्स का टिकट लौटाना पड़ा होगा बिचारे को ?"

"तू क्या जाने," मनचंदा बोली, "एलेवंथ आवर में भी तो कोई कंपनी मिल सकती है।"

लीला क्रोध से तमतमाकर बोली, "रोज कंपनी तुम बदलती हो। अपनी-जैसी ही सारी दुनिया को मत मान लो चंदा ! इससे ईर्ष्या भले ही शांत हो जाती हो, झूठ मन को कुतरा करता है।"

"तू लीला ठहरी सायकोलॉजी की स्टूडेंट। अपना मन अपने पास हो तब तो कुछ उसे कुतरे।"

"तो पाल लो कोई चूहा जो तुम्हें ही कुतरा करे..." लीला ठठाकर हँसी।

तभी दोनों को जैसे याद पड़ा कि वे अपने कमरे में नहीं, कहीं और आयी हैं।

"गुड इवनिंग एवरीबडी !" लीला और मनचंदा ने साथ-साथ कहा।

"मैं कहूँ कि बिना कंपनी के आज युगलजोड़ी इधर कैसे टपक पड़ी !"

"सुनो सुप्रिया, पहली चीज यह कि तुम कुरसी खाली करो मेरे वास्ते और चारपाई

पर जार्जेट बटोरकर बैठ जाओ, फिर कंपनी की बात शुरू हो।" लीला ने ताव से कहा।

"आओ भई, तुम्हें चारपाई पर दर्द होगा। पर कुर्सी पर कौन-सी राहत है ?"

"क्यो, देखती नहीं जींस ?"

"हाँ, सो तो देख रही हूँ। एक बार इच्छा हुई कि नीचे से ऊपर तक मुआयना ही कर डालूँ, पर सिर के नागफण को देखकर सर्वे करने की इच्छ तर्क करनी पड़ी।"

"क्यों, इसके काँटों से घबरा गयी ?"

"अरे कौन जाने लीली, उसमें काँटे हैं कि रसगुल्ले, ये तो पिटारी खुलने पर मालूम होगा। मेरी मानो लीली, तो तुम बालों को बॉब्ड करा लो।"

"सोचूँगी," लीला सलाई पर सिगरेट ठोंकती हुई बोली, "किसी को एतराज तो नहीं है।"

"एतराज भी होगा तो तुम्हारी नकली रूद्राक्ष की माला देखकर हम क्षमा कर देंगे। क्यों आरती, अम्माजी तो बुरा नहीं मानेंगी ?"

"अम्मा को सिगरेट और गाँजे के धुएँ का फरक क्या मालूम ?" मनचंदा ने टिटकारी भरी।

"चुप रह हरामी, मैं उन गयी-बीती लौंडियों में से नहीं हूँ जो छोकरों की देखा-देखी सेहत खराब करती हैं।" लीला अपनी सुडौल लंबी गरदन मटकाकर बोली।

सचमुच वह इस कदर बैठी थी, जैसे स्वास्थ्य का विज्ञापन हो ! लड़की नये फैशन में भले हो, सही स्वस्थ ढंग से सोचने में दक्ष थी।

"निकोटिन से उँगली तो धुआँसी हो ही गयी है।" मनचंदा मानने वाली नहीं थी।

"तेरा तो पूरा मन धुआँसा है। अतृप्ति के धुएँ में जलता रहना तेरा काम है चंदा तू बेमतलब मॉडर्न बनने का स्वांग करती है।"

"हाँ चंदा ।" सुप्रिया हँसती हुई बोली। उसे शायद निकटतम सहेलियों की नोक-झोंक में मजा आ रहा था। "तेरी यह पारदर्शी साड़ी और ऊपर अल्हड़ता से लटकता भूरे रंग का ऊनी कोट खूब फब रहा है। पर डार्लिंग, ब्रा को इतना क्यों कसती हो कि गुलेनार मुरझा जाये !"

"खरबूजे को इतनी परेशानी क्यों !" मनचंदा खुलकर हँसी, "तुम्हारा तो सब तरफ से फायदा-ही-फायदा है। चाहे छुरी खरबूजे पर गिरे या खरबूजा छुरी पर... !"

तभी अम्मा कमरे में चाय लेकर घुसीं।

वे सिगरेट के धुएँ को देखकर हक्की-बक्की रह गयीं। उन्हें विश्वास ही नहीं हो रहा था कि कोई लड़की भी सिगरेट पी सकती है।

"अम्माजी, नमस्ते !" लीला बोली, "माफ कीजिएगा, मैंने सिगरेट के धुएँ से आपको परेशान किया।"

"धुएँ से परेशानी कैसी बेटी ! माँ तो गू-मूत सब करती है। पर परेशानी होती है

उस धुएँ से लली, जो अपनी माँ को धुँध में छिपा देता है।" माँ चाय रखकर कमरे से बाहर चली गयी। लीला अवसन्न-सी बैठी रही।

लड़कियाँ जलपान पर टूट पड़ीं। उनकी हँसी और खिलखिलाहट बदस्तूर जारी रही। मैं बार-बार सोच रहा था कि क्या सचमुच हमारे देश की औरतें इतनी खुली और आधुनिक हो गयी हैं अथवा इस आधुनिकता को सिर्फ नकली केंचुल की तरह अपने ऊपर चिपकाये ये देशी धामिनें मादा कोबरा बनने का स्वांग कर रही हैं !

"हैपी बर्थ-डे टु यू !" सभी आरती को चूम रही थीं और बधाइयाँ तथा प्रेजेंट में लायी पैकेट्स थमा रही थीं।

आरती के मुँह में पांच मिठाइयां और ठूंसी गईं।

धीरे-धीरे समां उजड़ने लगा और लड़कियां नीचे उतर गईं। आरती उन्हें पहुंचाने नीचे सीढ़ियों तक गई। लौटकर अभी प्रेजेंट्स के पैकेट खोल रही थी कि हमने भीतर से दरवाजा खटखटाया।

आरती एकदम से डरकर चीख उठी। अम्मा दौड़ी-दौड़ी कमरे में आ गयीं। "क्या है आरती ?"

"पता नहीं, उस बंद कमरे में कौन खड़-खड़ कर रहा है !" वह एकदम सहमी-सी थी।

"ताली कहाँ है ?" अम्मा ने ताली लेकर दरवाजा खोल दिया।

मैं आँखें मलता कमरे से बाहर आ गया।

"तू इसी में सो गया था क्या नंदू ?" अम्मा मुस्कराती हुई बोलीं।

"सो गया था कि जानकर शरारत की है इसने !" आरती तमतमायी।

"शरारत काहे की ?" मैंने पूछा, "तुम्हें कमरा लॉक करने को कहा था तो देख लेना चाहिए था कि भीतर कोई है तो नहीं।"

"तुमने कहा था कि बाहर जा रहा हूँ। तू मेरी सहेलियों को देखने और बातें सुनने को छिपा था।"

"बड़ी आयीं तेरी सहेलियाँ। इंदर की परी हैं जैसे ! नंदू की धोवन भी तो कोई नहीं थी।" अम्मा ने गर्व से मेरी ओर देखा और हँसती हुई रसोईघर में चली गयीं।

"तो यही था वेस्ट रिप्रजेंटेशन, या इसे औसत कहूँ ?"

"पता नहीं।" आरती पैकेट्स खोलने में मशगूल थी।

"जो हो आरती," अम्मा फिर आ गयीं, 'तेरी ये सहेलियाँ मुझे तितली जैसी लगीं। नंदू ठीक कहता था, तुझे सोच-समझकर पाँव पसारना चाहिए।"

"तुमने जितना खर्च किया होगा, उससे कई गुना अधिक का सामान मिल गया।" आरती मुँह बनाकर बोली।

"सामान और सोहबत में अंतर करना सीखो बेटी ! अब तू उन्नीस की हुई। गणेशी

तिवारी की पौत्री हो, इसे भूलने से काम तो नहीं चलेगा न !"

"नंदू ! तुझे कौन लड़की अच्छी लगी ?"

"मुझे...." मैं अम्मा की बात सुनकर अचकचा गया, "मुझे तो अम्मा वह अच्छी लगी जो सिगरेट पी रही थी।"

"देख लो अपने आदर्श पुत्र का जलवा... ।" आरती ठठाकर हँसी।

"तुझे वह क्यों अच्छी लगी नंदू ?"

"इसलिए अम्मा कि उसका बाहर-भीतर एक जैसा था।" मैंने कहा और माँ-बेटी को बातें करता छोड़ घाट की तरफ चला गया।

शिवरात्रि बीते अभी घंटा भर भी नहीं हुआ होगा कि अम्मा चीखीं "नंदू, आरती कहाँ है। नहानेवाले घर में भी नहीं है। मैं देख रही हूँ, उसका बक्सा भी नहीं है !"

"क्या ?" मैंने वैदिक कानकार्डेंस बंद कर दिया।

मैंने भी सब जगहें छान डाली, पर आरती नहीं दिखी। आखिर गयी कहाँ ! मैं चुपचाप मन मारे बैठ गया।

अम्मा फर्श पर पागल की तरह बैठी थीं "आरती कहीं भाग गयी तो मेरा जीना व्यर्थ हो जायेगा। मैं कौन-सा मुँह लेकर अब सीताचक जाऊँगी।"

अम्मा पागल-सी रोती-चिल्लाती सीढ़ियाँ उतरने लगीं। मैं उनके पीछे-पीछे दौड़ा।

"अब दौड़ने से क्या होता है बबुआजी !" रामकीरतदास हँसते हुए बोला, "वो तो सुबह चार बजे ही बक्सा लेकर चली गयी। वहीं लड़का था जो मुझे मारने आया था मुँह पर गमछा बाँधकर। वही बक्सा ले गया। मैं पीछे-पीछे गया। रिक्शे पर सामान रखकर दोनों को जाते हुए मैंने खुद देखा।"

मुँह पर गमछा लपेटे तो देबू था। तो क्या यह सब देबू ने किया ? मुझे देबू में हजार अवगुण दिखे हैं, पर मैं इतना जानता हूँ कि वह ऐसा कोई काम नहीं कर सकता, जिससे अम्मा को तकलीफ हो।

मैंने अम्मा को सँभाला और ऊपर खींच लाया, "तुम यहाँ शांत चित्त से बैठो। आरती पाताल में भी होगी तो आज शाम तक मैं उसे बरामद करा लूँगा।" मैंने कुरता-पाजामा पहना और एम्बेसी रेस्तराँ की ओर चल पड़ा। मुझे विश्वास था कि शायद सुबह की चाय पीने देबू या रमेंद्र कोई आया हो। यदि वहाँ नहीं मिले तो देबू के घर जाना होगा।

देबू से मुलाकात हुई। उसने सारी बातें सुनीं और बोला, "तुम घर चलकर अम्मा को

सँभालो। मैं नौ बजे तक सारी चीजों का पता लगा घर पर ही आऊँगा। हे भगवान्, बेचारी अम्मा पर क्या गुजर रही होगी !"

देबू के चेहरे, उसकी बातचीत से ही स्पष्ट हो गया कि इस घटना में उसका कोई हाथ नहीं है, जैसाकि पुजारी रामकीरतदास ने बताया। रामकीरतदास का भी क्या दोष ! जब से पीटा गया है, हर गमछाबंद चेहरे वाले को अपने को पीटनेवालों का नेता ही समझता होगा।

'एम्बेसी' से लौटकर मैं घर गया। पुलिस में रपट करना फिजूल था। बात बढ़ जाने का डर था। देबू नेता आदमी है। उसके पास एक दल ऐसा है जो पता लगा सकता है। पर मन को विश्वास नहीं हो रहा था। अम्मा का हाल देखकर कलेजा मुँह को आ जाता था। उस दिन मेरे घर में खाना नहीं बना। तीन बजे के करीब मैं घर से निकला। उस वक्त रजुल्ली के अलाव कोई सहायक नहीं सूझता था। मैं किस तरह पंचगंगा पहुँचा, मुझे खुद नहीं मालूम । रह-रहकर मेरे कलेजे में एक विचित्र तरह की सनसनी होती और शरीर पसीने से सन जाता। क्या कहेंगे गाँव-घर के लोग ! संतू ने मुझे देखते ही सलामी जड़ी।

"किसे खोज रहे हो मास्टरजी !" घाटिया बोला।

"रजुल्ली आया था इधर ?" मैंने पूछा।

"अभी तो हियें थे भइया, बहुत करके भोलावाली दुकान में हुइहैं।" वह मुस्कराया।

सचमुच रजुल्ली चाय की दुकान में बैठा था।

"अरे आवो-आवो नंदू महाराज !" रजुल्ली अपनी सीट से उठ गया, "रे छोकरे, एक ठो बढ़िया चाय और दुई ठो कुरकुरा बिस्कुट ला तो जल्दी....." उसने मेरा हाथ पकड़कर सामने की सीट पर बिठलाया।

"रहने दो यार, चाय पी चुका हूँ। मैं कुछ खास काम से तुम्हारे हियाँ आया हूँ।" मैंने रजुल्ली के चेहरे पर देखते हुए कहा।

"ऊ तो हम तोहार चेहरा देखि के समझ लिहा महाराज, बाकी पहले चाय पियो।"

लड़के ने चाय रख दी। बगल में बिस्किट की प्लेट भी।

वह तुरत टीन का डब्बा लेकर पहुँचा, "लैहे ?" उसने रजुल्ली की ओर देखकर कहा। रजुल्ली ने पिसी हुई भांग से एक हिस्सा निकाला और दो गोलियाँ बनायीं। एक खुद गटक गया, बोला, "लो न नंदू उस्ताद, सारी चिंता हवा हुइ जाई।"

"नहीं, रहने दो, मैं ठीक हूँ।"

"अच्छा, जैसी मरजी।" उसने वह गोली भी मुँह में डाल ली और आहिस्ते-आहिस्ते चाय पीता रहा।

चाय पीकर हम बाहर आये। "चलो सिंधिया घाट, दम्मानीवाले मंदिर के पास

बैठकर बात करेंगे।" रजुल्ली साथ-साथ चल पड़ा। दम्मानी मंदिर के पास बैठकर मैंने आरती की सारी कहानी कह सुनायी।

"हे राम !" रजुल्ली बोला, "ई तो नंदू महाराज, गजब हो गवा !"

मैं कुछ न बोला।

"अब देर करै क काम नहिंनी, तुरंत चल देवै के चाही। अबहीं गुरू मिल जइहैं घरै पर। ई सब मामला हमरे अकिल के बाहर हौ। बाकी हम एतना जानत हैं कि रातो-रात आरती तोहरे घरै पहुँच जइहैं।"

"कहाँ चलना होगा ?"

"तू हमरे साथ आवा, तोहँसे गली-मोहल्ला से का मतलब ? जगह देख लेबा खुद आँख से..... ।"

बीसियों गलियाँ घुमाता वह मुझे चौक लाया। चौक से रिक्शा लेकर हम गिरजाघरवाली सड़क से भेलूपुरा की ओर चले। रेवड़ी तालाब की ओर रिक्शा घूमा। सामने एक दो मंजिला मकान था। लिखा था - 'ऊटकमंड प्रेस।'

रज़ुल्ली ने बंद दरवाजे की सांकल खड़खड़ाई। ऊपर से एक पतली आवाज उभरी, "कौन है ?"

"हम हैं दीदी, रजुल्ली !"

"अच्छा, खोल रही हूँ।"

वह एक पचीस-छब्बीस वर्ष की युवती थी। उसने मेरी ओर गौर से देखा।

"ई हैं हमार दोस्त नंदू।" रजुल्ली ने परिचय कराया।

मैंने नमस्ते की। महिला ने दोनों हथेलियाँ जोड़कर मुस्कराते हुए कहा, "नयी दोस्ती है शायद ?"

"हाँ, दीदी !" रजुल्ली गरदन झुकाये बोल रहा था।

"कैसे चले रजुल्ली ?"

"जरा गुरूजी से मिलै के हौ।"

"अच्छा, बैठो, मैं भेजती हूँ ऊपर से।"

महिला चली गयी। मैंने चारों ओर देखा। सामने आँगन था। उसके परे एक बड़ा-सा बरामदा था। बरामदे में कम्पोजिंग के केस थे। एक सिरे पर छोटी-सी ट्रेडिल मशीन थी। दस-ग्यारह बजने को आया, पर काम शुरू नहीं हुआ था। यह कैसा प्रेस है, यह मेरी समझ में नहीं आ रहा था।

तभी ऊपर से एक आदमी उतरा। मैंने कल्पना की थी कि गुरूजी काफी अधेड़ उम्र के तुंदिल आदमी होंगे, मगर वह व्यक्ति बिल्कुल कल्पना के प्रतिकूल था। उसकी उम्र तीस-पैंतीस से अधिक नहीं थी। वह धारीदार ढीला पायजामा और सफेद कुरता पहने था। चेहरा भरा-भरा था। एक बेशकीमत शाल उसने ओढ़ रखी थी। पतला होने पर भी

वह कसे बदन का छरछरा जवान था। मूँछें करीने से कटी थीं। वह सिगरेट पीता हमारे कमरे में घुसा। रजुल्ली उठ पड़ा। मैं भी खड़ा हो गया।

"कहो रजुल्ली !" वह सामने की कुरसी पर बैठा और मेज पर एक क्षण हाथ फेरता रहा। फिर उसने पॉकिट से ताली निकालकर दराज खोली और कुछ देखा-भाला। रजुल्ली ने धीरे-धीरे आरतीवाली कहानी कह सुनायी।

वह बार-बार उस व्यक्ति को कभी गुरूजी, कभी बक्कड़ गुरू कह रहा था; मैं इस अजीब नाम पर मन-ही-मन मुस्करा रहा था; ऊपर से शांत बना रहा।

"खैर, ये तुम्हारे दोस्त हैं तो मैं मदद कर दूँगा; मगर याद रखो - आगे ऐसे कामों में पहले ही हाँ मत कह दिया करो।" बक्कड़ ने टेबल की ओर देखते हुए कहा।

"जी।" रजुल्ली चुप रहा।

"कहिए रामानंद जी," गुरू बोले, "क्या करते हैं आप ?"

"एम.ए. करने के बाद रिसर्च कर रहा हूँ।"

"किस विषय में एम.ए. किया ?"

"संस्कृत में।"

"हूँऽ, आपको अंग्रेजी आती है ?"

"थोड़ी।"

"हूँऽ..... ।" मैं इस 'हूँऽ' की टंकार से चिढ़ रहा था, पर लाचारी थी। जब इतने जरूरी काम से आया हूँ तो यह सब नखरे सहने ही पड़ेंगे।

"एक दिन रजुल्ली ने बताया था कि आप देवनाथ के दोस्त हैं।"

"हूँ।"

"वहीं देवनाथ जो छात्रनेता है न ?"

"हूँ।" मैंने कहा।

"वह निहायत चुगद और मूर्ख है।"

"हूँ।"

"अच्छा, तो आप इशारे समझते हैं और लोगों के बातचीत के तरीके की नकल भी कर सकते हैं.... खैर।"

"ई सीधे आदमी है गुरू !" रजुल्ली घबराकर बोला।

"तुम चुप रहो।" बक्कड़ गुरू ने रजुल्ली को डाँट दिया, "मुझे ऐसे शरारती लड़के पसंद है। यह बड़ी प्यारी किस्म की शरारत है। आज के जमाने में अब कहाँ मासूम चीजें मिलती हैं।"

"अच्छा, रजुल्ली, जरा बाहर आओ।"

रजुल्ली बाहर गया और जाने दोनों में क्या-क्या बातें होती रहीं, थोड़ी देर बाद बक्कड़ गुरू लौटे।

"रजुल्ली कहाँ गया ?"

"तुम्हारा काम करने।"

"तो मैं भी चलूँ..."

"तुम अभी जाकर क्या करोगे ! मैं नहीं चाहता कि तुम इधर-उधर अपनी कोशिश भी जारी रखो और हमारे काम में कठिनाई आवे। रजुल्ली आठ बजे तक निश्चय पता लगा लेगा, या यों कहो उसे पता हो जायेगा।"

"मैंने अपने कुछ दोस्तों से वादा किया है कि मैं साढ़े आठ-नौ बजे तक घर रहूँगा।"

"तुम नौ बजे पहुँच जाओगे, कौन से दोस्त हैं ?"

"वे ही देबू वगैरह।"

"वह बड़ा तीसमार खां बनता है। मैंने उससे कहा कि ई सब काम छोकरों की भीड़ से नहीं होता। भीड़ केवल आड़ होती है। असली काम करने वाले कुछ और लोग होते हैं। वे ट्रेंड लोग हैं। वे जानते हैं कि इमारतें कैसी फूँकी जाती हैं, पी.ए.सी. से कारगर ढंग से कैसे लड़ा जाता है। पावर-हाऊस या डाकखानों पर कैसे कब्जा किया जाता है, यह सब क्या खेल है ? ये छोकरे समझते हैं कि भीड़ बाँधकर वे जो चाहे कर लेंगे !"

मुझे इस बक्कड़ गुरू की बड़ी-बड़ी बातों से चिढ़ होने लगी थी। मैं कुछ कहता तभी उसने जोर से आवाज दी, - "शोभना, चाय बन गयी न ?"

"लेकर आती हूँ अभी।"

"अच्छा।" वह फिर मेरी ओर मुड़ा, "आज के जमाने में जीते रहना भी कला है मिस्टर तिवारी !" उसकी आँखें चमकीं, "तुम समझते हो कि तुम अपने रास्ते पर जा रहे हो, तुमसे क्या मतलबः पर वह तुम्हारी गलती है। तुम किसी से नहीं टकराओगे तो भी कोई आकर तुमसे टकरा सकता है। तुम्हारी ज़िंदगी खतरे में डाल सकता है। इसी से मैंने कहा कि आज रहने के लिए भी ट्रेनिंग चाहिये।"

"और ये सब ट्रेनिगें आप देते है" मैंने कहा।

वह जोर-जोर से हँसा।

तभी शोभना चाय लेकर आ गयी।

"शोभना, तुम तिवारी से मिल चुकी हो। यह बहुत सीधा युवक है। इसे कुछ दिन तुम्हारी-जैसी औरत की शार्गिदी में रख दिया जाये तो आदमी बन जायेगा।"

"मुझे तो मंजूर है, पर शायद इन्हें न हो। क्योंकि इनका चेहरा उपन्यासों के नायकों-जैसा भावुक लगता है। देखते नहीं, इनकी आंख में कैसी लज्जा है....!"

मैं सचमुच लज्जा का अनुभव कर रहा था। वह औरत एकटक मेरी ओर देख रही थी। मैंने गरदन झुका ली थी, पर कभी-कभी तिरछी आँखों से उसे देख भी लेता था।

"चाय पीजिए मिस्टर शेखर या श्रीकांत या जो भी नायक बनना पसंद करें आप!"

"मैं न तो शेखर हूँ शोभानाजी, न श्रीकांत, और न तो आप शशि हैं, न तो राजलक्ष्मी।"

"फिर क्या कहूँ मैं ?"

"इतनी जल्दी मैं कैसे बता दूँ ! आप कई चीजों की मिक्सचर लगती हैं।"

अचानक शोभना का चेहरा लाल हो गया। वह झेंप गयी।

"क्या हुआ डार्लिंग, मैंने यह तो कहा नहीं कि लड़का गावदी है, सीधा कहा था। तुम अब निश्चय ही इनकी बहुत अच्छी दोस्त हो सकती हो--क्यों तिवारी, तुम्हें शोभना पसंद आयी ?"

"देखिए मिस्टर ... क्या नाम है आपका ?"

"बक्कड़ गुरु।"

"यही असली है ?"

"हूँऽ, तो तुम मेरा असली नाम जानने को व्यग्र हो ! दोस्त, मेरे सहस्त्र नाम हैं। अभी तो परिचय हुआ है। जरा परख होने दो। कई नाम तुम खुद जान जाओगे। वैसे पूरा जानना हो तो शोभना से दोस्ती करनी होगी। मेरे सहस्त्र नाम जप का यही कुंजिका स्तोत्र है।"

"मैं पहले कीलक और अर्गला तो छुड़ा लूँ बक्कड़ गुरु !"

इस बार बक्कड़ गुरु बहुत हँसे। उन्होंने मेरे कंधे को जोर से थपथपाया। मेरे प्याले की चाय गिरते-गिरते बची, "शाबाश, तुम मेरे काम के आदमी हो। मैं तुम्हें आज अपने साथ अलकापुरी की हवा खिलाऊंगा।"

"मैं जिंदगी-भर हवा ही खाता रहा हूँ। मुझे साढ़े आठ बजे घर पहुँचना है, यह आपको मालूम है न ?"

"बक्कड़ को सब मालूम रहता है। तिवारी, उसकी चिंता मत करो।"

चाय पीने के बाद बक्कड़ गुरु कपड़ा बदलने चले गये। वाह, क्या कहने हैं ! खूब धुली साफ बढ़िया धोती, बहुत बेशकीमती सफेद ऊनी कुरता, सफेद शाल, पैरों में चमचमाता पंप शू--बक्कड़ गुरु मुस्कराते हुए बोले, "अभी गाड़ी लेकर आया। पूरा वक्त है। तुम शोभना से प्रेम की बात कर सकते हो।"

"शोभना जीजी, मुझे लगता है कि आप बहुत दिनों तक कलकत्ते में रही हैं ?"

उस वक्त वह प्याले उठाकर रख रही थी, "कलकत्ते में, क्यों ?" उसने तिरछे देखते हुए पूछा।

"आपके बाल, साड़ी पहनने के तरीके और बहुत मॉडर्न बनते वक्त भी आँखों में छलकती बाउल गीतों की तरह वैष्णवी ममता मुझसे कह रही है कि आप कहीं-न-कहीं बंगाल से जुड़ी हैं।"

"तिवारी, तुम ठीक कहते हो। हम बहुत दिन तक कलकत्ते रहे हैं मेरा जन्म ही बंगाल में हुआ, यानि कलकत्ते में। पढ़ाई-लिखाई भी उसी वातावरण में हुई। मैंने कलकत्ते से ही एम.ए. की परीक्षा पास की। तुम ठीक कहते हो बंधु, मेरे संस्कार में बंगाली प्रभाव है। पर आँखों की ममता को पकड़नेवाले तुम पहले खतरनाक आदमी हो। इसलिए तुमसे कहूंगी, बक्कड़ के साथी मत बनना। अपना रास्ता सोचकर निश्चित करना। अच्छा चली ..."।

"धन्यवाद जीजी !"

शोभना ट्रे लिए एक क्षण रुकी। "जाने की इच्छा नहीं होती, पर तुम्हारे पास बैठने से मेरा भी नुकसान हो सकता है, तुम्हारा भी। वैसे कभी-कभी आते रहागे तो मुझे अच्छा लगेगा। आओगे ?"

"सोचूँगा।"

वह ऊपर चली गयी।

बक्कड़ गुरू कमरे में आ गये।

"शोभना कहाँ है ?"

"ऊपर।"

"शरमा गयी शायद ! खैर, दुबारा मिलोगे तो ठीक से बातें करेगी। आओ, चलें। शोभना ! दरवाजा बंद कर लो।"

"आयी..."

मैं बक्कड़ गुरू के साथ गाड़ी के पास आया। तभी ऊटकमंड प्रेस का दरवाजा बंद हुआ। मैंने दरवाजे की संधि से देखा – दो ममतालु आँखें, और बक्कड़ गुरू के साथ अगली सीट पर बैठ गया।

बक्कड़ गुरू ने गाड़ी चलते वक्त भी घड़ी देखी थी। गोदौलिया के चर्च के पास भी घड़ी देखी। कुछ देर के लिए गाड़ी धीमी हुई, फिर तेजी के साथ आगे की ओर चल पड़ी।

आगे नयी सड़क पर चौमुहानी के पास खासी भीड़ थी। उस वक्त साढ़े पाँच बज रहे थे।

भीड़ के पास गाड़ी रुकी।

"का है हो, काहे भीड़ लगाये हौ तू लोग ?" बक्कड़ गुरू खांटी बनारसी बोल रहे थे।

"कतल हो गवा।"

"कतल ?" बक्कड़ गुरू ने गाड़ी रोकी और हम दोनों उतरकर भीड़ की ओर चले। सामने का दृश्य देखकर मैं धक्क से रह गया। सड़क के किनारे एक आदमी की लाश थी। उसने सर्ज का सूट पहन रखा था। वह सांवले रंग का गठीला आदमी था। छुरा अब भी

उसके सीने में धँसा था और वह उतान पड़ा था। उसके चेहरे पर मक्खियाँ भनभना रही थीं। अलग-बगल बिखरे खून पर भी अजीब किस्म की भनभनाहट थी। उसका पूरा चेहरा, आँखें, खुले हुए होंठ, दहशत से सिकुड़ी और विकृत चेहरे की पेशियाँ--ऐसी लग रही थीं जैसे निचुड़ा हुआ मधुमक्खी का छत्ता हो।

"हे भगवान्, कैसा भयानक दृश्य है !" बक्कड़ गुरू ने कहा, "चलो तिवारी, मितली आ रही है।"

पुलिस ने लाश को घेर रखा था और जाम ट्रैफिक को हटाकर सड़क चालू हो गयी थी। हमारी गाड़ी आगे को चल पड़ी।

"कहाँ चल रहे हैं हम लोग ?"

"अलकापुरी।"

"मैं जगह का नाम जानना चाहता हूँ।" मैंने रुखाई से कहा।

"होटल फिलाडेल्फिया ..."

शाम के झुटपुटे में होटल फिलाडेल्फिया सजी-सजाई दुल्हन की तरह लग रहा था। गाड़ी होटल के कोर्टयार्ड में घुसी कि दो आदमी सामने खड़े हो गये। बक्कन गुरु ने गाड़ी रोक दी।

वे धीरे से उतरे ।

"तुम वहीं बैंठो तिवारी !" वे आदमी कंटीली बाड़ के पास चले गये। मैं बड़े ध्यान से उनकी बात सुनने की कोशिश करने लगा। बात टिकट की हो रही थी। बीच में पटना का भी जिक्र आया। हवाई जहाज भी सुनायी पड़ा। दोनों आदमी तुरंत चले गये।

बक्कड़ गुरु गाड़ी में आये और गाड़ी कोर्टयार्ड में रास्ते का पूरा मोड़ लेती पोर्टिको के पास आकर रुक गयी। आगे-पीछे अनेक गाडियाँ खड़ी थीं। दरबान ने बड़े आदर से बक्कड़ गुरू को सैलूट दागा।

"कहो थापा, ठीक-ठाक ?"

"ठीक है साब !"

बक्कड़ गुरू हाल में चले। मैं उनके पीछे-पीछे चल रहा था। काउंटर क पास एक आदमी ने बक्कड़ गुरू को देखा और खड़ा हो गया।

"कहो मोना, ठीक-ठाक चल रहा है ?"

"किरपा है गुरू आपकी ! जब आपने हमें सँभाल लिया तो किस साले की मजाल है कि यहाँ गड़बड़ करे। आप जानते हैं, पहले इस होटल को यहाँ के लोफरों ने अपना

अड्डा बना लिया था और शरीफ लोगों का आना मुश्किल हो गया था, पर अब हमेशा यह गुलजार है...."

"सामने काउंटर के पास एक ऊँची तिपाई पर बड़ा-सा एक्वेरियम था जिसमें सुनहरी मछलियाँ तैर रही थीं। एक दुबला छरहरा आदमी वहीं खड़ा था। वह एक कागज के ठोंगे से कुछ निकाल-निकालकर एक्वेरियम में छिड़कता, वह शायद मछलियों के खाने का ड्राइफूड था। मछलियाँ अजब अंदाज़ में एक-दूसरे से छुल-छुलैया करती उस तैरते खुराक पर टूटतीं। एक्वेरियम के पास ही बहुतम तेज बलब लगा था। मैं देख रहा था। हाल में बैठे अनेक लोग अपनी मेज पर रखी तश्तरियों की ओर देखना छोड़कर मछलियों की क्रीड़ा देख रहे थे। मैंने नजदीक से देखा--वह छरहरा आदमी एक काला पतलून और एक टर्टलनेक की जर्सी पहने था। उसके चेहरे पर अजब किस्म की क्रूरता थी। उसने पॉकिट से लोहे की एक शलाका निकाली। उसका नोक बहुत तीखा था। उसने तीखे नोक की परीक्षा करने के लिए चुटकी से मसला और फिर निशाना लगाकर उसने एक खूबसूरत मछली पर जोर से मारा। वह शलाक मछली के जिस्म में घुस गयी...एक्वेरियम में लाल डोरा तैर गया।

"तुम बड़े क्रुएल हो !" मोना बाबू ने उस युवक से कहा, "तुम्हें क्या हक है कि तुम मेरी मछलियों को इस कदर परेशान करो ?"

"शट अप !" वह युवक गुस्से में बोला, "अपुन को इनके साथ खेलना अच्छा लगता। तुम लफड़ा करेंगा, तो ठीक नहीं होएंगा।"

"सुनिए मिस्टर जर्सियस ! आप कई दिन से यही हरकत कर रहे हैं। मैं अब बर्दाश्त नहीं कर सकता। अरे-अरे, आपने एक मछली मार भी डाली। तुम इंसान हो कि हैवान ! यू ब्लडी--तुम मेरा एक्वेरियम तोड़ेगा !" मैंने देखा कि हाउंटर से हटकर मोना उसके पास आ गया और उसने उसके हाथ की कमानी में तड़पती मछली को छीनना चाहा।

तभी उस युवक ने अपने पॉकिट में हाथ डाला और खट की आवाज के साथ ग्यारह इंच के फलवाला चाकू मोना की ओर तन गया।

भीड़ में बैठी एक युवती चीख पड़ी । हाल में दहशत छा गयी।

"क्या बात है मोना ?" बक्कड़ गुरू उधर बढ़े।

"देखिए बाबू, ये मेरा एक्वेरियम तोड़ रहे हैं। पिछले चार रोज से यही हनकी हॉबी है। एक मछली को इन्होंने मार भी डाला और मना करने पर चाकू निकालकर खड़े हैं। साला होटल नहीं हुआ, गुंडई का अड्डा हो गया है।"

"हूँऽ, क्यों भई, तुम चाकू से दुनिया हिलाने क्यों जा रहे हो ? शरीफ आदमी की तरह बैठना हो तो बैठो, खाओ-पीयो, मौज-मस्ती लो, यह सब कमीनापन करने की जगह नहीं है। यह शरीफों का होटल है।"

"तू कौन है बे ? तू समझता है, इदर को तेरी नफीस धोती देखकर डर जायेगा ?

अपुन तुम जैसे बुर्जुवा शरीफों को रैट करना जान्ता। ठीक करेंगा बी। जरा जोया समुझ ले, हाँ।"

तभी मैंने देखा, बक्कड़ गुरू ने पॉकिट में हाथ डाला और मुस्कराते हुए बोला, "तुम क्रांतिकारी लगते हो मॉइ बॉय, पर जबान सँभालकर बोलना नहीं आता तुम्हें।"

तभी ठाँय की आवाज हुई। जर्सियस के हाथ का चाकू गिर गया और वह अपनी खून-सुनी उंगली पकड़े पकड़े चीखा, "हाय, माइडाला।"

बक्कड़ गुरू बड़े इत्मीनान से अपने हाथ में छोटी-सी रिवाल्वर हिला रहे थे।

"कहा मैंने न कि तमीज सीखो, यह होटल शरीफों के लिए है गुंडो के लिए नहीं !"

तभी पाँच-छह तगड़े मुसटंडे जवान कमरे में घुसे।

"क्या हुआ--क्या हुआ ?" सब एक-साथ बोल रहे थे, "ओह, आप हैं गुरू, कोई बात तो नहीं ?"

"वो सामने छुरेबाज साहब हैं कोई। उनको देखो।" बक्कड़ गुरू ने कहा और वे छहों उस आदमी पर टूट पड़े।

"जाने दीजिए, उन्हें छोड़ दीजिए...।" हाल में अपनी सीट के पास खड़ी एक लड़की बोली "मैं आपसे अर्ज करती हूँ कि उन्हें छुड़वा दीजिए...।"

"आप जरा इधर आइए दो मिनट के लिए। इन्हें बगल के कमरे में ले चलो तुम लोग।" बक्कड़ गुरू ने बहुत निरुद्वेग भाव से कहा, "हाल में बैठे सज्जन चैन से एन्ज्वॉय करें। चिंता की कोई बात नहीं है। आजकल यह एक फैशन हो गया है। सभी लौंडे पॉकिट में छुरा लेकर तीसमार खां बन गये हैं। मैं आपको इत्मीनान दिलाता हूँ कि ऐसी हरकत आगे नहीं होगी।"

"कौन है यह ?" हाल में कुछ लोग फुसफसाये, "कैसा सधा निशाना था !"

"अरे इन्हें नहीं जान्ते। शहर के इतने मशहूर आदमी हैं, बक्कड़ गुरू हैं ये।"

"बक्कड़ गुरू !" हाल में एकदम सकता छा गया।

तभी मैनेजर ने एक युवक को इशारा किया। रेकर्ड बजने लगा : 'अजी रूठ करके कहाँ जाइएगा...'

हॉल अब हल्की नीली रोशनी में डूब गया था। सभी पार्टियाँ अपनी मनपसंद चीजों का ऑर्डर देने और खाने-पीने तथा गप-सड़ाके में मगन हो गयीं।

"आपका नाम ?" ब्रक्कड़ ने उस युवती की ओर बड़ी प्रशंसासूचक दृष्टि से देखते हुए पूछा।

"मैं जोया हूँ।" जोया सचमुच ज्वॉय थी। उसके संतुलित शरीर को देखने में मजा आता था।

"ये साहब आपके परिचित हैं, रिश्तेदार हैं, क्या हैं ?"

"मेरे मंगेतर हैं, इनसे मेरी शादी होने को है, पर मैं तैयार नहीं हूँ, असल में मेरा

पापा इसको बहुत मानता है। पर मैं इसकी हरकतों को नापसंद करती हूँ। यह कहता है कि यदि तू राजी नहीं हुई तो मैं दुनिया उलट दूँगा, या तेरा या अपना खून कर दूँगा।"

"हूँऽ।" बक्कड़ गुरू ने एक क्षण सोचा, फिर बोले, "मोना को बुलाओ। उससे कहो कि फर्स्ट एण्ड का सामान लेता आये। और तुम लोग अपनी-अपनी ड्यूटी पर लगो। चलो, कमरा खाली करो।"

सब कमरे से बाहर हो गये।

"तुम बंबई में रहे हो जर्सियस, यही नाम है न तुम्हारा ?'

"जी।" वह धीरे से बोला।

"कोई नौकरी करते हो ?"

"पगार का बंदब्स्त होता इधर अपन को तो मेरी मंगेतर मुज को अंगूठा दिखाता?"

"मैं तुम्हें नौकरी दूँगा। जीया को भी। तुम्हें इस होटल में डिप्टी मैनेजर बनाने को तैयार हूँ, पर तुम्हें वफादार रहने की कसम लेनी होगी।"

"माई गॉड ! हाउ ग्रैंड यू आर--आप बड़े दिल के इंसान हैं, हम अपुन की यह मिहरबानी कभी नहीं भूलेंगा। खुदा जानता, हम कभी आपके साथ बेवफाई नहीं करेंगा।"

तभी मोना फर्स्ट एड का सामान लेकर आ गया। जर्सियस का घाव बहुत मामूली था, मरहम-पट्टी कर दी गयी। मोना आश्चर्य से बक्कड़ गुरू को देख रहा था।

"मोना, जर्सियस कल से तुम्हारी शागिर्दी में रहेंगे । जोया भी रहेगी। इन्हें काम बताना और सिखाना तुम्हारी जिम्मेदारी है।"

मोना मुस्कराया, "जो गुरू की आज्ञा। मैं जाऊँ काउंटर पर ?"

"हाँ, हाँ, तुम जाओ।"

बक्कड़ गुरू ने अपनी पर्स निकाली। दस-दस के पाँच-पाँच नोट जर्सियस और जोया की ओर बढ़ाये, "ये लो अपनी पेशगी। खाने और नाश्ता के अलावा तुम लोगों को ढाई-ढाई सौ रुपये महीने मिलेंगे। काम अच्छा हुआ तो दूसरे महीने तनखा दूनी भी हो सकती है।"

"जर्सियस !"

"हाँ गुरू !"

"बगल के कमरे में एक पार्टी आने वाली है, मुझे देख-दाखकर बताओ कि इंतजाम ठीक से हो गया है या नहीं।"

"यस सर !" जर्सियस वहाँ से चला गया।

"तुम इससे शादी कर लो जोया और मैंने जो कुछ पहचाना है, अब तक उसके आधार पर कह सकता हूँ कि तुम बहुत अच्छा नाचती हो।"

जोया धीरे से मुस्कराई, "जर्सियस ने ही सिखाया है। वह ट्विस्ट का मास्टर है।"

"और तुम उसकी पार्टनर हो।"

"जी.... "

"मुझे तुमसे बहुत उम्मीद है। बात यह है कि यह कैंटूमेंट एरिया है। यहाँ अक्सर मिलिटरी के बड़े-बड़े अफसर आते हैं। उन्हें इंटरटेन करना तुम लोगों का काम होगा। उनकी बीवियाँ भी आती हैं, पर नाचना सबके बस की चीज नहीं।"

"जी।" जोया कुछ सोच रही थी।

"वह पार्टी अब्बी आया सर !" जर्सियस बोला।

"बैठाओ, मैं अभी आया। तुम जोया को भी साथ लेते जाओ । उन लोगों के साथ बातचीत करो।"

जर्सियस जोया की कमर में हाथ डालकर मुस्कराते हुए चला गया।

"देखो तिवारी, यह है तुम्हारा क्रुद्ध युवा आक्रोश !"

"और यह है आपकी ट्रेनिंग और युवा को पालतू कुत्ता बनाने का तरीका !" मैंने कहा।

बक्कड़ गुरू का चेहरा उतर गया, "तुम्हें मैं जितना सीधा समझता था, हो नहीं। खैर, देखा जायेगा, आओ चलें, थोड़ा नाश्ता-पानी हो जाये।"

"आठ बजने जा रहे हैं।" मैंने कहा।

"पौने आठ हो रहे हैं, पौने नौ बजे तुम अपने घर पर होगे। चलो, उठो।"

बगल के कमरे के दरवाजे पर पुलिस का एक अफसर मिल गया।

"अरे वाह, इंस्पेक्टर शुक्ला ! बहुत दिन हुए यार, तुम तो दूज के चाँद हो गये हो!"

"बात यह है वी.पी.एन. बाबू कि अपनी नौकरी ही साली ऐसी है कि फुर्सत नहीं मिलती।"

"सो तो है बड़े भाई, पर नाश्ता-वाश्ता तो हो जाये।"

"अभी मोना ने कराया है नाश्ता। असल में हम एक पार्टी को 'वाच' कर रहे हैं। दो आदमी हैं, उन्होंने फिलाडेल्फिया में कमरा रिजर्व कराया था, आज और कल के लिए, पर अभी तक दिखे नहीं.... ।"

"कोई मामला है ?"

"कतल हुआ है आज, आपने तो सुना ही होगा।"

"कतल ?"

"हाँ-हाँ, ठीक शीरीन टॉकीज के पास। वैसे वह आदमी भी बैड कैरेक्टर ही था, पर कतल तो कतल ही है।"

"मुझसे किसी ने नहीं बताया, असल में मेरे दोस्त आ गये। ये हैं रामानन्द तिवारी! हम लोग विद्यापीठ वाले रास्ते से आये।"

"ओह, इसी से आपने नहीं देखा होगा, वहाँ तो बेशुमार मजमा लगा था।"

"अच्छा !"

"चलूँ वी.पी.एन. बाबू, फिर कभी मिलेंगे ।"

"अच्छा डियर..."

इंस्पेक्टर चला गया। मैं बक्कड़ गुरू के नये नाम के बारे में सोच रहा था। तो बक्कड़ उपनाम है और यह विद्यापीठ रोड से आने की बात ... ?

तभी बक्कड़ ने मेरे कंधे पर हाथ रखा, "पंडित लोगों को ज्यादा चिंता नहीं करनी चाहिए। इस कान से सुनना उससे निकालना--यही फायेमंद रहता है। आओ, तुमसे नयी पार्टी का परिचय कराऊँ।"

मैं कमरे में पहुँचकर दंग रह गया। वहाँ लीला खन्न बैठी थी। उसकी बगल में एक नवयुवक था जो शरीर से ठीक-ठाक ही था, पर उसके लंबे-लंबे बाल, आँखों में चढ़े गॉगल्स और जबड़े तक लटकते खत को देख कर मुझे हैरानी हुई। तो क्या यही इसकी कंपनी है ? होगी, मुझसे क्या मतलब ! लीला तो मुझे जानती भी नहीं होगी। मैंने अलबत्ता बसंत पंचमी के दिन इसे आरती के कमरे से छिपकर देखा था। वह अब भी स्वास्थ्य का विज्ञापन लग रही थी। वह आज भी जींस और जर्सी पहने थी। उसके सिर पर वही सीढ़ीदार जूड़ा था। वह वैसी ही ताजा लग रही थी।

मैं बक्कड़ गुरू के साथ इस नयी पार्टी के बीच में जा बैठा।

"अरे, मीना जी," बक्कड़ गुरु बोले, "आपने हमारी अतिथि के स्वागत-सत्कार का भी कुछ प्रबंध किया ?"

"लीला कुछ खाने को तैयार नहीं है, मैंने अभी भूषणजी से पूछा नहीं।" मीना हँसती हुई बोली।

"इनसे मिलिए--ये हैं श्री रामानंद तिवारी। संस्कृत से रिसर्च कर रहे हैं।"

बक्कड़ गुरू लीला की ओर मुखातिब हुए । "आपको खाने से परहेज है तो कुछ पीजिए। कोल्ड, हॉट, क्या लेंगी... ?" उन्होंने टेबल में लगी घंटी बजा दी। मैं जान रहा था कि यह घंटी काउंटर पर मोना को लक्ष्य करके बजायी गयी है। तभी दौड़ा-दौड़ा एक बेयरा आया--"हुक्म बॉस !"

"भाई--कहिए लीला जी, कॉफी चलेगी ?"

"हाँ, कॉफी पी लूँगी।"

"सुनो, पाँच-छह प्याले क्रीम कॉफी--ए-वन--समझे... ।"

"जी !"

कॉफी आयी और हम लोग वैसे ही खामोश कॉफी पीते रहे।

"लीलाजी, बुरा मत मानिएगा, यदि आपको न रुचे तो निःसंकोच इनकार कर दीजिएगा ?" बक्कड़ गुरु ने बात चलायी।

"क्या ?" लीला ने सिगरेट जलाते हुए कहा।

"आपको नाच पसंद है, मेरा मतलब देखना ?"

"नाच क्यों बुरा लगने लगा मुझे !"

"ठीक है, तो हम लोग अभी-अभी 'ब्ल्यू लाइट' हॉल में चलेंगे और कुछ देर नाच देखेंगे।"

'ब्ल्यू लाइट' हॉल क्या था 'अलकापुरी' का एक टुकड़ा था। इसी की हवा खिलाने के लिए मुझे बक्कड़ ले आया था शायद।

वहाँ बीस-पच्चीस लोग होंगे। सभी चेहरे समाज की गरीबी का उपहास कर रहे थे। ये चेहरे चेहरे न होकर जैसे प्लास्टिक के आदम-कद खिलौनों के मुखौटे थे। सब हँस रहे थे, गुनगुना रहे थे, कई जोड़े नाचने में व्यस्त थे। हॉल में बहुत हल्की नीली रोशनी खेल रही थी। उसमें भी गॉगल्स लगाकर बैठनेवाले कुछ युवक और युवतियाँ थीं।

बक्कड़ के घुसते ही नाच बंद हो गया। जर्सियस और जोया ने आकर बक्कड़ को नमस्कार किया। लाइट बदल गयी। अब सफेद-नीली रोशनी छा गयी थी।

"कैसे हो ?"

"बहुत खूब--आज मुद्दत बाद नाचने को मिला।" जोया बोली। उसकी साँसों से शराब की महक उड़ रही थी।

"जोया कॉकटेल है गुरु, कॉकटेल !" जर्सियस मुस्कराया। "जिन, रम और कोकाकोला की बारहमजा कॉकटेल है। सारा हॉल इसके साथ नाचना माँगता। साला कैसा कंटाला है मगर ई है कि एक मिलिट्री नौजवान को छोड़कर किसी के साथ नाचती ही नईं। अपुन को तो लिफ्ट ही नहीं दिया, हिश्श !"

"कौन-सा भाग्यशाली नौजवान है भाई ?" बक्कड़ गुरु बोले।

"ओ कोने में देखिए, बार काउंटर पर खड़ा..."

"ओ... !" बक्कड़ नौजवान को ध्यान से देखने लगे।

नौजवान को लगा कि शायद बात उसको लक्ष्य करके की जा रही है। वह वहाँ से पेग हाथ में लिये ही हमारे पास आ गया "क्या बात है ?"

"जोया आपकी तारीफ कर रही थी।"

"ओह !" नौजवान की आँखें लीला पर टिक गयीं। "मैं आज आप लोगों को एक ऐसा अनसुना गीत सुनवाऊँगा जिसे सुननेवाला होश में नहीं रहता।"

"कैसा साँग है मिस्टर ?" जर्सियस ने पूछा।

"मैं यह टेप नेपाल से लाया हूँ। यह आशा पुतली के उन मादक गीतों से भरा है मिस्टर जिसके जवाब का टुकड़ा दिखा नहीं। आह, क्या गला है, क्या अदा है, क्या नशा है! यह नयी खुमारी का बेजोड़ पटाखा है दोस्तो ! सुनिए आशा पुतली का गीत-- साउंड ऑफ साइलेंस.... ।"

वाकई वह एक अद्भुत उत्तेजनात्मक गीत था। एक ऐसी स्वर-लहरी थी जो पहाड़ की शिलाओं से टकराकर सिर धुनती थी, एक ऐसा स्वरारोह था जो बेइंतहा खुशी और दर्द को इकट्ठा जोड़ देता था।

"और यह है 'फीवर', आशा का नया गीत--फीवर--प्यार का बुखार !"

हैया हैया हैया हीम...हीम...हीम...

जर्सियस ने जोया का हाथ पकड़ लिया।

'तो यह है--ट्विस्ट, शक, स्वीम...' मैं मन-ही-मन बुदबुदाया।

मिलिटरी के नौजवान ने आकर लीला का हाथ पकड़ लिया। "इफ यू डोंट माइंड.....!"

"माफ कीजिये।" लीला ने हाथ छुड़ा लिया, "नाच देखती हूँ, नाचती नहीं।"

"कोई बात नहीं।" वह एक दूसरी महिला के साथ नाचने में तल्लीन हो गया।

"भूषण !" लीला बोली, "बाहर चलो। यहाँ मेरा दम घुट रहा है।"

बक्कड़ उसकी ओर विचित्र मुद्रा में देख रहा था। उसका चेहरा फीका पड़ गया। उसे चिड़िया हाथ से उड़ती नजर आयी। पर वह अपनी ज़गह खड़ा रहा। लीला का हाथ पकड़े भूषण बाहर चला गया।

"ये कैसे आये थे मोना ?" बक्कड़ बोला।

"भूषण की अपनी गाड़ी है।"

"ओह, लड़की का दिमाग इसी से सातवें आसमान पर है। खैर, यदि इसे 'ब्ल्यू लाइट' में खींच न लिया तो मेरा नाम बदल देना। आओ, चलें मोना।"

मैं बक्कड़ के साथ अलकापुरी के उस विलास-कक्ष से बाहर आ गया। हम फिर उसी कमरे में आकर बैठ गये।

बक्कड़ से मैंने कहा, "साढ़े आठ बज रहे हैं।"

"मालूम है !" वह मुस्कराया। उसने टेबल खोलकर तीन पैकेट मेरी ओर ठेल दिये। "देखो तिवारी, इन फोटोज में से तुम्हें कौन-सी अच्छी लगी।"

मैंने पहला पैकेट खोला। तीस के करीब चित्र होंगे। सभी लड़कियों के थे। अजीब नग्न अंदाज में खिंचे हुए। मैंने दूसरा पैकेट खोला। इसमें नग्नता कुछ अधिक ही थी, पर लड़कियाँ निःसंदेह स्मार्ट और आर्कषक थीं--मैं तीसरे पैकेट को खोलने ही जा रहा था कि बक्कड़ मुस्कराया--"तुमने तो दो मिनट में दो लोक खत्म कर दिये, अब तीसरे पर हाथ साफ करना चाहते हो !"

"इतने फोटोज़ क्यों जमा कर रखे हैं।"

बक्कड़ हँसा। मीना भी ठठाकर हँसी।

"एकदम प्योर है अभी तिवारी !" बक्कड़ ने प्यार से कहा, "अच्छा, तीसरा पैकेट भी खोल ही लो।"

तीसरे पैकेट में कुल सात चित्र थे जिनमें एक सामने बैठी मीना का था।

मैंने देखा--पैकेट्स पर अलग-अलग गिनतियाँ लिखी हैं। तीस, चालीस, पचास। मैं समझ नहीं पाया कि इनका अर्थ क्या है।

"ये नंबर काहे के हैं ?" मैंने पूछा।

"आओ चलें, तुम्हें छोड़ना है अस्सी पर--है न ?" बक्कड़ बोला।

"हाँ।"

गाड़ी विद्यापीठ रोड से भागी चली जा रही थी।

"सुनो तिवारी, तुम्हारी बहन का पता चल गया है। यह पता तुम्हारे दोस्त देवनाथ ने ही लगाया। वैसे कहना चाहो तो कह सकते हो कि खोज टकरा गयी। यानी जब हमें मालूम हुआ तभी उसे भी मालूम हुआ। बहरहाल इस मामले में कोई दम नहीं है। फिर भी रजुल्ली के हठ के कारण मैंने हुक्म दे दिया है कि वह तुम्हारी मदद करने के लिए नौ से ग्यारह बजे तक सोनारपुर में रहे। वह रहेगा। इसलिए तुम्हें किसी तरह से डरने या परेशान होने की बात नहीं है। वैसे मामले में कोई दम नहीं है।"

"मामले में दम होने या न होने की क्या बात कही आपने ?"

"भई देखो, इस तरह के कोई काम हम बिना पैसे के नहीं करते। आखिर बिना किसी फायदे के कोई आग में उँगली क्यों डालेगा ?"

"ओह !" मैं चुप हो गया। ठीक ही कह रहा है बक्कड़। ऐसे लोग बिना पैसे के कुछ क्यों करने लगे ! हमारे-जैसे गरीबों के लिए जिनके पास पैसे नहीं हैं, न पुलिस की सहायता मिल सकती है, न तो इन लोगों की ही।

"यह रहा तुम्हारा अस्सी।" बक्कड़ गुरू ने चौमुहानी के पीपल के पास थोड़ा आगे बढ़ाकर गाड़ी रोक दी।

"आपने पैकेट्स के नंबरों के बारे में नहीं बताया !"

"एक शर्त पर बता सकता हूँ।"

"क्या ?"

"तुम टूरिस्टों को काशी घुमाने और यहाँ की पौराणिक चीजों को समझाने का काम ले लो। पाँच सौ रुपये दूँगा।"

"पाँच सौ ?"

"हाँ भई, इसमें अचंभा क्यों ? अक्सर टूरिस्ट बनारस के भीतरी रहस्य को जानना चाहते हैं और ठीक आदमी न मिलने से ऊपर-ऊपर की बातें बतायी जाती हैं ।"

"वे नंबर...?"

"वे काल-गर्ल्स के फोटो हैं। तीस, चालीस, पचास ये तीन दरें हैं। हर लड़की के लिए निश्चित रकम अदा करो और उसके साथ मौज करो।"

"क्या ?"

"चौंकते क्यों हो ! ऐसे तुम्हें कभी किसी कमरे की जरूरत हो तो कहना। तुम किसी के साथ आकर उसमें रिसर्च कर सकते हो। सिर्फ दस रुपये देने होंगे।"

"बहुत-बहुत धन्यवाद !" मैंने कहा, "बड़ा ज्ञानवर्धन हुआ आज !"

"अपने जॉब के बारे में क्या सोचा ?" बक्कड़ ने हँसते हुए गाड़ी का दरवाजा खोल दिया।

"सोचकर बताऊँगा।" मैंने नमस्कार किया और चल पड़ा।

अम्मा ने खाना नहीं बनाया। उस दिन हमारी पूरी एकादशी रही। नौ बजे करीब देबू आया। साथ में रमेंद्र भी था।

"चूँकि रमेंद्र को सब मालूम है इसलिए, इनके सामने बातचीत करने में कोई हर्ज नहीं।" देबू ने अम्मा से कहा, "आरती और शालिग्राम माथुर ने कल ही शिवरात्रि के दिन आर्यसमाज मंदिर में शादी कर ली।"

"कब ?"

"दो बजे।"

"हमसे कहकर गयी थी कि लल्ली से मिलने हॉस्टल जा रही है।"

"लल्ली से नहीं, वह शैल से मिलने गयी थी। शैल भी साथ गयी थी मंदिर तक। असल में शैल और आरती की दांत-काटी रोटी की दोस्ती थी। ये दोनों तथा माथुर और कुछेक और लोग नंवबर में जब आंदोलन के बीच अंतराल पड़ा था, लतीफशाह पिकनिक मनाने गये थे।" देबू कहता गया।"

"अठारह नवंबर को ?" रमेंद्र बोला।

"उसी समय कुछ फोटो खींचे गये जिसमें आरती के कई पोज लिये गये थे।"

"तो क्या तुम्हारा अनुमान है कि उन फोटो को आधार बनाकर ब्लैकमेल किया गया है ?"

"हो सकता है। ऐसा कई केसों में हुआ है। सवाल है कि यह पता चले कि इस वक्त दोनों हैं कहाँ। रमेंद्र का एक आदमी जो माथुर के हर ठिकाने को जानता है, अभी यहाँ आयेगा, यदि पता चल गया तो हम अभी वहाँ चलेंगे।"

"मैं भी चलूँगी। उस बेहया की चोटी पकड़कर खींच लूँ तो जी की जलन मिटे।" अम्मा सुबकती हुई बोलीं, "उसने तिवारी-वंश की इज्जत बेच दी !"

"तुम्हारा वहाँ जाना ठीक नहीं होगा अम्मा," रमेंद्र बोला, "माथुर के साथ कई लोग रहते हैं। वे लोग बहुत अच्छे नहीं हैं।"

"हे भगवान्, तो क्या लड़की गुंडों के हाथ में पड़ गयी है बेटा ?"

तभी बाहर का दरवाजा खड़का। एक सूटेड-बूटेड लड़का कमरे में आया। उसने

रमेंद्र से बातचीत की और फिर चला गया।

"माथुर अपने मौसा के सोनारपुरावाले मकान में है देबू। वहाँ कोई नहीं है। सिर्फ वह है और आरती है।"

मैं और अम्मा एक रिक्शे पर बैठे। देबू और रमेंद्र दूसरे पर। सोनारपुरावाला वह मकान चौमुहानी से भीतर जानेवाली एक पतली गली में पड़ता था। हम सभी मकान के बहुत पहले रिक्शे से उतर गये।

देबू को साथ लेकर मैं ऊपर पहुँचा। सीढ़ियाँ बहुत संकरी और ऊबड़-खाबड़ थीं। हम काफी बचाकर ऊपर आये थे।

मैंने साँकल खटखटाई। दरवाजा माथुर ने खोला।

मुझे और देबू को देखकर वह सकते में आया। आरती कुरसी पर बैठी थी। वह पीली साड़ी में बिल्कुल दुल्हन बनी थी।

"देबू, अम्मा और रमेंद्र को भी बुला लो।"

"अम्मा भी आईं हैं ?" आरती घबराकर बोली। अब तक उसने मुझे देखकर जो गंभीर चेहरा बना लिया था, वह काँपी, उसके होंठ थरथराए। उसने दाँत से नीचे का होंठ दबाया और कमरे में पागल की तरह घूमने लगी।

देबू अम्मा और रमेंद्र को लेकर आ गया।

"अम्मा !" आरती अम्मा से मिलने के लिए रोती हुई आगे बढ़ी ।

"तू मुझे मत छू, कलंकिनी ! तू पैदा होते मर क्यों नहीं गयी ? चंडालिन ! मैंने तेरा क्या बिगाड़ा था जो तूने कलेजे में छुरी मारी !"

आरती तिलमिलाकर पीछे हटी, "तुम इतना गुस्से में क्यों हो अम्मा ? मैंने कोई कलंक का काम नहीं किया है, शादी की है । तुम लाख कोशिश करतीं तो भी इस तरह की शादी नहीं करा सकती थीं जहाँ मैं इतनी खुश रह सकूँ।"

"इस गुंडे के साथ शादी करके तू ही खुश हो सकती है कुतिया !"

अम्मा में आज जैसे गणेशी तिवारी की आत्मा उतर आयी हो, "तू समझती है कि हम तेरी शादी कर ही नहीं पाते ? अगर यही समझती थी तो पढ़ाई के खर्च का भी इंतजाम कर लेती......!"

"मुझे गुंडा-वुंडा मत बनाओ, समझीं--मैंने पहले ही आरती से कहा था कि वे लोग रुढ़िवादी लगते हैं, इस शादी के लिए तैयार नहीं होंगे।"

"गुंडे को क्या मैं शरीफ कहूँगी ? तुमने मुझसे पूछा होता। यदि मैं ना कहती तो जो जी में आता, वह करते।"

"फिर गुंडा कहा तो ठीक नहीं होगा बुड्ढी।"

"अबे माथुर के बच्चे, जबान सँभालकर बोल।" मैंने ललकारा, "तेरी गुंडई अभी दूर हो जाती है।"

तभी बाहर से दरवाजा खटका, "कहो नंदू दोस्त, कहाँ हौ ऊ सार माथुर ?" रजुल्ली को रामपुरी छुरा लिये कमरे में घुसता देख माथुर की सिट्टी-पिट्टी गुम हो गयी। रमेंद्र रजुल्ली को देखकर दरवाजे से सिटककर नीचे भागा।

"कौन है रजुल्ली, तुम कैसे आ गये उस्ताद ?"

"अबे उस्ताद की दुम सार, हमरे दोस्त के घरे डाका डालत तोहे सरम नाहीं आयी ? सरऊ आज हम ई छुरा डाल के तोहार ढोंढ़ी से फेफड़ा तक खींच देव तब तू जनबा ससुर कि केहू से पाला पड़ल हौ।"

रजुल्ली छुरा लेकर माथुर की ओर लपका।

"भइया, मुझे विधवा मत बनाओ !" आरती मेरा पैर पकड़कर बैठ गयी।

"मैं इस कांड में अब तुम्हारा साथ नहीं दे सकता नंदू !" देबू बोला, "हम युवजन सभाई अंतर्जातीय विवाह के विरोधी नहीं हैं। जोर-जुल्म की बात होती तो हम तुम्हारा साथ देते। मैं चला।" देबू चलने लगा।

"सुनो देबू, यह घर की इज्जत का सवाल है।"

"अरे ई हिंजड़ा नेता के तू का समझावत हौ नंदू ! एकर बहिन खुदै बाभन से सादी किये है।"

"बाभन से किये है न बेटा ! ई भी तो बाभन है !"

"अरे अम्माजी, ई भुंइहार हौ बिहार के। पांड़े कहवले से बाभन होइ जाई का ?"

"हाँ-हाँ, हूँ भूमिहार ! तो क्या ?" देबू चलने लगा : "मैं इस गुंडई के खिलाफ कोतवाल को टेलीफोन करूँगा नंदू, मैं ऐसे ही चुप नहीं रहूँगा। यदि माथुर को कुछ हुआ तो तुममें से कोई बचेगा नहीं !"

"अम्मा !" मैंने अम्मा को झकझोरा : "हत्या होगी। आरती तो चली जायेगी घर पर, जाकर भी अब क्या करेगी ! देबू की बात तुमने सुन ली !"

"जाने दो, कुतिया जो कर रही है करे। मैं तुम्हें फँसाकर इसे नहीं छुड़ाना चाहती। देबू जब खुद आस्तीन का साँप निकला तो क्या किया जाये ?"

"अरे ऊ का फँसाई ससुरा, नंदू ! तुम हुकुम करो। हम काम तमाम करैं सखा का। नीचे रिक्सा खड़ा है, पकड़ ले जाय छोकरी के। हम उनकी नेतागीरी भी देख लेबैं। कहो तो अबै दिखाएँ।"

"जाने दो बेटा--आँख से दूर, मन से दूर। जान लेंगे कि ई जनम हार गये। आओ, चलो।" अम्मा चल पड़ीं। रजुल्ली अपनी मोटर-साइकिल पर बैठा और देखते-देखते गायब हो गया।

हम लौट आये। बड़ी रात तक मैं छत पर घूमता रहा। अम्मा चारपाई पर गिरी सुबुक-सुबुककर रोती रहीं। रमेंद्र ने मुझे देबू के आने के पहले माथुर का परिचय दे दिया था। दोपहर को जाकर मैं रजुल्ली से सब कह आया। रजुल्ली खून कर सकता था,

रजुल्ली अरती को मोटर-साइकिल से बाँधकर मठ में डाल देने के लिए वचनबद्ध था। उसके दो आदमी सड़क पर जीप लेकर खड़े थे। पर जो हुआ सो ठीक ही हुआ। मन को चैन नहीं है। देबू को बुरा-भला कहना बेकार है। आखिर उसने अपने सिद्धांत के नाम पर ही माँ से अपना ममत्व-संबंध तोड़ा था, जिसे वह जिंदगी की सबसे प्यारी चीज समझा करता था। मैं आरती के कातर चेहरे से पिघल गया था : 'भइया, मुझे विधवा मत बनाओ...' यह वाक्य मेरे कानों में अब भी गूँज रहा है। जा बहन, तू सुख से रह ! रजुल्ली का मौके पर इस कदर आना भी एक अच्छी चीज ही हुई। शालिग्राम माथुर जल्दी आरती को छोड़ने की अब हिम्मत नहीं करेगा। यदि उसने वासना से प्रेरित होकर ही यह किया है तो भी अब यह चीज सदा-सदा के लिए उसके गले पड़ चुकी है। पर अम्मा को कौन समझाए... ।

सप्तर्षि-मंडल काफी नीचे झुक गया था। अरुंधती अब और साफ टिमटिमा रही थी।

ज्येष्ठ तपता है तो लगता कि राजेश्वरी मठ आग की भट्टी हो गया है। समूची गंगा उड़ते हुए सफेद बालू के कण और खड़खड़िया की चादर में लिपट जाती है। तन्वंगी गंगा के शरीर का यह पारदर्शी आबेरवाँ जब धीरे-धीरे हिलाता है तो मुझे लगता है कि इसके पेट से अभी कोई पागल मगरमच्छ उलटेगा और इस बारीक तंतुजाल को तोड़कर एक अजीब दृश्य खड़ा कर देगा।

यह मौसम बनारस के माफिक है। इसलिए नहीं कि शाम को ठंडाई के साथ भांग के गोलों की संख्या बढ़ जाती है बल्कि इसलिए कि यह ऐसा मौसम है जिसमें सारा शहर दोपहरी में घरों में बंद होकर अपने साल-भर की करतूतों का मुआयना कर सकता है। अध्यापक कापियाँ जाँचते हैं, व्यापारी बहियाँ। लंका के दुकानदार बड़े अफसोस के साथ अपना हिसाब टटोलते हैं, क्योंकि अब नये साल में महीने-डेढ़ महीने बाद नये चेहरों की आमद शुरू होगी।

बहुत से धनी व्यापारी, उद्योगपति राहत की साँस लेते हैं, क्योंकि कम-से-कम इस महीने तो निश्चय ही कुकुरमुत्तों की तरह पनपे छात्रनेता शक्तिहीन हो जाने से अपनी माँगें कम कर देंगे।

पर गंगा की आबेरवाँ में लिपटी देह को देखने और उसमें डूबने-उतराने का सुख मेरी किस्मत में नहीं बदा है। जब से आरती ने देहली पार करके क्रांति की है, अम्मा ने गाँव जाना छोड़ दिया है। परीक्षाओं का माहौल खत्म हो गया। भट्टाचार्यजी से कहूँ तो

शायद छुट्टियों में भी किरण के यहाँ पढ़ाने का डौल चलता रहेगा; पर यह हेठी की बात होगी। मैं राशन लाने गाँव चला गया। बहुत जल्दी की। बटाईदारों से आरजू-मिन्नत करके समय की अवधि को कम करने की कोशिश की। पर बटाईदार कोई आसामी तो है नहीं कि आपको एडवांस देंगे। कितनों की फसल खलिहान में पड़ी है। दौरी-मड़िया होगी तो काश्तकार का हिस्सा मिलेगा। फसल सूखे से मारी गयी का रोना सुनते-सुनते कान बिल्कुल शब्द प्रूफ हो गये हैं !...

अब यह गाँव भी अच्छा नहीं लगता। बिजली की रोशनी के नीचे रहते-रहते आदत पड़ गयी है। शाम को 'बहरी अलंग' जाने का मतलब है किसी ऊँचे लाठ-डाँड़ से टकराकर घुटने फोड़ना।

ऐसे अँधेरे में मेरे मुँह से सहसा निकलता है 'किरण'। एक मानसिक आलोक मन की सारी कलौंछ को पोंछ देता है।

मैं राशन लेकर पुनः राजेश्वरी मठ लौट आया। अखबार में किरण का परीक्षाफल निकला। वह प्रथम श्रेणी में उत्तीर्ण थी। आश्चर्य...

मेरे लौटते ही भट्टाचार्य महाशय ने किरण के पिताजी को राजी करा लिया कि वह संस्कृत में एम. ए. करेगी और मैं यह जानकर अजीब नागरगंधी घास-फूलों की सुगंध में खो गया कि मुझे अगले दो वर्षों तक किरण की सन्निधि में रहने का अवसर मिलेगा।

विद्यालय खुलने लगे थे। लंका की सड़क फिर नवागत और पुराने छात्रों के कहकहों से गूँजने लगी थी। मुझे लगता था कि जुलाई उन्नीस सौ अड़सठ से शुरू होनेवाला यह सत्र नये वातावरण की मादकता से भरा है।

अबकी जन्माष्टमी किरण के साथ जिस प्रेमगंधी रस में व्यतीत हुई, उसने ज्येष्ठ से तपे मेरे शरीर को पुनः हरा कर दिया।

"रामजी, ऐ रामजी...!" मैंने देखा, मेरे पीछे-पीछे जमुना दौड़ा चला आ रहा है।

मैं ठठेरी बाजार की भीड़-भरी सड़क पर ऐसे बौड़म की ऐसी हरकत से थोड़ा चिढ़ा। मन में आया, न रुकूँ ; पर वह भीड़ को बचाता, आदमियों से धक्के खाता वैसी ही दुलकी साधे चला आ रहा था।

"ई ससुर के रामेजी खो गये, सुना न मुनीमजी !" मेरे सामने की दुकान का मालिक हँसते हुए बोला, "पहले ई ससुरे भीख माँगते थे, पीछा नहीं करते थे। अब जमाना है कि भिखारी दौड़ाते हैं। शरीफ भागते हैं।"

"अभी ऐसा जमाना कहाँ आया सेठ !" मैंने उसे ललकारा, "अभी भी भिखारी विश्वनाथ गली में नकली अपाहिज बने दाता राम की दुहाई देते हैं, जिस दिन वे उठ गये, सचमुच पैसेवालों को दौड़ाने लगेंगे, बहुतों की जबान तालु से सट जायेगी।"

"हुँह !" दुकानदार ने मुनीमजी से कहा, "बिल्टी छुड़ा ली न ? ई ससुरा जमाना 'कमुनिस्टों'से भर गया है। दूसरे की कमाई पर गीध की तरह ताकने को लोग शान की बात समझते हैं। कहो, मुनीमजी, अहमदाबाद वालों की आज भी कोई चीठी नहीं आयी शाइत ?"

जमुना हाँफते-हाँफते मेरे पास आकर खड़ा हो गया।

"क्या है जमुना ? ऐसे काहे दौड़ाई लगाये हो कि सेठों का दिल दहल जाये ?"

"क्या हुआ रामजी ?" वह कुछ समझ न पाया, "किसका दिल दहला ?"

"अरे ई सामने के सेठजी हैं न, तुमको भिखारी समझकर तुम्हारी इस दौड़ का मखौल उड़ा रहे थे।" मैंने कहा।

जमुना ने एक नजर सेठजी पर डाली, "ई तो ठीक ही समझ रहे हैं रामजी ! दाता इक राम, भिखारी सारी दुनिया ! मैंने पैसे के लिए बड़े लोगों को जिस तरह दाँत निपोरते, गम खाते, हें-हें करते देखा है रामजी, वैसा कोई अपाहिज भिखारी क्या करेगा ! पर रामजी की माया है। कही धूप कहीं छाया है। ये रूपचंद की चकाचौंध में मगन हैं, तो भिखारी अपनी एक रोटी के चाँद में मगन । काहू काहू में मगन, काहू काहू में मगन, है कि नहीं !"

"ठीक है," मैंने उसके कंधे पर हाथ रखकर पूछा, कहाँ गायब थे ?"

"मैं तो वृंदावन चला गया था रामजी !"

"अरे क्यों नहीं कहते कि ससुराल चले गये थे !"

"वह दोनों है मेरे वास्ते। मेरी ससुराल भी है, मायका भी। साल में एक बार जरूर जाता हूँ। बाँसुरीवाले को रिझाने में बड़ी तपस्या करनी पड़ती है भइया ! बड़ा निर्दयी चित्तचोर है। मैं एक बात कहने को आया था रामजी !"

"कहो, कहो !"

"मैं चाहता हूँ कि इस बार की जन्माष्टमी तुम मेरे साथ मनाओ रामजी ! बस, यही साध जगी सुबह। मैं सूरज निकलते घर से निकला और दूधवाले जजमानों को चेताता चला आ रहा हूँ। इस बार कन्हैया के जनम पर मेरी कुटिया को पावन करो तुम।"

"यार, तुम भी अजब सनकी हो ! जन्माष्टमी तो कल ही हो गयी। तुम आज तैयारी में पसीने-पसीने हो रहे हो !"

"नहीं, आज ही है। वैसे हम वैष्णवन की तो आज ही है, पर रोहिणी भी आज ही मिलेगी; सो सब जुगुत से आज ही ठीक बानक बैठ रहा है।" वह वैसे ही निश्छल ढंग से बोल रहा था।

"न्यौता तो यार, मेरे दिल को खींच रहा है, पर अम्मा बुरा मान जायेंगी। तुम्हारी जन्माष्टमी को असली बनाने के लिए आसमान में जो पुण्करावर्त जाति के बादल छा रहे हैं, उनसे भी डर लग रहा है कहीं लहाछेह घनघुम्मार बारिश न हो जाय।" मैंने आसमान

की ओर देखा, फिर जमुना के चेहरे पर। दोनों तरफ एक ही रंग की समा थी।

"मैं माताजी से कह आया रामजी, छिमा करना !" वह बड़े मधुर ढंग से मुस्कराया।

"तुम सब कुछ शुद्ध संस्कृत में बोलते हो जमुना, ई छिमा को क्षमा क्यों नहीं कर देते यार ?"

"यही तो अपनी--क्या कहते हो आप लोग रामजी--पर्सनैलिटी है ! हम दो-चार शब्द ऐसे रखते हैं टेंट में ताकि किसी धर्मशाले, अखाड़े या मठ में शरण मिलने में कठिनाई न पड़े।"

"हूँऽ, तो तुम अंग्रेजी भी पढ़े हो ! खूब बहुरूपिया बना है तू भी, वाह रे मुरलीवाले के भक्त ! तू तो भाई, अद्‌भुत है ! क्या कहा अम्मा ने ?"

"दुखिया हैं। जब से श्रीजी गयीं, उदास रहती हैं। हमने बहुत समझाया उनको। बोला--देख मतवा, तेरा बेटा हीरा है। बड़े भाग से तेरे घर में जनम भया है उसका। वह तेरे दुःख दूर करेगा। श्री तो मतवा चंचल होती ही हैं। उसे रखने में भी दरद, छोड़ने में भी दरद, पाने में भी दरद, दे देने में भी दरद। सो चिंता न करौ।"

"क्या बोलीं मतवा ?"

"कहने लगीं--महाराज, जो भाग में बदा है, वही होगा। हमरे अजिया ससुर बहुत बड़े जोतिसी और दुर्गाजी के साधक रहे। ऊ लिख गये हैं कि तिवारी वंश में चौथी पीढ़ी में एक विद्वान् बालक जन्म लेगा और... ।"

"और क्या मतवा ?" मैंने पूछा।

"बोलीं, जाने दो महाराज, ऊ सब दुहरावे से लाभ क्या है ! मुझे नंदू की बड़ी चिंता रहती है। बाबा लिख गये हैं कि लड़का बुरे ग्रहों के भीतर से गुजरकर ऐसा तपेगा कि लोग उसकी पूजा करेंगे। एक ऐसी घटना भी घटेगी कि वंश की प्रतिष्ठा गिरेगी।"

"अच्छा !" मैं हँसा, "वाह रे जमुना, तू तो मतवा के पेट से ऐसी बात निकाल लाया भैया कि उनके पेट से पैदा विद्वान् बालक ने भी कभी नहीं सुना !"

"सुनो नंदू महाराज, तुम्हारी ई मसखरीवाली आदत हमें रचिक भी अच्छी नहीं लगती।" जमुना मान के भाव से बोला, "तुम कल रात डेढ़ बजे घर पहुँचे ?"

"तो तुझे मतवा ने यह भी बता दिया ?"

"क्यों ने बतातीं रामजी, हम क्या उनके लड़के नहीं हैं ! कहने लगी--'नंदू सुभाव का जिद्दी है महाराज, पर उसमें कोई दुर्गुण नहीं है। हमें सताता बहुत है, पर लड़के और होते काहे बदे हैं ! है कि नहीं ! "मैंने कहा--मतवा, ई तो बुरी बात है। जमाना खराब है। ऐसे समय रात में इतनी देर नहीं करनी चाहिए।' "

"तो तू मतवा राम से मेरी शिकायत भी कर आया, वाह रे बाँसुरीवाले के भक्त ! तू नारद का अवतार है शायद !"

"तुम डेढ़ बजे तक रहे कहाँ नंदू महाराज ?" जमुना रोब से बोला।

"गोपालमंदिर में।"

"अच्छा, तो कल ही तुमने जन्माष्टमी मना डाली ! तुम्हारी शिष्या थी कि नहीं रामजी ?"

"शिष्या न होती तो क्या हमें पत्थर के पीले-पीले विराट् हाथियों को देखने का शौक वहाँ ले गया था ?"

"अच्छी जगह है रामजी ! है न ?"

"हाँ भई, सुंदर मंदिर है, भगवान् की बढ़िया मूर्ति है। बाकी जमुना, हमको 'सेवा-सेवा' की गुहार बड़ी सताती है। क्या भगवान की सेवा गरीब नहीं कर सकता ? क्या उसके लिए कहीं जगह नहीं है ?"

"ई सब जगह होता है रामजी, आखिर मेरे-जैसे हजारों लोगों के लिए भी कुछ प्रबंध होना चाहिए कि नहीं !" वह मुस्कराया।

"कितना प्रबंध हुआ तुम्हारे वास्ते वहाँ से ?"

"मैं दृष्टांत दे रहा था रामजी ! खैर, आओ, चलें, नहीं तो सामने की दुकान का भगतवा सोचेगा कि हम कोई षड्यंत्र साध रहे हैं।" वह सफेद मोतिया दाँत झलकाते हुए हँसा।

जमुना की कोठरी छोटी थी, पर साफ थी। फर्श तक गंगाजल से धुलकर चमक रही थी। बगल में दीवार पर एक फोटो तस्वीर थी। जमुना और रामकली की। मैं देर तक खड़ा रामकली का चित्र देखता रहा। जमुना के भी दाढ़ी नहीं थी। बाल थे, पर कटे-छँटे। वह वृंदावनी मिरजई पहने था। गले में तुलसी की दोलड़ी माला थी। सिर पर गोपीचंदन का टीका साफ झलक रहा था। रामकली ने लंबी और पतली बिंदी लगा रखी थी। उसकी काली रेखा भी स्पष्ट उभरी थी। तो यह है वह श्री जिसके बारे में रजुल्ली ने कहा था। साँवरे जमुना से सटी चंपई रंग की सुघड़ सलोनी रामकली को देखकर मैं बहुत प्रसन्न हुआ। मैं गुनगुनाने लगा :

रसकिनि रस में रहत गड़ी।
कनक बेलि वृसभानु नंदिनी स्याम तमाल चढ़ी।

जमुना की आँखें छलछला आयीं।

उसने अपनी हथेली से आँखें काछीं और गिलास उठाकर बाहर जाने लगा।

"कहाँ चले ?"

"अभी आते हैं रामजी !" वह गली में हेल गया।

मैं उस एकांत कमरे में लेट गया। दीवार का सहारा लेकर सोचता रहा। मेरे प्रपितामह की भविष्यवाणी सच निकली। मैं तप भी रहा हूँ; पर इस अग्निकुंड से निकलूँगा, संदेह है। वंश की प्रतिष्ठा तो गिर ही गयी। आरती ने जिस तरह शादी की,

उसे मैं अपनी आधुनिकता के कारण जैसे-तैसे स्वीकार भी कर लूँ तो क्या होगा ! देस-दिहात से संबंध टूट गया। चाचा तक अब यहाँ आने का नाम नहीं लेते। अपने को भी यदि राशन के लिए जाना न होता तो उस कालियदह में मैं कभी न उतरता। कितना उपहास और नफरत का भाव है हमारे लिए गाँववालों की आँखों में !...

"सब आँखें एक-जैसी नहीं होतीं देवरजी !" मैंने सन्न से गरदन झटकी और कमरे में चारों ओर देखने लगा। वहाँ कोई नहीं था। मैं खड़ा हो गया। मेरे सिरहाने से जैसे आवाज उठी हो, मैं दो पग हटाकर पुनः रामकली के चित्र की ओर देखने लगा। चित्र वैसे ही खामोश था !

"आँखें एक-जैसी भले न हों, बने-बनाये साँचों के बारे में प्रतिक्रिया प्रायः एक-जैसी करती हैं।" मैंने पागल की तरह चिल्लाकर कहा।

"आँखें मन का दर्पण होती हैं देवरजी ! मन जब साँचों को नहीं तोड़ पाता तो भला आँखें कैसे तोड़ लेंगी।" इस बार लगा कि रामकली के चित्र के सामने एक उजला प्रकाश-बिंदु गोलाई में घूमता निकल गया है।

मैं अवाक् उस चित्र को वैसे ही देखता रहा। हैलूसिलेशन !!! पर बात बुड़े पते की है। मेरे मन ने कहा, मन ही जब साँचे की दुनिया में बँधा है तो आँखों में और क्या झलकेगा ! यह भी तो दुनिया की एक अच्छाई ही है कि अक्सर लोग मन की बात छिपा नहीं पाते। बशर्ते आँखों की भाषा पढ़ना आता हो किसी को।

"आँखों की भाषा कैसे पढ़ी जा सकती है ?" मैं फिर चिल्लाकर बोला।

"लो रामजी, तुम्हारे वास्ते शुद्ध दूध की बढ़िया चाय बनाकर ला रहे हैं।" जमुना सामने खड़ा वात्सल्य भाव से मुस्करा रहा था, "आँखों की भाषा पढ़ना बहुत आसान है रामजी, पर दुनिया उसे छिपाने या कहो लीपापोती करके बदल लेने की कला में इतनी प्रवीण हो गयी है कि पढ़ना क़ठिन है।"

मैंने गिलास हाथ में ले लिया था, "तुम तो पवहारीबाबा हो। चाय पीते नहीं होगे। मेरे वास्ते दौड़ मचाने की आज तुमने शपथ ली है क्या जमुना ?"

"अरे दौड़ काहे की नंदू भैया, ई तो मेरे भाग्य हैं कि तुम मेरी कुठरिया पर आने को तैयार हो गये।"

"सुनो जमुना, यदि तुम ऐसे ही अपने भाग्य की महिमा गाते रहोगे तो मैं चल दूँगा यहाँ से।" मैंने नाराज होने का अभिनय करते हुए कहा।

"अच्छा रामजी, अब भाग्य की नहीं, दुर्भाग्य की ही महिमा गाऊँगा तुम्हारे सामने।" वह हँसते हुए बगल की चटाई पर बैठ गया। मैं भी उसके बगल में जा बैठा।

"जमुना, तुम मुझसे कितने बड़े हो ?"

"अयं, वाह रामजी, बड़े तुम हो कि मैं हूँ ?"

"तुम हो। अभी भाभी ने मुझे देवरजी कहकर पुकारा था।"

"रामकली ने ? सच्ची ?? क्या नंदू, तुमने उसकी आवाज सुनी ?" जमुना पागलों-जैसा उन्मत्त मुझसे प्रश्न पर प्रश्न पूछता चला जा रहा था। वह जैसे रामकली के बारे में सब-कुछ जानने के लिए अधीर था। उसे लग रहा था कि मैं उसकी बिछुडी प्रिया से मिलकर आ रहा हूँ। उसे लग रहा था कि शायद मेरे पास उसके हर प्रश्न का उत्तर अवश्य है, इसीलिए वह मेरा अनुनय किये जा रहा था। और मैं रहस्यपूर्ण ढंग से मुस्कराए जा रहा था।...

"यह नितांत भ्रम हो सकता है महाराज !" मैंने कहा, "यानी श्रोत विवर्त।"

"मुझसे पहेली मत बुझाओ रामजी ! तुमने कहा कि उसने तुम्हें देवरजी कहा।" वह आर्त कंठ से बोला, "रामकली कहीं गयी नहीं है नंदू भैया ! जा भी कैसे सकती है ! जन्म-जन्मांतर साथ रहने की कसम खायी है हमने। पर विधि का विधान है रामजी ! जिसे रामलला कुछ देना चाहते हैं, पहले उसका सब-कुछ छीन लेते हैं। मैंने जाने किस भाग्य से ऐसी औरत पायी थी रामजी कि तन-मन सब दधि-काँदों में डूब गया ! जमुना को अपने वे दिन भूल गये रामजी, जब वह सब ओर से निराश होकर आत्महत्या करने जा रहा था।"

अचानक वह चुप हो गया। अब मेरे अनुनय की बारी थी, "देखो जमुना, तुम अब छिपा नहीं पाओगे। बहुत छिपाया मेरे यार तूने अपने को। क्या परदा डाल रखा है वैष्णवी छाप का--एकदम कलंदरी कि बड़े-बड़े जासूस हवा फाँकते रह जायें, पर मैंने आज इसीलिए तुम्हारा न्यौता स्वीकार कर लिया कि तुम्हारी इस बगलबंदी के भीतर छिपे असली जमुना को जानना है।"

"यहाँ कुछ छिपा नहीं है रामजी !" वह बोला, "है ही क्या जो छिपेगा !"

"तुम्हारा जन्म कहाँ हुआ, तुम्हारे माता-पिता कहाँ हैं, तुम साधु कब हुए ?" मैं एक साँस में इतना पूछकर चुप हो गया, फिर थोड़ा रुककर बोला, "तुमने आत्महत्या करने की कोशिश क्यों की थी ?"

"आत्महत्या कोई बुरी चीज नहीं है रामजी !" जमुना बोला, "अगर जीवन बेकार लगने लगे, उसके होने-न-होने में कोई अंतर न रह जाये, तो आत्महत्या से बढ़कर शांति और कहाँ है ?"

"पर जो अपने शास्त्र कहते हैं कि आत्महत्या निकृष्ट अपराध है ?"

"वे भी ठीक हैं। हम भी ठीक हैं। वे कहते हैं कि बड़े भाग मानुस तन पावा। पर ऐसा तन पाकर भी रामजी, यदि आदमी पशु की तरह जीने के लिए मजबूर किया जाये तो आत्महत्या क्यों बुरी है ?"

"सुनो प्रतिवादभयंकराचार्यजी, मैं तुमसे दर्शन पर बहस करने नहीं आया हूँ। क्योंकि तुम मुझसे उस खित्ते में कई पटखनियाँ खा जाओगे। तुम आत्महत्या क्यों करने चले, यही बता दो मुख्तसर में, और अपना पिंड छुड़ाओ, वरना छुट्टी दो। चाय के लिए

धन्यवाद। मतवा भी खुश होंगी कि लड़का सुपूत हो रहा है और मैं घर पहुँच जाऊँगा।"

जमुना हारे हुए जुआरी की तरह बैठा कुछ सोचता रहा।

"और यदि हम न जाने दें नंदू भैया तब, कहो रामजी, तुम हमसे लड़ोगे ?"

"लड़ तो अपने बाप से भी सकते हैं, तुम किस खेत की मूली हो !" मैं उठ पड़ा।

"बाप से लड़ने वाले को यह ससुरा जमुना मुजरिम मान लेता है।" जमुना ने मेरा कुरता खींचा और मैं बैठ गया । वह वैसे ही घुटने पर सिर रखे बोल रहा था, "मैंने रामजी, किस तरह अपने बचपन के बीस बरस काटे, सिर्फ गोसैंया जानता है। छिमा करो महाप्रभु, छिमा करो नाथ !..." वह कहता गया : "दीनबंधु मेरे पिता थे, पर पुत्रबंधु बिल्कुल नहीं थे। दीनबंधु भी उन्हीं के वास्ते थे जो बिला टिकट गाड़ी से उतरते और किराये की आधी रकम धीरे-से प्लेटफॉर्म की गेट पर उनकी मुट्ठी में रख देते।"

"तो वे स्टेशन मास्टर थे ?"

"जी, और कहीं दूर नहीं, आपके इलाके के पास ही स्टेशन है दुर्गावती। कुछ दिन वहाँ रहे, फिर सासाराम चले गये। यानी कुछ ही फासले में कभी हम रहते थे रामजी, पर तुम यूपीयन हो, मैं बिहारी, कुदरत का खेल देखो !"

"अरे वाह जमुना, तो तुम जन्म से न सही कैशोर से हमारी सोनमाटी, सोंधी माटी की उपज हो ?"

"सुनो नंदू भैया, हम उपजे तो काली माटी से। और बाबू के साथ रहे भी कलौंस भरी हवा में ही: पर भैया, अगर तुम्हें अपने दिहात को सोनमाटी कहने में खुशी हो रही है तो रामजी, मैं क्यों तुम्हारी खुशी को खराब करूँ । अपना घर है बिहार में यानी रामजी हम बिहारी हैं। आपको आज तलक ई नहीं लौका कि हमरे भीतर बिहारी संस्कृति है, कुछ बुझाता, नहीं अयं ?"

"अब बुझाय रहा है पंडितजी, खूब लौकता है मुझे कि तुम बात-बात में बबुनी की तरह लजाय काहे जात हो ! हूँऽ, तो दीनबंधु--क्या था उनका अल्ल ?"

"अल्ल-गल्ल क्या ?"

"और ऊ क्या लिखते थे, सिंह, शर्मा, सहाय, राय, यानी क्या थे ?"

"अरे भई वे पाठक थे, मगर पढ़ाते नहीं थे। मास्टर थे, मगर दशति नहीं थे। वे रामजी, बड़े आत्मविश्वासी हैकड़ आदमी थे। सासाराम आने के बाद तो जैसे उनका कायाकल्प हो गया। ऐसी भयानक एकरसता रामजी कि जी करे कहीं भाग जायें। जितनी दफा हम पिटते थे, उतनी दफा मेरी माँ भी पिटती थी। मेरी दो-दो बहनें थीं सो डर के मारे क्वार्टर के बाथरूम में छिप जाती थीं।"

"काहे पीटते थे तुम्हें ?"

"कोई बहाना चाहिए। वे मानते थे कि लड़का ईश्वर का दिया बिना खर्चे का गुलाम है। उसकी खाना-खुराकी, पढ़ाई-ओढ़ाई में बाप खरचता है तो उसका धर्म है रामजी कि

वह बाप के लिए आठों पहर एड़ी पर खड़ा रहे। वे घर लौटें रात की ड्यूटी करके और हम सब प्राणी जगे न हों, उनकी प्रतीक्षा में पलक-पाँवड़े बिछाए बैठे न हों तो वे अम्मा पर गरज उठते--कहाँ गये हरामी, साले खाकर सोना जानते हैं। इन सालों को क्या मालूम कि इन हरामजादों को बड़े बाबू का लड़का बनाये रखने के लिए ससुर पाठकजी को कौन-कौन पापड़ बेलने पड़ते हैं। बाबू अँगने में जाते। हाथ से सुराही उठाकर हम लोगों के बिस्तर पर उँडेल देते। बड़ी बहन बिमला सबसे पहले कूदकर भागती, सरला और वे दोनों साथ-साथ सोतीं। वे दोनों अपने छिपने के लिए ठिकाना भी बना चुकी थीं, पर मैं लड़का होने के जोश में बिस्तर पर पड़ा रहता। मैं उन्हें यमराज की तरह चारपाई के पास खड़ा देखकर भी वैसे ही गुमसुम लगाये रहता। वे हाथ पकड़कर खींचते।

'जमुना !' बाबू चिघाड़ते--'अबे उठता है कि नहीं।'

'खड़ा तो हूँ।' मैं धीरे-से कहता।

'खड़ा-खड़ा क्या देख रहा है हरामी ?' चटाक से मेरे गाल पर थप्पड़ जड़ देते--'जाकर कुरसी लगा। पानी रख कि खड़ा-खड़ा मेरा मुआइना कर रहा है।'

'मैं कुछ नहीं बोलता। एक तो सोये में इस तरह जगाने से दिमाग चिड़चिड़ाता, दूसरे मैं ज्यों-ज्यों बड़ा हो रहा था, इस तरह मार खाने में शरम लगती। मुझे चुप देखकर उनका गुस्सा भड़कता और जब तक अम्मा उन्हें पकड़ें, वे तीन-चार हाथ जोर से मारकर बिफरते--'सालों को इतनी भी परवाह नहीं कि जिसकी कमाई खाते हैं, उसके बारे में भी कुछ सोचें।'

'जाने दीजिए, वह अभी ऊंचाई में है।' अम्मा हाथ में लोटा लिये कहतीं--'रोज-रोज लड़कों को इस तरह जगाने और मारने से कोई लाभ नहीं होगा।

'तुम साली इन्हें दिन-भर यही पाठ पढ़ाती हो। मुझे मरकहा सिद्ध करके इन सालों को मेरे खिलाफ उभाड़ती हो ?' वे अम्मा की ओर वक्र दृष्टि से देखते ।

'आपको भली बात भी कहो तो बुरी ही लगती है। आपको होता क्या जा रहा है ! आप परिवार को नोच-नाचकर फेंककर क्या पायेंगे ?'

'बस-बस... !' वे अम्मा को झोंटा पकड़कर उन्हें खींचते और तीन-चार लात जमा देते।

'ई परिवार है ? इसी के लिए मैं दिन-भर पिसता हूँ, झूठ बोलता हूँ, बेईमानी करता और घूस लेता हूँ ?"

'अम्मा को मारने के बाद पिताजी को ब्रह्मज्ञान होने लगता। वे अपने नितप्रति के किये गये अच्छे-बुरे कामों का विवरण निःसंग सुना जाते। अम्मा सिसकती हुई उठतीं। वे जोर से हिचकतीं भी नहीं। खाना गरम करके मेज पर रखतीं और नीचे फर्श पर दोनों पैरों में मुँह छिपाये सुलगती रहतीं।...'

"पाठकजी ऐसा करते क्यों थे जमुना ? क्या कभी तुमने सोचा कि उनके भीतर यह

सब क्यों पैदा हुआ ?"

जमुना मुस्कराया, "तब नहीं सोचा। जब मैंने सासाराम से इंटर पास कर लिया और बाबू का तबादला बक्सर हो गया, तब मुझे लगा कि उनका स्वभाव बदल गया है यानी जब मारपीट बंद हो गयी तब मुझे बड़ा अचंभा हुआ। तब मैंने पता लगाने की कोशिश की कि पाठकजी में ऐसा परिवर्तन क्यों हुआ।"

"क्या पता चला ?"

"पता चला रामजी कि सासाराम में उनकी दोस्ती बड़े बाबू श्यामल मुखर्जी साहब से थी। मुखर्जी साहब उम्र में बाबू से छोटे पर पद में बड़े बाबू थे। उनकी औरत मॉडर्न थी। उनके यहाँ थके आदमी को राहत देने की हर सुविधा थी। सो मेरे बाबू ने अपने साहब को खुश करने के लिए अपनी घूसखोरी में इजाफा किया। जो है सो तरह-तरह की भेंट बड़े बाबू के पास जाने लगी। माल भेजने, पत्थर, कोयला, सीमेंट आदि मँगाने के लिए मालगाड़ी के वैगनों को जल्दी से जल्दी मुहैया कराने में बाबू ने हजारों रुपये पाये और उसका बड़ा हिस्सा बड़े बाबू को दिया। असल में रात की ड्यूटी में बड़े बाबू के यहाँ अक्सर जाना और खाना खाना मेरे पिताजी का मनपसंद डौल हो गया था रामजी ! कहीं यह सब परिवार वालों को न मालूम हो और कहीं अम्मा बंगाले की लंबी केश के जादू पर हाय-हाय न करें, इसलिए हमें हर रात सुराही के पानी से धो-धोकर जतलाया जाता रहा कि परिवार चलाने के लिए बाबू को कितना त्याग और तपस्या करनी पड़ रही है।"

"तुमसे यह सब बताया किसने ?"

"सासाराम के ट्रैफिक सुपरिंटेंडेंट थे सिन्हाजी, वे हमारे बिहार के ही हैं रामजी, वहीं सब भेद खुला है।"

"तुमने अपनी अम्मा से बताया ?"

"मैं क्यों बताता रामजी ! जब मारपीट बंद थी, तब गुड़े मुरदे कौन उखाड़ता ! बिमला की शादी हो गयी। मैं बी. ए. करने आरा चला गया। कभी-कभार घर आता, पर वहाँ निहायत सन्नाटा था। अम्मा लगातार बीमार रहने लगी थीं। जब डॉक्टरों ने टी. बी. घोषित की तो बाबू को मैंने पहली बार अपनी आँखों को पोंछते देखा। सरला की शादी हुई, माँ मर गयीं। मैं बी. ए. फाइनल करने में जी-जान से लग गया। दुर्गापूजा की छुट्टी में घर आया। बाबू सूख गये थे। बहुत उदास लगते थे। मैंने भरसक कोशिश की कि उनको आराम मिले। एक दाई आकर खाना बना जाती थी, रूखा-सूखा। मैंने दो-एक दिन कोशिश करके बाबू के लिए मनपसंद चीजें बनायीं रामजी ! उन्हें कटहल की गोश्तनुमा तरकारी बहुत पसंद थी। खाने बैठे तो बोले--'दाई, क्या यह तरकारी तुमने बनाई है ?'

'नाहीं बाबू, बचवा बनवलें हैं।' वह बोली ।

'बाबू बहुत प्यार से मुझे देखते रहे। दूसरे दिन वे मेरे कमरे में मिलने आये। बोले--'जमुना, तुम्हें समझाकर हार गया, तुम शादी करना नहीं चाहते। अकेला घर

भाँय-भाँय करता है। मैं तुमसे एक सलाह करना चाहता हूँ।'

'कहिए।' मैं बोला।

'यदि मैं दूसरा विवाह कर लूँ तो क्या तू बुरा मानेगा ?'

'मैं क्यों बुरा मानूँगा बाबू ! मैं तो खुद सोच रहा था कि आपको यह सलाह दूँ। आपकी उदासी मुझसे सही नहीं जाती।'

बाबू की आँखें छलछला आयीं। उन्होंने मेरी पीठ ठोंकी। माँ को मरे नौ महीने भी नहीं हुए थे कि बाबू ने शादी कर ली।...

"सच बताओ जमुना, तुम्हें बुरा लगा कि नहीं ?"

"ईमान से कहता हूँ रामजी, मुझे एकदम से बुरा नहीं लगा। मैं इम्तहान देकर बक्सर आया तो नयी माँ को देखकर जरूर दुःख हुआ। वे पढ़ी-लिखी थीं। इस दहेज साले के चलते उनके घरवालों ने उनकी शादी बाबू से कर दी। वे मुझसे मुश्किल से दो बरस बड़ी रही होंगी। छुट्टियों में मेरे घर आने से वे खुश हुईं। कहने लगीं--'ऐसा लड़का होते इन्होंने शादी क्यों की ?'

मैंने कहा--'नयी माँ, सब अपने-अपने कर्मबंधन से बँधे हैं। जो होता है, वह ठीक ही होता है।'

हम खुश थे। बाबू ड्यूटी पर जाते तो नयी माँ के कहने से मैं उनके साथ ताश खेलने बैठ जाता। कैरम हमारा मनपसंद खेल था। नयी माँ का मिजाज नया था, पर पिताजी के प्रति उनका समर्पण अद्भुत था। वे बड़ी संयमी और गहरे हृदय की महिला थीं। मैं उनके प्रति भक्तभाव रखता था रामजी ! सच कहिए तो अपनी अम्मा के प्रति मेरे मन में कभी कोई भाव उठा ही नहीं। उनके लिए मेरे मन में सिर्फ ममता थी, मोह था; पर नयी माँ के लिए श्रद्धा थी।

एक दिन पिताजी किसी काम से तीन बजे शाम ही घर लौट आये। हम आँगन में बैठकर कैरम खेल रहे थे। मेरा स्ट्राइकर गिरा। मैंने उठाया और एक गोटी पर निशाना लेने लगा कि नयी अम्मा ने हाथ पकड़ लिया। 'स्ट्राइकर गिरा था इसलिए एक काली गोटी रखो जमुना और अब चाल तुम्हारी नहीं, मेरी है।' वे बोलीं। मैं हाथ छुड़ा रहा था और हँसते हुए कह रहा था--'एक बार आपसे भी स्ट्राइकर गिरा था।' तभी पिताजी आँगन में आये। उसी वक्त नयी अम्मा बोलीं--'अच्छा, चलो, बराबर हो गया।'

"हूँऽ--तो ई बेहयाई चल रही है मेरे घर में ? कई लोगों ने कहा कि आपके घर में दोपहर को गुलछर्रे उड़ते हैं तो मैंने विश्वास नहीं किया; पर आज सब अपनी आँख से देख लिया।' पिताजी गरजे--'हो गया सब बराबर। भतार और बेटा बराबर, भाई और मेहरारू बराबर।'

'आप जबान सँभालकर बोलिए बाबूजी।' मैं एकदम खड़ा हो गया।

'अबे तू अपना चरित्र सँभाल, मुझे उपदेश देने चला है नीच ! जिसका खाता है

उसी की पतरी में छेद करता है हरामी !'

वे अपने कमरे में चले गये। नयी माँ आँगन में पत्थर की मूरत की तरह खड़ी थीं। मैं कमरे में गया । और एक झोले में कुरता-धोती रखकर बाहर आया। नयी माँ के पास गया और उनके पैर छूकर खड़ा हो गया। वे कुछ न बोलीं। सिर्फ आँचल में ढँकी आधी हथेल उठी थी हल्के-से। मैं बक्सर प्लेटफॉर्म पर आ गया और रेलवे लाइन के साथ चलता गया। मुझे उस वक्त क्या हुआ था रामजी, मैं नहीं जानता। बस, इतना जानता हूँ कि लग रहा है कि लोहे की ये तमाम पटरियाँ कसाईखाने की विराट् मशीनी कैंची की तरह फैली हैं। अपने जीवन में रामजी, मैंने एक-से-एक कष्ट उठाये, एक-से-एक संकट और विपदा के बीच से गुजरे, पर उस दिन मेरे भीतर जो हुआ, वह अभी तक दुबारा नहीं घटा।..."

"क्या हुआ ?"

"अब आपसे का बतायें रामजी ! मन में तो वह सब ऐसा साफ है जैसे ऐने में छाया हो, बाकी उसको बताना मुश्किल है। मुझे लगता रहा रामजी कि दुनिया एक लंबा-चौड़ा कागज है। मैं इस कागज में सब जगह था, पर जैसे किसी ने मुझे कागज में ही पकड़कर कैंची चला दी। मैं अलग, कागज अलग। मुझे न माँ याद आ रही थीं, न बहनें, न बाप, न तो नयी माँ ही। केवल इतना ही याद आ रहा था कि मुझे किसी ने अँधेरे कुएँ में धकेल दिया है जहाँ सब-कुछ साँय-साँय कर रहा है। मेरे माथे में भन-भन की आवाज उठती थी जैसे हवाई जहाज जन्न करता निकल गया है। मेरा बदन पसीने से सन गया। एक मील भी मैं मुश्किल से चला हूँगा कि थककर बैठ गया। इधर मैं कई दफा घूमने भी आया हूँ। मुझे याद है कि मरहले के पास से एक सड़क इधर जाती है अहल्याघाट की ओर; पर मैं अहल्या के बारे में कतई नहीं सोच रहा था। मैं सड़क पर सोच रहा था। मै उसको लाँघ चुका था। सड़क के किनारे के पेड़ों से मेरा बड़ा लगाव था। आज हर पेड़ जैसे बेगाना था। पेड़ों को देखकर हूक उठती। लंबी साँस के साथ कलेजे में दर्द होता था मैं सोचने लगा--क्या करूँ, कहाँ जाऊँ ! मैं कोई बहुत पवित्र तो नहीं हूँ रामजी, पर अनकिए पाप के लांछन को सहना आता न था। रात ढलने लगी। तभी मैंने देखा कि पंजाब मेल का सिगनल हुआ है। बस, मैंने पलक झपते तै कर लिया कि मेरी गरदन अब कैंची के बीच पड़ जानी चाहिए। मैंने झोले का तकिया बनाकर अपने सिर को रेल की पटरी पर रख दिया। पाँच मिनट तक आसमान की ओर देखता रहा। बड़ी राहत मिली। मन कहता था कि 'जमुना, तू बहादुर है, यही रास्ता है ?' तभी क्या देखता हूँ कि दो आदमी मेरी बाँह पकड़कर खींच रहे हैं। वे मुझे खींचकर जमीन पर लाये और इधर पंजाबमेल पेड़ों को हिलाती-झकझोरती झइयम्म-झाँय करती निकल गयी।

'का कर रहे थे रामजी ? आतमहत्या बड़ा पाप है बेटा !' बोलने वाले अधेड़ उम्र के साधु थे। उनका चेहरा जटा और दाढ़ी से भरा था--'तकलीफ में है रामभमतवा, सुनो ए

राजू बेटा, तू इनको जरा पानी पिलाओ कहीं से लाके। तब तक हम इनसे बतिआइत हैं।' युवक साधु ताँबे का लोटा लेकर पानी लाने चला गया।

'कौनो भूल-चूक हो गयी है रामजी ?' साधु बोले--'अइसा कौन जन्मा है बेटा, ये दुनिया में जे हियाँ आके बेदाग निकल गया। बासन में कलौंछ लग जाय त माँजि-रगड़ि के सफा करै के होत है भइया, बासन फेंक देबे से कारज न सधी रामजी।'

साधु के स्वरों में अगाध ममता थी। वह मुझसे सब-कुछ पूछते गये और मैं सब बताता गया।

'हे राम !' साधु बोले--'रामजी अब शांति हैं बेटा राजू। लोटा धोय लेव।'

'बाबा, इसमें मेरा दोष क्या है ?' मैंने पूछा।

'दोख केहू का भी नहीं है रामजी', साधु ने कहा--'दोख देखै के आदतै में बड़ा दोख हौ। मान लो रामजी कि तू आज ई आतमहत्या करि डारते तो उहि बेचारी के सोचे के पड़त कि हमरे कारन एक निर्दोख जान गयी। तोहरे आतमहत्या के बात के पंच लोग पगुराय-पगुराय के अइसा बानक बनाय देते कि तूँ मरे के बाद भी पाप की कहानी छोड़ जाते अपने पीछे। है कि ना ?'

'आप ठीक कहते हैं।'

'अब तोहार का विचार हो रामजी ?'

'आप कहाँ जा रहे हैं बाबा ?'

'हमार का ठिकाना बचवा ? हम तो हियाँ कौसिक आसरम देखै आय गये रहेन। हियाँ से काशीजी, परयागराज, फिर चित्तरकूट। हुवैं चौमासा बिताय के फिर जइबै अपने अजुधिया जी।'

'तो मैं भी चलूँगा बाबाजी।'

'जैसी तोहार खुशी, ई जान लो रामजी कि ई रास्ता औघट घाट से जात है। खाये-पीये, सोवै-बैठे में तकलीफै भरी है, हाँ।'

'जो हो, हम चलेंगे।'

"...तो नंदू भइया, यह है हमारी आत्महत्या की कहानी जमुना पाठक की जबानी।" वह हँसा, "उन्ही से मैंने 'रामजी' का तकिया-कलाम पाया।..."

"क्यों जमुना, क्या तुमने कभी सोचा है कि इस तरह की घटना के पीछे कारण क्या होता है ?"

"मुझे क्या मालूम रामजी !" जमुना गंभीर होकर बोला, "तुम विद्वान् हो, सब चीज का कारण खोजते हो। और खोजोगे तो कुछ-न-कुछ मिल ही जायेगा।"

"तुम इसे संयोग की बात मानते हो क्या ?"

"आप मन की बात पढ़ने की विद्या जानते हैं रामजी ! मैं तो इसे संयोग ही मानता हूँ। आप चाहो तो अपने दोस्तों की तरह इसे भी नयी-पुरानी पीढ़ी की टक्कर कह लो,

पर आत्महत्या तो मैंने एक बार और करनी चाही थी। उस वक्त रामजी, बाबू वहाँ नहीं थे। उनसे कोई मतलब न था; पर मैं फिर भी आत्महत्या करने चला।"

"अच्छा ?"

"और क्या ? तुम समझते हो कि आत्महत्या का सिर्फ एक प्रयत्न ही एक जीवन के लिए काफी होता है ?"

"अरे महात्माजी, आत्महत्या कोई जन्माष्टमी का फलाहार तो है नहीं कि आप उसे अधिक-से-अधिक चाहें और मगन हों।"

"वह बुरी चीज क्यों है रामजी ?"

"इसलिए कि वह पलायन है।"

"साधु होना क्या पलायन नहीं है ? तुम्हारे दोस्त सब जो पढ़े-लिखे विद्वान् होकर भाँग, गाँजा, अफीम, चरस, शराब पीते और धुत्त पड़े रहते हैं, वह पलायन नहीं है रामजी ? तुम जो एक ट्यूशन करके एक लड़की में अपनी सारी परेशानियाँ डुबाकर निश्‍चिंत होने का नाटक करते हो, क्या वह पलायन नहीं है ? यदि यह सब पलायन है तो आत्महत्या पलायन की अंतिम मंजिल है, जहाँ कम-से-कम इतनी तो गारंटी है कि फिर पलायन नहीं करना होगा।"

मैं जमुना के चेहरे पर देखता रहा। मेरे पास कोई उत्तर नहीं था। वाकई हम सब पलायन में इस तरह पगे हैं कि अब उसी को विद्रोह कहने लगे हैं। हम खाली बकवास करते हैं। मन सुविधा की खोज में भटक रहा है। वह नहीं मिलती तो खीज में विद्रोह के बने-बनाये मुहावरे बकते हैं और थककर अन्याय का मर्सिया गाते रहते हैं। जमुना ठीक कहता है, यह सब पलायन है, खालिस पलायन।...

"दूसरी आत्महत्या काहे करने चले थे भाई ?"

"तुम बहुत लालची हो नंदू भइया ! तुम इस गरीब साधु को चोर मानते थे, उठाईगीर समझते थे। अब बेचारे की जिंदगी के गूदड़ का बखिया उधेड़कर सब देख लेना चाहते हो ! इसमें विपदाओं के चिथड़ों के अलावा और कुछ नहीं है रामजी !"

"देखो जमुना, अब लड़ाई हो जायेगी। मैंने एक दफा गलती कर दी तो तुम उसे क्षमा नहीं कर सकते क्या ?"

"अरे भइया, हम जब तुम्हें अपना भाई मान चुके--सो भी रामकली जब तुम्हें देवर कह गयी तो मैं इतना दरिद्र नहीं हूँ कि छोटे भाई को क्षमा भी न दे सकूँ ! बुरा मत मानना नंदू, तुम जानते हो रामजी कि अपनी भी चिबोली[1] करने की आदत है !"

"अच्छा, ठीक है। हमें अब इस आत्महत्या के बारे में बता दो और हम लोग निश्‍चिंत होकर जन्माष्टमी का पर्व मनाएँ।"

---

1. लगने वाली बात

जमुना हँसा, "हत्याओं के भीतर ही तो बाँसुरीवाला अपनी मोहिनी बिखेरता आता है रामजी ! अयोध्यावाले बाबा के साथ मैं काशी आया और इसी पंचगंगा घाट पर हम लोग तीन दिन रहे। मैं गंगा नहाकर एक विशाल, काली, भयानक और बेडौल मूर्ति के पास रोज बैठता । मुझे इस मूर्ति में अजीब चुंबक-जैसा आकर्षण लगता।"

"किसकी मूर्ति थी वह ?"

"तुमने देखा नहीं रामजी, तैलंग स्वामी की मूर्ति।"

"देखा है, के. 2/95, वही न ?"

"तुम नंदू भइया, पहले जन्म में जरूर से मर्दुमशुमारी के अफसर रहे होंगे। मैं बीसियों बार गया हूँगा तैलंग स्वामी मठ में, पर मैंने मकान का नंबर कभी नहीं देखा। जो हो, मैं वहीं मूर्ति के सामने बैठकर रोया करता। बाबा के बारे में बड़ी-बड़ी चमत्कारिक कहानियाँ प्रचलित थीं। मैं भी सोचता था कि काश, मेरे भीतर भी ऐसी ताकत आ जाती कि मैं जहर पीकर पचा सकता ! बाबा ने पाँच सेर खौलता हुआ चूना पी लिया था।"

"खौलता हुआ चूना ?" मैंने आश्चर्य से पूछा।

"हाँ भई, खौलता हुआ चूना ! उनका वजन तीन सौ पौंड था रामजी और वे गंगा में लकड़ी की तरह घंटों उतराये पड़े रहते। अक्सर भोजन नहीं करते। जब तट पर आते तो भक्त लोग दूध लेकर दौड़ते। सेरों दूध वे एक बार में पी जाते। एक आदमी ने उन्हें पाँच सेर पत्थर चूना घोलकर दे दिया।"

"राम, राम, कितने नीच होते हैं लोग ! यह शहर भी अजीब है जमुना। यहाँ बुझी लुकाठी के पीछे जुलूस बनाकर उसका कीर्तन करनेवाले हजारों हैं; पर सत्य की चिनगारी को सहने की क्षमतावाले बहुत कम हैं।"

"खैर, मैं उन लोगों के साथ इलाहाबाद होते चित्रकूट गया। जगह बहुत रमणीक थी रामजी, मेरा मन नहीं लगा। बाबाजी वहीं चातुर्मास करने को रुक गये। मैं मथुरा आ गया। मुझे बंशीवाले से शुरू से ही प्रीति रही, सो सोचा कि उसी की जन्मभूमि में क्यों न चलूँ। पर मैं कोई तैलंग स्वामी तो था नहीं कि विश्राम घाट की सीढ़ियों पर तपती धूप में पड़ रहूँ। मुझे अन्न चाहिए था। रोटी के एक टुकड़े के लिए आत्मा तड़प रही थी। तब तक मुझे भीख माँगने का ककहरा भी नहीं आता था। भीख बिना माँगे मिल सकती है, यदि तुम दयनीय भाव से खड़े रहो, पर यदि भीख माँगते वक्त तुम्हारा अहं तड़पा, झिझका, उछला, तो गाली नहीं तो सीख जरूर मिलती है। मुझे अनाड़ी की तरह भीख माँगते देखकर एक प्रौढ़ा ब्राह्मणी खिलखिलाकर हँसी।

'कहाँ से आय रहे हौ लल्ला ?' वह व्यंग्य और दया का मिश्रण पिलाती बोली, 'काको पूत है रे तैं ? तेरी जात कौन-सी है ?'

'ब्राह्मण हूँ माताजी।'

'अरे हौं तेरी माँय काहे कौ बनूँ, तू भूको है। मेरे हियाँ चल, जौ लौं मन आवै हुवाँ

ही पड़ो रह।'

मैं उसके साथ चला गया। वह पैसेवाली विधवा औरत थी। वह अपने को ब्राह्मणी कहती थी। बताती थी कि किसी जमाने में उसका घर, जिसे वह कोठी कहती थी, जिजमानों से भरा रहता था। दान-दक्षिणा का पौवारा था, उसके लड़के-फड़के नहीं थे। मैं साली को बेदाम का नौकर मिल गया। दो गैयां थीं। उन्हें दाना-भूसा डालता। उसके बड़े मकान का तीन-चौथाई हिस्सा किराये पर था। उसके पास खाने-पीने का सुख था, पर ससुरी थी बड़ी छैंछी। एक दिन बोली--'जमुना प्यारे, आज मेरो पाँव पिरा रयो हैं, तू तनिक दबाइ देवो।'

मुझे बड़ी लज्जा लगी, पर मैंने सोचा कि माँ की उम्र की इस औरत की इतनी सेवा कर देने में कौन पाप है, सो मैं उसके चरण चाँपने लगा।

'मेरी आँखिन को बत्ती से दरद हुई रह्यो है जमुना ! तुम बत्ती बुझाइ देवो।' उसने कहा; और मैंने बत्ती बुझा दी। फिर उसके पैर दबाने लगा। वह ससुरी उठ के बैठ गयी। उसने मुझे अपनी बाँहों में बाँध लिया और बोली--'मेरे संग पौढ़ो लल्ला, तोयं बड़ो पुन्न होयगो।'

'मैंने उसे जोर लगाकर धकेल दिया--'आप मुझे इसीलिए लायी थीं यहाँ ? शरम नहीं आती ! मैं आपके लड़के के बराबर हूँ। यही पुण्य कहा जाता है ?'

'यामै सरम की कहा बात है लल्ला,' वह बोली--'जो तैंने ज्यादा पाप-पुण्य की बात करी तो मैं ऐसा नाटक रचूँगी कि लेने के देने पड़ि जाँगे। परनारी को छेड़िबे कौ इल्जाम बी सोचि डारो।'

"...मेरी हक्की-बक्की भूल गयी। मेरे होंठ सूख गये रामजी और मैं सोचने लगा कि अब क्या करूँ ! परदेश में आकर बुरे फँसे। दुनिया ससुरी ऐसी बाबरी है कि इस छैंछी छिनाल को तो कुछ नहीं कहेगी, मेरी बोटी-बोटी काटकर कुत्तों को खिलाने के वास्ते जरूर तैयार हो जायेगी।..."

इतना कहकर जमुना चुप हो गया।

"फिर तुमने क्या किया ?"

"क्या किया ?" जमुना गुस्से में बोला, "तुम क्या चित्रगुप्त हो जो मेरा सारा लेखा उतारोगे ?"

मैं चुप रहा। जमुना का मुँह तमतमाया था, पर आँखें भरी थीं। मुझे खामोश देखकर वह हिचक-हिचककर रो पड़ा, "मैंने अपना हीरा कोयले में बदल लिया नंदू भैया ! भोर में उठने पर इतनी ग्लानि हुई कि कुछ पूछो मत। मैं चुपचाप बड़े तड़के वृंदावन चला गया। यमुना के किनारे-किनारे घूमता रहा। नदी बढ़ी थी, पानी में चकोवे उठ रहे थे। मैंने बाँसुरीवाले का ध्यान किया, अपनी अधम काया को एक नजर देखा और नदी में फलाँग गया।

'जब मुझे होश आया तो मैंने देखा कि कगार पर लेटा हूँ। एक वृद्ध सज्जन मेरे सिरहाने बैठे हैं। मेरी आँख खुलते ही बोले--'ई का करी तैंने बेटा ! कंचन काया को सेंतमेंत में बिगारिबे को मन में काहे ठान लई ?'

मैं कुछ न बोला। वे मुझे अपने घर ले गये। वे ही मेरे गुरु थे। मैं जमुना से जमुनादास उन्हीं की कृपा से बना रामजी। उन्होंने केवल भक्ति ही नहीं दी, अपनी लड़की रामकली से मेरा ब्याह भी किया। उनकी आर्थिक दशा अच्छी नहीं थी, पर परिवार में ऐसी समझदारी थी कि कभी लड़ाई-झगड़ा, खिंचाव-तनाव नहीं देखा।"

"पर एक बात है जमुना, यदि साधु होना तुम पलायन मानते थे तो तुमने जिंदगी की कोई और राह क्यों नहीं चुनी ?"

"कोई राह है क्या रामजी ! मैंने और गोसाईंजी ने एड़ी-चोटी का पसीना एक कर दिया कि कोई नौकरी मिल जाये, पर इस देश में गलत काम करने की हजार सुविधा मिलती है लेकिन नौकरी नही। गोसाईंजी चाहते थे कि मैं वृंदावन ही रहूँ, पर रामकली बोली कि ससुराल में रहना ठीक नहीं। मुझे उसकी बात जँची और मैं उसे लेकर काशीजी आ गया। यहीं कोठरी मिली और जीवन का वह सुख भी मिला जो मेरी आत्मा में तुलसी और चंदन की गंध की तरह बसा है। यहीं वह दुःख भी मिला जिसने रामकली को मेरे नालायक हाथों से छीन लिया और आज फिर मैं अयोध्यावाले बाबाजी के शब्दों में कहूँ कि औघट घाट में घूम रहा हूँ।"

मैंने जमुना के चरण छू लिये, "बड़े भइया, तुम सचमुच महान् हो।"

वह हँस पड़ा, "तुमने रामकली को देखा नहीं था नंदू, वरना तुम जान जाते कि युवा की सच्ची प्रेरणा क्या होती है। ऐसा अटूट, अगाध आत्मविश्वास मैंने नहीं देखा। वह दुःख, विरोध, बीमारी, किसी के सामने डरना और झुकना जानती ही नहीं थी।"

रात के ग्यारह बज रहे थे। मणिकेश्वर के बगल की उस कोठरी में चिता का धूम और शहर की निरंतर बढ़ती खामोशी और भी अधिक सघन होती जा रही थी। अब बगल का घाट भी सन्नाटे में डूब रहा था। मैं जमुना की कोठरी की छत से देख रहा था, दो-चार आदमी घाट पर काफी ऊपर गुड़े-मुड़े इकट्ठा बैठे थे। वे शायद गाँजे की चीलम भर रहे थे, क्योंकि कुछ देर बाद ही उनके बीच में हल्की लौ उछली और फिर हवा में विलीन हो गयी। गंगा के जल में हरहराहट थी। बरसाती पानी ने गंगा के शरीर में भराव पैदा कर दिया था। आकाश के काले बादलों की छाँव में गंगा का मटमैला पानी पिघले हुए अलकतरे की धारा की तरह लगता था। दूर क्षितिज पर रामनगर की तरफ पानी में खड़े वृक्ष

बड़ी-बड़ी नावों की तरह लग रहे थे। रात के सन्नाटे और कजरारे माहौल में बनारस के मकान अजीब लगते हैं। सारा कुछ स्थिर, जैसे किसी फोटोग्राफर ने कमजोर रोशनी में शहर को बाँधने की कोशिश की हो।...

"रामजी !"

"हाँ, आया जमुना !"

"आप छत पर से क्या देख रहे हैं, इतनी रात को रामजी ?"

"मैं शहर के धुँधले आईने में अपनी छाया देख रहा हूँ जमुना ! मैंने इस शहर को अनेक बार रात की छाया में लिपटे ऊँघते देखा है, पर तुम्हारी छत से जो शहर दिखता है, वह बड़ा बीहड़ है। मैंने अस्सी नाले पर नागा बाबा के मकान में टँगे एक शीशे में शहर देखा था एक बार... ।"

"शीशे में ?"

"हाँ जमुना, उन्होंने अपने मकान की दीवार पर एक बड़ा-सा शीशा लटका रखा है, और चूँकि उनका मकान ठीक नाले पर है इसलिए यह पूरा धनुषाकार शहर उनके दोमंजिले वाले दरवाजे के सामने टँगे शीशे में खिंची अर्धवृत्ताकार रेखा-जैसा लगता है। उस शीशे में मणिकर्णिका से लेकर मालवीय पुल तक के सभी दृश्यों की ऐसी लुभानी छाया पड़ती है मानो किसी ने बनारस को नन्हा करके शीशे में बंद कर दिया है।"

"वाह रामजी, खूब सोचा उन बाबाजी ने ! ई हमारा पंचगंगा भी उसमें बहुत नन्हा लगता होगा !"

"पंचगंगा तो शहर का मध्य बिंदु है जमुना, इसलिए वह तो बिल्कुल बीचोबीच नगीने की तरह जड़ा लगता है उस छायाचित्र में ।"

"तो तुम रामजी, छाया के भीतर छाया देख रहे हो ! पर वह दीखती कहाँ है ! मैंने हजार बार प्रयत्न किया, पर रामकली की तस्वीर में कभी उसकी छाया तक नहीं दिखी। खैर, जैसी बाँसुरीवाले की मर्जी रामजी ! आदमी उसके सामने क्या है ! काश, आज रामकली होती तो इस कोठरी में पालना होता, उसके चारों ओर केले के पत्तों का मंडप होता; करौंदे के सफेद लाल फल सचमुच रोशनी में हीरे और माणिक की तरह चमकते। वह पालने पर पीले रंग का रेशमी परदा फैला देती और उसमें राधाकृष्ण की मूर्तियों को इस तरह यार से रखती कि कहीं बैठाते वक्त उन्हें चोट न लग जाये।"

"सब-कुछ तो है जमुना, वह पालना भी है, वे मूर्तियाँ भी हैं, और उनको अपने चित्त में हमेशा झुलाती रहनेवाली भाभी भी यहीं हैं। फिर तुम उदास क्यों होते हो यार ! बनारस के जलसाई घाट के पास, मर्णिकेश्वर के निकट रहकर तुम जरूर जान गये होगे कि शरीर ही सब-कुछ नहीं है। लपलपाती चिता की लपटों के इस संदेश को तुमने सुना है, फिर पहले से ज्यादा सुंदर, ज्यादा बेफिक्र और ज्यादा कांति से भरी भाभी को अपमानित क्यों करते हो ?"

जमुना एक क्षण मौन बैठा रहा।

"चलो नंदू नीचे, अब तो बारह बजेगा जल्दी ही। अपने यहाँ तो डोल पड़ी नहीं है। तुम चाहोगे तो किसी मंदिर में चलेंगे... ।"

"मंदिर-वंदिर में क्या जाओगे, यहीं बैठकर भगवान् की जन्म-बधैया गाओ।"

"गाना तो रामकली जानती थी नंदू भैया, एक बार उसने मुझे बड़ा परेशान किया।"

"तुमको ? भाभी ने परेशान किया ?"

"हाँ भई, इस रजुल्ली ने जाकर उससे झूठे कह दिया कि जमुना तो मुझे संकटमोचन के पास मिला था। उसके साथ एक सधुआइन थी नयी नवेली।"

"रजुल्ली बड़ा शरारती है। फिर क्या हुआ ?"

"मैं शाम को घर आया। दूध का लोटा रख दिया। भीख की झोली भी एक तरफ रखकर घाट पर मुँह-हाथ धोने चला गया। लौटा तो देखा, रामकली छत पर चली गयी है। उसने न तो पानी के लिए पूछा, न ही कोई और बात की। मैं उसे पुकारता छत पर पहुँचा। वह घाट की ओर देख रही थी। मैंने सोचा कि थकी है, क्यों छेड़ूँ इस वक्त। सो रामजी, मैं भी उसकी बगल में खड़ा हो गया। वह झटके से मुड़ी और छत से उतरकर कोठरी में चली गयी। मेरी समझ में नहीं आया कि ये सब क्या हो रहा है।

'रामकली !' मैं भी कोठरी में आ गया--'क्या बात है ? आज तू बोलती नहीं ?'

'ठीक तो हूँ।'

उसका जवाब ऐसा ग्लानि से भरा था कि मेरे शरीर में काटो तो खून नहीं। हे भगवान्, यह क्या हुआ ! कुछ समझ में नहीं आता कि यह इस तरह क्यों नाराज हो गयी मुझसे बिला वजह। खैर, उसने रोटी बनायी। मैंने गिलास में दूध लिया और मणिकेश्वर को चढ़ा आया।

हर शाम खाने के पहले हम दोनों साथ-साथ राधाकृष्ण की स्तुति गाते थे। आज वह गाने को तैयार नहीं हुई।

'मैं तुम्हारे साथ नहीं गाऊँगी।' वह गुस्से से बोली।

'ठीक है, अकेले गाओ।' मैंने कहा। मैं बेवकूफ की तरह उसके चेहरे पर देखता रहा, पर उसने गरदन झुका ली। बनारस में आकर उसने यहाँ की बोली-बानी भी पकड़ ली थी। स्तुति की जगह उसने ऐसा गीत गाया कि मेरे होश उड़ गये।..."

"क्या गाया भाभी ने जमुना ? यार, जरा गाकर सुना दो।"

"अब मैं वैसा तो क्या गाऊँगा, पर चूँकि उस गीत को रामकली के स्वर्गवास के बाद मैंने हजारों बार गाया है, इसी कोठरी में एकांत में, सो आज भी गा दूँगा।"

जमुना ने थोड़ी देर गला साफ किया और गाने लगा :

"पानी भरे गइलीं रामा जमुना के निरवां
ए ननदिया मोरि रे

बिचवा में मिललें नंदलाल--ए ननदिया मोरि रे
साँवली सुरतिया उनकी मोहनी मुरतिया
ए ननदिया मोरि रे
गरवा में सोहे बनमाल--ए ननदिया मोरि रे
जाइके कहौंगी हम नंद जी से बतियाँ
ए ननदिया मोरि रे
कान्हा के बिगरि गइलीं चाल--ए ननदिया मोरि रे।।"

अचानक वह आँखें बंद करके बैठ गया। मैंने उसकी हथेलियों को बरबस मुँह से हटा दिया।

"तो क्या भाभी तुमसे वैसे ही चिढ़ी रहीं ?"

"नहीं तो। मैं कई दिन लगातार उदास रहा। सिंधिया घाट पर दम्मानी के हनुमान् मंदिर के पास चुपचाप बैठा रहता। मैंने नगर की फेरी लगानी छोड़ दी। घर में गीत-गुंजार बंद हो गया।

मेरा यह हाल देखकर रजुल्ली मेरे पास आया--'कहो जमुना, आज-काल तू घाटै पर बैठे-बैठे चेताय रहे हो क्या प्यारे ?'

मैं कुछ नहीं बोला। वह मेरा बहुत उदास चेहरा देखकर बगल में बैठ गया। मुझे बहुत परेशान देखकर वह हँसा--'अच्छा, तो भौजी जान गयीं शाइत तोहार तुंबा फेरी के बात !'

'कौन-सी बात ?'

'हमें कुछ ठीक पता नहिंनी यार ! केहू कहत रहा कि आजकल्ल तूँ संकटमोचन के दरसन बदे कौनो सधुआइन के संगत किहे हो।'

'कौन साला कहता है ?' मैं गुस्से में बिफरा--'जो भी हरामी मेरी जिंदगी से खेल रहा है, वह इसका मजा चखेगा। साले के मुँह में कीड़े पड़ेंगे। रामजी उसको बतायेंगे और ऐसा बतायेंगे कि छट्ठी का दूध याद आ जायेगा।'

अचानक रजुल्ली भय से काँप उठा। 'अरे यार जमना, छिमा करौ गुरु, ई तो मजाक किया रहा भौजी से। धत्तेरे की ! ऊ सीधी-सादी औरत हैं, बिसवास कर गयीं। ई तो बड़ा अनरथ भवा। अब चलो हमारे साथ, हम सब बात उन्हें समझाउब।'

रजुल्ली मेरे साथ गया और हाथ जोड़-जोड़कर रामकली को समझाता रहा।

'तु से इन्होंने अरदास की होगी देवरजी, इसलिए तुम आये हो मुझे संतोख देने?'

'अरे नाहीं भौजी ! बाप कसम, हम खाली मजाक किहे रहे। हमरे पर दया करो, नाहीं जमना के आतमा कलपी त हमार सत्यानाश हुई जाई।'

'अच्छा, तो तुम आजकल सधुआइनें खोजते-फिरते हो लल्ला !' रामकली रजुल्ली की ओर गुस्से से देखते हुए बोली--'आज से हमारी-तुम्हारी बातचीत बंद।'

'अरे बाप रे, हम तो दूनो ओर से नरक-कुंड में झोंकाय रहे हैं। अरे भौजी, छिमा करो इस बार, अब हम ऐसन मजाक कभी न करबे। मारो गोली ! बात में ऐसा बतंगड़ हुई जात है सरवा कि आँख के नींद हराम।'

रजुल्ली चला गया। कोठरी में मैं था और रामकली।

मैं दीवार से पीठ लगाये वैसे ही बैठा रहा। रामकली सीधे चटाई से उठी और वह मेरे पैरों पर गिर पड़ी--'क्षमा करना।' वह सुबुक-सुबुक कर रोने लगी।

'अरे ई क्या कर रही हो !' मैं उसके बाल सहलाता रहा--'तुम्हें जो खबर मिली, उस पर तुम्हारा गुस्सा होना ठीक ही था।'

वह आँखें पोंछकर बोली--'क्षमा कर दिया ना ?'

'उहुँह !' मैं बोला--'एक बार फिर से वही गीत गाना होगा, तब क्षमा मिलेगी।'

'कौन गीत ?'

'कान्हा के बिगरि गइलीं चाल...!'

'धत्ते... !' वह चुपचाप अंगीठी उठाकर बाहर चली गयी...'

तभी टन-टन करके बारह का गजर खड़का।

जमुना ने राधाकृष्ण की मूर्तियों पर माला पहनायी, चंदन लगाया और अगरबत्ती जला दी। जब वह आरती करने लगा तो मुझे उस काली कोठरी में जलती लौ विचित्र विरोधाभास की तरह चमकती प्रतीत हुई।

मैं धीरे-धीरे गुनगुनाने लगा :

"रूपं यत्तत् प्राहुरव्यक्तमाद्यं ब्रह्म ज्योति निर्गुणं निर्विकारम्
सत्तामात्रं निर्विशेषं निरीहं त्वं साक्षाद् विष्णुरध्यात्मदीपः"...

"वाह, नंदू भैया, तुमने तो इस कोठरी में निर्विकार ब्रह्मज्योति श्रीकृष्णचंद्र का अध्यात्म-दीप जला दिया, पर रामजी, मेरे चित्त को आज शांति नहीं मिली। पता नहीं जीवन-कथा सुनाने का दंश है या चित्त का अविश्वास !"

"अविश्वास काहे का जमना ?"

"भगवान् तो एक ही नकली भगवान् को मार सके थे रामजी ! आज भी चारों ओर पौंड्रक घूम रहे हैं। सब किसी-न-किसी से दो बाँहें उधार लेकर देश-कल्याण की माला जपते हैं और चारों हाथों जनता का खून चूसते हैं।"

बाहर हल्की-हल्की बूँदी पड़ने लगी थी। ठीक ही कहा जमुना ने--उस अंधकार को कौन दूर करेगा ! सहस्त्रफणी नाग के जहरीले उत्ताप-भरे श्वासों के भीतर नाचनेवाले व्यक्ति के जन्म पर बादलों की घुमड़न और वृष्टि न हो तो सृष्टि कैसे चलेगी। मेरे मन का सोया उन्मत्त भैरव हँसता है : 'इसी जहर में जीना सीखो, सिर्फ यही रास्ता है।'

"आओ नंदू, दर्शन कर आयें।"

"दर्शन तो भीतर का होता है जमुना ! जिस कमरे में साक्षात् राधाभाव की मूर्ति भाभी वर्तमान हों, मैं उसे छोड़कर कहीं दर्शन करने नहीं जाऊँगा।"

"अच्छी बात है रामजी, जैसी तुम्हारी मर्जी। अब तुम फलाहार करके दूध पी लो। घर पर मतवा बाट देख रही होंगी।"

"मैं इस बूँदाबाँदी में घर नहीं जाऊँगी। आज यही कोठरी मेरे लिए शयनतीर्थ बनेगी।"

सुबह उठकर सिंधिया घाट पर नहाकर हम लौट रहे थे।

"को है रे जमुना ?" आवाज बड़ी बुलंद और गरमगराहट-भरी थी।

"आया टुन्नन गुरू।" जमुना मेरी ओर देखकर बोला, "आफत आयी नंदू, पंडाजी से जल्दी छुटकारा पाना मुश्किल है।"

मैं कुछ न बोला। जमुना के पीछे-पीछे पंडाजी के बइठके की ओर चल पड़ा।

पंडाजी एक लाल गावटी पहने भाँग घोंटने में मगन थे। उनका कसरती शरीर लाल गमछे में लिपटा खूब आकर्षक लग रहा था। यद्यपि उनके बाल खिंचड़ी हो गये थे पर गालों पर सुरखी छायी थी। बगल में एक चारपाई पर बैठा एक नौजवान लड़का हिचक-हिचककर रो रहा था। उसकी पीठ हमारे सामने थी, जैसे जानकर आगंतुकों से मुँह छिपाने के लिए ही वह पिछौड़े बैठा था।

"कहाँ रहता है रे आजकल ! तेरी हुलिया कैसी बैरंग होय रही है, अयं...?" पंडाजी ने जमुना को ललकारा।

"अब हुलिया क्या ठीक होगी गुरू ?"

"अबे मेहरिया मर गयी तो तू ससुरा बंदरिया की तरह उसकी लाश चिपकाए घूम रहा है। बोल तो तेरी नयी सगाई कराय दूँ। शुकुल हैं, शुकुल। मिर्जापुर के। अपने जानी-पहचानी हैं। लड़की भी अच्छी है।"

"अब ई सब चक्कर में मत नाधो गुरू ! भीख माँगनेवाले को कभी शादी-ब्याह के चक्कर में नहीं पड़ना चाहिए।" जमुना ने अपनी गीली धोती को इस कंधे से उठाकर उस पर रखा, गोया सूचित कर रहा हो कि उसे चलने की जल्दी है।

"ई कौन है रे तेरे साथ ?"

"ई रामजी..."

"अबे बोल--क्या रामजी-रामजी की रटंत लगाये है !"

"ई हैं रामानंद तिवारी--युनिवर्सिटी में पढ़ते हैं।"

सिसक-सिसककर रोता युवक कनकनाया। उसने हथेलियों से आँखें रगड़ीं और मेरी ओर देखते ही चारपाई से उछल पड़ा।

"तिवारीजी !" वह आश्चर्य से बोला।

"कहो श्रीक.त, कैसे हो ?"

"ठीक हूँ।" उसने अंगारे-जैसी आँखों से अपने बाप की ओर देखा और मेरे पास आ गया, "आप कैसे आ गये इधर ?"

"हूँऽ !" पंडाजी को मामला गड़बड़ लगा, "कहाँ के तिवारी हो जी तुम ?"

"मिर्जापुर का नहीं हूँ चाचाजी !"

"अबे मिर्जापुर को तू ऐरू-गैरू समझता है क्या ! मिर्जापुर मरदों का शहर है, मरदों का। तुम-जैसे जनखे क्या समझेंगे मिर्जापुर की रंगत ! तुमने सुनी है वह कजली?"

"कौन-सी चाचा ?"

"मिर्जापुर इकला गुलजार कचौड़ी गली सून कइला बलमू...तूँ सब जनखों से भला इन मस्तियों से क्या मतलब ?"

"बब्बू, तू तिवारीजी से ठीक तरह बोलो। ई तुम्हारी कमाई नहीं खाते हैं कि इनको भी तुम अपनी दँवरी[1] में बाँधकर हाँक रहे हो।" श्रीकांत ने कहा।

"अब जाके बैठता है उधर कि दूँ दो पटाका फिर !" वे फिर मेरी ओर मुड़े, "कहाँ के रहनेवाले हो जी तुम ?" लोढ़े को सिल पर चिपका-चिपकाकर भाँग की चौचक तैयारी का अनुमान लगाते पंडाजी बोले।

"सीताचक का नाम सुना है आपने ?"

"सीताचक--सीताचक, हूँऽ ! जै विंध्यवासिनी...क्यों रे, तेरे गाँव में एक बड़े भारी भगत थे माई के, गणेशी तिवारी, तू जानता है, उनको ?"

मैं खिलखिलाकर हँस पड़ा।

"अबे दाँत काहे निपोरता है इस तरह ?"

"ऊ हमारे खास दादा थे पंडाजी ! हमारे भी बदन में गणेशी तिवारी का खून बहता था, अब पानी हो गया है।"

"अरे वाह, तो तू तो गणेशी महाराज का पोता है ! सुन रे, तू कसरत-वसरत करता है कि नहीं ?"

"मुझे पीने को न दूध मिलता है, न खाने को बादाम। कसरत क्या दाल-रोटी पर होती है !"

"तू क्या बक रहा है ! मेरे बब्बू कहा कहते थे कि तिवारीजी ने लाखों कमाया। एक-से-एक रजवाड़ों में उनकी कदर..."

"लाखों कमाया और उनके वंशवालों ने लाखों फूँका। सो महाराज, अब हम किनाराम बाबा के चेला हो गये हैं !"

---

1. बैलों द्वारा डंठल और धान को अलग करने की प्रक्रिया

"सच्ची कहता है तू ?"

"हम क्या आप-जैसे भंग का गोला छानते हैं जो झूठ बोलेंगे !"

"सुन रे गणेशी महाराज का पोता, तूने मुझे झूठा कहा। दूसरा कहता तो राख लगा के सट्ट से उसकी जीभ खींच देता। पर तूँ ऐसे आदमी का पोता है जिसको मिर्जापुर जिले में सब लोग सरधा से देखते हैं। इसलिए छोड़े देता हूँ। तूँ भी इसी सिरिया की तरह उठल्लू का चूल्हा लगता है मुझे। क्या करता है तू ? नौकरी-चाकरी मिली कि खाली मटरगश्ती ही चल रही है ?"

"नौकरी क्या भाँग है महाराज कि सिल रखकर लोढ़ा चलाय दें और गोलियाय के मुँह में डाल लें ?" मैंने फिर पंडाजी को छेड़ा ।

श्रीकांत घर में चला गया था। उसकी अम्मा मुझे देखने के लिए दरवाजे पर आ गयी थीं। उन्होंने मेरी बात सुन ली थी।

"तू ठीक कहे हौ बेटा ! इनके भाँग के आगे कुछ सूझत नाहीं। आज सवेरे-सवेरे जवान बेटा पर हाथ उठाय दिहिन। अरे भाई, नौकरी का ऊ अपने पॉकिट में धरे है कि तोहरे आगे निकास के धरि देय ?"

"तुम जाओ महरानी, आपन काम देखो। टुन्नन गुरु का गुस्सा जानती हो। काहे बेमतलब आग में उँगली डाल रही हो। दुनिया में न तुम्हरे-जैसा माय होगी, न ओ ससुरे जैसा पूत.... ।"

"ए टुन्नन गुरू !" जमुना बोला, "मुझे ई जानकर बड़ा अचंभा हुआ रामजी कि आपने श्रीकांत भैया को मार दिया।"

"अबे अब तू चला है टाँग उठाय के नाल मढ़वाने ? मेंढकी को भी जुकाम होने लगा--अयँ ?"

"अब तूँ हमें जो चाहै सो कहो रामजी, मगर हम तो आपको अव्वल नंबर का मर्द बच्चा समझते थे।" जमुना बोल तो गया पर उसके बदन में सुरसुरी भी उठने लगी।

"अबे तू क्या अब मुझे जनखा समझने लगा ?" टुन्नन गुरू का लोढ़ा रुक गया, "मैंने जो-जो काम किये, उन्हें करना पड़े तो तुम सब हग मारोगे।"

"आपने कौन-कौन-से ऐतिहासिक कारनामे किये हैं चाचाजी ?" मैंने बात सँभाली, "जरा हम भी तो सुनें।"

टुन्नन गुरू ने भाँग का गोला बना लिया था। बगल में दूध और जलेबी धरी थी। उन्होंने गोला निगला और बोले, "तू क्या जानेगा छोकरे, ई गोला नहीं है, भवानी है, भवानी ! गणेशी महराज होते तो उनको सुनाता। न हो तो तू भी सुन ले, हालाँकि पात्र नहीं है तू इसका। हमारे गुरू कह गये हैं कि कुपात्र को कभी मंत्र मत दो, पर गणेशी महराज के नाम पर सुनाये देता हूँ तुझे।" पंडाजी ने सीधे गले से गाया :

भीजत है जब रीझत है, और धोय धरी सब के मनमानी।

साफी सफा कर लौंग इलायची घोंट के त्यार करी रसघानी।।
संकर आय बिसंभर ने जब ब्रह्म कमंडल के जल छानी।
गंग से ऊँची तरंग उठै जब हिर्दे में आवत भंग भवानी।।

"वाह-वाह, चाचाजी !" मैंने प्रशंसा और व्यंग्य की चाशनी घोलते हुए कहा, "आप तो कविराज हैं, आपके लिए तो भंग भवानी चाहिए ही। थोड़ी देर में आपके हृदय में जो तरंग उठेगी, उसमें पूरा-का-पूरा सिंधिया घाट डूब जायेगा !"

"लीजिए तिवारीजी, जलपान कीजिए।" श्रीकांत ने मेरे और जमुना के हाथ में जलेबी की प्लेटें थमा दीं, "आपको भी बकवास में मजा आ रहा है क्या ?"

"अबे ई बकवास है ?" पंडाजी ने जलेबी खाते हुए सुड़क की आवाज की और गिरते हुए सीरे को होंठों से खींचते हुए बोले, "देख लो हुलिया। पहनेंगे साले टेरिलिंग और बदन ऐसा कि कोई कुरता उठाकर पसलियाँ गिन ले ! कस के मार दें एक झापड़ तो शीर्षासन करने लगेंगे। कौन मानेगा इस सिरिया को देखकर तिवारी बेटा, कि इसके बाप ने काबुल के पहलवान गुलाम गौस को ऐसा घस्सा मारा कि वह अखाड़े में लोटन कबूतर की तरह ढिमला गया था।..."

"कब की बात है रामजी, कब हुआ था दंगल आपका गुलाम गौस से ?"

"अब सुनो इस जनखे की बात !" पंडाजी ने जमुना की ओर इस नजर से देखा जैसे वह कोई चींटा है जो उनकी जलेबी से चिपका जा रहा है, "क्या जमाना है स्साला ! आज के छोकरों को क्या कहैं--अभिनेत्री लोगन का नाम तो खूब याद रहता है मगर मरदानगी की बातें करो तो पूछेंगे ! कब हुआ रहा दंगल ! अबे वह दंगल क्या मिलीजुली कुश्ती था कि अखबार में परचार होता ! गुलाम गौस को देखे था तूँ ? नाम भी नहीं सुने होगा। देख लेता तो डर के मारे हग मारता। यों-यों हाथी की सूँड़ की तरह बाँहें थीं उसकी। गरदन गैंडे की तरह थी और सीना ऐसा चौड़ा चकला कि फुला दो तो लगे कि अन्नपूर्णा मिल का दरवज्जा है। टाउन हॉल में भई रही कुश्ती। अपने तो दद्दू का कहना मानते रहे कि देह खूब बनाओ, कसरत करो, दंड पेलो, बाकी लंगोट बाँधकर कुश्ती लड़ने का धंधा मत करो। मैं काहे को लड़ने जाता गुलाम गौस से। उसने जित्तू यादव को पटखनियाँ क्या दीं कि उसका दिमाग उलट गया। कोतवाल साहब के सामने बोला कि कोई माई का लाल हो इस शहर में तो आ के हाथ मिलाये। दो मिनट अखाड़े में ठहर जाये तो बीस हजार रुपये दूँगा। भैया रे, ई ऐलान सुन के तो सारा शहर सनाका खाय गया ऐसी बेइज्जती कभी क्या होगी जैसी उस बखत हुई रही काशी नगरी की।

'क्या देखते हैं टुन्नन गुरू !' कोतवाल साहब बोले, 'पकड़ के साले को मुर्गा बनाय दो। शहर की नाक कटाओगे क्या ?'

मैंने लंगोट बाँधा और गुरू का नाम लेकर अखाड़े में धँस पड़ा। पहली दस्ती गौसा ने मारी तो मेरी आँखों से लुत्ती[1] छिटकने लगी। मैं समझ गया कि इस दानवादूत से जोर

आजमाइश में पार पाना मुश्किल है। मैंने विंध्यवासिनी को हाँक लगायी और उसकी आँखों के सामने जोर से फूँक मारी। पलकें झपकीं तब तक मैंने बगली मारी और साले को चित्त कर सवारी कस दी।"

"तो आपको रामजी, बीस हजार रुपये मिले होंगे, क्यों ?"

"अबे क्या हम पेशेवर हैं कि रुपये लेते ?"

"वाह बब्बू !" श्रीकांत ठठाकर हँसा, "आज तो तुमने नया गपोड़ा हाँक दिया। तुम भी गजब के गपोड़िए हो !"

"अबे जा, नहीं तो देंगे एक ठो पड़ाका कि आँख छटक जायेगी। एकदम उल्लू का इत्र है साला ! मुझे गपोड़िया कहता है हरामजादा !"

"कौन झूठ कहे है। तीतर-बटेर राखे रहौ आ भाँग छान के दिन भर पसरे रहौ। दद्दू के नाम तो बेकार में लेते हौ। उनकी सारी कमाई फूँक-छान के बरोबर कियो। तोंहें कुस्ती लड़त तो हमहूँ न सुना कबौं।"

"अरे जाओ भीतर, इहाँ टर्र-टर्र मत लगाओ। हमने फूँका-छाना तो अपने बाप का, ऊ तुम्हारे नैहर का दइजा तो नहीं था। तीतर पाले था तो तेरे बाप का क्या ? था किसी माई के लाल के पास वैसा जाबिर तीतर ! मीर मियाँ पाँच सौ रुपये गिन रहे थे, मगर हमने नहीं बेचा। अकड़कर सीना फुला दे तो साली बिल्लियाँ म्याऊँ-म्याऊँ करने लगें।"

"का हुआ रामजी, वह तीतर ?"

"अरे इसी सिरिया की माय ने एक खौरहिया बिलार पाल रखी थी। नाम रखा था लक्ष्मी। बदबू करती थी और यह थी कि रोज गंगा नहवावै। कोई कुछ कहै तो बोले कि ऐसी भागवान् बिलार सब को नहीं मिलती। लोगबाग बदबू की वजह से पीछे हटें तो बिलार को गोद में लिये उनकी गोद में रखने चले। राम-राम...! एक दिन पिंजड़ा खुला रह गया। मरी खा गयी तीतर को। इन सभों को हमरा कोई शौक नहीं सुहाता।"

"खा गयी ?" जमुना परम आश्चर्य से बोला, "जरा भी नहीं डरी ? एक दफे भी म्याऊँ नहीं किया ?"

"अबे देंगे एक धौल कि तेरी सधुक्कड़ी हवा हो जायेगी ! ससुरे लिहाड़ी लेते हो हमारी। हमने जो-जो खाया, वह राजा-महराजाओं को मुअस्सर नहीं होगा और जो-जो कर दिया, ऊ सब तुम्हारे-जैसे छोकरों से सात जनम में किया न बनेगा।"

"अब बब्बू, तिवारीजी को अपनी तैराकी का भी कमाल सुना दो और हम लोगों की छुट्टी करो।" श्रीकांत बोला।

"अच्छा, तो चाचाजी तैराकी भी जानते हैं !" मैं बोला।

"सुन बे गणेशी तिवारी के पोते, मैं सिर्फ जानता ही नहीं हूँ, तैराकी मास्टर हूँ जो है सो--हाँ।"

"कमाल है !" मैं हँस पड़ा, "आपको तो इंग्लिश चैनल की तैराकी-प्रतियोगिता में शामिल होना चाहिए।"

"सुन बे गणेशी तिवारी के पोते !" टुन्नन गुरू गुस्से में बोले, "इस तरह बेमतलब खीं-खीं करना शोहदों का काम है।"

"मेरा नाम गणेशी तिवारी का पोता नहीं, रामानंद है चाचाजी !"

"होगे तूँ रामानंद, पर इस पंचगंगा पर तुम्हारे चरण-रज को सिर पर लगाने के लिए मैं कबीर की तरह नहीं बैठा हूँ। तू हँसा क्यों ?"

"आप क्या कबीर साहब बनेंगे चाचाजी ! उसके लिए तो हाथी का हियरा और सारी दुनिया को ललकारने का ताव चाहिए। जाने दीजिए कबीर की बात। मैं इसलिए हँसा चाचाजी कि पंडों की बहादुरी के ऐसे किस्से मैं लगातार सुनता रहा हूँ । फर्क बहुत थोड़ा होता है। एक ही किस्सा थोड़ा नमक-मिर्च डालकर लोग फाँकते रहते हैं हमेशा। जैसे पंडे न हुए बनारस के, 'अरेबियन नाइट्स' के हीरो हो गये ! एक-से-एक हैकड़ी और बहादुरी के किस्से। मगर खास बात यह कि ये सारे किस्से यहीं घाट के लोग ही सुनाते हैं। शहर के लोगों को इन पर कोई विश्वास नहीं। मैं समझता हूँ कि ये किस्से परंपरा से ऐसे ही चले आ रहे हैं और इन्हें इक्ट्ठा कर दिया जाये तो एक भारी-भरकम 'पंडा-पुराण' बन जाये !"

"पा लागी ककुआ !"

"लो, ई नयी आफ़त आयी रामजी !" जमुना कसमसाया।

"आओ-आओ चन्नू बेटा, माई-धाम से कब लौटे ?" पंडाजी ने दूध को हलक से नीचे उतारकर पूछा।

"काल्हि आवा है ककुआ !"

चन्नू महाराज सुस्त थे। उनकी नाक पर पट्टी सटी थी। चेहरा चेचक के दागों से भरा था, गले में कालभैरव का गंडा और कलाई में विंध्यवासिनी की रक्षा पड़ी थी। पर दोनों उनकी नाक बचाने में निरर्थक रहे।

"ई छोकरा कह रहा था कि पंडा लोग अपनी हैकड़ी बघारने के लिए झूठी बहादुरी के किस्से सुनाते हैं।" पंडाजी ने मूँछों में से दूध साफ किया, "ई गणेशी महराज का पोता अपना वंश ले डूबेगा !" पंडाजी वाकई उदास हो गये थे।

"ई लोग अबहीं नाबालिग हैं ककुआ ! तूँ तो हमरे दद्दू को देखे ही रह्यो। खानदानी पंडा ई लोग अभी देखेन कहाँ !" चन्नू महाराज मेरी ओर मुड़े, "उन्हें हनुमान स्वामी का इष्ट रहा बेटा, समझे। एक जिजमान थे। चारों धाम की जात्रा पर जाने लगे तो ददुआ से बोले--'महाराज, हमार ई मोहरमाला धर लेव अपने हियां। हमें रुपिया-उपिया की जरूरत पड़ी तब हम तोहें लिखबे। आप तुरंत भेज दीहो। हम लौटके अइबे त तोहार रुपिया लौटा के ई माला ले जाइब।' साल-भर ऊना लौटे। ददुआ एक दिन अपन तिजोरी

देखेन तो माला गायब। उन्हें काटो तो खून नाहीं। सनाका खाय गये। तुरंत दौड़े संकटमोचन। सवेरे से फाटक बंद होखे के बखत तक खड़ा रहे। हम उन्हें उदास देखा तो पूछ बैठे--'ददुआ, आज बड़ा उदास लगत हो, माजरा का है ?' तब ऊ हमसे सब हाल बताइन। दूसरे रोज फिर नहाय-धोय के ऊ संकटमोचन चलिगै। साम को लौटे। हम पूछा-- 'कहो ददुआ, कुछ सुराग लगा ?' बोले--'चुन्नू, माला मिल जइहै अब। आज हनुमान सामी हँसे रहे। हम दो दिनों से कोशिश करत रहे कि ऊ खुशदिल होके हँस दें । आपन तो परन रहा कि इन्हें बिना हँसाए हम टरबै नाहीं। आज जाय के हँसें है तो दिल को ढाढ़स मिला है।' '

"वाह रे वाह--क्या बात है ! कहो श्रीकांत, यार हनुमानजी के पास तो परीक्षा के वक्त हम लोग भी सैकड़ों बार गये होंगे, पर हनुमानजी कभी हँसे नहीं। वाह, क्या मोहिनी छटा होती होगी उस वक्त जब हनुमानजी हँसते होंगे !"

श्रीकांत ठठाकर हँसा, फिर अचानक चुप हो गया।

"उस माला का क्या हुआ महराज ?"

"ऊ मिल गयी। उसे ददुआ दादी के गहनावाला बक्सा में रख दिये रहे।"

"देखा न इन लौंडों की करतूत, ई ससुरे हनुमानजी से भी मजाक करते हैं !"

"जमाना ही ऐसा आ गया है ककुआ ! हमरे मुन्नू काल्हि सबेरे से गायब हैं। उनकी महतारी रोय रही थीं। कहो सीरी, तुम देखे हौ कहूँ मुन्नू को ?"

"नाहीं भैया, इधर तो नहीं आया मुन्नू।"

"इधर क्या करने आयेगा ? गया होगा अपने संगी-संघातियों के साथ कहीं शोहदगी करने।" टुन्नन महराज बोले।

"ऊ तो ऐसा नाहीं है ककुआ !"

"अब चुप भी करो। सुनो चन्नू, भई हमें तुम ककुआ कहते हो, इसलिए कह रहा हूँ। तुम जो झूठे ई हल्ला किये हौ कि विंध्याचल में दर्शन कराते बखात धक्काधुक्की में तुम्हारी नाक छिल गयी, ऊ सब गलत है। हमें रात ही मालूम हो गया कि तुम कहाँ गये थे, कैसे झगड़ा हुआ...?"

"तुमसे कौनो भँड़ुवा झूठ बोल गवा है ककुआ !"

"अब रहन दो।" पंडाजी ने लोढ़ा झोंककर कहा, "तुम लोग खुद खानदानी पंडा होके अपनी इज्जत नहीं देखोगे तो दुनिया क्या देखेगी ! तुम रात में लोफरों के साथ टुच्ची जगह पर बैठ के शराब पीयोगे तो मुन्नू क्या तुम्हारे चरण धोके पीयेगा !"

चन्नू महराज उठे : "सिभै को अपन-अपन चरित्तर देखे के चाहीं ककुआ !" वे खिसियाए पंडाजी का चबूतरा धसकाते चले गये।

"जाओ चूल्हे-भाड़ में !" पंडाजी उदास हो गये, "जमाना तो ऐसा आ गया ससुरा कि खानदानी पंडों की जगह भंडर और घाटिए भरने लगे। धरम-करम में ऐसे ही आस्था

नाहीं रही । हमारे बाबू के बखत ई बइठका, कोठरी, ऊपर का छत जात्रियों से भरा रहता था। अब ससुर दो जगह दौड़-धूप मचाओ तो भी परिवार चलाना मुश्किल है। जैसी करनी, वैसी भरनी ! एक-से-एक नामी-गिरामी बाबू लोगों की बहू-बेटियाँ आती रहीं ! एक-से-एक महँगे गहनों से लदी-फंदीः पर पंडा के रहते किसी की मजाल कि कोई बदनीयती से देख दे, चाहे एक सूत भी छू दे किसी को ?"

"यही तो रामजी तीर्थ-पुरोहित का धर्म है ! बिना धर्म निबाहे कैसे चलेगा !"

"ठीक कह रहे हो जमुना," पंडाजी खुश होकर बोले, "धरम के गिरानी से ही देश रसातल को जाय रहा है। मगर अब इन लोगों को कौन बुझावे ! ई तो यही समझते हैं कि धरम कुछ नहीं, कूड़ा है।"

"सो तो है। है नहीं हो गया है।" मैं बोला।

पंडाजी फिर गणेशी तिवारी के पोतेवाला व्यंग्य उछालने जा रहे थे तभी बगलवाले घाट पर जोर से कोलाहल हुआ। उसकी रंगत बता रही थी कि या तो तीर्थयात्रियों और घाटियों में झगड़ा हो गया है या कोई चोरी-चकारी का मामला है। टुन्नन गुरु चौचक उठे। उन्होंने गमछे की गाँठ कसी और छलाँग लगाकर चबूतरे से कूद पड़े। हम उनकी फुर्ती देखकर दंग रह गये।

"पकड़ो-पकड़ो, लिहो-लिहो !" आवाजें एक-में-एक गुड़मुड़ा रही थीं। जमुना खुश था कि जान बची लाखों पाये।

"आओ जमुना, चलें।" मैंने कहा।

"पंडाजी को लौटने दो नंदू, नहीं तुम तो बच जाओगे, हुलिया टाइट हमारी होगी।"

मैं और श्रीकांत आपस में बातचीत करते रहे। तभी हाँफते हुए टुन्नन महाराज उपस्थित हुए।

"मारो गोली," वे गमछा ढीला करते हुए बोले, "ससुरे तमाशबीन हैं सब। आँख के सामने औरत के गले की सिकड़ी छीनकर भागा, मगर कोई माई का लाल नहीं कि पकड़े। सब खाली चिल्लाते रहे 'पकड़ो-पकड़ो, लिहो-लिहो'.... ।"

"आपने पकड़ लिया न रामजी ?" जमुना बोला, "ऐसे कसरती जवान हों और अन्याय का विरोध करें तो क्या कहना ! रामराज्य आ जाये ! सिकड़ी दे दी उस मतवा को रामजी आपने न ? बड़ी खुश हुई होगी बेचारी।"

"अरे भकचोनरदास, जब तक हम पहुँचे, ऊ भोंसला मंदिर से आगे जा चुका था।"

"आप दौड़ाए नहीं ?" जमुना ने बड़ा मासूमी चेहरा बनाकर पूछा।

"चाचाजी कोई दौड़ाकी मास्टर हैं क्या जमुना ? वो तो तैराकी मास्टर हैं !" मैंने धीरे से कहा।

"अच्छा, उठो यहाँ से। चलता बनो जल्दी !" पंडाजी बिगड़े।

"आओ जमुना, चाचाजी की भाँग उखड़ रही है, ई अपराध मत करो भाई !"

"सुन रे गणेशी तिवारी का पोता, इन सिरिया को भी अपने साथ लेता जा। तुम सबों की ओर टकटकी लगाये है। तीन तिलंगे, पूरे नंगे। हुँह्... !"

पंडाजी चारपाई पर लेट गये।

पूरे सात महीने बीत गये, जयंती से मुलाकात नहीं हुई। बीच गंगा में उससे सिंहवाहिनी को लेकर मजाक तो क्या हुआ, वह सचमुच की सिंहवाहिनी बन बैठी है। भट्टाचार्य महाशय के घर पर जाता हूँ; और मै अक्सर ऐसे ही समय पर जाता हूँ कि वह रहे, पर एक बार भी वह मेरे पास नहीं आयी। सीढ़ियों से झटके से उतरते हुए कभी-कभार दिख जाती है।

"हलो जयंती !"

"ठीक हूँ।"

बस, वह या तो अपनी माँ के घर में चली जाती है या रसोई के कमरे में। मैं सोच-सोचकर हैरान हो गया कि उसने ऐसी स्थिति क्यों बना ली है, पर मेरे दिमाग में कुछ भी कारण नहीं कौंधता । शायद उस दिन की बात से नाराज हो गयी हो। फिर जिद उसने की थी, मैंने नहीं। भावावेश में उसने मुझे नागपाश में जकड़ लिया था। और मैंने तब कहा था कि सेक्स का विरोध करनेवाली तुम यह क्या कर रही हो। निश्चित, जयंती को यह बात लगी है। इसी से वह इतनी नाराज है।

मैं घर लौट आया, पर दिमाग रंगपुर कुंज के पास ही मँडराता रहा। भट्टाचार्यजी ने दूसरे दिन बुलाया था। लायब्रेरी में एक जरूरी पुस्तक नहीं मिली। कहने लगे, मेरे पास तो है, ढुँढवानी पड़ेगी । सुबह आ जाओ, जयंती से कहकर खोजवा दूँगा।

मैं सात-साढ़े सात बजे ही रंगपुर कुंज पहुँच गया। भट्टाचार्यजी को नमस्ते करके बैठा तो वे बोले, "जयंती, तिवारी को चाय दे जाओ।"

"रहने दीजिए सर, अभी चाय पी है मैंने ।"

"भले आदमी, चाय कौन-सा खाना है कि दुबारा लेने में अंडस होगी !"

मैं कुछ न बोला। मुझे उम्मीद थी कि भट्टाचार्यजी ने कहा है तो जयंती चाय लेकर जरूर आयेगी, पर वह नहीं आयी। उसकी छोटी बहन चाय दे गयी। हम लोग 'थीसिस' के बारे में बातें करते रहे।

मैं चलने को हुआ और मैंने पुस्तक की बात कही तो बोले, "हाँ-हाँ, अभी जयंती से पूछता हूँ।"

वे चारपाई से उतरकर बोले, "जयंती, वह किताब खोजी तुमने ?"

"अभी नहीं।" जयंती कमरे से बोली, "खोज रही हूँ।"

"ताड़ाताडी करो।" भट्टाचार्यजी बोले, "बइ पाठिए दाओ।"

मैं चुपचाप बैठा रहा। किताब नहीं मिली शायद।

"रहने दीजिए सर, मैं पुस्तकालय में एक बार फिर देखूँगा।"

भट्टाचार्यजी मेरे साथ-साथ नीचे उतरे। उन्होंने जयंती वाले कमरे में जाकर अलमारी देखनी शुरू की और लगभग दो मिनट के भीतर वह पुस्तक निकाल दी।

"यह क्या है ?" भट्टाचार्य गुस्से में जयंती से बोले।

"मुझे नहीं मिल रही थी।" उसने धीरे से कहा।

वे मुझे पुस्तक थमाकर ऊपर चले गये।

"गुस्सा किस बात पर हो ?" मैंने उसकी ओर बिना देखे पूछा।

वह एकदम फक्क पड़ गयी। बोली, "गुस्सा कौन है ?"

"क्यों, आने पर बोलती नहीं--जाने पर विदा नहीं करती, यह सब क्या गुस्सा के लक्षण नहीं हैं ?"

"होंगे।"

"सो ही तो।"

"सो ही तो !" उसने मुँह बनाते हुए कहा, "जैसे मैं आपके स्वागत और विदा के लिए एक पाँव पर खड़ी रहूँ !"

मैंने कुछ नहीं कहा और फाटक से बाहर हो गया।

दुर्गापूजा शहर में धूम-धड़क्के से चल रही थी। मैं कई बार बंगाली टोला गया। दुर्गा-प्रतिमाएँ देखकर लौट आया। विसर्जन के दिन गत वर्ष की भाँति मैं जयंती के यहाँ नहीं गया।

एकादशी के रोज तीन-चार बजे भट्टाचार्यजी को वह पुस्तक लौटाने पहुँचा। सोचा, वहीं से किरण के पास चला जाऊँगा।

घर पर भट्टाचार्य जी नहीं थे। आँगन में जयंती की अम्मा खड़ी थीं। मैंने प्रणाम किया।

"सुबोध तो नहीं है बेटा !" वे बोलीं, "कौन काज छिलो की ?"

"कोई काम नहीं था माताजी, उन्हें यह पुस्तक देनी थी।"

"जयंती !" अम्मा बोलीं।

जयंती बाहर आयी, "आनंद, दादा हैं नहीं, किताब लाये हो न ? ऊपर आ जाओ। वे कह गये हैं कि किताब ले लेना और बैठाना।"

"हाँ, किताब लाया हूँ।" मैंने पुस्तक जयंती को नहीं, अम्मा को दिखाकर कहा।

"ऊपर चल जाओ।" अम्मा अपने घर में चली गयीं।

"यह है किताब।" मैंने जयंती को देते हुए कहा, "सर से कह देना--कुछ जरूरी काम था, इसलिए रुक नहीं सका ।"

उसने किताब के साथ ही मेरी बाँह पकड़कर खींची और कुरसी पर झोंकती हुई बोली, "सर के दादा, जरा यह तो बताओ, तुम कल आये क्यों नहीं ?"

"कल, क्या था कल ?"

"तुम्हारा सिर ! गत वर्ष क्या था ? तब तो सोचा कि खाली जयंती होगी और चले आये गीत सुनने !"

"ओह, कलश-विसर्जन था, मैं भूल गया जयंती !"

"भूल गये तो उसका दंड भुगतो। कल मिठाइयाँ ताजी थीं, आज की मैं नहीं जानती।"

"आज तो एकादशी है जयंती !"

वह एकटक मेरे चेहरे पर देखती रही, "जाओ, समझ लेना फिर ।"

मैं कुरसी से नहीं उठ सका। मैं चाहता था--पिछले कई महीनों से चल रहे मान का उत्तर मान से देना, पर जयंती नाम को सार्थक करती हुई जब उसने मेरे सामने बंगाली मिठाइयों की प्लेट रख दी, तो मैं उसे टालकर चल नहीं पाया।

"तुम भी लो।"

"मैं ले चुकी हूँ।"

"प्रसाद को ऐसा नहीं कहते।"

"लाओ भाई, रामानंद का प्रसाद है सो उसकी प्रतिष्ठा तो रखनी होगी।" उसने बरफी का टुकड़ा ले लिया।

"तुम बोलती क्यों नहीं थीं ?"

"सच्ची बोलूँ ?"

"हाँ, सच्ची।"

"अब तुमसे डर लगता है... ।" उसने गरदन झुका ली और बरफी कुतरती रही।

"मुझसे ? क्यों भला ?? मैं डरावना हो गया ???"

"दुत् पगले !" वह हँसी, "तुमसे का मतलब अपने से। मैं अब तुम्हारे करीब आने में डरती हूँ कि कहीं करेंट न लग जाये !"

"लगी कभी ?"

"बिना लगे कह रही हूँ ?"

"क्या हुआ ?"

"आज तक कलेजा धक्-धक् किया करता है।"

"नाटकीय !" मैंने जानकर जयंती के मुँह से बहुत पहले निकले शब्द का इस्तेमाल किया।

"तुमको सब-कुछ नाटकीय ही लगता है। कभी वास्तविकता भी समझा करो बंधु !"

मैं जयंती के इस डॉयलाग पर हँसता रहा। वह प्रसन्न थी, मुझे संतोष हुआ।

"अब चलूँ जयंती, सर तो अभी भी नहीं आये।"

"सर आज एक मीटिंग में जायेंगे, वे छः बजे से पहले नहीं लौटेंगे।"

मैंने जयंती के गाल पर एक चपत लगायी और कहा, "अच्छा डियर, फिर मिलेंगे।"

"बॉइ !" उसने हँसते हुए कहा और मैं सीढ़ियों से नीचे आ गया।

रंगपुरकुंज के फाटक को बंद करते हुए मैंने देखा--बरामदे में खड़ी जयंती मुग्धा की तरह हँस रही थी।

शाम को जब मैं नागर भवन में पहुँचा तो एक अजीब समां था। मँगरू अपने स्टूल पर वैसे ही विराजमान था जैसे वह दरवाजे के साथ जुड़ा ही पैदा हुआ है !

वह ड्राइंग-रूम, जिसे खजुराहो की नर्तकी का चित्र है, साड़ियों से भरा हुआ था। नाना प्रकार की बनारसी साड़ियों का ढेर था। बुनकर आँगन में बैठे थे। दलाल अपनी सपड़-सपड़ बातचीत से दोनों पार्टियों के मन को नवनीत से करमोय[1] रहे थे।

वल्लभचंद्रजी की नजर मुझ पर पड़ी, "आइए-आइए, तिवारीजी !" वे बोले, "जरा हमारी मदद कीजिए। आप केवल कागज-कलम लेकर बैठ जाइए। हमारे मुनीमजी साड़ियों की गिनती करके हर साड़ी का दाम बोलते जायेंगे, आप जरा इनकी संख्या और रुपयों का हिसाब जोड़ दीजिए।"

मेरे मन में आया कि कह दूँ--यह मेरा काम नहीं है। पर अब महीने में दो दिन बाकी थे। अम्मा पिछले तीन दिनों से झींक रही थीं कि भग्गू साहु के पचास रुपये बाकी हैं, वे आते-जाते टोकते हैं। मैंने सोचा था कि 'टाइप्स ऑफ रेलिजस फिलॉसफी' थमाते हुए आज पहली बार किरण से अपनी दयनीय आर्थिक स्थिति की ओर संकेत कर दूँगा। पचास रुपये भी मिल जायें तो अम्मा की चिंता छूटे। अम्मा का खिंचा हुआ मुँह मुझे कोई काम नहीं करने देता। मैं कभी-कभी खीजकर बोल पड़ता हूँ : 'क्या करूँ, जितना हो रहा है, कर रहा हूँ, मैं क्या रुपया पैदा करने की मशीन हूँ ? परिवार भी साला सिरदर्द है। मैंने जानकर यह दर्द मोल लिया है, अब तो खींचना ही है।'

नागरजी के आदेश के मुताबिक मैं उनकी साड़ियों का हिसाब करने बैठ गया।

"ई किसका माल है हो चंपालाल भाई ?" वल्लभचंद्र ने पूछा।

"असगर का... ।"

मैंने तभी देखा : एक छरहरे बदन का मुसलमान कारीगर दरवाजे पर आ गया। वह मामूली पायजामा-कुरता पहने था। सिर पर एक हल्की दुपलिया टोपी थी।

"वाह !" वल्लभचंद्र बोले, "हमें यही तो चाहिए 'रानी' और मस्टर्ड कलरवाली सारी साड़ियाँ एक तरफ छाँट लीजिए।"

---

1. गिला करना।

"और जरा यह देखिए पीकाक ब्लू वाली।" चंपालाल बोले।

"है तो भाई पर हमें बूटी में संदेह है।"

"कइसा संदेह साहब, आप का समझित हैं कि ई रूपा बूटी है !"

"नहीं है न ? रोलेक्स है, इसीलिए तो कहा, मुझे संदेह है।"

"तोहार भी कौनो जवाब नहिंनी सेठ ! कौन कारीगर साला असली रूपा बूटी और जरी लगाय रहा है आजकल ? जरा हम भी जान लें !"

"लगानेवाले अब भी लगाते हैं। खैर छोड़ो । ई बोलो कि इसमें कितना माल मुबारकपुरी बंबर बाने का है ?"

"हम दुकड़हा कारीगर नहिंनी सेठ, बंबर माल हमरे हियाँ नाहीं बनत। ओका बदै गोल घर के नजीके घूम लो और जेतना मन हो उठाय लौ।"

"खैर भई, तुमसे तकरार नहीं करनी है। जंगला बूटीवाली भी साड़ी है कोई ?"

"जंगला बूटी जाने के पहिरत है आजकल ! हम पहिले ही करीमन से कहा कि बेमतलब सब माल उठवाइके हुआँ मत ले जाव। माना कि इस्पेसल खरीद है, बाकी ऊ मानेन नाहीं।"

"अरे तो तुम्हारा माल कहाँ जा रहा है !" वल्लभचंद्रजी बिगड़े, "तुम्हें देखने देने में एतराज काहे भाई ?"

"देखावै बदै तो हम सर पर लादि के घूमित हैं, ओ बदै एतराज काहे का ! बाकी आप जवन पूछ रहिन हैं ओ पर कहा कि जानौ आडर दिये रहौ हमका कि जंगला बूटी चाही ! हमार सब माल एक तरफ रखो चंपालालजी !"

"तुम असगर, बेमतलब जिरह करते हो।" चंपालाल तिनके, "तुम्हारा सारा माल हियाँ एक तरफ रखा भवा है। ई का कौनो नयी कोठी है कि तू हम सबन के माल देखे और धरे का तरीका समझाय रहे हो ?"

"हाँ जी, तिवारीजी, लिखिए तो..." वल्लभचंद्र बोले, "साड़ी एक मस्टर्ड कलर, आड़ा बूटी, दाम सौ रुपया।"

"अच्छा भइया, कहब बुरा होई हियाँ, हमार माल रहन देव। हम वोका उठाय ले जाइत हैं। अबहीं... । कहो करीमन चच्चा, तू कहत रहौ कि बड़ा साफ हिसाब मिलत है हियाँ ! अइसनै सफाई होय तो हमें तो औरत के चकला में बैठावे के पड़ जाई...! रेशम तागे का दाम भी पॉकिट से लगी अऊर हफ्ता-भर के मिहनत जाई फोकट में। साला करघा का लगाये जी का जंजाल बैठाइ लीन्ह ! रहन दो सेठजी, हाथ जोड़ित हैं, एमा पोसाई नहिंनी... ।"

"तो यार, दस रुपये और ले लो, इतना गुस्से में काहे हो ? हम क्या मुफ्त में खरीद रहे हैं ? हम बाजार-भाव समझ के सौ बोले रहे थे। अब तुम्हारी जिद देखकर दस और लगा देंगे। पोत कौन-सा बड़ा नंबर वन है इसका !"

"अरे सेठ," असगर ने चौकी के पास आकर साड़ी उठा ली और कपड़े को चुटकी से पकड़कर सर्र-सर्र खींचते हुए बोला, "देखिन हैं हुजूर, ई पोत ! ताना-बाना बैठावे में साली बधिया बैठ जात है। आप खातिर न ई कुछ नहिंनी !"

"तो बोलो--एक सौ दस रुपया लिखवा दें कि... ।"

"हाथ जोड़ित हैं सरकार, ई साड़ी डेढ़ सौ से कम की नहिंनी।"

"कलकत्ता की कोठी से तार आवा कि अगवढ़ माल मत लो। हम तो ई सोच के खरीद लिहा कि तूँ लोग अपन जन हो, पुश्त-दर-पुश्त इहाँ आवत रहे, नाता-रिश्ता बना रहे। असगर मियाँ को मंजूर नाहीं है तो हम आ लाला चंपालाल जबरन माल रोक लिहैं तुमरा का ?"

"नीचेवाली दुपल्ली बुनावटवाली साड़िन के भी तू लालाजी एकै भाव में डारि रहे हौ, ई का कौनो इंसाफ की बात है ?"

"अरे यार, तो पाँच रुपिया फी साड़ी और ले लो।"

"पाँच रुपिया फी साड़ी में जाने कौन फरक परिहै ! चलो जो करना हो कर दो, फकीरन चाचा ठीकै कहत हैं कि बोझा टारै को रह गवा है ये व्यौपार में..."

वल्लभचंद्रजी ने काठ का बक्सा खोल के पाँच-पाँच के तीन नोट और फेंके और असगर मन-मारे आँगन से नोटों को बीनता रहा।

"मास्टरजी !" कम्मू आयी, "किन्नी बेन ने पूछा है कि आप किताब लाये ?"

"हाँ ! कम्मो," मैंने हिसाब जोड़ते हुए कहा।

"जाते हैं मास्टरजी दो मिनट में, जाओ कह दो म्होटी बेन से।"

"अच्छी !" कम्मो फुदकती हुई ऊपर चली गयी।

मैं हिसाब कर रहा था और दिमाग की फिरकी पर बार-बार एक ही वाक्य गूँज रहा था कि रेशम-तागे का दाम देवै बदै हम का औरत को चकले में बैठाएँगे ?... मैं भी चकले में ही बैठा हूँ। डेढ़ सौ में ई चकलागीरी करना नहीं तो और क्या है !

जब मैंने किरण को किताब दी तो वह मेरे चेहरे को देखते हुए सन्न रह गयी।

"बाहर क्यों खड़े हो ? आ जाओ न कमरे में।" उसने कहा।

"अब तो छह से ऊपर हो रहे होंगे--मैं घर जाऊँगा।" मैंने कहा।

"साड़ियों के चक्रव्यूह में फँस गये तो उसका गुस्सा मुझ पर क्यों उतार रहे हो ?" वह बोली।

"गुस्सा का क्या सवाल है--असल में आज कुछ तबीयत ठीक नहीं है। अच्छा, कल तक के लिए नमस्कार !" मैं सीढ़ियाँ उतरता आँगन में आ गया।

सचमुच आज सिर में दर्द था।

दीपावली हर शहर-गाँव के लिए अपना महत्व रखती ही है, पर कार्तिक तो जैसे कार्तिकेय के पिता शिव की इस नगरी में अपनी सारी मोहिनी लिये चहुँ ओर डेरा डाल देता है। कृष्णपक्ष की दीपावली और शुक्लपक्ष की कोजागरी किसको भूलेगी ! दीपावली आने के कुछ रोज पहले शहर की सफाई और सफेदी का जो माहौल शुरू होता है वह दीपावली की संध्या तक वैसे ही चलता रहता है। कौन दुकानदार है जो लक्ष्मी-प्रवेश के इस मुहूर्त पर अपनी दुकान को साफ सुथरी न कर ले।

"आनंद !" किरण बोली, "अबकी दिवाली पर आओगे न ?"

"ना !"

"क्या ?

"दीपावली पर पढ़ाई नहीं होती, तुम लोग दीये जलाओगी, पटाखे छोड़ोगी। ऐसे में मैं भला आकार क्या करूँगा ! नाहक लोगों को उलटा-पुलटा सोचने का मौका क्यों देती हो ?"

किरण कुछ नहीं बोली। वह मानिनी की तरह बैठी रही।

"तुमने सहस्रदीप मंदिर देखा है ?" मैंने उसे खुश करने की गरज से पूछा।

"हाँ, जब छोटी थी, कई बार दीये लेकर वहाँ गयी हूँ। कितना सुंदर लगता है !"

"इस बार क्यों नहीं दीये लेकर जातीं, वहाँ दीपदान से पुण्य भी तो होता है !"

"कैसा पुण्य ?"

"दीपदश्चक्षुभाप्नोति, दीपदान करनेवाला चक्षु प्राप्त करता है।"

"मैं क्या अंधी हूँ ?"

"सचमुच किरण, क्या तू अभी तक इन बाहरी चक्षुओं की असीम शक्ति में ही विश्वास करती है। चक्षु तो भीतर ही हैं, जो अदृश्य-सी लगने वाली घटनाओं को कैसी मनोहरी छवि प्रदान कर देते हैं !"

"मैंने तो कभी नहीं देखा, तुमने क्या देखा अंतश्चक्षुओं से आनंद ?"

"मैंने कोई बॉयस्कोप नहीं देखा है देवि, बस, यही देखता हूँ कि एक लड़की है। कुरसी पर बैठी है। उसका गोरा रंग, उसके तीखे नाक-नक्श, उसकी ममतालु आँखें और उसकी जरा-जरा-सी बात में टेढ़ी होनेवाली भौंहें कितनी जानमारू हैं !"

"धत्तेरे की ! पता नहीं किस गँवारू खित्ते से उड़ा लाये यह 'जानमारू' शब्द ! हे पंडितप्रवर, कृतया अपने शब्दकोश को थोड़ा सीमित कीजिए।"

"किया, किया देवि, मैं तो अब संक्षिप्त संस्करण से ही काम चलाता हूँ, इसीलिए उस लड़की के सौंदर्य को मैंने कुल दस शब्दों में बाँधने की कोशिश कीः वरना मेरे आंतरिक नेत्रों के आगे जो रूप खड़ा होता है, उसे पूरा-का-पूरा कहने में तो बृहद् ज्ञानकोश भी खर्च हो जायेगा।"

"कैसा है ?"

"क्या ?"

"जो वर्णन कर रहे थे।"

"क्या वर्णन कर रहा था।"

"तुम्हारा सिर !"

"वह गोल है !"

"सो तो है, न सिर्फ गोल बल्कि गोलगप्पे की तरह खटास से भरा हुआ !"

"हूँऽ, तो आ गयीं चिंचारस में ?"

"बताओ न !"

"ऐसा करें कि तुम फिर गौरी कन्या बन जाओ और मंगला गौरी के दर्शन के बहाने पंचगंगा आ जाओ। इस बार हम दोनों सहस्रदीप मंदिर पर दीपदान करेंगे।"

"साथ-साथ ?"

"साथ-साथ !"

"पक्का ?"

"बिल्कुल पक्का !"

मैं पिछले पाँच-छः वर्षों से काशी की दीपावली देख रहा हूँ। रात बारह बजे तक छूटनेवाले पटाखों से नींद उचट जाती है, पर वह दीपावली जैसे मेरे सपनों के दीपों से भरी थी। ये दीप मेरी आत्मा की ज्योति से मिलकर एकाकार हो गये थे।

भिमला जब मुझे अस्सी से नाव में बैठाकर पंचगंगा की ओर चला तो दीपों से भरे घाट और उन पर खड़ी अट्टालिकाएँ गंगा के जल में अपनी छवि निहार रही थीं, नीचे-ऊपर दोनों तरफ दीपावली थी। दीपों की पंक्तियाँ नीले जल में प्रतिबिंबित होकर दुहरी प्रकाश-रेखाएँ खींच रही थीं।

"आ गये ?" किरण शायद बहुत देर से खड़ी थी।

"ओह् हो !" मैंने कम्मो को गोद में उठा लिया, "क्यों री गुड़िया, इधर कैसे आ गयी ?"

"किन्नी बेन के साथ।" कम्मो ने लोचदार आवाज में कहा, "मास्टरजी, ओ जो है न..."

"ओ जो है कौन-सा ?"

"ओ जहाँ दीये हैं--हाथ फैलाये बरगद पर... ।"

"वाह रे कम्मो, कमाल की चित्रकार है तू ! सुनो किरण, कम्मो सहस्रदीप मंदिर को हाथ फैलाये बरगद की तरह कह रही है। वाकई यह मोरपंखी पेड़-जैसा ही तो है। नीचे बड़ी-बड़ी बाँहें और ऊपर छोटी-छोटी । चौगिर्द इस तरह कि जैसे किसी ने सहस्रदीप आरती की नकल पर यह पत्थर का स्तंभ बना दिया है।"

"दोनों में से कौन ज्यादा अच्छा लग रहा है ?"

"भई, अपनी-अपनी पसंद है। मुझे तो जाँचना पड़ेगा।"

"जाँचकर बताओ।"

"चलो तुम।"

हमने घूमकर दोनों दीप मंदिर देख लिये।

"अब चलें ?" किरण ने पूछा

"मुझे तो वह दीवार से सटा हुआ ज्यादा अच्छा लगा।"

"इत्ता सुंदर सजा है यह और तुम तारीफ उधरवाले की किये जा रहे हो ?"

"देवि, सजावट और सौंदर्य में फर्क होता है। इसके सामने जब वह लड़की खड़ी हुई तो यों लगा कि दीप इतने करीने से रखे हैं कि आदमी से तटस्थ हो गये हैं और यहाँ पीछे दीवार न होने से उनका प्रकाश अँधेरे में खो जाता है।"

"और वहाँ ?"

"वहाँ जब लड़की पहुँची तो लगा कि प्रकाश नीचे की ओर फौव्वारे-जैसा उतर रहा है और वह गौरी की तरह वर्षा की पहली फुहारों में भीग रही है।"

"अच्छा, आनंद, उस मंदिर में एकदम ऊपर ये दो दीप रखने हैं। कैसे होगा ?"

"अभी होता है।"

"बहुत ऊँचा है।"

"मन से भी ?"

मैंने किरण की थाल से दोनों दीपक ले लिये। चहारदीवार पर बनी सीढ़ियों का सहारा लेते मैं इतनी ऊँचाई पर पहुँच गया कि शीर्ष बिंदु तक हाथ पहुँच सकते थे। एक दीपक बुझ गया था। मैंने एक से दूसरे को जलाया और धीरे से सहस्रदीप मंदिर के सबसे ऊँचे हिस्से पर वे जुड़वें दीपक रख दिये। मैं धीरे-धीरे उतरने लगा, ज्योंही पैर पुनः समतल पर पहुँचे, किरण ताली पीटते हुए बच्ची जैसी हँसी। "वाह, वेरी गुड !"

तभी मैंने देखा, मंदिर के पास जमुना खड़ा है। वह हम लोगों की इस बाल-क्रीड़ा को पता नहीं कब से देख रहा था।

"रख आये रामजी ?" उसने पास आकर पूछा।

"हाँ जमुना, सबसे ऊपर दो दीप--सिर्फ दो... ।"

"तो अभी तुम द्वैत में ही हो नंदू भैया ?" जमुना बोला, "द्वैत में अलग-अलग अपने को बनाये रखने का अहं है, विसर्जन नहीं।"

"यह कौन हैं आनंद ?" किरण थोड़ा चिढ़कर बोली।

"किरण, ये हैं स्वामी जमुनादासजी, बहुत बड़े कृष्णभक्त हैं।"

किरण ने हाथ जोड़कर प्रणाम किया।

किरण कम्मो को लेकर घर चली गयी। मैं जमुना के साथ थोड़ी देर घाट पर खड़ा रहा।

"जमुना, यही थी किरण।"

"मैं देखते ही समझ गया था नंदू," जमुना गंभीर था, "मुझे श्रीकुंज की राधारानी की मूर्ति के बाद पहली बार किसी मानवी को देखकर इतनी प्रसन्नता हुई रामजी कि क्या कहूँ आपसे ! वह लड़की नहीं है रामजी, ऐश्वर्य का उपहार है; पर मुझे अजब लगा नंदू, क्षमा करना।"

"क्या लगा तुम्हें जमुना ?"

"आँखें।"

"क्या था आँखों में।"

"कोई बुरी चीज नहीं थी। अच्छी चीज है। आँखें बड़ी ममतालु हैं रामजी, हैं न ?"

"सो तो हैं," मैंने जमुना का मजाक उड़ाते हुए कहा, "इसमें क्षमा माँगने की क्या बात है !"

"है तो कुछ नहीं रामजी," जमुना बोला, "ममता बड़ी विचित्र चीज है नंदू भइया ! इसे सब चाहते हैं। बड़ी माँग है इसकी और जिसके पास होती है वह भी इसके ऐश्वर्य से परिचित रहता है न। इसलिए ममता दिखाने में कभी चूकता नहीं।"

"तिवारी बाबू !" भिमला पुकार रहा था।

"अच्छा, जमुना, फिर मिलेंगे।" मैं नाव में बैठा और लौट आया। रास्ते-भर जमुना की बातों पर सोचता रहा, पर कुछ भी पकड़ में न आया।

नवंबर अजीब महीना है। मैं शाम को गंगा के किनारे-किनारे अस्सी से लेकर यूनिवर्सिटी से सटे सामने घाट तक बीसों बार गया हूँगा--मरकत और पुखराज। हरित सुवर्ण का ऐसा मनोहारी ठाट मैंने नहीं देखा। जौ के हरियाले खेतों में सरसों के पीले फूल झूमते रहते हैं। गंगा के दोनों किनारों पर शस्य की ये सीढ़ीदार क्यारियाँ नदी को सचमुच देव-नदी की शोभा प्रदान करती हैं। नीले आसमान की आकाशगंगा ही मानो पृथ्वी पर उतर आयी हो।

मैंने किरण के यहाँ से लौटते समय में तब्दीली कर दी। मैं सात-साढ़े सात तक निश्चित लौट आता। लंका में 'एम्बेसी' में होनेवाली प्रतिदिन की गोष्ठियाँ वैसे ही गुलजार थीं। दुर्गापूजा की छुट्टी में जो सन्नाटा छाया था, अब वह विदा हो रहा था। आदमियों की साँसों की गरमी और सिगरेट के धुएँ से भरे रेस्तराँ और कुछ भले न दें, एक-दूसरे से जुड़े होने का एहसास तो जरूर देते हैं।...

उस दिन सारबोन विश्वविद्यालय के नान्तेरे में कला-संकाय के छात्रों के लिए स्नान-कुंड का उद्घाटन करते हुए दगाल सरकार के खेल-कूद मंत्री मिसोफे ने एक लंबा-चौड़ा भाषण दिया। छात्रों को शिक्षा के विषय में उपदेश पिलाये गये और ज्योंही मंत्री महोदय चलने को तैयार हुए, एक छात्र भीड़ में से खड़ा हुआ और उसने एक पंक्ति का छोटा-सा सवाल दाग दिया, "मोश्ये, आपके मंत्रालय ने फ्रांसीसी छात्रों की स्थिति पर जो छः सौ सफों की लंबी रपट तैयार करायी है, उसमें नौजवानों की यौन-समस्याओं पर एक शब्द भी नहीं है ?"

मिसोफे के चेहरे पर नाराजगी उछली, उनका मिजाज बिगड़ा, "मैं जिम्मेदार लोगों से इस समस्या पर विचार करने को तैयार हूँ, लेकिन तुम-जैसे गैरजिम्मेदारों के साथ नहीं। हाँ, अगर तुम्हारी कोई व्यक्तिगत समस्या हो तो तुम इस स्नान-कुंड में कूद जाओ।"

मंत्री महोदय इस व्यंग्य पर मन-ही-मन मुस्कराते हुए आगे बढ़े कि इस नौजवान छात्र ने कहा, "मोश्ये मिसोफे, हिटलर का युवा मंत्रालय भी आपकी-जैसी ही बातें किया करता था।"

मंत्री का चेहरा गुस्से से लाल हो गया।

हजारों लोगों ने एक साथ पूछा, "यह युवक कौन है ? कौन है यह ?"

यह था फ्रांस की पूरी सरकार को हिला देनेवाला छात्र-नेता कोह्न वेंदे। भूरे-भूरे बालोंवाला यह युवक मई, 1968 में विश्व के तमाम अखबारों की सुर्खियों में छा गया।

1968 पूरे विश्व में छात्र-आंदोलनों का वर्ष था। पोलैंड, चेकोस्लोवाकिया, जर्मनी, इटली, स्पेन, इंग्लैण्ड और संयुक्त राज्य अमेरिका से छात्र-अशांति की खबरें छप रही थीं। यह सही है कि इनके रूप और कारण भिन्न-भिन्न थे, पर यह कहना गलत न होगा कि यह समस्या अंतर्राष्ट्रीय रूप ले रही थी। याद रखना चाहिए कि अमेरिका की अत्यधिक व्यावसायिक और चुस्त बर्कले और कोलंबिया जैसी युनिवर्सिटियाँ भी बीभत्स दंगा-फसादों का अखाड़ा बन गयी थीं।

फ्रांस की छात्र-क्रांति हमारे देश में बहुत चर्चित हुई। उस दिन हम कई लोग एम्बेसी में बैठे बात कर रहे थे।

दुर्गापूजा के बाद अभी-अभी युनिवर्सिटी खुली थी और मई, 1968 में फ्रांस में घटने वाले वाकयात हमारे लिए दिलचस्पी की चीज थे।

"यह सब शुरू क्यों हुआ ?" किसी ने पूछा।

"इसके शुरू होने के कारण ऊपर-ऊपर से सब जगह एक-जैसे होते हैं, यानी कुछ माँगें जैसे कि पाठ्यक्रम बदला जाये, शिक्षा को ज्यादा रोजगार-परक बनाया जाये,

स्नान-कुंड की व्यवस्था ठीक की जाये, कक्षाओं को छोटी किया जाये।" देबू ने रुककर साँस ली, "पर सही बात यह है कि छात्रों और युनिवर्सिटी के अधिकारियों के बीच खिंचाव का मुख्य कारण पीढ़ियों का वह अंतराल है जिसके कारण हम एक-दूसरे को ठीक से समझ नहीं पाते।"

"फ्रांसीसी आंदोलन के पीछे यह कारण नहीं है।" एक दाढ़ीवाले युवक ने धीरे से कहा। मैंने उसे पहली बार देखा था। वह पतला-दुबला युवक था। गाल पिचके हुए थे। दाढ़ी नुकीली थी और उसकी आँखों में एक अजीब तरह की चमक थी।

"अच्छा, शिवरामजी, आप भी हैं ? और क्या हाल है ?"

"मैं तुम्हारे बुर्जुआ अंदाज से घृणा करता हूँ।" उस युवक ने देबू को बेहिचक कोंचते हुए कहा। "तुम कोह्न बेंदे का नाम लेते हो, पर उसके बारे में शायद ही कुछ जानते हो। क्या तुम्हें मालूम है कि वह फ्रांसीसी नहीं, जर्मन है, वह अपने को अराजकतावादी कहनेवाला मसखरा है, जो समझता है कि मार्क्सवाद अपनी उपयोगिता खो बैठा है और अब क्रांतियाँ गैर-मार्क्सवादी तरीकों से भी हो सकती हैं ?"

"इसमें गुस्से की क्या बात है कामरेड ?" मैंने पुचकारते हुए कहा, "क्रांतियाँ कोई ऐसी विशिष्ट किस्म की तकनीकी चीजें तो नहीं हैं जो सिर्फ एक मार्क्सवादी मशीनरी से ही पैदा हो सकती हैं। कोह्न बेंदे ने यह सिद्ध कर दिया है कि क्रांतियाँ न सिर्फ मार्क्सवाद के जड़ फार्मूलों से अलग हो सकती हैं बल्कि यह भी मार्क्सवाद के तथाकथित महंथ उनके लिए बाधा भी बन सकते हैं।"

"तुमने मार्क्सवाद पढ़ा है ? तुमने 'कैपिटल' देखी भी है। तुम रूसी कम्युनिस्ट पार्टी के मैनिफेस्टो से परिचित भी हो ?" उसकी दाढ़ी सुरसुरायी और आँखें बिल्ली की तरह और भी चमकने लगीं।

"मार्क्सवाद रूस में ही फेल हो गया है कॉमरेड !" मैंने चिढ़ाने की गरज से कहा, "क्योंकि उसे चलानेवाले उन तमाम खागियों से भरे हैं जो एक सामान्य आदमी में होती हैं।"

"मैं संशोधनवादियों की बात नहीं करता मिस्टर तिवारी ! आप कोह्न वेंदे को बहुत बड़ा तीसमारखां बनाना चाहते हैं, मुझे इस पर आपत्ति है।"

"कोह्न वेंदे एक ईमानदार किस्म का युवा है कॉमरेड, जिससे विचार-विमर्श करने के लिए आपके कवि लुई अरागाँ और चिंतक ज्याँ पॉल सार्त्र बेकरार रहते हैं।" देबू ने बीच में टोका।

"इन घासलेटी कवि और चिंतकों ने ही तो उसका मन बढ़ा दिया है।"

"तो क्या आप इनकार करेंगे कि 22 मार्स ने जिस तरह फ्रांसीसी क्रांति का नेतृत्व किया, वह कुछ है ही नहीं ?"

"मैं यह नहीं कहता कि वह कुछ नहीं है, पर उसे मैं एक मामूली खेल और हरकत

से बड़ी चीज नहीं मानता।"

"आप फ्रांसीसी कम्युनिस्ट पार्टी के अखबार 'ह्यूमैनिते' के आरोपों को दुहरा रहे हैं, वह भी इस छात्र-आंदोलन को टुच्ची चीज समझता है।" मैंने कहा।

"मुश्किल यह है शिवरामजी कि सही ढंग से सोचने वाले युवा के सामने दो-दो मुसीबतें एक साथ खड़ी हैं। एक ओर प्रतिक्रियावादी दक्षिणपंथी हैं जो हर आंदोलनों को असामाजिक तत्वों की कारगुजारी कह देते हैं, दूसरी ओर क्रांति को अपनी मोनोपली माननेवाले कम्युनिस्ट हैं जो इन आंदोलनों को एक साँस में साहसिकतावाद या एडवेंचरिज्म का नाम दे लेते हैं। हालाँकि सहानुभूति की उम्मीद कम्युनिस्टों से ही थी। चूँकि ये दोनों अतिवादी छोर बहुत संगठित हैं, इसलिए वे यथावत् स्थिति बनाये रखना चाहते हैं और किसी भी प्रकार के जन-आक्रोश को अपनी दिशा चुनने का मौका ही नहीं देना चाहते।" देबू अब फॉर्म में आ चुका था। उसने और ज्यादा जोर देते हुए कहा, "कोह्न वेंदे 26 अप्रैल को दक्षिणपंथी छात्रों की शिकायत पर गिरफ्तार किया गया। उसके बहुत पहले 7 अप्रैल को ही फ्रांस कम्युनिस्ट पार्टी के सेक्रेटरी बालडेक रोशे ने उसे दुस्साहसिक कह डाला था। अब आप ही बताइए कि ऐसी हालत में या तो छात्र अपनी समस्याओं के दलदल में सड़ता रहे या इन दोनों घेरों को तोड़कर अपनी आवाज बुलंद करने के लिए एक नया तरीका अपनाये--क्या करे ?"

"क्या किया उन छात्रों ने ?"

"उन्होंने जो किया, वह आपके सामने है। 3 मई को हमारी पी.ए.सी. के भाई-बंधुओं ने, जिन्हें फ्रांस में सी.आर.एस. कहते हैं, पूरे कैंप को घेर लिया। यह सब क्यों हुआ ? क्योंकि छात्र अपने नेताओं की रिहाई की माँग कर रहे थे और नांतेरे के बंद किये जाने के विरोध में सभाएँ कर रहे थे। उसी वक्त इन सी.आर.एस. के नौजवानों ने छात्रसभा पर हमला बोल दिया और जैसाकि 'ले मांडे' की रपट से जाहिर है, उन पर जहरीली आँसू गैस के गोले फेंके गये। छात्रों की जमकर पिटाई हुई और 596 छात्र गिरफ्तार किये गये।"

"यह तो सब जगह होता है, फिर तुम्हारे कोह्न वेंदे ने कौन-सा कमाल कर दिया ?" शिवराम ने व्यंग्य करते हुए पूछा।

"कमाल इस बात में है कि उसने दक्षिण और वामपंथी दोनों अतिवादों से आंदोलन को बचाते हुए पूरे फ्रांस में फैला दिया। ट्रेड यूनियनों ने फैक्टरियों पर कब्जा कर लिया, छात्रों ने लैटिन क्वार्टर्स पर। टेलीविजन केंद्र तक अछूते नहीं रहे।"

"फिर ?"

"फिर फ्रांस की समूची सरकार हिल उठी। पुलिस प्रीफेक्ट ग्रिमो इस आंदोलन को कुचल देने के लिए भेजा गया। उस वक्त तक लैटिन क्वार्टर्स पर छात्रों का पूरा कब्जा था और उधर आनेवाली तमाम सड़कें कई जगहों पर इस कदर रोक दी गयी थीं कि इन

अवरोधों को हटाकर आने में पुलिस की भी नानी मर जाती। 11 मई को दो बजे जब ग्रिमो ने अवरोधों को हटाने का निश्चय किया तो जानते हैं, क्या हुआ ? 22 मार्स के पास हर गली और नुक्कड़ से खबरें आने लगीं कि किस ओर कितनी पुलिस है और उनकी अगली गतिविधि क्या होगी। उस दिन जमकर लड़ाई हुई। पुलिस के आधुनिक हथियारों के सामने छात्रों ने ईंट-पत्थर, कंकड़, मोलोटोव कॉकटेल्स, कालोर गैस की बोतलों और रसायन विज्ञान के छात्रों द्वारा बनाये गये भद्दे किस्म के हथगोलों से जमकर लड़ाई लड़ी।"

"नतीजा ?" शिवराम बोला।

तभी रमेंद्र आया और एक तरफ बैठ गया। उसके साथ देवेंद्र और शालिग्राम माथुर भी थे।

"नतीजा ?" देबू बोला, "नतीजा आपको वे हजारों नारे बतायेंगे जो अपनी अनूठी भाषा के कारण एक नयी सृजनशीलता के उदाहरण बन गये। नतीजा वे रेडियो और टेलीविजन के अधिकारी बतायेंगे जिन्होंने सस्ते किस्म के प्रोग्रामों के बदले फ्रांस के नये माहौल के अनुरूप अपने को बदलने का निश्चय किया। नतीजा वह नयी शिक्षा-पद्धति बतायेगी जो इस धक्के से जन्म लेनेवाली है।"

"दो-एक नारे बतौर उदाहरण के सुना दीजिए देवनाथजी !" शिवराम कुटिल ढंग से मुस्कराते हुए बोला, "जरा मैं भी नयी सृजन-शीलता की बानगी देख लूँ !"

"सरकार की ओर से पोस्टर निकले : दूसरे को तमाम विरोधों के बावजूद प्यार करो क्योंकि वह तुम्हारे 'मैं' से अलग नहीं है--लड़कों की ओर से वीओ आर्ट्स पोस्टर ने उत्तर दिया : तुम नौजवान बनो या चुप रहो।" देबू ने मुस्कराते हुए कहा।

"मैं आपको गंभीर आदमी समझता था मिस्टर देवनाथ, पर आप भी रूमानी किस्म के बहेतू छात्र-नेता ही हैं ! आपने चीनी सांस्कृतिक क्रांति पर कुछ पढ़ा है ? आपने लाल किताब देखी है ? नहीं देखी है तो देखिए, और आपको मालूम हो जायेगा कि सच्ची सृजनशीलता कैसी होती है !"

"तुम आ गये न अपने विषय पर !" देबू हँसा 'मैं इसी की प्रतीक्षा कर रहा था कि आज बाइबल की चर्चा क्यों नहीं हो रही है।"

शिवराम उठ पड़ा, "समय बतायेगा।" वह गुस्से से सबको घूरता हुआ चला गया। मैं उसकी इस दृढ़ता पर मन-ही-मन मुग्ध हुआ।

युनिवर्सिटी की अपनी एक चहारदीवारी होती ही है, होती रही है; पर जब से युवा-आक्रोश ने यह चहारदीवारी ढाह दी है, युनिवर्सिटी के बाहर के अनेक युवा इसके भीतर की जिंदगी को देखने के लोभ में यहाँ चले आ रहे हैं। और कोई नहीं जानता कि

इन बाहरी युवजनों में कौन क्या है, वे हमसे अलग नहीं हैं, यह सही है। वे हमारे तरह ही पहनावे पहनते हैं। खत कटाते हैं, बोलने-चालने के मुहावरे भी हमारे-जैसे हैं, पर एक अजीब बात है कि वे चाहकर भी युनिवर्सिटी को अपनी श्रद्धा नहीं दे सकते, यह संभव नहीं है, क्योंकि वे न तो पुस्तकों के संपर्क में हैं, न अध्यापकों के, और न तो उन्हें परीक्षा में फेल होने का कोई भय ही है।

उस रोज एम्बेसी में देबू उदास बैठा था। मैं किरण के यहाँ से कुछ पहले ही लौट आया था।

"कहो देबू, बड़े उदास लगते हो ?"

"बैठो नंदू," उसने धीरे से कहा, "चाय पीयोगे या कॉफी ?"

"कुछ भी मँगा लो यार, मेरे लिए कुछ देर बैठने के लिए दोनों एक जैसी हैं।"

"नंदू, इस बार का चुनाव बहुत अजीब लग रहा है। मैं कभी चुनावों से नहीं डरता, पर इस बार मन में एक अजीब किस्म की उदासी और दहशत है।"

"आखिर क्यों ? तुम तो खड़े भी नहीं हो, तुम्हारी पार्टी के उम्मीदवार जरूर हैं, पर तुम कह रहे थे कि उनसे तुम्हारा वास्ता नहीं !"

"यही तो बात है दोस्त, वे उम्मीदवार हमारे कहने से खड़े नहीं किये गये। युनिवर्सिटी से बाहर रहनेवाले लोग हमसे ज्यादा जानने का दंभ भरते हैं। वे हमारे ऊपर उम्मीदवार लाद जाते हैं, पर मैं जानता हूँ कि संयुक्त समाजवादी युवजन सभा भीतर-ही-भीतर नारंगी की तरह फटी है। उसमें ऊपर-ऊपर से एकता लगती है। बस, वह छिलके की एकता है। भीतर सभी फाँकें अलग-अलग हैं। भिन्न-भिन्न जातियों की फाँके हैं। फिरकापरस्ती की फाँकें हैं, और इन सबके साथ उम्मीदवारों का अहं है। युवजन सभा में आते ही हर लड़का नेता हो जाता है, उसका कोई नेता नहीं होता। वह कुछ लड़कों को बटोर उसका नेतृत्व सँभाल लेता है, आखिर इस तरह की विभक्त, टूटी हुई, जर्जर संस्था चुनाव क्या लड़ेगी ?"

"जब तुम्हारा कोई वास्ता नहीं इनसे, तो ये जीतें या हारें, तुम्हारा क्या ? तुम व्यर्थ में अपनी नींद क्यों हराम करते हो ? जो होना होगा, होगा।"

"यह बात नहीं है दोस्त, मैं वर्तमान नहीं, भविष्य देख रहा हूँ। वामपंथी ताकतों की इस कमजोरी का फायदा उठाकर दक्षिणपंथी ताकतें आगे आयें और हम जो कुछ भी नया करना चाहते हैं, वह कभी भी नहीं हो पाये !"

तभी रेस्तराँ में रमेंद्र आया। वह हमारे ही टेबल पर आकर सामने बैठ गया।

"सुनो देवनाथ," रमेंद्र को मैंने इस तरह बातचीत करते नहीं सुना था, "तुम्हारे दल के लोग बड़ी गलतफहमी में हैं। ये सफेद कुरते और ऊँची कॉलर से सारा माहौल बदलने का ख्वाब देख रहे हैं। मैं तुम्हें आगाह करने आया हूँ कि तुम इस बार चुनाव से जैसे दूर हो, वैसे ही रहो, और ज्यादा अच्छा हो कि महीने-भर के लिए शहर में कहीं और रहने

का इंतजाम कर लो।"

"तुम मुझे धमका रहे हो ?" देबू बोला।

"मैं किसी मच्छर पर हाथ नहीं उठाता--मैं सिर्फ कह रहा हूँ।" वह बड़े अजीब ढंग से हँसा। रमेंद्र मेरे ही कद, रंग और आकार-प्रकार का है। पर मैंने पहली बार नोट किया कि कुटिलता से हँसते वक्त उसके जबड़े विपरीत दिशाओं में हिलते हैं, वह ऐसे हँसता है मानो कोई टट्टू हो !

"देखा जायेगा।" देबू उसी तरह कॉफी पीता रहा।

रमेंद्र चुपचाप उठा, "मैंने सावधान कर दिया : मेरा काम खत्म हुआ।" वह फिर टट्टू की तरह हिनहिनाया और रेस्तराँ से बाहर चला गया।

मैं चुप रहा।

"इसने हमारे दल का एक लंबा टुकड़ा काट लिया और यह दक्षिणपंथियों से जा मिला है। मुझे इस लड़के से ऐसी उम्मीद नहीं थी। यह तमाम लोगों को गलत-सलत बातें बताकर हमसे फुटा रहा है।"

मैं फिर भी चुप रहा।

"क्या सोच रहे हो ?" देबू बोला।

"मैंने इस रमेंद्र को कभी इतना खुलकर हँसते नहीं देखा था। यह तो काशिराज के घोड़े से भी ज्यादा खतरनाक है !"

"काशिराज का घोड़ा ?"

"तो तुम शायद वह कहानी नहीं जानते ? जातक में एक कहानी आती है। एक बार उत्तरापथ के कुछ व्यापारी कुछ अच्छे किस्म के घोड़े लेकर काशी आये। उन्होंने काशी के राजा को वह घोड़े दिखाये। घोड़े बहुत अच्छे थे, इसलिए दाम भी ऊँचा था। राजा ने एक चाल चली। उसने रात को अपना एक कटहा घोड़ा व्यापारियों के घोड़ों के बीच छुड़वा दिया। अब क्या था, उस घोड़े ने कुछ घोड़ों को काटा और घोड़ों में दंत-कटौवल चल पड़ी। सुबह व्यापारियों ने देखा कि सभी घोड़े दागदार हो गये हैं तो उन्होंने बहुत कम दाम पर सभी घोड़े काशिराज को बेच दिये।"

"हूँऽ, तो यह है कटहे घोड़े की कहानी !" देबू हँसा। "जातक भी कैसी-कैसी भविष्यवाणियाँ कर गया है ! तमाम लोग बिक रहे हैं, कोई एक प्लेट ऑमलेट पर, कोई दूसरी सुविधाएँ पाने के लोभ में !"

"इसमें अस्वाभाविक क्या है ! कोई छात्र ऐसा नहीं है जो बहुत धनी हो और उसे पैसों की जरूरत न हो। एकाध महीने यदि चुनावों के दौर से गुजरते हुए किसी को एक जोड़ी गरम कपड़े मिल जाते हैं, किसी के लिए नाश्ता-पानी और मुफ्त में भोजन की व्यवस्था हो जाती है, तो इसे अस्वाभाविक क्यों कहें। यह तो लोकतंत्र की विशेषता है। सभी ऐलान करते हैं कि चुनाव में एक निश्चित रकम ही खर्च की जायेगी, पर न तो

एम.एल.ए. न तो एम.पी. इस प्रतिबंध को मानते हैं। सभी झूठी कसमें खाते हैं। जब बड़भैये ऐसा कर रहे हैं, तो छुटभैयों पर ही रोक क्यों ?" मैंने किंचित् तटस्थ होकर कहा।

"तिवारीजी !"

"कौन है भाई ?"

"मैं हूँ, नंदकिशोर।"

"आओ-आओ नंदकिशोर, बड़े घबराये लगते हो ?" मैंने उसे कुरसी पर बैठने के लिए कहा और पास की चारपाई पर खुद भी बैठ गया।

"आपने राजनीति छोड़कर बहुत अच्छा किया।" नंदकिशोर बोला, "आपने यह सब कैसे जान लिया पहले से कि अब चुनाव नहीं, धुनाव होगा ?"

"धुनाव ? यह क्या बला है भाई ?"

"अरे मारपीट, धुनाई !" वह अब भी काँप रहा था।

"तुम चाय पीयो नंदकिशोर, और घबराओ बिल्कुल नहीं। यहाँ कोई नहीं आयेगा। यहाँ आना खतरनाक भी है। वैसे मैं अकेला हूँ, पर उतना अकेला नहीं जितना तुम समझते हो। मैंने अपने पड़ोसियों की हमेशा सहायता ही की है, इसलिए जल्दी कोई हमारे विपक्षियों का साथ नहीं देगा।" मैंने उसे आश्वस्त किया और अम्मा से चाय बनाने के लिए कह आया।

मैं देख रहा था कि चाय पीते हुए भी नंदकिशोर के हाथ काँप रहे थे। वह बड़ी मुश्किल में था।

"यह सब ढोंग है तिवारीजी !" उसने कहा।

"क्या ढोंग है भाई ?"

"यह चुनाव, यह सरगरमी, आशा का यह नया उफान--सब ढोंग है। मेरे-जैसे हरिजन विद्यार्थी को, लगता है, आपके रास्ते पर ही आना होगा।"

"मेरे रास्ते पर ? मेरा क्या रास्ता है !"

"सब-कुछ से अलग हो जाना और तटस्थ ढंग से चीजों को देखना... ।"

"तुम गलत सोचते हो नदकिशोर ! मैं इतना अलग अभी नहीं हुआ हूँ। हाँ, मैं जरूर चाहता था कि लोकतंत्र के नाम पर व्यक्तिवाद की पूजा न हो। मैं लोकतंत्र को बहुत बड़ी चीज मानता हूँ। वह आदमी की व्यक्तिगत प्रतिष्ठा को बरकरार रखने की एकमात्र गारंटी है। पर अब लोकतंत्र का अर्थ बदल गया है। लोकतंत्र हो गया है चुनाव पर आँख लगाये प्रतिनिधि बनने की टुच्ची हविश... ।"

"और उसे होना क्या चाहिए था ?"

"लोकतंत्र प्रतिनिधि चुने जाने की लालसा और लिप्सा का नाम नहीं है मित्र ! वह

अपने आसपास घटित होनेवाली घटनाओं और समस्याओं में सक्रिय साझेदारी का नाम है। मैंने जिस दिन देखा कि ऐसी साझेदारी में विश्वास करनेवाले ईमानदार लोग केवल हथियार के रूप में इस्तेमाल किये जाते हैं, और इनकी आड़ में स्वार्थ-साधन कुछ मुट्ठी भर नेता करते हैं, मैंने अपने को इस माहौल से काट लिया। मैं सिर्फ कटा हूँ, हो सकता है कि बाद में हमेशा के लिए कट जाऊँ, पर अभी तक मानसिक रूप से अलग नहीं हो पाया हूँ।"

"बड़ी मुश्किल है तिवारीजी !" नंदकिशोर उठ पड़ा, "एक ओर खंदक है, दूसरी और नुकीली चढ़ाई। एक ओर तानाशाही और सांप्रदायिकता है, तो दूसरी ओर व्यक्तिगत स्वार्थ और कलह। एक ओर आतंक है, तो दूसरी ओर घृणित जातिवाद और फिरकापरस्ती...आखिर हमारे जैसे लोग किधर जाये ? ... अच्छा तिवारीजी !" नंदकिशोर चुपचाप चला गया।

मेरा मन बहुत उदास हो गया था। मन भी एक अंजीब किस्म की फिरकी है। नाचते-नाचते कब खामोश होकर बैठ जायेगा, कहना मुश्किल है। मैं अभी-अभी खुश था, अभी-अभी उदास हूँ। मुझे खुशी थी कि मेरे मित्रों ने अपनी चहारदीवारी पूरी तरह ध्वस्त नहीं की है। वे बाहर को बाहर ही रहने देना चाहते हैं। वे अपने अंदरूनी मामलों में आतंकवाद का हस्तक्षेप बर्दाश्त नहीं करना चाहते, पर इस आतंक का एकमात्र उत्तर सिर्फ इसे वोट द्वारा पराजित करना ही नहीं है, इस आंतकवाद का सफाया करने के लिए छात्रों को एकजुट होकर आगे आना होगा। पर क्या वे आ सकेंगे ? मैं उदास हूँ, क्योंकि जानता हूँ कि कोई जानकर खतरे में पड़ना क्यों चाहेगा ?

'उहुँह् !' मेरा मन कहता है : 'शायद नहीं। पता नहीं हम क्यों इतने अमानवीय होते जा रहे हैं ? आंतक ! आतंक !! आतंक !!!'

यह भी एक अजूबा शब्द है। बीमार आदमी की आँखों के सामने जिस रंग की चिनगारियाँ टूटती हैं, उसी के गोटे में घिरा काले आबनूस-जैसे रंग वाले इस बाल को क्या कहें। आतंक ! आतंक !! आतंक !!!

यह एक ऐसी घिनौनी वस्तु है जो कहीं बाहर नहीं होती, यह हर आदमी की अंतरात्मा पर पड़ी झिल्ली में कीटाणुओं की तरह चिपकी है।

मुझे अब रजुल्ली याद आता है, तो हँसी आती है। तब सिर्फ पसीना आता था। और रजुल्ली ? वह बक्कड़ गुरू के आतंक से ग्रस्त है। यह आतंक एक संक्रामक रोग है जो सारी आबादी को घेर रहा है और हम कभी उसकी थाह लगाना भी नहीं चाहते, वह गंगा की ऐसी बाढ़ है कि लोग आवास के घिरने के पहले उसे छोड़ देते हैं। मुझे 1967 की बाढ़ में घिरे लंका की समानांतर सड़कों के बीच की लंबी पट्टी पर बैठी भीड़ याद आती है, जिसे यह बताने पर भी कि पानी उतर गया है--विश्वास नहीं होता था। तो क्या विश्वास की कमी ही आतंक की खुराक है ?

देश की नयी पीढ़ी पर कितना विश्वास था ! स्वतंत्रता के बाद जन्मे लोग गुलामी में पैदा इंसानों से बेहतर होंगे; पर क्या वे इस तरह आपस में ही लड़कर नष्ट नहीं हो जायेंगे ?

'तुम बेवकूफ हो।' मेरे भीतर आज फिर पुरानी आवाज उभरती है। उन्मत्त भैरव बोल रहा है : 'प्रतीक्षा करो और देखो। इतना बड़ा देश मटियामेट होने के लिए नहीं बना है। हर नदी जैसे अपनी कमर पर वाराणसी-जैसी एक आकर्षक नगरी को ढोने का ख्वाब देखती है, वैसे ही हर मुल्क अपनी नयी पीढ़ी से पूर्वजों की थाती को सँभालने, कूड़े को निकालने और ध्वस्त करने तथा नवीन सृजन को सँजोने की आशा लगाये रहता है। इतने बड़े देश की आशा यों ही चकनाचूर नहीं हो सकती। हजारों साल से गंगा के इसी तट पर लाखों लोगों ने अपनी तपस्या से जिस देश को बनाने का व्रत लिया था और उसके लिए अपना उत्सर्ग कर दिया, क्या वह यों ही टूटकर बिखर जायेगा ? ऐसा नहीं होगा। प्रतीक्षा करो।'

'मगर कब तक ?' मैं पूछता रहा हूँ।

पर मेरे भीतर की आवाज मौन है।

उस दिन खाना खाकर ग्यारह बजे के करीब मैं पुस्तकालय पहुँचा तो लाइब्रेरी पी. ए. सी. के संरक्षण में थी।

मेरे हृदय में हूक-जैसी उठी। किसी ने बिना अनी की बरछी हूल दी हो जैसे ! इस पुस्तकालय को मैं पिछले पाँच वर्षों से देख रहा हूँ । सघन वृक्षों और नाना जाति के पुष्पोद्यान के मध्य खड़ी यह इमारत एक जीवित प्राणी के रूप में मेरे मन में बसी है। मैंने इसी से रमरमी की है, हैंडशेक किया है, इसके भीतर छिपे अगाध ज्ञान के तंतुओं को छुआ है, इसकी धड़कन मेरी धड़क्कन में एकाकार हो गयी है। आज उसी पुस्तकालय का मुख्य द्वार धुएँ की कलौंछ से ढका है। काउंटर जल गये हैं। 6 दिसंबर, 1968 का दिन मुझे कभी नहीं भूलेगा।

मैं हतप्रभ खड़ा था; तभी देखा, पोटिको के पास थोड़ा हटकर एक कार लगी।

"आनंद !" किरण बुला रही थी।

मैं उसकी कार के पास गया। वह ऐसे में कार लेकर यहाँ क्यों आ गयी ? माना कि पिछले सप्ताह-भर से मामला शांत है, फिर भी इस क्षेत्र में इस तरह घूमना ठीक नहीं है।

"कहाँ से आ रही हो ?"

"तुम्हारे घर से।"

"मेरा घर तुमने देखा भी है ?"

"बात यों है कि कल पापा कलकत्ते चले गये। दो दिन बाद आएँगे। मुझे घर पर बैठना अच्छा नहीं लगा। मम्मी से कहकर कि 'युनिवर्सिटी जा रही हूँ, चली आयी।"

"यहाँ तक तो बयान बेदाग और सही ही लगता है, मगर ड्राइवर ?"

"ड्राइवर से मैंने कह दिया कि मुनीमजी के साथ दुकान का काम देखो। पापा हैं नहीं। कार किसी को चाहिए नहीं। मैंने ड्राइवर से कहा कि गैरेज से निकालकर दुकान पर कार लाये रहना। वह ले आया और मैं आ गयी।"

"गैरेज !"

"हाँ-हाँ, गैरेज, यानी टाउनहॉल के पास पिछवाड़े की तरफ। तुमने नहीं देखा है ? भीतरी महाल की गाड़ियों के सभी गैरेज उधर ही हैं।"

"यह भी ठीक ही लगता है, पर किसने कहा कि मैं लाइब्रेरी के पास रहूँगा ?"

"क्या बेकार की बकवास लगाये हो, जैसे पी.ए.सी. वालों ने तुम्हें कैंपस का सी.आई.डी. बना दिया है ! आदमी की आदत नहीं छूटती, यह छोटी-सी बात है। तुम अक्सर यहाँ ग्यारह बजे पहुँच ही जाते हो। युनिवर्सिटी बंद है और लाइब्रेरी जलाने की कोशिश की गयी है, ये बातें तुम्हारे पैरों को नहीं रोक सकतीं। यदि यहाँ पुलिस का और कड़ा पहरा होता तो तुम बस-स्टैंड पर मँडराते रहते या किसी चाय की दुकान पर होते। मैंने देखा कि तुम किसी भी दुकान पर नहीं हो, तो लगा कि वहाँ खड़े फातिहा पढ़ रहे होगे।"

"हूँऽ !"

"अब जल्दी करो, गाड़ी में आ जाओ। यहाँ रुकना अच्छा नहीं लगता।" किरण बोली।

"सो तो मैं भी समझ रहा हूँ।" मैं गाड़ी में पिछली सीट पर बैठ गया, "आखिर तुम मुझे किडनैप क्यों किये ले रही हो ?"

उसने गाड़ी स्टार्ट कर दी और कृषि महाविद्यालय की सड़क से होते हुए हम मुख्य तोरण द्वार की ओर बढ़ चले।

"सारनाथ चलना है," किरण बिना भूमिका के बोली, "घर बैठे-बैठे तबीयत जम गयी। चलो, थोड़ी पिकनिक हो जायेगी !......"

"लंका में कोई पहचान लेगा तो अच्छी-खासी पिकनिक रहेगी !..." मैंने कहा।

"क्या करेगा पहचानकर ? तुम हर चीज से डरते हो। सारनाथ कोई बुरी जगह नहीं है। तुम जिस गाड़ी में बैठे हो, वह किसी की चुराई हुई नहीं है, और न तो मैं दूध पीती बच्ची हूँ। ड्राइव भी मैं कर रही हूँ, लड़की भगाने के शाब्दिक जुर्म से भी तुम बरी हो।"

"देखता हूँ, युनिवर्सिटी में आने के साथ पंख निकलने शुरू हो गये हैं। अच्छी बात ! मैं बिल्कुल निर्द्वंद्व भाव से बैठा हूँ, आप चलाते चलिए।"

"मैंने अट्ठारहवां गत वर्ष ही पार कर लिया तिवारीजी ! मैं एक दायित्व जानने वाली और अपना नफा-नुकसान सोच सकने वाली महिला हूँ--समझे ?"

"जी, समझा, पर मुझे ऐसा लगता नहीं कि आप इतनी आत्मविश्वासपूर्ण महिला हो गयी हैं कि भीड़ में गाड़ी आपके हाथ सौप दी जाये।"

किरण ने गाड़ी रोक दी। वह हैंडल को दोनों हाथों से भींचे थी। गाड़ी संकटमोचन के आगे नाले के पास खड़ी थी।

"क्या हुआ ?" मैंने पूछा।

"तुम उतरना चाहते हो ?"

"पागल हो क्या ? मैंने कब कहा कि मैं नहीं जाऊँगा तुम्हारे साथ ?"

"तो धीरे से उतरिए और आकर अगली सीट पर बैठिए। जरा गाड़ी पर बैठने का सलीका सीखिए।...."

मैं मन-ही-मन हँसा, फिर किरण के पास जा बैठा। दरवाजा बंद करता हुआ मैं बुदबुदाया : "बहार बटिया !...."

"हूँS," उसने हँसते हुए कहा, "जरा-सा दो-चार घंटा साथ घूमने की बात आ गयी तो यों मरे जा रहे हैं जैसे छत टूट पड़ी है सिर पर !"

"कहिए तिवारीजी महाराज !" किरण ने हल्का-सा धक्का दिया--"सो रहे हैं ?"

"सो तो क्या रहा हूँ, जरा झपक रहा हूँ।"

"क्यों, रात में नींद नहीं आयी थी क्या ?"

"नींद आयी थी और बेतहाशा आयी थी, पर मुझे ऐसी स्थितियों में प्रायः झपकी आने लगती है।"

"कैसी स्थितियों में ?" किरण ने वैसे ही सामने देखते हुए पूछा।

"नदी का किनारा है। स्थान रम्य है। पुष्पपाद युक्त है। मृगों का झुंड निर्भय घूमता है। भूमि हरित तृणों से भरी-भरी है। जलाशय निर्मल है। वृक्ष फल-फूल से भरे हैं। क्षेत्र आम्रवन युक्त है, वेणु वन युक्त हैं। कोकिल बोलते हैं, हंस विचरते हैं। सब-कुछ का सुपास है।"

"झपकी है श्रीमान् कि प्रलाप ?..." किरण खिलखिलायी।

"भगवान् बुद्ध ने इसे ऐसा ही देखा था मूर्ख, जब वे पंचवर्गीय भिक्षुओं को उपदेश देने यहाँ पधारे।"

"और अब ?"

"चौखंडी स्तूप के पास रेडियो स्टेशन है। ट्रांसमीटर का विराट् खंभा शून्य गगन में खोया है। म्यूजियम के पास कारों की पंक्ति खड़ी है। सड़क निश्चय ही पादपों से युक्त है, आम्रवृक्ष ज्यादा हैं, पर एकाध चिंचिका के वृक्ष भी है जिन्हें गुजराती महिलाएँ बहुत प्यार से देखती हैं।"

"चिचिका क्या बला है भाई, जिसे गुजराती महिलाएं प्रेम से देखती हैं ?"

"चिंचिका को अपनी भाषा में इमली कहते हैं भद्रे, जिसे गुड़ के साथ दाल में डालकर खाना गुर्जरों का स्वभाव है।"

"अच्छा, भंते, अपने ब्रह्मपुत्र नद को रोकें ! मैं सोचती हूँ, गाड़ी यहीं म्यूजियम के पास पार्क कर दूँ।"

'यह उत्तम विचार है कल्याणी, यहाँ सुरक्षित रहेगी !"

"चुप करो, मैं पाली का पाठ पढ़ने नहीं आयी हूँ यहाँ। कुछ भूलना भी सीखो, कुछ खोना भी सीखो !"

गाड़ी बंद करके हम बाहर आये तो किरण ने एक भारी-सा बैग मुझे थमाते हुए व्यंग्य से कहा, "आवुस, इसे साथ लेते चलें, बड़ी कृपा होगी !"

मैं मुस्काराया और बैग लेकर चलने लगा। सच, इस लड़की ने कितनी बड़ी बात कही थी अभी। भूलना भी एक कला है, कहीं खो जाना भी एक सिद्धि है। मैं मन मारे शांत भाव से चल रहा था। मेरे साथ शिफॉन में लिपटी चंपकवर्णी किरण का कोई मोल नहीं था। सारनाथ के खंडहरों में घूमते चित्त् कहीं सुदूर अतीत में खो जाता है। अतीत में सुजाता है, नंदा है, आम्रपाली और सालवती हैं; किंतु उसी के साथ यह वर्तमान है। खंडहरों के पास एक महिला बैठी है। दो-तीन मजूरे हैं। औरत अपनी गोद में लेटे बच्चे को दूध पिला रही है। उसे भीड़ की चिंता नहीं है। वे अपने दुःख दर्द के कारण सब-कुछ भूल गये हैं। उसकी फटी हुई कुरती से काला स्तन साफ दिख रहा है, जिसे दोनों नन्हे-नन्हे हाथों से पकड़े बच्चा हुचक-हुचककर निचोड़ रहा।

मैं इस दृश्य में बँध जाता हूँ। किरण मुझे देखती और मुस्कराती है। "क्या है वहाँ जो इस तरह खींचता है ?" वह तेजी से धम्मेक स्तूप की ओर बढ़ती जा रही है।

"तुमने ठीक कहा कि कुछ है जो खींचता है। वे पकौड़ी-चाय, लाई-लकठावाली दूकान के पास अजनबी की तरह बैठे हैं। दुकानदार है, चाय पीनेवाले कुछेक जन भी हैं, पर इस दृश्य ने किसी को भी नहीं खींचा। तुम बुरा मत मानना किरण, उसका स्तन देखकर मुझे खजुराहो की नर्तकी नहीं याद आ रही है, मैं सिर्फ उस दुखियारे ममत्व से बँध गया था एक क्षण जो अपनी रक्तहीन काया को वत्सलता के नाम पर लुटाते वक्त भी कितना संतुष्ट लग रहा था। तुमने खयाल किया ? शायद नहीं। बच्चे की हुचक से वह औरत हल्की टीस से तिलमिला उठती थी, पर उस दर्द को भुलाने के लिए वह शिशु के फटे-पुराने कुरते को ठीक करने का बहाना करने लगती थी।...."

किरण इस बार कुछ नहीं बोली। वह मन मारे चलती रही।

सामने धम्मेक स्तूप था। बहुत से भिक्षु खड़े थे। कुछ पत्थर पर सोना घिस रहे थे। कुछ मोबत्तियाँ जला रहे थे, कुछ धूपबत्ती के गुच्छे हिलाते हल्के सुगंधित धूप की उठती हुई लहरों में मंत्र बुदबुदा रहे थे।

सारनाथ मैं कई बार आ चुका हूँ। इधर बहुत दिनों से आना नहीं हुआ पर जब मैं इंटरमीडिएट का विद्यार्थी था और हरिश्चंद्र कॉलेज में पढ़ता था, मुझे सारनाथ बहुत खींचता था। हो सकता है, इसका कारण लोहटिया की एक गली में पड़ने वाला मेरा डेरा रहा हो, जिसके ठीक सामने एक मुरदा सराय थी। वहाँ दिन-रात मुरदे उतरते और उसके साथ के लोग यहाँ दाना-पानी करके फिर जलसाईं घाट की ओर जाते। यहां मुरदे दूर गाँवों से आने वाले ही उतारे जाते, पर प्रतिदिन उनकी संख्या सात-आठ से कम न होती। मुझे मुरदा ढोनेवालों की इस वृत्ति पर कि वे लाश को उतारकर दाना-पानी करते हैं, पहले अचंभा होता था; पर जब शहर मेरे लिए बस्ती बन गया और मैं जब से सड़कों की भीड़ में बहनेवाली एक मामूली हस्ती बन गया, मुझे इनके कृत्यों में सहजता-ही-सहजता नजर आने लगी। आपने किसी श्मशान का नाम जलसाईं घाट सुना है ?--मृत्यु एक जलसा है, आपको विश्वास न हो तो यहाँ मुरदा फूँक्कर, गंगा नहाकर इन लोगों को कचौड़ी गली में दुकानों पर खाते हुए देखिए। कचौड़ी और सब्जी के साथ वे मुरदे के जलने की विविध स्थितियों पर इस तरह निर्लिप्त बोलते जायेंगे, जैसे कौर को गले के नीचे सरकाने के लिए चटनी चाट रहे हैं !...

मैं उन दिनों प्रत्येक रविवार को सारनाथ की ओर भागता। कभी पैर साथ न देने की नोटिस देते तो चौकाघाट के आगे इनकमटैक्स ऑफिस के पहले पड़नेवाला अंग्रेजों की कब्रगाह में बैठ जाता।

आप कहेंगे, तुम्हें यह सब क्यों अच्छा लगता था ?

मैं कहूँगा कि मुझे खुद पता नहीं। भगवान् बुद्ध को मृत्यु से वितृष्णा थी। मेरे साथ ऐसी कोई बंदिश नहीं थी। मुझे मूलगंधकुटी बिहार के पास के पीपल के नीचे वैसी ही शांति मिली, जैसी उस कब्रगाह के पेड़ों के नीचे।

शांति...

मैं आज तक इस शब्द के जादू का परदाफाश नहीं कर सका। असल में मैं कॉलेज के अपने सहपाठियों से विरक्त था। उनमें से अधिकांश व्यापारियों और धनिकों के लड़के थे। अच्छे कपड़ेवाले, अच्छे चेहरेवाले, टिफिन में सड़क पर लगे खोमचेंवालों को घेरनेवाले, पर मुझे इनकी बातों से बड़ी कोफ्त होती। वे सिर्फ फिल्मी अभिनेत्रियों की बात करते। मैं चाहकर भी इन मंडलियों में विलीन नहीं हो पाया। हो भी नहीं सकता था, क्योंकि न तो

मेरे पास वैसे कपड़े थे, न उतने पैसे। मुझे घर लौटकर खाना बनाना होता। दो-एक और हमसफर थे, वे भी साथ देते। हम मिलजुलकर खाना बनाते। फिर या तो डेरे पर बैठकर गप्प करते या जिसे जहाँ रुचना, घूमता-घामता रहता।

मुझे दो ही स्थान रुचते : अंग्रेजी की कब्रगाह और मूलगंधकुटी बिहार । मूलगंधकुटी में बने चित्रों को मैं घंटों देखता रहता। तब मैं नहीं जानता था कि इसके जापानी चित्रकार ने इन दीवारों को अजंता शैली से सजाने में कितना सहा, कितना भोगा।

जापान सरकार ने पैसा भेजना बंद कर दिया था। चित्रकार के मन में बुद्ध के प्रति सिफ श्रद्धा नहीं, कुछ और था, इसलिए उसने बेइंतहा कष्टों में अपने को झोंक दिया। उसने रात-रात जगकर सैकड़ों ऐसे चित्र बनाये जिनसे बुद्ध का कोई संबंध न था। वह उन चित्रों को बेचता रहता और इस तरह मिलनेवाले पैसों से मूलगंधकुटी की दीवारों को बुद्ध चित्रावलियों से सजाता रहता।

इसी कारण ये चित्र जाने-पहचाने रंगों से अलग एक ऐसे रंग में रंगे लगते हैं जिसमें करुणा के आँसू और कष्टों का रोगन चढ़ा है।...

"आनंद ! तुम बहुत गुमसुम हो ?" किरण मूलगंधकुटी के उत्तर फैले पुष्पोद्यान में बोगन बेलिया के एक कुंज के पास बैठ गयी थी। उसने मेरे हाथ से बैग ले लिया था।

उसने थर्मस निकाला, जिसमें चाय थी। स्टील के दो डिब्बे निकाले, जिसमें मठरी और मिठाइयाँ थीं।

"लो--खाओ !" वह बोली।

"तुम खाओ, मैं सिर्फ चाय ले लूँगा, मुझे भूख कतई नहीं है।"

"बात क्या है ? क्या तुम्हें मेरे साथ आना अच्छा नहीं लगा ?"

मैं इसे क्या समझाऊँ ! यह कहना निहायत गलत होगा कि मुझे उसके साथ आना अच्छा नहीं लगा, पर यह भी गलत तो था ही कि मेरा मन बहुत खुश और उल्लसित था। मैं अबूझ मन का जीव हूँ। मुझे अपनी खुशी और उदासी के कारण अपने को ही नहीं मालूम। ये जरासीम कब और कैसी हरकत पैदा करेंगे, मैं नहीं जानता। मेरे दिमाग में अब भी पुस्तकालय का झौंसाया द्वार घूम रहा था।

"बोलते क्यों नहीं ?"

"तुम पागल हो !" मैंने कहा, "तुम्हारे साथ आना यदि बुरा लगे तो मेरी जिंदगी में दूसरा कोई नहीं है जिसके साथ मैं कहीं जा सकूँ।"

"सिर में दर्द है ?" वह बोली।

"हो सकता है, कुछ-कुछ भारी लगता है, पर दर्द-जैसा नहीं। कुछ-कुछ टभकता है, पर जुकाम नहीं है।"

वह मुस्करायी--"मैं जानती हूँ, वह क्या है, तुम घास पर लेट जाओ। मैं तुम्हारा सिर दबा देती हूँ। अभी सब ठीक हो जायेगा।"

"मेरी खुद इच्छा हो रही है कि मैं इस मखमली घास पर लेट जाऊँ, पर तुमने सिर दबाने की कोशिश की तो मैं लेटूँगा ही नहीं।"

मैं आँख़ मूँदकर लेट गया।

"बाबू--एक टुकड़ा दुखिया को...!"

वह एक पाँच-छः साल की लड़की थी। उसकी भाषा बिल्कुल रटी हुई थी, चेहरे पर दयनीयता की खोल थी कि खाल, पहचानना मुश्किल था।

किरण ने उसे एक मठरी दी और वह चली गयी।

तभी किरण की हथेलिया में मेरा सिर फँस गया : "अगर तुमने उठने की कोशिश की तो जान लेना, किरण मर चुकी !" वह बड़े विचित्र ढंग से बोली।

मैं झूठ नहीं बोलूँगा। उसकी हथेलियों के स्पर्श से मेरे शरीर में एक विचित्र तरह की रासायनिक क्रिया होने लगी। लगता था कि वे हथेलियाँ नहीं, स्फटिक की प्यालियाँ हैं--जिनसे निकलकर कोई द्रव पदार्थ मेरे सारे शरीर में फैल रहा है। मेरी नसों का तनाव ढल रहा है और मेरा सारा शरीर एक अबूझ आनंद-भरी शिथिलता और संज्ञाहीनता में डूब रहा है। वह अब एकदम तन्मय होकर मेरे बालों में उंगलियाँ घुमा रही थी, मैं निश्चेष्ट था। डूब रहा था। एक-एक थपकी जैसे मुझे शांति के अतल में उतारती चली जा रही थी।

"बाबू ... बहिनजी... एक टुकड़ा...!" इस बार समवेत आवाजें थीं। भिखारी बच्चों की पूरी टोली थी। उनका रिरियाना अजीब कर्णकटु और झल्लाहट पैदा करनेवाला था। मैं उठकर बैठ गया।

"भागो यहाँ से !" मैं चिल्लाया, "तू तो अभी आयी थी..." मैंने उस लड़की को पहचानते हुए कहा, "जाकर यह सेना बटोर लायी ! हम क्या यहाँ संकटमोचन में शनिवार के दिन तेल की पूड़ियाँ बाँटने आये हैं ? अपने ऊपर शनि नहीं, मंगल चढ़ता है ! जाओ, नहीं तो देंगे एक-एक तमाचा, बस रिरियाना बंद हो जायेगा... ।"

मैं कह रहा था, पर हल्के मुस्करा भी रहा था शायद। उन्होंने भी किंचित् मुस्कराते हुए अपना कोरस शुरू कर दिया।

"अब किरण, तुम अपनी चीजें भानुमति के पिटारे में बंद करो और चलो उधर, जहाँ नकली मृगदाव बना है, इन असली हिरनों के लिए देने के लिए न हमारे पास मठरियाँ हैं, न चाय !"

किरण ने सारे सामान बैग में डाल लिये।

मैंने बैग उठाया। हम सुदूर उत्तर की झाड़ियों की ओर चल पड़े। कोरस गायकों ने थोड़ी दूर तक पीछा किया, पर लाचार होकर लौट गये।

नकली मृगदाव के कंटीले तारों को पकड़कर अनेक लोग खड़े थे। चिकनी रंगीन साड़ियों में लिपटी महिलाएँ, गदबदे बच्चे और इन दोनों वर्गों को हिरन दिखाने के लिए ले आए कुछ पुरुष--जो नाना उपचारों से हिरनों को बुलाने का प्रयत्न कर रहे थे। यह तमाशा यहाँ सुबह से शाम तक ऐसे ही चला करता है। उस झुंड के पास चने खत्म हो गये थे शायद, इसलिये बगल के टीले से चकवढ़ और दूसरे हरे पौधों को उखाड़कर वे हिरनों को ललचाने की कोशिश कर रहे थे।

"आओ, हम लोग उधर खड़े हों, इस हुजूम से दूर..." किरण बोली। मैं बैग लिये उसके साथ चलता रहा। एक आम के पेड़ के नीचे हम खड़े हो गये। किरण ने बैग ले लिया। उसने स्टील का एक तीसरा डिब्बा निकाला। वह भिगोए हुए चनों से भरा था।

"तुम पूरी तैयारी के साथ पिकनिक मनाने आयी हो !"

"क्यों ?"

"तुम चने भी लायी हो।"

"चने न होंगे तो हिरने कैसे आयेंगे ?"

"हिरने न आयें तो क्या हो जायेगा।"

"और आ जायें तो क्या अच्छा नहीं लगेगा ?"

मैं चुप रह गया। हिरने साफ दिखायी पड़ रहे थे। हिरने, बारहसिंगे अपने-अपने झुंड के साथ कहीं घासें चर रहे थे, कहीं कुलाचें भर रहे थे, कहीं एकाध मरियल-जैसे भी थे जो यों खड़े थे मानो समाधिस्थ हों !

"आ, आ, पुच्...चच्च...चच्च..."

औरतें, बच्चे, पुरुष--सभी हिरनों को पास बुलाने में मशगूल थे।

"बुला दो ना !" किरण मुझसे बोली।

"मैं क्या इनका दोस्त हूँ या रखवाला जो मेरे बुलाने से आ जायेंगे।"

"दोस्त नहीं होंगे तो भाई-बंधु होंगे।" वह हँसी।

मैंने उसकी पीठ पर एक धौल जमायी। "मैंने तुम्हारे बंधु-बांधवियों को तो वहाँ म्यूजियम के सामने छोड़ दिया। वरना उन्हीं को भेजता....!"

किरण ने मुँह फुला लिया। म्यूजियम के पास एक झुंड गधे चर रहे थे। वह एकदम सुस्त मुझसे अलग खड़ी हो गयी।

मैंने उसके हाथ से स्टील का डिब्बा ले लिया। एक मुट्ठी चना लेकर मैंने हथेली फैला दी। मरियल समाधिस्थ हिरने को बुलाता रहा। वह पक्का साधक था। मैंने कंकड़-वर्षा से उसकी समाधि भंग की। हथेली पर चने देखकर वह डरता-डरता हमारी और बढ़ा। धीरे-धीरे वह हमारे पास आ गया और मेरी हथेली से चने खाने लगा।

"मरियल हिरने की यह करतूत देखकर दूर घास चरते हिरनों का झुंड भी दौड़ा। किरण ने डिब्बे से बचे चने लेकर हथेली फैला दी। एक बहुत चमकीले मुलायम बालोंवाला

कृष्णमृग उसके पास चला आया। वह अपने नुकीले मुँह से किरण की हथेली पर रखे चने चुनने लगा और किरण मारे खुशी के खिलखिला उठी--जैसे कोई उसे गुदगुदा रहा हो !

"देखना--उँगली न चबा जाये !" मैंने कहा।

"अयं !" किरण ने हाथ पीछे खींच लिये।

"वह उँगली के अग्र पोरों को कहीं करौंदा न समझ ले...!"

"दुष्ट !" उसने फिर हाथ फैला दिये। एक क्षण हथेली खींचने से उदास हिरण-शावक फिर चने खाने लगा था। किरण अब दूसरे हाथ से उसके मुँह और गरदन को सहला रही थी।

"वे बड़े-बड़े वाले क्यों नहीं आ रहे हैं ?" किरण ने मृग-शावक को सहलाते हुए पूछा।

"वे सब अपनी-अपनी प्रेमिकाओं के साथ हैं।"

"तो...?"

"तो कुछ नहीं, उन्हें चनों से ज्यादा आकर्षक साथ-साथ मिलकर दूर खड़े रहने में दिख रहा होगा, देखो वह।" सामने एक मृगी मृग के मुँह को अपने मुँह से रगड़ रही थी। मैंने कहा, "श्रृंगे कृष्णमृगस्य वामनयंन कंडूयमानां मृगीम... ।"

किरण हँसी, "मैं शाकुंतल के उस श्लोक को कल्पना मानती थी।" चने खत्म हो गये थे।

"मैं हाथ कैसे धोऊँ ?" किरण बोली।

"चाट जाओ !"

"मैं पूछती हूँ--कहीं पानी है ?"

"बिल्कुल है, इस कंटीले तार के उस पार जहाँ हिरने चर रहे हैं, एक छोटी तलैया है।"

वह हाथ झटकारती बोली, "आनंद, हर वक्त मजाक मत करो।"

"बस, हिरन-प्रेम खतम ! हाथ गंदा हो गया है ! चलो उधर मूलगंधकुटी की ओर। फूलों को सींचने के लिए नल लगा है।"

किरन ने हाथ धो लिये। "कितना भोला-भाला था वह हिरने का बच्चा !"

"बच्चे भोले-भाले होते ही हैं, उस मजूर स्त्री के आँचल में भी वैसा ही भोलापन सोचा था और मैं समझता हूँ, हर स्त्री इसी भोलेपन को खोजती दौड़ रही है, मगर कहती नहीं।"

"कृपया अपनी फलॉसफी बंद कीजिए और कहीं बैठकर चाय पी लीजिए। अब दो बजे रहे हैं। लौटने का वक्त हो रहा है।"

मैं किरण को बिरला धर्मशाला के पीछे, सारनाथ महादेव से थोड़ा दूर एक बहुत ऊँचे टीले पर ले गया। वह चढ़ते-चढ़ते हाँफने लगी। ऊपर एक छोटा-सा मंदिर है।

सामने टीले के नीचे एक कच्चे घाट वाला पोखर, जिसके कगारों पर बेहया के झाड़ फूले थे। नीले-नीले फूलों के बीच पोखर का पानी सुंदर था। ऊपर टीले पर मंदिर के पास कनेर खिले थे।

किरन टीले पर खड़ी होकर चारों ओर दृष्टि दौड़ाती.जैसे नाच रही हो।

"आह, कैसी सुंदर जगह है...!"

मैंने लंबी-लंबी दूर्वाएँ तोड़ लीं। कनेर के फूलों की तीन मालाएँ बनाना चाहता था--एक बड़ी, दो छोटी-छोटी।

"आनंद, बैग में एक चादर भी है।"

"तो बिछाकर बैठ जाओ न ?" मैं कनेर के फूलों में खोया था।

"यह सब क्या कर रहे हो ? वह पेड़ एकदम कगार पर है, उतरो--उतरो जल्दी।"

मैंने जरूरत-भर फूल तोड़ लिये। दूर्वा के तागे में उन्हें पिरोकर मैंने मालाएँ बना लीं।

"किस देवता का मंदिर है ? चढ़ाओगे कैसे ?"

"अभी बताता हूँ।"

मैंने किरण की कलाई पकड़ ली। एक छोटी माला बाँध दी। दूसरी कलाई भी कनेर के फूलों की पीताभा से भर गयी।

"और यह ?" मैंने लंबी माला घुमाते हुए पूछा।

वह एकदम विह्वल-जैसे मुस्कराती रही।

"तुम पहन लो !"

मैं उठा। उस माला को मैंने दुहरी ही रहने दी और किरण की वेणी में बाँध दी।

"अब चाय दो।" मैंने जैसे बहुत बड़ा काम कर दिया हो।

"मठरी और मिठाई भी लो न ?"

"नहीं, पेट बिल्कुल भर गया है।"

"क्या खा लिया ?"

"खाया नहीं, पिया है।"

"क्या ?"

"वेणी में बँधे नागरमोथा की तरह महकते हुए केशों का मुंजाल जल...!"

किरण ने गरदन नीचे कर ली। उसके होंठ थरथरा रहे थे।

मैंने मठरी का एक टुकड़ा मुँह में डालते हुए कहा, "वह सुदूर दक्षिण में हरे वृक्षों और झाड़ियों के बीच सफेद साड़ी की चमकती वरुणा नदी है। किरण, तुम नीले शिफॉन में एकदम वरुणा की तरह लगती हो--भरी-भरी तरलायित, उच्छल...!"

हम चाय पी चुके थे। किरण ने गरदन ऐसे झुका रखी थी जैसे सामने वरुणा नहीं,

कोई पुरुष हो !

उसने डिब्बे बंद करके बैग में रख दिये।

"अब ?" मैंने पूछा।

"अब मुझे नींद आ रही है, पाँच मिनट के लिए रुक जाओ।"

वह मेरे जंघे पर सिर रखकर लेट गयी। उसकी आँखों में आँसू थे।

"क्यों, बात क्या है ?"

"कुछ नहीं--मैं बहुत-बहुत खुश हूँ आज !" वह आँसू पोंछकर मुस्कराती हुई लेटी रही।

मैंने उसके ललछौंहे पीताभ गाल पर लटकी एक इकहरी लट को हटाते हुए कहा, "तो ये आँसू नहीं, मुंजाल जल है, सुवासित स्वर्ण बिंदु...!" मैंने उसके गाल पर अपने होंठ रख दिये। उसने मेरे पैर को जोर से दबा लिया।

"पैर मत खींचो, मुझे ऐसी ही लेटी रहने दो।"

"पर यहाँ लोग दर्शन करने आया करते हैं !"

"आने दो...!"

तभी नीचे से एक झुंड आदमियों के टीले पर चढ़ने और बात करने की आवाजें उभरने लगीं। किरण एकदम उताना लेटी थी। मैंने उसके होंठों को चूम लिया । उसने जोर से मेरे होंठ दाँतों से दबा दिए और उठ बैठ गयी।

"बंदरिया...!" मैंने हँसते हुए कहा।

"मैं जरा हनुमानजी को प्रणाम करती आऊँ। क्यों ? तुम चादर ठीक करके बैग में में रखो।"

"बंदरिया दर्शन करेगी भी किसका !" मैं बोला। वह हँसती हुई मंदिर के दूसरे छोर की ओर चली गयी।

मैंने बैग में चादर लपेटकर रखी। डिब्बे सरिआये। तभी सामने से दर्शनार्थियों की एक भीड़ ऊपर आ गयी।

मैं बैग लेकर पश्चिम तरफ, जिधर से वे सीढ़ियाँ चढ़कर आ रहे थे, खड़ा हो गया।

"किरण !"

"आयी।" उसने कहा।

भीड़ मंदिर की परिक्रमा को चली और हम सीढ़ियों से टीले के नीचे की ओर।

म्यूजियम के पास आकर हम कार में बैठ गये।

हमारी कार बनारस की ओर चलने लगी और सारनाथ पीछे छूटता गया।

"यह रहा तुम्हारा चौखंडी, यह रहा रेडियो स्टेशन, बोगन बेलिया का कुंज, कृष्ण-मृग और टीले के कनेर--सभी छूट गये पीछे...।" किरण उदास होकर बोली।

"रह गयी सड़क और आम के पेड़ !"

"गाड़ी से उतरकर चढ़ जाओ किसी पेड़ पर और टिकोरे तोड़ लाओ। तुम्हारा तो यह स्वभाव भी है ।"

"चुप रह बंदरिया...!" मैंने उसकी वेणी सहलाते हुए कहा, "मैं तो सिर्फ कनेर गाछ का शाखामृग हूँ !"

वह इस बार हैंडल में धँसने-धँसने को हो आयी।

गाड़ी पांडेपुर की चौमुहानी पार कर चुकी थी।

मैं सहसा एकदम उदास हो गया। चार बज रहे थे। किरण से यदि आज के लिए छुट्टी भी ले लूँ तो क्या होगा ! घर में आटा नहीं है। मैं उसके पापा से कहकर एडवांस लेना चाहता था, पर वे कलकत्ते चले गये। उसी दिन पाँच किलो उधार आटा साहजी से लेकर घर दे आया था। आज सुबह युनिवर्सिटी चलने लगा तो अम्मा बोली--"नंदू, आटा तो खतम है बेटे !

"अच्छा, अम्मा, शाम को आ जाएगा।" मैंने कहा और घर से बाहर चला आया।

अब शाम को जाकर क्या कहूँ ? साहजी के पास फिर उधार के लिए हाथ फैलाऊँ ? मैं थोड़ी देर के लिए कहीं खो गया। आदमी क्या सचमुच अपने अर्धांश की खोज में विकल है ? क्या उसकी सारी परेशानियों की जड़ में अपने अर्धांश का अभाव ही है ?

सब बकवास है। मैं मन-ही-मन भुनभुनाया। आदमी रोटी के पीछे दौड़ रहा है। रोटी-रोटी-रोटी--रिक्शा रोटी के लिए चल रहा है। मशीनें रोटी के लिए चल रही हैं। गाड़ियाँ रोटी के लिए चल रही हैं, सड़कों पर भीड़ रोटी खोजती बही जा रही है।

"क्या सोच रहे हो ?" किरण ने मेरी ओर देखा और मेरे चेहरे के बदले रंग को भाँपकर बोली, "बात क्या है ? शहर में गाड़ी घुस रही है, इसलिए डर रहे हो क्या ?"

"मैं शहर में गाड़ी घुसने से नहीं, घर में घुसने से डर रहा हूँ। पता नहीं, अम्मा क्या सोच रही होंगी !"

"कुछ बात है ?"

मैं चुप रहा। मैंने निश्चय कर लिया था कि अपनी विपन्नता की बात कभी किरण से नहीं करूँगा।

"बोलते क्यों नहीं ?"

"कोई बात हो तो बोलूँ।"

"है कैसे नहीं, अभी-अभी कनेर फूल की तरह खिला चेहरा उतर गया है, क्या मैं इतना भी भाँप नहीं सकती ?"

"अच्छा-अच्छा, बड़ी मनोवेत्ता हो, मान गया। भीड़ काफी है, संभालकर गाड़ी चलाओ।"

"उसकी चिंता क्या, मरेंगे तो साथ, जीयेंगे तो साथ--अपने तो दोनों हाथ में लड्डू ही लड्डू हैं !"

"तो खाओ लड्डू और किसी खंभे से भिड़ा दो गाड़ी।"

हम गोदौलिया चौमुहानी के पास पहुँच गये।

"चलो तुम्हें अस्सी छोड़कर लौट आऊँगी। आज थके हो, अब आज क्या पढ़ेंगे शाम ?"

"नहीं, यहीं उतार दो, मैं चला जाऊँगा।"

"आनंद !" उसने गाड़ी रोक दी। नयी सड़क के मोड़ पर पीपल के नीचे गाड़ी रोककर किरण बोली, "तुम मुझे बहुत बेगाना मानते हो न ?"

"क्यों ?"

"क्या तुम इतना भी विश्वास नहीं कर सकते कि अम्मा की परेशानी का कारण मुझे बताओ ?"

"ओह, तुम उस बात पर इतना परेशान हो ! असल में मैं परसों ही तुम्हारे पापा से कुछ एडवांस माँगना चाहता था, उसी दिन जब साड़ियों की खरीद हो रही थी। पर जाने दो, उसमें क्या है। चल जायेगा काम। तुम्हें मैं इन छोटी-छोटी बातों से परेशान नहीं करना चाहता।"

किरण ने तुरंत गाड़ी रोककर पीछे की सीट पर रखा पर्स निकाला और दस-दस रुपये के नोट मेरी ओर बढ़ाते हुए, बोली, "आनंद, यदि तुमने ये पैसे नहीं लिये तो मैं मान लूँगी कि तुम मुझे अपने से अलग करना चाहते हो। तुम्हें मेरी सौगंध है, ये रुपये रख लो।"

मैं वाकई बुद्धू हूँ। किरण ने कोई ऐसी बात नहीं कही थी कि मैं इतना भर आता, पर अपनी निरीहता पर आँसू रोक नहीं पाया, "नहीं, मैं तुमसे रुपये नहीं ले सकता।"

उसने शीशे के पास के परदे खींच दिये।

"औरत के पैसे लेने में पुरुषत्व घायल होता है आनंद, है न !" किरण ने विचित्र ढंग से देखते हुए कहा, "तुम पैसों को किरण से ज्यादा बड़ी चीज समझते हो ! किरण तुम्हें सब दे सकती है, पैसे देने का उसे अधिकार नहीं ? तुम सोचते हो कि किरण से पैसा लेने का मतलब है, किरण के सामने अपने को छोटा बनना, यही न ? बोलो ?"

मैं कुछ न बोला।

"मैं बहुत कमजोर हूँ आनंद ! मैं जानती हूँ। मैं घर की चहार दीवारी में पली हूँ। चौकठ लाँघने में डरती हूँ, पर मैंने यह कभी नहीं सोचा था कि तुम मुझे गंदे नाखून की तरह काटकर इस तरह अलग कर दोगे। मैंने तो एक ऐसी दुनिया बना ली थी जहाँ मैं सिर्फ एक व्यक्ति ही देखती हूँ जो कभी किरण है, कभी आनंद है, दोनों का कुछ भी अलग और बँटा नहीं है--ये रुपये रख लो आनंद, मेरे मन को मत तोड़ो। मैं तुम्हारे पैरों पड़ती हूँ, मैं बहुत भावुक और कमजोर लड़की हूँ। मेरी दुनिया मत उजाड़ो।"

किरण का स्वर काँपने लगा था और वह रोने-रोने को हो आयी थी। मैंने रुपये रख लिये। उसने बड़ी तेजी के साथ गाड़ी चला दी और गिरजाघर के बगल से भेलूपुर की

ओर निकल आयी।

मैं बिल्कुल मौन था। अभी भी कुछ ऐसा था जो भीतर-ही-भीतर झनझना रहा था।

"आनंद, अब ठीक हो जाओ।" उसने नयी कॉलोनी के मोड़ पर गाड़ी रोकी और मेरे सिर को हिलाते हुए बोली, "इसमें से सब वाहियात बातें निकाल दो !..." उसने मेरे चेहरे को सहलाया और धीरे से होंठों को चूम लिया ।

मैं बनावटी रूप से हँस पड़ा, "अच्छा, किरण, अब यहीं उतर जाता हूँ। तुम सोनारपुरा से गाड़ी मोड़कर लौट जाओ।"

मैं उतरने को हुआ तो बोली, "सुनो, मुझे अब अकेला बहुत खलता है। तुम कल जल्दी आ जाना।"

"आ जाऊँगा।"

"कल तक के लिए... ।" उसने हाथ हिलाकर विदा दी और गाड़ी सोनारपुर की ओर चली गयी।

"तिवारीजी !" मैंने पीछे मुड़कर देखा कि एक नाटे कद की महिला मुझे पुकार रही थी। मैं धीरे-धीरे चलता रहा और वह मेरे समानांतर आ गयी। वह रज्जो थी। उसका पूरा व्यक्तित्व जैसे किसी उदृश्य दबाव के अंदर सिकुड़कर रह गया। अब वह पहले से मोटी हो गयी, और इसी कारण और भी नटुली लग रही थी।

"आपने पहचाना नहीं, मैं नंदकिशोर की बहन राजवती हूँ।"

मैं हँसा, "मैंने बिना पहचाने ही ब्रेक नहीं लगाया था रज्जो बहन ! तुम मुझे उन महापुरूषों की कोटि में मत रखो जो जानकर किसी को न पहचानने का नाटक करते हैं।"

"पहचानना और न पहचानना कोई मतलब नहीं रखता तिवारीजी। जब आदमी थोथे वादे करके मुकर जाये तो उसे तो महापुरुष मानना ही होगा न ? आप मेरे अपमान का बदला लेने वाले थे। शायद सिर्फ डींग हाँकना भी लोगों का, खास तौर से नये लोगों का स्वभान हो गया है !"

मैं लज्जित हुआ, मैं एक क्षण चुप रहा। सच, मैंने नंदकिशोर के घर पर रज्जो के सामने ऐसी डींगें हाँकी थीं जैसे सारे संसार से अन्याय मिटा देने के लिए ही मैं जन्मा हूँ; पर मैं कितना बेचारा और दीन हूँ, यह मुझे बाद में पता चला। मैं ममहित-सा इधर-उधर देखता रहा।

"आपको बुरा लग गया ?" रज्जो बोली, "जाने दीजिए। भूल जाइए कि आपने कोई वादा किया था। हम हरिजन हैं, शायद यह समझाने और ठीक से मन में बैठाने के लिए ही लोग हमारे साथ ऐसा सलूक करते हैं। इसकी कोई दवा नहीं है। आप समाज की ऐसी शक्तियों के सामने कर भी क्या सकते हैं। सरकार हरिजनों का नाम ले-लेकर अपनी नेकनीयती का मौखिक ऐलान करती रहती है। सहायता देती है, पर समाज यह मानता है कि उसका हक छीनकर हरिजनों की बढ़ोतरी की जा रही है, इसलिए वह दूसरे

तरीकों से बदला लेता है। और वह बदला इतना भयानक और खतरनाक होता है कि मेरी-जैसी लड़की सब तरह से अपमानित और जलील होकर भी मुँह सीने के लिए विवश रहती है।..."

रज्जो अब बहुत बोलने लगी है। मानसिक आघात से बड़बोलापन जन्म ले तो आश्चर्य क्या ! मैंने कहा, "रज्जो, ऐसा मत समझो कि मुझे अपना वादा याद नहीं है, या कि मैंने कुछ किया नहीं, या ऐसा कि मैं अब कुछ करूँगा नहीं, पर यह सच है रज्जो कि मैंने तुम्हारे केस में ऐसे अनुभव किये कि मुझे खुद अपने से नफरत हो गयी।"

"क्यों, क्या हुआ ?"

"पुलिस के एक सब-इंस्पेक्टर हैं। मैंने उन्हें बहुत न्यायप्रिय और दिलेर आदमी समझा था, पर उन्होंने तुम्हारी कहानी सुनकर जो कहा, उसे दुहराने में भी लज्जा आती है।"

रज्जो का चेहरा लाल हो गया। "क्या कहा उन्होंने ?"

"कहा कम हंसे ज्यादा। उसकी हंसी इतनी घिनौनी थी कि मेरी इच्छा हुई उठकर चल दूं, पर सोचा शायद गंदे मजाक के बाद कुछ काम की बात करें, इसलिए बैठा रहा। उन्होंने मेरे ऊपर तरस खाते हुए कहा कि--'तिवारीजी, मैं आपको एक गंभीर और पढ़ने-लिखने वाला आदमी समझता था, पर लगता है कि आप भी लड़कियों वाली राजनीति में मुब्तिला हैं। आपका उस लड़की में क्या इंटरेस्ट है। ऐसी वारदातें आये-रोज होती रहती हैं। उन लोगों ने रपट भी नहीं लिखाई है। इससे भी आपकी समझ में कुछ आया नहीं शायद ?'

"मैंने कहा, 'जी नहीं, इसमें समझने की क्या बात है ? यदि कुछ है तो आप ही समझा दीजिए।'

"बोले, 'केस की रपट न होने का मतलब है कि कुछ पहले से साठ-गाँठ चल रही थी।' वे घोड़े की तरह हिनहिनाए--'लड़की कैसी है ?'

"कैसी माने ?" मैंने गुस्से से पूछा

"कभी-कभी चमारों की लड़कियाँ भी एक ही कटीली और जानमारू होती हैं। क्रॉस-बीडिंग खूब चलती है। मेरे गाँव में भी एक ऐसी ही छबीली लड़की थी। उसने किस-किस के कान नहीं काटे, बड़े-बड़ों को नाच नचाया।"

"'बंद कीजिए यह बकवास।' मैं खड़ा हो गया--'हरिजन लड़की का सुंदर होना कोई जुर्म तो नहीं है ? आपको समाज की इज्जत बचाने के लिए इस स्थान पर रखा गया है, छबीली और कटीली लड़कियों की लिस्ट बनाने के लिए नहीं।'

"वह फिर हंसे और बोले, 'यार तुम बिलकुल घोचूं और बनतू आदमी लगते हो। मैं तुम्हारी तरह का दकियानूस नहीं हूं और न तो आदर्श की लिहाफ तानकर सोने का नाटक करता हूँ। भाईजान, आइंदा से आप मेरे सामने इस तरह की वाहियात बातें लेकर मत

आइएगा। मेहरबानी करके तशरीफ ले जाइए।'

"मैं चुपचाप चला आया। उस दिन अपनी दीनता और नालायकी का जैसा कड़ुवा घूंट मुझे पीना पड़ा, वैसा इस मुख्तसर जिंदगी में कभी नहीं हुआ था। मैंने उस सब-इंस्पेक्टर को बहुत कर्मठ और न्यायप्रिय व्यक्ति समझने की ऐसी गलती क्यों कर ली, यह सोचता लंका गया। मैं उस समय उबाल में था। पूरा बदन गुस्से से लहर रहा था। मैंने देबू को पकड़ा और सारी बातें बताईं। मुझे पूरी उम्मीद थी कि देबू न्याय के नाम पर और नंदकिशोर के कारण कुछ तो कर सकेगा।"

"तो आप पांडे से भी मिले ?" रज्जो का चेहरा फक हो गया।

"उससे मिलना ठीक नहीं था क्या ?" मैंने उसके चेहरे को देखते हुए पूछा।

अचानक उसकी आँखें छलछला आईं, "आपने मेरे बारे में कुछ नहीं सोचा। सच तिवारीजी, आप दिल के साफ हैं, पर सोचने-विचारने के नाम पर कोरे रह गये। देबू और दुनिया के सामने मेरे अपमान को उघाड़कर आपको क्या मिला ?"

मैंने शर्म से गरदन झुका ली, "मैं अपनी गलती मानता हूँ रज्जो। मुझे माफ कर दो। मुझे लगता है कि मैं आसमान में महल गढ़नेवाला कल्पनाजीवी हूँ। तुमने ठीक कहा कि मैंने सिर्फ तुम्हारे अपमान को उघाड़ा है। जिस घाव का इलाज संभव नहीं, उसकी पट्टी की गाँठ खोलना जुर्म है।"

"क्या किया आपके देबू ने ?"

"सब साले नकली और बहुरूपिया हैं। सभी स्वार्थी और डरपोक हैं। देबू कहने लगा कि छात्र आंदोलन नित-प्रति उलझता जा रहा है। मुझे बड़े मसले देखने हैं, इन चीजों पर ध्यान देने की फुर्सत नहीं है।"

"ठीक ही कहा देबू ने।" रज्जो हंसी, "चाहे समाजवाद हो, चाहे साम्यवाद हो और चाहे गांधीवाद हो, हैं सब लबादे ही। इंसान तो वहीं का वहीं है। देबू को एक गरीब लड़की की इज्जत से खिलवाड़ करने वालों से मोरचा लेने में क्या हासिल होगा ! युवा-आक्रोश की यह सारी लड़ाई हासिलवाद की लड़ाई है, सुविधा पाने की छटपटाहट है और कुछ नहीं। तंग मोहरी के पाजामे के नीचे सभी जानवर हैं। जाने दीजिए।"

रज्जो रुक गयी, "आप कहाँ जा रहे हैं तिवारीजी ?"

"चलना हो तो तुम भी चलो। मैं पाप को धोने जा रहा हूँ।"

आज मेरे मन में प्रायश्चित्त की ज्वाला जल रही थी। मैं रज्जो से छुटकारा पाकर शीघ्र ही कबीर कीर्ति मंदिर की ओर चल पड़ा। यह भी एक ऐसे जीवट का आदमी था कि किसी भी चीज से न बँधता था, न कटता था :

हमन है इश्क मस्ताना हमन को होशियारी क्या
न पल बिछुरे पिया हमसे न हम बिछुरें पियारे से
हमन के दिल में है प्यारा हमन को इंतजारी क्या

लोग कहते हैं कि चौथा दिक् स्वयं समय है। आइंसटाइन की इस घोषणा के बाद बहुत से लोगों ने मान लिया कि सदा से अबूझ रहने वाला चौथा दिक् (डाइमेंसन) महाकाल है। पर जब दो हड्डियों का यह बुनकर अपने चरखे पर धागा बुनता आज गाने लगा तो सबकी नींद हराम हो गयी :

कहै कबीर कोई संत जन सूरमा काल निच्चोरि के अमृत पीवै।

"बाबा", मैं मंदिर की मूर्ति के सम्मुख लेट गया। "क्या है यह लीला, जो न चाहते हुए भी मन को बाँध देती है। चाहते हुए भी चटकाकर तोड़ देती है। क्या इस टुच्चे रक्त संबंध, अपने को बहुत बड़ा पूज्य मानने वाले पंडित का घमंड, तथा मुल्ला की अजान, खुद उस पौधे की तमाम कलियों को तोड़कर मसल नहीं दे रहे हैं, जिसे तुमने चमन का श्रृंगार कहा, आत्मा का शांति में डूबी गगन गुफा कहा। अब कोई तुम्हारे पास नहीं आता। आते हैं सिर्फ वे जो तुम्हारे नाम पर आडम्बर करने वाले महंथ हैं, भौतिक लिप्सा में चिपके रहने वाले बुद्धिजीवी हैं।"

मैं मंदिर से आया तो दरवाजे पर मेरी प्रतीक्षा करती रज्जो खड़ी थी।

"तुम मंदिर में नहीं गयीं ?"

"यह सब बकवास है, महराज, तिवारी कुलावतंश अगर आपको त्याग और बंधन की दोनों नावों पर चलना ही है तो जाइए, पर मेरी एक आरजू सुन लीजिए :

"मैंने कहा न, आप बुरा मान जाएंगे।" रज्जो बाली।

"नहीं-नहीं रज्जो।" मेरी आँखों से आँसू थमते ही नहीं थे--"महीनों बाद मैंने यह नाम सुना है। महीनों बाद बहन की चर्चा किसी ने उठाई है, मैं पुरानी यादों में खो गया था रज्जो।"

"आरती से मिलिएगा तिवारीजी, वह बहुत दुःखी है।"

"क्या ?"

"हाँ, वह भी मेरे साथ पढ़ाती है। माथुर ने उसे छोड़ दिया है। हालाँकि वह उसी मकान में है, पर माथुर वहाँ नहीं जाता। जाता भी है कभी-कभार तो बगल के कमरे में अपने नीच दोस्तों के साथ ताश-वाश खेलता है, बोतलें खुलती हैं। माथुर आरती से कट गया है तिवारीजी ! आपको यह भी नहीं मालूम कि आरती की गोद में दो महीने का बच्चा है ।"

"नहीं रज्जो, मुझे यह भी नहीं मालूम।"

"उ प आरती से मिलिएगा ?"

"आरती ने तुमसे कुछ कहा है ?"

"आरती बहुत स्वाभिमानी लड़की है तिवारीजी, बहुत नेक और महान् है वह। उसने कुछ नहीं कहा। बात के प्रसंग में मैंने कहा कि मेरे भाई नंदकिशोर के दोस्त हैं रामानंद तिवारीजी..... ।"

"हाँ हाँ, कहो न ?"

"आपका नाम सुनते ही वह बोली,--'रज्जो, तू क्या उनसे मिली है कभी ? कैसे हैं तिवारी ? स्वस्थ थे, प्रसन्न थे ?' वह इस कदर बेसाख्ता सवाल पर सवाल पूछने लगी कि मुझे पूछना पड़ा कि 'तिवारी से तेरा क्या वास्ता ?'

"वह मार खाई हुई-सी बोली--'वास्ता ? क्या होता है वास्ता रज्जो। मैं सिर्फ एक बार भैया को देखना चाहती हूँ, पर इस तरह कि वे मुझे न देख पायें।'

"मैं आश्चर्य से ताकती रही--'तिवारी तुम्हारे भाई हैं आरती ?' मेरे सवाल पर वह चुप रही। मैंने लोगों से पूछ-पाछकर सब बातें जान लीं। मैं सोचती हूँ तिवारीजी, आप उससे एक बार मिल लीजिए।"

"मैं जरूर मिलूँगा रज्जो। तुम उससे कुछ मत कहना। वरना हो सकता है कि वह कहीं चली जाये। मैं अचानक उससे मिलूँगा। तुम्हारे स्कूल का 'लोकेशन' क्या है ?"

रज्जो ने एक कागज पर कन्या पाठशाला का स्थान-चित्र खींचकर दे दिया। यह स्थान माथुरवाली गली के बगल में ही है। मैंने अंदाजा लगाया।

रज्जो चली गयी। मैं चौखंभा पहुँचा। रास्ते-भर मन आरती के ईद-गिर्द घूमता रहा।

मैं तीन-चार रोज बाद सोनारपुरे की कन्या पाठशाला के सामने खड़ा था। अभी छुट्टी होने में देर थी। मैं आदत के मुताबिक घर से तीन-साढ़े तीन बजे ही चल पड़ा था। उस वक्त सिर्फ चार बज रहे थे। मैंने सड़क पर खड़ा रहकर प्रतीक्षा करने की अपेक्षा कहीं बैठने का निश्चय किया। बहुत खोजबीन करने पर एक छोटी चाय की दुकान दिखी। टीन की छाजन, दगीली पतीली और टूटे-फूटे गंदे कप-प्याले। बेडौल लंबी टेबल और एक सपाट बेंच । यहाँ से कन्या पाठशाला का दरवाजा बहुत साफ दिख रहा था। मैं बैंच पर इस पोजीशन में बैठ गया कि हर वक्त आँखें पाठशाला के द्वार पर लगी रहें।

"चाय देना भई !" मैंने कहा और डेस्क पर पड़े अखबार को हटाने लगा। वह सुबह से लेकर चार बजे तक विभिन्न लोगों के हाथों में जाकर प्यालों से भी ज्यादा गंदा लग रहा था। पन्ने चाय की बूंदों से रंगे थे।

दुकानदार मुझे घूरे जा रहा था, वह काफी थुलथुला किस्म का आदमी था जिसे देखकर लगता था कि चाय के दूध की सारी मलाई उतारकर खाना ही उसका एकमात्र पेशा है।

"कहाँ से आये हो बाबू ?" उसने पूछा।

"क्यों, चाय का दाम नहीं लोगे क्या ?" मैंने पूछा।

"आजकल सरवा जमाना अइसा खराब आ गवा कि कोई सीधे मुँह बात नहीं

करता।" उसने प्याले में चाय छानने के लिए खौलती पतीली उठायी कि मैंने टोका : "साहजी, जरा मेहरबानी करके प्याला धो लीजिए।"

वह जल-भुनकर राख हो गया, "काम तो करी ई जमाना शोहदों का, पर बात हमेसा बड़का बाभन जइसन होई, मानो सारा नेम-धरम घुट्टी में पिआवा है।"

"शोहदे तुमने अभी नहीं देखे हैं साह। तुमने शायद उन नव-सिखुवे छोकरों को देखा है जो संकरी मोहरी का पैंट पहने और नकली ऐंठी मूंछ से तुम्हारे दिमाग में तीसमारखां की तरह छाये हैं। तुम्हें देखना चाहिए भी नहीं। दो पैसे के नफे के वास्ते गुमटी में चाय की दुकान खालनेवाला अंधी गली की नाली में गिरकर मरे, ई भला काहे चाहेगा !" मैंने दया की मुस्कराहट के साथ उसे घूरकर देखा, "प्याला धो लिया है न ?"

"हाँ, बाबू।" साहजी का थुलथुल बदन रह-रहकर फरक जाता था, जैसे जूड़ी बुखार का दौरा पड़नेवाला हो।

मैं चाय की चुस्कियाँ ले रहा था, तभी छुट्टी की घंटी बजी। छोटी-बड़ी लड़कियाँ झुंड बाँधे हँसती-खिलखिलाती फाटक से निकलकर गलियों में बिखरने लगीं। मैं बहुत देर तक उन लड़कियों को देखता रहा। साहजी मेरी ओर देखकर मुस्कराते, पर कहीं मेरी आँखें टकरा न जायें, इसलिए भट्ठी पर आँखें सेंकने लगते। मैं उनकी इस जोकरी अदा में अपनी आँखें फँसाना नहीं चाहता था। तभी मैंने देखा--अध्यापिकाओं की एक टोली निकली। रज्जो किसी सहयोगी अध्यापिका से बातें करती हुई चौमुहानी की ओर जानेवाली गली में मुड़ गयी।

"यह लीजिए पैसे।" मैंने चवन्नी टेबल पर छोड़ी और फाटक की ओर बगटुट भागा।

आरती एक अध्यापिका से बात करती आ रही थी।

"अरे भइया, अइसी घुडदौड़ काहे मचाए हो ? आपन पंच पइसहवा लेत जाओ!"

"रख लेना अपनी तोंद की कँपकँपी के वास्ते! एक टिकिया एक्स्प्रो ले लेना।

साहजी चुप मार गये।

"अच्छा डियर !" साथ की अध्यापिका बोलीं, "बॉइ।"

"बॉइ।" आरती ने कहा और आगे बढ़ गयी।

"आरती !" मैंने धीरे से कहा।

"भइया !" वह एकदम मुड़ी और पैरों की ओर झुकी; पर सहसा उसने हाथ रोक लिये। तो इसे गणेशी तिवारी के वंश की परंपरा भूली नहीं है ? तिवारी वंश को शपथ थी, इसे लड़कियाँ भी जानती थीं कि भाई, बाप या माँ किसी का भी पैर छूना घर की लड़कियों के लिए वर्ज्य है। लड़की श्री है, ललिता है, वह पैर छूने के लिए झुकी नहीं कि सामने का पुरुष श्रीहीन हो जायेगा, उसकी आयु घट जायेगी । सब-कुछ गणेशी तिवारी के साथ चला गया, पर यह वर्जना उसके अनपढ़ वंशज अब तक भी निभाते चले जा रहे हैं।

आरती गुमसुम खड़ी थी। उसकी आँखों से आँसुओं की धारा बह रही थी।

"तू इस तरह सड़क पर रोयेगी तो लोग क्या सोचेंगे ?" मैंने रूमाल से अपनी आँखें पोंछते हुए कहा, "ठीक तो है न आरती ?"

"हाँ। तुम कैसे हो ? एक दिन राजमती बता रही थी कि वह जानती है तुम्हें। मुद्दत बाद उसी से तुम्हारे कुशल-मंगल का हाल जान सकी।" आरती के मन का उलाहना मुझे भेद गया।

"तू मुझे जानती है आरती कि मैं किसी की सलाह मानने के लिए नहीं जन्मा हूँ। तू यह न सोच कि अम्मा के डर से मैं यहाँ नहीं आया। असल में मैं अपने भीतर यह साहस ही नहीं जुटा पाया कि तुझसे मिलूँ। तू जानती है कि मुझे माथुर वगैरह कतई पसंद नहीं आते। मैं वह सब भुलाकर भी आ जाता, पर मुझे शंका थी कि कहीं माथुर को मेरा आना पसंद न आये और नाहक वह तुझसे भी चिढ़े।"

"वह अब और क्या चिढ़ेगा !" वह थकी-थकी बोली, "मेरे यहाँ चलोगे ?"

"तो आया क्यों हूँ !"

वह हल्के मुस्करायी। उसकी मुस्कराहट में व्यंग्य था, ग्लानि थी, तटस्थता या बेफिक्री थी, कहना मुश्किल है।

वह आगे-आगे चली। मैं पीछे-पीछे चल रहा था।

"अम्मा कैसी हैं ?" उसने बिना मुड़े पूछा।

"ठीक ही हैं। उनके लिए अब ज़िंदगी का मतलब खत्म हो चुका है। गंगा-स्नान, रसोई और बाजार से सौदा-सुलुफ लाने से छुट्टी कहाँ है उन्हें कि सेहत खराब हो।"

"तुम जरा भी नहीं बदले, वैसे-के-वैसे ही... ।"

वह जरूर मुस्करा रही होगी। पर मैं उसके पीछे गंभीर बना चला जा रहा था। बोला, "यानी मुँहफट !"

आरती खिलखिलाकर हँसी।

वही मकान। पिछली फरवरी की एक रात को हम यहाँ आये थे। उस वक्त हम अपने व्यक्तिगत अस्तित्व से अलग थे। सारी मनःस्थितियाँ इस मकान को शत्रु का मोरचा मानकर क्रियाशील थीं। इसलिए मैंने उसके होने के प्रमाण के लिए उसके हुलिये पर ध्यान भी नहीं दिया। मकान पुराना था। मरम्मत के अभाव में उसका सारा ढाँचा दाँत चियारे श्मशान पर पड़ी खोपड़ी-जैसा लगता था। इस लड़की की किस्मत में साफ सुथरा मकान भी नहीं लिखा है शायद। मठ में थी तो चूहे-कुतरे घर में रहती थी। शादी करके इसने नयी दुनिया बसायी तो तेलिया मसान की खोपड़ी में आ गिरी !...

आरती ने कुंडी खटखटायी।

थोड़ी देर में बच्चे को गोद में लिये एक बुढ़िया आयी और उसने दरवाजा खोला।

"आ गयी बहूरानी !"

"सुनो दाई माँ, मैंने तुमसे हजार बार कहा कि मुझे बहूरानी मत कहा करो। बिटिया कहते तुम्हें तकलीफ होती है क्या ?"

"हे राम !" बुढ़िया पीछे हटकर बोली, "सुहागिन मेहरारू के बहू न कहबै त हमार जीभ नाहीं गिर जाई का ? हम बिटिया भी कहबै, बहू भी कहबै, हमरे मन के जवन नीक लागी उहै बोलबै।"

"अच्छा बाबा ! जो मन में आये करो।" वह सीढ़ियों से ऊपरी मंजिल की ओर चलने लगी।

बुढ़िया ने बड़ी तेज आँखों से मेरी शिनाख्त की। फिर पता नहीं क्यों मुस्करायी।

"बिटिया !" वह लगभग चीखती हुई बोली, "आज मुन्ना बड़ा हुटकत रहैं। हम सोचा कि का बात है। अब मामिला समझ में आवा !"

आरती घूमकर बोली, "क्या हुआ था मुन्ना को ?"

"मुन्ना के होइहै का ? बस हुटकत रहैं। ई तोहार भैया हैं न बिटिया ?" बुढ़िया का चेहरा खुशी की चिकनाई में डूब गया।

"तुझे कैसे मालूम ?"

"वाह बिटिया, दू कम तीन बीसी उभर भयी। भाई-बहिन के नाक-नक्सा पहचानने की भी सहूर नाहीं मिला का ?"

"हाँ, दाई माँ, भैया ही हैं !" आरती ने कमरा खोला। "आओ--आ जाओ न ?" उसने मुझे दरवाजे पर ठिठका देखकर कहा।

मैं कमरे में चला गया। कमरा न छोटा था, न बड़ा। एक चारपाई। एक छोटी मेज और बेंत की दो छोटी-छोटी कुरसियाँ। बगल की दीवार में आलमारी थी। नीचे स्टोव रखा था। आरती ने अपना बैग मेज पर फेंका और मुझे चारपाई पर बैठाकर स्टोव जलान लगी।

"इतनी जल्दी क्या है ? तुम अभी स्कूल से आ रही हो। कपड़े बदल लो। मैं भाग थोड़े ही रहा हूँ।" मैं कमरे की दीवार को बेमतलब घूरे जा रहा था।

"तुम्हारा क्या भरोसा, साल-भर तो हो रहे हैं। जाने किस शुभ ग्रह के कारण आज दिखे हो। मैं ही अभागी थी। अपनी किस्मत की खराबी का दोस तुम पर क्यों डालूँ। मुझे इतनी भी अकल नहीं थी कि खून की पुकार भी सुन लेती। जिस किस्मत ने हीरा सौंपा था, उसने काँच पर ललकते वक्त इतना भी तो खयाल नहीं किया कि अपनी थाती को देख सकने का अधिकार तो बचा रहे।"

"पागल है !" मैं भुनभुनाया, "तेरी थाती का हीरा या जो भी कह, हालाँकि जानता हूँ कि शीशे के मामूली टुकड़े से अधिक कुछ नहीं है, तेरा ही है। तू उससे दुःख ही पाती रही है। जैसे पहले उससे लड़-झगड़कर तू अपनी उँगली लहूलुहान करती थी, अब भी चाहे तो कर ले। पर बेमतलब अपने को कोसती मत रह।"

आरती फिर रोने लगी थी। स्टोव जलने लगा था।

आरती जानती है कि मुझे सूजी का हलुवा बहुत पसंद है। मैं देखना चाहता था कि वह क्या बनाती है। कढ़ाही में घी कड़का और जब उसने डिब्बे से निकालकर सूजी डालनी शुरू की तो मैं बेसाख्ता हँस पड़ा।

"क्यों री गिलहरी ?" मैं वैसे ही हँसता रहा बेमतलब।

"क्या है ?" उसने कलछी से सूजी उलटते-पुलटते मेरी ओर देखा।

"तू साल-भर में यह भी नहीं भूली कि मुझे सूजी का हलुआ अच्छा लगता है। तू क्या सोचती है कि इतने दिनों में किसी की रुचि में कोई तब्दीली होगी ही नहीं !"

"दुनियावालों की रुचि में साल-भर तो क्या, घंटे-भर में तब्दीली आ जाती है, पर तुम्हारी रुचि को और तुमको भी मैं खूब जानती हूँ। तू हलुवे के लिए अम्मा की चिरौरियाँ करता था, मुझे विश्वास नहीं होता कि तूने अपनी ऐसी अनुनय-भरी रुचि से कुट्टी कर ली होगी।"

मैं कुछ न बोला।

बुढ़िया दरवाजे पर खड़ी हम लोगों की बातें सुनती रही। वह बहुत खुश थी। वह दरवाजे के बाजू से पीठ टिकाये आराम से बैठ गयी। उसने दोनों टाँगें फैला दी थीं और मुन्ने को लिटाकर उसकी छोटी-छोटी बाँहें खोल-बटोरकर उसे हँसा रही थी।

हलुवा बन गया था। चाय की केतली रखी जा चुकी थी।

"भैया !" आरती ने प्लेट मेज पर रखते हुए कहा, "किरण के यहाँ जाते हो न ?"

"तू यह क्यों नहीं पूछती कि ट्यूशन करते हो न ?"

"जाओ--।" वह गुस्सा होने का नाटक करती हुई केतली का ढक्कन उलटने लगी।

"हाँ, जाता हूँ। अब बोल ?" मैंने चम्मच से हलुवा उठाते हुए पूछा।

"तुम उससे शादी क्यों नहीं कर लेते ? अम्मा का भी अकेलापन भर जायेगा।"

"तू निरी पागल है। उसे मैं पढ़ाता हूँ, शादी का सवाल कैसे उठ गया तेरे दिमाग में ?" मुझे थोड़ी आशंका हुई। किरण के बारे में आरती ने कभी कोई बात नहीं की थी। वह शायद उसका नाम भी नहीं जानती थी, फिर अचानक वह मेरा-उसका गंठजोड़ करने कैसे निकल पड़ी !

"देखो, मुझसे बनो मत, मुझे मालूम है, किरण तुम्हें खूब चाहती है। सिर्फ मामला उसके माँ-बाप के राजी होने का है।" मेज पर चाय का प्याला रखती आरती मुस्करायी। आज वह अचानक छोटी नहीं, बड़ी बहन हो गयी हो जैसे।

"तुझको कैसे मालूम हुआ ?"

"हाँ, अब आये रास्ते पर !" वह चाय का एक प्याला लेकर कुरसी पर बैठ गयी।

मैं चुपचाप उसके मुँह की ओर ताक रहा था।

"इस तरह क्या देखते हो जैसे चोरी करते पकड़े गये हो !" वह हँसी, "बगल के कमरे में कभी-कभार चंडाल-चौकड़ी जमती है। तुम्हारे साथ उस रात जो आदमी आया था--क्या नाम रजुल्ली, अब वह यहाँ भी यदा-कदा आता है। इन लोगों की दोस्ती हो गयी है उससे। वही पूछ रहा था तुम्हारे बारे में।"

"मेरे बारे में ?"

"हाँ, हाँ, तुम्हारे बारे में। किसी लड़की का बाप अपने भावी जामाता के बारे में सब-कुछ जाने बगैर रह भी कैसे सकता है। रजुल्ली ने जब बहुत खोद-विनोद की तो उन लोगों ने पूछा, 'रामानंद को तो रजुल्ली उस्ताद तुम खुद जानते हो। फर्स्ट क्लास कैरियर है। कोई दुर्गुण भी कभी नहीं देखा। आखिर बात क्या है ? अचानक रामानंद के बारे में इतनी जानकारी इकट्ठी क्यों करने लगे ?'

'तूं खंभे जाने के का करिहौ ! हम एक पार्टी की ओर से जानकारी चाह रहे हैं। नंदू जहाँ पढ़ाते हैं, ऊ लड़की लछिमी है। एतनी खूबसूरत और एतनी बढ़िया सुभाव की लड़की हम न देखा।'

उन लोगों ने मजाक में कहा--'आँख पर चढ़ी है क्या उस्ताद ?'

रजुल्ली हँसा--'अबे तूं सभे हमें कबौं समझ नहीं सकते। ऊ हमरी बहिन के समान है, बहिन के !'

'चलो--तब तुम साले के साले बनोगे !' चंडाल-चौकड़ी ताली पीटकर हँसी।..." यह सब कहते सहसा आरती का मुँह लज्जा से भर गया।

"रजुल्ली बोला, 'ई दिन भी आवे। पर लड़की के बाप को कौन समुझावै--खैर, देखा जइहै।' "

मैं आरती की ओर देखने और उसकी बात को ध्यान से सुनने का अभिनय कर रहा था। मन किरण के पास पहुँच गया था। क्या किरण अपनी पिताजी को तैयार होने के लिए विवश कर रही है ? मुझे किरण की इस हरकत पर खुशी भी हुई, गुस्सा भी आया।

नाश्ता-पानी खत्म हुआ। दाई माँ ने भी चाय पी ली। अचानक वह बाहरी दरवाजे पर से उठकर भीतर आ गयी।

"भैना नाहीं देखिहै बाबू का ?"

"यह क्या कर रही हो दाई माँ !" आरती उठकर मेरे सामने खड़ी हो गयी : "इस गोद में बैठने लायक नहीं है वह।"

"का बहू जी, तोहें रह-रह के ई का हो जात है ? का भवा है हमरे राजा बेटा में जवन ऊ अपने मामा के गोद में नाहीं बइठ सकत हैं ?"

"मामा की गोद में वह बैठता, खेलता-कूदता यदि उसके बाप में इंसानियत होती।" आरती गुस्से में बिफरकर बोली।

"लाओ दाई माँ !" मैंने आरती को खींचकर चारपाई पर बैठा दिया, "यह बाप

का बदला बेटे से लेने चली है। बाप को इन्सान नहीं बना सकी तो सारा गुस्सा अबोध बच्चे पर निकालती है !"

आरती ने गरदन झुका ली। मैंने मुन्ना को गोद में ले लिया। मैं उसे गोद में लेकर हँसाने की वैसे ही कोशिश करने लगा जैसे दाई कर रही थी।

"मैं गुस्सा नहीं निकाल रही भैया !" आरती सफाई देती बोली, "तुम मुझे इतनी पर्वर्ट मत समझो। तुम्हें नहीं मालूम। तुम नहीं जानते कि मैं विवाहिता बनने चली थी और रक्षिता होकर रह गयी हूँ। वह पहले से ही विवाहित था। उसने एक दफा भी नहीं कहा कि उसकी शादी हो चुकी है। मैं प्रेम से पागल थी। शायद वह यह बता भी देता तो भी मैं वही करती जो किया, पर तब मैं उसे बेईमान समझकर घृणा नहीं करती।"

मैंने पर्स खोलकर लड़के के हाथ में दस रुपये का नोट थमाते हुए कहा, "मुझे और मत सुना आरती ! मैं सब-कुछ पता लगाकर आया था उस दिन। उस रात यदि तूने विवाहिता के वेश में अपने सौभाग्य की मुझे कसम न दिलायी होती, तो मैं तुझे हर कीमत पर इस नरक से बाहर ले गया होता, मैं अब भी तैयार हूँ। यह जगह तेरे रहने लायक नहीं है। मास्टरी करके पेट पालना ही है तो बहुत-सी जगहें हैं।"

आरती फिर उसी अबूझ ढंग से हँसी, "मैं कहीं न जाऊँगी भैया। मेरी तकदीर में यही था। असल में अपनी बुद्धि पर मुझे घमंड था। उसी के चलते मैंने नये रास्ते पर मुड़ने की कोशिश की। मैंने एक नजीर रखनी चाही समाज के सामने, पर मैं आज फरेब से सताई औरत की नजीर बन गयी हूँ। गनीमत थी कि मैंने बी.ए. फाइनल की परीक्षा दे डाली और पास हो गयी, वरना राम जाने, मैं आज कहाँ होती ! असल में मैं गलत मोड़ पर घूम गयी।"

मैं थोड़ी देर मौन बैठा रहा, "चलूँ आरती ?"

"जाओगे ?" वह थकी-सी उठी। पास रखे वक्से को खोला। फिर मेरे पास आयी, "इस बार की मेरी राखी वैसी-की-वैसी रह गयी। इसे तुम अपने बक्से में डाल देना।"

मैंने फिर पर्स निकाली तो उसने हाथ पकड़ लिया। "इसे जेब में रखो। तुम अपने दोनों हाथ आगे करो।"

मैंने दोनों हथेलियाँ आगे कर दीं। आरती का मुँह मेरी हथेलियों के बीच था। वह हिचक-हिचककर रो रही थी। मैंने उसकी आँखें पोंछी। बहुत समझाया। "ऐसा नहीं करते बहन ! जिंदगी इतनी सस्ती नहीं है रे कि तू उसे इस कदर अकारथ मान ले।"

वह फिर पुराने लहजे में बोली, "तू उपदेश मत कर। मुझे अपने किये को भोगने दे। तू हमेशा मुझ पर तोहमतें लगाता रहा है। मैं जिंदगी को न अकारथ मानती हूँ, न सकारथ, बस जिंदगी जिंदगी है ! मैं तो सिर्फ तेरे खून से सटकर अपने खून की आजमाइश कर रही थी और मान गयी कि वह पानी हो गया है। देख ले, तेरे हाथ भीग

गये हैं !"

अब की मैं अपने को रोक न पाया। भीतर से तूफान के रेले तो जाने कब से उठ रहे थे। पर बहलाने में सफल हो रहा था, इस बार असफल रहा। मैं फूट-फूटकर रो पड़ा।....

"अइसा नाहीं करते राजा बेटा !" दाई माँ बोली, "तुम मरद हो बेटा, तोहरे रोवे से धरती फट जइहै। चुप हो जाओ।" दाई खुद रो रही थी और मुझे समझा रही थी।

मैंने रूमाल से आँखें पोंछी। बच्चे को दाई की गोद में दिया।

"ठीक से रहना। कोई बात हो तो खबर कर देना।" मैंने आरती के गाल पर हल्की चपत लगायी।

"भैया, मुझे अपनी शादी में बुलाओगे न ?"

"तेरी गैरहाजिरी में मेरी शादी होगी ही नहीं !" मैंने हँसते हुए कहा।

"नहीं, तुम यह वचन तोड़ दो। मेरा क्या ? तुम्हारी शादी की खबर भी मेरे लिए हजार नेमतों से बड़ी होगी।"

मैं उस मकान से बाहर आ गया। आरती बाहर के दरवाजे तक आयी। उसका सूखा-मूखा चेहरा मुझे उन्मथित कर रहा था। मैंने हाथ हिलाया और रूमाल आँखों पर दबाये गली में चल पड़ा।....

"तुम मुझे पहचानते नहीं ? नहीं पहचानते न ? हुँ हीं फट्। हुँ ही फट् ! ...अभी साले जलकर राख हो जाओगे। हनुमान्-भक्त का अपमान ! मैं सबको बुला सकता हूँ। नर्गिस, मीनाकुमारी, लता मंगेशकर, नूतन--जिसको कहो, बुला दूँ। सबको नचा सकता हूँ यहीं, इसी जगह। तुमने समझा क्या है ? तुम समझते हो, मैं पागल हूँ ? हा-हा-हा-हा ! मेरा बाप भी साला यही कहता है। मैंने उसको मार डाला। बोरे में भरा और गंगा में डाल दिया। एकदम बुल्ल से पानी बोला...फिर ? सब-कुछ शांत। ही-ही-ही-ही !"

लाइब्रेरी के दरवाजे पर बहुत हल्ला-गुल्ला मचा था। हॉल में बैठे लोग दरवाजे की ओर लपक रहे थे। मैंने 'वैदिक इंडेक्स' को बंद करके रैक पर रख दिया और दरवाजे की ओर लपका। मैं तो वह तमाशा देखकर अचंभे में पड़ा ताकता रह गया।

क्या यह श्रीकांत है ? कैसी हुलिया बना रखी है इसने ! लुंगी तथा बदन पर एकमात्र बनियान। सिर, दोनों गालों और ठुड्डी पर चार बड़े-बड़े महाबीरी टीके। एक कान पर कनेर का सूखा फूल बीड़ी की तरह अटकाया हुआ था। लाइब्रेरी के कई कर्मचारी उसे रोकने की कोशिश कर रहे थे और वह घेरा तोड़कर भीतर घुसना चाहता था। तभी उसने तीन-चार लड़कियों के साथ खड़ी सुनयना अग्निहोत्री को देख लिया। उसने बला की फुर्ती के साथ अपने को सबकी पकड़ से छुड़ाया और सुनयना के पैर पकड़ लिये, "आह, सुनयनाजी, आप मेरी माँ है ! आप मेरी बहन हैं। नो, नो, तुम मेरी क्लासफेलो थीं। उहुँक--आप देवी हैं हीं हीं फट्, हीं हीं फट्...आप साक्षात् चंडिका हैं। मुझे हे जननि,

इन दुष्टों से बचाइए। ये चंड-मुंड मेरा पीछा कर रहे हैं।"

कर्मचारी फिर उसकी ओर लपके। श्रीकांत चीखा, "देखिए, देखिए, मारिए अपना त्रिशूल उठाकर। यह आ रहा है, क्या नाम है, क्या नाम है धूम्रलोचन ? हाँ, यह धूम्रलोचन आ रहा है।"

कर्मचारियों को अपनी ओर आते देख उसने सुनयना के पैरों को जोर से जकड़ लिया। अन्य लड़कियाँ डर के मारे भाग गयीं। सुनयना बुरी तरह चीख रही थी, "छोड़ो-छोड़ो यू मैड, पागल,... छोड़ो !" वह उसके सिर को पीछे की ओर झोंक रही थी और श्रीकांत उसके पैरों से चिपकता जा रहा था।

"श्रीकांत !" मैंने जोर से पुकारा।

"कौन है--तिवारीजी ?" वह अब निश्चिंत होकर सुनयना के पैर थामे पालथी मारकर बैठ गया। मुझसे बातचीत करते देख कर्मचारियों को आशा बँधी कि शायद आसानी से यह विपत्ति टल सकती है।

"तिवारी !" सुनयना चीखी, "प्लीज, इससे छुड़ाओ मुझे !"

"श्रीकांत, उठ वहाँ से।"

"क्यों उठूँ ? आपको क्या आपत्ति है तिवारीजी ? सुनयना मेरी माँ है। मैं उसके पैर पर गिरूँ तो आपका क्या ?"

"उठते हो कि नहीं ?" मैंने उसका हाथ पकड़कर खींचा। वह हारे हुए जुआड़ी की तरह भों-भों करके रोने लगा, "हुं हीं फट्, हुं हीं फट् !... मैं अभी भस्म करता हूँ तिवारीजी आपको।" वह रो रहा था और मंत्र जप रहा था।

सुनयना छूट गयी थी। उसने मेरी ओर मुड़कर कहा, "थैंक्स !" और भीतर चली गयी।

"क्या कहा उसने आपसे ?"

"यही कि पागल हो।"

"सच्ची ?" वह बहुत उदास होकर बोला।

"बिल्कुल।"

मैं बिना उसकी ओर देखे पोर्टिको से बाहर आ गया। मैं जानता था कि वह मेरे पीछे-पीछे आयेगा।

वह सीढ़ियाँ उतरता चीखा, "अरे तिवारीजी, सुनिए तो !"

मैं बाहर आकर खड़ा हो गया। कर्मचारियों की आँखों में मेरे लिए धन्यवाद था, पर मैं तो श्रीकांत की आँखों में देख रहा था। वह मेरे सामने आकर खड़ा हो गया। उसकी आंखें लाल थीं। इतने ही दिनों में एक ताजे, स्वच्छ चेहरेवाले इन्सान की जगह गड्ढों में धँसी आँखें, पिचके हुए गाल और बदहवासी में डूबी आँखोंवाला प्राणी हो गया था।

"तुझे हुआ क्या है ?" वह मेरे साथ-साथ चल रहा था।

"आप पागल हैं क्या ? मुझे क्या हुआ है ! मैंने संकटमोचन की आराधना शुरू कर दी है। मैंने भी चन्नू भैया के ददुआ की तरह प्रतिज्ञा की है कि बिना हनुमानजी को हँसाए नहीं छोड़ूँगा। देखें तो कैसे नहीं हँसते हैं !" उसने अपनी मुट्ठी बाँधी और तर्जनी को आकाश की ओर यों तनेन किया जैसे बादल में छेद करने जा रहा हो, "हुँ हीं फट्, हँसो, हँसों, हँसो, हा-हा-हा-हा... ! बिना हँसाए दम नहीं छोड़ूँगा बच्चू ! क्या समझ लिया है तुमने हमको। मेरा बाप साला एक डुबकी में किले से राजघाट निकल गया और तुम हो कि मैं डुबकी पर डुबकी लगाता हूँ कि तल में जाकर गायब हो जाऊँ और तुम हर बार मुझे पानी से बाहर फेंक देते हो। वाह रे, हुँ हीं फट् बोलो, बोलो कि अब ऐसा नहीं करोगे। बोलो हनुमान् स्वामी, नहीं तो अब तुम्हीं को भस्म करूँगा।" वह थकावट से हाँफते हुए वहीं बैठ गया। मैं कुछ बोला नहीं। तो क्या इसने आत्महत्या करने की कोशिश की थी या यों ही बके जा रहा है ? मैंने उसके गैर-तरकीब वाक्यों के भीतर के सत्य को खोजने की कोशिश करनी चाही।

"तो तुमने गंगा में डूबकर आत्महत्या की कोशिश की थी ?" मैंने बगल में बैठते हुए पूछा।

"हिश्श"--उसने मेरी ओर घूरते हुए देखा और बोला, "दरोगाजी, इसमें मेरा कसूर नहीं है। दरोगाजी, नहीं, पंडाजी, हाँ, इसमें कुछ नहीं है। गप्प है।" उसने भद्रकाली की तरह जीभ निकाली और दोनों कान पकड़कर उठना-बैठना शुरू कर दिया।

"अब चुप करो और बैठ जाओ सीधे से।"

"क्यों बैठूँ ? आप क्या प्राइम मिनिस्टर हैं ? आप क्या राष्ट्रपति हैं ? आप क्या लाट गवर्नर हैं ? आप कुछ नहीं हैं। आप फटीचर हैं। आप उल्लू हैं। आप गधे हैं। आप किसी काम लायक नहीं हैं। आप पढ़-लिखकर बुद्धू हो गये हैं। आप दूसरों की कमाई की रोटी तोड़ने वाले टुच्चे आदमी हैं। हुँह् बैठ जाऊँ, इनके कहने से बैठ जाऊँगा मैं। अरे जाइए-जाइए, मैं कोई पालतू कबूतर नहीं हूँ कि दरबे में बंद रहूँगा। मैं श्रीकांत हूँ--श्रीकांत महान् !...

"हाँ भई, कौन कहता है तुमसे बैठने को ! तुम तो श्रीकांत महान् हो ! कोई महान् न माने तो मच्छर को भी स्वतः महान् बन जाना चाहिए। हाँ भई, श्रीकांत महान्, तुम कमाल की उठक-बैठक लगाये हो। किये जाओ इसी तरह प्यारे ! इससे सेहत बनेगी।"

"आप बनाइए अपनी सेहत। घोंटिए भाँग में बादाम । खाइए दूध-जलेबी। मैं साला क्यों उठक-बैठक करूँ ? दाल-रोटी खाकर कहीं कसरत की जाती है ! मैं नहीं करता कसरत-फसरत।" वह चुपचाप मेरी बगल में बैठ गया।

"अभी तुम कह रहे थे कि क्यों बैठूँ, अब खुद ही बैठ गये !"

"मैं जो भी करूँगा, खुद ही करूँगा। आपके कहने से मैं कबाड़ियों के पास रोने नहीं जाऊँगा। अरे नहीं पूछता कोई संस्कृत से एम.ए. करने वाले को तो मत पूछे। मैं देवभाषा

का ज्ञाता हूँ। अपने मंत्रबल से मैं नयी सृष्टि कर सकता हूँ। मैं विश्वामित्र हूँ। मैं ऐसा आदमी बनाऊँगा जिसके पैर में हाथ लटक रहा हो ताकि वह बिना झुके चरण-चुंबन कर ले। मैं आदमी की एक आँख आगे और एक आँख पीछे कर दूँगा ताकि वह पीठ-पीछे निंदा करने वाले का चेहरा देख ले। मैं आदमी के दोनों कान गायब कर दूँगा ताकि वह किसी की प्रार्थना न सुन सके। नो, वह तो कान रहते भी नहीं सुनता। अच्छा, मैं नाक की जगह साँस लेने के लिए सिर्फ छेद कर दूँगा, हुँ ह्रीं फट् !...."

"नाक का क्या होगा ?"

"आपको क्यों बताऊँ ? आपकी तो नाक ऊँची है।"

"अरे भई, योजना तो मालूम हो।"

"नाक उड़ा दूँगा। सबको नकटा रहना होगा।"

"हूँऽ, तो इतनी अच्छी योजना है ! कौन बेवकूफ कह रहा था कि तुम पागल हो !" मैंने उसे धीरे-धीरे थपथपाया, "सब ठीक हो जायेगा।"

"हुँ ह्रीं फट् !" वह उछलकर खड़ा हो गया, "आप लगाइएगा दौड़ाकी मेरे साथ ? नहीं लगा सकते। मैं जानता हूँ। आपके पैर में बाल है। आपके पैरों पर थू...। आप बिल्कुल जाहिल और गलत आदमी हैं। आप करिएगा शीर्षासन मेरे साथ ? नहीं कर सकते। मैं जानता हूँ, आपके सिर पर बंदर है। मैं देख रहा हूँ। वाह हनुमान् स्वामी ! बुलाया मैंने और चढ़ गये इनके सिर पर। धन्य हो महाराज ! हुँ ह्रीं फट्....उतरो, उतरो वहाँ से।" वह मुक्का ताने मेरी ओर बढ़ा। उसकी नजर मेरे सिर पर एकटक स्थिर थी।

उसने पटाक से मेरे सिर पर झपट्टा मारा और मुट्ठी बंद करके सामने खड़ा हो गया, "अब कहो बच्चू ! अब कहाँ जाओगे ? कर दूँगा कबूतर-वाले दरबे में बंद। बड़े आये हनुमान् बनने ! सौ बार कहा कि हँस दीजिए। इनको हँसने में भी मेहनत लगती है। वाह रे बाबा, वाह ! अब तुम्हारी चगड़ी भूलेगी। अब मेरी मुट्ठी में हो। अब देखूँ--कौन साला आता है मेरे सामने !" वह अपनी बंद मुटठी को एकटक देखे जा रहा था।

"जरा हाथ खोलकर देख तो लो। इतनी जोर से भींचे हो मुट्ठी, कहीं हनुमानजी का हाथ-पैर दब जाये तो।" मैंने मुस्कराते हुए कहा, "देवता से खिलवाड़ करते हो ?"

"आप ठीक कहते हैं तिवारीजी," उसने मुट्ठी बंद किये ही कहा, "मैं इन्हें जेब में रख लूँगा।" वह जेब टटोलने लगा, "साली जेब भी गायब हो गयी। खैर जरा ढीली कर देता हूँ। अभी करूँगा। एक बार देख लूँ कि हँसते हैं कि नहीं।" उसने मुट्ठी खोली। उसका चेहरा एकदम बैंगन-जैसा झूल गया, "निकल भागे तिवारीजी ?" वह फिर भों-भों करके रोने लगा, "चले गये... ।"

"मसक समान रूप कपि धरी... ।" मैं खिलखिलाकर हँसा।

"आपको कहा न कि गधे हैं। बिल्कुल उल्लू। आप मेरे रोने पर हँसते हैं ! आप मेरा मजाक बनाते हैं ! मेरी मुट्ठी बिल्कुल बंद थी। उसमें से मशक तो क्या, चींटी भी

नहीं निकल सकती थी। आपको मुझसे ईर्ष्या है। आपने मेरे हनुमानजी को चुराकर अपनी जेब में रख लिया। सब कुछ आपको चाहिए। फर्स्ट पोजीशन चाहिए। फर्स्ट क्लास की नौकरी चाहिए। दूध-जलेबी और भाँग चाहिए। मुझे आप खाली रोटी भी नहीं देना चाहते, पर याद रखिए तिवारीजी, मैं ऐसे नहीं छोड़ूँगा। मेरे हनुमान् को लौटाइए, नहीं तो मैं आपकी नाक नोच लूँगा। आपको नकटा कर दूँगा। आपकी बोटी काटकर कौवों को बाँट दूँगा। लाइए हमारे हनुमानजी को !"

मैं कुछ न बोला। रिक्शा-स्टैंड की ओर चलने लगा।

"बोलता क्यों नहीं रे, चोर कहीं का ! भागा जा रहा है, अयं ?" वह दौड़ता हुआ मेरे पीछे लपका। वहाँ बगल के चायघर में बहुतेरे परिचित चेहरे नजर आ रहे थे। मैं अजीब असमंजस में था। क्या सोचेंगे ये लोग !

मैं एक रिक्शे की ओर बढ़ा। तभी श्रीकांत ने मेरा कुरता पकड़ लिया, "मेरी सारी पूँजी उड़ाकर भाग रहा है डाकू, चोर, सुल्ताना... रोबिन हुड... देता है कि नहीं मेरे हनुमान को ?"

दो-चार मनचले लोग पास आ गये।

"क्या चुराया है जी इन्होंने ?" एक लड़का मेरी ओर नफरत से देखते हुए बोला, "गरीब भिखारियों को भी नहीं छोड़ते ये सफेदपोश लोग।"

"ई तो कोई नेता लग रहा है पार्टनर। ऊँची कॉलर का कुरता पहने है।" दूसरे ने कहा।

"ए रिक्शा, अस्सी चलोगे ?" मैंने कहा।

"काहे नाहीं बाबू !" वह बोला।

मैं रिक्शे पर बैठने को था, तभी श्रीकांत चीखा, "देखिए तिवारीजी, आप बिना मेरी चीज लौटाये नहीं जा सकते। अबे रिक्शा, बढ़ा आगे तो बस... !" उसने ऐसा चेहरा बनाया जैसे किसी मुर्गी को हलाल करने जा रहा हो।

"क्या चुराया है जी इन्होंने ?" दोनों लड़कों ने एकसाथ श्रीकांत से पूछा।

"इन्होंने मेरा हनुमान् चुरा लिया है।"

"क्या ?"

"हनुमान् ।"

"किस चीज का हनुमान् ?" लड़के मामले की तह तक जाने के लिए पूरी कोशिश कर रहे थे।

"पागल हो तुम लोग !" श्रीकान्त ने लड़कों को पैनी नजर से देखा, "हनुमान् भी किसी चीज के होते हैं ! स्वर्णशैलाभदेहं..... जाने कितने विराट्, जाने कितने महान्... !"

"पागल है शायद।" एक लड़का बोला, "आओ यार, स्क्रू ढीला है।"

"कहाँ जा रहे हो तुम लोग।" श्रीकांत ने ललकारा, "लौटो, लौटो अभी। नहीं तो

भस्म कर दूँगा। तुम इस चोट्टे से हमारा हनुमान नहीं दिलाओगे क्या ?"

"अबे ज्यादा बकबक करेगा तो पांडेपुर भेज देंगे।" लड़के लौट आये । मुझे यह सब बड़ा ही दुखद लग रहा था।

मेरा कुरता पकड़कर श्रीकांत वैसे ही खड़ा था। मैंने खींचकर एक पटाका उसके गाल पर मारा, "श्रीकांत ! होश में आ गये कि लगाऊँ दूसरा ?" मैं जोर से बोला।

"तिवारीजी !" श्रीकांत भरभराई आँखों से मुझे देखने लगा, "आप कहाँ जा रहे हैं ?"

"घर।"

"चाय नहीं पीयेंगे ?"

"तुम भी पीयोगे ?"

"समोसा भी दिलायेंगे न आप ?"

"भूख लगी है ?"

"हाँ।"

"चलो।"

मैंने रिक्शेवाले से रुकने को कहा और चायघर की बाहर की मेज पर बैठ गया। दो प्लेट समोसे और चाय का ऑर्डर देकर मैं इधर-उधर ताकता रहा। श्रीकांत ने कई बार मुझसे कुछ कहने की कोशिश की, पर मैंने रुख नहीं मिलाया।

लड़का समोसे और चाय दे गया था। श्रीकांत समोसे इस तरह खा रहा था जैसे हफ्तों जंजीर से बँधे उपासे कुत्ते को खाना डाल दिया गया हो।

"कहो तिवारी !"

मैंने पीछे मुड़कर देखा, हरी बाबू मुस्करा रहे थे, "क्या हाल है ?"

"ठीक है हरी बाबू ! आइए चाय पीजिए।"

"मैं अभी चाय पी रहा था यार, ये कौन हैं ?"

"यह हमारा क्लासफेलो श्रीकांत है।"

श्रीकांत हरी बाबू को उसी भस्मीभूत करने वाली दृष्टि से देखे जा रहा था। पर अब भी वह समोसों को उसी तरह निगल जाने की जल्दी में था।

"ये भी लो।" मैंने समोसे की दूसरी प्लेट भी उसके सामने कर दी। हरी बाबू बगल की कुरसी पर बैठ गये।

"असल में वे दो छोकरे जब तुम्हारी ओर बढ़े, त्यों ही मैं चौकन्ना हो गया था। बहुत-कुछ तो तुम्हारे दोस्त की हुलिया से ही मामला साफ हो गया था। रहा-सहा संदेह उन दोनों लड़कों ने दूर कर दिया। कह रहे थे, स्क्रू ढीला है। यह कोई नयी बात नहीं है तुम्हारे सामने शायद ऐसा केस पहली बार आया है, इसलिए बहुत परेशान नजर आ रहे हो। पर तुम परेशान क्यों हो ? तुम्हारा दिमाग तो ठीक है। तुम सही-गलत सोच सकते

हो। उसके मुताबिक निर्णय भी लेने के लिए स्वतंत्र हो, फिर ऐसे आदमी से परेशानी या भय क्यों, जो अपनी सबसे बड़ी शक्ति खो चुका है।"

"मैं परेशान हूँ हरी बाबू", मैंने कहा, "सिर्फ इसलिए कि अब इसे कहाँ ले जाऊँ !" श्रीकांत उस वक्त चाय पीने में मशगूल था। उसने हमारी बातें यदि सुनी भी हों तो ऐसा लग रहा था कि उन्हें अनसुनी कर रहा था।

"चाय पी लो तुम। मैं इंतजाम करता हूँ।" हरी बाबू के चेहरे पर वही चिरपरिचित विश्वास और आश्वस्ति का भाव था।

चाय खत्म हुई।

श्रीकांत ने अपनी अँगुलियों पर कुछ गिनना शुरू कर दिया। मुझे भय होने लगा कि वह फिर बजरंगबली का मंत्र जपेगा और यह निश्चित है कि इस बार हरी बाबू को भस्म करेगा।

"आओ, रिक्शा तुमने रोका है न ?" हरी बाबू बोले, "ले चलो इन्हें। मैं साइकिल से आ रहा हूँ।"

"कहाँ ले चलूँ ?"

"डॉ. श्रीवास्तव के पास, अस्पताल से पश्चिम तरफ की बिल्डिंग में... ।" हरी बाबू ने कहा और साइकिल स्टैंड की ओर मुड़े।

"चलो श्रीकांत !"

वह धीरे से उठा और मेरे पीछे-पीछे चलने लगा, "कहाँ जा रहे हैं तिवारीजी ?"

"सिनेमा देखने।" मैंने कहा।

"मीनाकुमारी है कि नहीं उसमें ?"

"है।"

"तब मैं भी चलूँगा।" श्रीकांत लगभग दौड़ता हुआ-सा रिक्शे पर जा बैठा। मैंने बैठते ही रिक्शेवाले से कहा कि अस्पताल की ओर से चलो।

डॉ. श्रीवास्तव इस तरह के रोगियों को 'हैंडल' करने के लिए विशेषज्ञ लगे। उन्होंने देखते ही कहा, "ओहो, कहो दोस्त, मैं तुम्हें सुबह से खोज रहा था और तुम अभी आ रहे हो ! इतनी देर संकट मोचन में लगा दी ? खैर कोई बात नहीं।"

श्रीकांत ने उन्हें एक क्षण घूरकर देखा, "हुं ह्रीं फट् ! मारो-मारो अपनी गदा से इस कालनेमि को। झूठा कहीं का ! मैं तुम्हारा दोस्त कब से हुआ ?"

"ओह्, तुम मेरे भगवान् को मुझसे उड़ाने आये हो ! मुझे हनुमानजी के एक सौ आठ मंत्र याद हैं। वे तो मुझसे बातें भी करते हैं। उन्हीं ने तो बताया कि मेरा एक भक्त जा रहा है, उसका ख्याल करना।"

"ऐं, हनुमान् स्वामी ने कहा !" उसने दोनों हाथ जोड़कर प्रणाम किया। पता नहीं किसे। हनुमानजी को या डॉ. श्रीवास्तव को, "मेरा कोई ख्याल नहीं करता। सबको भस्म

कर दूँगा मैं, पर जब आपको हमारे हनुमान् स्वामी ने आज्ञा दी है, तब कोई बात नहीं। आपको छोड़ दूँगा, लेकिन एक शर्त पर।"

"किस शर्त पर मॉइ बाय ?" डॉक्टर बोले।

"आपको कुछ मंत्र मुझे बताने होंगे ।"

"तुम किस तरह के मंत्र चाहते हो ?"

"मुझे ऐसा मंत्र दीजिए कि मैं अपने बाप को मार दूँ। जो कोई भी मेरी बात न सुने, उसको जला डालूँ। जहाँ-जहाँ 'नो वेकेंसी' लिखा है, सबका लंका दहन कर दूँ।..."

"बाप तो देवता होता है बेटे, उसको क्यों मारना चाहते हो ?"

"पितृ देवोभव, छिः ! मैं उस असुर को देवता मान लूँ ! हुँ हीं फट् ! मारो-मारो स्साले को। झूठा कहीं का ! लबाड़ी। तैराकी मास्टर बनता है। घाट से दो सीढ़ी नीचे उतरने में तो डरकर लोहे की जंजीर पकड़ लेता है। उदई और भूसन महाराज से कुछ किस्से सुनकर अपने नाम से हैकड़ी दिखाता है। करो भस्म अभी इसे। जै हनुमान् ज्ञान गुण सागर..."

"तुम्हारे बाप ने तुम्हें मारा है बेटे ?"

"मारा है। एक बार मारा है ! कई बार मारा। उसकी चले तो रोज मारे। मंगला गौरी बीच में आ जाती है। माँ न हो तो वह मुझे पीट-पीटकर गंगा में डाल दे।"

"अच्छी बात है। मैं अपने मंत्र से तुम्हारे बाप को ठीक किये देता हूँ।"

"थू... !" उसने श्रीवास्तव की ओर पिच्च से थूका, "आप ठीक करेंगे उसको ? आपसे हनुमान् स्वामी ने यह नहीं कहा कि उस धूम्रलोचन का गला मरोड़ दीजिए।"

"हाँ, कहा तो था कुछ ऐसा ही... ।" डॉ. श्रीवास्तव ने हम लोगों की ओर इशारा किया। मैंने और हरी बाबू ने श्रीकांत को दबोच लिया। वह हमें गालियाँ बक रहा था। छूटने की कोशिश कर रहा था, पर बेबस था।

तभी नर्स सीरिंज में दवा भरकर आयी।

"आयी-आयी, चंडिका आयी। उठाओ त्रिशूल, मारो धूम्रलोचन को। देखो, ये साले चंड-मुंड मुझे पकड़े हैं। मारो-मारो, ध्वस्त करो इनको।"

नर्स खिलखिलायी। डॉक्टर ने स्वयं सीरिंज ले ली और श्रीकांत की बाँह में सूई लगा दी।

"अभी छोड़िएगा मत आप लोग।" डॉक्टर ने कहा, "सिर्फ पाँच मिनट पकड़े रहिए ऐसे ही।"

मैं देख रहा था--श्रीकांत सुस्ती और बेहोशी के समुद्र में धीरे-धीरे उतर रहा है। उसके माथे की चढ़ी हुई नसों का तनाव घट रहा है। मैंने उसके चेहरे को हथेली से सहलाया और सिर का टीका छोड़कर बाकी टीके पोंछ दिये।

"छोड़ दीजिए," डॉक्टर बोले, "छोड़ दीजिए। अब वह कुछ नहीं करेगा। मैं

दवाइयाँ लिख दे रहा हूँ। दोनों में से एक-एक गोली दिन में तीन बार, और हाँ, यह याद रखिए कि इसके सामने हफ्ते-भर तक इनके पिता न आये। मामूली मेंटल शॉक है। सब ठीक हो जायेगा। पर यदि फिर कोई उत्तेजनावाली बात हुई मिस्टर तिवारी तो मामला बिगड़ सकता है। दो कैप्सूल मैं दे रहा हूँ। एक अभी घर पहुँचने पर खिला दीजिए। एक रात में सोने के पहले। और तब तक दवाइयाँ ले लीजिए। ठीक है न ?"

मैंने कहा, "जी हाँ।"

डॉक्टर श्रीकांत की ओर बढ़े और उसकी नाड़ी देखते हुए बोले, "मंत्र नहीं सीखोगे दोस्त !"

डॉक्टर श्रीवास्तव का दोस्त किसी आंतरिक दुनिया में डूब गया था, उसने कोई जवाब नहीं दिया।...

मैं और हरी बाबू सहारा देकर श्रीकांत को रिक्शे पर ले आये।

"अब ?" मैंने पूछा

"इनका घर कहाँ है ?"

"पंचगंगा।"

"तो चलो अस्सी, वहीं से नाव ले लो। इधर से तो बहुतेरी गलियाँ पार करनी होंगी।"

हरी बाबू साइकिल से घाट पहुँचे। हम लोग रिक्शे से जब कच्चे घाट पर उतरे तब तक वे पंचगंगा के लिए नाव ठीक कर चुके थे। नाव छोटी थी। हरी बाबू, मैं, श्रीकांत। नाव पंचगंगा की ओर चली जा रही थी।

हरी बाबू शहर की ओर न देखते हुए गंगा पार के हरियाले क्षितिज की ओर देख रहे थे। श्रीकांत एकदम खामोश था। उसकी पलकें झुकी थीं और वह घाटों को बड़े अपरिचित ढंग से निहार रहा था।

"क्या बात है श्रीकांत !" मैंने पूछा।

"मलमल का टुकड़ा, बहुत भारी बहुत बड़ा। ओह, कितना लंबा !" वह धीरे से मुस्कराया।

"कहाँ है ?"

"आपको नहीं दीखता ! शहर के ऊपर उड़ रहा है। देखिए--वह पुल की ओर झुक गया। अब ठहर गया है। हिल भी रहा है तिवारीजी, धीरे-धीरे !..."

"मलमल ही है न ?"

"हाँ"

मैं कुछ न बोला।

"तिवारी !" हरि बाबू बोले, "तुम वहाँ तो सब सँभाल लोगे न ?"

"सोचता हूँ यही, मगर इसे लेकर सीधे चलें और कहीं बीच में... ।"

"धूम्रलोचन आ जायें !" हरी बाबू हँसे।

हम लोगों को उम्मीद थी कि श्रीकांत इस शब्द को सुनकर चौंकेगा, उत्तेजित होगा, पर ऐसा कुछ नहीं हुआ। वह एक मासूम बच्चे की तरह आसमान की ओर वैसे ही देख रहा था जैसे पतंगबाजी देख रहा हो। नाव पंचगंगा के निकट पहुँच रही थी।

"आप इसे कुछ देर घाट पर रोकें हरी बाबू !" मैंने उठते हुए कहा," मैं सिंधिया घाट पर ही उतर जाऊँगा। आप इसे सँभालें तक तक।"

"तुम निश्चित होकर जाओ।" हरी बाबू श्रीकांत के पास आ गये।

"आप कहाँ जा रहे हैं तिवारीजी ?" श्रीकांत बोला।

"तुम्हारे घर।"

"मैं नहीं जाऊँगा।" वह कसमसाया।

"ठीक है, तुम हमारे घर चलो।" हरी बाबू बोले।

"आप कहाँ रहते हैं ?"

"वो वहाँ राजघाट के पास। वह पुल देख रहो न ? वहीं।"

नाव घाट पर लगी और मैं उतरकर पंडाजी के घर की ओर चल पड़ा। नाव पर बैठा था तो गंगा की शीतलता से मन में शांति थी। अब जब पंडाजी की याद आयी, श्रीकांत के साथ उनके सलूक पर सोच-विचार करने लगा तो उत्ताप की लहर सारे शरीर को समेटने लगी।

दरवाजा बंद था। मैंने जोर से कुंडी खटखटायी।

"कौन है ?" पंडाजी की वही परिचित आवाज, पर बुलंदी और गरगराहट नहीं थी।

"मैं हूँ, तिवारी !"

पंडाजी दरवाजा खोलकर अजब ढंग से मेरे चेहरे की ओर देखते रहे। मैंने गुस्से में उन्हें प्रणाम भी नहीं किया।

"चाची हैं ?"

"को है...को है ?" डकराती गाय की तरह चाची दरवाजे की ओर बढ़ीं और मुझे देखते ही जोर-जोर से रोने लगीं, "हाय मोर बचवा--हाय रे दैया !"

"चुप रहिए चाचीजी, सब ठीक है।" मैंने कहा।

मेरी बात का पूरा असर पड़ा और चाची आँखों से आँसू पोंछते बोलीं, "सीरी कहाँ हैन बेटा ?"

"इनसे पूछिए।" मैंने पंडाजी की ओर इशारा किया।

"देखो तिवारी बेटा," पंडाजी बोले, "गलती हमसे भारी हुई है। अब तुम हमारी बुढ़ौती पर दया करो। चाहो तो दस जूता लगा लो, मगर जल्दी बताओ--श्रीकांत कहाँ है।"

"आपने उसे कहाँ-कहाँ ढूँढ़ा !"

"हम सब जगहें देख आये बेटा, जहाँ उसका उठना-बैठना था।"

"हूँऽ तो आपको पता नहीं है अभी ?"

"क्या हुआ ?" एक साथ पति-पत्नी दोनों बोले।

"अब मैं क्या बताऊँ ? आपने तो उसे कहीं का नहीं छोड़ा चाचाजी ! श्रीकांत पागल हो गया... ।"

"हाय... !" चाची फिर आँचल का खूँट मुँह में दबाये हिचक पड़ीं।

"पागल हो गया ?" पंडाजी की दोनों आँखें रेगिस्तान की तरह निस्तब्ध हो गयीं, "अब वह कहाँ है बेटा ?"

"यह जानकर आप क्या कीजिएगा !" मैंने रुखाई से कहा, "वह किसी क्षण मोटर, ट्रक, रेलगाड़ी के नीचे आ सकता है। गंगा में डूब सकता है। छत से कूद सकता है। अब वह श्रीकांत कहाँ है, वह तो नौकरी की देवी के सामने बलि का बकरा बन गया।"

"तुम साफ-साफ कहो तिवारी बेटा," पंडाजी ने बड़े नरम लहजे में चाची से कहा, तुम चुप रहो थोड़ी देर, सब सुन तो लो पहले। जो लिलार में लिखा है, उसे कौन मेटनहारा है !"

"ई सब तोहरे करनी के फल हैं।" चाची वैसी ही सिसकती बोलीं, "हमार सोना-जस बेटा...हाय दैया !"

"सुनो चाची, मैं तुमसे ही कहने आया हूँ। सब-कुछ तुम्हीं कर सकती हो। अगर चाहती हो कि श्रीकांत जैसे का तैसा तुम्हें फिर से मिल जाये तो रोने से कुछ नहीं होगा। मैंने उसे अस्पताल में दिखलाकर दवा दिलवा दी है। इस बख्त वह शांत है। पर थोड़ी देर के लिए। सात दिन दवा चलती रहेगी। सात दिन में वह ठीक भी हो सकता है, और... ।"

"और का बेटा ?"

"यदि फिर कोई गड़बड़ी हुई तो कभी ठीक न होगा। वह हमेशा के लिए पागल हो जायेगा।"

"कहाँ दिखाया था बेटा उसे ?" पंडाजी बोले।

"युनिवर्सिटी के अस्पताल में। डॉक्टर ने कहा कि इनके बाप को किसी हालत में सामने नहीं आना है। इसलिए चाचाजी, आप तो अभी घर छोड़ दें।"

"मैं... मैं... !" पंडाजी की आँखें डबडबायीं, "मैं उसे एक बार देख भी नहीं सकता !"

"आप घाट की किसी बुर्जी की आड़ में से देख लीजिए और... ।"

"मैं समझ गया बेटा ! मैं आज अभी मिर्जापुर चला जाऊँगा।" वे कोठरी में गये और कुछ देर के बाद लौटे, "सीरी की अम्मा, मुझे क्षमा करना। ये सौ रुपये हैं। दवा-दारू

के लिए। जब तिवारी बेटा हुकुम दें तो खबर कर देना, मैं आ जाऊँगा।"

"चाची, किसी खुले हवादार कमरे में एक बिस्तर लगा दीजिए।"

"ऊपरवाले में लगा दो।" पंडाजी ने कहा, "मेरा कुरता और धोती झोले में दे दो जल्दी।"

जब पंडाजी को लेकर सिंधिया घाट पहुँचा तो नाव पंचगंगा के सामने धारा में सुस्त पड़ी थी। मैंने हरी बाबू को रूमाल हिलाकर बुलाया। नाव सिंधिया घाट की ओर चली।

"चाचा !"

"जा रहा हूँ बेटे, तुमने मुझे बचा लिया भैया ! मैं अब क्या कहूँ तुमसे...!"

"चाचा !" मैंने जोर से कहा।

वे मेरे पास से हटकर त्रिशिखर कोट के पीछे चले गये।

नाव घाट पर लगी। हरी बाबू ने श्रीकांत का हाथ पकड़ा।

"आओ, चलें।"

"ई राजघाट नहीं है। ई तो सिंधिया घाट है। मैं नहीं जाऊँगा। हुँ ह्रीं फट् ! तुम मेरे साथ दगा करोगे तो कर दूँगा भस्म समझ लो, हाँ !"

"तिवारीजी, श्रीकांत उतर नहीं रहा है !" हरी बाबू बोले।

मैं नाव के पास आ गया, "श्रीकांत, उतरो नाव से।"

"तिवारीजी, आप तो मुझे सिनेमा दिखाने ले जा रहे थे। आपने समोसे खिलाये, चाय पिलायी और सिनेमा की बात भूल गये। आप क्या मुझे फिर धूम्रलोचन के पास ले जा रहे हैं ? मैं भस्म करूँगा, भस्म ! मैं गंगा में कूद जाऊँगा !"

"श्रीकांत, तुम अपनी अम्मा के पास नहीं जाओगे ?"

"अम्मा के पास तो चलूँगा पर वहीं... ।"

"वहाँ अब कोई नहीं है। तुम्हारे बब्बू भी नहीं हैं। मैंने उन्हें भगा दिया।"

"सच्ची ?"

"हाँ भई !" मैंने उसे हाथ का सहारा दिया, "अभी मलमल हवा में उड़ रहा है कि नहीं।"

"अब तो नहीं उड़ रहा। तिवारीजी, आपने उसे बटोर क्यों लिया ?"

"कुरता बनवाने के लिए।"

"उसमें तो बहुत कुरते बनेंगे !"

"हाँ, बहुत से।"

वह मेरे साथ सीढ़ियाँ चढ़ रहा था। हरी बाबू ने नाववाले को पैसे दे दिये थे और अपनी साइकिल घसीटते ऊपर चढ़ रहे थे।

"एक कुरता मुझे भी दीजिएगा तिवारीजी !" श्रीकांत ने बनियान दिखाते हुए कहा, "जेबवाला कुरता नहीं था, सो हनुमान् जी निकल गये।"

"जरूर दूँगा काफी बड़ी जेबवाला, पर एक शर्त पर ?"

"कैसी शर्त ?"

"तुम्हें मैं जो कहूँगा, करना होगा।"

एक क्षण वह चुप रहा, फिर बोला, "मैं तीतर खाऊँगा तिवारीजी !"

"अच्छा, वह तो मिलेगा ही। मैं जो खिलाऊँ खाना होगा, तभी सिनेमा चलेंगे।"

"खाने से हम भागते हैं क्या ?" श्रीकांत हँसा, "आप मुझे मामूली ब्राह्मण समझते हैं। मैं भोजन-भट्ट नहीं हूँ तो क्या, खाने में मजा आता है ! मुझे भूख लगी है तिवारीजी !"

"चलो, खाना खिलाते हैं।"

वह चुप हो गया।

"चाची, श्रीकांत आ गया।"

"आह रे मोर बचवा...!"

"चाची !" मैंने जोर से डाँटा।

उन्होंने मुँह छिपाकर आँखें पोंछी, "उपरे चलो बेटा। ले चलो तिवारी बेटा !"

श्रीकांत बिस्तरे पर लेट गया।

"यह लो खा लो जल्दी और चलें सिनेमा।"

"हरी गोली।" श्रीकांत हँसा, "ई काहे के लिए है तिवारीजी ?"

"इस खाने से सिनेमा बहुत रंगीन नजर आता है।"

"आपने खाया है ?"

"हाँ, एक मैंने, एक हरी बाबू ने।"

"सच्ची ?"

"हाँ जी। पूछ लो हरी बाबू से।"

"तो लाइए, हम भी खा लें: पर टिकट उसी पिक्चर की लीजिएगा जिसमें मीनाकुमारी हो।"

"हाँ, हाँ वह तो हम कही चुके हैं।"

"चाची !"

"आवति हैं बेटा !"

"एक गिलास पानी।"

चाची पानी ले आयीं। श्रीकांत ने गोली निगल ली। वह बिस्तरे पर लेटा कुछ देर सिनेमा की बातें करता रहा. फिर गहरी तंद्रा की गोद में खो गया।

दिवास्वप्न मैंने कभी नहीं देखा। पर रात को दुःस्वप्नों के आक्रमण से बचना मैं नहीं जानता। हालाँकि मैंने इन सपनों पर जब भी विचार किया है, मुझे लगा है कि इनका कारण मेरे भीतर ही चिपका रहा है। श्रीकांत के पागलपन ने क्या मेरे स्नायुमंडल को इतना झकझोर दिया है कि मेरा तटस्थ पुरुष रात्रि में सपनों से मेरी रक्षा नहीं कर सकता ? उस रात नींद नहीं आयी। बेमतलब के सपने आते रहे। श्रीकांत ठीक हो रहा है। तो क्या मैं अब दूसरा श्रीकांत बनने जा रहा हूँ ? मैं चारपाई से उठा । पानी पीकर फिर सोने की कोशिश की, पर नींद नहीं आयी। चारपाई पर पड़ा करवटें बदलता रहा। सपनों से आदमी महान् बनता है, मुझे खुद अपने पर हँसी आने लगी ।

"तिवारी बाबू ! तिवारी बाबू !!" सिचन्ना पुकार रहा था।

मैं छत पर सोया था। अप्रैल में ही काफी गरमी पड़ने लगी थी।

"कौन है ?" मैंने पूछा।

"अरे तिवारीजी, मैं हूँ, हौसला। जरा जल्दी नीचे आइए। कपड़े बदल लीजिएगा।" हौसला एक साँस में बोल रहा था। पता नहीं क्या हुआ ? उसने मेरा घर भी नहीं देखा। एक बार याद पड़ रहा है, मैंने उसे बताया था कि इसी गली में कोने में राजेश्वरी मठ है। कौन-सा काम आ गया कि इतनी रात को यहाँ आ रहा है। चार तो बजे ही होंगे ? मैंने अम्मा के सिरहाने से ताली ली और कमरे का दरवाजा खोलकर कुरता-पजामा पहना।

"क्या है नंदू ?"

"मेरा एक दोस्त है, पता नहीं क्या बात है, बुला रहा है।"

"उसे ठीक से जानते तो हो ?'

अम्मा अब शहर के रंग-ढंग से परिचित हो गयी हैं। आदमी को ठीक से जानना जरूरी है। तभी उसके साथ जाना-आना चाहिए। पर कौन किसे ठीक से जानता है ?

"हाँ, हाँ," मैंने अम्मा को आश्वस्त किया और नीचे उतरा। बाहरी फाटक का ब्यौड़ा छुड़ाया। हौसला फाटक के खुलने का इंतजार कर रहा था। ज्योंही मैं निकला, उसने मुझे दोनों बाँहों में लपेट लिया और हिचक-हिचककर रोने लगा।

"अरे.... !" मैं आश्चर्य से चकित, आशंका से ग्रसित मूढ़ की तरह एक क्षण कुछ न बोला।

"हौसला, बात क्या है ?"

"गजब हो गया तिवारीजी !"

वह फिर हिचककर रो पड़ा, "हरिमंगल बाबू चले गये।"

"क्या ?"

"उन्हें किसी ने गोली मार दी।"

"कब, कहाँ ?" मैंने अपने को हौसला की बाँहों से अलग किया और उनके कंधे पर हाथ रखकर पूछा।

"मकान से ठीक नीचे। हम दोनों आदमी ऊपर सोये थे, किसी ने हरी बाबू को बार-बार हाँक दी। हरी बाबू ने पूछा कि कौन है, क्या काम है। आगंतुकों में से एक ने कहा कि हम सोनाचक से आ रहे हैं। आपके बच्चे के बारे में बात करनी है। बहुत जरूरी बात है। हरी बाबू ने अपने बच्चे का नाम सुना तो घबराकर नीचे उतरे। ज्योंही उन्होनें दरवाजा खोलकर पूछा कि क्या बात है, सामने खड़े आदमी ने तीन फायर किये और वे चीखकर वहीं ढेर हो गये। मैं दौड़ता-भागता छत से उतरा।

दरवाजे के सामने हरी बाबू को गिरा देखा। मैंने फायर की आवाज तो सुनी ही थी, मैं उन्हें छोड़कर आगंतुकों की ओर दौड़ा तो वे एक टैक्सी में, जो पीपल के नीचे खड़ी थी, बैठकर गायब हो गये।

यह करीब ढाई बजे का वाकया होगा। सड़क अभी सुनसान थी। कोई भी आदमी दिखायी नहीं पड़ता था। फायर की आवाज से दो-एक छतों पर कुछ बोलबद सुनायी पड़ी, पर कोई नहीं आया। मैंने दरवाजे पर जाकर हरी बाबू को उठाया। वे मुँह के बल गिरे थे। उन्हें किसी कदर चित लेटाया। कमरे की बत्ती जलायी तो देखा, उनका शरीर खून से सना था। मुझे तो गश-जैसा आने लगा।"

"हे भगवान् !" मेरे मुँह से निकला : "आओ, चलें। शेष बातें रिक्शे पर होंगी।"

गरमी की सुबह थी। चार बजे के करीब अनेक लोग गंगा-स्थान के लिए जाने लगते हैं। चौमुखी पर ही रिक्शा मिल गया। हम बैठ गये।

"वहाँ तो कोई नहीं होगा ?"

"वहाँ पुलिस है।"

"पुलिस तुमने बुलायी !"

"नहीं, मैं हरी बाबू के पास बैठा सोच रहा था कि क्या करूँ, किसे पुकारूँ, कहाँ जाऊँ तब तक एक पुलिस की गाड़ी पहुँची।"

'हरिमंगल बाबू !'... गाड़ी में से एक आदमी कूदा। वह कोई अफसर था। शायद इंस्पेक्टर हो।

'कौन है ?' मैंने पूछा, तब वह आदमी हाथ में बेंत नचाता दरवाजे पर पहुँचा और हरिमंगल बाबू की लाश देखकर स्तब्ध रह गया।

'सॉरी, मेरे दोस्त, मैं देर पहुँचा... ।' उसने अपनी टोपी उतार दी और हरिमंगल के शव को प्रणाम किया।

उसे देखकर मैं फूट-फूटकर रो पड़ा। उस आदमी ने हरी बाबू की नब्ज देखी, और आँखें देखीं, बोला, 'आपका नाम क्या है ?'

'हौसलाप्रसाद।'

'आप हरी बाबू के साथ ही रहते थे ?'

'जी हाँ।'

'देखिये, जो होना था, हो गया। आप तिवारी को जानते हैं ?'

'जी हाँ... !'

"ओह, तो शायद वे इंस्पेक्टर शर्मा थे।"

"थे नहीं, अभी हैं। उन्होंने कहा कि तिवारी को जल्दी बुला लाइए। मैं बड़े साहब से कहकर सोनाचक में हरिमंगल बाबू के परिवार को इन्फॉर्म कराने का बंदोबस्त कर देता हूँ। आप किसी आदमी को भेजेंगे तो बहुत देर लगेगी।"

"मैं उस इंस्पेक्टर से बहुत कुछ पूछना चाहता था तिवारीजी, पर वह चुप हुआ सो हुआ।"

हमारा रिक्शा सिगरा के आगे गली में मुड़ चुका था। अब सुबह खूब फरिया गयी थी। मैंने दूर से देखा--हरी बाबूवाले मकान के पास काफी भीड़ लगी है।

पीपल के पेड़ के नीचे पुलिस-वैन खड़ा था। इंस्पेक्टर शर्मा बड़ी देर से प्रतीक्षा कर रहे थे।

"हैलो तिवारी !"

"कहिए शर्माजी, यह सब क्या हो गया ?"

"जो मैंने कहा था, याद है तुम्हें ? पर एक बात कहूँगा कि यह लाखों में एक था। शेर था। शेर की तरह रहा और शेर की तरह गया। इसने जो कसद ली, उसे पूरा कर दिखाया।"

"कैसी कसद शर्माजी ? साफ-साफ कहिए ने ?"

"अरे उस गैंग को नेस्तनाबूद करने की कसद भाई।"

"गैंग खत्म हो गया ?"

"करीब करीब..." सुबह का पेपर लेकर देख लेना, बात साफ हो जायेगी। मैं तुम्हारे लिये रुका था। अब तुम आ गये, अब ठीक है। मैं जानता था कि हरी बाबू अव्वल नंबर के जिद्दी आदमी हैं। वे डेरा छोड़कर कहीं नहीं जायेंगे। मैं इसलिए इधर दौड़ा। मैंने इस हल्के के इंस्पेक्टर को भी सावधान कर दिया था, पर कहा था न कि वे लोग मामूली आदमी नहीं हैं। मुझे अपनी सुस्ती का गम है तिवारी। काश आधा घंटा पहले यह बात मेरे दिमाग में आती तो... ।"

"तो क्या शर्मा जी...आप बेकार अपने को कोसिए मत। आपने सारी सीमाओं के होते हुए भी जो किया, वह मैं कभी नहीं भूलूँगा।"

शर्मा की आँखें भरभरा आयीं, "ऐसे मर्द बहुत कम मिलते हैं तिवारी। मैं और क्या कहूँ ! मैंने हरिमंगल बाबू के पिता को खबर करा दी है। यहाँ भी कहला दिया है कि तहकीकात की बारीकी में देर करना बेकार है। लाश पोस्टमार्टम के लिए भेज दी जाये। और सुनो, इस घटना को गैंग के साथ न जोड़ना ही अच्छा है। आपसी रंजिश के कारण ऐसा हुआ होगा--बस, यही कहना है।"

"आप जो ठीक समझें।"

"बात यह है भाई कि हमें उनके परिवार को भी देखना है। जहाँ तक मुझे मालूम है,

घर में बूढ़े पिता, एक छोटी उम्र का भाई, पत्नी और नादान बच्चे हैं। खतरा छोटे भाई या बूढ़े बाप पर मँडराता रहे, यह तो अच्छा नहीं है।"

"ठीक है।"

शर्मा की गाड़ी चली गयी। हौसला गरदन झुकाए भीड़ के पास खड़ा था।

मैं बुद्धू की तरह वहीं कुछ देर खड़ा रहा। समझ में नहीं आता था कि क्या करूँ। तभी उस हल्के के इंस्पेक्टर पुलिस और कई सिपाही आ गये। उन्होंने भीड़ को एक ओर हटाया। इंस्पेक्टर ने बड़ी चौकसी के साथ सारी व्यवस्था अपने हाथ में ले ली।

उन्होंने कुछ सवाल हौसला से किये।

"जमाना ही आ गवा है साला अइसा।" भीड़ में से एक आदमी बोला, "रोज बारदातें होत हैं।"

"चल री झुनिया," एक बूढ़ी औरत बोली, "गंगाजी से लौटानी में बड़ा घाम हुई जाई।"

"हाय बेचारा, के रंजिस निकालेस ?" एक औरत बोली।

"अब तू ही फैसला करिहौ का ? चलो घरे। देख् लिहो न जो देखना रहा। अब का खड़ी हौ।" वह शायद उसका पति था।

पुलिस ने लाश पोस्टमार्टम के लिए भेज दी। पुलिस का एक सिपाही मौके पर बंदूक लेकर पहरा देने लगा। भीड़ धीरे-धीरे छंट गयी।

दोपहर दो बजेवाली गाड़ी से दद्दू तथा गाँव से दो लोग और आये। उनके चेहरे पर अजब बदहवासी थी। वे कोठरी के सामने सिपाही को खड़ा देखकर हिचके।

"हौसला ?" दद्दू बोले।

"दद्दू !" हौसलाप्रसाद उनके पास पहुँचे और उन्हें पकड़कर रोने लगे। दद्दू संकरी सड़क पर विशाल पिरामिड की तरह खड़े थे। लगता था कि हवा का झोंका लगेगा आर यह पिरामिड भहरा जायेगा। वे काँप रहे थे।

"हम सब सुन लिहा। रोओ मत। हमें तुम बता दो कि ई कवन आदमी है, बस... ।" उन्होंने अपने दोनों हाथों को हवा में उछालकर यों मसला कि उँगलियाँ तड़तड़ा गयीं। तभी उन्होंने कलेजा थामा और हिचक पड़े, "हाय रे बप्पा !" दद्दू की आँखें भरभरायीं, "हमरे बुढ़ौती का आसरा चला गवा।"

"दद्दू !" मैंने जाकर उनका हाथ पकड़ लिया, "आप कमरे में चलें। वहीं बातें होंगी।"

शिवमंगल राय ने मुझे बड़ी देर तक देखा, फिर उलाहने के स्वर में बोले, "तिवारीजी महाराज, आपके रहते ई सब हो गवा और हमें खबर नाहीं मिली ! ई कौनो

दुइ-चार दिन की लाग-डाँट तो रही न होई। आपसे गफलत कइसे होय गयी महाराज !" वे फूट-फूटकर रो पड़े । दोनों आदमियों ने दद्दू को सँभाला और कमरे में ले आये।

मैं अब दद्दू को क्या बताऊँ कि इतने चौकन्ने और सावधान रहने वाले हरी बाबू से कैसी गफलत हो गयी। हरी बाबू भी क्या करते ! बच्चों पर जान देते थे। बच्चे के बारे में कोई संदेशा लाया है, इतनी-सी बात उनके संतुलित मस्तिष्क को झकझोर देने के लिए काफी थी। काश, वे छत से न उतरे होते ! तो...तो क्या वे बच जाते ? कहना मुश्किल है। गाँव जाकर ही क्या वह बचे रहते कहना मुश्किल है। गोफन चल चुकी थी। जेवरा कब तक गरदन बचाता।

हमने और हौसला ने दद्दू को बहुत समझाया। अजब दृश्य था। हम कभी दद्दू को समझाते। कभी दद्दू हम लोगों को भरभराया देखकर ढाढ़स बँधाने लगते।

"उन्हें ले कहाँ गएन लोग ?" दद्दू सँभल चुके थे।

"पोस्टमार्टम बदे ले गये हैं," मैंने कहा, "वहीं चला जाये।"

"हियां का धरा है ? जहाँ चले के हौ चलो।" दोनों आदमियों ने एक साथ कहा।

श्मशान एक विचित्र जगह है। यह सब-कुछ को अपने मुँह में लील जाता है। कभी-कभार आने वालों को यह डरावना, चिरायंध गंध से भरा बीभत्स लगता है, पर यहाँ पर दिन-रात काम करनेवाली मजदूरों, माझियों, धोबियों, डोमों से पूछिए, वे कहेंगे कि उनके शरीर में पड़ वस्त्र की तरह यह उनके लिए अपरिहार्य है। हम लोग हरिश्चंद्र मंदिर के चबूतरे पर बैठे थे। शाम हो गयी थी। गंगा के किनारे चिता जल रही थी। बूढ़े दद्दू चमकती लपटों के सामने निर्विकार भाव से खड़े थे। पुत्र से 'दाह' दिये जाने की अंतिम कामना रखनेवाला बूढ़ा पुत्र को 'दाह' देकर चिता में रख चुका था। पुरवा का जरा-सा झोंका सारे धुएँ को मंदिर की ओर मोड़ देता । आँखें कड़ुवातीं और नमकीन आँसुओं से होंठ भीग जाते।

रात ग्यारह बजे हम लोग पुनः सिगरावाली कोठरी में लौटे। दद्दू बाहर ही बैठे रहे। हरिमंगल बाबू का सारा सामान बाँधा गया। सुबह मुगलसराय से चार बजे पटना पैसेंजर जाती है।

"हम लोग बोही गाड़ी से जाब तिवारीजी !" दद्दू ने कहा।

गाड़ियाँ आती हैं, जाती हैं। इनकी यह प्रक्रिया ऐसे ही चलती रहती है।

सब चले गये।

सूनी कोठरी में मैं रह गया और हौसला।

"हौसला !"

"अयं।"

"अम्मा परेशान हो रही होंगी, सुबह चार बजे का आया हूँ। कोई खबर नहीं दी।"

हौसला कुछ नहीं बोले।

"चलो तुम भी, रात वहीं सोना। सुबह फिर निर्णय करेंगे।"

"चलिए। मैं अकेले यहाँ रह भी नहीं पाऊँगा।" हौसला ने अपने पॉकिट से एक लिफाफा निकाला, "तिवारीजी, आज से हफ्ता-भर पहले हरी बाबू ने यह चिट्ठी लिखी और मुझे सौगंध दिलाकर कहा था कि यदि मैं न रहूँ तो तिवारी के अलावा यह किसी के हाथ में नहीं जानी चाहिए। मैं दिन-भर ऐसा भूला रहा कि कुछ याद ही नहीं पड़ा।"

मैंने चिट्ठी लेकर जेब में डाल ली।

"आओ, चलें।" मैंने हौसला का हाथ पकड़ा और सिगरा चौमुहानी की ओर चल पड़ा।

मठ का दरवाजा अम्मा ने खोला, "कौन था नंदू बेटे ? सिचन्ना कह रहा था कि तुम्हें उसने शाम को हरिश्चंद्र घाट पर देखा।"

"सोनाचक के हरी बाबू !" मैंने हौसला को फाटक भीतर किया और अम्मा से बोला, "हम छत पर सोयेंगे अम्मा ! खाने-पीने का न मन है न जरूरत।"

"शर्बत पी लो।" अम्मा ने जाने कब से शर्बत बनाकर रखा था।

छत पर दरी बिछाकर मैं और हौसला लेट गये।

मैं रात के अँधेरे में ताकता रहा। हरी बाबू की अनेक तस्वीरें बनती और मिटती रहीं। ऐसा निर्लिप्त व्यक्ति मैंने नहीं देखा। आज हर वस्तु के लिए, मामूली सुविधा के लिए बड़े-बड़े लोग समझौते कर लेते हैं। समझौता हिंदुस्तान का असली नारा है, प्रतिबद्धता ढोंग है, सिर्फ समझौते से प्राप्त सुविधा तक पहुँचने की एक सीढ़ी है। हरी बाबू कौन बड़े थे। ज़िंदगी छुटभैयों के बीच काटने को मिली थी, सो कट ही जाती । उन्हें आगे बढ़ने की हविश होती तो समझौते कर लेते जो कभी दुनिया की रोशनी में नहीं होते, पर उन्होंने समझौतों की जगह ईमानदार बने रहने की गलती की।

'तिवारी, तुम घोंचू हो।' मुझे लगा, जैसे हवा की सनसनाहट में हरी बाबू की आवाज उभर रही है--'तुम हर चीज का कारण जानना चाहते हो, पर आज की यह दुनिया इतनी गड्डमड्ड है कि उलझनें और गाँठें जितनी चाहो पकड़ लो। उनके सूत्रों को उकीलने को कोशिश बेकार है। इससे कुछ हासिल न होगा। मैं सिर्फ था। न ईमानदार न प्रतिबद्ध, न इस लेबिल से मुद्रित न उस लेबिल से विमुद्रित... मैं सिर्फ एक अवधि था।'

मैं चौंककर बैठ जाता हूँ। हौसला दिन-भर का थका-हारा नींद में डूब गया है। मुझे नींद नहीं आयेगी। मैं जानता हूँ कि मेरे दिमाग का कोई हिस्सा बहुत कमजोर है। वह शिकारियों के झुंड और कुत्तों के ओझल हो जाने के बाद भी मृग-शावक की तरह

थरथराया करता है। हायपरसेंस्टिव, हाँ, मैं उच्चातिउच्च भावुक हूँ।

मैं धीरे से उठा। अम्मा के सिरहाने से मैंने ताली ली।

"नंदू !"

"कोई बात नहीं है, तुम सोओ।" मैंने तालियाँ खनखानाते हुए कहा, "जरा कमरे में जायेंगे। नींद नहीं आ रही है।"

"ज्यादा सोचो मत.... ।" अम्मा बोलीं और करवट बदलकर सोने का नाटक करने लगीं।

बेचारी अम्मा ! मेरे मन में झनझनाहट-सी हुई। सदा पलकों पर नींद रहती है इनकी। कभी सिरहाने हाथ गया होगा, अम्मा अवश्य बोली होंगी 'नंदू'। जैसे उनके लिए नंदू से बड़ी बेशकीमत चीज और कुछ है ही नहीं। नंदू की नींद सोना, नंदू की नींद जागना अम्मा का मुकम्मल टाइम टेबल है, पर नंदू है कि अपनी लंतरानियों में ऐसा मशगूल रहता है कि बुढ़िया की सुख-सुविधा का उसे ख्याल ही नहीं। वाह रे नंदू ! तू भी अद्‌भुत श्रवणकुमार है। पिता कहीं और है माँ कहीं और। और तू है कि इन दोनों के रहते हुए दिशाहीन भटक रहा है।

मैं एक क्षण अपनी छत पर खड़ा चारों ओर देखता हूँ। सारा बनारस अँधेरे की गोदी में ढुलक गया है। गंगा एकदम शांत है। सड़कों पर जलते बल्ब अँधेरे आसमान को और काला कर रहे हैं। आकाशगंगा तिरछे होकर ढुलक रही हैं। तमाच्छन्न तमस्... । अँधेरा, अँधेरा, अँधेरा...मेरी आत्मा में सोया शुनःशेप आजीगर्ति बोलता है :

अदब्धानि वरुणस्य व्रतानि विचाकशच्चंद्रमा नक्तमेति।

आह वरुण देवता ! क्या तुम्हारी कृपा से जीवन की इस रात्रि को चंद्रमा कभी प्रकाशित नहीं करेगा ?

मैं कमरा खोलकर दरवाजों को भीतर से बंद कर लेता हूँ। अपनी मेज का टेबल-लैंप जलाकर मैं बैठा हूँ हरी बाबू की चिट्‌ठी पढ़ने। क्या था ऐसा कि उन्होंने सात दिन पहले ही लिखकर एक लिफाफे में बंद किया और हौसला को यह सौगंध दिलायी कि मुझ अकिंचन के अलावा यह चिट्‌ठी और किसी को न मिले ? कितना विश्वास था मेरे प्रति ? मैं जानता था हरी बाबू कि आपके होंठों से प्रथम भेंट के समय मेरे वास्ते निकले हुए शब्द सिर्फ मेरी परीक्षा के लिए तपाई हुई सलाखों की तरह थे। आपने कितना-कितना विश्वास संजोया था अपने दिल में मेरे प्रति, पर मैं आपकी कोई सहायता कर नहीं सका।

मैंने चिट्‌ठी निकालकर मेज पर रखी। तभी दृष्टि वैदिक कांकार्डेंस के ऊपर रखे आज के अखबार पर पड़ी। मैंने 'बनारस समाचार' का पृष्ठ खोला। मोटे-मोटे शीर्षक चीख रहे थे, होटल फिलाडेल्फिया पर पुलिस का छापा ! कई गिरफ्तार !!! तस्करी

सामान, जापानी साड़ियाँ, सोने के बिस्कुट, विदेशी घड़ियाँ, ट्रांजिस्टर आदि बरामद !

"हूँऽ !" मैंने अंधेरे कमरे में टटोलने की कोशिश की। बक्कड़ गुरू। वी.पी.एन., वाह, यह खूब है !

अखबार कहता है : गिरफ्तारों में कई युवक हैं जो पूर्ण शिक्षित और आधुनिक बताए जाते हैं।

"उन्हें दीक्षा देने की तो बक्कड़ गुरू ने कसद ली ही थी।" मैं बुदबुदाता हूँ।

शहर के नये सीनियर पुलिस कप्तान के नेतृत्व में पुलिस ने पिछली रात को करीब साढ़े बारह बजे होटल फिलाडेल्फिया पर छापा मारा। इस विशाल पुलिस कारवाई में कई थानों के इंचार्ज और पुलिस की एक बड़ी टुकड़ी सम्मिलित थी। होटल का कंट्रैक्टर, जिसका वी.पी.एन. सिंह बताया जाता है, बच निकला। पुलिस ने रात में ही दो-तीन अन्य स्थानों पर भी छापे मारे और भारी मात्रा में तस्करी सामान बरामद किया। यह कार्रवाई रात ढाई बजे तक चलती रही।

"हुंऽ !" मैं अखबार रख देता हूँ, "तो बक्कड़ गुरू बच निकला। एक काइयाँ है वह आदमी । उसी ने हरी बाब को मारा होगा। उसके अलावा किसी में हिम्मत नहीं कि खुद बरबादी के कगार पर खड़ा होते हुए भी शत्रु पर वार करने में चूके नहीं।"

मेरा मन बक्कड़ के प्रति निहायत घृणा से भर जाता है। कितने सूफियाने ढंग से रहता था ! कैसी-कैसी बातें करता था !

मैं एक क्षण अँधेरे कमरे में देखता रहता हूँ। मैं धीरे से हरी बाबू का दिया लिफाफा उठा लेता हूँ। चिट्ठी काफी लंबी है :

प्रिय रामानंद,

तुम्हें यह चिट्ठी इसलिए लिख रहा हूँ कि कोई ऐसा नहीं है जिसे सब कुछ बता सकूँ। और मन कहता है कि यह सब किसी-न-किसी को बता देना अच्छा होगा। सुनता हूँ, पुरोहित से कुछ भी नहीं छिपाना चाहिए, इसलिए मैंने निश्चय किया है कि तुम्हें सब सहेज ही जाऊँ। तुम्हें याद होगा कि हम इंस्पेक्टर शर्मा के पास से कितने निराश लौटे थे। शर्मा को तुम गलत मत समझना । यह बहुत ही व्यावहारिक और पक्का आदमी है। उसने जो कुछ कहा था, वह मेरे फायदे के लिए था। पर दोस्त, शायद मैं इस दुनिया में नफा-नुकसान सोचकर चलनेवालों का अनुयायी बनने के लिए नहीं जन्मा हूँ। हो सकता है कि यह मेरी पारिवारिक कमजोरी हो। दद्दू ने कभी भी नफा-नुकसान को अपने सम्मान से बड़ी चीज नहीं माना। वहीं खून है न ! सो मैंने शर्मा की बात एक कान से सुनकर दूसरे कान से निकाल दी। मैंने सिर्फ इतना ध्यान रखा कि मुझे अपने मुखालिफों की ओर से कभी असावधान नहीं होना चाहिए। शर्मा ने मेरा बड़ा उपकार किया कि उनकी अहमियत से मुझे आगाह कर दिया। पर प्रश्न था कि आखिर वे मुखालिफ हैं कौन ? कौन हैं वे गैर-मामूली लोग ? वे मेरे पीछे क्यों पड़े हैं ???

तिवारी, मैं तुम्हें एक ऐसी बात बताने जा रहा हूँ जो मेरे दिल में एक अजीब तरह की खुशी और गम को समेटे हुए है। तुमने लाजवंती को देखा है। तुमने उसके कल्याण के लिए मंत्र भी पढ़ा था। लाजो कहती है कि तिवारीजी की आँख में ऐसी ताकत है कि वे सब-कुछ जान सकते हैं। मुझे लगता है कि वह अपने किये से खुद ऐसी डरी-डरी थी कि उसे अपनी ओर उत्सुकता से देखती आँखें बहुत ताकतवर लगा करती थीं। या हो सकता है कि वही सही रही हो। सचमुच क्या तुम जान सके ? लाजो ने मेरी बड़ी सेवा की। मैंने जानकर कि कहीं दुबारा हमला न हो, तुम्हें और हौसला को बरजोरी अपने यहाँ से हटाया, पर बहुत कोशिश करके भी मैं लाजो को नहीं हटा पाया। मैंने उसे डराने के लिए कहा कि यह चोट छात्र-पुलिस भिड़ंत में नहीं लगी है लाजोः बल्कि इसके पीछे बहुत जालिम लोगों का गिरोह है तो वह जैसे और भी दृढ़ हो गयी और अपनी सारी चिंताएं छोड़कर मेरी सेवा करती रही। उसी ने अपने को खतरे में डालकर इस गिरोह की जानकारी भी प्राप्त की। वह अगरवाल से घृणा करती थी, पर लाचार होकर पुनः अगरवाल के पास गयी। मैं जानता हूँ कि अगरवाल को उसने क्या दाम चुकाया होगा, पर एक हफ्ते के अंदर उसने कहा कि--'जाने कौन होटल हौ फिलाडल्फी, बाबा रे, का नांव है ! हम तो याद भी नाहीं रख सकतीं।' उसने अपने आँचल के खूँट से निकालकर एक कागज दिया, बोली--'देखा--शाइत कुछ पता चले। ए कागज के पढ़िके अगरवाल बाबू तुरंत गाड़ी निकाल के चल दिहिन। हम समझा, कुछ बात होई एमां।'

रामानंद तुमको आश्चर्य होगा। वह एक तार था--अंग्रेजी में। मतलब था कि अपने सामान की डिलिवरी फिलिप से लीजिए। तार गोरखपुर से आया था।

मैं फिलिप और फिलाडेल्फिया पर सोचता रहा। इस तार से बड़ी भारी बात यह मालूम हुई कि फिलाडेल्फिया में तस्करी सामानों के आने की सूचना कैसे दी जाती है। मैंने लाजो से कहा कि इस कागज को वहीं रख आये ताकि अगरवाल को संदेह न हो।

पर मित्र, इस रहस्य का असली भेदन तो तुम्हारे द्वारा ही हुआ। तुम आश्चर्य मत करो। तुमने मुझसे एक दिन बताया था कि कुछ छात्रनुमा लोगों ने नंदकिशोर की बहन राजमती के साथ बलात्कार किया। तुमने यह भी कहा था कि तुम किस तरह छात्रनेता और पुलिसवालों के पास गये और किस तरह निराश होकर लौटे। तुमने बातचीत के सिलसिले में दुर्गाकुंड के एक दर्जी नवयुवक का भी जिक्र किया था। मैं, हौसला, और एक लड़का और था। तीनों ने एक दिन दुकानें बंद होने के वक्त उस कुनबी छोकरे को जा पकड़ा। पहला हाथ मैंने ही लगाया, वह गनगनाकर रह गया। हम तीन जनों को देखकर वह गिड़गिड़ाया--'मैंने क्या बिगाड़ा है आप लोगों का ?'

'तुम साले हरिजन लड़की पर आशिक हो तो उससे शादी करो, कुछ हिम्मत दिखाओ। तुमने तो नपुंसकों की तरह उसकी इज्जत लुटवा ली और उसे कहीं का न रखा।' मैंने उसकी ओर बढ़ते हुए कहा--'अब तुम्हारी सारी गुंडागर्दी हवा हो जायेगी।'

'आप कौन हैं ?' उसने कहा।

'सी.आई.डी.।'

इतना सुनना था कि उसे थरथरी आने लगी। बोला, 'मेरा दोष नहीं है हुज़ूर !'

मैंने उसके गाल पर एक चटाका जड़ दिया--'तुम खुद नहीं थे साले हरामी, झूठ बोलते हो ?'

'मैं तो उन लोगों के कहने से चला गया था।'

'कौन लोग ?'

'वे गोरखपुर के थे।'

'यहाँ कैसे आये ?'

'अक्सर आते हैं। यहाँ कुछ पढ़वैया लड़कों से उनकी जान-पहचान भी है। बोले, यार, ये सब बना-बनाया शहरी माल सारा खाली सजावट है, कैंडम ! देशी माल मिले तो क्या कहना ! मैं राजमती पर गुस्सा था, क्योंकि वह मेरी बात ठुकरा चुकी थी। मैंने जब उसका जिक्र किया तो वे लोग बोले कि हम तुम्हें पचास रुपये देंगे... ।'

'वे लोग यहाँ कहाँ रुके थे ?'

'रुके नहीं सरकार, अक्सर रुकते हैं, बड़े आदमी हैं, पैसेवाले।'

'कहाँ रुकते हैं ?'

'होटल फिलाडेल्फिया में।'

'हूँऽ।' मैंने हौसला से झूठे ही कहा, 'तुमने ठीक ही कहा था। लगता है, वे लोग ही हैं।'

हौसला मेरी ओर आश्चर्य से ताकता रहा, पर बोला कुछ नहीं।

'खैर,' मैंने उस दर्जी से कहा, 'तुम गरीब हो इसलिए छोड़ देता हूँ, रपट नहीं करूँगा, पर यदि उन लोगों से तुमने इन बातों की चर्चा की तो तुम्हें नंगा करके गोली मार दी जायेगी।'

'हम क्यों कहेंगे हुज़ूर ! हम अब ऐसे मामलों में नहीं पड़ेंगे। कान पकड़ते हैं। मुझे माफ कर दीजिए।'

'जाओ किया माफ... ।'

हम लोग चले आये। मैंने हौसला से कह दिया कि यह बात तिवारी को न बतायी जाये। मैंने तभी सोचा कि यह एक अंतर्पांतीय गिरोह है, इसमें जाने कितने लोग होंगे। इसका संचालक निश्चय ही बड़ी बुद्धिवाला कोई ऐसा आदमी होगा जो परदे के पीछे रहकर इस विशाल दल का नेतृत्व करता होगा। मेरी इच्छा तो जरूर हुई कि मैं होटल फिलाडेल्फिया जाकर पता लगाऊँ, पर चूँकि मैं उनके द्वारा पहचाना गया नोटेड आदमी था, इसलिए वहाँ नहीं गया।

मेरे पास धीरे-धीरे इतनी सूचनाएँ हो गयीं कि मैं बड़ी आसानी से किसी पुलिस

अफसर को इत्मीनान करा सकता था कि वह होटल राष्ट्रद्रोह में मुब्तिला है। पर जैसा कि इंस्पेक्टर शर्मा ने कहा था, पुलिस में ऐसे लोग हैं कितने। लाचार मैं मन मारे पड़ा रहा। पिछले दिनों छात्र-अशांति के दौरान जो अग्निकांड वगैरह हुए, उससे एक बात हुई यानी सीनियर पुलिस कप्तान की तब्दीली। नये कप्ताल भले ही जिस तरह के आदमी हों, उनको आते-ही-आते अपनी कीर्ति को बढ़ानेवाला कोई काम मिले तो भला वे उधर क्यों नहीं आकृष्ट होंगे, मैंने सोचा। इसी आशा से मैंने उनसे मिलने के लिए समय माँगा और मिला। उन्होंने मेरी सारी बातें बड़े गौर से सुनीं। वह आदमी महत्वाकांक्षी लगा । मुझे विश्वास हो गया कि इससे काम बन सकता है।

'सुनिए मि. हरिमंगल, हमें आप कुछ मौका दीजिए। बीच में मिलते रहिए। और जैसे भी हो. नया तार ज्यों ही आये आप मुझे सूचित कीजिए। मैं आपकी पूरी मदद करूँगा।'

पुलिस कप्तान ने मुझसे हाथ मिलाया। मैं प्रसन्न था क्योंकि मेरे मन में निरंतर जलती हुई बदले की भावना के पूर्ण होने का समय जैसे करीब आ रहा था। मैं जानता था कि पुलिस सुपरिंटेंडेंट कोई गुड़िया नहीं है कि आपके बटन दबाते ही अपने करतब दिखाने लगेगा। वह भी अपने ढंग से मामले की छानबीन करेगा। काम में हाथ डाले या न डाले, इस पर पचास बार सोचेगा।

खैर, भगवान की कृपा और लाजो की मेहनत सफल हुई । इस बार तार भी कुछ गंभीर अर्थ का था। 'फिलिप से अपने अब तक के माँगे तमाम सामानों की डिलीवरी सात दिन के अंदर ले लीजिए। याद रखिए, कैश पेमेंट जरूरी है।'

मैंने तार लिया और पुलिस कप्तान को दिखाया। वे जी खोलकर हँसे। 'खुद ही सात दिन का मौका दे रहा है इस बार।' वे सहसा गंभीर होकर बोले, 'हरी बाबू, आप अब ध्यान से मेरी बात सुनिए।'

'कहिए।'

'सात दिन के अंदर कभी भी 'ऑपरेशन फिलाडेल्फिया' शुरू हो सकता है। इसलिए आप दस रोज के लिए शहर छोड़ दीजिए।'

'क्यों ?'

'अरे भई, बक्कड गुरू यानी वी.पी.एन. यानी वक्रेश्वर प्रसाद नारायण सिंह बड़ा ही शातिर और खतरनाक आदमी है। मैं आपको किसी तरह संकट में नहीं डालना चाहता। आप इस कागज पर अपने गाँव का पूरा पता लिख दीजिए, और अच्छा हो, दस दिन गाँव जाकर हवा-पानी बदल आइए।' साहब मुस्कराए--'मैं यहाँ से निबटकर तुरंत खबर कराऊँगा।'

मैंने पता लिखकर दे दिया और डेरे पर लौट आया। मैंने बार-बार सोचा रामानंद कि क्या इस अवसर पर मेरा गाँव जाना उचित है ? क्या जिन लोगों ने मेरा अपमान

किया, मुझे चोट पहुँचायी, उनकी भरपाई करते वक्त मैं गैरहाजिर रहूँ ? मुझे पुलिस क्प्तान की राय ठीक लगी, पर यह भी लगा कि वे मेरी सुरक्षा के लिए जरूरत से ज्यादा परेशान हैं। मैंने तय कर लिया कि मैं अपने डेरे में ही पड़ा रहूँगा और किसी से भी मिलूँगा नहीं। इस तरह दोनों की बात रह जायेगी। मेरी भी और कप्तान की भी।

आज रात को जब मैं सोने चला तो अचानक मन में एक ख्याल आया। तिवारी, मैं न तो बहुत आस्तिक हूँ, न तो दिखावे के लिए नास्तिक। पर मैंने अक्सर देखा है कि कभी-कभी मन में ऐसा हो जाता है जिसे पढ़ना मुश्किल हो जाता है। जो मैं कर रहा हूँ, वह गलत है या सही है, इसका कोई जवाब नहीं मिलता। एक अजीब किस्म की जमे हुए तारकोल की तरह की थथम छा जाती है। आज भी जब ऐसी ही हालत हुई, उसी वक्त उस जड़ता को तोड़ने के लिए मैंने तुम्हें यह चिट्ठी लिखनी शुरू की।

हो सकता है कि अगले सात दिन ही मेरी जिंदगी की मियाद रह गयी हो ? सात दिन बहुत हैं। सुनता हूँ, परीक्षित को ऐसी ही अवधि दी गयी। और उस आदमी ने अपने को तक्षक के विष को सहने योग्य बना लिया। मैं सात दिन में एक नया हरी बाबू बनकर निकलूँगा, या तो इस पार या उस पार। यदि इस पार निकला तो मैं अपने पुरोहित वंश के उत्तराधिकारी के चरणों में प्रणाम करके कहूँगा कि तुम्हारे पूर्वजों के पुण्य-प्रताप से अपने अपमान का बदला ले लिया; किंतु यदि इस पार न आया तब भी तिवारी, इतना कहूँगा कि मेरी अपनी अश्रद्धा थी, पुरोहित वंश के प्रति एक बार किया हुआ अपराध, जिसने उस पार जाने के लिए विवश किया, पर यह सही है कि गणेशी तिवारी की तपस्या ने उनके यजमान को इतनी ताकत तो दी है कि वे अपने अपमान का सटीक बदला ले सकें।

तुम यह सब पढ़कर नाहक दुःखी मत होना। असल में जब तुम पहली बार मिले थे तो अपनी आदत के अनुसार मैंने तुम्हारी भावुकता पर प्रहार करते वक्त दो-एक वाक्य बोल दिये जो मुझे नहीं कहने चाहिए थे। मैं जानता हूँ कि तुमने उन वाक्यों के लिए मुझे जाने कब से क्षमा कर रखा है, पर ऐसे मौकों पर इस तरह की यादें बहुत आती हैं।

यदि मैं न रहूँ रामानंद तो तुम सिर्फ दो काम करना। लाजो की रक्षा और हौसला को सहायता। लाजो ने मेरे लिए जो भी किया है, मैं उससे उऋण नहीं हो सकता। अक्षय ने कहा था--वह संस्कारी औरत है। पता नहीं वह तस्कर-पुत्र संस्कार का क्या अर्थ लगाता है, पर मेरी दृष्टि में संस्कार वह भाव है जो हमेशा अपनी वास्तविक चमक संकट में ही प्रकट करता है अपने ऊपर संकट और खतरा लेकर लाजो ने मेर सामने जिस नारी-मूर्ति को प्रकट किया, मैं सिर्फ उसे श्रद्धा ही नहीं, प्यार भी करता था। इसे स्वीकार करने में, कम-से-कम तुम्हारे आगे, मुझे कोई ग्लानि नहीं होती; बल्कि गर्व होता है। लाजो कहीं उनके गुस्से की पात्र न बने, इसे हमेशा ध्यान रखना। हौसला को मैंने हमेशा छोटे भाई की तरह माना है। गरीब ब्राह्मण का लड़का है। मेरे लिए आनेवाले राशन से इसका भी काम चल जाता था। मेरे न रहने पर इसकी क्या व्यवस्था हो सकती है, सोचना

क्योंकि तुम्हारी खुद की भी ऐसी स्थिति नहीं है--फिर भी।

दद्दू को ढाढ़स बँधाना। अपनी भाभी को बताना कि मैं अपमान का बदला लेने के लिए मर-मिटा, कोई हेठी की बात नहीं की। बच्चों को मिलकर उन्हें.....

सस्नेह प्रणाम !

तुम्हारा--हरिमंगल

मैं चिट्ठी पढ़कर हिचक-हिचककर रो पड़ा। आखिरी अंश तक आते-आते गला रह-रहकर भीतर से उठनेवली हूक से रुँध जाता था, पर अंतिम वाक्य ने मेरे धैर्य का बाँध ही तोड़ दिया। मैंने अपनी नंगी बांह पर सिर रख लिया और फूट-फूटकर रोता रहा।....

मैंने दरवाजा बंद किया। छत पर आया। हौसला की बगल में लेट गया, पर आँखों में जलन थी। नींद का नाम नहीं था। मैं मन-ही-मन अपने को धिक्कार रहा था। बक्कड़ गुरू को मैं जानता था। यदि मैं हरी बाबू की सीधे सहायता नहीं कर सकता था, तो शोभना के जरिये बक्कड़ को ही इस रास्ते से हटा सकता था। न भी हटता तो कौन-सी बेइज्जती हो जाती। मैं कम-से-कम हरी बाबू को सूचित तो कर ही सकता था कि उनके असली मुखालिफ कौन हैं ? पर मैं क्या करता ? आरती वाले मामले ने मेरी जबान बंद कर दी है। मैं बक्कड़ का नाम लेता और कोई पूछता कि तुम्हारी जान-पहचान कैसे हुई तो मैं क्या उत्तर देता ! जो भी हो, मुझे रह-रहकर लग रहा था कि मैं कुछ तो कर ही सकता था। हरी बाबू ने मुझसे नहीं बताया, नहीं सही, मैं खुद हरी बाबू की मुश्किल के बारे में बक्कड़ से पूछ सकता था।

पर शायद सब-कुछ खत्म हो जाने पर यह मेरे डरपोक मन का मर्सिया है--वरना जो कुछ करना होता, वह मैं अब तक कर चुका होता, वस्तुतः मैंने अपनी पारिवारिक स्थितियों और संस्कारों के कारण अपने को तल्ख स्थितियों से बहुत अलग कर लिया है। मैं सुविधापसंद, सीधी लीक पर चलते रहनेवाला आदमी बन गया हूँ।

हरी बाबू की भी क्या गलती कहूँ ! वे यदि गाँव गये होते तो भी बक्कड़ के पंजे से बच पाना मुश्किल था। जो आदमी इतना पता लगा सकता है कि हरी बाबू सोनाचक के हैं, और वे अपने परिवार या दोस्तों से जैसे भी ऐंठे-तने रहें, बच्चों पर जान देते हैं, वह हरी बाबू को किसी भी कीमत पर छोड़ नहीं सकता था, बल्कि यदि वे गाँव जाते तो शायद उनके अलावा परिवार का भी कुछ नुकसान होता।

'क्या सोनाचक को जाननेवाला सीताचक को नहीं जानता होगा ? मेरे मन के भीतर का मृग-शावक थरथराता है--बक्कड़ जरूर जानता रहा होगा। वह यह भी जानता

होगा कि मैं हरी बाबू की पहली चोट के वक्त अस्पताल गया था। उसे यह भी मालूम होगा कि मैं और हरी बाबू इंस्पेक्टर शर्मा से मिलने गये थे। मतलब यह कि बक्कड़ सब तरफ से हरी बाबू के साथ मेरे संबंधों को जानता रहा होगा। उसने यदि जरा भी यह गंध पायी होती कि मैं हरी बाबू के साथ सक्रिय रूप से जुड़ा हूँ तो वह मुझे कतई इस तरह नहीं छोड़ देता। बक्कड़ क़िसी पर दया करने वाला आदमी नहीं है।

शोभना जीजी के प्रति मेरे मन में आदर-मिश्रित स्नेह है। उन्होंने यदि पहले ही दिन मुझे आग्रह न कर दिया होता तो शायद पाँच सौ रुपये के आकर्षण में फँसकर मैं ऊपर-ऊपर से विदेशियों को बनारस घुमानेवाला निर्दोष गाइड रहता, परंतु फिलाडेल्फिया के दलदल में कितना धँसा होता, इसे तो सोच-सोचकर भी मेरे रोंगटे खड़े हो जाते हैं। हो सकता है, मेरी ओर से बक्कड़ का मन साफ रखने में शोभना जीजी का भी हाथ हो।

पिछली रक्षाबंधन को हम लोग बहुत उदास थे। हमारे परिवार में, जो एक पुरोहित का परिवार है, रक्षाबंधन का महत्व निर्विवाद होना ही चाहिए। वैसे मुझे याद है, हमने कभी जजमानों के यहाँ घूम-घूमकर न तो रक्षा बाँधी है और न तो कभी यही कहा है जिसमें दानवेंद्र राजा बलि बँध गये थे, वह रक्षा आपकी करे। पर, उस दिन प्राचीन परंपरा को निभानेवाले पुराने लोग खुद आकर रक्षा बँधवा जाते। हालांकि हरिचरण चाचा के अलावा गलत-सलत मंत्र से रक्षा बाँधनेवाला भी सीताचक के तिवारी-कुल में कोई नहीं रहा, पर रक्षाबंधन अपनी रहियाली बिछाता किसी-न-किसी रूप में आ ही जाता।

रक्षाबंधन सचमुच का त्यौहार तो तब बना जब हम काशी आये। साथ में बहन थी, इसलिए स्वाभाविक रूप से शहरी रक्षाबंधन का असर हमारे ऊपर भी पड़ा। बहुत सुंदर पाटल फूलों के रंग की मखमली रक्षा, जो सफेद चमकीली जरी से आच्छादित होकर शुक्र तारे की तरह लगती, आरती मँगा कर रखती। एक मात्र भाई की एकमात्र बहन। सचमुच सहोदर होने का भाग्य भी कितने पुण्य से प्राप्त होता है ! पिछले कई वर्षों से मेरे हाथ में आरती की बाँधी हुई राखी हर रक्षाबंधन को भ्रातृत्व के विचित्र भावबोध से भर जाती रही है।

पिछला रक्षाबंधन मेरे जीवन का सबसे कष्टकर दिन था क्योंकि मैं उस दिन पहली बार आरती के हाथ की रक्षा से वंचित रहा। इसी बनारस में नियम निभानेवाले मुँह-बोले भाई भी हैं जो अपनी बहनों के घर जाकर राखी बँधवाते हैं और मैं था कि एक ही शहर में होते हुए भी राखी बँधवाने न तो आरती के पास जा सकता था और न ही आरती राखी बाँधने राजेश्वरी मठ आ सकती थी।

अम्मा शायद इस स्थिति को भाँप गयी थीं, उस दिन हमारे घर हमेशा की तरह कोई उत्सवी भोजन भी नहीं बना। खा-पीकर अम्मा सोने का अभिनय करती रहीं और मैं अपने कमरे में बैठा आरती के हँसी और विनोद से भरे चेहरे की स्मृतियों में डूबता-उतराता रहा। पता नहीं आज कहाँ और कैसे होगी ! मेरे सामने राखी-पूजा का थाल रखकर गिलहरी अपनी उसी पुरानी आदत में कहती थी--'अम्मा, आरती के दीप जलाने ही हैं कि

तुम्हारे सपूत मिठाइयों को एकटक देखे जा रहे हैं।'

ला न। मैं कहता, मैं मिठाइयाँ खाता चलूँ, तू आरती है सो आरती करती चल।

चल, बड़ा आया भगवान् बनने ! मैं तेरी आरती उतारूँगी, हुँह !"

पर आरती आरती उतारती, रोली, हल्दी और दही के मिश्रण से बना तिलक लगाकर उन पर अक्षत साटती, फूल बिखराती और मैं अपना हाथ बड़े विश्वास के साथ उसके सामने फैला देता कि देख, ये हैं तेरे भाई के हाथ जो तेरी हर विपत में रक्षा करेंगे। 'कहाँ कर सका मैं आरती की रक्षा।' मेरे मन का मृगशावक फिर टुहकता है।

उस दिन मैं ऐसे ही बैठा, ये ही बातें सोच रहा था कि अचानक शोभना जीजी की याद आयी। मैंने तय किया कि आज राखी बँधवाने शोभना जीजी के यहाँ चलूँगा। क्या वे मुझे राखी बाँधेंगी ? क्यों--इसमें संदेह क्यों ? मैं तीन बजे घर से निकला और बक्कड़ गुरू के रेवड़ी तालाबवाले मकान की ओर चल पड़ा।

मैं जब मकान के सामने पहुँचा तो एक क्षण मौन खड़ा रहा। किसी तरह साहस बटोरकर कुंडी खटखटाई। बड़ी देर के बाद एक मोटे तगड़े आदमी ने दरवाजा खोला।

"क्या हॉय ?" उसने मेरी ओर यों देखा, जैसे मैं हलाल होने आया मुरगा होऊँ।

"शोभना जीजी से मिलना है।"

"हूँ ! कब से जानते हो ?"

"तुम जाकर उनसे कहो और वे जैसा कहें यहाँ सुना जाओ, बक्कड़ हों तो उनसे भी कह देना कि तिवारी आये हैं, यहाँ फाटक पर खड़ा होकर हुंकारा मत भरो।"

वह पट्ठा एकदम झूल गया। उसका चेहरा उतर गया। उसे लगा कि शोभना और बक्कड़ को इस तरह याद करने वाला बहुत बड़ा आदमी होगा।

"अभी आया साब !" वह पीछे मुड़ा, पर दरवाजा बंद करना न भूला। मैं उसकी सामयिकी स्थिरबुद्धिता पर सोचता खड़ा रहा।

तभी शोभना के साथ बक्कड़ नीचे आये।

दरवाजा खुला, "हल्लो, कहो तिवारी, क्या बात है ?" बक्कड़ बोले।

"आपसे कोई बात नहीं है।"

"हूँह !," बक्कड़ बोले, "किससे है ?"

"शोभना जीजी से।"

"शोभना तुम्हारी दोस्त से जीजी हो गयी ?"

"आपको बेहद बुरा लगा, है न ? आपने जीजी को दोस्त बनानेवाले ज्यादा लोगों को देखा है, पर दोस्त से जीजी बननेवाले से पहली बार मुलाकात हुई, क्यों ?"

"जस्ट लाइक तिवारी !" बक्कड़ हँसे, "ऐसी भावुकता तिवारी के अलावा कौन कर सकता है !"

"आओ नंदू।" शोभना जीजी बोली, "असल में ये खिसियाए हुए हैं। मैंने बहुत दिनों बाद इनसे आज कहा कि किसी को भेजकर एक राखी मँगवा लो तो बोले, पगली

हो रही हो ? यह बनारस है डियर, कलकत्ता नहीं है। तुम्हारे पास कौन आ सकता है राखी बँधवाने ? मैंने कहा, जो हो, मुझे एक राखी चाहिए। मेरा मन कहता है कि कोई आएगा, आना चाहिए। सो मेरी जीत हुई, इनकी हार, इसी से ये अब तुमसे तुर्की-ब-तुर्की बातें कर रहे हैं।"

"चलो तिवारी, मुझे तो खुशी ही हुई," बक्कड़ गुरु बोले, "हमारा रिश्ता जुड़ गया। तुम हमारे क्या हुए ?"

"मैं शोभना का भाई हुआ, क्योंकि वे बड़ी बहन बनने लायक हैं, आपका मैं कुछ नहीं हूँ। हमारे-आपमें कुछ रिश्ता नहीं।"

शोभना जीजी खिलखिलाकर हँसी, "और सुनोगे ?"

"जाओ-जाओ, राखी बँधवाओ और इसके बाद प्रेम की बातें करो। दिया मैंने यह लाइसेंस।" बक्कड़ ने कहा और वे धीरे-धीरे मुस्कराते हुए प्रेस की ओर गये जहाँ वह मुश्टंडा खड़ा ट्रेडिल मशीन को चला रहा था। यह त्यौहार का दिन ही इसे मिला काम करने को !

मैंने बक्कड़ की बात का बुरा नहीं माना, क्योंकि खुद जब अपने भीतर ही यह चोर है तो दूसरे का क्या बुरा मानना ! क्या मैं रक्षाबंधन के दिन जिस उन्मुक्तता के साथ शोभना जीजी के पास आया, किरण या जयंती के पास जा सकता हूँ और यदि जाऊँ और किरण या जयंती की अम्मा कहें कि तिवारी को राखी बाँध दो तो क्या करेंगी वे दोनों और क्या करूँगा मैं ?

मैं शोभना जीजी के साथ ऊपरी तल्ले पर चला गया।

वहाँ सचमुच राखी बाँधने की सारी तैयारी मुकम्मल थी। मैं सोच रहा था कि उस दिन जब मैंने बक्कड़ के सारे प्रभाव को तोड़ने के लिए शोभना को जीजी कहा था, उसी क्षण उसकी आत्मा में सोया भ्रातृत्व जग उठा था। बक्कड़ मेरी ही तरह हर पढ़े-लिखे, मिलने-जुलनेवाले को शायद शोभना की शागिर्दी में प्रेम का पाठ पढ़ने की सलाह देता होगा, और शायद ऐसा क्या ही हुआ होगा कि प्रेम के प्रभाव को तोड़कर, जो तोड़ने लायक से भिन्न शायद ही होता, बाद में, शोभना को जीजी बनाने की बात कह सके हों। मैंने जीजी कहकर एक अमूल्य प्रेम प्राप्त किया जिसने मुझे बक्कड़ के गिरोह का आदमी नहीं बनने दिया। उसी छैंछी औरत नें, भला और क्या कहेगी दुनिया जो शोभना के बारे में बक्कड़ की बात सुनेगी, यही तो सोचेगी, मुझे न सिर्फ बक्कड़ से प्रभाव से अलग रखा बल्कि कौन जानता है कि मेरे भावुक होने के पीछे छिपे निर्दोष व्यक्तित्व की उसने कितनी वकालत की होगी। तभी बक्कड़ मुझे हरी बाबू के साथ देखकर भी उनके क्रिया-कलापों से अलग समझता रहा। वैसे मुझे हरी बाब ने स्वयं अलग रखा, पर ये लोग न तो हरी बाबू की तरह मुझे प्यार करते थे कि मुझे ऐसे मामलों में फँसने से बचायें या अलग रहने दें, और न तो ये लोग इतने उदार ही हैं कि मुझे हरी बाबू के साथ घूमनेवाला मात्र निष्क्रिय द्रष्टा मान लें। निश्चय ही मेरे वास्ते शोभना जीजी को बहुत-कुछ करना और सहना पड़ा

होगा, खैर।

उस दिन जब मैं ऊपर चला गया और शोभना ने मेरे हाथों में राखी बाँध दी, रोली, दधि, अक्षय का टीका कर दिया, खाने को मिठाइयाँ दीं तो बक्कड़ ऊपर आये, "शोभना डार्लिंग, मैं जरा बाहर जा रहा हूँ। नीचे टाइगर काम कर रहा है। वह चला जाये और यदि मेरे साले साहब तब तक रहें तो मेहरबानी करके दरवाजा ठीक से बंद कर लेना।"

"मैं तुम्हारा साला नहीं हूँ बक्कड़, सुन लो," मैंने तैश में कहा, "गनीमत समझो कि जीजी का यह निकम्मा भाई बहुत बाद में उनसे मिला, वरना वैसी औरत के लिए तुम्हारे-जैसे आदमी को मैं कतई पसंद नहीं किया जाने देता।"

"खैर, अब तो यह गलती इसके असली भाइयों ने कर डाली तिवारी !" बक्कड़ ने कपड़े बदले और चलते-चलते कहा, "नकली भाई इस विधि-विधान को भेंट सके तो कोशिश कर ले।"

मैं गुस्से में लहरकर रह गया। बक्कड़ चला गया था। मैं कुछ अंटशंट कहकर भी जी की जलन नहीं मिटा सकता था।

"जीजी !" मैंने प्लेट रखी, पानी पीकर कहा, "यह लो राखी की बँधवाई, मुझे छुट्टी दो।"

मैंने इक्कीस रुपये शोभना के हाथ पर रख दिये। वह जाने कहाँ खोयी थी। उन रुपयों को हाथ में लेकर वह देर तक देखती रही। मैंने देखा, उसकी आँखें डबडबा आयीं और कई बूँदें नोटों पर चू पड़ीं।

"क्यों, क्या हुआ ?"

"कुछ नहीं।" शोभना ने आँखें पोंछ लीं और मुस्कराने की झूठी कोशिश करती हुई बोली, "बैठो न, जल्दी क्या है ! अभी बक्कड का पहरेदार नीचे काम कर ही रहा है। वह जाने लगे तो तुम भी चले जाना।"

"क्या बक्कड़ इतना शक करता है तुम्हारे ऊपर ?" मैंने पूछ दिया।

"नंदू, तुम मेरी जिंदगी की अतल गहराई में चलनेवाली करेंट को कभी नहीं देख पाओगे। नहीं देख सको भैया, यही अच्छा भी है। जिन असली भाइयों की इन्होंने बात की, यदि निपटारा उन्हें करने को छोड़ा गया होता तो संभव है या तो ये रहते या वे रहते। निपटारा तो इस भोले चित्त को करना था और वह यदि अनजानी गैल में भटक गया तो इसके लिए दोष किसे दूँ !"

"जीजी, मुझे बार-बार लगता रहा है, क्षमा करना, तुम्हारा और बक्कड़ का संबंध सामान्य स्थितियों की देन नहीं है। तुम्हारी-जैसी औरत इस आदमी के साथ अपने मन से जुड़े, यह समझ में नहीं आता।"

"जुड़ी तो मैं ही नंदू और अपने मन से जुडी। क्यों रे, क्या तू नहीं मानता कि तेरी जीजी एक-से-एक जघन्य भूलें भी कर सकती है ? या कहीं ऐसा तो नहीं कि उन भूलों

को जानकर तू मुझे जीजी मानना ही छोड़ दे ?"

"मेरी खुद की बहन ने भूलें नहीं कीं ?" मैंने यह सोचकर कि बक्कड़ ने आरती की बात जरूर शोभना को बतायी होगी, कहा, "पर भूलों के कारण जीजी को छोड़ना ही पड़ जाये, यह तुम कैसे मान लेती हो ?"

"तू क्या आरती के पास जाता है ? मुझे तो नहीं लगता नंदू कि तू इतनी क्षमा से भरा-भरा आदमी है !" वह मुस्करायी और मैं खिलखिलाकर हँस पड़ा।

"मैं इतना क्रूर हूँ जीजी, यह तुम्हें कैसे लगा ?"

"इसलिए कि तू जब आया, तेरी कलाई पर कोई राखी नहीं बँधी थी। मनुष्य का मन भी कैसा चक्करघर होता है भैया ! देख न, मैं तुझसे शिकायत कर रही हूँ कि तू आरती के पास नहीं गया और खुद राखी मँगाने के कई कारणों में एक यह भी था कि मन कहना था कि तू आरती के पास राखी बँधवाने नहीं जायेगा, इसलिए शायद शोभना जीजी की याद आ जाये।"

"वाह जीजी, तुम तो मायारानी हो, मन के हाल पढ़ना खूब जानती हो, फिर सब-कुछ जानकर तुम उस गलत और अनजानी गैल में क्यों चली गयीं...यानी बक्कड़ के साथ...?"

"इस क्षेत्र में शायद ऐसा ही होता है पगले, अब देख न, कौन जाने तुझे मालूम है या नहीं। मुझसे बक्कड़ ने बताया कि माथुर अच्छा नहीं है और वह शादीशुदा भी है... ।" यह कहकर शोभना जीजी मेरी ओर देखती रहीं। मेरे चेहरे पर कोई परिवर्तन का चिन्ह नहीं उभरा। यह देखकर उसे अचंभा भी हुआ।

"मैं जानता हूँ जीजी, दोनों बातें जानता हूँ।"

"फिर तूने रजुल्ली को मना क्यों किया ? तुझे आरती को ले आना चाहिए था।"

"आरती ने अपनी जिंदगी में मुझसे कुछ भी तो नहीं चाहा जीजी, न साड़ी, न कोई आभूषण, न कोई और शौक की चीज ही। बस, उसने एक बार प्रार्थना की और वह भी अंतिम प्रार्थना कि भैया, मुझे विधवा मत बनाओ। अब तुम्हीं कहो जीजी, उसकी प्रार्थना को अस्वीकार कैसे कर सकता था मैं ?"

"हूँS, तो क्षमा-दया है तेरे में भी !" शोभना जीजी का चेहरा भारी हो गया, "मेरे भाइयों ने बक्कड़ को क्षमा न करने का निश्चय किया। बक्कड़ उस वक्त तक गुरुजी नहीं बने थे। गैंग जरूर था, पर ये बम बनाने-वाले मैकेनिक से ज्यादा महत्व नहीं रखते थे। मेरे भाई मर सकते थे, पर बक्कड़ को भी जिंदा नहीं छोड़ते, लेकिन बात वही हुई न कि बहन ने ही कोई प्रार्थना की। यानी मैंने वही कहा, भले ही उन्हीं शब्दों में न कहा हो, जो तुझसे आरती ने कहा।"

"तुम करती क्या थीं उस वक्त ?"

"कलकत्ता युनिवर्सिटी में एम.ए. की छात्रा थी। हिंदी से एम.ए. कर रही थी। मेरे

पिता किसी जमाने में एक सेठ के दरबान थे। हम लोग चंपारन से गये थे। यानी पिताजी, माँ और मेरे भाई घर थे। वहाँ पिताजी ने कुछ लोगों के गलत धंधों में हिस्सा लिया और अपने कपड़े की दुकान खोल ली। सच कहो तो उसी दुकान के कारण वक्रेश्वर पिताजी के संपर्क में आया। तब तक हम कलकत्ते आ गये थे। बालीगंज में एक बंगला लेकर हम रहते थे। वक्रेश्वर भी बिहार के थे। घर में हम लोग भोजपुरी बोलते। वक्रेश्वर की बातचीत, चाल-ढाल का मुझ पर नशा छो लगा।"

मैं नहीं जानता था कि कपड़े की दुकान से और गलत धंधों से क्या संबंध हो सकता है। मैंने यदि उस वक्त जीजी से भी पूछ लिया होता तो मुझे शायद स्मगलिंग के कुछ रहस्य मालूम हो जाते। खैर ! अब क्या होने को है। सब-कुछ खत्म हो गया। शोभना जीजी चुप हो गयी थीं।

"चुप क्यों हुई ?"

"अपनी जीजी के पाप की सारी कहानी सुनेगा ?"

"मैं नहीं जानता कि पाप क्या होता है और पुण्य क्या होता है। मैं तुम्हारी कहानी सुन चुका। अब कुछ सुनना शेष है भी नहीं। सिर्फ एक बात बता दो, बक्कड़ कहाँ तक पढ़े हैं--या..."

"अरे नहीं, वह कलकत्ते से कैमिस्ट्री का एम.एस-सी. है भाई, पर कलकत्ते में बक्कड़ की बड़े ऊँचे सवारों में गिनती नहीं थी। गैंग का सरदार बंगाली था। बाद में तो नक्सली लड़कों से बक्कड़ ऐसा भयभीत हुआ कि कलकत्ता छोड़कर यहाँ आ गया। वे लोग उसे अपने साथ ले जाना चाहते थे... । बक्कड़ मुझे और टाइगर को लेकर बनारस आ गया।"

"अच्छा, जीजी, अब छुट्टी करो... ।"

"जाओगे ?"

"हाँ, अब चलूँ, घर पर अम्मा इंतजार कर रही होंगी।"

"अब कब आओगे ?"

"देखूँगा।"

"टाइगर !" शोभना ने पुकारा।

"दीदी...आया.... ।" उसने मशीन बंद की।

"यह क्या कर रहा है आज त्यौहार के दिन ?"

"कुछ गंदा या जाली छाप रहा होगा। अच्छे लोगों पर बुरे पैंफलेट निकालना ताकि बुरा-भला सब-कुछ गड्डमगड्ड हो जाये, यह बदमाशों के लिए परमप्रिय धंधा है। कहीं अच्छे डरपोक हुए तो ब्लैकमेलिंग भी चल सकती हैं। वैसे मैंने तुम्हें मना किया न कि बक्कड़ के कामों में दिलचस्पी मत लो।" जीजी हँसी।

"तुमने कहा था, बक्कड़ का साथ मत करना, सो मैंने नहीं किया।"

"उसके बारे में सोचो नहीं।"

"नहीं सोचूँगा।"

"शाबाश !"

"दीदी !" टाइगर दुम हिलाती मुद्रा में खड़ा था।

"हाँ टाइगर, बाबू जा रहे हैं, तुम दरवाजा बंद कर लेना।"

टाइगर ने मुझे फिर कुत्ते की तरह घूरकर देखा, "आइए।"

तभी मेरी अलार्म घड़ी घनघनाने लगी। तो पौने पाँच बज गये ! अम्मा उठ गयी थीं। वे गंगा नहाकर लौट आयी थीं और बरतन धो रही थीं।

"हौसला !"

"हाँ, तिवारीजी !"

"जाग गए !"

"हाँ।"

"नहाने चलोगे ? चलो, पास ही कुल्ला भी हो लेंगे और नहा भी लेंगे।" हौसला कुछ नहीं बोले। वे चुपचाप मेरे साथ चलने लगे।

"अरे भले आदमी, अपनी धोती तो ले लो।"

हौसला बुझे-बुझे ढंग से मुस्कराए, "ले लेता हूँ।"

अप्रैल की भोरहरी में गंगा का दामन दूध की तरह चमक रहा था। हल्के आसमानी रंग की साड़ी में लिपटी दूधिया बदन की गंगा अपनी गति में सब-कुछ को लाँघती-उलाँघती चली जा रही थी। तभी मैंने देखा--किसी ने धारा से छेड़खानी की है। कोई बीच में आ गया और लहरों में एक आवेश और हरारत पैदा हो गयी है। मुझे लगा कि शोभना जीजी ही बाधा डालनेवाली चीज से टकराते हुए अपने रास्ते को निर्बाध बहते देखना चाहती है।

"का हो तिवारी बाबू !" डोंगी में झूरी बैठा था, "चलिहौ बीच धार ?"

"कहो हौसला, चलोगे ?" मैंने हौसला से पूछा।

"मुझे तैरना नहीं आता तिवारीजी !"

"आओ यार, झूरी, हमारे दोस्त को तैरना नहीं आता।"

झूरी हल्के मुस्कराया और डोंगी आगे को बढ़ चली।

"कहो हौसला, अब क्या प्रोग्राम है ?"

"आज सिगरा जाकर सामान ले आऊँगा। नगवा में एक दोस्त रहते हैं। उन्हीं के साथ रहूँगा।" हौसला की आवाज में सुस्ती थी। मुझे खुद पर कुढ़न हो रही थी। हरी बाबू ने ठीक ही लिखा था कि मैं चाहूँ भी तो हौसला की कुछ मदद नहीं कर पाऊँगा। हममें से कोई कुछ न बोला। नहा-धोकर हम घर लौट आये।

अम्मा ने नाश्ता बना लिया था। पराँठे और चाय। भूख लग आयी थी। लाख शोक और दुःख की स्थिति हो, भोजन बिना कैसे चलेगा! हमने नाश्ता किया। हौसला चलने को हुए तो मैं भी साथ हो लिया।

"आप वहाँ क्या करने जाएँगे तिवारीजी ?"

"अरे चले चलेंगे।" मैंने बेचारगी के साथ मुस्कराते हुए कहा, "अपने को कौन-सी कक्षा पहुँचने की जल्दी है।"

थाने के पास पहुँचकर मैंने हौसला से कहा, "तुम जरा चलो हौसला। सामान-वामान बाँधो। मैं आया घंटा-आधा घंटे में।"

मैं हौसला के रिक्शे को उसी तरह जाते हुए देखता रहा। जब रिक्शा दूर चला गया तो मैं थाने में घुसा।

"क्या है ?" दरवाजे पर खड़े सिपाही ने पूछा।

"जरा नायब साहब से बात करनी है।"

"वो आ रहे हैं सामने।"

सचमुच सामने से वे आ रहे थे। मुझे देखते ही अपनी चिर-परिचित हँसी के साथ बोले, "कहो तिवारी, अब किसकी पैरवी करने आये हो--बक्कड़ गुरू की ? वाह भाई, इंस्पेक्टर शर्मा पर तुम्हारी मोहिनी खूब चली है। कहने लगे, जरा उस लड़के का ख्याल रखिएगा। मैंने कहा, खातिरजमा रखो, दोस्त, मैं तो पहले से ही खियाल रखे हूँ।"

"आपकी इनायतदारी का शुक्रिया। मुझे सचमुच बक्कड़ की पैरवी करनी है। करिएगा कुछ मदद ?"

"बनो मत।" नायब साहब ने कहा, "ठीक बोलो, क्या बात है ?"

"मुझे बक्कड़ की पत्नी से मिलना है।"

"वो ससुरी बंगालन...तुमसे क्या वास्ता उससे ?"

"वो मेरी जीजी है।"

"भई, तुम्हें समझना टेढ़ी खीर है। बक्कड़ पर वारंट है। हाजिर न होने पर कल कुर्की होगी। वहाँ हमारे आदमी हैं प्लेन क्लाथ में। खैर, यह पुरजा लेते जाओ। दस मिनट की मुख्तसर मुलाकात मंजूर की जाती है। उम्मीद है, इतने में फारिग हो जाओगे।" वे फिर उपनिषद् बोले, पर मैं चुप रहा।

सचमुच रेवड़ी तालाब वाले मकान के सामने दो आदमी चक्कर लगा रहे थे। मुझे देखकर दोनों ने चहलकदमी बंद कर दी।

मैंने दरवाजे की कुंडी खटखटाई कि एक आदमी मेरी ओर लपका। मैंने उसके हाथ में शुक्ला का दिया पुरजा थमा दिया। वह चुपचाप चला गया। दरवाजा टाइगर ने खोला।

"दीदी ऊपर हॉय।" वह बोला।

मैं चुपचाप सीढ़ियाँ चढ़ता ऊपर पहुँचा।

"जीजी !"

"कौन ? अरे नंदू !! तू क्यों आया ऐसे में ?"

"कैसे में आना चाहिए जीजी मुझे ?"

शोभना पागल की तरह मुझसे लिपट गयी। उसने मेरे गाल चूम लिये, "ना भैया, मैं इस खतरे में तुम्हें नहीं देखना चाहती।"

"मैं खतरे में कहाँ हूँ ?" मैं बगल की कुरसी पर बैठ गया।

वह चुपचाप मेरी ओर देखती रही। फिर बोली, "कैसे आए ? दरवाजे पर तो पुलिस के आदमी हैं ?"

"उन्हें घूस देकर।"

"झूठे।"

"मेरे एक परिचित हैं थाने में, उनसे कहकर।"

"क्यों--जीजी के बारे में चिंता है क्या ?"

"नहीं होनी चाहिए ?"

"चाहिए, जरूर चाहिए। पर नंदू मेरे साथ ऐसा पहली बार नहीं हुआ है। और शायद यह आखिरी बार भी न हो। तुम निंश्चित रहो। कल कुर्की होगी। तुम्हारी जीजी किसी होटल में जायेगी और महीने-भर, अधिक-से-अधिक महीने-भर के बाद, फिर तुम्हारी जीजी किसी शहर में होगी, शायद बंबई, शायद अहमदाबाद, शायद दिल्ली..."

शोभना जीजी खुलकर हँसी।

बातचीत करते दस मिनट होने को आया। मैं उठ पड़ा।

"चलूँ दीदी, टाइम खतम हो गया शायद। दस मिनट की अवधि मिली थी।"

"रुको नंदू, मैं एक चीज भूल रही थी। शायद यह अभिलाषा मन में ही रह जाती।" वह दौड़ती कमरे के भीतर गयी।

लौटी तो उनके हाथ में घड़ी का एक केस था। उसने घड़ी निकाली।

"बायाँ हाथ आगे करो।" शोभना जीजी फिर मुस्करायी।

मैंने हाथ आगे नहीं किया।

"तस्करी घड़ी नहीं है नंदू, अपने पास से खरीदी है। कुल दो महीना पहले। तुम आशा बँधा गये थे कि आओगे, पर ऐसे में आओगे, यह नहीं मालूम था। क्या देखते हो इस तरह भैया, यह बिल्कुल इंडियन मेड सिटिजन है... ।"

मैं लाचार था। मैंने बायाँ हाथ सामने कर दिया, पर आँखें चेहरे पर टिकी थीं। आज पुनः घड़ी बाँधते वक्त आँखें भरभरायीं। दाहिनी हाथ में राखी बाँधी थी, तब आँसू हाथ पर रखे नोट पर चू गये थे, आज आँसू मेरी हथेली पर चू गये।

मैं हथेली पर मोती की तरह चमकते आँखू को देखता रहा, फिर उसे अपने सिर पर बालों में पोंछ दिया।

"जीजी !" मैंने दोनों हाथ जोड़े।

शोभना ने खाली केश को मेरी पॉकेट में रखते हुए कहा, "जीजी को भूलोगे तो नहीं ?"...उसने मेरी दोनों जुड़ी हुई हथेलियों को अपनी हथेलियो में ले लिया और आँखों से छुआकर बोली, "बहुत बड़ा आदमी न भी बनो नंदू तो कोई बात नहीं, पर आदमी जरूर रहना। जाओ।"

वह कमरे में चली गयी।

मैं सीढ़ियाँ उतरता नीचे आया। दोनों पहरेदारों ने मुझे देखा और मं गली में मुड़ गया।

"हौसला !"

"हाँ, तिवारीजी ! आ जाइए, दरवाजा खुला है।"

मैं इस कमरे में कई बार आया हूँ, पर ऐसा भयावह वह कभी नहीं लगा।

"क्यों, इतने गुमसुम क्यों हो ?"

"मकान मालिक कहता है कि आप रहिए, भला बताइए, मैं अब यहाँ क्यों रहूँ ?"

"क्यों, किराया बाकी है ?"

"नहीं, किराया तो हमेशा एडवांस देते थे, उसे डर है कि अब यहाँ कोई किरायेदार आयेगा नहीं।"

"मारो... । तुमसे क्या मतलब ? चाहे किरायेदार आयें तो न आयें तो; सामान तो बँध गया न ?"

"हाँ, सब बँध गया। अभी लाजो आयी थी। कहने लगी, चाय पीकर जाओ। गयी है चाय लाने।" हौसला ने झेंपते हुए कहा।

"तो लाने दो। बेचारी कितनी भली है !" मैं कुरसी पर बैठ गया। इसी पर अक्सर हरिमंगल बाबू बैठा करते थे।

थोड़ी देर में लाजो चाय लेकर आ गयी।

"कहो लाजो !" मैंने कहा।

"तिवारीजी, देख लिहा न अपने मंतर के असर।"

मैं बिल्कुल उदास हो गया। उसने गिलास में चाय ढाल-ढालकर मुझे और हौसला को दी।

"आप बुरा तो नाहीं माने ।" चाय देते वक्त उसका हाथ काँपा, "हम आप बदे कुछ नाहीं कहा तिवारी बाबू, ई दुनिया ससुरी अइसी है ही। हियाँ अब अच्छा-बुरा में कुछ फरक रही नहीं गवा। एही से हम कहा कि मंतर-वंतर सब अकारथ चले गये।"

"तू ठीक कहती है लाजो। मैंने उस दिन भी कहा था और आज भी कह रहा हूँ कि तू महान् है।"

आता। सच तो यह है कि मैं परिवार में ही जब किसी से नहीं दबती थी तो बाहरवालों से दबना तो मेरे लिए मुश्किल ही था।

ऐसे में एक दिन आनंद आये। पापा ने कहा, "दीकरी, ये हैं तेरे मास्टरजी।"

मैं अपनी चिरपरिचित रुचि के मुताबिक मास्टरजी को अंटाचित करने के लिए उनका मुआयना करने लगी। पर यह नये किस्म का जानवर था। भरे-पूरे चेहरे पर मेरी सुंदरता को देखने के लिए कोई ललक न थी। बेशकीमत जार्जेट, बनारसी साड़ियाँ, एक्सपोर्टेड शिफॉन के कपड़ों को वह घूरे पर फेंके लत्तों की तरह देखता था। उसे जैसे अपने सुडौल शरीर पर, अल्हड़ता से झूलते ऊँची कॉलर के खादी के कुरते पर इतनी आत्मीयता और विश्वास था कि कपड़े और सजावट के नाम पर उसमें जैसे कोई उत्सुकता ही नहीं बची हो।

आते-ही-आते बोला, "शुरू हो जाओ।"

तब मुझे बेहद गुस्सा आया था। मैं अपने पुराने अभ्यास के मुताबिक उस पर भी रौब ग़ालिब करने चली। पर वह था अल्हड़ ब्रह्मपुत्र नद--कि वैदिक ऋचाएँ और शोहदों में प्रचलित शब्दावली को एक-जैसी निर्लिप्तता के साथ बोलता। उसका चेहरा पारदर्शी आईना है जिसमें जब कोई चाहे अपनी शकल देख ले। उसने पहले ही दिन वैदिक ऋचनाओं की ऐसी व्याख्या की कि मैं कृतार्थ होकर उसे देखती रह गयी।

मैं कभी भी तेज लड़की नहीं थी, पर मैंने बी.ए. की अंतिम परीक्षा में सभी प्रश्नपत्रों में जितने अंक पाये, उतने ज़िंदगी में कभी नहीं पाये थे। तो क्या यह सब आनंद की पढ़ाई का असर था ? था। पर एक बात और थी। आनंद ने मेरे भीतर इंतहा गहराई में छिपे किसी बंद ज्योति स्त्रोत को खोल दिया था। मैं उसके सुडौल शरीर से सटी हुई बार-बार सोचती थी कि किसी रॉकेट में बैठी हुई पृथ्वी से बहुत ऊपर चली जा रही हूँ।

उस दिन जन्माष्टमी थी। पिछली जन्माष्टमी यानी 1968 की। आनंद के आने की बात न थी। शायद आज वह छुट्टी मनाए। मैं सिरदर्द का बहाना करके अम्मा, कम्मू आदि के साथ गोपाल मंदिर नहीं गयी। उस दिन आनंद आया था।

मैं घंटों उससे लिपटी बैठी रही। आनंद के चौड़े वक्ष पर शीश रख देने पर लगता है जैसे मैं इंद्रधनुषी बादलों के ऊपर लेटी हूँ। उसने मेरे केश सहलाते हुए पूछा, "किन्नू, जीवन में सब-कुछ क्या शरीर तक ही सीमित होता है ?"

मैं उसका मतलब नहीं समझ सकी। इसलिए पूछा, "माने ?"

"तुम इस समय पाठ नहीं रट रही हो। माने-वाने कुछ नहीं। क्या तुम्हें ऐसा बोध नहीं होता कि जब दो शरीर परस्पर विश्वास और एकता की अटूट भावना से एक-साथ होते हैं तो उनसे परे कुछ ऐसा भी होता है, जो बिल्कुल निस्तब्ध और शांत हो जाता है। सुख की एक अपूर्व अशरीरी मोहिनी बहुत गहराई में अपनी तान छेड़ देती है। लगता है, जैसे समुद्र की लहरों में झूलते अनायास हम कहीं सुदूर ऐसे द्वीप की ओर बहे जा रहे हैं

"अच्छा, तू ठीक कहता है। इसने इसी भाव से किया होगा यह सब, वरना मुझ अभागी को यह मंगला गौरी क्यों कहती ! आओ, चलें अब।"

मैंने राहत की साँस ली।

जून की दोपहरी में भी एक ऐसा अद्भुत सौंदर्य होता है, यह मैंने कर्दमेश्वर मंदिर के सामने खड़ा होकर जाना। झनझन करती हवा के थपेड़े, कर्दमेश्वर मंदिर की सुघड़ मूर्तियों से टकराती लू की सनसनाहट चित्त को कैसा आंदोलित कर देती है। अम्मा ड्राइवर के साथ मंदिर में पूजा कर रही थीं और मुझे नंदू बता रहा था कि यह एकमात्र प्राचीन मंदिर है काशी का, जो तोड़ा न जा सका और आज भी इसका स्वच्छ और सुडौल स्थापत्य हमारी परंपरा की धरोहर के रूप में खड़ा है।

मैं स्थापत्य नहीं देख रही थी। मैं सोच रही थी कि आधा घंटा गरम हवा में रहने के बाद वह इतनी प्रिय और शरीर को कंटकित करनेवाली क्यों हो जाती है।

गाड़ी लू और झुलसानेवाली गरमी में भीमचंडी की ओर बढ़ रही थी। मुझे लगा कि बहुत अधिक ताप से ही गुलमुहर खिलती है। इतना लाल और सुर्ख फूल मामूली गरमी से नहीं खिल सकता !

मुझे चौखंडी से रामेश्वर की यात्रा तो कभी नहीं भूलेगी। देहली विनायक के पास पहुँचते-पहुँचते तीन बजने लगा था। नंदू महाराज चाय के लिए व्यग्र थे। उन्होंने यात्रियों के लिए चल रहे पियाऊ से पानी पीकर ही अपनी इच्छा दबा ली।

तालाब की सीढ़ियों पर हम साथ-साथ खड़े थे। नंदू दाहिने था, मैं उसके बायें थी।

"कहते हैं किरण, कि देहली विनायक काशी के बहिर्द्वार के संरक्षण हैं। पता नहीं क्यों तालाब के पानी में नाचती छायाएँ देखकर मुझे लग रहा है कि ये हमें अंदर जाने देना नहीं चाहते।"

"तो बहुत अच्छा है, हम इनकी छत्र-छाया में इसी तरह पत्थर-युग्म की तरह प्रलय के बाद भी खड़े रहेंगे।"

"शायद प्रलय के बाद ही !"

"बात क्या है, तुम अब तक खुश थे, अब उदास लग रहे हो ?" मैंने नंदू का हाथ पकड़कर बड़े आग्रह से पूछा।

"तुमने पंचक्रोशी में देखा कि नहीं ?"

"क्या ?"

"यही एकमात्र ऐसा शहर है जो पाँच मील से भी लंबा डोर में शिवालों की माला पहने खड़ा है। छोटे-छोटे देव-विमानों की तरह साफ लिपे-पुते शिवालों की एक कतार पंचक्रोशी सड़क को घूरती चली जाती है।....."

"तो ?"

"तुमने एक बात और नहीं ख्याल की शायद। हर दो शिवालों के बीच एक-एक बोझटेक बना है...... ।"

"इसीलिए कि पंचक्रोशी के यात्री इस पर बोझ रखकर सुस्ता लें !"

"मैंने भी पहले यही सोचा था, पर लगता है, ये बोझटेक उन आत्माओं के लिए हैं जो कपालेश्वर के शाप से शहर से हटा दी गयीं और न तो उनकी ब्रह्महत्या छूटती है और न वे शहर में प्रवेश कर पाते हैं। यह शहर सिर्फ ब्रह्महत्याओं का शहर है। यानी मास मर्डर आफ इंटलैक्चुएल्स !"

"तुम पहेली बुझा रहे हो ?"

"ई सामने कौन गाँव है, जानती हो ?"

"नहीं !"

"परेमा।"

"प्रेमा !"

"हाँ। आओ, गाँव के उस पार उस पीपल के पेड़ के नीचे चलो। गाड़ी वहीं आ जायेगी।"

"वहाँ कोई खास बात है ?"

"तुम स्वयं देख लेना।"

मैं वहाँ पहुँचकर आश्चर्यचकित रह गयी। आदमी-बराबर शिवलिंग को गुंजलक में लपेटे विशाल सर्प।

"आह ! कैसी अद्भुत शिल्प-क्षमता है !"

"सिर्फ शिल्प नहीं है किन्नी, यह बनारस में बनी एकमात्र ऐसी मूर्ति है जो बताती है कि शक्ति शिव को आलिंगन में कसने के लिए कितनी आतुर रहती है, पर शिव है कि उस आलिंगन को आभूषण में बदल देता है। अनंत लपेटता है, शिव उसे शांत करके जलते सिर पर रख लेता है। शिव की भुजवलय नहीं. होंठों की शीतलता चाहिए--बांसुरी रखी हुई ज्यों भागवत् के पृष्ठ पर......!"

सचमुच, जब नंदू बोलता है तो लगता है कि लू से संतप्त शरीर एक अजीब बर्फीले कुंज में आ गया है। परेमा की सर्पाविष्टित लिंग-प्रतिमा कभी नहीं भूलेगी।

"पर तुम उदास क्यों हो गये ?"

"तुम्हारे ऊपर के होंठ पर पसीने की बूँदें देखकर खुश था कि तुम मेरे साथ लू और ताप में भी चल सकती हो, पर देहली विनायक के ताल में नाचती छायाओं को देखकर मैं डर गया हूँ कि कहीं सब मृगमरीचिका ही न बन जाये।"

--और सचमुच सब मृगमरीचिका बन गया।

दूसरे दिन प्रातःकाल उठते ही अम्मा ने कहा, "दीकरी, हमने सोलह जुलाई को तेरी शादी करने का निश्चय किया है।" मैं एक क्षण अवाक् रही।

"तुम्हें सोलह जुलाई को ही बताना चाहिए था, ताकि तुम्हारा पूरा प्रबंध चरम बिंदु पर टूक-टूक होकर धूल में मिलता। तुमने मुझे जानवर समझ लिया है शायद कि जब इच्छा हो जाये तुम मुझे किसी खूंटे पर बाँध आओगी !"

"दीकरी, तुझे क्या हो गया है ?"

"कुछ भी नहीं।"

उस दिन मेरा मन पढ़ने में नहीं लगा। मैंने जानकर नंदू को कुछ नहीं बताया। मुझे पूरा विश्वास था कि मैं पापा और मम्मी की इस व्यवस्था को तोड़ दूँगी और उनके मनसूबे धरे-के-धरे रह जायेंगे। मुझे इसके लिए थोड़ा समय चाहिए था। मैंने सोचा कि यदि व्यर्थ की चिंता में खुद फँसी और नंदू को भी शामिल कर लिया तो पढ़ाई नहीं हो पायेगी और मेरे परचे खराब हो जाएंगे। किरण के रूप में नंदू जैसी सहयोगिनी चाहता है, उससे हट जाना अपने को उसके अयोग्य बना लेना है।

मम्मी ने पापा से कहा होगा। उन्होंने पूरी तरह समझाया होगा कि अभी वे मुझसे विवाह-चरचा न करें, जो भी रहा हो। वे हफ्ते-भर कुछ न बोले। मेरा तीसरा परचा भी बहुत अच्छा हुआ। चौथे परचे के लिए भी तीन दिनों का अवकाश था।

नंदू हमेशा की भाँति पढ़ाने के काम में तन्मय रहता। मुझे लगता कि शायद वह स्थिति को कुछ-कुछ भाँप गया।

चौथा परचा जिस दिन होने वाला था, उसके एक रोज पहले की बात है। पापा तीन बजे ही घर आ गये। नंदू जब पढ़ाने आये तो ऊपर पापा और मम्मी जोर-जोर से बात करने लगे। शायद यह अभिनय पहले से नियोजित था।

पापा बोले, "लक्षण सारा नत्थी।"

पता नहीं उन्हें लक्षण क्यों बुरे लग रहे थे। बहरहाल, दोनों नंदू के सामने ही मेरे कमरे में आये।

पापा बोले, "दीकरी, कल तेरा आखिरी परचा है। कल से मास्टरजी का आना बंद हो जाये।"

नंदू ने कहा, "जी, वह तो बंद हो ही जायेगा, इसके लिए परेशान क्यों हैं ?"

"मैं तुम्हारे आने से बहुत परेशान हूँ। तुम लड़की को गलत रास्ते पर ले जाना चाहते हो।"

इसके पहले कि नंदू बोलता, मैं चीख पड़ी, "तमे एवूं लागे छे के हूँ खोटा रास्ता ऊपर जई रही छूं ?"

मेरा ऐसा भयंकर रूप पापा ने नहीं देखा था। वे धीरे से बोले, "दीकरी, बात समझ। तू हवै नान्हीं नत्थी।"

"हाँ, हाँ, मैं बच्ची नहीं हूँ। मैं सब समझती हूँ। म्हे ठीक समझी ने निर्णय कर्यों छे। मैं अपनी जिंदगी का निर्णय खुद करूँगी।....."

पापा इस बार नंदू की ओर मुड़कर बोले, "एनोबाप नात बाहर छे। एनी बेन अन्तर्जातीय विवाह कीधो छे। हूँ संबंध नत्थी करी शकतो। हूँ प्राण आपी दईश पण त्हारी बात नहीं मानूँ।"

इस बार नंदू बिगड़ पड़ा, "मेरे खानदान के बारे में नागर साहब, जबान सँभालकर बात कीजिए। मैं व्यक्ति हूँ, पर खानदान भी मेरा आपसे कम ऊँचा नहीं है। खेड़ावाल नागरों से हजार गुना अच्छा है। आपको ही कौन-सा सच्चा नागर स्वीकार करने को तैयार है ?"

"मैंने कभी नहीं सोचा था कि तुम आस्तीन के साँप निकलोगे।"

"मुझसे लड़ने की कोशिश क्यों कर रहे हैं। निर्णय मुझे नहीं, किरण को लेना है।"

तभी मम्मी रोती हुई बोलीं, "दीकरी, तने नान्हा भाई अने वेन ना जीवन भी फिकर नत्थी। कम्मू के बारे में सोच दीकरी ! उसे हम किसके द्वार ले जायेंगे ? समाज में क्या हालत होगी ?"

कम्मू मेरी कमजोरी है, माँ इसे जानती हैं। मैं एक क्षण जमीन की ओर ताकती खड़ी रह गयी। मैं इस अभिनय में ही फँस गयी और कम्मू के नाम पर मेरा गला रुँध गया।

"मैं जो आप कहेंगे, वहीं करूँगी, मैं यह आत्महत्या कर लूँगी। आप लोग कमरे से बाहर चले जायें।"

पापा और मम्मी कमरे से बाहर चले गये। कमरे में सिर्फ मैं रह गयी और नंदू। मेरी गरदन ऊपर नहीं उठती थी।

"इस तरह द्विविधा में क्यों हो ! मेरी चिंता छोड़ो। तुमने ठीक ही निर्णय लिया है। मैं मोह में पड़कर तुम्हें ले भी जाता तो दर-दर की ठोकरें ही खानी पड़तीं। मैं नहीं चाहता कि किरण धूमिल हो। तुम फूलो-फलो। चमको और अपनी प्रभा से सब-कुछ को प्रकाशित कर दो। यह मेरा आशीर्वाद है।"

मैं जोर-जोर से रोती आनंद के पैरों पर गिर पड़ी, "शरीर मेरे वश में नहीं है, पर आत्मा तुम्हारी है, वह जन्म-जन्मांतर तुम्हारी रहेगी। मुझे क्षमा कर देना।"

आनंद खुद रो रहा था, पर उसने मुझे उठाकर वक्ष से लगा लिया। अपने हाथों मेरे आँसू पोंछता रहा। खुद रोता रहा और मुझे हँसने को कहता रहा। वह मेरी आँखों में लगातार देखता रहा, पता नहीं क्या ढूँढ रहा था।

"एक वचन दो।"

"दिया।"

"विवाह के दिन आओगे।"

"मंडप सजाने ?"

मैं फिर अपने को रोक न सकी और हिचक-हिचककर रो पड़ी।

"आऊँगा पगली, रोती क्यों है ! अच्छा, अलविदा !"

आनंद कमरे में से तीर की तरह निकला और आँगन पार कर गया। मैं जाते वक्त उसके मुँह को एक बार अच्छी तरह देख भी नहीं पायी।

पंचगंगा पर पाँच नदियाँ हैं। आप जायें तो गंगा के अलावा शेष किसी को भी नहीं देखेंगे। बिंदुमाधव मंदिर की ओर उठनेवाली पर्वताकार सीढ़ियों के बीच गूलर का एक पेड़ है। पेड़ भी जमा तो गूलर का ! गूलर फल के जीवों के लिए यदि वही ब्रह्मांड लगे तो क्या आश्चर्य !

तीन बजे पंचगंगा की सीढ़ी पर जून में बैठना मुझे अच्छा लग रहा है, पर आपको यह खालिस पागलपन लग सकता है। गूलर के पेड़ की हल्की छाया में वल्लभाचार्य की बैठक के पास बैठा मैं जून की इस तपिश में गंगा को देख रहा हूँ। मुझे गंगा एक विशाल धोखा लगती है। अब्रक की तरह उड़ते हुए कणों के तंतुजाल को फैलाए खड़खड़िया नाच रही है। मैंने आपसे पहले ही कहा न कि इसके घाघरे के घेर में सब-कुछ समा जाता है।

किसी जमाने में वेदशिरा नाम के मुनि थे। उन्हें एक दिन अद्भुत रूपवाली अप्सरा दिख गयी। मुनि उस पर रीझ गये। नतीजा हुआ एक लड़की का जन्म, जिसे पिता ने धूतपापा नाम दिया। वह अनुपम सुंदरी युवती के रूप में, किसी युवक को पाने के लिए तपस्या करने निकली। स्वयं धर्मराज उस त्रिभुवन-मोहिनी पर आकृष्ट होकर आये, किंतु जल्दबाजी करने के कारण शापग्रस्त हो गये। धर्मराज फिर क्षमा क्यों करें। उन्होंने युवती को शाप दे दिया। धूतपापा नदी हो गयी। धर्मराज हुए धर्मानंद महानद। एक और युवती थी चंद्रकांता मणि की तरह, नाम था किरण, वह भी चंद्रमा के संस्पर्श से नदी में बदल गयी थी। इन तीनों के बीच एक अज्ञात सरस्वती भी हुआ करती थी, जहाँ धर्मराज हों, ऋषि-पुत्री धूतपापा हो, मंगला गौरी की प्रसाद से पवित्र किरण हो, वहाँ सरस्वती कैसे नहीं आतीं ! सो गंगा के साथ ये चार नदियाँ बनीं पंचगंगा।

"किरण पर सचमुच मंगला गौरी की कृपा हो गयी।" मैं बुदबुदाया। बिना मंगला के मंगल का विधान कौन करे ! सोलह जुलाई को किरण माथे पर सुहाग-सिंदूर लगाये, मंगलसूत्र धारण किये मांगलिक बंधन में बँध जायेगी--धूतपापा काशी के यात्रियों का पाप धोती अथवा उन्हें पाप में धुत्त रखती वैसे ही बहा करेगी !...."

"और आनंद, सरस्वती ?"

"उसकी तो साल-भर पहले एम.ए. पास करने के दिन नतीजा मिलते ही मृत्यु हो गयी।"

बचा सिर्फ धर्मानंद--जिसे अनेक लोग जीर्णानंद भी कहते हैं, तो तू वही जीर्णानंद

है रामानंद, जिस पर किसी ने कभी कृपा नहीं की। न मंगला गौरी ने, न धर्मराज ने, न सरस्वती ने और न ही मन के स्वामी चंद्रमा ने।

तू एक वृहत् पाखंड है !

गूलर के पेड़ पर बैठा कौवा काँव-काँव लगाये है।

"मैं यहाँ से भी उठ जाऊँगा, भले आदमी ! मैं तो सिर्फ जमनादास को खोज रहा हूँ। सुना, उसके पास कोई गारुड़ी मंत्र है, वह नाग-दंश से खुद बच गया है, दूसरे को भी बचा सकता है।" मैं फिर बुदबुदाया।

मैं जमनादास के घर गया था, पर मढ़िया बंद थी। इस तपिश में भी वह लोगों को चेताने चला गया है।

पंचगंगा !

मैंने कोशिश की थी कि मैं एक सद्-विद्यार्थी बनूँगा। स्कॉलरशिप लेकर रिसर्च करूँगा। प्रथम श्रेणी में प्रथम और पी-एच. डी.। डॉ. रामानंद तिवारी किसी विश्वविद्यालय के प्राध्यापक होंगे। एक गृहिणी होगी, जो पति-सेवा करेगी और डॉ. तिवारी वैदिक शोध के अनुपम प्रयत्न से भारत को ही नहीं, उन तमाम विदेशी संस्थानों को चमत्कृत कर देंगे, जहाँ आज भी वैदिक अध्ययन को बक्वास नहीं कहा जाता।

पर सब-कुछ गया। सारी कामना धूतपापा के गर्त में समा गयी।

और तब मैं बनने चला राजनीति का घुड़सवार। मैंने देबू को देखकर जाना कि अन्याय और असत्य का सामना करने के लिए राजनीति जरूरी है। मैं तब भूल गया था कि राजनीति का रूप क्या होता है।

"यह हिव्स्की, ललिता की पार्टियाँ, शहर के महँगे होटलों का मजा--क्या यह सब भी समाजवादी कार्यक्रम का हिस्सा है देबू ?" मैंने पिछले हफ्ते पूछा तो देबू उदास हँसकर रह गया।

"राजनीति में नैतिकता के पुराने बटखरे मत लाओ नंदू ! यह ऐसा क्षेत्र है जिसमें वक्त के अनुसार सब करना पड़ता है।"

"और उसी को समाज कहते हैं ? अँधेरे और अन्याय, धोखा और प्रवंचना, सुविधा और स्वार्थ--क्या यही हमारा एकमात्र लक्ष्य नहीं है देबू, जिसे हम समाजवाद का नाम ले-लेकर पूरा करना चाहते हैं ?"

"तो क्या यह तुम्हारे समाज में नहीं है ? जो भी हो, तुम छात्रशक्ति को नजरअंदाज नहीं कर सकते ?"

"यह भी कोरा भ्रम ही है देबू ! रहा होगा मजदूर, किसान के बाद छात्र तीसरी शक्ति। कभी रहा होगा। आज वह अपनी मजबूरियों के कारण क्षणिक सुविधा और लिप्सा के कारण बिक चुका है। जो नहीं बिके हैं, वे परीक्षाएँ पास करके बेरोजगारी के पागलपन का शिकार हो रहे हैं। विदेशी सभ्यता की नकल की बाढ़ ने हमारे भीतर के गटर को रूँध दिया है और हम उसी गंदले गलीज में डुबकियाँ ले रहे हैं। छात्र आज अपने

लक्ष्य को ही भूल गया है। वह गिरवी हो गया है। उसमें न एकता है, न कोई सही दिशा-ज्ञान।"

"यह विवशता है। सब को युवाशक्ति से काम निकालना है नंदू और समाज की बनावट ऐसी होती जा रही है कि अपने को जीवित रखने के लिए उसे किसी-न-किसी की शरण लेनी पड़ती है। हर पेशे के सत्ता-संपन्न व्यक्ति को 'यूथ' चाहिए। चाहे वे राजनीतिक पार्टियाँ हों, तस्करी पेशेवाले हों, होटलवाले हों, गरज कि पैसेवालों को अपना काम निकालने के लिए नौजवान चाहिए। ऐसी समाज-व्यवस्था में युवा का नैतिक पतन कौन-सी आश्चर्य की बात है।" देबू शांत भाव से बोला।

"मैं पुराणपंथी बात नहीं कर रहा हूँ दोस्त ! मैं नारी और पुरुष के संबंधों को बाबा आदम के जमाने के चश्मे से नहीं देखता, पर इनके संबंध में हैवानियत को पसंद नहीं करता । इनमें आधुनिकता आये, प्रेम के गुलशन खिलें यह सब ठीक है, पर अमानवीयता को कौन रोकेगा ?"

"मानवीयता-मानवीयता चिल्लाने से कुछ नहीं होगा। कहाँ है मानवीयता ? तुम एक डरपोक बनियाधर्मी ब्राह्मण हो। इसे ही मानवीयता कहते हो ?"

"जब तुम्हारे लिए मानवीयता ही अबूझ हो गयी देबू, तो बात ही बेकार है। मैं तो तुम्हें सच्चा और ईमानदार व्यक्ति मानता था, पर तुम भी व्यक्तिगत स्वार्थ के ही भक्त बने रहे।"

मैंने देखा कि देबू का चेहरा एक क्षण के लिए उदास हो गया; पर वह तुरंत अपरिचित खीज से भर उठा।

"तो तुम कोई और धंधा करो। परिवार चलाओ, शादी-वादी करो। यह राजनीति तुम्हारे बूते की नहीं। तुम बहुत मुँहफट और बेलाग बोलते हो। तुम्हें बात करने की तमीज नहीं है। तुम अपने रास्ते, मैं अपने रास्ते।"

देबू हमेशा-हमेशा के लिए मुझसे अलग हो गया। अलग तो वह उसी रोज हो गया था जब मैंने आरती को जबर्दस्ती उठवा लेने का निश्चय किया था, पर जब मामला खत्म हो गया और मैंने देखा कि गलती मेरी है, मैं अब भी ओछे जातिवाद से चिपका हूँ, तो मैंने स्वयं देबू से समझौता कर लिया। पर आज की जुदाई शाश्वत थी। सचमुच मैं बेवकूफ था जो मैंने राजनीति में जाकर तारे तोड़ने के सपने देखे। मैं वाकई इतना मुँहफट और साफगोई का कायल हूँ कि मैं राजनीति कर ही नहीं सकता। मैं राजनीति के बारे में प्राचीन आचार्यों का यह कथन ही भूल गया था :

राजशास्त्रं भवेद्गौरं सारिकावदनं शुभम्
अक्षसूत्रं फलं बिभ्रदन्नाहारं कमंडलुम्

राजशास्त्र गौर वर्ण का लुभावना व्यक्ति है जिसे मिठबोला यानी सारिकामुखी होना चाहिए। एक हाथ में तपस्वी की तरह दिखाने के लिए अक्षमाला चाहिए। फल खानेवाला, हमेशा आहार को उपलब्ध रखनेवाला और चुराकर चीजें रखने के लिए हाथ में कमंडलु

लेकर चलनेवाला होना चाहिए।

हा-हा-हा-हा--कैसा है यह राजशास्त्र ! कैसा है हमारा अर्थशास्त्र ! पंचगंगा। दूसरे नद का रास्ता भी मेरे लिए बंद हो गया !

"नंदू महाराज !"

"कौन है ?"

"मैं हूँ रजुल्ली, अरे तू इहाँ अइसे नुक्कड़ में पत्थर पर काहे बैठे हो ? जान देवै की मनौती किये हो का ?"

मैं कुछ न बोला। मैं जमना से ममतालु आँखों का अर्थ पूछने आया था। मैंने धीरे से कहा। "आओ रजुल्ली, यार, मैं तो जमना को खोजने आया था। उससे कुछ काम था। पर देखा,उसकी मढ़िया बंद है। सोचा, शायद घाट पर मिल जाये।"

"अउर तू जमना बदै इहाँ चनकत पत्थर पर आसन जमाए बैठे हो। वाह भैया, वाह !

तोहरो कौनो जवाब नाहीं हौ।" रजुल्ली ठठाकर हँसा, "जमना तो गंगा दशहरे से वृंदावन गवा। ऊ हुवाँ हर साल जात हौ। अब हुवाँ सावन बिता के जनम अष्टमी के नजदीके पहुची।"

"अच्छा ! वह गरमी में यहाँ नहीं रहता ?"

"अरे त वृंदेवन कवन सिमला हौ। ऊ अपने मन के परितोरवै बदै जात है हर साल !"

"अच्छा !"

"अच्छा का, आओ चलो, कहीं बैठ के शरबत-वरबत हो जाये। तोहार मुँह एकदम झँवरा गवा है।"

मैं रजुल्ली की बात टाल नहीं सका। लू लग रही थी, पर इतनी देर से बैठा था कि शरीर लू में मजा पाने लगा था।

संकठा घाट के ऊपर गली में उसी चाय की दुकान पर हम बैठे जो अब गरमी में लस्सी-शरबत की दुकान हो गयी थी।

"का लिहो तू--शरबत की लस्सी ?"

"हम तो नीबू की शिकंजी ही लेंगे। तुम्हें लेनी हो तो लस्सी ले लो।"

"दे भइया, इनके नींबू-पानी। हमके लस्सी बनवा, तनी दही ऊपर से काट के हाँ और एक बड़हर गोलौ छनाय दे।" रजुल्ली पर मौसम का कोई प्रभाव नहीं पड़ता। पता नहीं इतनी निश्चिंतता इसे कैसे रहती है।...

हम अपने-अपने पेय पदार्थों में मुँह डाले लू से बचने की कोशिश करने लगे।

"नंदू भइया !" रजुल्ली बोला, "हमसे एक ठो अपराध हो गवा, बाकी हम सोचा कि एमां तोहार कौनो नुकसान नाहीं है आ हमका चार-पाँच सौ का फायदा होइ रहा है तो सोचा, लगे हाथ करि डारैं।"

"क्या किया ?"

"अरे किया का ? नागर साहब तोहरे खानदान के बारे में पता लगावै बदै कहे रहैं, तो हम कहा कि बहुत दूर के होइहैं लोग, खरच पड़ीं। उन्होंने भइया, दू सौ रुपिया दिया--कहा कि काम शुरू करौ अउर अइसन बात ढूँढ़ो जौन खराब हो। काम बनने पर तीन सौ अउर ले लेना। हम कहे कि नंदू भइया में त कौनो दोस ढूंढ़ना नाहीं हौ और सरवा क्वन खानदान हौ ये मुलुक में कि दोस न मिले। तवन हम आरतीवाली बात बताइ दिहा। तीन सौ और लेवे बदै पिताजी कै कहानी भी कह दिहा।"

"ये कौन-सी छिपी बातें हैं रजुल्ली, इनमें अपराध कैसा। हम तो कहेंगे कि हमारे ऊपर तुम्हारा खुद का पावना था, समझो, कुछ इसी बहाने निबट गया।"

"सुनो महाराज !" रजुल्ली, तिनककर खड़ा हुआ, "हम बोल दिहा कि हम तोहार दोस्त हैं, दोस्ती निभावे बदै जान दे सकत हैं। अगर किरण राजी हो तो हम नागर साहब के भी दू हाथ दिखाय सकत हैं। अब बोलो ?"

"अरे नहीं रजुल्ली, जाने दो यार ! कहाँ की बात लाये। किरण हमारे-जैसे गरीब-गुर्बा के घर दुःख ही तो पायेगी। हमने उसको कुछ बनाया है ! बनाया तो भगवान् ने है भइया, पर हमने फुलवारी को सींचा है, वह हमेशा खुश रहे, खिले, फले-फूले, अपने को इसी में मजा है। अपने लोगों का यही वृंदावन है, यही बिंदुमाधव है। समझे !"

रजुल्ली ने अचानक भावावेश में मेरी बाँह पकड़ ली, "नंदू महाराज, तू आदमी नहीं हौ। हमसे जमुना कहत रहा कि नंदू पहले बहुत गुस्सेवर थे, पर अब वे नटवर की अदा में ऐसा पगे हैं कि चोला बदल गया--तवन ऊ ठीकै कहत रहा।"

रजुल्ली ने झुककर मेरे पैर छू लिये।

"हाँ, हाँ, ई क्या अनर्थ करते हो तुम !" मैंने उसे डाँटा।

"अनरथ कइसा हो ? एक तो बाभन, दूसरे इत्ता बड़ा हियरा, हम का चूतियाँ है जो परसाद भी न लें।"

मैंने अपनी छोटी जिंदगी में बहुत से गुंडे देखे हैं, पर रजुल्ली ही पहला व्यक्ति नहीं है जो मनुष्यता के आगे झुका हो। मुझे तो लगता है, फैशन से गुंडा बननेवालों को छोड़कर सचमुच के गुंडों में अधिकांश दिल के बड़े साफ होते हैं। कालिख लगे दिलवाले गुंडे नहीं, लोफरमात्र होते हैं। मुझे खुशी हुई कि काशी में अब भी दिलावर गुंडों की परंपरा पॉकेट एडीशन में ही सही, बरकरार है।

"अच्छा रजुल्ली, अब चलैं घर। आज झूरी भी नहीं आयेगा इधर। ठठेरी बाजार से या ब्रह्मनाल की ओर से घर जाना होगा।"

"सुनो नंदू महाराज, चलो तू पंचगंगा, हम भेजित हैं तोहे नाव से अस्सी। अकेली अम्मा उदास हुई गई हैं। तोहरे पाकिट में पैसा-वैसा हौ ना, पैदल नापत आठ बजइहौ अस्सी तक !"

परिवार !

क्या बचा है गणेशी तिवारी के परिवार में ? कहाँ है यह कोल्हू जिसमें बैल की तरह जुतते रहने की ही बात सोचूँ ?

"नंदू !" अम्मा कमरे में आयीं।

"क्या है अम्मा ?"

"सुना--किरण की शादी हो रही है। तुम्हारी ट्यूशन भी खत्म हो गयी। तू हफ्ते-भर से उधर नहीं गया तो मैंने सोचा कि अभी इम्तहान खत्म हुआ है। तुम लोगों ने सुस्ताने का निश्चय किया होगा। पर आज अस्सी गयी तो अचानक किरण का ड्राइवर मिल गया। वह मोटर से अपने मालिक को लेकर युनिवर्सिटी गया था किसी काम से। अस्सी पर वे रुककर किसी दुकान में शरबत-वरबत पीने गये थे। मैं साहजी की दुकान से निकली तो उसने पैर छूकर कहा कि सोलह जुलाई को बिटिया रानी की शादी है। बड़ी तैयारी है। रोज गाड़ी कसी रहती है।"

"तो होगी !"

"क्या तुम्हें किरण अच्छी नहीं लगी ?"

"तुम समझती हो कि सारी दुनिया में तुम्हारे बेटे के समान कोई दूसरा है ही नहीं ?"

"यदि आरती को माथुर उठा ले जा सकता है, तो तू किरण को क्यों नहीं उठा लाता ?"

"अम्मा !"

"अम्मा-अम्मा की रट छोड़ दे, अपनी जिंदगानी देख। अम्मा तुम्हारे साथ है।"

मैं अम्मा का मुँह देखता रह गया। मैं कुछ न बोला।

"मामला क्या है ?" वे बोलीं।

"मामला कुछ नहीं है, किरण बहुत बड़े बाप की बेटी है, उसे क्या ले आकर झोंपड़ी में रखना है ? और झोंपड़ी में आ भी जाये तो खायेगी क्या, पहनेगी क्या ?"

"हूँऽ, तो यह सब तुम्हारा गुड़-गोबर किया हुआ है। प्रीत हो तो झोंपड़ी महल लगती है, सूखी रोटी छप्पन प्रकार के व्यंजनों से भी ज्यादा मीठी लगती है।"

"तो नहीं होगी प्रीत। इसे अब खत्म करो। जो होना था, वह हो चुका। किरण की शादी बहुत बड़े लखपती आदमी से हो रही है। वहाँ वह राजरानी की तरह रहेगी।"

"अच्छा !" अम्मा की आँखों में एक अजीब किस्म का धुंध छा गया। एक ऐसी अबूझ पीड़ा जो झुर्रियों तक में उतरकर उन्हें और भी अधिक स्पष्ट बनाने लगी। मैंने अपने गाँव में एक बुढ़िया की एकमात्र गाय को कुर्क होते हुए देखा था। कुर्की के पहले वह बहुत उछली-कूदी--देखूँगी, मेरी गाय को कौन लेता है ! मूसर से मारकर गट्टा तोड़ दूँगी। पर जब डौंडी बजने लगी, गाँव के लोगों का मजमा लगा, कुर्क अमीन चरनी पर

चढ़कर नीलामी बोलियाँ बोलने लगा तो वह एकदम सकते में आकर चौखट पर बैठ गयी। अपनी आँखों में असीम प्यास-भरे वह सिर्फ गाय को निहारती रही। उसके चेहरे की झुर्रियाँ जैसे अचानक जहरीले मकड़े के जाले की तरह उसके चेहरे पर तन गयीं और वह लंबी साँसें लेती उसे हटाने की असफल कोशिश करती मौन बैठी रही। मुझे अम्मा के चेहरे में उस गरीब बुढ़िया का चेहरा झाँकता प्रतीत हुआ।

कुछ देर चुप्पी रही।

तभी अम्मा ने अपने आँचल के खूँट को खोलकर एक चिट्ठी निकाली। वह मुड़ा हुआ पोस्टकार्ड था।

"किसकी चिट्ठी है ?"

"पढ़कर देखो..."

"है किसकी ?"

"तुम्हारे बाप की।"

"और तुमने उसे अपने आँचल में बाँध लिया है ? खिड़की के बाहर फेंकने को घूरा नहीं था ?"

"उनकी आँखों की रोशनी चली गयी। बड़ी तकलीफ में हैं।"

"तो कह दो कि नयी रोशनी खोज लायें कहीं और से। उन्हें रोशनी खोजने का अच्छा अभ्यास है।"

अम्मा हाथ में पोस्टकार्ड पकड़े वैसे ही बैठी रहीं। मैंने पोस्टकार्ड नहीं छुआ। मैं वहाँ से उठकर बाहर चला गया।

अभी शाम के पाँच बज रहे थे। लू की गति कम हो गयी थी। गंगा पर फैली गर्द की चूनर सरकने लगी थी। घाट किनारे पर घुटने-भर पानी में डुबकियाँ मारते छोटे-छोटे काले-कलूटे बच्चों से भरा था। अधिकांश छोकरे या तो माझियों के हैं या छोटे-मोटे काम करनेवाले मजूरों के। जिनके पास लू से बचने के लिए छत है, वह तो शाम-ढले नहाने आयेंगे शीतल जल में। इन बच्चों के पास माँ के रूप में गंगा है और पिता के रूप में सड़क पर खड़ा पीपल का पेड़।

"का हो तिवारी भइया !" झूरी अपनी नाव को किनारे बाँध रहा था। "बहुत दिना से दिखात ना हौ। कहीं अनतै गये रहौ का !"

"हाँ, झूरी।"

वह चुपचाप अपने काम में लग गया।

तिवारीजी अब 'अनतै' चले गये हैं। कभी थे इस शहर में जिसमें विश्वनाथ हैं, माँ अन्नपूर्णा हैं !...

पर आज-तिवारी के विश्वनाथ अंधे हो गये हैं और अन्नपूर्णा सिर्फ झुर्रियों का ढेर।

युनिवर्सिटी में गुलमुहर और अमलतास खिले होंगे। मुख्य तोरणद्वार से महिला महाविद्यालय की ओर जानेवाली सड़क लाल-पीले बूटोंवाली छींट ओढ़े दुल्हन की तरह लगती होगी। जाने कितने दिन हो गये विश्वविद्यालय गये। अब तो जुलाई भी आ गयी। इस साल पानी अभी एकदम नहीं बरसा है। अधिमास शायद इसी की घोषणा करता है कि अभी असली असाढ़ नहीं लगा। भट्टाचार्य महाशय से मिले जाने कितने दिन हो गये--याद नहीं पड़ते।

कैसे होगी जयंती ! इस वर्ष उसका हिंदी का फाइनल था। महीने-भर पहले गया था तो कहने लगी, "तिवारी, हमने वैकल्पिक में 'सगुण भक्ति परंपरा' वाला परचा लेकर बड़ी गलती की। हित-हरिवंश की कविता तो मेरी समझ में नहीं आती।

"जाओ, बता देगा तिवारी।" भट्टाचार्यजी ने कहा था।

"हितहरिवंश समझने के लिए एक दूसरा हृदय चाहिए जयंती ! मैं समझता था कि वह तुम्हारे पास है। तुम तो मुझे हमेशा महुवा की तरह क्रीड़ाभरे विचित्र प्रेम-राग में डूबी लगती हो, तुम्हें भला हित चौरासी क्यों मुश्किल लगने लगी !"

"तुम पागल हो। परम बाउल। कभी तुम मुझे कांचनमाला बनाते हो, कभी महुया, कभी देवयानी, अब काजलरेखा और चंद्रावती बाकी हैं, उनका भी नाम ले दो, बस मैं बांग्ला लोकगीतों की सभी नायिकाओं का जमघट बन जाऊँ।"

"ना जयंती, मैं इतना बाउल नहीं हूँ कि तुम्हें काजलरेखा कह दूँ। गौरकांति को ऐसा नाम देकर मैं भद्रकाली की कांति से बच नहीं पाऊँगा।"

उसने जीभ निकाली और दाँतों से दबा ली, "तुमने फिर मुझे भद्रकाली कहा !"

"अरेरे, मैं तो श्रद्धा के फेर में पड़कर यह नाम बोल गया, क्षमा करना मंगला गौरी !"

"मंगला गौरी किरण के घर के पास हैं कहीं, मेरे घर के पास श्मशान है। समझे बंधु, यहाँ खप्परवाली श्यामा ही नाचती है। इसीलिए लगता है कि हितहरिवंश मेरे पल्ले नहीं पड़ते।"

"हितहरिवंश की श्यामा थोड़ी भिन्न है जयंती :

> व्रज नव तरुनि कदंब मुकुट मनि स्यामा आजु बनी
> नख सिख लौं अंग अंग माधुरी मोहे स्याम घनी... ।

नखसिख का यह माधुर्य किसी को मोहित करने के लिए सजा है। यदि तूने कभी इस भाव से यह सब किया होता तो समझना आसान था।"

"किया था तिवारी !" वह थोड़ी कूट मुस्कान के साथ बोली, "माधुरी जितनी भी थी अपने पास, होगी ही कितनी, पर जो थी वह सब किसी एक को समर्पित करने के लिए सब प्रकार तैयार थी। मुझे भ्रम हो गया था आनंद कि मैं सिर्फ गौर कांति में पगी हूँ, मुझे वह चंद्र खिलौना सहज प्राप्त हो जायेगा, पर कुछ भी सहज प्राप्त नहीं होता।

गोरा रूप लागिले नयन
कि खेने देखिलाम गोरा कि ना स्रोर हइल
निरवधि गोरा रूप नयने लागिल।"

जयंती की आँखें भर आयी थीं। उस दिन हितहरिवंश वहीं समाप्त हो गये।

उस दिन 14 जुलाई को मैं जब चार बजे शाम घर से चला था, तो मन अजीब प्रकार की भावनाओं से भरा था। सोचा, पहले हरिश्चंद्र घाट चलूँगा और भट्टाचार्य महाशय से भेंट करूँगा। भट्टाचार्य महाशय से भेंट करने का भाव तो एक बहाना था। मन जयंती से मिलने के लिए आतुर था।

मैंने अस्सी से नाव पकड़ी और हरिश्चंद्र घाट पर उतर गया।

मुझे चिरपरिचित सड़क पर चलते बहुत अजीब लग रहा था। जयंती के घर भी किरण का निमंत्रण आ गया होगा। यदि उसने खिलखिलाकर हँसते हुए कुछ व्यंग्य में कहा तो मेरा जीना भी मुश्किल हो जायेगा। लेकिन मैं जानता हूँ, जयंती ऐसा नहीं करेगी।

रंगपुर कुंज के पास पहुँचा तो फाटक पर यतीन मिल गया।

"यतीन !" मैंने पुकारा।

"तिवारी दा !" वह मुस्कराया, "सुबोध दा नहीं हैं। बाबा नहीं हैं। सोन दी नहीं, बड़ दी नहीं।"

"कहाँ गये सब लोग ?"

"सोलह जुलाई है न । उसी दिन दीदी का विवाह होगा। कलकत्ता गया सब लोग। ऑम है और आमारी माँ।" और शामान ले के ऑम भी अभी रात को जायेगा।"

"अच्छा !"

मेरा माथा घूमता-जैसा लगा।

"तुमको देने वास्ते दीदी एकटा चीठी दे गिया है। एकटा निमंत्रण भी।"

वह दौड़कर घर में चला गया। उसने दो लिफाफे दिये। बंद लिफाफे में एक चिट्ठी जयंती के हाथ की लिखी थी और एक था उसके विवाह का निमंत्रण ।

मैंने पहले चिट्ठी ही खोला।

प्रिय आनंद दा,

इस संबोधन से चिढ़ना मत। अब यही उपयुक्त है तो। तुम महीने-भर पहले आये थे। मैं हितहरिवंश पढ़ने के बहाने दादा की आज्ञा से तुम्हें अपने कमरे में भी ले गयी। मैंने सुबोध दा से अपने मन की बात भी बता दी थी। सुबोध दा कम्युनिस्ट हैं, कृष्णभक्त हैं।

यह विरोधाभास नहीं है। तुम बहुतों को ऐसा ही पाओगे, खास तौर से हमारे लोगों में। उन्होंने कहा कि जयंती मुझे नामंजूर नहीं होगा। तिवारी को मैं बहुत अच्छा लड़का मानता हूँ। पर तुम कहो, यह ठीक नहीं है। इसमें मेरा उपहास होगा। यदि तिवारी खुद कहें तो विचार करना।

मैंने दादा की बात सुनकर भी तुमसे संकेततः सब कह दिया। ये आँखें गोरा में पगी हैं, निरवधि उसी रूप में पगी रहती हैं, इससे और साफ क्या कहा जा सकता है ! पर तुम जानकर अनजान बने रहे।

मैंने कहा था आनंद कि शायद तुम्हारा मन कहीं और लगा है, इसलिए मैं तुम्हें द्विधा विदीर्ण नहीं देखना चाहती। मैंने हिंदी से एम. ए. हिंदी की होने के लिए किया था, पर भाग्य साथ नहीं दे रहा। 16 जुलाई को मेरा विवाह हो रहा है। सब-कुछ बहुत जल्दी में तय हुआ है। इसलिए शायद निमंत्रण देर से पहुँचे, पर आना जरूर। तुम मुझे महुया, कांचनमाला, जाने क्या-क्या कहा करते थे ! अब मैं तुम्हारे लिए सिर्फ एक परायी जयंती रह जाऊँगी। मेरी यादें तुम्हें उदास न करें, तुम सदा-सदा खुश रहना, यह मेरी कामना है। तुम मुझे दुःस्वप्न की तरह भूल जाना। एक बाउल गान में मैंने पढ़ा है : ना लइओ ना लइओ बंधु कांचनमालार नाम तोभार चरेण आभार शतेक परणाम...

तुम्हारी बांधवी

जयन्ती

मैंने इस पत्र को कई दफा पढ़ा। मैं फफक-फफककर रो पड़ा था। सोनारपुरा तिमुहानी के आगे पाकड़ के पेड़ के नीचे एक छोटा-सा कब्रगाह है। उस पर मालाएँ चढ़ी रहती हैं और मोमबत्तियाँ रात के अँधेरे में टिमटिमाती हैं। मैं अक्सर रंगपुर कुंज से पैदल लौटते वक्त इस कब्रगाह के पास से गुजरा हूँ। मुझे बिछड़ी आत्माओं की याद में इतनी तन्मयता से जलायी जाती शमा से रश्क होता है। मैं इसे ईर्ष्या से देखता चला गया हूँ, पर आज मैंने इस पाकड़ के पेड़ के नीचे खड़े होकर अपनी आँखें पोंछीं। कभी मैं था जो जयंती की याद से घबराकर मन से कहता था--अब कभी वह 'कांचनमाला' की याद न करे, आज वही पंक्तियाँ जयंती ने लिखी हैं। जिंदगी भी एक अजीब करिश्मा है। सब-कुछ हाथ से छूटकर एक अंडे में बदल जाता है जिस पर उँगली फिराओ तो वह घूमकर वहीं आयेगी जहाँ से चली थी। 'तुम परम बुद्धू हो' मेरे भीतर आज मुद्दत बाद उन्मत्त भैरव ठहाका लगा रहा है--धरती पर रहकर रोटी खोजो। तुमने जयंती के रूप में ठोस जमीन खो दी है। अर्धांश का चाँद आसमान में है--तेरे बौने हाथों से बहुत दूर।....

तुमने जयंती को समझा ही कब ? वह विषम प्रेम की लड़ाई लड़ रही थी। तुमने उसके प्यार को प्रगल्भता, संकेतों को सहानुभूति और समर्पण को सस्तापन समझ लिया। वह बार-बार किरण का नाम लेती रही; पर तुम नहीं जान पाये कि अपने को ही नग्न करने में नारी को कैसा जहर पीना पड़ता है। उसने खुद अपनी कृत्रिम निर्लज्जता के

कारण ऐसी ग्लानि का अनुभव किया कि कुछ समय के लिए तुमसे बोलना बंद कर दिया। पर तुम ? तुम भला उसकी चाहत को क्यों समझने लगे ? तुम तो वृगलात्मा तंत्र की बेहूदगी में ऐसे मुब्तिला थे कि धरती पर पैर ही नहीं पड़ते थे। जयंती तुम्हारी समझ से बाहर थी छोटे आचार्य ! हा-हा-हा-हा, वाह रे रामानंद, वाह रे आनंद !! धन्य हो नंदू !"

उन्मत्त भैरव का अट्टहास गूँजता रहा।

सोलह जुलाई को लगा कि जैसे मैं नहीं, बिस्तरे से मेरी प्रेतात्मा उठ रही है। मैंने छत पर सोये-सोये रात-भर केवल गिनती की थी। अलिफ की पढ़ाई में कितनी सहूलत है। एक लड़का पुकारता है दो के दो--दो दोयम चार। सारे लड़के चिल्लाते हैं दो-के-दो--दो दोयम चार। मैं रात-भर पहाड़े के इसी पहाड़ पर चढ़ता-उतरता रहा। पर दो के दो, दो दोयम चार मेरे लिए नहीं था।

मैं बहुत तड़के उठा बल्कि मुँह-अँधेरे कहना चाहिए। मैंने तौलिया और लुँगी ली। अस्सी घाट पर आ गया।

आज मैं सुबह के धुँधलके में बनारस को और गंगा को जी-भर देख लेना चाहता था।

घाट अभी उसी जगह था। गंगा में कोई खास बढ़ाव नहीं था। पानी हल्का मटियाला जरूर हुआ था, पर वह बदस्तूर उत्तर दिशा की ओर छलछलाता बहा जा रहा था। उत्तर की नदी दक्षिण की ओर बहनी चाहिए, पर काशी है कि यहाँ गंगा उद्गम की ओर मुँह करके बहती है, जहाँ से आये हो, वहीं लौट जाओ !...

सूरज का लाल बिंब गंगा के सागर में उतरा है। लहरों की थिरकन के बीच वह यों काँपता है जैसे पानी में आग लगी हो। दूर बहुत तल में छिपा कोई मंडवा जल रहा है। मैं अनायास बुदबुदाता हूँ, "दो बदन प्यार की आग में जल गये इक चमेली के मँडवे तले...।"

काशी की चंद्राकार छाया गेरुई रोशनी में उभरने लगती है। जैसे कोई विशाल फैले हुए शीशे को कर्मनाशा की लाल बालू से रगड़ रहा हो और ज्यों-ज्यों शीशा साफ होता जाता है छत्राकार फैली काशी की, छाया और भी स्पष्ट होती चली जा रही है। नागा बाबा के शीशे में बंद काशी की दर्पण छवि मेरे भी हृदय में बसी है, परंतु सहसा यह पूरी छाया सिमटकर एक बनमानुस की हथेली में समा जाती है। मैं देखता हूँ, उसका अँगूठा और तर्जनी एकदम तने हुए मेरे गले की ओर बढ़ रहे हैं। यह चंद्राकार छाया नहीं, अर्द्ध चंद्रदान है :

"हे उन्मत्त भैरव, मैं स्वयं बनारस छोड रहा हूँ। यहाँ अब रहने का अवलंब भी

कहाँ है ! तुम्हारे आनंद-कानन में आनंद के लिए जगह नहीं है, मैं जानता हूँ। कुछ घंटे सब्र करो, मुझे सिर्फ एक वचन निभाना है जो मैं अपनी भावुकता में स्वीकार कर चुका हूँ। मैं स्वयं इस मायानगर को छोड़कर चला जाऊँगा--क्षमत्व।"

मैंने अपनी मेज पर तीन पंक्तियों की एक चिट्ठी अम्मा के नाम लिखी और ऊपर ही रख दी :

'अम्मा,

मुझे खोजने या खोजवाने की कोशिश मत करना। तुम गाँव चली जाओ। मैंने दो-एक कॉलेजों में नौकरी के लिए दरख्वास्त दी है। लौटकर कभी मिलूँगा। मुझे क्षमा कर देना।...'

मैंने वह चिट वैदिक कॉकार्डेंस में लगा दिया। अम्मा शायद बाथरूम गयी थीं। मैंने अपने सफरी झोले में दो कुरते और पाजामे डाले और घर से चल पड़ा।

सोचा, घाट से ही चलूँ। पर आज न तो झूरी की नाव की प्रतीक्षा करने की इच्छा हुई और न तो घाटों को देखने का शौक जगा।

मैंने अस्सी से सीधा रक्शा लिया और गोदौलिया की ओर चल पड़ा। जुलाई की शाम भी निरभ्र थी। मदनपुरा की सड़क पर चलते मन में हूक-जैसी हो रही थी, जैसे जानी-पहचानी सड़क बेगानी हो गयी है। सड़क वही थी, रिक्शों और सायकिलों की घंटियों की टुनटुनाहट भी वैसी ही थी; पर लग रहा था आवाजें किसी तिलस्मी खोह से आ रही हैं। मन एकदम शांत था। अपनी ही साँस हलक के नीचे इस कदर उतर रही थी जैसे उसे कोई अंधकूप में रस्सी के सहारे उतार रहा है।

रिक्शा रुक गया। मैं गोदौलिया से पैदल ठठेरी बाजार की ओर चल पड़ा। ठठेरी बाजार में पूर्ववत् वही रौनक थी। वही भीड़, वही कशमकश, वही सिलापट्ट युद्ध, सट्टा बाजार का वही शोर--सब कुछ वही, बदली सिर्फ मेरी चाल थी।

नागर साहब का मकान बिजली के लट्टुओं से खूब सजा था। लोगबाग भारी संख्या में भीतर-बाहर लगाये थे।

मैं चुपचाप दरवाजे से थोड़ा हटकर खड़ा हो गया। चिरपरिचित हरे रंग का फाटक आज मेरे लिए लक्ष्मण रेखा बन गया था। मँगरू आज फाटक के भीतर नहीं, बाहर खड़ा था। मैंने उसको नजर बचाकर अपने को थोड़ी दूर पर एक नुक्कड़ की आड़ में रखा। सजी-सजाई औरतें भीतर जा रही थीं। बच्चे और बच्चियाँ खुशी में फुदक रही थीं।

काफी देर प्रतीक्षा करने के बाद कम्मू दो-एक हम-उम्र सहेलियों के साथ फुदकती हुई आयी।

"कम्मो !"

"मास्टरजी !" वही लचकदार संबोधन, जो पूरे नागर भवन के प्रांगण में रेशमी तोरण की तरह लटक जाता था !...

"मास्टरजी, किन्नी बेन ने कई बार पूछा कि देख आ, मास्टरजी आये हैं।"

"अच्छा !" मैंने कहा, "सुनो कम्मो, तुम बहुत बढ़िया और तेज लड़की हो, तुम्हें एक काम करना है। करोगी ?"

"क्या काम ?"

मैंने झोले से सिंदूरी सिल्क का एक बहुत छोटा पैकेट निकाला, "इसे किन्नी बेन को दे देना। किसी और को नहीं।"

"किसी और को नहीं ?"

"ना, किसी को नहीं ?"

"मम्मी को भी नहीं ?"

"ना, मम्मी को भी नहीं।"

"पापा को भी नहीं ?"

"ना, पापा को भी नहीं।"

"तुम यहीं रहना मास्टरजी !" कम्मो पैकेट को फ्रॉक के नीचे छिपाकर भीतर भागी।

पैकेट में कुछ नहीं था। सिर्फ एक चिट्ठी। उसमें लिखा था :

प्रिय किरण,

कभी तुमने एक उपहार दिया था। गरबा के नृत्य के बाद वेणीबंध से उतारकर फूलों का हार और कोरेला गरबा के ऊपर रखी मुकुटमणि-सी कलात्मक कलशी। कलशी मैं रख रहा हूँ, उसकी काया मेरे साथ शीतताप सहती रहेगी। वह मृण्मय है। मैंने हार को इस सिंदूरी सिल्क की रूमाल में लपेटकर रख दिया था। मुझ अकिंचन के पास इस अवसर पर देने के लिए कोई उपहार नहीं है। अमूल्य उपहार का यह अर्धांश तुम्हें लौटा रहा हूँ। तुम्हारी जीवन-यात्रा मंगलमय हो। यमलपत्र के स्थान पर यह भोजपत्र स्वीकार करो। इस पर किसी कवि की एक कविता लिखी है असुविधा न हो तो इसे भी अपने पास ही रहने देना :

नूपुर के सुर मंद रहे।
जब न चरण स्वच्छंद रहे
        उत्तरी नभ से निर्मल राका
        पहले तुमने जब हँस ताका
        बहुविध प्राणों को झंकृत कर
        बजे छंद जो बंद रहे
नयनों के ही साथ फिरे वे

मेरे घेरे नहीं घिरे वे
तुमसे चल तुम में ही पहुँचे
जितने रस आनंद रहे।

--तुम्हारा : आनंद

मुझे वहाँ अब एक पल रुकना भी दुःसह लग रहा था। मैं सीधे फाटक रंगीलदास की ओर मुड़ा। आज मुझे पहली बार पता लगा कि जगह में भी एक चेतन सत्ता होती है। जमीनें भी जीवित और मृत होती हैं, यह सुनता आ रहा हूँ, पर जमीन सिर्फ इतना ही नहीं करती, वह वैशाखी सूरज की तरह अपनी किरणों से सारा खून सोख सकती है, बरसाती बादलों की तरह रक्तरहित शरीर में नया खून सोख सकती है। दस मिनट के भीतर ही मुझे लग रहा था कि हरा फाटक मेरे मन के सभी दरवाजों को बंद कर रहा है। दमघोंट स्थिति में एक बरसाती बादल का टुकड़ा गले से उठकर आँखों की ओर बढ़ रहा है।--मैं अपना सब-कुछ वहीं बिखराकर भाग खड़ा हुआ।

मुझे पूरा विश्वास है कि मैंने फाटक रंगीलदास पार किया है। पर बीच में नेपाली पुस्तकालय पड़ा हो, ऐसी याद नहीं आती। शायद वह आगे हो। मैं जल्दी-से-जल्दी पंचगंगा पहुँच जाना चाहता हूँ, पर पता नहीं, यह कौन गली है ! इसका कहीं अंत होने को नहीं आता। मैं रुक जाता हूँ। किसी से पूछ लूँ ? पूछकर क्या होगा--मन कहता है। थोड़ी दूर में कोई परिचित रास्ता आ ही जायेगा। मैं रास्ते में खड़ी गायों के सींगों को बचाता, कोने में या गली के मोड़ पर रखे बदबूदार कूड़े से झिझकता बढ़ता जा रहा हूँ, पर पंचगंगा का कहीं नामोनिशान नहीं है। तो क्या मैं गायघाट की ओर निकल आया ? ये गलियाँ मेरी पहचानी हैं।

मैं घंटे-भर से ज्यादा बंद-खुली गलियों में भटकता रहा। जीवन की जगह जलन थी, गति की जगह भटकन।

मैं सामने की एक दुकान पर जाता हूँ। दुकानदार किसी से बतिया रहा है। वह मेरी अदा से जान जाता है शायद कि मैं ग्राहक नहीं हूँ। यहाँ हर वस्तु ग्राहक के लिए है। मैं सोचता खड़ा रहता हूँ कि उसे फुर्सत मिले तो पूछूँ।

"क्या बात है ?"

"यह कौन-सी गली है ?"

"गली नहीं, यह गोलघर है।"

"गोलघर...!" बीसियों बार का सुना हुआ नाम है।

"मैं मुख्य सड़क कहाँ से पकड़ सकता हूँ ?" मेरे स्वरों में कातरता है।

"बस, थोड़ा धीरज रखिए, गोलाई में घूमते जाइए, वह गली जहाँ आगे मुड़ती है वहीं से निकल जाइएगा। जिधर भी चाहें, मैदागिन या चौक जा सकते हैं।"

अस्सी चौराहे पर एक रिक्शा रुका था। उस पर कपड़े में बँधी दो-एक गठरियाँ थीं। एक देशी भेड़ का कंबल था। एक बूढ़ा आदमी धीरे से लाठी से ठोक-ठोककर रास्ता बनाता चल रहा था।

"भइया !"

कोई नहीं बोला, सभी अपने-अपने काम में मशगूल थे।

"भइया !" उसने जोर से कातर आवाज में पुकारा। पास से गुजरते हुए एक आदमी को उसने धीरे से छुआ।

"भइया !"

"चलो आगे, साले भिखारियों से सड़क भर गयी है ! रास्ता चलना मुहाल हो गया है !..."

"मैं भिखारी नहीं हूँ साहब, मुझे दीखता नहीं है। आपसे सिर्फ एक पता पूछना था।"

साहब ने उसकी शुद्ध हिंदी पर तरस खाकर कहा, "कैसा पता ?"

"राजेश्वरी मठ किधर है ?"

"राजेश्वरी मठ !"

"हाँ, हाँ, राजेश्वरी मठ।"

उस बुड्ढे के पास रिक्शावाला भी आ गया था।

साहब बोले, "ए रिक्शा--आगे ले जा। चौमुहानी पर। वहाँ से मुड़ना।"

"और आगे ?" बुड्ढे ने आश्चर्य से पूछा।

"हाँ, हाँ, राजेश्वरी मठ की गली आगे से मुड़ती है।"